KU-024-482

Contents

List of Figures and Tables	vii
List of Texts	viii
List of Abbreviations	xii
Acknowledgements	xv
Preface	xvi
Introduction	xvii

Part I   Politics in France

Introduction	3
1945–1981: instability, conflict and revolt	5
The left: swords into social democracy	12
The right: from standard bearer of the republic to ordinary political actor	19
Trade unions: radicalism and decline	30
Foreign relations and defence: from colonial imbroglio to quasi-consensus	37
Conclusion: the death of conflict – a much exaggerated rumour?	46
Suggestions for further reading	51
Texts and exercises	57

Part II   The French Economy

Introduction	175
Changes in the system of production	180
Changing characteristics of the work-force	192
Regional revolutions: the geographical distribution of the French economy	199
International competition: the opening of the economy to the rest of the world	202
The use of resources	204
The changing role of the state and the public sector	220

Conclusion: expectations and problems for the end of the 1990s   237
Suggestions for further reading   241
Texts and exercises   247

Part III   Contemporary French Society

Introduction   365
Land use, infrastructure and the communications revolution   369
Social structure of post-war France   376
Population, family and social policy   391
Work and leisure   402
Social institutions: the army, the church and the education
system   409
Convergences and differences in French society   423
Conclusion   427
Suggestions for further reading   431
Texts and exercises   436

Chronology   559
Index   571

List of Figures and Tables

Figures

1.1	Industrial conflict, 1952–1990	32
1.2	Union density in OECD countries, 1988	34
2.1	Comparison of GDP annual growth rates between France, the Federal Republic of Germany and the United Kingdom	182
2.2	Annual GDP growth and rate of inflation, 1970–1991	185
2.3	Unemployment in France, 1970–1992	193
3.1	La Pyramide des âges	392
3.2	Les Musulmans en France	413
3.3	Le Système éducatif en France	415

Tables

1.1	Legislative elections, 1945–1956	21
1.2	The growth of the right-wing ruling coalition	24
1.3	Major election results for PCF and FN, 1978–1993	29
1.4	Main union confederations in France	31
1.5	Works council election results, 1980–1990	34
2.1	Evolution of added value by sector as percentage of GDP	190
2.2	Evolution of employment by sector, 1949–1990	190
3.1	Ce qui a changé la vie	397
3.2	Caractéristiques des lycées	416
3.3	Les Élèves du second degré: évolution	417
3.4	Évolution du nombre d'admis au baccalauréat	418
3.5	Répartition par section des élèves de terminale selon leur origine sociale	419

List of Texts

1.1   Discours prononcé par le général de Gaulle à Bayeux,
      le 16 juin 1946   57
1.2   Le Modèle bureaucratique français: la société bloquée   62
1.3   Trois tracts de mars–juin 1968   65
1.4   Mai 1968: la dernière des grèves générales?   71
1.5   De Gaulle parle   78
1.6   La France des années 1970 vue par Valéry Giscard
      d'Estaing   83
1.7   La CFDT: progresser vers l'autogestion des entreprises   86
1.8   Programme commun de gouvernement du Parti
      communiste français et du Parti socialiste, 1972   91
1.9   Les Lois de décentralisation de 1982–83: la revanche
      des régions   95
1.10 La Cohabitation de 1986–88   100
1.11 Que faire du progrès? Manifeste du Parti socialiste,
      janvier 1981   103
1.12 François Mitterrand, 1988: Lettre à tous les Français   107
1.13 François Mitterrand, sculpteur de sa stature   111
1.14 Tract de recrutement poujadiste, 1953–55   114
1.15 Le Rôle du Président de la République selon la
      constitution de la IVe République et de la Ve
      République   116
1.16 Le Moment 'néo-libéral' du RPR   122
1.17 Le Front national présente cinquante mesures pour
      'régler le problème de l'immigration'   127
1.18 Jean-Marie Le Pen parle   130
1.19 Les Syndicats dans les années 1990   134
1.20 La Politique étrangère de la France   138
1.21 La Proclamation du Front de libération nationale
      pour l'indépendance du pays   142
1.22 La Politique étrangère de François Mitterrand   147
1.23 François Mitterrand: réflexions sur la politique
      extérieure de la France   153
1.24 Les Écologistes: comment devient-on un parti?   157
1.25 Quatre Changements politiques depuis 1958   163
1.26 Les trois Avertissements de 1988   168

2.1	Les Trente glorieuses: quels ont été les facteurs essentiels de la croissance économique?	247
2.2	Travail, capital et État pendant la période de croissance de l'après-guerre	250
2.3	A peine terminée, la Crise recommence	254
2.4	La Politique industrielle de la sidérurgie: de plan en plan, une gestion désastreuse	258
2.5	L'Industrie française redevient-elle compétitive?	261
2.6	La Crise de l'emploi au début des années 1990: le retour aux années noires?	264
2.7	L'Emploi des travailleurs immigrés: un facteur positif pour l'économie française	268
2.8	Pourquoi la France a-t-elle trois millions de chômeurs en 1992?	272
2.9	Treize Plans pour l'emploi en quinze ans	276
2.10	Recensement 1990: la France devient une grande banlieue	278
2.11	Les Pièges de l'aide aux pays du tiers-monde	281
2.12	Le Commerce extérieur dans les années 1980: la France dans le rouge	286
2.13	France-Allemagne-Japon: que nous apprend la comparaison des échanges de produits industriels?	288
2.14	Le Retournement socialiste de 1982: de la relance à la rigueur	293
2.15	Les Inégalités plus fortes depuis le début des années 1980	296
2.16	L'Héritage est-il réhabilité?	300
2.17	Vivre en France avec un bas salaire: pas la peine de rêver	304
2.18	Une Pauvreté accrue et différente	307
2.19	La Consommation des Français double en un quart de siècle	310
2.20	Le Développement du crédit à la consommation: comment vivre au-dessus de ses moyens	313
2.21	Les Raisons d'une dévaluation: déclaration du Président Georges Pompidou à l'issue du Conseil des ministres du 8 août 1969	315
2.22	Le Plan d'assainissement financier de 1958 et la création du nouveau franc	318
2.23	L'Histoire mouvementée du franc	321
2.24	Les Nationalisations de 1981: les justifications et les difficultés potentielles	324
2.25	Reconversion des vieilles régions industrielles: une usine textile sur les ruines de la mine de la Mure	329

2.26   La Planification française: de l'ardente obligation au
        scepticisme   332
2.27   Pourquoi planifier l'Économie aujourd'hui?   335
2.28   M. Mitterrand, modernisateur du capitalisme français?   338
2.29   Le Tourment agricole de la France: allons-nous vers
        une agriculture à deux vitesses?   342
2.30   Mai 1968: une usine occupée   345
2.31   Évaluation de la politique économique socialiste entre
        1981 et 1984: une approche libérale   347
2.32   1982–1988: des nationalisations aux privatisations   351
2.33   Mitterrand: la France est une société d'économie
        mixte   354
2.34   'Ni-ni' peau de chagrin: quand le gouvernement
        socialiste accepte des privatisations partielles   357
2.35   Le Marché du capital est-il transparent? L'autocontrôle
        pas mort!   360

3.1   La France poujadiste   436
3.2   Quand la France s'ennuie   439
3.3   Il faut sauver les derniers Paysans   442
3.4   L'Invention de la Bretagne   447
3.5   TGV: une décennie qui a changé la France   451
3.6   Cent Mesures pour les femmes: le nom   454
3.7   Féminisme et sexisme   457
3.8   Dieu qu'ils sont laids: comment font-elles?   461
3.9   Plus français que moi, tu rentres chez toi   464
3.10   Lettre ouverte à Véronique, Denis, Alessandro et les
        autres   467
3.11   Un Modèle français d'intégration   471
3.12   Le Rejet de l'islam et l'attrait de la France   475
3.13   Lâchetés   479
3.14   Pour le Moment, moi, ça va   482
3.15   Les 'Tagueurs' ou le retour à l'ère des tribus   485
3.16   Alice et les petits coqs   488
3.17   La Population française: la plus dynamique des quatre
        grands pays de l'Europe des Douze   490
3.18   Refaire sa vie   494
3.19   Une Loi en procès: l'affaire de Bobigny   498
3.20   La Protection sociale   502
3.21   Les Lumières de la grande chaîne   505
3.22   Ma Semaine de bonne à tout faire   508
3.23   Une Boulangère juste dans la moyenne   512
3.24   Les Étoffes des héros   517
3.25   Décadence du repas bourgeois   521

3.26 La Transhumance des aoûtiens, bête noire des
      entreprises   524
3.27 Pratiques et politiques   527
3.28 Un An dans le kaki   531
3.29 La Fin d'une certaine France catholique   535
3.30 Manqueraient-elles d'Ambition?   538
3.31 L'Étudiant méprisé   543
3.32 Les Foulards de la discorde   547
3.33 Les Limites de la tolérance   550
3.34 Où donc apprendre?   553

List of Abbreviations

ANPE	Agence nationale pour l'emploi
ASSEDIC	Association pour l'emploi dans l'industrie et le commerce
BEP	Brevet d'études professionnelles
BNP	Banque nationale de Paris
BTP	Bâtiment et travaux publics
BTS	Brevet de technicien supérieur
CAP	Certificat d'aptitude professionnelle
CAP	Common Agricultural Policy
CDP	Centre démocratie et progrès
CDS	Centre des démocrates sociaux
CECA	Communauté européenne du charbon et de l'acier
CEE	Communauté économique européenne
CEP	Certificat d'études primaires
CEPREMAP	Centre d'études prospectives d'économie mathématique appliquées à la planification
CERC	Centre d'étude des revenus et des coûts
CERES	Centre d'étude, de recherches, et d'éducation socialistes
CES	Collège d'enseignement secondaire
CFDT	Confédération française démocratique du travail
CFE-CGC	Confédération française de l'encadrement-Confédération générale des cadres
CFI	Crédit formation individuel
CFTC	Confédération française des travailleurs chrétiens
CGT	Confédération générale du travail
CGT-FO	Confédération générale du travail-Force ouvrière
CIRAD	Centre de coopération internationale en recherche agronomique pour le développement
CNI	Centre national des indépendants
CNIP	Centre national des indépendants et paysans
CNJA	Centre national des jeunes agriculteurs
CNPF	Conseil national du patronat français
CREDOC	Centre de recherches pour l'étude et l'observation des conditions de vie
DATAR	Délégation à l'aménagement du territoire et à l'action régionale
DDE	Direction départmentale de l'équipement

DEUG	Diplôme d'études universitaires générales
DRE	Direction régionale de l'équipement
DUT	Diplôme universitaire de technologie
EDF	Électricité de France
EEC	European Economic Community
EMS	European Monetary System
ENA	École nationale d'administration
ENS	École normale supérieure
ERM	Exchange Rate Mechanism
FEN	Fédération de l'éducation nationale
FGDS	Fédération de la gauche démocratique et socialiste
FHAR	Front homosexuel d'action revolutionnaire
FLN	Front de libération nationale (Algeria)
FN	Front national
FNSEA	Fédération nationale des syndicats d'exploitants agricoles
GDP	Gross Domestic Product
HLM	Habitation à loyer modéré
IFOP	Institut français de l'opinion publique
ILO	International Labour Organization
INED	Institut national des études démographiques
INSEE	Institut national de la statistique et des études économiques
IUT	Institut universitaire de technologie
JAC	Jeunesse agricole chrétienne
JEC	Jeunesse étudiante chrétienne
JOC	Jeunesse ouvrière chrétienne
MATIF	Marché à terme international de France
MLAC	Mouvement pour la libération de l'avortement et de la contraception
MLF	Mouvement de libération des femmes
MRP	Mouvement républicain populaire
NATO	North Atlantic Treaty Organisation
OECD	Organisation for Economic Cooperation and Development
OFCE	Observatoire français de la conjoncture économique
ONISEP	Office national d'information sur les enseignements et les professions
OPCVM	Organismes de placement collectif en valeurs mobilières
ORTF	Office de la radiodiffusion-télévision française
OS	Ouvrier spécialisé
OTAN	Organisation du traité de l'Atlantique Nord
PAC	Politique agricole commune
PCF	Parti communiste français
PIB	Produit intérieur brut
PIL	Programmes d'insertion locale

PLIF	Programmes locaux d'insertion pour les femmes
PME	Petites et moyennes entreprises
PS	Parti socialiste
PSU	Parti socialiste unifié
RATP	Régie autonome des transports parisiens
RER	Réseau express régional
RFA	République fédérale d'Allemagne
RI	Républicains indépendants
RMI	Revenu minimum d'insertion
RPF	Rassemblement du peuple français
RPR	Rassemblement pour la république
SFIO	Section française de l'Internationale ouvrière
SICAV	Société d'investissement à capital variable
SIVP	Stages d'insertion à la vie professionnelle
SME	Système monétaire européen
SMIC	Salaire minimum interprofessionnel de croissance
SMIG	Salaire minimum interprofessionnel garanti
SNCF	Sociéte nationale des chemins de fer français
SNECMA	Société nationale d'étude et de construction de moteurs d'aviation
SNPMI	Syndicat national des petites et moyennes industries
SOFRES	Société française d'études par sondages
SPD	Sozialdemokratische Partei Deutschlands
SRA	Stages de réinsertion en alternance
TGV	Train à grande vitesse
TP	Travaux pratiques
TUC	Travaux d'utilité collective
UDC	Union du centre
UDF	Union pour la démocratie française
UDT	Union démocratique du travail
UDVeR	Union des démocrates pour la cinquième république
UNEF	Union nationale des étudiants de France
UNR	Union pour la nouvelle république
UPF	Union pour la France
URSS	Union des Républiques socialistes soviétiques
ZAC	Zone d'aménagement concerté
ZUP	Zone à urbaniser en priorité

Contemporary France

Essays and texts on
Politics, Economics and Society

JILL FORBES and NICK HEWLETT

With

FRANÇOIS NECTOUX and ANNE REYMOND

LONGMAN
London and New York

Longman Group Limited
Longman House, Burnt Mill,
Harlow, Essex CM20 2JE, England
and Associated Companies throughout the world.

Published in the United States of America
by Longman Publishing, New York

© Longman Group Limited 1994

First published 1994

ISBN 0 582 07 3766 PPR

British Library Cataloguing-in-Publication Data

A catalogue record for this book is
available from the British Library

Library of Congress Cataloguing-in-Publication Data

Forbes, Jill
    Contemporary France: Essays and texts on Politics, Economics and
Society/Jill Forbes and Nick Hewlett; with François Nectoux and
Anne Reymond
        p.   cm.
    English and French
    Includes bibliographical references and index.
    ISBN 0-582-07376-6 (pbk)
    1. France—Economic conditions—1981– 2. France—Social
conditions—1945– 3. France—Politics and government—1981–
I. Hewlett, Nick. II. Title.
HC276.3.F67 1994   9'4-4444
330.944'083—dc20   ·   CIP

Set by 15 in 10/12pt Baskerville

Produced through Longman Malaysia, CL

Acknowledgements

All books based on university courses owe a large debt to those on whom they were first inflicted. The authors therefore wish to extend their gratitude to several generations of students of French at South Bank University, Oxford Brookes University, Queen Mary and Westfield College, and the University of Strathclyde, with a particular mention for Michael Agnew and Alisdair Gray. Lew Lewis has some claim to having been the originator of this book; Michèle Dickson brought her eagle eye to bear on many points of detail, as did Emmanuel Godin; Julia Henderson offered much encouragement as well as expert advice on matters of style, and Martin McKeand, as ever, provided indispensable moral support. Their help is gratefully acknowledged here.

Glasgow and Oxford, June 1993

Preface

This book is based on courses taught by the authors at South Bank Polytechnic (now South Bank University), London, for an undergraduate degree in Modern Languages and International Studies, and it is therefore designed primarily for use by university students of French and European Studies. However, the essays in English will provide useful material even for those with little knowledge of French.

The book is divided into three parts devoted to politics in contemporary France, the post-war French economy and contemporary French society. Each part consists of an essay in English which surveys and analyses the major changes and developments since 1945, and a set of French language texts chosen to illustrate some of the principal themes discussed. The French texts have been selected with a view to both their historical and linguistic interest and are accompanied by language exercises intended to help students develop their awareness of lexical, grammatical and stylistic features of French and to extend their reading and comprehension skills. Each set of exercises also includes at least one essay or discussion question which can serve as a basis for written work or for further debate.

Suggestions for further reading are included at the end of each part and an appendix contains a chronology of significant events in post-war France.

Introduction

In this book we explore both conventional and less conventional ways of looking at France since 1945 from the point of view of politics, economics and society. For a long time it seemed as if post-war French history went forward in a consistent, linear way. In relation to political life, analysts would refer to overt conflict, revolt and extreme ideology up to 1968, followed by a calmer period thereafter. Economists would discuss reconstruction and the rapid growth of the economy for about thirty years after the war, followed by crisis in the 1970s, then partial, although not full, recovery. In the sphere of social analysis it was commonplace to characterize the nature of the boom years in terms of urbanization, more widespread access to consumer durables and to education, greater equality, followed by slower progress since the mid-1970s. All this was often summed up in one word, 'modernization'.

In the English essays we explore these themes and recognize that they help understand what took place in France – and in many other advanced capitalist countries – in the first thirty or so years of the post-war period. However, as another writer on France has put it, 'if France ... had energetically stepped onto the train to modernity, by the 1990s it had to face the fact that there was no longer any such station'.[1] In other words, post-war growth and modernization was not part of a process where France moved ever nearer to a state of perfection, as it once had seemed, but was instead one particular stage in the history of the post-war era, a stage from which we have now moved on. As we advance towards the end of the twentieth century, French politics, economics and society once again appear far more complex than they did during the long aftermath of the Second World War.

In the realm of politics, it seemed that France gradually became more moderate (a process which culminated in the mid-to-late 1980s) and began to resemble other industrialized nations more closely in this respect. But developments since the late 1980s have pointed to a growing crisis of confidence in party politics, particularly as practised by professional politicians, and to the fragmentation of the party system, in some ways reminiscent of the Fourth Republic. As regards the French economy, the various crises of

1 G. Ross, 'Introduction: Janus and Marianne', in J. Hollifield and G. Ross, *Searching for the New France* (London and New York, 1991) p. 13.

the 1970s, 1980s and 1990s appear to be an inherent feature of the capitalist system, rather than exceptional phenomena, and have produced long-term mass unemployment and high rates of inflation, which make the prosperity of the *Trente glorieuses* seem like pre-history. Finally, the re-emergence of widespread poverty, conflict around issues of immigration and ethnicity, and urban unrest have obliged commentators to re-think the thesis of increasing social harmonization and convergence. Another theme of this book is therefore the need to come to grips with political, economic and social developments in France and elsewhere which are symptoms of an era which is quite distinct from (and less easy to define than) the era of 'modernization'.

Developments in many other industrialized countries tend to confirm that touchstones so long taken for granted are now disappearing and that a new era of uncertainty is opening up before us. Politically, the post-war consensus – or post-war 'settlement' as some have described it – seems now to be in ruins, with small, almost single-issue or nationalist, parties rising up in many West European countries to break the post-1945 mould of domination of centre-right and centre-left. Economically, neither state intervention nor market forces have been able to cure unemployment and other increasingly widespread socio-economic problems since the early 1970s; state intervention was blamed for lack of economic dynamism, but market-driven economics have patently failed to cure any of the ills which Keynesianism was supposed to have produced. Socially, profound inequalities, partly a result of uncaring market forces, are becoming commonplace in many countries where forty years ago they seemed to be heading for extinction.

France was a country which was solidly – if sometimes reluctantly – part of the uneasy peace which the Cold War offered. But in the late 1980s and early 1990s it became abundantly clear that the post-war era was over in this respect as well. The Eastern bloc disintegrated and Germany was unified. The American President George Bush responded at the time by talking optimistically of a post-Communist 'New World Order', but it became increasingly clear that 'disorder' was a more accurate description. The disintegration of the old Soviet bloc gave rise to a bloody civil war – the first fully-fledged war in Europe since 1945 – in what was previously Yugoslavia and relations between the industrialized and less developed countries are deteriorating rapidly as less developed countries become more defiant, sometimes with the most tragic of consequences for their own people.

One enduring element of political, economic and social stability since the war has been the European Community, with France as a key player right from the start. But here again, it is far from clear whether the European Community can provide stability for France and other states in an increasingly unstable world, or whether, as it grows stronger, it will be an added source of controversy and discontent both within and between member states.

As usual, France is proving to be a fascinating case study in this rapidly changing world. It is a country whose uneven social, economic, political and cultural development over the centuries, in part a result of its geographical position, has meant that it is particularly sensitive to wider conflict and contradictions. Looking at France, as with the wider world it responds to so sensitively, we can still only guess at the shape of things in fifty years' time; will late modernization and a long-unstable political situation in the post-war years mean that it is more vulnerable to the effects of the international turmoil of the post-communist world? Or will France cope with uncertainty better because it experienced so much uncertainty itself?

One thing is certain. In order to make sense of events as they develop, students of political, social and economic aspects of France will need to look back at what has gone before. The object of this book is to encourage such an exercise and therefore to play a small part in allowing an informed view of events as they unfold in the future.

Part I
Politics in France

Introduction

France was for a long time a country whose politics were dominated by conflict, where radicalism was prevalent and where political parties and pressure groups were often influenced by controversial ideologies. Strongly identified with a tradition of revolution and counter-revolution, class antagonism was expressed particularly clearly; Friedrich Engels commented in 1885 that 'France is the land where, more than anywhere else, the historical class struggles are each time fought out to a decision, and where, consequently, the changing political forms in which they move . . . have been stamped in the sharpest outlines'.[1] Between the revolution of 1789 and the end of the Second World War, all political regimes without exception had been brought to an end by revolution, *coup d'état* or war. In the period between the Second World War and the 1980s, France still retained its radicalism, with a strong Communist Party, frequent revolts by forces of both right and left, governmental crises and de Gaulle's authoritarian populism which left its stamp – indelibly, it seems – on the constitution of the Fifth Republic. In contrast to many other advanced capitalist countries during the post-1945 period, France did not see the emergence of more consensual politics where dominant parties of the left and right were broadly in agreement. The 1980s and early 1990s, however, stand out in striking contrast to the past. The Communist Party is now seriously weakened, as is the communist-oriented trade union confederation, the *Confédération générale du travail*; Gaullism has a severe identity problem; the constitution of the Fifth Republic is now accepted by almost all forces of both left and right as the best way for France to order its formal politics; and the governmental scene has been largely dominated by a centre-oriented Socialist Party which has sought to be pragmatic and catch-all rather than to effect far-reaching transformations and then by a centre-right government since Spring 1993; industrial relations in general are calmer than at any time since 1945, with trade unions suffering a serious drop in membership and a decline in rank-and-file militancy, and employers are more conciliatory than has long been their practice.

In this part we first analyse conflicting aspects of the 'old' political situation between the Second World War and 1981 and then go on to examine the left, the right, trade unions and foreign and defence policy, with special reference to the 'normalization' period of the 1980s and the beginning of the 1990s. Some analysts have perhaps been over-hasty, however, in concluding that conflict, revolt and indeed class struggle are entirely a thing of the past in France. There remain some important manifestations of the old style of politics, such as the rise of the extreme right National Front and a solid if diminished core of support for the Communist Party, not to mention the emergence of significant support for ecology parties, which among other things represents a strong feeling of disenchantment with more established political parties. In the concluding section of this part we briefly examine these and other exceptions to the general rule of moderation and speculate as to whether there is the basis for the re-emergence of more conflict-oriented politics at a future date.

1945–1981: Instability, Conflict and Revolt

In order to understand the nature of French politics after the Second World War, it is necessary to look briefly at the French experience of the war itself. French defences against German military attack failed in 1940 and the occupying army entered the capital on 14 June, as millions of Parisians fled their homes and their city as best they could. Germany occupied the north and the west of France and a retired French military man, Marshal Philippe Pétain, became head of the remaining *État français* in the south-east, with a government based in Vichy. Pétain soon established that Vichy would pursue a policy of full cooperation with the Nazi regime and many ordinary French people supported him, particularly at first, because his apparent philosophy of damage limitation appeared to many to be the best way of surviving, both in a literal, personal sense and as a people.

Political reality is never that straightforward, however. Pétain and Vichy promoted an ideology of hard-right patriotism which abolished parliament in favour of a military Veterans League, dissolved trade unions and replaced the French Revolution's watchwords *Liberté, égalité, fraternité* with the slogan *Travail, Famille, Patrie*, reminiscent of the philosophy of fully-fledged fascism elsewhere in Europe. Indeed, the National Revolution, as Vichy described its programme, included widespread persecution of anti-clericals, Protestants, Freemasons and above all Jews, many thousands of whom were sent to their deaths in concentration camps in Germany. In November 1942 Germany extended the Occupied Zone to the whole of France and Vichy continued to cooperate to the full; huge numbers of French workers were forcibly sent to work in Germany for the Nazi war machine and France became an important supplier of agricultural produce and industrial products, including arms, to the Reich.

An ever-increasing number of French people resisted the occupation in a myriad of different ways, ranging from passive non-cooperation with the occupying force, to passing on information concerning the struggle against German activities, to acts of sabotage and assassination of German soldiers. Charles de Gaulle, an army General who had played an important part in the First World War, broadcast an appeal from London on 18 June 1940 calling for widespread participation in the Resistance movement and de

Gaulle became one of the principal leaders of the movement. After the German attack on the Soviet Union in Summer 1941 and thus the entry of the Soviet Union into the war, the French Communist Party joined the Resistance in strength and as the years passed the movement gained more and more support.

When Liberation finally came to Paris in August 1944 de Gaulle became head of state, supported by diverse elements of the Resistance, but the massive rifts and profound bitterness which had developed between resisters and collaborators meant widespread and often summary punishment – in many cases by death – of alleged collaborators.[2] The bitterness and divisions live on in some communities to this day and certainly had substantial effect on the nature of post-war politics, as we shall see. Pétain, who for many was the saviour of France in 1940, was sentenced to death but had his sentence commuted to life imprisonment.

In many advanced capitalist countries after the Second World War, there emerged agreements between capital, labour and the state which were, in an immediate sense at least, mutually beneficial. In return for higher wages, welfare protection, basic trade union rights and virtually full employment, labour leaders agreed to limit strike and other protest action and in general accepted that it was the right of employers to make the pursuit of profit their driving principle. This helped governments, in the meantime, to implement programmes of economic reconstruction, often following the Keynesian policy of expanding the public sector, creating jobs and offering higher wages in order to stimulate demand. This set the tone for a more consensus-oriented pattern of politics and industrial relations from then on. In France, however, attempts to establish an enduring pattern of relations along these lines were unsuccessful. From September 1944 to May 1947 there was broad-based government with the participation, among others, of Socialists, Communists and the Gaullist-leaning *Mouvement républicain populaire* (MRP), during which time communist and other trade union leaders instructed their membership to be moderate in their demands and the pursuit of these demands. But the Communists were excluded from government in May 1947 and abandoned their previous policy of not rocking the boat. The Communist Party was the most popular political party at the time and attracted well over 25 per cent of votes in national elections, in part because of its central role in wartime resistance against Nazi occupation.[3] The communist-oriented *Confédération générale du travail* (CGT), meanwhile, was the most influential trade union confederation and from 1947 onwards held solidly class-against-class positions, which often meant a refusal to enter into negotiations with management unless terms seemed particularly favourable to the union side. The Cold War climate of the late 1940s and 1950s, when the United States and its allies pursued a propaganda offensive against communist Eastern Europe, meant that any party or trade union with any sympathy for the Soviet Union was treated as a pariah by other political forces, including the

Socialists. French employers, meanwhile, were particularly intransigent and often refused even to embark upon negotiations with trade unionists, preferring an old-fashioned paternalistic approach to employee relations. Added to this was the more general tradition of revolt in France and a profound inter-class mistrust born partly out of the war years when the employers, or *patronat*, were deeply involved in Pétain's National Revolution. There was little scope for consensus.

The Fourth Republic, from 1946 to 1958, was a period of tremendous political instability, and ultimately failure, whereas the programme of economic modernization during this period was very successful. The nature of the constitution of the Fourth Republic was in part a reaction against the highly authoritarian Vichy regime and thus gave substantial powers to members of parliament (*députés*) over both the ministerial composition and the actual programme of government. Legislative elections were carried out using a system of proportional representation, which gave smaller parties the chance to be represented in parliament as well as larger ones, but this tended to lead to the existence of more and more parties and no single party was large enough to consistently form the backbone of governments during this period. Cabinets came and went with alarming frequency; between 1946 and 1958 there were twenty-five different governments and fifteen prime ministers, of whom only two were in power for more than a year (Guy Mollet and Henri Queuille). For much of this period it was a case of trying to find ways of governing without the more militant parties of both left and right who between them often represented a majority in parliament: the *Parti communiste français* (PCF), the Gaullist *Rassemblement du peuple français* (RPF) and (for a short period) extreme right Poujadists.

A major and highly divisive problem during the whole of this period was colonial war. After humiliating defeat in Indo-China in 1954 France withdrew its army, only to become involved in attempting to quell the Algerian independence movement later the same year. At first there was a considerable degree of consensus over the Algerian question, with virtually all major parties in favour of defending French Algeria against independence; the Communist Party alone campaigned systematically against the war and it even voted in favour of special powers to rule Algeria in 1956, in an unsuccessful attempt to win over the Socialists to a position of ongoing joint work. As time went by and as French casualties increased (including young men doing military service and reservists), the conflict had more and more impact on domestic politics. By the end of 1957 it was patently clear that policy on the Algerian question was bankrupt and when Prime Minister Bourgès-Maunoury resigned at the end of September that year after losing a vote over the future of Algeria no one was able to form a government for thirty-five days. Meanwhile the army, already humiliated and politicized by its defeat at the hands of the Germans in 1940, further defeat in Indo-China and a fruitless attempt at asserting France's might during the Franco-British

Suez adventure in 1956, was acting more and more as an autonomous force in relation to Algeria. Frustrated with fighting for weak governments whose commitment to French Algeria they thought could not be trusted, the army in Algeria appeared to be on the point of attempting a *coup d'état* in domestic France. After a revolt by soldiers and French Algerians on 13 May 1958, it seemed to many that the only person able to reconcile the army with some semblance of democratic politics was General de Gaulle, who had resigned from the provisional government in January 1946 amid inter-party bickering and after it had become clear that his proposals for a more authoritarian type of constitution, with more power for the president and government, and less for parliament, would not be accepted.

De Gaulle certainly came to power with the support of the army, but it would be inaccurate to speak of an actual *coup d'état*, for there were apparently no direct, conspiratorial contacts between him and the army. He became head of state on the understanding that the existing constitution would be abolished and a new one drawn up which would increase the power of the president and the government and reduce the power of parliament. The new constitution was approved by a large majority in a referendum in September 1958.

The Gaullist regime between 1958 and 1969 was a political expression of France's half-way position between an old-fashioned, rural country with backward social relations, and a more liberal, urban-based, advanced capitalist consumer society like many of its trading and diplomatic partners. Back in 1946 de Gaulle had insisted that his ideas with regard to the appropriate constitution for France were a response to 'notre vieille propension gauloise aux divisions et aux querelles' [see Text 1.1] and that its strong executive was the recipe for political stability. After Algerian independence in 1962 (strongly opposed by some people who had been ardent supporters of de Gaulle in 1958), France did indeed see a period of stability where it seemed to many that de Gaulle's wish to bypass the divisiveness of political parties and his wish to appeal directly to the French as a united people was an effective way of going about politics. De Gaulle restored some of the country's wounded national pride by paying great attention to France's supposedly independent place in the world, for instance by championing the development of the *Force de frappe* nuclear deterrent and voicing his anti-Americanism. De Gaulle also pushed the economic modernization of France forward considerably and the average standard of living rose substantially during the 1960s. However, the Gaullist regime oversaw changes in these respects at great cost to others; French society was stiflingly bureaucratic and over-centralized and the social structure and social culture were frustratingly inflexible. This is what sociologist Michael Crozier described as 'la société bloquée' [see Text 1.2]. Political activist and analyst Régis Debray, meanwhile, described France of the 1960s as a 'two speed France' with the economy cruising in a high gear and social aspects of France stuck in a low gear. On the one hand, economically France had undergone tremendous modernizing changes since the Second World War, which included an impressive growth in Gross National Product (GNP), the concentration of capital, the 'feminization' of the labour force and the vast increase in the number of graduates, whose historical task it was to oversee further economic development. On the other hand, there was still a backward, paternalistic system of industrial relations where the *patronat* virtually refused to talk to the trade unions, an education system where relations between teachers and students were archaic, despite massive expansion in terms of student numbers, the traditional model of the family where patriarchy reigned, cultural and legal constraints on relations between the sexes which were out of date, and last but not least the paternalistic and authoritarian nature of Gaullism itself.

It was in part the contradiction between these two – economic and social – aspects of de Gaulle's France which led to the explosion of May 1968. Students, frustrated at the education system's inability to cope physically with vastly increased numbers and its failure to respond to the changing moral climate, took to the streets, occupied universities, built barricades and fought violent battles with the riot police [see Texts 1.3 and 1.4]. Then, the combination of the sight of police violence against students and, for the working class, years of frustration at being faced with an intransigent *patronat* and a hostile government, persuaded working people also to take to the streets and to occupy factories and offices. France witnessed a 'revolutionary moment', like so many in the country's turbulent history, which was an expression of the deep conflicts in French society and political life; there was a three-week general strike, a virtual governmental power vacuum at the end of May and economic paralysis. De Gaulle only managed to stay in power by the skin of his teeth and, despite winning an increased majority in the emergency legislative elections in June due to a right-wing backlash, he was obliged to leave office in April 1969 after staking his reputation on support in a referendum and failing to win it [see Text 1.5].

There is no doubt that the events of May 1968 hailed a new era in French politics, although the right stayed in power until 1981. First President Pompidou, for many years de Gaulle's prime minister, then President Giscard d'Estaing (from May 1974) introduced reforms which did bring France more socially and politically in line with other advanced capitalist countries, to a state which Debray might have described as at least approaching 'single-speed'. Pompidou, in contrast to de Gaulle, realized that the events of May were for a large part a result of certain social and political archaisms rather than a communist plot. His presidency therefore began with his prime minister Jacques Chaban-Delmas promising 'une nouvelle société' which he believed would provide the solution to such problems. Drawing inspiration directly from Michel Crozier, Chaban-Delmas later said before parliament on 16 September 1972:

'De cette société bloquée, je retiens trois éléments essentiels, au demeurant liés les uns aux autres de la façon la plus étroite: la fragilité de notre économie, le fonctionnement défectueux de l'État, enfin l'archaïsme et le conservatisme de nos structures sociales.'⁴ The government encouraged a sort of company-level social contract between nationalized firms and trade unions, which gave improvements in pay in return for a guaranteed level of productivity and a new law extended the right to training leave. The employers' federation, the *Conseil national du patronat français* (CNPF), was encouragd to negotiate more widely with trade unions and the years 1969–1974 did indeed see the signature of at least ten major, national collective agreements. But this reforming zeal on the part of government was relatively short-lived, partly because of differences in outlook between Chaban-Delmas and Pompidou, who was after all de Gaulle's *dauphin*, and he replaced Chaban with the more conservative Pierre Messmer in July 1972.

After the death of Pompidou in April 1974, however, the new president of the Republic Valéry Giscard d'Estaing implemented reforms which were more significant than Pompidou's and which reflected his particular brand of liberal conservatism, involving an emphasis on the rights of the individual, pluralism and social reform, as described in his book, *Démocratie française* [see Text 1.6]. Giscard's presidency began with a series of reforms, the main ones being reduction of the age of majority (including the right to vote) from twenty-one to eighteen years, wider availability of contraception, legalization of abortion, legalization of divorce by mutual consent, reform of the social security system, lowering of the age of retirement, new laws on equal pay and employment opportunities for women, new measures protecting employees from unfair dismissal and the attempt to restore credibility to the state broadcasting system. However, this period of liberal reform also turned to more conservative politics, prompted partly by the deepening of the economic crisis, provoked in part by the oil crisis of Winter 1973–4. In August 1976, after the resignation of Prime Minister Jacques Chirac amid quarrels with the president, Giscard appointed economics professor Raymond Barre as prime minister, almost exclusively because of his faith in Barre's ability to manage the economic crisis. The Giscard presidency thus turned into one dominated by the needs of economic crisis management.

Thus the period between 1968 and 1981 already hinted at the more consensual politics from the mid-1980s onwards and significantly, May 1968 is the last major revolt which France has known. But during the early 1970s the effect of May was also to radicalize a large number of young people who believed that the overthrow of capitalism was necessary in order to emancipate humankind. The far left grew, the CFDT trade union became the focus for many long and militant industrial relations struggles [see Text 1.7] and women's and ecology movements flourished. The *Parti socialiste* (PS) radicalized and allied with the PCF in a new *Union de la gauche* unseen since the Popular Front of 1936, and the parties co-signed a *Programme commun de gouvernement* [see Text 1.8]. But the effects of the economic crisis from 1973 onwards meant that more radical political elements fared less and less well and the availability of more information on human rights abuses in the Soviet Union badly tarnished the image of all parties whose principal ideological point of reference was Marxism.

The *Parti socialiste*, however, went from strength to strength during this period, as we shall see in the next section.

The Left: Swords into Social Democracy

When François Mitterrand was elected on 10 May 1981 people took to the streets in their tens of thousands to celebrate this significant victory. For the first time since the Popular Front, a predominantly socialist government was to be formed and since the great French revolution of 1789 France had only known three years of truly left-wing government. Moreover, the programme on which President Mitterrand had been elected was a radical one which drew much from the PCF/PS *Programme commun* of the 1970s. The new president and his colleagues had spoken unequivocally of a 'break with capitalism' where emancipation of the ordinary French person was the guiding principle and where the demands of the hitherto ruling class were to be brushed aside. The day after Mitterrand's victory capitalist dismay was expressed by the value of shares on the Paris Bourse going into free fall and the value of the franc dropping to the lowest point the European Monetary System would allow. It seemed as if a new era was dawning in French political history and indeed it was ... but by the time of his re-election in 1988 it was clear that the most significant point about the Mitterrand revolution was that it had actually sought to make and had succeeded in making peace between the dominant forces of the left and capitalism, rather than achieving a break with capitalism. How could this be so?

Between 1981 and 1984, the socialist government, which included four PCF ministers, did achieve three major structural reforms which had been heralded as crucial steps towards the building of a socialist France. First, they nationalized five major industrial groups (Compagnie Générale d'Électricité, Saint-Gobain, Péchiney, Rhône-Poulenc and Thomson-Brandt), 39 banks and two financial institutions. This meant that sales from public firms went from 17 per cent to 30 per cent of total sales, while the proportion of all employees working for the state went from 11 per cent to 25 per cent. Second, they introduced substantial industrial relations reform in the shape of the *lois Auroux* (named after Minister of Labour Jean Auroux), which sought to legitimize the role of trade unions in the firm and in particular to make annual collective bargaining compulsory. Third, the Socialists undertook the most substantial decentralization programme in France's history in an attempt to remedy a situation where there had long been little scope for mediation between the individual citizen and the state [see Text 1.9].

Because of the importance of decentralization, which Minister of the Interior and Decentralization Gaston Defferre called the 'grande affaire' of Mitterrand's first period as president, it is worth dwelling on some aspects of it. For hundreds of years, France had maintained a highly centralized system of government and political administration for a variety of reasons, including regular threats from abroad to its territorial integrity, a will to ensure nationwide provision of certain basic rights and obligations (such as education, voting, taxes) and Parisian prejudice against the provinces. However, France in the late twentieth century was decidedly out of step with major allies such as West Germany, Britain, Italy, Spain, Switzerland and the United State of America, where strong local government had come to be taken for granted. This is not to say that local politics were regarded as unimportant by ambitious politicians, as they were used not only as a spring-board to higher things in Paris, but also – particularly in the case of large towns – as local power bases in their own right, albeit often to complement national responsibilities; Jacques Chaban Delmas, for instance, prime minister between 1969 and 1973, has been mayor of Bordeaux since 1945 and Gaston Defferre himself was mayor of Marseilles from 1953 until his death in 1986.

Under the decentralization programme, the twenty-two regional councils (*conseils régionaux*) were for the first time elected by universal suffrage, thus creating an additional directly elected body alongside those in the 96 *départements* and 36,000 *communes*. Perhaps more importantly, executive power was given to elected representatives in regions and *départements*, thus reducing the role of the *préfet* who until 1982 was the government's ever-present and very powerful voice, eyes and ears in the provinces (the *préfet* was given the new name *Commissaire de la République*). Not only were more resources poured into local government, but many new powers as well, in such areas as health, education, road maintenance and professional training. Care needs to be taken not to exaggerate the revolutionizing potential of decentralization, which still leaves France very far indeed from the federal structure of Germany, for example. It is also worth pointing out that with so many different bodies acting for citizens at the local level their various types and the extent of their responsibility remain opaque to many an ordinary voter. However, unusually for the Socialists' first reforms, decentralization came to be broadly supported by the right as well, in part informed by hope of successes in local elections, a hope amply realized in election results in the 1980s and early 1990s.

There were many other subsidiary reforms in the first two years of socialist government, which included a reduction of the legally defined working week from 40 to 39 hours, increasing statutory holiday entitlement from 4 to 5 weeks per year, the creation of many thousands of jobs in the public sector, reducing the age of retirement from 65 to 60 years for all, creating a ministry for women's rights, substantially increasing welfare benefits and the minimum wage, abolishing the death penalty, regularizing the status of 130,000 previously illegal immigrants and introducing a wealth tax.

Problems came very early in the life of the new government, however, when the economic crisis hit France hard and the government decided to devalue the franc in October 1981. Unemployment was rising fast and in mid-1982 the government implemented a simultaneous pay and prices freeze, a step which the right had never dared take. Taxation was increased. From this point onwards, the government concentrated on measures which it hoped would both save the economy from the worst effects of the crisis and in particular appeal to employers, who it had decided were still not particularly desirable allies, but were the only ones who would help France escape further decline and in particular electoral catastrophe for the PS. Socialism thus became far more pragmatic and the winds of change which blew strongly in 1981 had given way to the icy calm of 'realism' by mid-1983. In 1984 the Communists left government, as did the prime minister who had been the symbol of 1981 optimism, Pierre Mauroy. In his place came the more technocratic, pragmatic Laurent Fabius, who remained in power until the legislative elections of 1986.

It was largely economic problems and high levels of unemployment that meant the right won the 1986 legislative elections and Mitterrand, whose presidential term lasted until 1988, was faced with a choice between resigning and therefore almost certainly handing over his post to the right, or staying with a right-wing prime minister and government. That Mitterrand decided he could fruitfully 'cohabit' with a right-wing prime minister and government was another token of his new-found pragmatism and he was indeed able to share power without major conflict with the right until his re-election in 1988 [see Text 1.10]. As it turned out, *la cohabitation*, as it became known, was a godsend as far as Mitterrand's presidential credibility was concerned, for the period between 1986 and the presidential elections of 1988 allowed him to create an image of himself as a president representing national unity, to establish a distance between himself and the right's increasingly unpopular programme of reforms and thus to recover the enormous amount of personal ground lost in the opinion polls in the early to mid-1980s. Mitterrand won the presidential elections of 1988 on the strength of an election manifesto which contrasted starkly with his *110 propositions pour la France* of 1981 [see Text 1.11] and speaks volumes as to the ideological distance travelled by Mitterrand and the PS between 1981 and 1988. Entitled *'Lettre à tous les Français'* and subtitled, significantly, *'La France unie'*, the 1988 manifesto contains nothing of the optimism and certainly none of the radicalism of 1981 and outlines a safe, centrist set of positions [see Text 1.12]. One of the few real innovations of the programme was the promise of a new guaranteed minimum income for all those in dire need (including the long-term unemployed and the young *nouveaux pauvres*), the *Revenu minimum d'insertion* (RMI). But the RMI was, typically, so uncontroversial that it was broadly approved of by the right as well. Mitterrand took his re-election as a mandate to set up government of the centre and this heralded an era of consolidation of the consensus politics he had adopted. The legislative elections which followed Mitterrand's re-election did not offer an absolute majority for the PS, however, so the new government, led by Michel Rocard, needed to juggle with PCF or centre-right support according to the quarter from which new legislation was likely to attract support. Mitterrand and Rocard pursued a policy of *ouverture* which meant promoting participation in government by the centre-right and by people who were not career politicians, but this had only limited success. Recourse to constitutional devices to force through legislation in the absence of an obvious parliamentary majority became commonplace. So consensus government of the early 1990s was an uneasy business.

In May 1991 Mitterrand announced that prime minister Michel Rocard was to be replaced by Édith Cresson, the first woman prime minister in France's entire political history. This was a bold move, designed to polish up the tarnished image of the PS in the eyes of the electorate, with the local elections of 1992 and legislative elections of 1993 in mind. But Cresson was not a popular prime minister and by the end of 1991 both she and President Mitterrand had fallen greatly in public esteem, according to opinion polls. After local elections in Spring 1992 where the Socialists did particularly badly, Cresson was replaced as prime minister by Pierre Bérégovoy, who was of solidly working-class origins, had a reputation for a distinctly unsentimental approach to economics and was seen as the best hope as prime minister in the run up to the Spring 1993 legislative elections. After the Socialists' resounding defeat in March 1993, Mitterrand nominated Gaullist Edouard Balladur as prime minister. As this second period of *cohabitation* began, Pierre Bérégovoy took his own life in an act which was tragically symbolic of the fortunes of the PS.

A key to the consolidation of the PS's image as a credible long-term party of government during the 1980s was the fact that the PCF's popularity had plummeted and the Communists had lost roughly half their votes in successive elections. The four communist ministers' position as second fiddle in a rapidly rightward-moving government between 1981 and 1984 had caused the PCF much damage, but refusal to shake off the mantle of Stalinism had eroded its credibility as well; since the late 1970s the PCF had abandoned the more social-democratic, eurocommunist path adopted by it and many of its West European counterparts in the 1970s and returned to a virtual blind faith in the correctness of all things Soviet. Its dim view of people within its own ranks who publicly expressed any deviation from the official party line often led to disciplinary action and in some cases expulsion from the party. Thus the PCF's image was far from democratic. The PS, on the other hand, although predominantly very moderate left by the late 1980s, at least tolerated dissent and allowed the existence of radical currents within its midst.

The left pre-1981

If a young PS activist had fallen into a deep sleep in May 1981 and woken ten years later, the change in the party's attitude towards government might have been surprising, or even shocking. But if the sleeper had some knowledge of the political scene since 1945, the surprise would have been less great. For a start, François Mitterrand had already enjoyed a long, non-socialist political career – including eleven ministerial posts under the Fourth Republic – before joining the ranks of the French socialists [see Text 1.13]. Also, he had long had a reputation for being more of an opportunist than someone with a profound belief in socialism. Understanding his own particular evolution during the 1980s is helped by understanding this. In order to make sense of the rapid ideological and programmatic shift on the part of the PS itself during the 1980s it is important to roll back history and look firstly at the 1970s and then more generally at the post-war era. The behaviour of the PS in the 1970s helps explain the PS's early 1980s radicalism and the Socialists' behaviour in the Fourth Republic helps remind one of the history of compromises – despite Marxist influences – of an earlier incarnation in the shape of the *Section française de l'Internationale ouvrière* (SFIO).

The 1970s

The dominant position of the PCF on the left of the French political scene was long a formidable obstacle to the construction of a large socialist party; the Communists occupied a position of hegemony on the left in terms of ideological credibility, size of membership, degree of activism and electoral support. In the 1970s, however, the PS embarked on a course that would eventually crack this particular nut. In 1971, at the landmark Congrès d'Épinay, the PS was relaunched in a new and unified form under the leadership of François Mitterrand. Capitalizing on the climate of the early 1970s after the events of May had shown that left radicalism could be expressed along other lines than through the PCF, the newly-formed PS allied with the Communists in a move which was far more astute than any socialist or independent analyst realized at the time. The two parties signed a *Programme commun de gouvernement* which promised widespread nationalizations, constitutional reform (including curbing presidential powers), industrial relations reform, higher wages, more individual liberties and a foreign policy which would seek to curb the power of international capital [see Text 1.8]. Together the PS and PCF represented a formidable force, but it became increasingly clear that the PS was gaining far more from the pact than the PCF. As the joint candidate of the left in the 1974 presidential elections Mitterrand came within a hair's breadth of beating Giscard d'Estaing and the PS did particularly well in local elections in 1976 and 1977. In 1977 the PCF effectively sabotaged the union by demanding concessions which it knew the PS would not make and the left lost the 1978 legislative elections as a result. To an extent, the PS's strategy with respect to the PCF was cynical all along and Mitterrand publicly expressed this when he said in June 1972:

'Notre objectif fondamental, c'est de refaire un grand parti socialiste sur le terrain occupé par le PC lui-même, afin de faire la démonstration que, sur cinq millions d'électeurs communistes, trois millions peuvent voter socialiste.'[5]

This aspect of the strategy was certainly successful beyond the dreams of any PS leader, for the PS eventually built and consolidated its own party at the expense of the PCF. The ability of the PS to govern at first very much as the senior coalition partner between 1981 and 1984 and later on in the 1980s and 1990s as *the* party of government is further proof of the success of the death-embrace strategy in relation to the PCF.

1945–1970

Understanding the PS's 180-degree turn during the 1980s is made easier by looking further back into post-war history of the left. Under the Fourth Republic the Socialists behaved very differently in relation to the Communist Party, largely falling in with the anti-communist, Cold War ethos of the time. The socialist SFIO played an important role in many of the coalition governments of this period and indeed was closely associated with some of the least noble moments: during the miners' strike of 1948, it was the socialist interior minister, Jules Moch, who sent in troops against striking miners which resulted in at least two deaths; the SFIO was intimately involved in formulating policies which resulted in the torture and death in French custody of members of the nationalist community in Algeria; and it was socialist Prime Minister Guy Mollet who collaborated with the British in sending troops to Egypt in an attempt to impose their will on President Nasser after he had nationalized the Suez canal. The general orientation of the SFIO under the Fourth Republic has been described by Michel Winock as 'le socialisme expéditionnaire'.[6]

In 1958 the SFIO was deeply split over the issue of whether de Gaulle should be supported as the only person able to avoid armed conflict in France itself as a result of the Algerian question. This set the tone for the rest of the decade and much of the 1960s as well. The republic with which the Socialists had been so much associated had failed miserably. The new constitution was approved by a large majority and the SFIO's behaviour under the Fourth Republic came to be seen by many progressive French people as deeply reactionary. Indeed a significant aspect of politics under the Fourth Republic was that participation in government had earned the socialist current a very bad reputation whereas the PCF, excluded from power, emerged in far better shape.

The period of de Gaulle's presidency between 1958 and 1969 was of course dominated by the right and the left was relatively weak. Moreover, although the PCF still received at least one in five votes at elections during this period, the Algerian war had become the overwhelmingly dominant issue of the time and thus dampened the militancy of the trade union movement and made the PCF more isolated, at least in the late 1950s and early 1960s. The Socialists were divided during the 1960s and support for them was low. De Gaulle's authoritarian populism and claims that political parties were divisive and detracted from all important national unity apparently carried substantial weight, at least in the first years of his presidency. But signs were already emerging in the mid-1960s that the non-communist left was rising from its ashes. In 1965 François Mitterrand stood as candidate for a united left in the presidential election and received enough votes to force de Gaulle to a second round, which de Gaulle nevertheless won comfortably.

In 1968 there was no major political party both willing and able to take immediate advantage of the tremendous radical impulse. The PCF felt distinctly upstaged by the events and roundly condemned the student activists for adventurism, a criticism which was felt implicitly by many of the workers who were infected with the same enthusiasm in the struggles at their place of work. At the end of May the *Accords de Grenelle* offered substantial gains to the working class, but gains which were insignificant in relation to the size and radicalism of the May movement. The socialist current, meanwhile, was still too divided and it was not until the early 1970s, as we have seen, that the PS could embark on its road to government.

The Right: From Standard Bearer of the Republic to Ordinary Political Actor

Both the character and the fortunes of the right during the 1980s and early 1990s were highly mixed. On the one hand, the mainstream, parliamentary right was in terms of programme and ideology probably more like the conservative right in other western countries – thus less exceptional – than at any other time since 1945. This was largely to do with the decline of Gaullism as a separate ideology and is in keeping with the argument that French politics now conforms more with the West European model. However, the growth of the extreme right *Front national* (FN) is a very obvious counter-tendency to this trend and one which we shall seek to explain towards the end of this section. Despite ideological confluence among the mainstream right, the 1980s often brought failure or at least frustration. The victory of the left in 1981 was of course a major blow. Subsequently the PS's and in particular Mitterrand's lurch towards the centre right allowed the Socialists to claim in the mid to late 1980s that Mitterrand and the PS represented the politics of national interest which the right had claimed to embody in its years of exclusive government between 1958 and 1981. Following this the period of cohabitation between right and left from 1986 to 1988 led to frustrations during, and electoral failure at the end of, this two-year period. But the greatest problem for the parliamentary, non-extreme right, was the existence of deep divisions within its own camp which had troubled it for many years and which the rise of the *Front national* has compounded. Conclusive victory for the right came in legislative elections in 1993, but it was a victory explained more by the weakness of the left than widespread popularity of the right. In this section we will begin by briefly considering the right under the Fourth Republic, so that we may understand the deep-rooted nature of its divisions. Next we look at the period of Gaullist dominance between 1958 and 1974 and then the post-Gaullist period between 1974 and 1981. Finally we return to the fortunes of the right during the 1980s and early 1990s.

The Fourth Republic

Backward socio-economic conditions, collaboration with the Germans on the part of elements of the right during the Second World War, strong anti-communism within the right as a result of the success of the PCF and finally the war with Algeria prevented the establishment of a stable, moderate right in the form of a large conservative or Christian democratic party along the lines of developments in Italy and Germany, or something like the Conservative Party in Britain. Elsewhere these parties were often an important part of a more stable political situation. Attempts to set up a dominant centre-right party at first seemed promising with the formation of the MRP which received 26 per cent of votes in elections to the Constituent Assembly in October 1945. The MRP's leaders were mainly Christian Democrats who were keen to defend the legacy of the Resistance and who were also faithful to de Gaulle.

But in mid-1947 de Gaulle launched the RPF in order to express mass opposition to the constitution of the Fourth Republic and in support of the ideas expressed in his *Discours de Bayeux* in June 1946 [see Text 1.1]. Supposedly above the petty squabbles of party politics, the RPF soon developed a hard right image and its appeal for many of its supporters was its virulent anti-communism. The RPF soon recruited large numbers of militants and in the legislative elections of June 1951 it received 22.5 per cent of the vote. The effect of RPF activity on the MRP was disastrous, with many former MRP voters lending their support to the Gaullists, so in the same legislative elections the MRP received only 13.4 per cent of the vote. (The MRP had already a tarnished reputation because of an influx of former Vichy supporters in 1945 and 1946, quite contrary to the wishes of its leadership.) The RPF soon came to grief as well, however, after de Gaulle left the RPF to its own devices in May 1953, partly in disgust that his group had begun to act like an ordinary, sectarian political party. The Gaullists received less than 4 per cent of the vote in the legislative elections of 1956.

The extreme right under the Fourth Republic was most effectively represented by the Poujadists. Pierre Poujade's party mainly sought to defend the interests of the small businessman against threats both from the state and from big business and the predominantly petit-bourgeois character of its electorate reflected this. The leader of what was very much a party of reaction against both the growth of the state and the growth of big business, which were key factors in the economic modernization of the time, Poujade defended a romantic image of rural France, the glory of the Empire and warned that Jews were attempting to take over French business. More concretely, Poujade won many votes on a straightforward campaign against the taxation of small firms [see Text 1.14].

The Poujadist movement reached its apogee at the elections of 1956 where it won 11.6 per cent of the vote, giving it 52 *députés* in the Assemblée nationale. The improving fortunes of a group of conservative right parties during the Fourth Republic seemed to suggest not only that this section of the right had recovered from many of its supporters' capitulation to Pétain, but also that it was to have a substantial influence on parliamentary politics in years to come. In 1949 the conservative *Centre national des indépendants* (CNI) was formed in order to halt the success of the RPF (the group became CNIP in 1951 when the peasants joined) and gained considerable influence. Indeed the years from 1951 to 1955 were dominated by conservative coalitions of the CNIP, the MRP and the Radicals.[7] However, the Algerian war and the consequent victory of de Gaulle in 1958 were to postpone the rise of this more traditional right until the 1970s.

Table 1.1 illustrates the divided nature and highly uneven development of the right during the Fourth Republic.

Table 1.1. Legislative elections, 1945–1956 (percentage of votes cast for each party, metropolitan France only)

	PCF	Soc	Rad & Ass.	MRP	Ind. Cons.	Gaull.	Other
1945	26.5	24	11	25	13	—	0.5
1946 June	26	21	11.5	28	13	—	0.5
1946 Nov.	28	18	11	26	16	—	1
1951	26	14.5	10.5	13	12	22.5	1.5
1956	26	15	15.5	11	15	4	13.5*

* mainly Poujadists.
Source: J. Blondel, *The Government of France* (Methuen, 1974).

The Fifth Republic

In order to understand developments on the right under the Fifth Republic it is useful to refer to René Rémond's now classic definitions of the different elements within the right.[8] According to Rémond, the history of the French right is best understood as the evolution of three main strands which are bonapartist, liberal and counter-revolutionary. These terms will become clear as we discuss each strand.

As we have seen, de Gaulle rode to power on the crest of a wave of unrest and conflict in 1958 and remained president of the republic until 1969. For the whole of this period de Gaulle and the Gaullists dominated the political scene. The most lasting significance of governmental Gaullism was to use a strong, centralized state not only to establish political stability, but also to push forward the modernization of the economy. According to René Rémond and many others, Gaullism is a type of bonapartism, a reference to the populist-authoritarian rule of both Napoleon Bonaparte between 1799 and 1815 and Louis Napoleon from 1848 to 1870. The parallels are only approximate, and de Gaulle's regime certainly had more to do with liberal democratic principles than the regimes of either of the two Napoleons, but the elements of bonapartism were certainly all there. They are as follows:

(1)   Rallying around the notion of national unity. De Gaulle insisted that
      national politics should be based on the common interests of the French
      as a nation, rather than on the principle of defending one social class
      against another or some other sectional interest.

(2)   The association of capital and labour. This was part of the same
      principle and from time to time de Gaulle rather unsuccessfully at-
      tempted to develop the notion of *participation* between capital and
      labour both in terms of profit sharing and in terms of participation of
      the work-force in company decision making. De Gaulle's contempt for
      the traditionally more conflictual nature of management–union relations
      was informed by this.

(3)   The importance of the national leader. The entire period between 1958
      and 1969 was testimony to the importance of this particular bonapartist
      characteristic, with the figure of de Gaulle towering high above any
      other in national politics. Recourse to referendums in order to appeal
      over the heads of 'divisive' political parties and reinforce the bond
      between leader and led was in part designed to reinforce his authority,
      and the constitution itself is imbued with the notion of the importance
      of the president of the republic [see Text 1.15]. These aspects of
      Gaullism have had a profound effect on the style of politics in France
      since 1958 and have deeply affected every president of the Fifth
      Republic.

As we have seen, resolving the Algerian question was one of the most
important achievements of the de Gaulle presidency and other aspects of his
all-important foreign policy are discussed below, including a belief in the
necessity for a strong and independent system of defence. As far as domestic
policy was concerned de Gaulle and his colleagues considered that modernizing the French economy was a priority and his presidency is intimately
associated with this. Far from the preoccupation of today's right with the
free market, economic change was achieved by intervention on the part of
the state (see Part II). Law and order was all-important and in fact a
galvanizing factor in the May 1968 revolt, which sounded the death knell of
de Gaulle's rule, was strong feeling against police brutality.

The constitution of the Fifth Republic is one of the most enduring legacies
of the de Gaulle era and parties of the mainstream left as well as the
mainstream right now accept most elements of this constitution as an
essential prerequisite for democracy in France.[9] Above all it allows for much
executive (presidential and governmental) power and relatively little
parliamentary power, in stark contrast with the constitution of the Fourth
Republic. The president is elected by universal suffrage (although this was
only introduced – by referendum – in 1962) and is responsible for the choice
of prime minister and his or her dismissal. He (never yet she) nominates the
rest of the cabinet (*conseil des ministres*) in consultation with the prime

minister. The president may submit proposed changes in legislation to the French people in the form of a referendum and may dissolve the *Assemblée nationale* (the lower house), thus provoking an election. But perhaps the most controversial presidential power of all and the one which comes closest to parting company with liberal democratic tradition is that described in Article 16, which allows the head of state 'pouvoirs exceptionnels' (defined very generally as being those 'required by the circumstances') for a certain period during a time of crisis. This provision has been used only once since 1958, by de Gaulle, between 23 April and 30 September 1961 after a putsch by four generals in Algeria. But it is a highly significant provision in that it is a – now virtually unchallenged – symbol of the power of the president and is indeed always there, to be used if necessary. Although the constitution gives substantial powers to the president there is nevertheless a degree of ambiguity which allows room for interpretation. Although the president chairs cabinet meetings, the government 'détermine et conduit la politique de la nation' (Article 20) and 'dirige l'action du gouvernement' (Article 21), and although the president is 'chef des armées' (Article 15), the government 'dispose de l'administration de la force armée' (Article 20) and the prime minister is 'responsable de la défense nationale' (Article 21). In the text, then, it is nowhere clearly laid out who actually governs, but in practice it has been the presidents of the republic who have dominated the legislature, the government, the civil service, the judiciary, the army, foreign policy and defence. This dominance has prompted Maurice Duverger to call the Fifth Republic 'une monarchie républicaine'.[10]

During the period between 1958 and 1969, the liberal or moderate right was very much overshadowed by the figure of President de Gaulle and his party, at first called the *Union pour la nouvelle république* (UNR).[11]

Partly because of the bi-polarising effects of the constitution of the Fifth Republic, where national-level elections have two rounds and where there is a system of majority voting, the various elements of the liberal right joined the governmental coalition, which by 1978 included all of the liberal right (see Table 1.2). In 1962, the largest and most influential component of the liberal right, Giscard d'Estaing's *Républicains indépendents* (RI) joined the UNR *députés* in support of the Fifth Republic and President de Gaulle. (RI had its roots in the CNIP under the Fourth Republic.) Indeed, Giscard occupied the important position of finance minister between 1962 and 1966, and then again under President Pompidou from 1969 to 1974. In 1969, after the election of Pompidou as president of the republic, the governmental coalition broadened again to include the Christian-democratic *Centre démocratie et progrès* (CDP), by far the most significant other grouping on the centre-right. Pompidou's presidency was less bonapartist than de Gaulle's, and represented a move towards the centre-right ideologically as well as in terms of alliances.

After the death of Pompidou in 1974 there was no obvious successor for leadership of the Gaullist movement, a movement which was so dependent on the prestige and authority of its leader. In the 1974 presidential election the Gaullist candidate was Jacques Chaban-Delmas, but some Gaullist *députés*, led by Jacques Chirac, supported Giscard d'Estaing, and Chaban-Delmas received only 15 per cent in the first round, compared with Giscard's 33 per cent. The liberal right's time had come at last and Giscard d'Estaing was narrowly elected president of the republic in the second round. However, the right alliance, which broadened again after Giscard's election, was an uneasy one, for the *Assemblée Nationale* was dominated by Gaullist *députés* who were mistrustful of Giscard and some liberal right parties in the coalition were anti-Gaullist. Jacques Chirac was nominated prime minister because of the continued weight of Gaullism in the *Assemblée Nationale*, but he resigned in August 1976 in order to relaunch the Gaullist movement and was replaced by Raymond Barre, an economics professor with a firm belief in market economics. As we have already seen, in the first years of Giscard's presidency, France went a certain way to becoming a less exceptional country, particularly in the sphere of social affairs. But Raymond Barre's appointment as prime minister signalled a turn towards increased pragmatism, particularly as far as economic policy was concerned.

Table 1.2. The growth of the right-wing ruling coalition

Legislative elections 1958	Gaullists (UNR)
Legislative elections 1962	Gaullists (UNR-UDT) + Independent Republicans (RI)
Presidential elections 1969	Gaullists (UDR) + Independent Republicans (RI) + Centre Démocratie et Progrès (CDP)
Presidential elections 1974	Gaullists (UDR) + Independent Republicans (RI) + CDP + Centre Démocratie (CD) + Radicals + Centre National des Indépendents et Paysans (CNIP) + Mouvement Démocrate Socialiste de France (MDSF)
Legislative elections 1978	Gaullists (RPR) + Union pour la Démocratie Française (UDF) + Republican Party (ex-Independent Republicans) + Radical Party + Centre des Démocrates Sociaux (or CDS, fusion of CDP and CD) + Mouvement Démocrate Socialiste + Clubs Perspectives et Réalites + Young Giscardians + CNIP

Source: V. Wright, *The Government and Politics of France* (Unwin Hyman, 1989).

Chirac relaunched his party under the name *Rassemblement pour la république* (RPR) with new structures which gave him greater power and which made the party a more activist organization. Shortly afterwards, in February 1978, Giscard set up the liberal right electoral alliance, the *Union pour la démocratie française* (UDF) and virtually the whole of the liberal right was now working together in order to counter the threat of a left victory at the legislative elections the following month. The right won the elections, partly because of the deep rifts over policy which had developed within the left. But the presidential elections of 1981 were a disaster for the right: there were three Gaullist candidates (Chirac, Michel Debré and Marie-France Garaud) and also Giscard d'Estaing for the UDF. François Mitterrand was elected president and the left swept the board in the ensuing parliamentary elections.

The 1980s and early 1990s

The 1980s were to be a testing time for the right in several ways. To be catapulted into opposition after twenty-five years of right-wing government was of course a major blow. Then Mitterrand and his socialist colleagues, far from being hampered by the constitution which some thought the left could not work with, appeared to use the governmental rules laid down by de Gaulle with the greatest of ease. As the 1980s went by and as the influence of the PCF declined and the PS moved to the right, the left majority increasingly appeared to represent the centre ground, which once only Giscard's centre-right coalition of the 1970s seemed capable of doing. Finally, the right was plagued with divisions which had greatly helped the left's victory in the first place.

The 1980s were not entirely barren as far as right-wing government was concerned, of course. When in 1986 it won a majority of seats in the legislative elections and thus had an opportunity to try to show that it had a better set of policies than the PS, Mitterrand nominated Jacques Chirac as prime minister and hampered his choice of ministers relatively little. Chirac's programme was based firmly on free-market economics and the politics of law and order. He set about denationalizing some of the companies nationalized in the early 1980s and even some nationalized just after the Second World War. He cut taxes, abolished the Socialists' wealth tax and in general passed legislation to encourage free enterprise, such as the deregulation of the financial sector, the relaxation of protection against redundancy and the introduction of flexible working hours. The government planned to reform the law on immigration, drawing up a new nationality code making entry into the country and residence in France more difficult to achieve and expulsion more easy for the authorities to carry out, but this was shelved in the end, as it was clear that it was a particularly unpopular piece of proposed legislation. There were also plans to privatize certain aspects of prison administration and a strong-arm campaign against drugs and terrorism. Overseas, the government sought aggressively to quell the growing movement for independence in French New Caledonia.

One area of dramatic defeat for the government of cohabitation from 1986 to 1988 was its policy on higher education. It published a bill which sought to introduce a greater element of selection into university entry and to increase university fees. At the end of 1986 hundreds of thousands of school and university students went on strike and demonstrated against the proposed reforms in a movement with enough similarities with the events of May 1968 to be taken very seriously and to persuade the government to withdraw its plans. By New Year 1987 public sector strikes over pay and working conditions had gripped the country and undermined the government's confidence. The result was that the reform programme was substantially slowed down in the hope of retaining enough support for the right to win the presidential elections of 1988. The right hoped in vain, however, and the French voted again for President Mitterrand, who had come to represent almost non-partisan statesmanship, as opposed to Chirac's, in particular, highly sectional politics.

In 1993 the right emerged from the legislative elections with a massive parliamentary majority, although they received fewer votes than in 1981. This enabled the new prime minister, Edouard Balladur to begin implementing a programme which included widespread privatizations, tough measures on immigration and a strong emphasis on law and order. If our thesis about the 'normalization' of politics in France were to be wholly valid, during the 1980s and early 1990s we would have seen the emergence of a unified, liberal right. As far as programme and ideological orientation is concerned, this is largely true, but as far as organization is concerned the right has certainly remained as divided as in the 1970s and often more so.

The evolution of the RPR during the 1980s and early 1990s was ambiguous. On the one hand, the RPR has become far less intent on stressing the importance of state intervention than traditional Gaullism had been and is indeed a keen advocate of creating the best possible conditions for the efficient functioning of widespread free enterprise [see Text 1.16]. In this respect, there was increasing confluence with centre-right policy. Likewise, on Europe, the RPR has also moved with the times and is now in favour of an expanded and more powerful European Community, even expressing interest in a common European defence programme.[12] In many ways, there is therefore now less to distinguish the Gaullists from the rest of the right than there was during much of the period between 1945 and 1981 and Jérôme Jaffré has gone as far as saying that 'en réalité, il convient de parler de disparition du gaullisme comme force électorale autonome au profit d'un bloc conservateur imparfaitement uni'.[13] However, the RPR has given in to the temptation – particularly during the period of *cohabitation* – of adapting aspects of its programme to the extreme right positions of the FN. Particularly as far as issues of immigration are concerned, this has caused considerable internal conflict in the party, with a leading opponent of capitulation to the extreme right, Michel Noir, publicly condemning electoral alliances between the FN and the RPR. The RPR might thus be said to have moved away from bonapartism towards the liberal right, but with a degree of accommodation to the extreme right, which is after all not something new for the Gaullist movement when one thinks of the RPF under the Fourth Republic.

For the liberal right during the 1980s and early 1990s, there were increasing problems of fragmentation. After the elections of 1981 the parliamentary representation of the UDF was greatly weakened, with only 62 seats instead of 137 after the legislative elections of 1978. Electoral unity with the RPR helped in 1986, but one of the UDF's leaders, Raymond Barre, was strongly opposed to *cohabitation* with Mitterrand. After the low vote for UDF candidate Raymond Barre in the 1988 presidential elections (16.5 per cent compared with Chirac's 19.9 per cent) Raymond Barre and the Christian democratic *Centre des démocrates sociaux* (CDS) formed their own parliamentary grouping in June 1988, the *Union du centre* (UDC). The centre right did not enter the 1990s wholly divided, however, for the UDC, the UDF and the RPR formed a parliamentary inter-group, the *Union pour la France* (UPF) in June 1990, which meant the tackling of the 1993 legislative elections as a unified, or semi-unified, force, and which proved successful. Two major problems persist, however, for this organizationally volatile liberal right. First, it is likely to remain divided until a leader emerges with enough authority and charisma to pull the various strands together. Until such a time, it is likely to remain only semi-united in terms of organization, despite relatively minor policy differences. The other major problem for both the liberal and the Gaullist right is the steady success of the *Front national*.

The rise during the 1980s of the counter-revolutionary, or extreme right in the form of the *Front national* is a fascinating and alarming phenomenon. The FN advocates repatriation of large numbers of immigrants, more forceful law and order measures, including the reintroduction of the death penalty, a strong-arm campaign against drug pushers and users, is strongly anti-European and condemns the 'corruption' of all other political parties and politicians [see Texts 1.17 and 1.18]. The only well-developed and widely-known aspect of its programme, however, is its policy on immigration and immigrant workers. France has for a long time had a small but active extreme right like the Poujadists during the 1950s, but during the 1980s and early 1990s the FN gathered more support and had more effect on the rest of the political spectrum than had been seen for many years.

The decade did not start well for the FN, however, and in 1981 its leader Jean-Marie Le Pen was unable to obtain the 500 signatures from *notables* which would have allowed him to stand as a presidential candidate. In 1983 a leading political analyst, Jean-Christian Petitfils, wrote convincingly that the extreme right was 'émiettée en une myriade d'îlots minuscules, de cénacles impuissants, de cercles fantomatiques [et] elle n'existe plus qu'à l'état de vestige historique'.[14] But in the 1983 municipal elections at Dreux, near Chartres, the FN attracted 16.7 per cent of the vote. In the legislative elections of 1986 it received 9.6 per cent and, due to the new system of proportional representation, the FN had 35 *députés*, the same number as the

PCF. In the 1988 presidential elections Jean-Marie Le Pen received 14.4 per cent and in the legislative elections which followed the FN received 9.7 per cent. In December 1989 FN candidate Marie-France Stirbois won a legislative by-election in Dreux. The 1990s began fairly well for the FN when in local elections in March 1992 it received 13.9 per cent of the vote and in the 1993 legislative elections it received 12.4 per cent. The most convincing explanation for the sudden rise of the FN is that the existence of high unemployment during the 1980s together with a highly identifiable and often unintegrated immigrant population allowed the party's leaders, and Le Pen in particular, to capitalize on the fear or experience of unemployment combined with already existing racism; the FN has been able to convince its voters that immigrants are largely responsible for unemployment and other economic ills, as well as many other social problems such as the growth of Aids and more generally 'moral decline'. Lingering resentment towards ethnic minorities of North African extraction (a legacy of colonial days and the Algerian war) has thus been fuelled by Le Pen and other FN leaders who maintain that 'la France aux Français' would be a major step towards helping poor and marginalized whites. The FN has done particularly well in the southern Provence-Alpes-Côte d'Azur area, where there is a large immigrant population, high unemployment and large numbers of former French Algerians who fled Algeria in 1962. The FN has also done well in areas in the north and north-east where there have been job losses in traditional industrial sectors and where there are large numbers of immigrants.

A subsidiary and by no means mutually exclusive explanation for the rise of the FN is that, because politics in general has become more moderate and because the left no longer represents a current which systematically protests against the established order (even the PCF participated in government between 1981 and 1984), a vote for the extreme right is now seen as an effective way of expressing opposition to the political mainstream. For those who feel this political mainstream has passed them by, joining or voting for the FN seems a way of expressing protest, or, in the words of Colette Ysmal, the FN has become 'Le dernier recours pour les Français qui vivent ou craignent l'exclusion.'[15] Indeed, it seems as if there is a direct link between the decline of the PCF and the rise of the FN, although there is little evidence that large numbers of former PCF voters now vote FN. Rather, former PCF voters have switched their allegiance to another more mainstream party (like the PS) or abstain, but for people who wish to vote 'anti' and who did not vote before, the FN has become a logical option. Table 1.3 shows how since 1978, regardless of the varying fortunes of each party, the total of FN and PCF votes has always been between 15.5 and 22.3 per cent, indicating that the two phenomena fluctuate, to an extent, proportionally.

For the Gaullists and the UDF the rise of the FN has been problematic and has arguably dominated the fortunes of these parties since September

Table 1.3. Major election results for PCF and FN, 1978–1993 (percentage of total votes cast)

Election	PCF	FN	PCF + FN
Legislative, 1978	20.6	0.8	21.4
Presidential, 1981	15.5	—	15.5
Legislative, 1981	16.1	0.3	16.4
European, 1984	11.2	11.1	22.3
Legislative, 1986	9.7	9.9	19.6
Presidential, 1988	6.9	14.6	21.5
Legislative, 1988	11.2	9.9	21.1
European, 1989	7.8	11.8	19.6
Legislative, 1993	9.2	12.4	21.6

Source: Adapted from C. Ysmal, 'Communistes et Lepénistes: le chassé-croisé', in *Histoire*, No 143, April 1991.

1983 when the Front had its first major electoral breakthrough. Since then supporters of the right have been split in three directions. The RPR quite openly adapted large chunks of its governmental programme during the first period of cohabitation in an attempt to win back votes from the Front, in particular in relation to immigrant workers and more generally to questions of law and order. This has had the effect of the RPR being identified more with the hard right than previously, but without its having the extra-parliamentary charisma of the FN. As long as the FN continues to attract a sizeable amount of support, it will continue to be a thorn in the side of the parliamentary right.

The Socialists have also been affected by the FN stirring up the immigration issue and after the election of Marie-France Stirbois in Dreux in 1989 François Mitterrand declared in an interview on television that 'le seuil de tolérance a été atteint dans les années 70' and 'les clandestins doivent être expulsés', a sentiment which was a long way from that which informed the amnesty for many illegal immigrants in 1981 and a statement which shocked many rank-and-file PS members.

From this brief look at the fortunes of the right during the 1980s it should be clear that it is highly fragmented and its predicament is still different from that of the right in some other countries in the West where a unified liberal right dominates and has relatively few problems with extremism to its right. However, the decline – but not yet disappearance – of bonapartism or Gaullism as an ideology and current distinct from the liberal right means that there is more common ground in terms of policy than there was in the past, despite deep organizational rifts.

Trade Unions: Radicalism and Decline

The classic post-1945 route for European countries where politics were less conflict-dominated was one where trade unions played an important part in building a political climate of relative national unity. The role of trade unions was thus highly ambivalent. In an immediate sense they fought to defend the rights of their members against the interests of their employers, whether they worked in the public or private sector. In a broader sense, however, trade unions often had a dampening effect on class conflict, for they acted as a vehicle for buffering dissatisfaction and arriving at compromises with employers before unrest was expressed in terms of widespread direct action. Thus trade unions often served to prevent small conflicts from growing into larger ones and sometimes prevented large-scale changes from taking place. In many instances, moderate socialist or social-democratic parties of government after 1945 had close links with trade unions and formal or implicit agreements between government, union leaders and employers emerged on pay and working conditions, which made for a relatively calm industrial relations climate. This was the case in Scandinavia, Austria, the Netherlands and Britain, for instance.

As we have already seen, this was not the scenario in France, where trade unionism has long been associated with head-on collision with both employers and governments. In contrast to the situation in these other countries, particularly in Northern Europe, in France there are several mutually antagonistic trade union confederations, split along ideological lines. The rate of unionization is low and collective bargaining, particularly at individual company level, has until recently been weak. Instead of a situation in which trade unions systematically negotiate with management and establish a code of behaviour, employees' terms and conditions – and since 1982 rules governing collective bargaining – are more regulated by law than in many countries, by legislation which has been passed at times when the balance of forces has swung in favour of the working class. Thus in 1936, after the formation of the Popular Front government, the Matignon Agreement established a legal right to paid holiday, a 40-hour week and the legitimacy of collective agreements; in 1946 there were laws on staff representatives, works councils and collective bargaining; in 1968 the *Accords de Grenelle* established the right for trade unions to organize at the place of work; and in 1982, soon after the formation of the PS-dominated government, the *lois Auroux* were passed which notably obliged employers at firm level to negotiate each year with trade union reprentatives and increased the power of the works council.

Although all the confederations have long explicitly or implicitly accepted the legitimacy of the capitalist system, France still displays few, if any, of the characteristics of trade unionism in countries well known for their more consensual politics, namely:

(1)   a dominant, unified, moderate union confederation;
(2)   a substantial proportion of their working population in trade unions;
(3)   widespread and systematic negotiations with employers who are in general willing to talk;
(4)   close relations between a large union confederation and a social-democratic oriented socialist party.

A glance at the characteristics of the main organizations involved in industrial relations (Table 1.4) shows that it is an area where France in the 1990s still remains at odds with more consensual systems of politics in other countries. Indeed, one can safely assert that the trade union movement in France is in crisis [see Text 1.19]. The point about large, relatively moderate and unified union structures elsewhere is that unrest among employees can be identified at an early stage, is clearly expressed and can in many cases be negotiated away at relatively little cost to employers. With a structure and

Table 1.4. Main union confederations in France

Confederation	Membership*	Political orientation
Confédération générale du travail (CGT)	600,000	Close to PCF
Confédération française démocratique du travail (CFDT)	400,000	Fairly close to PS
Confédération générale du travail-Force ouvrière (CGT-FO)	400,000	Moderate, anti-communist
Confédération française des travailleurs chrétiens (CFTC)	100,000	Catholic
Fedération de l'éducation nationale (FEN)	200,000	Left-leaning, all teachers
Confédération française de l'encadrement-Confédération générale des cadres (CFE-CGC)	100,000	Supervisory and managerial

* The figures given here are estimates, taken from P. Rosanvallon, *La Question syndicale*, Calmann-Lévy, 1988, and M. Noblecourt, *Les Syndicats en questions*, Les Éditions Ouvrières, 1990.

practice such as the one found in France, this has rarely been the case. Indeed, there is a long history of industrial struggle taking place which is out of the control not only of management but also of the trade union leadership: during the time of the Popular Front government the rank and file rose up to push the union leadership far further in its pressure on government than the leadership had intended; in 1968 the leadership of the unions was taken by surprise by the breadth and militancy of rank and file support for the May movement; more recently, albeit on a smaller scale, in the 1986 public sector strikes rank and file trade-unionists and even non-union members were highly militant.

The 1980s saw a break with the past in some important respects, however. First, after the victory of the left in 1981, there was no mass movement on the part of the working class which sought to push a progressive government further in its objectives, as there had been in 1936 and 1947. Certainly, there was no actual pact between union leaders and government to limit industrial action, but informally the labour movement leadership allowed the government a substantial period of grace and went out of its way to avoid industrial disputes; the 1980s saw the number of days lost per annum in strike activity fall to the lowest level since 1945, as shown in Figure 1.1. Significantly, the usually highly-militant *Confédération générale du travail* (CGT) organized no national day of action at all until after July 1984, when the PCF ministers left government. It was indeed significant that the only real mass demonstrations in the first few years of socialist rule were organized by the right, in

Figure 1.1. Industrial conflict, 1952–1990 (number of days lost in strike activity, civil service excluded)

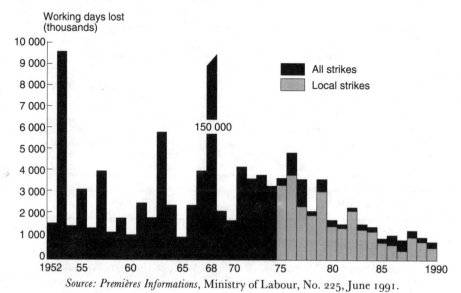

Source: Premières Informations, Ministry of Labour, No. 225, June 1991.

protest against Minister for Education Alain Savary's 1984 bill which, among other things, planned to reduce the autonomy of private schools (see Part III). In June 1984 there was a demonstration of over a million people (including many parents of private school students) and the government was obliged to back down.

This relative lack of activism on the part of the labour movement was a crucial factor in allowing the PS to implement austerity programmes and generally to bring about reforms which the right would have dearly loved to implement, but would probably have been stopped from doing by a militant labour movement. These included breaking the informal indexation of salaries to prices which had existed since the Second World War, asserting the legitimacy of the private firm as a crucial actor in the French economy, radically reducing the number of employees in traditional sectors, asserting the legitimacy of market forces in shaping the economy, and in general persuading the business community that the PS was a business-friendly government.[16] If the labour movement had risen up against the PS U-turn of 1982–83 the history of the 1980s would have been very different indeed.

French trade unions in the 1980s became numerically far weaker, with the rate of unionization falling from about 19 per cent of the active population in 1980 to nearer 10 per cent in 1990, the lowest of all OECD countries (see Figure 1.2). Many of the causes of this decline in union membership are also found in other industrialized countries. First, the number of blue-collar workers, who were always the most heavily unionized, has fallen considerably and the PS governments actively encouraged – or at least did nothing to prevent – the decline of steel, shipbuilding, coal mining and the car industry. Next, technological change meant that jobs have often been 'rationalized' and this was also a cause of high unemployment which has been a feature of the French economy throughout the 1980s and the beginning of the 1990s. But the French trade union movement has been hit particularly hard because of its already weak and divided nature before industrial restructuring. The CGT, for a long time by far the largest and most militant of trade unions, has been hardest hit by the decline, which has compounded the already substantial problems caused by its association with the Stalinist politics of the PCF. A glance at Table 1.5 shows that the more militant CGT and *Confédération française démocratique du travail* (CFDT) have lost support, whereas *Force ouvrière* (FO) has gained support, as has the *Confédération française des travailleurs chrétiens* (CFTC), and non-union representatives now account for more than a quarter of all members of works councils. Nevertheless, it must be stressed that figures for elections to works councils and for staff representatives show that the union movement still has an influence which goes well beyond what raw union membership figures suggest; in 1990 almost three-quarters of employees voting in works council elections chose to vote for trade union candidates.

Figure 1.2.   Union density in OECD countries, 1988 (percentage of total work-force in unions)

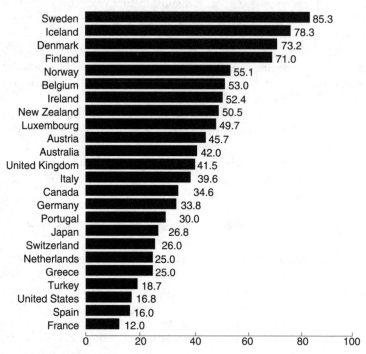

Source: OECD Employment Outlook, July 1991.

One subsidiary cause of low unionization is that the system of paying for membership is a complex and labour-intensive one. Employees are asked to buy a monthly stamp and there is no method whereby employers deduct dues from salary before payment to employees. This can put otherwise

Table 1.5. Works council election results, 1980–1990 (percentage of votes cast)

Union	1980	1982	1984	1986	1988	1990
CGT	36.5	32.3	29.3	27.1	26.7	24.9
CFDT	21.3	22.8	21.0	21.2	20.7	19.9
CGT-FO	11.0	11.7	13.9	14.4	13.7	12.8
CFE-CGC	6.0	7.0	7.1	7.5	6.8	6.5
CFTC	2.9	2.9	3.8	3.8	3.7	3.6
Others	5.0	4.4	4.8	5.0	4.8	5.6
Non-union	16.8	18.4	19.7	21.1	23.5	26.6

Source: European Industrial Relations Review, No 187 and No 211.

sympathetic employees off joining and no one has yet satisfactorily answered the question of whether an employee who pays, say, six out of a year's contributions, should be counted as being a full member for the purpose of counting membership.

When the government introduced the *lois Auroux* this seemed to be a clear sign to the unions that it wished to shift the balance of power away from the *patronat* and in favour of labour. The laws were designed to correct the hitherto severe lack of dialogue at company level between employers and employees. Employers were now obliged to discuss pay, working conditions and working time every year, although there was no obligation to actually reach agreement with trade unions. Unions were also allowed greater access to company information and nationalized firms admitted worker representatives to their boards. There was a new form of company-level dialogue in the shape of *groupes d'expression* which allowed workers and management to discuss issues which one side or the other wished to raise. On the whole the *lois Auroux* have proved positive for the unions and the trade union is certainly seen as a more legitimate social actor than was previously the case. Since 1983, when the legal obligation to negotiate annually first came into force, the number of workers covered by collective agreements has grown dramatically.[17] However, most analysts are agreed that the introduction of *groupes d'expression* into the work place has meant that some employees have viewed these non-union entities as an alternative channel of communication with management, rather than an additional one, and management has been keen to do the same. Ironically, then, these laws which the unions very much welcomed and the *patronat* vehemently opposed have probably contributed towards weakening the movement.

The divided nature of the trade union movement is due partly to the highly politicized nature of unions in France and also to the fact that no large, moderate Socialist Party emerged to be the natural ally of the movement. The fact that the working population was for long predominantly rural was also an important factor. This has greatly hampered the trade union movement's ability to play a more formal part in national politics. There have certainly been times when there was more unity of action than at others, such as during the period of the PS–PCF *Programme commun* in the 1970s, but the general rule has been fierce antagonism. The 1980s have seen no improvement in this situation, despite rumours at one time that the *Fédération de l'éducation nationale* (FEN) and FO might unite to form the core of a larger, moderate confederation committed to defence of its members' interests through collective bargaining above all else and close to the PS. The Single European Act has been of particular concern to some trade unionists, who fear that the large confederations in other member states may drown the voice of the weak and divided French unions at the international negotiating tables.

Returning to our general theme of consensus versus conflict, it should now be clear that a small trade union movement does not necessarily make for a more stable political situation than a large one. The most stable liberal democracies in post-1945 Europe have been those with large but moderate trade union movements. France has now a very small movement which is more moderate than it used to be, but the trade union movement and industrial militancy more generally are still unpredictable, partly because of the smallness of the officially organized working class.

Foreign Relations and Defence: From Colonial Imbroglio to Quasi-consensus

If we look generally for a moment at France's more conflictual and ideological days, it is clear that France's place in the world and relations with other countries played an important part in maintaining this state of affairs. In a general sense, France was for many centuries at the geographical, cultural and diplomatic centre of a highly volatile international order, a position which often affected domestic affairs. To mention but the most obvious examples of the effect of international turmoil on domestic politics, the 1871 Commune of Paris (hailed by Karl Marx as the first proletarian revolution) was closely linked with the Franco-Prussian war; the formation of the PCF with both the First World War and the Russian Revolution; both the growth of the PCF and the popularity of de Gaulle with the Second World War; the governmental and extra-governmental instability of the Fourth Republic and the beginning of the Fifth Republic with colonial wars and decolonization. Finally, even the events of May 1968 were linked with foreign relations to the extent that one of the causes of the events was neglect by de Gaulle of certain important domestic considerations in favour of a grandiose foreign policy. After decolonization, however, foreign and particularly defence policy were among the first areas of near consensus among the main political parties and hinted at a future, more 'modern' political system in general. Another point to take into account is that, since 1945, Western Europe has in general become a more stable political entity, in part because of the construction and development of the European Community, and this has eased France's foreign relations within Europe, a process which has had a direct knock-on effect on the domestic political scene.

In this section we look firstly at the situation under the Fourth Republic, when foreign relations were dominated by colonial war. Next we examine the de Gaulle era, when foreign relations, although dominated by the peculiarities of Gaullist ideology, not only attracted support from the greater part of the population as well as politicians, but also helped rid France of the strife-ridden question of colonial war. We then consider the post-de Gaulle era under Pompidou and Giscard d'Estaing which, despite still being strongly influenced by de Gaulle, represented a less grandiose approach which was more akin to that of other western powers than de Gaulle's all-out quest for French glory. Finally, we consider the socialist period since 1981 when there is no doubt that François Mitterrand has taken the more sober approach of Pompidou and Giscard a significant step forward, although signs of Gaullist influence are still there [see Text 1.20].

The Fourth Republic

As the historian Jacques Fauvet has pointed out, one of the major errors of the politicians of the Fourth Republic was not to have set up different relations overseas.[18] In 1944, France held a conference in Brazzaville, capital of French Equatorial Africa, on the future of relations with its African colonies, and although there was a commitment to reform, the conservative overall outcome of the conference was neatly summed up in one of the resulting recommendations: 'Les fins de l'œuvre de civilisation accomplie par la France dans les Colonies écartent toute idée d'autonomie, toute possibilité d'évolution hors du bloc français de l'empire; la constitution éventuelle, même lointaine, de self-governments dans les colonies est à écarter.'[19]

This reflected the views of most politicians at the beginning of the Fourth Republic and was a position which influenced the creation of the *Union française* in 1946, which put many former colonies in a slightly more autonomous but still highly dependent position; the most significant innovation of the Union was to grant (strictly limited) parliamentary representation to former colonies. This traditional colonial policy had in practice to be moderated in relation to some parts of French Africa and many colonies gained independence in the late 1950s or early 1960s, but it informed much of France's attitude overseas up to 1958.

Explaining France's intransigence in its colonial policy is not easy, given that the Second World War had substantially strengthened the hand of independence movements and that other colonial powers adopted a more reforming approach. But many felt that without its colonies France could not have counted itself among the victors of the Second World War and, just as importantly, a large proportion of France's trade after the war remained imperial, with the colonies accounting for a quarter of all French imports and receiving well over a third of French exports.

In Indo-China France took up arms against the Viet Minh liberation movement after negotiations over independence with its communist leader, Ho Chi Minh, broke down in 1946. There ensued a long and bloody war and the loss of life of a total of 90,000 soldiers. But the French public remained largely apathetic in relation to the war, partly because only professional soldiers were sent to fight and not conscripts. This attitude rapidly changed, however, when in May 1954 the Viet Minh defeated the French at Dien Bien Phu with the loss of one-tenth of all French troops in Indo-China and posed a stark choice between total withdrawal or deeper involvement. The latter option would almost certainly have implied conscription, and with the war already mopping up 40 per cent of the French defence budget, government decided on withdrawal, leaving the 'fight against Communism' in Indo-China in the hands of the Americans. The writing was already on the wall for the Fourth Republic.

The Algerian war began the same year and was to become by far the most divisive issue in the whole of the Fourth Republic. The Algerian *Front de libération nationale* (FLN) published a declaration of independence in November 1954 [see Text 1.21] and the movement gathered considerable support, in the end successfully driving the French, after tens of thousands of casualties on either side, out of the country. Crucially, the French decided in 1955 to send in conscripts, which well and truly brought the war back home. It is perhaps difficult to understand why France did not pull its troops out of Algeria sooner, or even engaged troops in the first place, given its previous humiliating withdrawal from Indo-China in a similar war. But it must be remembered that, although the one million plus colonials in Algeria had lived there for several generations, they still considered themselves to be as much French as Algerian. In addition, Algeria was politically far more integrated into French life than were most other colonies, it being defined as three French administrative *départements* with *députés* representing them in the domestic parliament, rather than an overseas territory. In any event, the colonial question not only dominated the politics of the Fourth Republic, but in large part caused its downfall as well.

In the midst of the Algerian war there came another major humiliation for French policy overseas when in 1956 Franco-British forces attacked Egypt after the Egyptian President Nasser nationalized the Suez canal, an important trade route to the East. America refused to support this attempt to defend western interests in the Middle East and Britain and France had to withdraw and allow Nasser to maintain the nationalized status of the canal. For both France and Britain the Suez adventure was a heavy blow to any lingering hopes of maintaining traditional influence over the Third World.

Conflict, humiliation and in the end deep divisions among politicians over colonial policy prevailed during this period. But developments were already taking place in another domain which were to help counter the conflictual tendencies not only in French political life but also in the international arena, namely the construction of the European Community. The creation of the EC was, in the long term, certainly to be an issue on which many French politicians and ordinary French people were to concur and, along with the development of the *Force de frappe* nuclear strike force, an issue which helped the French accept decolonization. There were many reasons for the establishment of the European Community but among the most important were the desire to facilitate inter-European trade (partly in response to the increasingly dominant position of the United States in world trade) and the desire to ensure lasting peace between West European nations. French politicians Jean Monnet and Robert Schuman played an important part in laying the foundations for the European Community, and France was one of the six original signatories of the Treaty of Rome which established the EEC in 1957.

De Gaulle

When de Gaulle came to power in 1958, French colonial policy desperately needed attention and the achievement of formal independence of Algeria without major bloodshed in domestic France was in no small part due to the rallying nature of Gaullism. Indeed, this rallying owed much to de Gaulle's concept of the correct foreign policy for France, which was one of the most particular but also one of the most enduring features (along with the constitution of the Fifth Republic) of Gaullism. The notion that the nation was all important was at the heart of Gaullist foreign policy and de Gaulle constantly stressed the importance of France's autonomy in relation to other countries. So appealing was de Gaulle's foreign policy that it has very strongly influenced all heads of state since de Gaulle.

De Gaulle's belief in the necessity of *grandeur* for France led him to believe – or so he claimed – that his country should play a leading role in international politics [see Text 1.5]. By 1958, the world was already divided into two spheres of influence, one led by the USSR and the other by the USA. De Gaulle sought to avoid falling in with a typical western attitude towards the superpowers and he often took fiercely anti-American positions and developed more friendly relations with the Soviet Union than did most countries in the West. This independent approach led de Gaulle to develop France's own nuclear deterrent and to withdraw France from the integrated command structure of the North Atlantic Treaty Organisation (NATO), which had been set up in 1949 to defend America and its allies in the West against the supposed threat of Soviet attack. De Gaulle sought to forge alliances which would shield Third World countries from the influence of the superpowers and would encourage them to look to France as their ally. This orientation often led to military intervention and during the de Gaulle years France notably fought in Gabon, Chad, the Ivory Coast, the Cameroons and Niger. De Gaulle had between 10,000 and 15,000 troops permanently stationed in various parts of Africa and a similar number of troops based in France as part of a *force d'intervention rapide* which was ready to strike at a moment's notice.

De Gaulle's belief in the special – almost spiritually inspired – role which France should play in the world meant that he was highly ambivalent in relation to the construction of a greater Europe, which might, he thought, swamp French interests. By the time he came to power the Treaty of Rome was already signed and he respected, in a general sense, the legitimacy of the EEC, but he was highly suspicious of any organization which seemed to encroach upon national sovereignty. In a famous incident France boycotted the meetings of the Council of Ministers of the European Community in

Brussels between June 1965 and January 1966, because of proposals to take certain important decisions (some concerned, for instance, with the Common Agricultural Policy) by majority voting on the Council of Ministers, rather than by discussing and compromising until there was consensus. With this tactic, which became known as 'la politique de la chaise vide', France won that particular battle and the status quo prevailed.

The final point we need to make about de Gaulle's foreign policy is that its formation was overwhelmingly shaped and its implementation supervised closely by de Gaulle himself. It was far too important an area to allow anyone but the president to influence it in anything but the most trivial fashion.

Thus the first ten or so years of the Fifth Republic saw tremendous changes in the domain of foreign policy, most notably in the form of decolonization. France went from being a nation with deep and often traumatic divisions over the question of foreign relations to one where there was generally agreement. Philip Cerny has developed a convincing thesis, that 'the purpose of de Gaulle's foreign policy was not the attainment of glory and power for France for its own sake ... [but] to create a new and more profound sense of national consciousness, capable of transcending the national issues which have characterized the French polity'.[20] So if we view de Gaulle's foreign policy mainly as a means to the end of consensus building, although he was not wholly successful (witness the events of May 1968), he certainly laid the basis for greater consensus both in domestic and foreign affairs.

Pompidou and Giscard d'Estaing

It would be wrong to claim that there was a clean break between the foreign policy of de Gaulle and that of his immediate successors, but first Pompidou and especially Valéry Giscard d'Estaing were more pragmatic and less grandiose in their approach. Pompidou continued to make foreign policy speeches which were reminiscent of de Gaulle's, but while using some decidedly Gaullist turns of phrase, the underlying message was more down to earth:

> Une France forte économiquement est seule en mesure de permettre la prospérité et le progrès social. Une France forte est seule en mesure de participer à la construction européenne sans y perdre sa personnalité et sans y sacrifier ses intérêts essentiels. Une France forte est seule capable d'avoir des alliés. . . et pas des maîtres.[21]

The one substantial foreign policy initiative which Pompidou took was to call a referendum on the enlargement of the European Community and he made it clear that he was in favour of Britain's entry. De Gaulle had blocked Britain's entry, in part for fear of Britain acting as the Trojan Horse of

American interests. With regard to NATO, official policy remained unchanged, although Pompidou was less anti-American than de Gaulle and the Soviet Union's invasion of Czechoslovakia in 1968 had in any case already meant a little less friendliness between France and the USSR than during most of de Gaulle's presidency. In short, Pompidou's presidency represents a period of transition, in the realm of foreign policy as in other spheres, between de Gaulle's *régime d'exception* and subsequent presidential periods when politics were more akin to those of other advanced capitalist countries.

Giscard d'Estaing was elected president in the immediate aftermath of the massive 1973 oil price rise and in the midst of the ensuing world economic crisis, and his foreign policy orientation was even more obviously determined by practical constraints than Pompidou's. In the Middle East, Giscard developed a highly pro-Arab stance which had much to do both with the provision of oil (there is virtually no oil on French soil) and with nurturing a vast market for French manufactured arms. France under Giscard was the third largest producer of arms in the world (after the USA and the USSR) and between 1974 and 1978 the value of French arms exports rose from 4.8 milliard F to 8.4 milliard F. As far as the EEC was concerned, again economic considerations were uppermost in Giscard's mind and he played an important part in setting up the European Monetary System. He was also responsible for establishing regular summit meetings of leaders of member states, but perhaps the most significant and enduring element in Giscard's European policy was the consolidation of the special relationship between France and West Germany, a process already begun by de Gaulle and Chancellor Konrad Adenauer. There was a particular affinity between Giscard d'Estaing and Chancellor Helmut Schmidt, who had both been finance ministers, were both influenced by the liberal tradition in politics and who had both come to power in May 1974. More importantly, France sought to benefit from West Germany's strong economy and there was close cooperation on the Rhône-Rhine canal, the aircraft Airbus, the space rocket Ariane, nuclear power and communications satellites. France and Germany were each other's principal trading partner. Meanwhile, Germany benefited politically from close association with its erstwhile arch-enemy in a Europe which had far from forgotten the traumas of the Second World War.

In the domain of Franco-African relations Giscard was arguably even more interventionist than de Gaulle. Motivated by a desire to defend France's economic and strategic interest and to promote French language and culture abroad (*rayonnement*), Giscard earned an ultimately damaging reputation for economically and particularly militarily propping up corrupt regimes. Some 14,000 French soldiers were stationed in Africa and there were, notably, military interventions in Mauritania, Morocco, Chad and Zaire. The close relationship between Giscard and the highly corrupt

Emperor Bokassa of the Central African Republic played a part in Giscard's defeat in 1981 because of a substantial gift of diamonds (made public by the satirical newspaper *Le Canard enchaîné*) from the man who thought of the president of France as a close personal friend as well as a political ally.

Mitterrand

As in so many other domains, the Mitterrand era has in the end brought France closer to the foreign policy positions of other western countries, rather than further away, as many had predicted. At first, it seemed as if the new socialist government was set to pioneer a radical break with the past in certain areas, in order to shape foreign policy along more socialist lines. In a pre-election document published in 1980 entitled *Projet socialiste*, the PS stated that a new attitude was needed in relation to underdeveloped countries, for instance, in order to break with the imperialist attitude of governments under the Fifth Republic. In October 1981, during a trip to Mexico, newly-elected President Mitterrand declared:

> Il n'y a pas et ne peut y avoir de stabilité politique sans justice sociale... L'antagonisme Est-Ouest ne saurait expliquer les luttes pour l'émancipation des damnés de la terre, pas plus qu'il n'aide à les résoudre... A tous les combattants de la liberté, la France lance son message d'espoir.[22]

France even sent 15 million dollars of military aid to Nicaragua in 1981 to support the Sandinistas in their struggle against American-backed Contras and by way of attempting to demonstrate remorse for past relations with Algeria, the new Mitterrand government agreed to buy Algerian gas at a price which was substantially above the market rate. Aid to developing countries increased sharply and Jean-Pierre Cot, well known for progressive views on relations with Third World countries, was made minister for cooperation and development. Very soon, however, this very different approach gave way to a more Gaullist – or perhaps Giscardian – approach to the question of underdeveloped countries, where France sought diplomatically, economically and sometimes militarily to defend existing regimes – particularly in Africa – with little regard for their degree of respect for liberal democratic principles. There was thus a return to protection of French allies in francophone Africa regardless of their political complexion. Significantly, Jean-Pierre Cot was dismissed in December 1982.

In some other respects, it was clear virtually from the start that the Mitterrand presidency was to introduce a *rapprochement* with foreign policy of other nations, rather than a clear shift to the left or even the continuation of purer Gaullist policies. He soon made it clear, for instance, that he intended to be more pro-American than any previous president of the Fifth Republic and there were six meetings between Presidents Mitterrand and Reagan between May 1981 and May 1982. Mitterrand's enthusiasm for the deployment of American Cruise and Pershing missiles in Europe – though not in France – led him to take the extraordinary step of using an appearance before the West German parliament (*Bundestag*) in January 1983, just before West German legislative elections, to lend his support to placing these weapons in West Germany. He thus implicitly called for a vote against the German Social Democratic Party, the SPD, and in favour of the right. Later in the 1980s the French attitude changed somewhat towards the United States, as demonstrated in April 1986 when Mitterrand (with the approval of Prime Minister Jacques Chirac) refused to allow US planes to fly over French air space on their way to a bombing raid on Tripoli, Libya.

As far as relations with the Soviet Union were concerned, there were several different stages. At first, Mitterrand was decidedly cool towards the USSR, in contrast with the attitude of Giscard d'Estaing. This was partly because of the Soviet invasion of Afghanistan in 1979 and the imposition of martial law in Poland. It also served to reassure the USA that the presence of communist ministers in the government did not imply an endorsement of Soviet policy. In 1984 (the year of the departure of PCF ministers) relations between France and the USSR improved and both Foreign Minister Claude Cheysson and François Mitterrand visited the country. Finally, Mitterrand was one of the first to condone the post-communist politics of Mikhail Gorbachev, then of Boris Yeltsin and the break-up of the Soviet Union, although Mitterrand's first reaction to the *coup d'état* in the Soviet Union by communist hardliners in August 1991 was apparently to recognize them as the country's new leadership.

There was also a change of attitude towards the Middle East. Instead of carrying on the established practice of coolness towards Israel, Mitterrand became the first French president to make an official visit to the state, in March 1982, and he made a significant speech before the Knesset, the Israeli parliament. In the speech he confirmed the legitimacy of the state of Israel, whilst defending the rights of Arabs to dwell in the same region. France also set up a programme of economic, scientific and cultural cooperation with Israel. This was a significant new direction in French foreign policy which nevertheless did not prevent the government from maintaining close relations with the Arab world, a region which continued to supply much of France's oil and also to buy large quantities of French arms. However, France's relations with Iraq changed out of all recognition during the 1991 Gulf war, during which Iraq went from being a close ally and faithful purchaser of arms to being arch-enemy. By the same token, Iran went from being enemy to ally.

In 1981 the Mitterrand government had continued to speak against the domination of European multinationals which it said the EEC represented. But for several reasons the Socialists in power evolved in a direction that was highly pro-European and strongly in favour of the single market of 1992 in particular. First, the socialist government felt obliged, in May 1983, to ask the EEC for a substantial loan in order to bail out a domestic economy in crisis. Second, cooperation with other EEC nation states seemed necessary if France was to encourage the placing of Cruise and Pershing missiles in some of these other countries. Third, the new, market-oriented economic policy which the Socialists had adopted seemed better served by the freer market offered by the Single European Act whose full force was timetabled for the beginning of 1993. In most respects, then, French socialism in government became almost synonymous with a stronger (and enlarged) Europe, with Mitterrand even very much in favour of close cooperation among EEC member states as far as foreign policy and defence are concerned. Mitterrand's position in favour of the Maastricht treaty, representing still greater political and economic cooperation, narrowly won the day at the referendum on Maastricht in September 1992.[23]

Having pointed to areas in which Mitterrand's France has become particularly conventional as far as foreign relations are concerned, it must be said that France still maintains other areas where foreign policy is more Gaullist [see Texts 1.22 and 1.23]. In the realm of defence, France has maintained a commitment to its own *Force de frappe* nuclear strike force and continues to gain much popular support for an independent defence policy. But even here substantial cracks have appeared and the 1991 Gulf war against Iraq brought home to the French how difficult it was to maintain a stance independent of the USA and its allies, either from a traditional Gaullist point of view or from a socialist point of view; during this conflict Mitterrand attempted to distance France somewhat from the USA and its allies but it was clear that there was very little room for manoeuvre. Indeed, Mitterrand's Atlanticism has meant that there has been more cooperation with NATO than has been seen before under the Fifth Republic. Mitterrand has certainly, however, carried on in the Gaullist tradition of personally dominating the formulation of foreign policy and defence; it was notable that during the first period of cohabitation one of the areas in which he gave very little was that of foreign relations and in particular defence. Indeed, during the period of cohabitation between 1986 and 1988 one saw not only the extent to which the constitution allowed the President to dominate foreign relations but also the extent to which Mitterrand wished to do so.

In stark contrast to the situation under the Fourth Republic, then, French foreign policy is an area which, since de Gaulle, has become less and less disputed among the political parties. At first this relative consensus was formed round a highly peculiar and ideology-laden foreign policy as conducted by de Gaulle. But as time has passed, although some of the trappings of Gaullist foreign policy remain, foreign policy has become less extraordinary and has come more and more to resemble that of other western nations.

Conclusion: The Death of Conflict – a Much Exaggerated Rumour?

Throughout this part, it has been argued in a qualified fashion that French politics during the 1980s and early 1990s have been less conflict-dominated than during any other period since 1945. In order to avoid temptations to oversimplify, however, it is necessary to temper this argument further. First, it should not be thought that in countries where politics have long been more centre-oriented, or consensual, that this indicated a complete absence of political and social conflict. This is clearly not the case. If we take Britain, West Germany or Sweden, for instance, despite many years of relatively moderate parliamentary politics in the post-war period,[24] there have sometimes been long and bitter industrial conflicts which have in some cases even brought down governments. It is a question of degree. Whereas in countries of more moderate politics, overt, national-level conflict has been relatively rare and large parties of fundamental protest have often been absent, for a long time in France these factors were a way of political life. We have already seen how the rise of the *Front national* with its protest orientation and anti-status quo ideology, is itself a strong reminder of political times past and represents a counter-tendency to the general direction in which politics have been moving. We could add that, although the PCF is weakened, it still receives roughly 10 per cent of the popular vote (although whether it continues to do so in future, given the worldwide crisis of communism, remains to be seen). Added together, then, electoral support for these two parties representing more protest-oriented politics often reaches 20 per cent or more (see Table 1.3).

We must also briefly consider the rise of ecology politics [see Text 1.24]. Ecology became popular during the 1970s after the events of May 1968, but it did not at this point become successful as a political party. Rather, the ecology movement engaged in single-issue campaigns such as protest against the construction of a nuclear power station or attempts to stop the army from using large tracts of land as training ground. During the 1980s, however, as elsewhere after Chernobyl and discoveries about the erosion of the ozone layer, green politics became far more popular and more party political and the *Verts* received 10.6 per cent of the vote in the European elections in June 1989 and a total of 14.4 per cent (for the *Verts* plus *Génération Ecologie*) in regional elections in March 1992, although this figure fell to 7.6 in the 1993 legislative elections. The influence of the ecology parties should not be exaggerated and the European and regional votes may not be representative of a more general trend, given that Euro-elections and local elections are not regarded by voters as being as important as national elections. But there is certainly a degree of ongoing support for this current which is still, largely, a movement of protest against more mainstream politics.[25] The far left (which is largely Trotskyist or influenced by Trotsky-ism) is not and never has been very strong, but the parties of the far left regularly receive between 1 and 3 per cent of the vote, which, added to other votes against the mainstream parties, helps to qualify our thesis about the normalization of French politics.

Here we need to mention the phenomenon of abstentions, which have reached record levels for the Fifth Republic in recent years.[26] Abstentions in elections can be interpreted in two very different ways. They can either be viewed as an indicator that the section of the electorate which abstains believes that all is well with parties and government and that they therefore do not need to vote (this would tend to confirm that we are witnessing consensualization of politics). Alternatively, higher levels of abstention may be interpreted as indicating disillusionment with politics and politicians and an inclination to protest against them. It is likely that in the recent high levels of abstentions there is a mixture of these two phenomena.

To conclude, we will mention the most important points made in the various sections of this part. Towards the beginning of this part we explained that in France, in contrast to many advanced capitalist countries after the Second World War, there was no pact between the state, the *patronat* and trade unions, as was seen in other, more moderate western countries and which helped create a more consensual political situation. Although this tri-axial arrangement is today regarded as less important in our cultures of free enterprise, it still remains a useful point of reference and has indeed been achieved – albeit imperfectly – under left-wing governments since 1981. The *Parti socialiste*, representing the state, and the *patronat* became reconciled in France during the 1980s and there is no longer a fear of sea change under a government of the left; on the contrary, the left is seen by many as the vessel through which a lasting stability has been achieved. Likewise, there emerged more harmony between government and the labour movement, although no formal 'non-aggression' pact was signed. But perhaps one of the most important changes (not only under the Socialists but generally since 1981) has been the advent of more harmony between the *patronat* on the one hand and trade unions and the working population on the other. The Socialists certainly helped this situation, notably with the introduction of the Auroux labour laws which encouraged dialogue. The fact that Chirac's government between 1986 and 1988 did not repeal the *lois Auroux* is a significant indicator of the *patronat* welcoming dialogue. However, the trade unions still remain a potential rogue element in the French political scene; their very smallness (and therefore their lack of 'control' of the working class) could be a factor leading to conflict in future.

Most importantly, however, despite the persistence of substantial minority protest politics mentioned above, mainstream parliamentary politics have been captured by forces which are more centre-oriented. This is expressed in the shift towards the centre-right on the part of the PS and the decline of the PCF. On the right, France has seen the decline of traditional Gaullist ideology and confluence of the ideological paths of the UDF and the RPR, despite organizational divisions [see Text 1.25].

One reason for the decline of conflict politics is the gradual change in France's foreign relations. Decolonization removed a potent source of conflict and the rise of Europe added an obvious source of popular appeal, or at least lack of contention in terms of the overall project. De Gaulle worked hard at making foreign policy work in favour of national independence in order to unite the French and since de Gaulle successive presidents have gradually let go of the more extraordinary aspects of Gaullist foreign policy and have moved closer to the foreign policy of other advanced capitalist nations. Mitterrand is no exception to this rule, despite indications in 1981 that he would follow a more left-wing, radical path in some important areas of foreign policy.

It is by no means clear which parties and personalities will dominate the presidency and government by the end of the century, but it is likely to be elements of the centre-left or elements of the centre-right, or a mixture of the two. Whilst moments of serious conflict and the continued rise of the FN, for instance, cannot be ruled out, it seems likely that, for the foreseeable future, at least, times have changed [see Text 1.26].

Bearing in mind the very different situation at the beginning of the 1990s it is useful to think back, finally, to some of the more conflict-dominated events and periods since the Second World War. For the ruling class the victory of the left and PCF participation in government in 1981 came as a great shock; the near victory of the ex-Union of the Left in 1978, with a more even balance between Communists and Socialists than in 1981, was almost as great a shock; May 1968 profoundly rocked the existing political and economic order; de Gaulle's authoritarian populism was an extreme, political expression of the fact that France's economy and polity was in transition; colonial turmoil after the Second World War, including the near *coup d'état* in domestic France in 1958, speaks for itself; as do the election results under the Fourth Republic where between 1947 and 1956 parties opposed to the existing order consistently received about 40 per cent of the vote.[27] It is clear that the present situation is a very different one.

Notes

1 F. Engels, Preface to the third German edition of K. Marx, *The Eighteenth Brumaire of Louis Bonaparte* (1885) in K. Marx, and F. Engels, *Selected Works in One Volume* (Lawrence and Wishart, 1968) p. 94.

2 The complexity of the issues surrounding resistance and collaboration is enormous. In the confusion immediately following the Liberation decisions about who should be punished for collaboration were often based on flimsy evidence and the definition of collaboration was questionable.

   For a brilliant study of the complexity of the issue of wartime collaboration and resistance, which shows how fine a line there sometimes was between the two, see Marcel Ophuls' documentary film, *Le Chagrin et la pitié*, at first banned (in 1971) by the state broadcasting network ORTF, which had commissioned it in the first place.

3 Political parties at the time were many and varied and none attracted anything like an absolute majority. In the parliamentary elections of November 1946, the three most popular parties were the PCF (28.8 per cent of votes), the MRP (26.3 per cent) and the socialist SFIO (18.1 per cent).

4 Quoted by R. Mouriaux and J. Capdevieille, *Mai '68: l'entre-deux de la modernité. Histoire de trente ans* (Presses de la Fondation nationale des sciences politiques, 1988) p. 228.

5 Speech to the congress of the Second International in Vienna, 28 June 1972, quoted by Olivier Biffaud in 'Parti communiste. Le piège et le déclin', *Bilan du septennat* (*Le Monde, Dossiers et Documents*, 1988) p. 71.

6 M. Winock, *La République se meurt* (Gallimard, 1985).

7 The Radicals were a centre party who had supported the Popular Front in the 1930s, but who were in right-leaning coalitions in the early 1950s.

8 R. Rémond, *Les Droites en France* (Aubier-Montaigne, 1982).

9 François Mitterrand made changes to the constitution one of his recurring themes during the early 1990s and it is likely that before the end of his term he will bring about a reduction in the length of the presidential term (possibly from seven to six years) and a change in the balance of power between the executive and the legislature, thus making the position of president and the government's position less powerful compared with that of parliament.

10 M. Duverger, *La Monarchie républicaine* (Laffont, 1974).

11 Since 1947 the Gaullist party has had seven different names, none of them actually using the word *parti*, in keeping with de Gaulle's idea that conventional political parties represented partisan, and therefore not French interests. The RPF (*Rassemblement du peuple français*) was established in 1947 and on de Gaulle's return to power in 1958 the UNR (*Union pour la nouvelle république*) was set up. This became UNR-UDT (*Union démocratique du travail*) in 1962 and UDVeR (*Union*

des démocrates pour la cinquième république) in 1967 and UDR (*Union pour la défense de la république*) in 1968. In 1971 the name became *Union des démocrates pour la république* (keeping the same initials, UDR) and since 1976 it has been RPR (*Rassemblement pour la république*).

12 Deep divisions over the future of Europe emerged during the campaign for ratification of the Maastricht Treaty in September 1992, which sought amongst other things to set up a common foreign and defence policy. Jacques Chirac campaigned for a 'yes' vote whereas two other RPR leaders, Philippe Séguin and Charles Pasqua, campaigned vigorously against the treaty. (Chirac's position, which was also that of President Mitterrand, narrowly won the day.)

13 J. Jaffré, 'Trente années de changement électoral', *La Ve République* (*Pouvoirs*, No 49, 1989) p. 18.

14 J.-C. Petitfils, *L'Extrême droite en France* (PUF, 1983) p. 123. Quoted by M. Charlot, 'L'Emergence du Front National' (*Revue française de science politique*, Vol 36, No 1, February 1986) p. 14.

15 C. Ysmal, 'Communistes et Lepénistes: le chassé-croisé', in *Histoire*, No 143, April 1991, p. 53.

16 This point is made clearly by Alain Vernholes in 'Fermeture du tout-État et ouverture sur l'étranger', *Bilan du septennat* (*Le Monde, Dossiers et Documents*, 1988) p. 92.

17 See *European Industrial Relations Review*, No 188, September 1989.

18 J. Fauvet, *La Quatrième République* (Fayard, 1960).

19 A. Ruscio, *La décolonisation tragique* (Editions sociales, 1987) p. 28.

20 P. Cerny, *The Politics of Grandeur* (Cambridge University Press, 1980) p. 4.

21 P. Couste and F. Visine, *Pompidou et l'Europe* (Libraires techniques, 1974) p. 149.

22 Quoted by M.-C. Smouts, 'La France et le Tiers-Monde, ou comment gagner le sud sans perdre le nord', in *Politique étrangère*, No 2, 1985, p. 339.

23 See note 12, above.

24 Consensus in Britain is thoroughly discussed in D. Kavanagh and P. Morris, *Consensus Politics from Attlee to Thatcher* (Clarendon, 1989).

25 The Green electorate tends to be well to the left of centre, according to opinion polls, but many people voting ecologist see themselves as neutral in relation to the left–right axis and some (about one in five) place themselves on the right of the political spectrum.

26 See J. Jaffré, 'Trente années de changement électoral', *La Ve République* (*Pouvoirs*, No 49, 1989) p. 25.

27 H. Ehrmann, *France* (Little Brown, 1968) p. 16.

Suggestions for Further Reading

General

The sources on French politics are many and varied and are often very good. In French the three main journals are *Revue politique et parlementaire* (Presses universitaires de France), *Revue française de science politique* (Presses de la Fondation nationale des sciences politiques) and *Pouvoirs* (Presses universitaires de France). In English there is *Modern and Contemporary France* (Longman), which has not only full-length articles, but also shorter items on recent developments, conference reports and a wealth of book reviews. The American equivalent is *French Politics and Society*, produced by the Centre for European Studies at Harvard University. *West European Politics* (Frank Cass) often has articles on France. Two useful annual reviews are *Année politique et économique* (PUF) and J. Howorth and G. Ross (eds), *Contemporary France: A Review of Interdisciplinary Studies* (Pinter), now discontinued. The daily newspaper *Le Monde*, as well as being an unbeatable day-to-day source of news about political developments, produces '*dossiers et documents*' on national elections and other major political events.

J.-J. Becker, *Histoire politique de la France depuis 1945* (A. Colin, 1988) provides a useful introductory survey to the whole post-war period, whilst H. Portelli, *La Politique en France sous la Cinquième République* (Grasset, 1987) is very good on the period since 1958. In English D. Hanley, A. Kerr and N. Waites, *Contemporary France. Politics and society since 1945*, 3rd edn (Routledge, 1984) is an excellent book in the 'politics and society' mould, and V. Wright, *The Government and Politics of France*, 3rd edn (Unwin Hyman, 1989) is the best introduction in French or English to the theory and practice of French government itself. A. Stevens, *The Government and Politics of France* (Macmillan, 1992) is also very good. P. Hall, J. Hayward and H. Machin (eds), *Developments in French Politics* (Macmillan, 1990) surveys the late 1980s scene in a thought-provoking fashion. More specifically on the political parties, there is C. Ysmal, *Les partis politiques sous la Cinquième République* (Montchrestien, 1987) which is particularly good on the sociological composition of the parties' electorate and members and A. Cole (ed.) *French Political Parties in Transition* (Dartmouth Publishing, 1990) examines the parties with particular reference to the 1980s.

General political history since 1945

M. Larkin, *France since the Popular Front* (Clarendon, 1988) is a good survey which situates politics in its social and economic context. The best general history of the Fourth Republic is J.-P. Rioux, *La France de la Quatrième République*, 2 vols (Seuil, 1980 and 1983) and has been translated into English as *The Fourth Republic 1944–1958* (Cambridge University Press, 1989). More specifically on governmental politics there is the excellent P. Williams, *Crisis and Compromise: Politics in the Fourth Republic* (Longman, 1964) and J. Fauvet, *La Quatrième République* (Fayard, 1959) is also very good. Also see J. Julliard, *La Quatrième République* (Hachette, 1980).

On the Fifth Republic there is M. Duverger, *La Cinquième République*, 5th edn (PUF, 1974); M. Duverger, *Le Système politique français*, 19th edn (PUF, 1986); J. Chapsal, *La Vie politique sous la Cinquième République* (PUF, 1984); S. Sur, *La Vie politique en France sous la Cinquième République* (Montchrestien, 1982); and P. Avril, *La Cinquième République: histoire politique et constitutionnelle* (PUF, 1987). In English one of the most thought-provoking books on politics in the Fifth Republic is J. Hayward, *Governing France: the One and Indivisible Republic* (Weidenfeld & Nicolson, 1983).

Politics in the Mitterrand era have been analysed in the very useful collection of essays in G. Ross, S. Hoffmann and S. Malzacher (eds), *The Mitterrand Experiment* (Polity, 1987). More journalistic but still very full accounts are found in S. Gras and C. Gras, *Histoire de la Première République mitterrandienne* (Robert Laffont, 1991) and P. Favier and M. Martin-Roland, *La Décennie Mitterrand*, 2 vols (Seuil, 1990 and 1991). In English there is S. Mazey and M. Newman (eds), *Mitterrand's France* (Croom Helm, 1987) and H. Machin and V. Wright (eds), *Economic Policy and Policy-making under the Mitterrand Presidency* (Pinter, 1984). For an informative and highly entertaining account of Mitterrand's attitude towards politics in the 1980s see F.-O. Giesberg, *Le Président* (Seuil, 1990).

For reflexions on the 'normalization' of French politics since the election of Mitterrand in 1981 see A. Duhamel, *Les habits neufs de la politique* (Flammarion, 1989); F. Furet, J. Julliard and P. Rosanvallon, *La République du centre* (Calmann Lévy, 1988); M. Duverger, *La nostalgie de l'impuissance* (Albin Michel, 1988); and R. Rémond, *La Politique n'est plus ce qu'elle était* (Calmann Lévy, 1993).

J. Hollifield and G. Ross (eds), *Searching for the New France* (Routledge 1991), is an in-depth but accessible dissection of social and political developments in France since the publication of S. Hoffmann (ed.), *In Search of France* (Harvard University Press, 1963) which is itself still highly instructive.

The left

There are many very good sources in both English and French on the left in France. J. Touchard, *La gauche en France depuis 1900* (Seuil, 1981) is a good starting point, as is G. Lefranc *Les gauches en France 1789–1973* (Payot, 1974). In English R.W. Johnson, *The Long March of the French Left* (Macmillan, 1981) is good on the left's slow road to power and J. Jenson and G. Ross, 'On the Roller Coaster: The French Left 1945–88', *New Left Review* No 171 (Sept/Oct 1988) is a good historical overview from a viewpoint which is critical both of the turn to the right on the part of the *Parti socialiste* and the Stalinist nature of the *Parti communiste*.

More specifically on the *Parti socialiste* H. Portelli, *Le socialisme français tel qu'il est* (PUF, 1980) is thought-provoking on the history of the party, where he argues that the PS is really a new incarnation of the *Parti radical*, but not a true socialist party. For a Marxist history of the PS see J. Kergoat, *Le Parti socialiste* (Sycomore, 1983). In English, D. Bell and B. Criddle, *The French Socialist Party*, 2nd edn (Clarendon, 1988) is a very thorough history and for an analysis of the Marxist-leaning wing of the PS see D. Hanley, *Keeping left? CERES and the French Socialist Party* (Manchester University Press, 1986).

On the Communist Party, J. Fauvet, *Histoire du parti communiste*, 2nd edn (Fayard, 1977) is a comprehensive account and M. Aradeth, *The French Communist Party. A critical history (1920–1984)* (Manchester University Press, 1984) is useful as well. T. Judt, *Marxism and the French Left* (Clarendon, 1986) deals with the PCF and A. Kriegel, *Les Communistes français* (Seuil, 1970) contains all the insight of an ex-Communist. For party policy during the 1970s Union of the Left period it is well worth looking at Parti communiste français and Parti socialiste, *Programme commun de gouvernement* (Editions sociales, 1972). Because of the crisis and decline of the PCF since 1981 there has been less published on it, but see the article by J. Ranger, 'Le déclin du parti communiste français', in *Revue française de science politique*, Vol 36, No 1, February 1986 and G. Ross, 'Organisation and Strategy in the Decline of French Communism', in *Socialist Register 1988* (Merlin Press, 1988).

There is relatively little published on the far left in France, but on the *Parti socialiste unifié* see J-P. Kesler, *De la Gauche dissidente au nouveau Parti Socialiste, Les minorités qui ont rénové le PS* (Bibliothèque historique Privat, 1990) and also V. Fisera and B. Jenkins, 'The Unified Socialist Party since 1968', in D. Bell (ed.), *Contemporary French Political Parties* (Croom Helm, 1982). More generally there is T. Pfister, *Tout savoir sur le gauchisme* (Filipacchi, 1972) and C. Hauss, *The New Left in France* (Greenwood Press, 1978). On Trotskyism, see Y. Craipeau, *Le Mouvement trotskiste en France* (Syros, 1971). H. Hamon and P. Rotman, *Génération* (Seuil, 1987 and 1989) 2 vols, looks in detail at the rise and decline of the New Left before and after 1968 and in particular at the individuals associated with it.

The right

The classic study of the history of the right in France is R. Rémond, *Les Droites en France* (Aubier Montaigne, 1982) where the author explains his thesis as to the three different right-wing currents (bonapartist, liberal and counter-revolutionary). An examination of the various parties on the right during the 1980s appeared in the December 1990 *Revue française de science politique*, Vol 40 No 6. Also see C. Ysmal, *Demain la Droite* (Grasset, 1984) and D. Calderon, *La Droite française* (Éditions sociales, 1985).

On Gaullism there are many good sources, including J. Charlot, *Le Gaullisme* (A. Colin, 1970), A. Hartley, *Gaullism; The Rise and Fall of a Political Movement* (Routledge, 1972) and J. Touchard, *Le Gaullisme 1940–1969* (Seuil, 1978). By far the best biography of de Gaulle is J. Lacouture, *De Gaulle*, 3 vols (Seuil, 1984, 1985, 1986). Publications on the Gaullist movement in the 1980s include T. Desjardins, *Les Chiraquiens* (Table Ronde, 1986) and A. Knapp, 'Un parti comme les autres: Jacques Chirac and the Rally for the Republic', in A. Cole (ed.) *French Political Parties in Transition* (Dartmouth Publishing, 1990). See also the special issue of *Pouvoirs*, No 28, 1984, 'Le RPR'. On the RPR leader, F.O. Giesbert, *Jacques Chirac* (Seuil, 1987) is well worth reading.

A thorough history of the centre-right is given in M. Anderson, *Conservative Politics in France* (Allen and Unwin, 1974) and on Giscard d'Estaing and fellow Republicans see 'Le Giscardisme', special issue of *Pouvoirs*, No 9, 1979, B. Lecomte and C. Sauvage, *Les Giscardiens* (Albin Michel, 1978) and D. Séguin, *Les Nouveaux giscardiens* (Calmann Lévy, 1979). From the horse's mouth, V. Giscard d'Estaing, *La Démocratie française* (Fayard, 1976) is a clear guide to his liberal right ideology.

On the extreme right, J.-C. Petitfils, *L'Extrême droite* (PUF, 1983) was the best overview before the rise of the *Front national* and see also S. Hoffmann, *Le Mouvement Poujade* (Presses de la Fondation nationale des sciences politiques, 1956). Since then there has been S. Dumont, *Le système Le Pen* (Editions ouvrières, 1985), P. Milza, *Fascisme français passé et présent* (Flammarion, 1987), the rigorous N. Mayer and P. Perrineau (eds), *Le Front national à découvert* (Presses de la Fondation nationale des sciences politiques, 1989) and the fascinating A. Tristan, *Au Front* (Gallimard, 1988) where the author posed as a FN militant and then exposed the party in this book. See also M. Winock, *Histoire de l'extrême droite en France* (Seuil, 1993).

Greens

Due to the relative newness of the impact of the Green movement on the political scene in France, in-depth publications are few and far between, but see P. Hainsworth, 'Breaking the mould: the Greens in the French Party System', in A. Cole (ed.), *French Political Parties in Transition* (Dartmouth Publishing, 1990), V. Hoffmann-Martinot, 'Grüne and Verts: Two Faces of European Ecologism', *West European Politics*, Vol 14 No 4, October 1991, and G. Saintenay, 'Écologistes: la désunion fait la force', *Revue politique et parlementaire*, No 2, 1992.

Trade unions

Thorough publications comprising an overview of trade unions tend to be some years out of date, but G. Geledan, *Les Syndicats* (Hatier, 1978), L. Last, *Les Organisations du mouvement ouvrier aujourd'hui* (Editions Ouvrières, 1977) and J.-D. Reynaud, *Les Syndicats en France* (Seuil, 1975) are all well worth consulting. René Mouriaux has established himself as the foremost expert on French trade unions and among his invaluable contributions there are *La CGT* (Seuil, 1982), *Les Syndicats dans la société française* (Presses de la Fondation nationale des sciences politiques, 1983), *Le Syndicalisme face à la crise* (Éditions de la Découverte, 1986) and *La CFDT* (Economica, 1989). In English there is G. Ross, *Workers and Communists in France: From Popular Front to Eurocommunism* (University of California Press, 1982).

On the recent crisis-ridden years for the trade union movement see W.R. Rand-Smith, *Crisis in the French Labour Movement* (Macmillan, 1987) and N. Noblecourt, *Les syndicats en questions* (Éditions ouvrières, 1990). Also G. Bridgeford, 'The crisis of French Trade Unionism in the 1980s', *Industrial Relations Journal*, Vol 21 No 2, Summer 1990 and relevant chapters from J. Ross and S. Malzacher (eds), *The Mitterrand Experiment* (Polity, 1987) and G. Newman and S. Mazey (eds), *Mitterrand's France* (Croom Helm, 1987). For a thorough account of the *lois Auroux* see J.P. Roulleau, *L'Entreprise face aux lois Auroux* (Editions d' Organisation, 1984). On the CNPF see J.-M. Martin, *Le CNPF* (PUF, 1983) and H. Weber, *Le Parti des Patrons: Le CNPF 1946–1986* (Seuil, 1986).

Foreign policy

The best overview of foreign policy since 1945 is found in A. Grosser, *Affaires extérieures: la politique de la France 1944–1984* (Flammarion, 1984) and there is also '1936–1986, 50 ans de politique étrangère de la France', special issue of the excellent journal *Politique étrangère*, No 1, Spring 1986.

On decolonization see H. Grimal, *La Décolonisation, 1919–1963* (A. Colin, 1965) and the very interesting J. Ambler, *The French Army in Politics 1945–1962* (Ohio State University Press, 1966). More specifically, on Indo-China there is J. Lacouture and P. Devilliers, *Vietnam: de la guerre française à la guerre américaine* (Seuil, 1969) and R. Irving, *The First Indo-China War* (Croom Helm, 1975). On Algeria see B. Droz and E. Lever, *Histoire de la Guerre d'Algérie* (Seuil, 1982), C. Ageron, *Histoire de l'Algérie contemporaine* (PUF, 1980) and A. Horne, *A Savage War of Peace. Algeria 1954–1962* (Macmillan, 1977). For the Suez episode see H. Azeau, *Le piège de Suez* (Laffont, 1984) and H. Thomas, *The Suez Affair* (Weidenfeld & Nicolson, 1986).

On the construction of Europe see R. Mowat, *Creating the European Community* (Blandford Press, 1973) and more specifically D. Bahu-Leyser, *De Gaulle, les Français et l'Europe* (PUF, 1981).

More generally on de Gaulle's foreign policy, E. Kolodziej, *French International Policy under de Gaulle and Pompidou* (Cornell University Press, 1974) is excellent and much can be learned from de Gaulle's *Mémoires*. For Giscard d'Estaing's foreign policy, S. Cohen and M.-C. Smouts (eds), *La Politique extérieure de Valéry Giscard d'Estaing* (Presses de la Fondation nationale des sciences politiques, 1985) is very good, as is H. Simonion, *The Privileged Partnership: Franco-German Relations in the European Community, 1964–84* (Clarendon, 1985).

On Mitterrand see F. Mitterrand, *Réflexions sur la politique étrangère de la France* (Fayard, 1986), A. Levy, 'Foreign Policy: Business as usual?' in S. Mazey and M. Newman (eds), *Mitterrand's France* (Croom Helm, 1987) and S. Cohen, *François le gaullien et Mitterrand l'européen*, in *L'Histoire*, No 143, April 1991.

Text 1.1

Discours prononcé par le général de Gaulle à Bayeux, le 16 juin 1946

1 Au cours d'une période de temps qui ne dépasse pas deux fois la vie d'un homme, la France fut envahie sept fois et a pratiqué treize régimes, car tout se tient dans les malheurs d'un peuple. Tant de secousses ont accumulé dans notre vie publique des poisons dont

5 s'intoxique notre vieille propension gauloise aux divisions et aux querelles. Les épreuves inouïes que nous venons de traverser n'ont fait, naturellement, qu'aggraver cet état de choses. La situation actuelle du monde où, derrière des idéologies opposées, se confrontent des puissances entre lesquelles nous sommes placés, ne laisse pas d'introduire

10 dans nos luttes politiques un facteur de trouble passionné. Bref, la rivalité des partis revêt chez nous un caractère fondamental, qui met toujours tout en question et sous lequel s'estompent trop souvent les intérêts supérieurs du pays. Il y a là un fait patent, qui tient au tempérament national, aux péripéties de l'Histoire et aux ébranlements

15 du présent, mais dont il est indispensable à l'avenir du pays et de la démocratie que nos institutions tiennent compte et se gardent, afin de préserver le crédit des lois, la cohésion des gouvernements, l'efficience des administrations, le prestige et l'autorité de l'État.

C'est qu'en effet, le trouble dans l'État a pour conséquence inéluctable

20 la désaffection des citoyens à l'égard des institutions. Il suffit alors d'une occasion pour faire apparaître la menace de la dictature. D'autant plus que l'organisation en quelque sorte mécanique de la société moderne rend chaque jour plus nécessaires et plus désirés le bon ordre dans la direction et le fonctionnement régulier des rouages. Comment

25 et pourquoi donc ont fini chez nous la Ire, la IIe, la IIIe Républiques? Comment et pourquoi donc la démocratie italienne, la République allemande de Weimar, la République espagnole, firent-elles place aux régimes que l'on sait? Et pourtant, qu'est la dictature, sinon une grande aventure? Sans doute, ses débuts semblent avantageux. Au milieu de

30 l'enthousiasme des uns et de la résignation des autres, dans la rigueur de l'ordre qu'elle impose, à la faveur d'un décor éclatant et d'une propagande à sens unique, elle prend d'abord un tour de dynamisme qui fait contraste avec l'anarchie qui l'avait précédée. Mais c'est le destin de la dictature d'exagérer ses entreprises. A mesure que se font

35 jour parmi les citoyens l'impatience des contraintes et la nostalgie de la liberté, il lui faut à tout prix leur offrir en compensation des réussites sans cesse plus étendues. La nation devient une machine à laquelle le

maître imprime une accélération effrénée. Qu'il s'agisse de desseins
intérieurs ou extérieurs, les buts, les risques, les efforts, dépassent peu à
40   peu toute mesure. A chaque pas se dressent, au dehors et au dedans,
des obstacles multipliés. A la fin, le ressort se brise. L'édifice grandiose
s'écroule dans le malheur et dans le sang. La nation se retrouve
rompue, plus bas qu'elle n'était avant que l'aventure commençât.

Il suffit d'évoquer cela pour comprendre à quel point il est nécessaire
45   que nos institutions démocratiques nouvelles compensent, par elles-
mêmes, les effets de notre perpétuelle effervescence politique. Il y a là,
au surplus, pour nous une question de vie ou de mort, dans le monde
et au siècle où nous sommes, où la position, l'indépendance et jusqu'à
l'existence de notre pays et de notre Union française se trouvent bel et
50   bien en jeu. Certes, il est de l'essence même de la démocratie que les
opinions s'expriment et qu'elles s'efforcent, par le suffrage, d'orienter
suivant leurs conceptions l'action publique et la législation. Mais aussi,
tous les principes et toutes les expériences exigent que les pouvoirs
publics: législatif, exécutif, judiciaire, soient nettement séparés et forte-
55   ment équilibrés et qu'au-dessus des contingences politiques soit établi
un arbitrage national qui fasse valoir la continuité au milieu des
combinaisons.

Il est clair et il est entendu que le vote définitif des lois et des budgets
revient à une Assemblée élue au suffrage universel et direct. Mais le
60   premier mouvement d'une telle Assemblée ne comporte pas nécessairement une clairvoyance et une sérénité entières. Il faut donc attribuer à
une deuxième Assemblée, élue et composée d'une autre manière, la
fonction d'examiner publiquement ce que la première a pris en considération, de formuler des amendements, de proposer des projets. Or, si
65   les grands courants de politique générale sont naturellement reproduits
dans le sein de la Chambre des Députés, la vie locale, elle aussi, a ses
tendances et ses droits. Elle les a dans la Métropole. Elle les a, au
premier chef, dans les territoires d'Outre-mer, qui se rattachent à
l'Union française par des liens très divers. Elle les a dans cette Sarre à
70   qui la nature des choses, découverte par notre victoire, désigne une fois
de plus sa place auprès de nous, les fils des Francs. L'avenir des 110
millions d'hommes et de femmes qui vivent sous notre drapeau est
dans une organisation de forme fédérative, que le temps précisera peu à
peu, mais dont notre Constitution nouvelle doit marquer le début et
75   ménager le développement.

Tout nous conduit donc à instituer une deuxième Chambre, dont,
pour l'essentiel, nos Conseils généraux et municipaux éliront les membres. Cette Chambre complétera la première en l'amenant, s'il y a lieu,
soit à réviser ses propres projets, soit à en examiner d'autres, et en
80   faisant valoir dans la confection des lois ce facteur d'ordre administratif
qu'un collège purement politique a forcément tendance à négliger. Il

sera normal d'y introduire, d'autre part, des représentants des organisations économiques, familiales, intellectuelles, pour que se fasse entendre,
au-dedans même de l'État, la voix des grandes activités du pays. Réunis
85 aux élus des assemblées locales des territoires d'Outre-mer, les membres
de cette Assemblée formeront le Grand Conseil de l'Union française,
qualifié pour délibérer des lois et des problèmes intéressant l'Union:
budgets, relations extérieures, rapports intérieurs, défense nationale,
économie, communications.

90 Du Parlement, composé de deux Chambres et exerçant le pouvoir
législatif, il va de soi que le pouvoir exécutif ne saurait procéder, sous
peine d'aboutir à cette confusion des pouvoirs dans laquelle le Gouvernement ne serait bientôt plus rien qu'un assemblage de délégations.
Sans doute aura-t-il fallu, pendant la période transitoire où nous
95 sommes, faire élire par l'Assemblée Nationale Constituante le Président
du Gouvernement provisoire, puisque, sur la table rase, il n'y avait
aucun autre procédé acceptable de désignation. Mais il ne peut y avoir
là qu'une disposition du moment. En vérité, l'unité, la cohésion, la
discipline intérieure du Gouvernement de la France doivent être des
100 choses sacrées, sous peine de voir rapidement la direction même du
pays impuissante et disqualifiée. Or, comment cette unité, cette cohésion, cette discipline, seraient-elles maintenues à la longue, si le pouvoir
exécutif émanait de l'autre pouvoir, auquel il doit faire équilibre, et si
chacun des membres du Gouvernement, lequel est collectivement re-
105 sponsable devant la représentation nationale tout entière, n'était, à son
poste, que le mandataire d'un parti?

C'est donc du Chef de l'État, placé au-dessus des partis, élu par un
collège qui englobe le Parlement mais beaucoup plus large et composé
de manière à faire de lui le Président de l'Union française en même
110 temps que celui de la République, que doit procéder le pouvoir exécutif.
Au Chef de l'État la charge d'accorder l'intérêt général quant au choix
des hommes avec l'orientation qui se dégage du Parlement. A lui la
mission de nommer les ministres et, d'abord, bien entendu, le Premier,
qui devra diriger la politique et le travail du Gouvernement. Au Chef de
115 l'État la fonction de promulguer les lois et de prendre les décrets, car
c'est envers l'État tout entier que ceux-ci et celles-là engagent les
citoyens. A lui la tâche de présider les Conseils du Gouvernement et d'y
exercer cette influence de la continuité dont une nation ne se passe
pas. A lui l'attribution de servir d'arbitre au-dessus des contingences
120 politiques, soit normalement par le Conseil, soit, dans les moments de
grave confusion, en invitant le pays à faire connaître par des élections
sa décision souveraine. A lui, s'il devait arriver que la patrie fût en
péril, le devoir d'être le garant de l'indépendance nationale et des
traités conclus par la France.

125 Des Grecs, jadis, demandaient au sage Solon :'Quelle est la meilleure

Constitution?' Il répondait: 'Dites-moi, d'abord, pour quel peuple et à quelle époque?' Aujourd'hui, c'est du peuple français et des peuples de l'Union française qu'il s'agit, et à une époque bien dure et bien dangereuse! Prenons-nous tels que nous sommes. Prenons le siècle
130 comme il est. Nous avons à mener à bien, malgré d'immenses difficultés, une rénovation profonde qui conduise chaque homme et chaque femme de chez nous à plus d'aisance, de sécurité, de joie, et qui nous fasse plus nombreux, plus puissants, plus fraternels. Nous avons à conserver la liberté sauvée avec tant et tant de peine. Nous avons à assurer le destin
135 de la France au milieu de tous les obstacles qui se dressent sur sa route et sur celle de la paix. Nous avons à déployer, parmi nos frères les hommes, ce dont nous sommes capables, pour aider notre pauvre et vieille mère, la Terre. Soyons assez lucides et assez forts pour nous donner et pour observer des règles de vie nationale qui tendent à nous
140 rassembler quand, sans relâche, nous sommes portés à nous diviser contre nous-mêmes! Toute notre Histoire, c'est l'alternance des immenses douleurs d'un peuple dispersé et des fécondes grandeurs d'une nation libre groupée sous l'égide d'un État fort . . .

(C. de Gaulle, *Discours et Messages, Vol. 2, 1946–58*, Plon, 1970, pp. 649–52.)

Exercices

Lexique

Expliquez les mots et expressions suivants:

tout se tient (l.3)	se faire jour (ll.34–35)
une propension à (l.5)	la clairvoyance (l.61)
la situation . . . ne laisse pas de (ll.7–9)	au premier chef (ll.67–68)
tenir compte de (l.16)	le mandataire (l.106)
se garder de (l.16)	mener à bien (l.130)
les rouages (l.24)	sous l'égide de (l.143)

Grammaire et stylistique

(a)   Trouvez les quinze occurrences du subjonctif dans ce texte en justifiant chaque fois le mode et le temps. 'Il est clair et il est entendu que le vote . . . revient' (l.58): pourquoi n'emploie-t-on pas le subjonctif dans cette phrase? Récrivez la phrase à la négative ('il n'est pas clair que'). 'les obstacles qui se dressent sur sa route' (l.135): subjonctif, ou non? 'des règles de vie qui tendent à nous rassembler' (ll.139–40): subjonctif ou non? Donnez la règle des subjonctifs en propositions relatives.

(b)   'Sans doute aurait-il fallu . . .' (l.94): expliquez l'inversion du sujet.

Donnez une alternative en style plus parlé. Et faites vous-même des phrases commençant par peut-être, ainsi, sans doute, etc.

(c) 'C'est du Chef de l'État… que doit procéder le pouvoir exécutif' (ll.107–10). Pourquoi la phrase est-elle ainsi renversée? Quel est le mot mis en relief? Dans quelle intention? Analysez d'autres procédés de mise en relief dans le reste du paragraphe.

Compréhension

(a) Comment de Gaulle explique-t-il les divisions qui dominent d'après lui la vie politique française?

(b) Quelles sont les différences entre le pouvoir législatif, le pouvoir exécutif et le pouvoir judiciaire?

(c) Décrivez le rôle (i) de la Chambre des Députés et (ii) du Président, selon le projet exposé dans ce texte.

Questions orales ou écrites

(a) 'Dans le Discours de Bayeux, de Gaulle décrit une constitution peu démocratique.' Commentez.

(b) Faut-il avoir des constitutions différentes pour des peuples et des époques différentes (ll.126–27)? Ou peut-on définir un système démocratique valable pour toute société et toute époque?

(c) Dans quelle mesure François Mitterrand pourrait-il, de nos jours, approuver le Discours de Bayeux? A-t-il changé d'avis? Si oui, pourquoi?

Text 1.2

Le Modèle bureaucratique français: la société bloquée

1   Résumons brièvement les caractéristiques essentielles de ce système. C'est naturellement un système *extrêmement centralisé.* Mais le sens profond de cette centralisation, que tous les observateurs s'accordent à reconnaître, n'est pas du tout de concentrer un pouvoir absolu au
5   sommet de la pyramide, mais de placer une distance ou un écran protecteur suffisant entre ceux qui ont le droit de prendre une décision et ceux qui seront affectés par cette décision. Le pouvoir qui tend à se concentrer effectivement au sommet de la pyramide est un pouvoir surtout formel, qui se trouve paralysé par le manque d'informations et
10 de contacts vivants. Ceux qui décident n'ont pas les moyens de connaissance suffisants des aspects pratiques des problèmes qu'ils ont à traiter. Ceux qui ont ces connaissances n'ont pas le pouvoir de décision. Le fossé entre les deux groupes, ou plutôt entre les deux rôles, se reproduit presque fatalement. Il constitue un excellent moyen de protection pour
15 les supérieurs qui n'ont pas à craindre de pâtir des conséquences de leurs décisions et pour les subordonnés qui n'ont pas à redouter l'intrusion de leurs supérieurs dans leurs problèmes.

    Cette tradition de centralisation est liée à une autre caractéristique moins souvent reconnue, mais tout aussi essentielle, *la stratification.* Les
20 administrations françaises sont très fortement stratifiées selon les lignes fonctionnelles, mais surtout hiérarchiques. Les passages de catégorie à catégorie sont difficiles et les communications entre catégories mauvaises. A l'intérieur de chaque catégorie, la règle égalitaire prévaut et la pression du groupe sur l'individu est considérable . . .

25 *La société bloquée*

La société bloquée, en effet, est fondée sur une opposition constante entre des groupes toujours négatifs et toujours conservateurs et des individus – les membres de ces groupes –, à qui la protection que leur donne leur appartenance permet de manifester en toute irresponsabilité
30 leur créativité personnelle. Révolutionnaire comme individu, conservateur comme membre d'un groupe, le citoyen de la société bloquée gagne sur les deux tableaux. Mais les institutions dont il fait partie seraient condamnées à l'immobilisme si des crises ne survenaient pour assurer les indispensables réajustements. Alors, dans de brefs moments
35 où l'effervescence créatrice des individus peut briser les barrières de

groupe, un nouvel équilibre s'établit dans une mêlée en général aveugle. Les résultats sont sans commune mesure avec les vœux des participants, et l'énergie dépensée, les traits fondamentaux du système demeurent, mais un certain nombre de problèmes ont été résolus.

40   Ce phénomène est particulièrement net dans notre système politique. Quand un système se trouve aussi parfaitement intégré et rendu aussi rigide par le caractère monolithique de son instrument administratif, de sorte qu'il n'y ait rien qui compte (sauf des protections) entre l'Etat et le citoyen, ce système a une force d'inertie considérable, il résiste très

45   longtemps aux pressions avec la force de sa surdité et de son aveugle-ment. Mais quand il se trouve mis en mouvement à travers une crise, il est très difficile de l'arrêter. Quelques douzaines d'étudiants peuvent, par une réaction en chaîne imprévue, mettre en danger le régime tout entier . . .

50   *Les problèmes de la société française*

Le poids de la centralisation bureaucratique, l'impact d'une longue tradition de commandement militaire, le développement d'organisations industrielles qui ont adopté le modèle d'organisation que leur offrait l'Etat ou l'Armée nous ont habitués à un modèle général de centralisa-

55   tion que tempère seulement l'anarchie des privilèges et les bons senti-ments du paternalisme. Un tel système s'accompagne naturellement de l'existence d'un fossé entre dirigeants et exécutants, d'un style rigide de relations entre groupes humains, d'un modèle contraignant de jeu fondé sur la défense et la protection et d'une passion générale de tous

60   les individus pour la sécurité . . .

(M. Crozier, *La Société bloquée,* Éditions du Seuil, 1970, pp. 94–5, 172–3, 89.)

Exercices

Lexique

Expliquez les mots et expressions suivants:

un pouvoir formel (ll.8–9)   sur les deux tableaux (l.32)
pâtir (l.15)   une mêlée (l.36)
prévaloir (sur) (l.23)   sans commune mesure avec (l.37)

Compréhension

(a)   Précisez la notion de 'catégorie' administrative (ll.21–23).
(b)   Ll.47–49:'Quelques douzaines d'étudiants peuvent, par une réaction en chaîne imprévue, mettre en danger le régime tout entier.' Précisez l'allusion.

(c)   Donnez les caractéristiques du modèle bureaucratique français, ses forces et ses faiblesses.

(d)   Expliquez comment 'la protection que leur donne leur appartenance [au groupe] permet [aux individus] de manifester en toute ir-responsabilité leur créativité personnelle' (ll.28–30).

Questions orales ou écrites

(a)   Comparez les systèmes administratifs français avec ceux de votre pays en montrant – comme le fait l'auteur dans le texte – dans quelle mesure ces systèmes reflètent les peuples qu'ils servent.

(b)   Comment 'débloquer' le modèle bureaucratique français?

Text 1.3

Trois Tracts de mars–juin 1968

1 *Des incidents éclatent, le 14 mars, au cours de R. Francès, professeur de*
psychologie. Des étudiants en sociologie mettent en cause les résultats du
dernier examen partiel, résultats qu'ils attribuent – sans aucun doute à tort
– à des pressions administratives; ils demandent que l'examen fasse appel
5 *'moins à la mémoire qu'aux qualités d'initiative et de recherche personnelle'.*
Le professeur répond qu'en première année le travail doit consister avant tout
'dans l'acquisition d'habitudes de formulation précise des idées, de compréhen-
sion exacte des lois et des recherches fondamentales . . . L'utilisation sérieuse
et approfondie d'une bibliographie ne [lui] semble possible qu'à la suite d'une
10 *initiation de ce genre . . .' Un tract est distribué à cette occasion, celui des*
Oies gavées, texte en tout point remarquable, même si la revendication est
utopique et certaines attaques personnelles injustes.

Nanterre ou la formation d'oies gavées

15 Léthargie, déception, dégoût forment l'atmosphère quotidienne de tout
amphithéâtre, et cela n'est pas particulier à la 1ère année. Écroulement
de la vocation profonde, manque de débouchés et de considération,
métier qui se réduit en général à faire compter des boules rouges et
des boules bleues à des enfants, sont pour des psychologues et socio-
20 logues l'aboutissement d'années d''études' où toute valeur réelle, où
tout dynamisme intellectuel s'est fait peu à peu ronger par les exigences
d'un enseignement plus ou moins brillant en sa superficie, mais illusoire
et même sclérosant en son substratum. Que nous propose en effet la
faculté, alors que nous venons y chercher des voies d'ouverture d'esprit?
25 Un paternalisme primaire qui, en favorisant l'élevage 'd'oies gavées'
(expression du professeur Leprince-Ringuet), nous maintient dans la
stérilité intellectuelle.
    Les problèmes nous apparaissent clairement s'enraciner dans la
structure de l'enseignement qui nous est donné, d'une part, dans le
30 mode de passer et de corriger les examens, d'autre part:

L'ENSEIGNEMENT

1. Actuel.
Tout d'abord cet enseignement nous lasse avant de nous dégoûter par

son caractère mécanique, figé et mort, par la banalité et l'extrême
35 fadeur avec lesquelles il est dispensé. L'étudiant, non concerné par la
fadeur et maintenu dans la passivité d'esprit, n'est plus qu'un scribe
qui calque la terne parole de l'instituteur; et ces calques lui seront
précieux puisqu'il les projettera, à la virgule près, comme l'instituteur,
lui, l'exige, sur ses feuilles d'examens!

40 2. Exigé.
Nous exigeons la fin d'un enseignement illusoire et sclérosant, la fin du
paternalisme primaire, la fin de la faculté des 'oies gavées'. Nous
exigeons la naissance d'un réel dialogue, d'une véritable coopération
professeurs-étudiants. Nous exigeons que la vie, l'ardeur, la recherche,
45 le vrai travail en commun remplacent enfin la fadeur et la léthargie des
amphithéâtres. Nous exigeons que les cours soient polycopiés bien
avant les réunions – ils seront ainsi mieux élaborés – et qu'ils com-
portent enfin une incitation à la réflexion, à la recherche par des
données bibliographiques correspondant à des problèmes précis. Les
50 étudiants pourront alors travailler enfin intelligemment de vrais problèmes, étudier les relations bibliographiques, débattre déjà entre eux,
lors de 'groupes de travail', tous les fruits de leurs recherches personnelles. Ils arriveront ainsi avec ardeur aux cours puisque ces cours
seront enfin des réunions, des débats (méthode inaugurée avec fécondité
55 par M. Ricœur, à qui nous demandons en passant trois sujets au choix
aux examens et de ne pas nous poser de sujets tels: 'Jugement, erreur,
volonté' qui ne peuvent être traités que comme questions de cours ou
alors comme pur bavardage stérile) où le dialogue sera établi entre le
professeur et les étudiants tel que ces derniers qui connaîtront déjà
60 leurs cours puissent demander l'éclaircissement de questions déli-
cates.

LES EXAMENS

1. Actuels.
Le calquage: de toute évidence, un élève de 4e de collège exulterait
65 devant de telles épreuves qui lui rappelleraient ses plus faciles interrogations écrites. Il excellerait à ces examens, car il se prêterait parfaitement
à ces contrôles du pouvoir mnémonique primaire. Il se ferait un plaisir
de répondre à la perfection sous forme de réflexes conditionnés, à la
demande de la définition de la société industrielle par Aron, à celle
70 des lois de Hume sur l'attraction des idées, à celle de la date d'invention
de tel test, à celle de l'utilisation d'un test ou de définitions de la
psychologie génétique. En effet, il retracerait intégralement sur la
feuille d'examen, à la virgule près, le passage précis du livre d'Aron ou
ceux des cours de MM. Francès et Anzieu qui traitent de ces questions,

75 et il agirait ainsi comme beaucoup d'entre nous ont agi parce qu'ils
avaient compris comment satisfaire aux exigences de l'examen, comment recevoir l'approbation de l'enseignement ou tout au moins des
assistants. Car il est clair que pour ces derniers, sous l'alibi de la
validité de correction, la 'valeur' de la réponse est proportionnelle au
80 degré de qualité du calque du cours, suivant les méthodes dont usaient
les instituteurs d'antan pour corriger les fameuses 'copies'.

2. Exigés.
Livre ouvert, justice: nous exigeons que l'examen soit à livre ouvert
et tienne ainsi compte avant tout de la capacité d'initiative intellec-
85 tuelle, du pouvoir d'analyse et de réflexion en profondeur et non comme
maintenant d'un simple pouvoir mnémonique primaire et stérile.

Sans doute ce réel examen mettra-t-il en question, de par sa nature,
la compétence même de certains assistants d'aujourd'hui trop habitués
90 dans leur correction hâtive et superficielle à ne pas déceler cette
capacité d'initiative intellectuelle mais à ne comprendre le donné que
par la 'vérité' du calque.

Pour les notes de correction, nous exigeons les mêmes barèmes pour
tous les groupes de T.P., c'est-à-dire la double correction obligatoire-
95 ment et sincèrement effectuée (nous ne devons plus être les boucs
émissaires d'assistants frustrés par un manque de rétribution).

Enfin nous exigeons qu'après chaque examen les copies nous soient
restituées pour la journée afin que nous puissions discuter de leur
valeur lors des 'groupes de travail' qui s'organisent actuellement.
100 Ces exigences de base sont pour nous vitales, aussi devons-nous en
toute urgence les présenter aux enseignants.

*Ce second tract appelle à une manifestation. Il a été produit par les comités
d'action étudiants du centre universitaire de Censier à Paris, et est typique de
l'esprit révolutionnaire de l'époque.*

'Producteurs sauvons-nous nous-mêmes'
A dix millions de grévistes, à tous les travailleurs

– Non aux solutions parlementaires, où de Gaulle s'en va et le
105 patronat reste.
– Non aux négociations au sommet qui ne font que prolonger le
capitalisme moribond.
– Assez de référendum. Plus de cirque.
– Ne laissons personne parler à notre place. Maintenons l'occupation
110 de tous les lieux de travail.
– Pour continuer le combat, mettons tous les secteurs de l'économie
touchés par la grève au service des travailleurs en lutte.

115 – Posons dès maintenant les jalons de notre pouvoir de demain (ravitaillement direct, organisation des services publics: transports, information, logement, etc.).

– Dans la rue, dans les comités de base, où que nous soyons, ouvriers, paysans, travailleurs, étudiants, enseignants, lycéens, organisons et coordonnons nos luttes.

POUR L'ABOLITION DU PATRONAT
120 POUR LE POUVOIR DES TRAVAILLEURS

Tous à la manifestation
Points de départ: 17 heures,
   – Clichy
   – Stalingrad, métro
125   – Porte de Montreuil
   – Porte des Lilas
   – Denfert-Rochereau

Ce troisième tract provient de Rennes, en Bretagne, ville dans laquelle se trouvent une université et un certain nombre d'industries. Début juin, le mouvement de grèves commence à perdre son souffle et les syndicats sont divisés. Ce tract appelle à continuer le mouvement.

Continuons la lutte

Le grand mouvement de grève engagé semble maintenant, d'après la
130 presse gaulliste, se ralentir, se terminer!

Dans quelques entreprises et dans certains secteurs, en effet, le travail reprend. Mais ces entreprises se font sous la *contrainte policière* (Chèques postaux de Rennes où les flics ont forcé le piquet de grève à coups de grenades), sous *l'intimidation patronale*, et ne traduisent pas la
135 volonté de l'immense majorité des travailleurs.

Nous voulons toujours
   – l'abrogation des Ordonnances;
   – la garantie des libertés syndicales;
   – l'échelle mobile des salaires;
140   – les 40 heures immédiates;
   – le S.M.I.G. à 1 000 F;
   – le contrôle des travailleurs sur la gestion des entreprises.

POUR QUI NOUS PREND-ON?
   – *Nous savons* que depuis dix ans, ce que le gouvernement nous
145 'donne', il l'a toujours repris (hausse des prix).
   – *Nous savons* que la reprise inconditionnelle du travail nous ferait

entrer dans un marché de dupes car le patronat pourrait toujours faire appuyer ses positions par le gouvernement et sa police.

150 Le gouvernement effrayé de l'ampleur du mouvement national de revendication se livre à un double chantage:

– appel à la violence fasciste (mobilisation de la population non laborieuse appuyée par la police et l'armée);

– manœuvre d'intimidation des masses laborieuses (reprise du travail posée comme préalable au 'dialogue').

155 ORGANISONS LA GRÈVE.

Unis dans la même lutte, les ouvriers, paysans et étudiants ont organisé un front d'entraide: il faut le renforcer, mais cela ne suffit pas.

Utilisons notre force, organisons nous-même la reprise du travail dans les entreprises de première nécessité pour:

160 – répondre aux besoins de la population;

– permettre aux grévistes de tenir;

– éviter que ce travail ne profite au patronat.

A Nantes, les grévistes de l'usine alimentaire Saupiquet ont remis les machines en route et ont distribué la production aux ouvriers de la 165 région.

Partout faisons comme eux!

– *pas de reprise du travail sur de vagues promesses;*

– *non au piège des négociations;*

– *non aux élections législatives sous la pression policière.*

170 Nos usines, nos facultés, nos services publics, *gardons-les*: Faisons-les tourner *nous-mêmes* et *pour nous!*

Comité d'action travailleurs-étudiants de Rennes.
(Présentation d'A. Schnapp et P. Vidal-Naquet, *Journal de la Commune Étudiante. Textes et Documents, novembre 1967 – juin 1968.* Éditions du Seuil, 1969, pp. 125–7, 281–2, 783–4.)

Exercices

Lexique

Expliquez les mots et expressions suivants:

mettre en cause (l.2)	le substratum (l.23)
un examen partiel (l.3)	un paternalisme primaire (l.25)
à tort (l.3)	une oie gavée (l.25)
la déception (l.15)	la fadeur (l.35)
un débouché (l.17)	calquer (l.37)
se réduire à (l.18)	à la virgule près (l.38)
sclérosant (l.23)	un polycopié (l.46)

une question de cours (l.57)

une copie (l.81)

un examen à livre ouvert (l.83)

un T.P. (l.94)

un bouc émissaire (ll.95–6)

un jalon (l.113)

un piquet de grève (l.133)

un marché de dupes (l.147)

un chantage (l.150)

Grammaire et stylistique

(a) 'Plus de cirque' (l.108): l'expression est-elle positive ou négative? Comment peut-on le savoir?

(b) Le texte fait référence à 'l'instituteur' (l.37): quel est l'effet? Précisez le ton.

Compréhension

(a) 'une 4ᵉ de collège' (l.64): quel est l'équivalent dans votre pays?

(b) Avez-vous le sentiment que 'léthargie, déception, dégoût forment l'atmosphère quotidienne de tout amphithéâtre' (l.15)? Discutez le mode d'évaluation (c'est-à-dire les examens) que vous propose l'université où vous étudiez en ce moment, et précisez s'il y a lieu, l'évolution des sensibilités et des circonstances depuis les années 60.

(c) Ouvriers, paysans et étudiants peuvent-ils vraiment s'unir dans la même lutte (l.156)? Qualifiez le ton du tract 'Continuons la lutte'. Dégagez ses buts politiques, ses propositions économiques. Des étudiants des années 90 pourraient-ils l'écrire? Justifiez votre réponse.

Question orale ou écrite

(a) Estimez-vous que vos études et en particulier les examens qui les sanctionnent, fassent excessivement appel à la mémoire et insuffisamment à la réflexion? Vous sentez-vous une 'oie gavée'?

Text 1.4

Mai 1968: la dernière des grèves générales?

1 Des milliers de grévistes. Les usines occupées arborant le drapeau
rouge. L'activité paralysée pendant des semaines. Prenant le relais des
étudiants, le mouvement ouvrier ébranle le pouvoir gaulliste, traçant
dans la foulée de nouvelles exigences revendicatives et de nouvelles
5 formes de lutte.

Les grèves de mai-juin 1968 ne relèvent pas d'une génération
spontanée. Elles s'inscrivent dans une conjoncture politique spécifique
marquée par un malaise croissant du monde du travail. On enregistre
dès 1963, à l'occasion de la grève des mineurs, une première rupture
10 entre le gaullisme et les bases populaires de son électorat. A partir de
1966, le nombre total des journées de grève augmente fortement
pour culminer en 1968. Le 10 janvier 1968 la CGT et la CFDT ont
adopté une plate-forme revendicative commune qui va avoir un grand
retentissement et qui va contribuer à relancer l'action. A Bordeaux, à
15 Besançon, à Vénissieux, à Saint-Nazaire, au Mans, à Caen, à Fougères,
à Redon, on assiste à des grèves d'entreprise dures et longues: les
observateurs en soulignent alors la violence et le rôle nouveau qu'y
jouent les jeunes travailleurs.

Pourtant, durant cette même période, les journées nationales d'action
20 organisées par la CGT et la CFDT, après l'enthousiasme des premières,
ne connaissent qu'un succès relativement limité et déclinant au fur et à
mesure qu'on se rapproche du mois de mai.

Dans ce climat contradictoire et incertain, l'exemplarité de la solidarité manifestée par les étudiants parisiens avec leurs camarades nanter-
25 rois, ainsi que leur détermination face à la répression gouvernementale
et aux violences policières, jouent le rôle inattendu de catalyseur.

La manifestation du 13 mai – à l'appel des principales forces politiques et syndicales de gauche – réunit près de huit cent mille personnes
à Paris et des dizaines de milliers en province, à Lyon, Marseille,
30 Bordeaux, Toulouse, Nantes, Grenoble, Nancy, etc. Alors que la
Sorbonne est rouverte et occupée par les étudiants, les premières grèves
avec occupation d'usines interviennent à Nantes et Saint-Nazaire. Le
15 mai, l'usine Renault de Cléon est occupée et son directeur séquestré.
La CGT convoque un Comité confédéral extraordinaire pour le 17 et
35 diffuse à quatre millions d'exemplaires un 'Appel aux travailleurs et
travailleuses de France'. Le mouvement s'étend et on compté deux
millions de grévistes au soir du 18. Le 20 mai au matin, il est admis

que six millions de travailleurs sont en grève. La solidarité et la combativité du mouvement étudiant ont ainsi révélé à la classe
40   ouvrière, plus efficacement que tous les appels antérieurs de ses représentants politiques et syndicaux, son propre potentiel de solidarité et de combativité.

La CFDT et la CGT saisissent immédiatement la portée de cet effet de miroir et mobilisent l'ensemble de leurs organisations. En ce sens, ces
45   deux confédérations ont un rôle moteur dans l'extension de la grève, qui ne se fait pas contre elles mais à travers elles.

En même temps, l'impossibilité de trouver un accord politique entre le PCF et la FGDS (Fédération de la gauche démocrate et socialiste, qui préfigurera le 'nouveau' Parti socialiste de 1971), les risques de déra-
50   page politique du mouvement, en particulier le risque de sa récupération au profit d'une coalition de 'troisième force' sous l'égide de Pierre Mendès-France, inquiètent le PCF et la CGT.

Le gauchisme ambigu de certains leaders étudiants, leurs prises de position provocatrices et délibérément anticommunistes – Daniel Cohn-
55   Bendit avoue publiquement sa joie, au soir du 13 mai, d'avoir défilé devant les *crapules staliniennes* – renforcent encore les responsables du PCF et de la CGT dans leurs convictions qu'il faut circonscrire la poussée ouvrière à sa dimension exclusivement revendicative. Ceci, d'autant plus que le gauchisme risque de fournir une caution de
60   gauche à l'opération 'troisième force', comme en témoignera le meeting de Charléty. Sa condamnation devient donc prioritaire aux yeux des communistes qui s'emploient à ce que la fusion des mouvements ouvrier et étudiant n'ait pas lieu . . .

Les motivations des grévistes sont complexes et multiples: inquiétude
65   accrue, généralement peu soulignée, vis-à-vis de la remontée du chômage à partir de 1967; exaspération devant une taylorisation du travail portée à son comble dans certaines branches d'activité, devant un encadrement hiérarchique autoritaire et rétrograde; exaspération aussi devant l'intransigeance salariale d'un patronat qui s'abrite derrière les
70   recommandations gouvernementales pour refuser de négocier. Enfin, mais non des moindres, exaspération directement politique après l'échec de la gauche aux élections législatives de mars 1967: '*Dix ans, ça suffit!*', scandent régulièrement les manifestants à propos du gaullisme.

Cette accumulation des mécontentements et des frustrations explique
75   le rejet par ces grévistes, le 27 mai, du protocole des Accords de Grenelle que leurs confédérations n'ont, d'ailleurs, pas signé. Désormais, et sous la pression de la CGT, les négociations vont se poursuivre par branche d'industrie. La globalisation et la politisation du mouvement font progressivement place à son éclatement tandis que son seul con-
80   tenu revendicatif s'impose, ceci d'autant plus que le gaullisme reprend l'initiative politique de la contre-manifestation du 30 mai. La décrue

des grèves s'opère graduellement, en ordre dispersé, et fait place à la campagne électorale qui aboutit à l'élection à la Chambre d'une majorité absolue de députés gaullistes.

85 Mai-juin 1968 frappe par le décalage entre l'ampleur du mouvement, sa durée, et la minceur de ses résultats revendicatifs, indépendamment de son échec politique. Certes, le SMIG est augmenté de 35%, un processus de réduction du temps de travail est amorcé et le syndicalisme connaît enfin une existence légale dans l'entreprise, mais les ordon-

90 nances de 1967 sur la Sécurité sociale ne sont pas abrogées et la CGT n'est pas parvenue à obtenir l'échelle mobile des salaires.

Mai-juin 1968 frappe aussi par l'ambivalence des leçons politiques qui en sont tirées, à chaud. Quelles que soient les divergences d'interprétations, personne, ni à droite ni à gauche, ne sous-estime la portée des

95 événements. Ceux-ci balayent provisoirement l'hégémonie de la référence 'moderniste' qui s'était progressivement imposée pendant la première partie des années soixante, à droite comme à gauche. La référence à la lutte des classes succède désormais à l'invocation du consensus et à l'apologie des 'forces vives'. Dans le même temps, toutefois, les

100 revendications chères aux clubs modernistes des années soixante – cadre de vie, projet éducatif, décentralisation et régionalisme, anti-autoritarisme, libéralisation des mœurs, féminisme – connaissent une audience accrue, généralement à travers une reformulation en termes de 'luttes pour le contrôle'.

105 Les événements ont également réanimé des formes d'action directe et un anarcho-syndicalisme, que l'on croyait définitivement condamnés par la modernité. Ils réactivent le mythe de la grève générale tout en montrant, dans un même mouvement, ses limites, en l'absence de perspectives politiques communes aux principales forces politiques et

110 syndicales de la gauche.

De 1968 à 1974, on assiste ainsi à un débat qui oppose, à l'intérieur de la gauche, les tenants d'une stratégie de développement des luttes sociales – essentiellement la CFDT, une partie du PSU et l'ensemble des groupes gauchistes – à ceux qui privilégient la préparation des

115 échéances électorales – le PCF, le PS, la CGT. Les premiers dénoncent l'électoralisme des seconds, lesquels les accusent en retour d'irresponsabilité, de complicité objective avec le pouvoir en place.

L'unité d'action entre la CGT et la CFDT a été durablement et profondément ébranlée par les événements. La nouvelle plate-forme

120 revendicative commune, qu'elles adoptent en septembre 1970, ne parvient pas à dissimuler leurs divergences fondamentales. Les divergences s'expriment d'abord au sommet, à travers le débat public qu'elles engagent à partir de 1970 sur leurs conceptions du socialisme, de la transition, des rôles respectifs des partis et des syndicats. Elles

125 s'expriment aussi à la base, entre 1968 et 1974, dans la conduite d'un

certain nombre de conflits, tant à travers les formes d'action et les
alliances prônées qu'à travers les revendications mises en avant. Chez
Pennaroya et Girosteel, à la Samex, au Joint français, aux Nouvelles
Galeries, à la Coframaille, chez Péchiney, Salamander, Cousseau, Lip,
130 on retrouve chaque fois le même scénario. La CGT apparaît en retrait
et la CFDT s'affiche, au contraire, à la tête de ces conflits, s'alliant
éventuellement avec des militants gauchistes, soutenant une radical-
isation et un basisme des formes d'action – occupations, séquestrations,
pratique des assemblées générales, comités de grève, comités de soutien –
135 et popularisant certaines revendications présentées comme 'qualitatives'
et opposées aux revendications salariales traditionnelles: contrôle des
conditions de travail, actions sur les cadences, le rendement, augmentations uniformes pour tous.

Les cédétistes exaltent l'exemplarité de ces luttes et voient dans ces
140 aspirations au contrôle des travailleurs la confirmation d'une aspiration
plus générale au socialisme autogestionnaire dont ils se réclament.
Paradoxalement, bien que les premiers à dénoncer l'économisme du
PCF et de la CGT, ils n'en sont eux-mêmes pas exempts, qui attribuent
à ces luttes revendicatives immédiates une pédagogie politique dont on
145 sait pourtant les limites, une fois l'action passée et la reprise du travail
effectuée. Par ailleurs, ces conflits ne laissent pas les pouvoirs publics et
le patronat indifférents. L'étude des conditions de travail vient au
centre de l'actualité sociale; le CNPF y consacre ses Assises de Marseille
en octobre 1972; des mesures d''enrichissement des tâches' sont mises
150 en place. Enfin, ces luttes sont souvent le fait d'OS peu ou pas politisés,
soumis dans leur travail à une taylorisation intensive et occupés dans
des secteurs pour la plupart condamnés par les restructurations
économiques qui s'accélèrent dans les années soixante-dix. Avec le
recul, elles s'apparentent aujourd'hui davantage à des combats
155 d'arrière-garde de secteurs condamnés qu'à une anticipation avant-
gardiste des aspirations auto-gestionnaires.

De son côté, par son raidissement doctrinal et pratique, la CGT
nourrit d'une certaine façon cette ambiguïté cédétiste. En privilégiant
la lutte contre le gauchisme, puis en subordonnant étroitement son
160 action revendicative aux objectifs du Programme commun de gouvernement, elle accrédite ceux qui l'accusent d'électoralisme, elle se
prive d'un renouvellement certain des formes d'action militantes et elle
se coupe d'une partie importante de la jeunesse. Ce premier affaiblisse-
ment de la CGT – de son potentiel militant et de son audience aux
165 élections professionnelles – est suivi d'un second lorsque, à la suite de
la rupture de l'union de la gauche en 1976, elle est conduite à s'aligner
inconditionnellement sur les positions du PCF. Aux yeux du plus grand
nombre, elle partage désormais avec celui-ci la responsabilité de la
défaite électorale de la gauche en mars 1978.

170   De toute façon, conçu dans le cadre d'une économie en expansion et d'un keynésianisme de gauche, le Programme commun apparaît de plus en plus inadapté, sans qu'aucun projet politique de rechange apparaisse. Une donnée nouvelle hypothèque en effet maintenant la situation sociale. Apparue dans les années 1966–67, avec la baisse de
175   la productivité, manifestée plus explicitement avec le premier 'choc pétrolier', l'idée que nous sommes entrés dans une crise économique structurelle et durable s'impose aux Français à partir de 1976.

L'arrivée de la gauche au pouvoir et la participation de ministres communistes au gouvernment en 1981, l'impuissance du nouveau
180   pouvoir à juguler la montée du chômage accroissent encore la confusion des enjeux sociaux et la démobilisation du monde du travail.

A partir de 1976, il devient, en effet, évident pour les salariés que la priorité désormais reconnue à l'investissement productif n'annonce plus une réduction du temps de travail mais des suppressions d'emplois.
185   Face aux menaces de licenciements, la résistance ouvrière éclate. Les travailleurs en activité sont présentés comme des 'nantis'. Les effectifs syndicaux fondent et le mouvement des grèves s'affaisse. La modernité, tant vantée dans les années soixante, devient synonyme de la précarité des avantages acquis, du chômage, de l'insécurité. Aucun mouvement
190   social n'accompagne l'arrivée de la gauche au pouvoir. Les lois Auroux sont adoptées dans l'indifférence du monde du travail et Jacques Delors réussit là où la droite avait tant de fois échoué, en imposant une véritable désindexation des salaires et des traitements. Le gouvernement Fabius poursuit la mise en place de la flexibilité du travail que son
195   successeur, Jacques Chirac, n'aura plus qu'à achever . . .

Alors que le peuple de gauche abandonne la rue, celui de droite la découvre, dès juin 1982, avec la FNSEA, le SNPMI (Syndicat national des petites et moyennes industries), l'Union nationale des associations de professions libérales, le mouvement pour l'école privée . . . Face au
200   libéralisme triomphant, 1968 n'est plus évoqué qu'en tant qu'ultime manifestation d'un archaïsme définitivement révolu. Le *Figaro Magazine* du 6 septembre 1986, présentant un sondage sur les opinions des jeunes, titre: '*La nouvelle vague 1986: famille, patrie, travail*'.

Et pourtant . . . comme pour le mouvement étudiant et lycéen de
205   novembre-décembre 1986, c'est encore cette référence à 1968 qui vient à l'esprit avec la grève des cheminots, ce même hiver 1986. Comment ne pas faire un parallèle avec mai-juin 1968, que ce soit à propos de l'influence exercée par le précédent des coordinations étudiantes? A propos d'une certaine méfiance vis-à-vis des directions syndi-
210   cales, du basisme affiché et de la pratique des assemblées générales? A propos aussi du rôle de la dégradation des conditions de travail ou des rigidités hiérarchiques dans l'exaspération des grévistes? A propos encore du rôle de certains militants gauchistes comme Daniel Vitry à

la CFDT? En même temps, ce conflit – qu'il faudrait comparer avec les
215 grèves actuelles de Chausson, de la SNECMA et des personnels navi-
gants – présente des spécificités qui font qu'il n'est pas pure et simple
répétition des mouvements des années 1968–1974, mais aussi produit
d'une réalité économique et technicienne profondément transformée.
Ce sont des intérêts catégoriels, recrutés parmi les qualifications élevées,
220 qui sont l'élément moteur du conflit. S'agissant de la SNCF, ce rôle de
fer de lance d'une minorité d'agents qualifiés n'est pas nouveau. Il
semble toutefois que cette situation soit de plus en plus représentative
d'une évolution plus générale.

Avec l'évolution actuelle de la division du travail, on peut penser que
225 le temps des offensives lourdes, unifiantes et frontales des gros bataillons
industriels est révolu et qu'on s'achemine vers la multiplication de luttes
catégorielles, issues prioritairement de collectifs de travail situés dans
des lieux décisifs pour l'organisation de la production ou de la prestation
de services. Le rôle des informaticiens en 1974, pendant le 'Mai des
230 banques' préfigurait déjà cette tendance. On assisterait ainsi à la
réapparition d'un nouveau syndicalisme de métier, un temps éliminé
par le syndicalisme d'industrie, mais cette fois sous une forme ultra-
technicienne et collective. Des travailleurs hautement qualifiés, chargés
de la maintenance, et de simples opérateurs, affectés à des tâches
235 élémentaires de surveillance, coexistent dans ces nouveaux collectifs de
travail. De la même façon que la productivité du système suppose une
coopération harmonieuse des uns et des autres, l'efficacité d'une cessa-
tion volontaire du travail suppose leur commune entente derrière des
formes d'action et des revendications unifiantes.
240 Les débats de la fin des années soixante et du début des années
soixante-dix ne sont assurément pas transposables aujourd'hui. La
crise durable du fordisme a modifié la scène sociale et l'organisation du
travail en profondeur. Il n'en reste pas moins que, face à l'incapacité
des politiques à enrayer la montée du chômage et à offrir des perspec-
245 tives d'avenir, l'actuel consensus économique et social reste fragile,
plus apparent que réel, tandis que la tentation de l'anarcho-syndicalisme reste latente mais intacte.

(Jacques Capdevielle & René Mouriaux, 'Mai 1968: La dernière
des grèves générales', Politis, 5 May 1988.)

Exercices

Lexique

Expliquez les mots et expressions suivants:

dans la foulée (l.4)   au fur et à mesures que (ll.21–22)
la génération spontanée (ll.6–7)   un effet de miroir (ll.43–44)

un dérapage politique (ll.49–50)
sous l'égide de (l.51)
porter à son comble (l.67)
la décrue (l.81)
le décalage (l.85)
à chaud (l.93)

l'apologie (f.) (l.99)
le tenant (l.112)
s'afficher (l.131)
le basisme (l.133)
le cédétiste (l.139)

Grammaire et stylistique

(a) 's'employer à ce que' (l.62): faites des phrases avec ce verbe.
(b) 'D'autant plus que' (ll.59,80): utilisez cette expression (ou son contraire) dans des phrases de votre cru.
(c) 'dont ils se réclament' (l.141): justifiez l'usage de 'dont'; faites des phrases avec d'autres verbes ayant la même construction. De même, en examinant la phrase 'ils n'en sont eux-mêmes pas exempts' (l.143), faites des phrases avec des verbes construits avec 'de'.

Compréhension

(a) Placez sur la carte de France les villes indiquées aux lignes 14–16 et 29–30.
(b) Que comprenez-vous par 'la taylorisation du travail' (l.66), 'l'échelle mobile des salaires' (l.91), 'la référence "moderniste"' (ll.95–96), 'le gauchisme' (l.159)?
(c) A votre avis, que faut-il comprendre par 'les combats d'arrière-garde de secteurs condamnés' (ll.154–55)?
(d) Quel rôle les confédérations syndicales ont-elles joué pendant les événements de mai 1968? Décrivez le clivage qui existe selon l'auteur entre les deux grands syndicats CGT et CFDT (à la fin du texte).
(e) Comment ces événements ont-ils influencé l'évolution de la gauche et des syndicats après mai?

Questions orales ou écrites

(a) Quelle est la signification historique de mai 1968?
(b) Une révolte 'à la mai 1968' est-elle toujours possible?

Text 1.5

De Gaulle parle

Une certaine idée de la France

1 Toute ma vie, je me suis fait une certaine idée de la France. Le sentiment me l'inspire aussi bien que la raison. Ce qu'il y a, en moi, d'affectif imagine naturellement la France, telle la princesse des contes ou la madone aux fresques des murs, comme vouée à une destinée
5 éminente et exceptionnelle. J'ai, d'instinct, l'impression que la Providence l'a créée pour des succès achevés ou des malheurs exemplaires. S'il advient que la médiocrité marque, pourtant, ses faits et gestes, j'en éprouve la sensation d'une absurde anomalie, imputable aux fautes des Français, non au génie de la patrie. Mais aussi, le côté positif de mon
10 esprit me convainc que la France n'est réellement elle-même qu'au premier rang; que, seules, de vastes entreprises sont susceptibles de compenser les ferments de dispersion que son peuple porte en lui-même; que notre pays, tel qu'il est, parmi les autres, tels qu'ils sont, doit, sous peine de danger mortel, viser haut et se tenir droit. Bref, à
15 mon sens, la France ne peut être la France sans la grandeur.

Cette foi a grandi en même temps que moi dans le milieu où je suis né. Mon père, homme de pensée, de culture, de tradition, était imprégné du sentiment de la dignité de la France. Il m'en a découvert l'Histoire. Ma mère portait à la patrie une passion intransigeante à l'égal de sa
20 piété religieuse. Mes trois frères, ma sœur, moi-même, avions pour seconde nature une certaine fierté anxieuse au sujet de notre pays. Petit Lillois de Paris, rien ne me frappait davantage que les symboles de nos gloires: nuit descendant sur Notre-Dame, majesté du soir à Versailles, Arc de Triomphe dans le soleil, drapeaux conquis frissonnant à
25 la voûte des Invalides. Rien ne me faisait plus d'effet que la manifestation de nos réussites nationales: enthousiasme du peuple au passage du Tsar de Russie, revue de Longchamp, merveilles de l'Exposition, premiers vols de nos aviateurs. Rien ne m'attristait plus profondément que nos faiblesses et nos erreurs révélées à mon enfance par les visages et
30 les propos: abandon de Fachoda, affaire Dreyfus, conflits sociaux, discordes religieuses. Rien ne m'émouvait autant que le récit de nos malheurs passés: rappel par mon père de la vaine sortie du Bourget et de Stains, où il avait été blessé; évocation par ma mère de son désespoir de petite fille à la vue de ses parents en larmes: 'Bazaine a capitulé!'

35   Adolescent, ce qu'il advenait de la France, que ce fût le sujet de
l'Histoire ou l'enjeu de la vie publique, m'intéressait par-dessus tout.
J'éprouvais donc de l'attrait, mais aussi de la sévérité, à l'égard de la
pièce qui se jouait, sans relâche, sur le forum; entraîné que j'étais par
l'intelligence, l'ardeur, l'éloquence qu'y prodiguaient maints acteurs et
40   navré de voir tant de dons gaspillés dans la confusion politique et les
divisions nationales. D'autant plus qu'au début du siècle apparaissaient
les prodromes de la guerre. Je dois dire que ma prime jeunesse imaginait
sans horreur et magnifiait à l'avance cette aventure inconnue. En
somme, je ne doutais pas que la France dût traverser des épreuves
45   gigantesques, que l'intérêt de la vie consistait à lui rendre, un jour,
quelque service signalé et que j'en aurais l'occasion . . .

De Gaulle et l'Algérie

Deux jours avant le référendum, le Général de Gaulle s'adresse aux
Français.

50   ALLOCUTION RADIODIFFUSÉE ET TÉLÉVISÉE
PRONONCÉE AU PALAIS DE L'ÉLYSÉE, LE 6 AVRIL 1962.
Dimanche, va s'accomplir en France un événement d'une immense
portée. Chaque Français en sera personnellement l'artisan si, comme je
le lui demande, il vote: 'Oui'! au référendum.
55   Car la très grave question algérienne sera tranchée au fond et le sera
par la nation elle-même. Ainsi, trouvera, enfin, sa solution humaine et
raisonnable un problème qui, en restant posé depuis 132 ans, a
entraîné pour l'Algérie, à côté de réalisations qui lui furent souvent
favorables, des drames périodiquement renouvelés et dont le dernier en
60   date fut le plus douleureux de tous, tandis que l'unité de la nation
française, son action internationale, les conditions de sa défense, ses
possibilités économiques, sociales et financières, en étaient finalement
altérées. Ainsi, pourront s'établir dans la paix et l'association, c'est-à-
dire conformément au bon sens et à l'amitié, les rapports nouveaux de
65   l'Algérie et de la France.
Déjà, par le référendum, nous avons, en quatre années, réalisé trois
changements capitaux, qui n'avaient pu jusqu'alors aboutir malgré
d'innombrables épreuves et d'interminables débats. C'est par cette voie,
en effet, que nous nous sommes donné des institutions telles que la
70   stabilité, l'autorité, la continuité de l'État ont remplacé un régime de
crises, d'impuissance et de confusion. C'est par la même voie que nous
avons transformé en rapports de coopération avec douze Républiques
africaines et la République malgache les rapports de colonisation que
nous appliquions naguère à leurs territoires, d'où résulte dans ce vaste
75   ensemble une situation de paix, de progrès, de compréhension, véritable-

ment exemplaire et qui contraste de saisissante façon avec les troubles, les conflits, les rivalités, dont sont actuellement agitées tant de régions africaines, asiatiques et américaines. C'est par la même voie que nous avons, au moment voulu, reconnu le droit de l'Algérie à l'autodétermi-
80   nation et, du même coup, déclenché l'apaisement, déterminé les dirigeants de la rébellion à en venir aux pourparlers, fait en sorte que toutes tentatives de forcer en sens opposé la volonté du pays ne pouvaient être et ne sont qu'aventures aussi vaines que criminelles.

Mais, dimanche, en rendant définitive et solennelle une décision qui
85   renouvelle le présent et dégage l'avenir, nous, Français, allons, en même temps, consacrer décidément la pratique du référendum, la plus nette, la plus franche, la plus démocratique qui soit. Prévu par la Constitution, le référendum passe ainsi dans nos mœurs, ajoutant quelque chose d'essentiel à l'œuvre législative du Parlement. Désormais,
90   sur un sujet vital pour le pays, chaque citoyen pourra être, comme il l'est à présent, directement appelé à en juger pour sa part et à prendre sa responsabilité. Nul doute que le caractère et le fonctionnement des institutions de la République n'en soient profondément marqués.

Enfin, Françaises, Français! pour le Chef de l'État, qui est en charge
95   de l'intérêt supérieur de la France et qui, à ce titre, demande à chacune et à chacun de vous d'approuver l'action menée dans un domaine dont tout dépend, le témoignage de votre confiance sera le nombre de celles et de ceux qui répondront en votant: 'Oui'!

Toutes ces voix encourageantes, ce seront les chances de la France!
100   Vive la République!
Vive la France!

Le dernier Référendum de de Gaulle

Le Général de Gaulle s'adresse aux Français, deux jours avant la date fixée pour le référendum:

105   ALLOCUTION RADIODIFFUSÉE ET TÉLÉVISÉE PRONONCÉE AU PALAIS DE L'ÉLYSÉE, LE 25 AVRIL 1969.

. . . Votre réponse va engager le destin de la France, parce que la réforme fait partie intégrante de la participation qu'exige désormais l'équilibre de la société moderne. La refuser, c'est s'opposer dans un domaine
110   essentiel à cette transformation sociale, morale, humaine, faute de laquelle nous irons à de désastreuses secousses. L'adopter, c'est faire un pas décisif sur le chemin qui doit nous mener au progrès dans l'ordre et dans la concorde, en modifiant profondément nos rapports entre Français.

115 Votre réponse va engager le destin de la France, parce que, si je suis désavoué par une majorité d'entre vous, solennellement, sur ce sujet capital et quels que puissent être le nombre, l'ardeur et le dévouement de l'armée de ceux qui me soutiennent et qui, de toute façon, détiennent l'avenir de la patrie, ma tâche actuelle de Chef de l'État deviendra
120 évidemment impossible et je cesserai aussitôt d'exercer mes fonctions. Alors, comment sera maîtrisée la situation résultant de la victoire négative de toutes ces diverses, disparates et discordantes oppositions, avec l'inévitable retour aux jeux des ambitions, illusions, combinaisons et trahisons, dans l'ébranlement national que provoquera une pareille
125 rupture?

Au contraire, si je reçois la preuve de votre confiance, je poursuivrai mon mandat, j'achèverai, grâce à vous, par la création des régions et la rénovation du Sénat, l'œuvre entreprise il y a dix années pour doter notre pays d'institutions démocratiques adaptées au peuple que nous
130 sommes, dans le monde où nous nous trouvons et à l'époque où nous vivons, après la confusion, les troubles et les malheurs que nous avions traversés depuis des générations. Je continuerai, avec votre appui, de faire en sorte, quoi qu'il arrive, que le progrès soit développé, l'ordre assuré, la monnaie défendue, l'indépendance maintenue, la paix sauve-
135 gardée, la France respectée. Enfin, une fois venu le terme régulier, sans déchirement et sans bouleversement, tournant la dernière page du chapitre que, voici quelque trente ans, j'ai ouvert dans notre Histoire, je transmettrai ma charge officielle à celui que vous aurez élu pour l'assumer après moi.
140 Françaises, Français, dans ce qu'il va advenir de la France, jamais la décision de chacune et de chacun de vous n'aura pesé aussi lourd!

Vive la République!

Vive la France!

(C. de Gaulle, *Mémoires de Guerre, L'Appel, 1940–1942*, Librairie Plon, 1954, pp. 1–2; *Discours et Messages*, 'Avec le renouveau (mai 1958 – juillet 1962)', Librairie Plon, 1970, pp. 398–9; *Discours et Messages*, 'Vers le terme (1966–1969)', Librairie Plon, 1970, pp. 405–6).

Exercices

Lexique

Expliquez les mots et expressions suivants:

le génie (l.9)   l'autodétermination (f.) (ll.79–80)
la relâche (l.38)   déclencher (l.80)
le prodrome (l.42)   la participation (l.108)
la prime jeunesse (l.42)   faute de laquelle (ll.110–111)
le référendum (l.66)

Grammaire et stylistique

(a)   Justifiez les deux imparfaits du subjonctif (ll.35 et 44).
(b)   'Chaque Français en sera personnellement l'artisan si, comme je le lui
      demande, il vote: "Oui"! au référendum' (ll.53–54). Récrivez la phrase
      en commençant par 'Tous les Français'. Analysez les différences, en
      particulier en ce qui concerne l'effet obtenu.
(c)   Le mot 'France'. Combien de fois apparaît-il et à quels endroits
      stratégiques du texte?

Compréhension

(a)   'Rien ne me faisait plus d'effet que la manifestation de nos réussites
      nationales' (ll.25–26): exprimez l'idée en d'autres termes.
(b)   'Petit Lillois de Paris' (l.22): quelle atmosphère, quelle vie, suggère
      cette expression?
(c)   Expliquez les allusions des lignes 27 à 34: 'revue de Longchamp,
      merveilles de l'Exposition ... abandon de Fachoda, affaire Dreyfus,
      conflits sociaux, discordes religieuses ... vaine sortie du Bourget ...
      Bazaine'.
(d)   'la création des régions et la rénovation du Sénat' (ll.127–28): dans quelle
      mesure les successeurs de de Gaulle ont-ils rempli ce programme?

Questions orales ou écrites

(a)   La France est comparée à 'la princesse des contes ou la madone aux
      fresques des murs' (ll.3–4). Quels commentaires vous inspirent ces
      expressions?
(b)   La pensée gaullienne a-t-elle évolué entre les trois textes?
(c)   Qu'est-ce que le bonapartisme? En trouve-t-on quelque manifestation
      dans les trois textes donnés?

Text 1.6

La France des années 1970 vue par Valéry Giscard d'Estaing

1   Depuis deux ans, une œuvre a été entreprise. Parcourons-la:

L'âge de la majorité abaissé à 18 ans;

L'indépendance donnée aux chaînes de télévision; le droit reconnu à l'opposition, et utilisé par elle, de déférer les lois au Conseil constitution-
5   nel; les écoutes téléphoniques supprimées; la censure politique au cinéma abandonnée;

Le même collège rendu obligatoire pour tous les jeunes Français, égalisant davantage leurs chances; un effort d'adaptation des universités à la préparation de la vie active;

10   L'augmentation du minimum vieillesse de 63%;

Le maximum légal de la durée du travail ramené de 54 à 50 heures; l'âge de la retraite abaissé à 60 ans pour deux millions de travailleurs manuels; la politique contractuelle orientée vers la revalorisation des salaires de ces mêmes travailleurs; les principes d'une réforme
15   progressive de l'entreprise présentés au Parlement.

Les plus-values constitutives d'un revenu imposées, les tantièmes abolis;

L'égalité effective des femmes et des hommes recherchée dans tous les domaines de la vie politique et sociale; l'interruption de grossesse
20   humanisée, la contraception facilitée, l'adoption encouragée;

Notre législation en faveur des handicapés portée au niveau des plus avancées;

Le cours de la justice rendu plus rapide dans les grandes agglomérations; la détention provisoire plus étroitement limitée, la condition
25   pénitentiaire humanisée; le contrôle de l'exécution des peines renforcé;

Un coup d'arrêt donné, dans les villes, au gigantisme destructeur et niveleur; l'amélioration de la qualité de la vie retenue comme objectif essentiel de l'action gouvernementale; l'écologie introduite dans l'étude de tous les grands projets; une politique d'ensemble mise en place pour
30   les espaces verts autour des grandes villes; le sport doté d'un statut moderne; les métiers d'art protégés;

L'impôt des patentes réformé; les collectivités locales progressivement créditées par l'État de l'équivalent de la TVA qui pèse sur leurs investissements; une réflexion entreprise en vue de permettre, dans notre pays de
35   vieille centralisation, l'exercice d'un véritable pouvoir local, et d'abord communal . . .

Une collectivité humaine consciente doit conduire elle-même son évolution. Il appartient aux hommes de notre temps de guider la marche de notre société vers une plus complète unité.

40   Les mesures propres à accentuer cette évolution sont nécessairement de nature et de portée très diverses. Il ne s'agit pas ici de les détailler, mais d'en fixer le but et d'en définir l'esprit.

Des mots simples suffisent à exprimer l'un et l'autre: justice et solidarité.

45   Le contenu concret de l'exigence de justice et l'étendue de la solidarité ne sont pas les mêmes d'une époque à l'autre. Le rôle des élus, celui des pouvoirs publics est d'exprimer et d'accomplir, à chaque période, ce qu'appelle la justice dans la conscience collective.

Aujourd'hui, au-delà des doctrines, un corps de convictions com-
50   munes peut être dégagé sur ce sujet: *la justice consiste en l'élimination de la misère, la disparition des privilèges et la lutte contre les discriminations* . . .

Notre société est fondée sur l'*épanouissement individuel.*

Les pays du tiers-monde n'ont guère le choix. Ils doivent nécessairement penser et agir en termes de masses. Nourrir, vêtir, éduquer, loger
55   les masses, constitue leur tâche prioritaire et ne laisse que peu de place pour la considération de l'individu. Nous devons le garder à l'esprit, pour juger équitablement certaines de leurs décisions.

La société démocratique française doit prendre en compte, elle aussi, les besoins généraux de la collectivité. Mais, en même temps, elle peut
60   désormais se tourner vers l'épanouissement individuel.

Favoriser le développement de chaque personnalité, permettre à chacun de conduire sa vie: cet objectif correspond au stade d'évolution économique libératrice que nous avons atteint. Il répond aux aspirations profondes des Français et à ce qu'il y a de plus caractéristique
65   dans notre culture nationale: le sentiment de la valeur de l'individu et le goût de la liberté.

Une conception collectiviste de l'organisation sociale, dominée par la notion de masse, est à l'opposé de l'évolution souhaitée par notre société. Ceci touche le fond des choses. Il ne suffit pas de poser une
70   couche de peinture, serait-elle tricolore, sur un projet collectiviste pour le rendre approprié au tempérament et aux besoins du peuple français. Il n'y a de projet social valable pour la France que s'il vise à donner un contenu toujours plus large et plus vivant à la liberté individuelle de chacun.

75   Ceci concerne, bien entendu, les libertés fondamentales chèrement acquises par la nation et que, de façon risible, certains nous invitent à conquérir comme si nous ne les possédions déjà et comme si nous n'étions pas une des très rares fractions de l'humanité à en disposer aujourd'hui.

80   Ceci concerne également des libertés plus modestes, dont chacune est
en contradiction avec une conception collectiviste de l'organisation
sociale. Libertés de la vie privée; libertés de la vie professionnelle.

(V. Giscard d'Estaing, *Démocratie française*, Fayard, 1976,
pp. 16–17, 58, 71–2.)

Exercices

Lexique

Expliquez les mots et expressions suivants:

le collège (l.7)   un gigantisme niveleur (l.26)
la politique contractuelle (l.13)   une patente (l.32)
une plus-value (l.16)   Ceci touche le fond des choses
le tantième (l.16)   (l.69)
un coup d'arrêt (l.26)

Grammaire et stylistique

(a)   (Ll.21–22): 'au niveau des plus avancées': expliquez l'accord.
(b)   'Il ne suffit pas de poser une couche de peinture, serait-elle tricolore,
      . . .' (ll.69–70). Récrivez la phrase en utilisant un autre temps du verbe
      être.
(c)   'Il ne s'agit pas de . . . mais de . . . et de . . .' (ll.41–42); 'le rôle des élus
      est de . . . et de . . .' (ll.46–47); 'Il répond aux . . . et à . . .' (ll.63–64).
      Etudiez ces structures et faites des phrases sur le même modèle.

Compréhension

(a)   Ll.64–6: 'ce qu'il y a de plus caractéristique dans notre culture
      nationale: le sentiment de la valeur de l'individu et le goût de la
      liberté.' Est-ce vraiment spécifique à la France? Comparez, à l'aide
      d'exemples, avec votre pays.

Questions orales ou écrites

(a)   Caractérisez la *Démocratie française* du point de vue politique.
(b)   'épanouissement individuel' (l.60): est-ce la même chose que
      'démocratie'?
(c)   Des années Giscard, quels éléments vous paraissent avoir duré, quelles
      réformes vous semblent temporaires?

Text 1.7

La CFDT: progresser vers l'autogestion des entreprises

1   La condition première de cette progression est l'extension du secteur socialisé de l'économie. Mais si l'expropriation du capitalisme, c'est-à-dire la suppression de ses pouvoirs de décision et de gestion à tous les niveaux, est une condition indispensable, elle n'est pas suffisante.

5   L'appropriation réelle des moyens de production par les travailleurs est inséparable d'un développement progressif de l'autogestion dans les entreprises socialisées. Là où les entreprises resteront privées, des moyens seront pris pour limiter l'arbitraire patronal et développer le pouvoir de négociation et de décision des travailleurs et de la

10 collectivité.

Les secteurs clés à socialiser en priorité seront: les établissements de crédit, les groupes dominants de chaque branche, les entreprises industrielles stratégiques, les grands moyens de culture, d'information et de formation.

15 *1 – La gestion des entreprises socialisées*
    ● But

Les entreprises socialisées doivent être gérées par les travailleurs selon des modalités qui prennent en compte à la fois:
– le respect des orientations cohérentes du plan démocratique en

20 matière de politique des rémunérations, de maîtrise de l'investissement, d'aménagement du territoire, d'équilibre des échanges extérieurs;
– la décentralisation de la gestion. Le découpage des unités décentralisées où s'expriment les décisions démocratiques doit tenir compte de ce qu'une trop grande dimension peut être un obstacle à la

25 démocratisation.
– la nécessité pour le collectif des travailleurs ou pour l'instance à laquelle ce collectif délègue, sous son contrôle, une partie de ses pouvoirs, de répondre de sa gestion devant la collectivité publique locale, regionale ou nationale.

30 Les structures à mettre en place tiendront compte des confrontations inévitables à toute vie sociale où la lutte d'influence pour le pouvoir est une réalité permanente:
– au sein des entreprises en fonction du niveau de connaissance des travailleurs, de leurs orientations politiques;

35 – entre les besoins de la collectivité et la tendance des travailleurs de

l'entreprise de conserver la plus large part possible des résultats de la production;

– entre les besoins de la collectivité et la tendance à la prise de responsabilité d'un grand nombre de travailleurs que rien n'a préparé à 40 prendre en main leur avenir et les minorités militantes qui risquent de se sentir seules concernées par les responsabilités de gestion.

Le choix de la prise en charge de la gestion par les travailleurs, le refus de l'étatisme, de la bureaucratie et de la technocratie est un choix lucide, car il tient compte de ces contraintes, de cette complexité pour 45 progresser vers l'autogestion.

● Mesures

a. Création d'un conseil d'entreprise composé de représentants élus par les travailleurs, à partir des différents établissements ou services.

Ce conseil assumera à la fois les fonctions d'un conseil d'administra-50 tion et d'un comité d'entreprise. Par contre, face à lui, les sections syndicales dont les pouvoirs seront étendus, conserveront un rôle d'expression, de contrôle, de contestation centré sur la défense des intérêts des travailleurs. Elles ne devront donc pas être partie prenante des décisions de gestion.

55 Le conseil d'entreprise:
– élit et contrôle la direction de l'entreprise;
– négocie avec les sections syndicales;
– répond de sa gestion, au nom des travailleurs, devant les instances adaptées représentant la collectivité.

60 Pour répondre de sa gestion sur des bases saines, le conseil d'entreprise passe un contrat:
– si l'entreprise a une dimension nationale, le contrat est établi avec le plan démocratique national et contrôlé par une instance désignée par le Conseil économique et social;
65 – si l'entreprise a une dimension locale, le contrat est établi avec l'échelon régional du plan et contrôlé par une instance désignée par le Conseil économique et social régional, ou une structure décentralisée du même type.

Des procédures devront être mises en place, en vue de sanctionner le 70 non-respect des engagements pris et de dénouer des situations de crise.

b. Au niveau des établissements, des conseils d'établissement dont la composition sera identique à celle des conseils d'entreprise seront mis en place. Dans le cadre du plan de l'entreprise, le conseil d'établissement jouira de toute l'autonomie possible. Toutefois, le chef d'établissement 75 sera nommé par le conseil d'entreprise. Le conseil d'établissement dispose d'un droit de veto par rapport à cette nomination.

c. Un système de confrontation sera mis en place entre les conseils

d'établissement d'une même unité géographique et l'instance territoriale la plus adaptée et la plus opérationnelle (commune, district . . .) sur
80 tous les problèmes concernant à la fois les entreprises et la commune ou l'unité territoriale appropriée: transport – pollution – logement – équipement . . .

d. Dans ces structures, les élus des travailleurs ont un rôle important à jouer en vue d'une réelle démocratisation;
85 – mise en place de mécanismes qui limitent les risques de voir les élus se réserver le monopole des décisions, ou s'ingénier à contourner les risques liés à la révocabilité du mandat;
– création de conditions pour que ces élus soient le plus possible les agents qui diffusent l'information, organisent la discussion et la décision
90 des travailleurs;
– démocratisation du système éducatif, enjeu essentiel, dont l'effet ne peut se faire sentir que sur le long terme;
– transformation du contenu et des méthodes de la formation des adultes permettant aux travailleurs de participer activement à tous les
95 débats concernant leur vie de travail et la vie de l'entreprise;
– accès aux actions de formation leur permettant de faire face à leurs responsabilités, en exerçant un contrôle réel technique et politique, sur la gestion;
– réinsertion professionnelle des élus afin de limiter les freins à la
100 rotation des responsabilités électives.

2 – La gestion des entreprises privées
● But

Si la socialisation progressive de toute l'économie est un but, celle-ci ne pourra se réaliser que progressivement. Pendant longtemps, probable-
105 ment, il faudra compter avec l'existence d'entreprises privées.
Toutefois, celles-ci seront soumises à de nouvelles règles en conformité avec les objectifs du plan. Un contrôle des investissements s'impose. Il n'en reste pas moins qu'on ne peut attendre la socialisation de toutes les entreprises pour modifier la situation de pouvoir des travailleurs. Un
110 très large droit de contrôle, limitant l'exercice du pouvoir patronal, devra donc être mis en place dans les entreprises privées.

● Mesures

a. Les pouvoirs d'intervention et de contrôle des comités d'entreprise et d'établissement seront élargis. Toute information demandée, concernant
115 l'entreprise, devra leur être communiquée.
b. Des instances de contrôle seront mises en place au niveau des groupes et des holdings.

c. Un contrôle syndical sera institué sur tous les aspects individuels de la condition salariale et du contrat de travail.

120 **d.** Bénéficiant d'un rapport des forces global modifié, la négociation verra son champ élargi aux conditions de travail et à l'organisation du travail avec droit de contrôle syndical sur ces points.

e. Un système de confrontation sera mis en place entre les comités d'établissement de la même localité et l'instance politique communale
125 sur les problèmes communs.

f. Lorsque la direction d'une entreprise envisagera des licenciements collectifs pour raison économique, le comité d'entreprise, le syndicat ou la collectivité publique territoriale pourront faire appel à une instance compétente qui établira un diagnostic public dans le but de rechercher
130 les solutions les meilleures pour les travailleurs. Cet appel sera suspensif de toute décision.

g. Si les travailleurs d'une entreprise demandent majoritairement la socialisation de leur entreprise, un débat public devra s'instaurer avec la collectivité publique territoriale concernée, la décision finale revenant
135 aux instances politiques.

('Des objectifs de transformation conduisant au socialisme
autogestionnaire', adopté par le Conseil National de la
Confédération française démocratique du travail en avril
1974, in *CFDT: textes de base* (2), Montholon–Services, 1977,
pp. 81–5.)

Exercices

Lexique

Expliquez les mots et expressions suivants:

assumer des fonctions (1.49)	par rapport à (1.76)
être partie prenante de (ll.53–54)	un groupe (l.117)
une instance (1.58)	un holding (l.117)
un échelon (1.66)	un licenciement collectif (ll.126–27)
dans le cadre de (1.73)	un appel suspensif (l.130)

Grammaire et stylistique

(a)   Quelle différence faites-vous entre 'répondre à' et 'répondre de' (1.60)? Faites des phrases avec ces deux constructions.

Compréhension

(a)   Décrivez les aspects principaux de l'autogestion.

(b)   Expliquez l'expression 'secteur socialisé de l'économie' (ll.1–2) et expliquez son importance dans le texte.

(c)   Expliquez le rôle du conseil d'entreprise (l.47).

Questions orales ou écrites

(a)   Autogestion, rêve utopique ou possibilité pratique?

(b)   L'autogestion, une idée dépassée? Expliquez bien votre réponse.

Text 1.8

Programme commun de gouvernement du Parti communiste français et du Parti socialiste, 1972

Préambule

1   En présentant un programme commun de gouvernement, le Parti communiste français et le Parti socialiste ont conscience d'accomplir un acte politique de grande importance. Ils affirment ensemble leur volonté de mettre fin aux injustices et aux incohérences du régime
5   actuel. Pour y parvenir et pour ouvrir la voie au socialisme, des changements profonds sont nécessaires dans la vie politique, économique et sociale de la France.

    Les perspectives ouvertes par l'union de la gauche et le rassemblement de toutes les forces du peuple, les propositions développées dans
10   ce programme sont les moyens qui permettront aux Françaises et aux Français de vivre mieux, de changer leur vie. La préoccupation fondamentale du programme est de satisfaire leurs besoins et leurs aspirations.

    Ce programme est un programme d'action; il constitue un engage-
15   ment des deux partis l'un à l'égard de l'autre comme à l'égard du pays; il crée une situation nouvelle permettant d'instaurer une véritable démocratie politique et économique.

    Le Parti communiste français et le Parti socialiste conservent naturellement leur personnalité. Ils se réclament l'un et l'autre de principes
20   qui fondent leur existence propre. Certaines de leurs appréciations politiques sont différentes. Ceci ne met pas en cause leur volonté et leur capacité de gouverner ensemble.

    L'accord qu'ils constatent aujourd'hui entre eux est suffisamment large pour leur permettre de proposer au pays un programme commun
25   de gouvernement pour la prochaine législature.

    Le Parti socialiste et le Parti communiste français sont convaincus que ce programme répond aux aspirations de millions de Français et aux exigences du développement de la démocratie.

    Ils appellent les Français à le soutenir et à le faire triompher. Ils le
30   soumettent aux autres partis et organisations démocratiques en les invitant à les rejoindre dans cette action . . .

La démocratisation et l'extension du secteur public

Pour briser la domination du grand capital et mettre en œuvre une politique économique et sociale nouvelle, rompant avec celle qu'il pratique, le gouvernement réalisera progressivement le transfert à la collectivité des moyens de production les plus importants et des instruments financiers actuellement entre les mains de groupes capitalistes dominants.

Le secteur public sera étendu, démocratisé et restructuré. Les entreprises nationales, dotées d'une large autonomie de gestion, respecteront, dans leurs activités, les orientations du Plan.

Le changement des formes juridiques de la propriété doit permettre aux travailleurs d'accéder effectivement aux responsabilités. Lorsque les travailleurs de l'entreprise en exprimeront la volonté et en accord avec le gouvernement, de nouvelles structures de gestion fixeront les conditions de leur intervention dans la désignation des conseils d'administration, l'organisation du travail, la gestion du personnel, les rapports avec le Plan.

A côté des nationalisations, l'appropriation collective revêtira des formes diverses: sociétés nationales ou d'économie mixte, coopératives, mutuelles, services publics locaux, etc.

Dès le début de la législature, un seuil minimum de nationalisations sera franchi. Cette politique de transfert à la collectivité doit donc viser d'emblée l'ensemble du secteur bancaire et financier et les groupes et entreprises industriels qui occupent une position stratégique vis-à-vis des secteurs clés de l'économie, c'est-à-dire:

– les entreprises qui répondent directement à des fonctions collectives ayant le caractère de service public et donc à des besoins sociaux fondamentaux;

– les sociétés vivant sur fonds publics, qu'il s'agisse de marchés publics, de subventions, de crédits de faveur, etc.;

– les principaux centres d'accumulation capitaliste qui dominent la plus grande partie, voire la totalité de certaines productions réduisant la concurrence à celle de quelques firmes géantes;

– les entreprises qui contrôlent des branches essentielles pour le développement de l'économie nationale (niveau technique, échanges internationaux, rôle régional, etc.).

Le franchissement du seuil minimum doit permettre de limiter et de circonscrire les bases monopolistes. Il laissera subsister un important secteur privé.

Les restructurations de l'appareil de production devront s'effectuer de façon progressive et souple, en fonction d'une stratégie industrielle adaptée aux nécessités du progrès économique et social et du caractère international de la vie économique. La nationalisation ne doit pas être

75   étatisation. La progressiveté des nationalisations sera liée au développement économique et aux exigences des masses, dont il est déterminant
qu'elles prennent les plus larges responsabilités. C'est pourquoi, au cas
où les travailleurs formuleraient la volonté de voir leur entreprise
entrer dans le secteur public ou nationalisé, le gouvernement pourra le
80   proposer au Parlement . . .

Les institutions nationales

L'existence d'un système électoral assurant une représentation aussi
juste que possible des électeurs constitue une condition du fonctionnement démocratique du Parlement.
85   La loi électorale instituera la représentation proportionnelle pour les
élections à l'Assemblée nationale et aux assemblées régionales.

Le président de la République.

Dans le régime actuel, le chef de l'État détient, dans la conduite de la
politique intérieure et extérieure, des pouvoirs exorbitants qu'il exerce
90   sans contrôle.
Les dispositions du texte constitutionnel qui ont servi à l'instauration
et aux abus du pouvoir personnel doivent être supprimées ou corrigées.
Il appartient au gouvernement, responsable devant l'Assemblée nationale, de déterminer et de conduire la politique de la nation.
95   L'article 16, qui permet au président de la République de s'arroger
tous les pouvoirs, sera abrogé. Le pouvoir de décision sans contreseing
sera limité à la désignation du Premier ministre, aux messages au
Parlement, aux rapports avec la Cour suprême et à la dissolution;
l'article 19 de la Constitution sera modifié en ce sens.
100   Le référendum ne pourra être utilisé comme un moyen de faire
plébisciter la politique présidentielle contre le Parlement; l'article 11 de
la Constitution sera précisé en ce sens.
La durée du mandat du président de la République sera fixée à cinq
ans, un délai suffisant entre son élection et celle des députés à l'Assem-
105   blée nationale évitant toute simultanéité . . .

(*Programme commun de gouvernement du Parti communiste
français et du Parti socialiste*, Éditions sociales, 1972 pp. 49–
50, 113–15, 150–51.)

Exercices

Lexique

Expliquez les mots et expressions suivants:

mettre en cause (l.21)   d'emblée (l.54)
le grand capital (l.33)   vis-à-vis de (l.55)
un instrument financier (ll.36–37)   voire (l.63)
le secteur public (l.39)   s'arroger (l.95)
le conseil d'administration (ll.46–47)   abroger (l.96)
la société d'économie mixte (l.50)   le contreseing (l.96)

Grammaire et stylistique

(a)   'les sociétés vivant sur fonds publics, qu'il s'agisse de marchés publics,
       de subventions etc' (l.61). Traduisez la phrase en anglais. Utilisez
       l'expression 'qu'il s'agisse de' dans d'autres phrases.
(b)   'La progressivité des nationalisations sera liée au développement
       économique et aux exigences des masses, dont il est déterminant
       qu'elles prennent les plus larges responsabilités.' (ll.75–77). Quel est le
       temps/mode de 'prennent'. Justifiez-le.

Compréhension

(a)   Comment comprenez-vous la phrase suivante: 'la nationalisation ne
       doit pas être étatisation.' (ll.72–73)?
(b)   Qu'est-ce que le Plan dont il est question à la ligne 41?
(c)   Selon le texte, quel était le caractère des rapports entre le Parti
       communiste et le Parti socialiste en 1972?
(d)   Qu'entendent les auteurs du texte par 'la démocratisation et l'extension
       du secteur public'? (l.32)
(e)   Qu'est-ce que la représentation proportionnelle (l.85)?

Questions orales ou écrites

(a)   Pensez-vous qu'il y avait beaucoup d'"injustices et incohérences' (l.4)
       dans le régime politique du début des années 70? Justifiez votre
       réponse.
(b)   Dans quelle mesure le Parti socialiste a-t-il appliqué depuis 1981 les
       réformes mentionnées dans ces extraits?
(c)   Dans quelle mesure le PS a-t-il changé les 'institutions nationales'
       conformément à ses intentions de 1972? Comment peut-on expliquer
       son comportement à ce sujet?

Text 1.9

Les Lois de décentralisation de 1982–83: la revanche des régions

Introduction

La loi du 2 mars 1982, dite 'loi Defferre', est relative aux droits et libertés des communes, départements et régions. Elle contient trois ruptures: la suppression de tous les contrôles de l'État a priori, le transfert du pouvoir exécutif des préfets au département et à la région, la reconnaissance du droit à l'intervention économique.

1. Les actes des collectivités locales sont exécutoires une fois notifiés à l'autorité compétente, c'est-à-dire le préfet, qui n'est plus autorité de tutelle. Disparaît le contrôle a priori des actes des Conseils municipaux et de leurs maires, des Conseils généraux et de leur président. Cependant, en cas de désaccord, le représentant de l'État peut procéder à un recours auprès du tribunal administratif. De même, le citoyen peut procéder à un recours pour suspendre une décision d'une collectivité territoriale auprès du préfet ou du tribunal administratif si le motif est jugé sérieux et de nature à justifier l'annulation. Les actes à caractère financier sont contrôlés par la Cour régionale des comptes.

2. Autre changement considérable, le transfert du pouvoir exécutif du préfet au président du Conseil général. Chaque transfert de compétences s'est accompagné des moyens financiers correspondants et des transferts de services de la préfecture vers le Conseil général. Enfin, les services extérieurs de l'État sont à la disposition du président pour la préparation et l'exécution des délibérations.

La région est consacrée collectivité territoriale de plein droit. Cette assemblée est désormais élue au suffrage universel direct. Le président est détendeur du pouvoir exécutif en lieu et place de l'ancien préfet de région. Aux côtés du Conseil régional est installé un Comité économique et social, au rôle consultatif.

3. Les communes, les départements et les régions disposent désormais de trois formes d'intervention économique: aides directes, aides indirectes, création de services publics locaux. Les aides directes ont été souvent contestées car jugées trop onéreuses au regard de leur efficacité. La loi de janvier 1988, dite d''amélioration de la décentralisation', recadre d'ailleurs les interventions économiques. La commune ne peut plus intervenir directement, sauf en milieu rural pour le maintien des services nécessaires à la satisfaction de la population.

La répartition des compétences entre les communes, les départements,

les régions et l'État a été fixée par les lois de janvier et juillet 1983. Il
n'y a aucune superposition de compétence et donc de tutelle entre les
collectivités territoriales. Ce principe conditionne les transferts par blocs
de compétences: à la commune, l'urbanisme et la gestion des sols; au
40   département, l'action sociale et la santé, les collèges de l'enseignement
public, les transports scolaires; à la région, la formation, les lycées et
l'aménagement du territoire.

Il y a simultanéité du transfert des compétences et du transfert des
ressources. Mais les charges confiées aux régions sont telles que les
45   impôts des collectivités territoriales ont augmenté (en moyenne de 15%
en 1990).

L'HISTOIRE: *La décentralisation a souvent été présentée, surtout à ses
débuts, comme 'la grande affaire' du premier septennat de François Mitterrand. Était-ce la révolution annoncée ou l'État omnipotent a-t-il encore de*
50   *beaux restes?*

BÉATRICE GIBLIN-DELVALLET: Il y a un peu des deux. C'est une
révolution dans la mesure où ce sont les élus qui maintenant exercent
les responsabilités de l'aménagement du territoire. Les maires des
grandes villes sont devenus très puissants, de même que les présidents
55   des Conseils généraux, qui disposent de budgets importants. Les régions
aussi, avec moins d'ampleur, ont pris leur place dans cette redistribution
des pouvoirs. Mais l'État est tout de même là, bien présent, par l'intermédiaire, par exemple, de ses représentants à la DDE (Direction
départementale de l'Équipement) ou à la DRE (Direction régionale de
60   l'Équipement).

Cela dit – et là on retombe dans les vieilles pratiques d'autrefois –, les
'grands' élus, qui cumulent toujours plusieurs mandats, ont tendance à
ignorer ces délégués ou les préfets pour contacter directement à Paris le
cabinet du ministre, sinon le ministre lui-même, dans l'espoir de faire
65   avancer leurs dossiers. S'il y a donc eu décentralisation, celle-ci ne s'est
pas accompagnée d'une déconcentration du pouvoir de l'État.

L'HISTOIRE: *Ces nouveaux pouvoirs, ce sont autant de nouvelles baronnies
qui apparaissent . . .?*

BÉATRICE GIBLIN-DELVALLET: Et quelles baronnies dans certains cas!
70   Observez ce qui se passe dans la région parisienne. Est-il normal qu'il y
ait si peu de structures intercommunales, qu'il n'y ait pas de communauté urbaine, que la capitale, ville-département riche, soit si nettement
séparée de la petite couronne morcelée en une myriade de communes?
Situation qui rend difficiles les politiques d'aménagement.

75   L'HISTOIRE: *La décentralisation a généré de fortes tensions entre ces
nouveaux centres de décision.*

BÉATRICE GIBLIN-DELVALLET: Oui, mais ces rivalités existaient aussi
avant la décentralisation, elles sont plus visibles aujourd'hui. Vous en
avez un bel exemple avec la Zone d'aménagement concerté du tunnel

80 sous la Manche. Voilà une ZAC de 300 hectares concédée par l'État à la société Eurotunnel et qui est l'objet d'enjeux et de visées contradictoires. Eurotunnel a envisagé d'implanter une infrastructure qui bénéficiera surtout à Calais. Mais à Dunkerque, où l'État a déjà investi des sommes considérables, on n'a pas renoncé à être le port 'locomotive'
85 du littoral nord.

Et qui, entre-temps, est devenu maire de Dunkerque? Michel Delebarre, ministre de l'Équipement, des Transports, du Logement et de la Mer jusqu'en décembre dernier, qui conçoit une logique de l'aménagement du territoire, en conformité, bien sûr, avec les ambitions légitimes
90 qu'il nourrit pour sa ville. Il faut poursuivre le développement de Dunkerque, plaide-t-il, si l'on se met à privilégier maintenant Calais, c'est ni plus ni moins défaire ce qu'on a commencé à bâtir. De cette opposition d'intérêts est née une situation d'impasse qui, à deux ans de l'inauguration du tunnel, ne profite à personne.

95 L'Histoire: *Pour les simples citoyens, qu'est-ce que la décentralisation a changé au fond?*

Béatrice Giblin-Delvallet: Ils ont vu leurs élus, surtout dans les grandes villes, se mobiliser pour la réalisation d'équipements en vue de rénover certains quartiers et, au niveau régional, pour financer remises
100 en état ou constructions scolaires. Les contribuables se sont rendu compte aussi qu'ils ont dû payer parfois 10 à 15% d'impôts locaux en plus. Ce qui m'amène tout naturellement à évoquer les dérives budgétaires de certains maires et, d'une manière générale, l'extrême opacité des finances publiques locales. Mais, à la suite de quelques 'affaires', les
105 maires sont en train de suivre les budgets de près! . . .

L'Histoire: *La décentralisation, c'est plus de pouvoir pour les régions. Mais les vingt-deux régions françaises ne sont pas, vous le rappelez, sur un même pied d'égalité. Dans la perspective d'une Europe sans frontières, que peuvent-elles contre les quinze* Länder *de l'Allemagne réunifiée, riches, pour*
110 *la plupart, d'une longue histoire, celle de l'ex-RFA?*

Béatrice Giblin-Delvallet: La question ne se pose pas en ces termes parce que l'Europe des régions – tant pis pour ceux qui s'obstinent à y croire –, ce n'est pas pour demain. Il est vrai que l'histoire n'est pas la même des deux côtés de la frontière. L'Allemagne est un
115 État fédéral, organisation politique imposée par la France et la Grande-Bretagne. La région – le *Land* – n'a rien à voir avec l'idée qu'on se fait de la région en France, où l'on a – faut-il toujours le rappeler? – une tradition bien ancrée de centralisme. Ici, le pouvoir régional est donc perçu, depuis les années soixante-dix, comme un instrument contre
120 l'État jacobin qui vous a trop longtemps dépossédé de votre destin. Chez les Allemands de l'Ouest, où la division du pays a entraîné une conscience très aiguë de la nation, le *Land* est, au contraire, un outil au service de la nation tout entière . . .

L'Histoire: *Le développement d'une ville ou d'un département tient aussi à*
125   *la personnalité de ses élus. N'y a-t-il pas là une autre source d'inégalité?*
Béatrice Giblin-Delvallet: Vous avez des maires efficaces et compé-
tents, et vous en avez des plus timorés, des plus passifs. Mais je vois
d'autres risques. Face à un grand maire aujourd'hui, quelle est la force
d'opposition? La presse régionale, qui pourrait tenir un rôle de contre-
130   pouvoir, se tait (par prudence?). Dans les grandes décisions d'aménagement, en dépit des efforts d'information qu'il faut saluer, le débat parmi
les citoyens est inexistant. Il faut reconnaître que les dossiers ne sont
pas simples et que le citoyen lambda qui veut suivre une séance
municipale ne peut que décrocher devant la complexité technique d'un
135   projet dont il aura vu la superbe maquette exposée dans un salon de
l'hôtel de ville.

Les Français restent favorables à la décentralisation. Mais, pour
autant, leur a-t-elle conféré cette 'nouvelle citoyenneté' qu'on avait
gravée à sa naissance comme en exergue?

(Entretien avec Béatrice Giblin-Delvallet, *L'Histoire*, No 143,
April 1991.)

Exercices

Lexique

Expliquez les mots et expressions suivants:

de beaux restes (ll.49–50)	une 'affaire' (l.104)
les 'grands' élus (l.62)	l'État jacobin (l.120)
la petite couronne (l.73)	un contre-pouvoir (ll.129–30)
une politique d'aménagement (l.74)	un dossier (l.132)
une ZAC (l.80)	un citoyen lambda (l.133)
un port 'locomotive' (l.84)	en exergue (l.139)
les contribuables (l.100)	
la dérive (l.102)	

Grammaire et stylistique

(a)   Ll.70–73: justifiez les subjonctifs et faites des phrases sur le même
modèle.
(b)   'ce que' (ll.91–92). Dans quels cas utilise-t-on 'ce que' ou 'ce qui', dans
quels cas utilise-t-on 'qu'est-ce que', 'qu'est-ce qui'? Faites des phrases
pour illustrer la règle.
(c)   'Les contribuables se sont rendu compte' (ll.100–102). Dans quel cas les
participes passés de verbes réflexifs ne s'accordent-ils pas avec leurs
sujets? Justifiez la règle dans ce cas-ci et inventez d'autres exemples.

Compréhension

(a)   Quelle différence voyez-vous entre la Direction départementale de
      l'Équipement et la Direction régionale de l'Équipement (ll.57–60)?
      Soyez aussi précis que possible. Que mettez-vous sous l'expression
      'les structures intercommunales' (l.71)?

(b)   Expliquez dans vos propres termes la situation de Dunkerque et Calais
      (ll.77–85).

(c)   Expliquez ce qu'est le 'cumul des mandats' (l.62). Quelles conséquences
      peut avoir le fait que la décentralisation ne s'accompagne pas d'une
      déconcentration du pouvoir de l'État (ll.65–66)?

(d)   Précisez la différence que l'auteur fait entre Länder et régions (ll.113–
      123). Pensez-vous comme B. Giblin-Delvallet que 'l'Europe des régions,
      ce n'est pas pour demain' (ll.112–113)?

Question orale ou écrite

(a)   Concrètement, qu'est-ce que la décentralisation a changé dans la vie
      des Français?

Text 1.10

La Cohabitation de 1986–88

1 Fidèle à sa tradition de laboratoire politique, la France a innové, une
fois encore. A la faveur de la *petite* alternance, en mars 1986, et
jusqu'à l'heure de la *grande* alternance de mai-juin 1988, le peuple
souverain a imposé à ses représentants, une nouvelle donne de la
5 Constitution de 1958, appelée, selon le mot forgé par Valéry Giscard
d'Estaing, la *cohabitation*.

De quoi s'est-il agi, alors? De l'histoire du couple institutionnel le
plus célèbre de l'Occident, formé par le Président François Mitterrand et
le Premier ministre Jacques Chirac, serait-on tenté d'opiner, toute
10 référence gardée. Ce mode inédit d'exercice du pouvoir d'État, d'une
façon plus sereine, assurément, est susceptible d'un traitement, tout à
la fois sémantique et juridique, en raison de la puissance d'égarement
qui s'y attache.

Certes, la force de l'habitude a imposé l'expression, mais, tout bien
15 considéré, on ne saurait s'y résigner totalement. De fait, en cultivant
l'assonance, cohabitation ne rime guère avec *cogestion*, en particulier
au plan intérieur, au moment où les protagonistes adossés à leur
majorité respective campaient sur leur position. Aussi, le terme *coexistence*, qui emporte *indifférence*, est préférable, à tout prendre. Le sentiment
20 commun est ici accordé, à cet égard, à la symbolique. Que n'a-t-on
remarqué l'absence de la traditionnelle *photo de famille*, sur le perron de
l'Élysée, réunissant le chef de l'État et le Gouvernement, autant que
celle de la poignée de mains entre les participants au conseil des
ministres.

25 Reste une dernière dénomination qui s'impose, en définitive, à l'attention: celle de *dyarchie* qui a le mérite de vider la querelle, en révélant le
partage du pouvoir, consécutif à la dissociation entre les majorités
présidentielle et parlementaire. Jusqu'en 1986, seul, on le sait, un
miracle électoral renouvelé avait masqué le problème et favorisé les
30 spéculations.

Un *modus vivendi* était, dans ces conditions, d'autant plus inévitable
qu'il était limité dans le temps, et accepté à l'avance. Au rebours de la
logique gaulliste, le chef de l'État, quoique battu, honorablement sans
doute, à l'occasion des élections législatives (le recours à la représenta-
35 tion proportionnelle n'étant pas indifférent), est demeuré en fonction,
tandis que la coalition victorieuse RPR-UDF entendait assumer les
responsabilités que les citoyens lui avait confiées. Par suite, la novation

ne pouvait manquer d'affecter le régime: au présidentialisme succédait le parlementarisme; à la monarchie républicaine, la dyarchie et son
40 corollaire nécessaire, la répartition des compétences entre les deux têtes de l'exécutif.

Au terme d'une démarche consensuelle, Jacques Chirac affirme, lors de sa nomination à Matignon, le 20 mars 1986: *Les prérogatives et les compétences du Président de la République, telles qu'elles sont définies par la*
45 *Constitution, sont intangibles, le Gouvernment dirigé par le Premier ministre détermine et conduit la politique de la nation.* Le Président de la République, de son côté, dans le message qu'il délivre au Parlement, le 8 avril suivant, se réclame de *la Constitution, rien que la Constitution, toute la Constitution.* Il se livre à une interprétation littérale des articles 5 et 20
50 qui déterminent respectivement ses missions et celles du Gouvernement. En somme, réduit au rôle arbitral, parallèlement à ses responsabilités permanentes dans les domaines de la défense et de la diplomatie, le chef de l'Etat a restitué, pour la première fois, sous la Vᵉ République, la fonction décisionnelle au Premier ministre.

55 Peut-on en inférer, pour autant, que dans la perspective parlementaire recouvrée, le reflux présidentiel ait menacé l'institution dans ses œuvres vives?

Une réponse nuancée s'impose, car la coexistence, reflet de l'irréductibilité des volontés du suff⸱age universel, ressortit à la dialectique. Tant
60 et si bien, qu'alliant la tension à la conciliation, elle a revêtu un aspect diversifié, selon l'espace considéré, en permettant à chaque acteur d'y jouer un rôle déterminant sans réduire à néant, cependant, son interlocuteur.

Il résulte de ce qui précède, que si la coexistence interne a favorisé le
65 Gouvernment, la coexistence externe a valorisé sans conteste le Président de la République. *Le conflit a bien eu lieu, mais il a fait long feu,* remarquera, à cet égard, François Mitterrand dans sa *Lettre à tous les Français.* L'enchaînement successif des pouvoirs en donne désormais la mesure.

(Jean Giguel, 'De la Cohabitation', *Pouvoirs*, No. 49, Presses Universitaires de France, 1989, pp. 69–71.)

Exercices

Lexique

Expliquez les mots et expressions suivants:

la nouvelle donne (l.4)   toute référence gardée (ll.9–10)
opiner (l.9)   un égarement (l.12)

à tout prendre (l.19)	inférer (l.55)
vider une querelle (l.26)	ressortir à (l.59)
au rebours de (l.32)	tant et si bien que (ll.59–60)
restituer (l.53)	faire long feu (l.66)

Grammaire et stylistique

(a) Examinez les structures 'd'autant plus que' (ll.31–32) et 'tant et si bien que' (ll.59–60). Utilisez-les dans des phrases de votre cru.

(b) Identifiez le vocabulaire du mariage et montrez comment la métaphore évolue au fil du texte. Utilisez ce procédé qui consiste à décrire une situation par une autre apparemment complètement différente: écrivez un paragraphe en français décrivant un marché comme s'il s'agissait d'un orchestre, une séance au parlement sur le mode de funérailles, ou tout autre sujet de votre choix.

Compréhension

(a) Quelles nouveautés la cohabitation a-t-elle introduites?

(b) Expliquez la phrase: 'au présidentialisme succédait le parlementarisme; à la monarchie républicaine, la dyarchie et son corollaire nécessaire, la répartition des compétences entre les deux têtes de l'exécutif' (ll.38–41).

(c) Expliquez la phrase: 'Si la coexistence interne a favorisé le Gouvernment, la coexistence externe a valorisé sans conteste le Président de la République' (ll.64–66).

(d) Décrivez et commentez les rapports de Mitterrand et Chirac pendant la période de la cohabitation.

Questions orales ou écrites

(a) Durant la cohabitation, la répartition du pouvoir entre le Président et le Premier ministre était-elle plus juste?

(b) Selon les sondages de l'opinion publique, les Français ont apprécié la cohabitation. Quelles conclusions peut-on tirer de cette constatation?

Text 1.11

Que faire du Progrès? Manifeste du Parti socialiste, janvier 1981

1   Partout s'élève cette interrogation: que faire du progrès? On pensait au
XIXe siècle que la machine, en relayant la force physique de l'homme
au travail, avancerait sa libération, mais les détenteurs du capital en
ont fait l'instrument de leur domination. La machine moderne, qui ne
5   se substitue plus seulement au muscle de l'homme, mais à sa mémoire
et à son jugement, contribuera-t-elle à cette libération manquée? Il
dépend de nous de ne pas laisser passer cette chance. Toute évolution
scientifique entraîne une mutation des idées et des mœurs, suscite de
nouvelles formes d'expression et prépare l'autre révolution, celle des
10   structures économiques et des rapports sociaux. Nous vivons l'une de
ces époques. Non seulement les socialistes ne craignent pas le progrès,
mais ils le désirent. Il n'est pas de socialisme sans la science. La peur de
l'acte créateur est le propre des sociétés perdues. Le danger n'est pas
que l'homme invente, mais qu'il ne maîtrise pas (dans les domaines
15   notamment de la biologie et de la génétique, de l'informatique et du
nucléaire) ce qu'il crée. D'où la nécessité de le rendre responsable et,
par le développement du savoir et le mécanisme des institutions, de lui
en donner le moyen.
    Accordons-nous sur ce point: quelque idée qu'on ait de l'avenir, rien
20   ne changera si les inégalités, l'accès au savoir, le partage du pouvoir
restent ce qu'ils sont. Regardons autour de nous. La société capitaliste
asservit l'homme. La société communiste l'étouffe. Capitaliste ou communiste, la société industrielle, par ses entassements dans les centres
urbains, par la dégradation des équilibres naturels et par ses critères
25   scientifiques, se ressemble plus qu'elle ne diffère. La technique triomphe
mais l'homme fiché, informatisé, médiatisé, manipulé, perd son autonomie. Objet ou sujet, la marge est étroite. La volonté des socialistes, au
contraire, est que 'l'homme fasse lui-même sa propre histoire'.
    Écoutons Jaurès: 'L'histoire humaine ne commencera véritablement
30   que lorsque l'homme, échappant à la tyrannie des forces inconscientes,
gouvernera par sa raison et sa volonté la production elle-même. Ce
sera le jaillissement de la vie, ardente et libre, de l'humanité qui
s'appropriera l'univers par la science, l'action, le rêve.'
    Mais balayer les inquiétudes et réveiller l'espoir, mobiliser les énergies,
35   retrouver confiance en nous-mêmes, conduire le progrès, asseoir la
paix sur des bases solides, combattre l'égoïsme et le repli sur soi,
essayer de rendre la société plus juste et les hommes plus solidaires, qui

le fera sans un projet audacieux et sans le soutien de forces vives du pays, de ses travailleurs, de sa jeunesse, de ses intellectuels, de ses
40   savants?

C'est ce projet que nous soumettons aux Français. Il n'offre pas un modèle de société toute faite. Il ne décrète pas à l'avance les étapes de sa transformation. Il ne codifie pas le futur. Fidèle aux enseignements des luttes ouvrières, il esquisse une démarche, propose des objectifs et
45   en détermine les moyens. Les socialistes, assurés qu'il n'est pas, dans la société industrielle, de libération de l'homme qui ne commence par sa libération des structures économiques imposées par le capitalisme, refusent pour autant d'enfermer l'homme dans les mécanismes de tout autre système – comme celui du marxisme-léninisme, théorie officielle
50   des régimes communistes – dont l'idéologie cherche sans eux, et malgré eux, à pourvoir aux besoins matériels, spirituels, culturels de tous et de chacun. Le problème de notre société se pose désormais en termes de civilisation . . .

La liberté

55   Exprimons cette double conviction: il n'est de socialisme que celui de la liberté; il n'est de liberté réelle et vécue que celle qu'apporte le socialisme dans lequel nous croyons.

D'immenses espaces de liberté restent à conquérir. Sur le système en place, sur sa classe dirigeante, sur ses rapports de production et son
60   modèle de croissance, sur son organisation, ses cadences, sa durée du travail, sur son détournement du temps libre, sur sa bureaucratie et sa fiscalité injuste et tatillonne, sur ses critères culturels, sa presse, sa radio, sa télévision, sur l'inégale condition de l'homme et de la femme.

Que signifie la liberté du travail pour le chômeur, la liberté pour la
65   femme victime d'une ségrégation juridique, politique, professionnelle et sociale? La liberté des jeunes devant lesquels la société se ferme? Que devient la liberté de la presse quand le pouvoir contrôle les grands moyens d'information, quand les maîtres de l'argent s'approprient les techniques modernes de communication? Où est la liberté de l'exploitant
70   agricole obligé de s'endetter pour survivre, celle de l'entrepreneur suspendu à la décision de son banquier?

Si l'on nous oppose, comme l'a fait le gouvernement avec la loi Peyrefitte, que la sécurité des Français justifie la réduction du champ des libertés traditionnelles, nous répondrons que l'insécurité est d'abord
75   sociale: insécurité de l'emploi, du pouvoir d'achat, du revenu, de l'épargne, du logement. Quand l'iniquité corrompt le corps social, le désordre n'est pas loin.

Liberté et sécurité, nous voulons préserver l'une par l'autre. Non pas à la manière de M. Giscard d'Estaing qui spécule sur la peur pour que

80 dure son pouvoir, mais en assurant, partout et à tous, une vie mieux respectée, mieux remplie et plus libre. Nous pourrons alors appliquer la loi sans faiblesse.

La défense de la liberté commence avec le respect de la démocratie. Démocratie politique dont les socialistes se veulent les héritiers naturels,
85 démocratie économique et sociale dont ils sont les artisans. Or, sous tous ses aspects, la démocratie est menacée.

Il nous paraît dangereux, par exemple, que le chef de l'État concentre dans ses mains, comme c'est le cas aujourd'hui, la totalité des pouvoirs. Il nous paraît plus dangereux encore qu'un tel état de chose puisse
90 durer plus longtemps. Nous ne sommes déjà plus tout à fait en République. Où en serons-nous dans sept ans si, par malheur, M. Giscard d'Estaing était réélu le 10 mai?

D'où ces propositions:

– la durée du mandat présidentiel sera réduite à cinq ans, une seule
95 fois renouvelable. Ou bien la durée du mandat sera maintenue à sept ans, mais non renouvelable;

– les membres du Conseil supérieur de la magistrature cesseront d'être nommés par le chef de l'État;

– dans sa définition des relations entre le gouvernement et le Parle-
100 ment, la Constitution sera strictement appliquée;

– les modifications constitutionnelles prévues par le programme socialiste seront soumises au Parlement;

– la représentation proportionnelle sera instituée pour les élections législatives, régionales et, à partir de 9 000 habitants, communales.

(F. Mitterrand, *Politique 2 1977–1981*, Fayard, 1981, pp. 307–8, 310–11.)

Exercices

Lexique

Expliquer les mots et expressions suivants:

relayer (l.2)   esquisser une démarche (l.44)
le détenteur (l.3)   pourvoir à (l.51)
les mœurs (f.pl.) (l.8)   tatillon (l.62)
être le propre de (l.13)   l'iniquité f. (l.76)
être fiché (l.26)

Grammaire

(a) 'Le danger n'est pas que l'homme invente, mais qu'il ne maîtrise pas ... ce qu'il crée' (ll.13–16). Écrivez la phrase à l'imparfait en identifiant précisément les temps/modes utilisés.

(b)   en (l.18 et l.45). Que représente ce pronom dans chacun de ces cas?

Compréhension

(a)   'La machine moderne, qui ne se substitue plus seulement au muscle de
l'homme mais à sa mémoire et à son jugement . . .' (ll.4–6). Exprimez
l'idée autrement, illustrez-la avec précision, et commentez.

(b)   Expliquez et commentez la phrase: 'Nous ne sommes déjà plus tout à
fait en République' (ll.90–91).

Questions orales ou écrites

(a)   '. . . il n'est de socialisme que celui de la liberté; il n'est de liberté réelle
que celle qu'apporte le socialisme dans lequel nous croyons' (ll.55–
57). Etes-vous d'accord?

(b)   Évaluez les propositions mitterrandiennes concernant la démocratie
politique. Où en est la France sur ce tableau?

(c)   Comparez ce texte avec la *Lettre à tous les Français* (Texte 1.12) et
commentez sur l'évolution de la pensée socialiste.

Text 1.12

François Mitterrand, 1988: Lettre à tous les Français

Le refus de l'exclusion

1 Il grandit dans notre société, bien au-delà des frontières qui, traditionnel-
lement, la traversent, un mouvement puissant de pensée et d'action
dont le mot d'ordre est simple, comme le sont les lois qui gouvernent la
vie: le refus de l'exclusion. L'époque qui s'achève a été très occupée par
5 la conquête des libertés et l'époque qui commence aura encore beaucoup à faire sur ce plan. Partout la violence tente d'arracher à l'homme
sa liberté d'être lui-même. Le refus de l'exclusion arrive à propos pour
nous rappeler que la liberté, l'égalité et la fraternité ne sont qu'un seul
et même combat. Nombreuses et variées sont les formes de l'exclusion:
10 exclusion par la misère, exclusion par le chômage, exclusion par la
solitude, exclusion par l'échec scolaire, exclusion par l'éloignement, le
handicap, la maladie (sida), exclusion par les origines, exclusion des
minorités et la liste est loin d'être close.

Chacune d'elles mérite examen et je vous en saisirai pendant cette
15 campagne. Mais dans le cadre étroit de cette lettre, je limiterai mes
réflexions à trois d'entre elles en commençant par l'exclusion par la
misère. [*La troisième exclusion, la misère en Nouvelle Calédonie, n'est pas
reproduite dans cet extrait.*]

Les nouveaux pauvres

20 Qui sont ces nouveaux pauvres? Celles et ceux que notre société
abandonne sous les coups du chômage. Combien sont-ils? On ne sait
pas. De six cent mille à deux millions selon les estimations. Deux
membres des gouvernements d'avant 1981, MM. Lenoir et Stoléru, ont
essayé de cerner le phénomène et l'ont décrit dans des livres prémoni-
25 toires. Inquiet des progrès du mal, M. Raymond Barre, alors Premier
ministre, confia à un haut fonctionnaire, M. Oheix, le soin d'établir un
rapport sur ce que l'on appelait déjà la nouvelle pauvreté, rapport qui
fut publié au début de 1981. On voit que les nouveaux pauvres ne sont
pas apparus avec les gouvernements socialistes! Pierre Mauroy et
30 Laurent Fabius, à leur tour, prévirent une couverture sociale et organi-
sèrent un début de réinsertion des chômeurs de longue durée. Rien n'y
fit. Des associations non gouvernementales prirent le relais: l'Armée du

Salut, le Secours populaire, le Secours catholique, l'abbé Pierre et les chiffonniers d'Emaüs, le père Wresinsky et son Aide à toute détresse quart monde, Bernard Kouchner et Médecins du monde, les Restaurants du cœur de Coluche, combien d'autres aussi.

Mais elles ne pouvaient faire, elles non plus, que la misère reculât. J'ai visité en février l'un des centres de Médecins du monde dans le Ve arrondissement de Paris. La petite foule qui s'y pressait attendait avec cette infinie patience des laissés-pour-compte, que les médecins, infirmières, assistantes sociales, étudiants, tous volontaires et bénévoles, fissent écouler la file des urgences, avec cette infinie patience de ceux qui savent qu'on n'arrive jamais au bout du malheur des hommes et que pourtant tout acte sauve. On parlait à voix basse, en cercle. Une jeune fille, des larmes sur les joues, regardait sans un mot le plafond. Tous portaient le vêtement des pauvres. Quelqu'un me dit: 'Ils n'ont rien, absolument rien, ils ne peuvent rien, ils ne sont rien.' Par le jeu, en effet, des fins de droits, des papiers qu'on retire ou qu'on ne donne plus, la trace se perd d'une existence. 'Ils ne sont rien.' Ces mots ne sont pas sortis de ma tête. 'L'amendement Coluche' entendait parer au plus pressé. Mais un responsable politique en mesure de peser sur le sort de chacun a le devoir de refuser l'exclusion. Je demanderai donc au prochain gouvernement qu'un revenu minimum soit attribué aux victimes de la nouvelle pauvreté. Peu importe le nom qui lui sera donné, revenu minimum d'insertion ou revenu minimum garanti ... L'important est qu'un moyen de vivre ou plutôt de survivre soit garanti à ceux qui n'ont rien, qui ne peuvent rien, qui ne sont rien. C'est la condition de leur réinsertion sociale. Comment financer? En grande partie par le rétablissement de l'impôt sur les grandes fortunes. Les Français comprendront que celui qui a beaucoup aide celui qui n'a plus rien.

Les immigrés

C'est à cette sagesse que j'en appelle encore alors qu'apparaît une menace d'exclusion par les origines raciales derrière la discussion sur le code de la nationalité.

Depuis des siècles, les enfants qui naissent en France de parents étrangers sont français. C'est ce qu'on nomme le droit du sol. Je crois que, seul, le régime de Vichy, sous l'occupation allemande, a manqué à ce droit. Georges Pompidou, qui fut le dernier à retoucher le code de la nationalité, l'a respecté. Les enfants d'immigrés nés en France peuvent, à dix-huit ans, opter pour la nationalité de leurs parents. Mais ils n'ont aucun geste à faire pour devenir français. Ils le sont. Pourquoi changer cela? La France s'en est fort bien portée jusqu'ici.

Mais une confusion a embrouillé cette question pourtant simple.

75 Vous savez que parmi les immigrés qui séjournent chez nous pour trouver du travail ou chercher un asile, certains déposent une demande de naturalisation. Ils n'étaient pas français, ils aspirent à le devenir. Rien à voir avec le problème précédent. Ils font alors l'objet d'enquêtes minutieuses, ils remplissent des formulaires compliqués. Une remarque

80 au passage. Nous nous honorerions en rendant les procédures moins humiliantes: attentes interminables et répétées, rebuffades, délais excessifs. Finalement le rythme des naturalisations reste à peu près le même chaque année. Du commencement à la fin, l'administration demeure entièrement maîtresse de la décision. On ne voit pas quelle garantie

85 supplémentaire pourrait être exigée. Voilà pourquoi je comprends mal – et n'excuse pas – le regain de racisme auquel nous assistons et l'ampleur prise par ce débat dans notre politique intérieure. Je regrette même que le nouveau citoyen français soit accueilli d'une façon si plate, si poussiéreuse. J'aimerais que les naturalisés de l'année fussent

90 reçus comme pour une fête, de façon solennelle et joyeuse, par le maire et dans sa mairie, là où ils résident. On respirerait mieux en France.

Quand on aborde calmement la controverse sur le code de la nationalité, on s'aperçoit que ni la situation des 'beurs' ni celle des 'naturalisés'

95 ne justifient le procès fait aux immigrés qu'ils n'ont jamais été ou bien qu'ils ne sont plus. Or la masse des immigrés de toute origine qui vivent et travaillent chez nous, sans prétendre à la nationalité française parce qu'ils sont fidèles à la leur, ne relèvent pas davantage et par définition de ce fameux code qui nous a valu tant de querelles et dont

100 l'actuel gouvernement aurait pu faire l'économie pour le plus grand bien du pays. Que l'immigré venu clandestinement en France soit refoulé hors de nos frontières a quelque chose de douloureux, mais le droit est le même pour tous et doit être appliqué, mais appliqué humainement. Quant à l'immigré en situation régulière, pourvu d'une

105 carte de séjour et d'un contrat de travail, il est normal qu'il soit traité, sous tous les aspects de sa vie professionnelle et personnelle, salaire, conditions de travail, protection sociale, école pour les enfants, etc. comme le sont les travailleurs français. La Grande-Bretagne, la Hollande, les pays scandinaves sont même allés jusqu'à reconnaître à leurs

110 immigrés un droit de regard – par le vote – sur des décisions politiques locales ou nationales. Même si je sais que vous êtes, dans votre grande majorité, hostiles à une mesure de ce genre, je déplore personnellement que l'état de nos mœurs ne nous la permette pas.

Quoi qu'il en soit, je vous conjure d'éloigner de nous l'égarement

115 raciste. Les immigrés représentent 7% de notre population. Pas plus qu'en 1930. Je n'ignore pas l'extrême sensibilité à ce problème de ceux de nos compatriotes qui habitent dans les quartiers et les villes à forte immigration. Mais ce type de conflit se réglera si la sagesse est là plutôt

que la violence. Vous voyez que nous en revenons toujours à la même

120   conclusion.

F. Mitterrand, *Lettre à tous les Français*, Parti socialiste, 1988,

pp. 23–7.)

Exercices

Lexique

Expliquez les mots et expressions suivants:

l'exclusion (l.0)   le code de la nationalité (l.65)
le sida (l.12)   la réinsertion (l.68)
prémonitoires (l.24)   embrouiller (l.74)
prendre le relai (l.32)   aborder (l.93)
les fins de droits (l.58)

Grammaire et stylistique

(a)   Examinez la phrase 'Rien n'y fit' (ll.31–32) et inventez vous-même
       plusieurs phrases dans lesquelles vous utilisez cette expression.
(b)   Examinez le style de cette lettre. François Mitterrand, réussit-il à
       transmettre des idées complexes dans un langage simple?
(c)   Comptez le nombre de fois l'auteur utilise le mot 'rien' aux lignes 46–
       49. Quel en est l'effet?

Compréhension

(a)   Qui était Coluche et qu'est-ce que 'l'amendement Coluche' (l.50)?
(b)   Réexprimer la phrase: 'Partout la violence tente d'arracher à l'homme
       la liberté d'être lui-même' (ll.6–7).
(c)   En vous servant des lignes 93 à 113, résumez la position de François
       Mitterrand sur le code de la nationalité.

Questions orales ou écrites

(a)   Les solutions proposées par Mitterrand en réponse à l'exclusion, sont-
       elles des solutions radicales à des problèmes profonds?
(b)   Commentez l'évolution du point de vue politique de François Mitter-
       rand à partir d'une comparaison entre ce texte et l'extrait du
       Manifeste du Parti socialiste de janvier 1981 (Texte 1.11).

Text 1.13

François Mitterrand, sculpteur de sa stature

1   M. Mitterrand avait pour lui l'expérience. A soixante et onze ans, le
    président sortant, élu contre toute attente en 1981, avait déjà mené un
    large combat politique et était porteur de la plus grosse part, en regard
    de ses concurrents, de l'histoire de France. Résistant, et pour cette
5   raison ami de quelques-uns de ses adversaires (Jacques Chaban-Delmas,
    Pierre de Bénouvile, André Bettencourt . . .), onze fois ministre sous la
    IVᵉ République, il avait commencé en 1965 contre le général de Gaulle
    sa longue marche vers l'Elysée. C'est à cette époque que remonte, aussi,
    l'œuvre de rassemblement de la gauche que François Mitterrand mettra
10 en forme en prenant la tête du nouveau Parti socialiste, au congrès
    d'Épinay, en 1971 et en signant, avec les communistes en 1972, le
    programme commun de gouvernement.

    La longue marche ponctuée d'échecs (législatives de 1973, présiden-
    tielle de 1974 contre Valéry Giscard d'Estaing, législatives de 1978
15 alors que l'union de la gauche a été rompue l'année précédente)
    renvoie l'éventuelle victoire à une échéance indéterminée. Ce sera pour
    1981, au prix d'un écrasement du Parti communiste, parachevé sept
    ans plus tard, et de la constitution d'une force socialiste qui représente
    aujourd'hui un tiers de l'électorat.

20 Qui, en 1983 ou 1984, lorsque M. Mitterrand et la gauche étaient
    au plus creux de la vague, entraînés dans la spirale de l'impopularité
    du pouvoir, croyait que le président sortant aurait, en 1988, la moindre
    chance d'être à nouveau un candidat crédible? La cohabitation (après
    la victoire de la droite aux législatives du 16 mars 1986 et la nomina-
25 tion de M. Chirac à Matignon) est passée par là. M. Mitterrand en a tiré
    profit pour rétablir son image d'homme d'État, se donner une stature
    de rassembleur au-delà du socialisme. Oubliés, ou presque, les errements
    revanchards du congrès socialiste de Valence (1981), le virage gestion-
    naire du socialisme de gouvernement (1982 et surtout 1983) et son
30 cortège de restructurations industrielles et de chômeurs. Presque ou-
    bliés, car supplantés dans le souvenir par la réalité durable d'une
    modernisation nécessaire de l'économie et, avec le recul du temps, les
    succès du socialisme modernisé.

    Dès les lendemains de la victoire des 'libéraux' et chiraquiens en
35 mars 1986, les sondages attestent le retour en grâce de M. Mitterrand.
    Tout au long de ces deux années, ce dernier paraît hésiter entre les
    raisons *'objectives'*, comme il dit, d'une nouvelle candidature (battre à

tout prix M. Chirac pour empêcher 'l'État RPR' de s'imposer) et les
raisons subjectives d'un départ à la retraite (l'âge, le goût d'un autre
40   mode de vie). La perte progressive du crédit de M. Rocard – à laquelle il
participe en entretenant le doute sur ses intentions – l'encourage à
considérer qu'il est le seul, à gauche, en mesure de s'opposer victorieuse-
ment à la majorité de droite. C'est aussi l'avis de ses adversaires,
comme le reconnaîtra, après le premier tour, Raymond Barre, en
45   soulignant '*la stature*' et '*le talent*' du président-candidat. Au mois de
juillet 1987, M. Mitterrand donne à M. Jospin le feu vert pour le
lancement d'une campagne '*implicite*' qui sera organisée, en secret, à
partir de l'automne et qui prendra toute son ampleur à la fin de l'année
et au début de 1988. La '*génération Mitterrand*' est en place ainsi que
50   tous les ingrédients de la '*tontomania*'.

Lorsque le 22 mars, à Antenne 2, la candidature Mitterrand deviendra '*explicite*', le doute était déjà devenu faible. Le président-candidat
avait ainsi évité une chute brutale dans les sondages. Mieux, son entrée
à contre-pied dans la campagne lui vaudra un gain de deux à trois
55   points. On attendait un '*rassembleur-bénisseur*' et l'on eut un combattant
contre les '*bandes*', '*clans*', '*factions*' de l'État RPR. Après avoir ainsi
désigné son adversaire privilégié, précipitant l'élimination de M. Barre,
le président-candidat s'est contenté de variations qui ménageaient son
souci de mobiliser sa base électorale (justice sociale, dénonciation des
60   '*privilèges*', lutte contre toutes les formes d'exclusion) et celui de rassembler au second tour. Il a, peu à peu, privilégié, avant le premier tour, la
campagne du second, à charge pour les socialistes de faire l'essentiel du
travail pour le 24 avril. Il y a perdu, en cours de route, quelques points
et sur un autre registre, de son propre aveu, une bonne centaine de
65   milliers de voix lorsqu'il a parlé du droit de vote des immigrés aux
élections municipales.

(Jean-Yves L'Homeau, *Le Monde, Dossiers et Documents,*
L'Élection présidentielle, May 1988.)

Exercices

Lexique

Expliquez les mots et expressions suivants:

le président sortant (l.2)   le premier tour, le second tour
la cohabitation (l.23)   (l.44, l.61)
                                 le président-candidat (l.52)

Stylistique

(a)   Examinez la structure et l'emploi des tours de phrase suivants:
les incises (entre virgules): lignes 2, 2–3, 6–7, 17, entre autres;
les interrogations oratoires: Qui croyait que . . .? (ll.20–23)
les phrases avec 'après avoir' + participe passé (ligne 56);
les mots/expressions qui donnent du relief: 'mieux' en tête de phrase
(ligne 53), ou 'C'est . . . que . . .' (l.8).

(b)   En vous inspirant de ces structures, résumez le texte en sept ou huit
phrases.

Compréhension

(a)   Qu'est-ce que la 'génération Mitterrand'?

(b)   Expliquez: les 'errements revanchards du congrès socialiste de Valence
(1981), le virage gestionnaire du socialisme de gouvernement (1982 et
surtout 1983) et son cortège de restructurations industrielles de
chômeurs' (ll.27–30).

Questions orales ou écrites

(a)   Faut-il donner le droit de vote aux immigrés? Expliquez et discutez la
réponse des Français exposée dans les dernières lignes du texte.

(b)   Quelles sont les significations politiques de 1981, 1986 et 1988?

(c)   En pensant à l'abolition de la peine de mort, à la restructuration de
l'audiovisuel, à la décentralisation, aux nationalisations, au chômage,
évaluez les réalisations socialistes depuis 1981.

Text 1.14

Tract de recrutement poujadiste, 1953–55

Union de Défense des Commerçants & Artisans
MOUVEMENT DE SAINT-CÉRÉ
26, RUE DE LA RÉPUBLIQUE – TEL. 125
SAINT-CÉRÉ (LOT)

1   NOTRE PROGRAMME
1° RÉFORME FISCALE impliquant essentiellement l'imposition à la base:
seule formule honnête permettant la juste perception de l'impôt en
évitant la fraude et les inquisitions qui en découlent;
2° En attendant: égalité devant l'impôt, quel que soit le régime de
5   distribution adopté. C'est pourquoi nous dénonçons les sociétés
anonymes, les coopératives de distribution et plus particulièrement
celles des organismes d'État;
3° Abattement à la base égal au salaire d'un employé ou d'un ouvrier
qualifié;
10 4° Aménagement d'un système de sécurité sociale, d'allocations familiales et de retraites basé sur un esprit d'égalité entre tous les Français.
    Repoussant toute collusion avec les groupements d'intérêts, les synar-
chies, les abâtardissements politiques, l'Union de Défense, consciente de
ses devoirs et de ses charges, s'engage à rendre à ce peuple de petits et
15 moyens commerçants et artisans l'existence digne qui leur est due, en
les soulageant de l'obsession monstrueuse des exactions fiscales.
    L'Union de Défense entend mener dans la France entière une action
énergique pour relever le défi de l'augmentation des patentes, en
retournant aux préfets les patentes de tous les adhérents, en décidant
20 de ne les payer que sur la base de 1953.

  NOS MOYENS D'ACTION
1° SURVEILLER avec une extrême vigilance l'indépendance totale du
Mouvement. Elle repousse toute ingérence, qu'elle provienne de politiciens tentaculaires, de chefs de syndicats rémunérés outre leurs services
25 administratifs, de groupements financiers et de leurs chèques paraly-
sants, de sociétés déclarées ou occultes. Elle entend déjouer toute
manœuvre qui tendrait à engager politiquement tout responsable du
Mouvement.
    2° SOUTENIR une action effective par la présence jusqu'à la complète
30 réalisation de son programme. L'Union s'engage donc, dans l'ordre et

la dignité, mais avec une fermeté invincible, à s'opposer par tous les moyens à n'importe quel système d'inquisition fiscale, tant que les pouvoirs publics n'auront pas reconnu et consacré les légitimes revendications des commerçants et artisans.

35   3° CONSERVER dans sa pureté et dans son intégralité les points du programme sur lesquels commerçants et artisans sont unanimes.

(E. Cahm, *Politics and Society in Contemporary France (1789–1971). A Documentary History*, George Harrap & Co., 1972) pp. 349–50.)

Exercices

Lexique

Expliquez les mots et expressions suivants:

un abattement fiscal (l.8)   une exaction (l.16)
une collusion (l.12)   une ingérence (l.23)
une synarchie (ll.12–13)   occulte (l.26)

Grammaire et stylistique

(a)   'Qu'elle provienne' (l.23): justifiez le subjonctif.
(b)   Certains puristes répugnent à l'usage de l'expression 'basé sur' (l.11): que peut-on dire à sa place?
(c)   Relevez le vocabulaire émotionnel dans ce texte, et surtout sa première partie, 'Notre Programme'.

Compréhension

(a)   Que comprenez-vous par 'politiciens tentaculaires' (ll.23–24), 'inquisition fiscale' (l.32)? Qualifiez le ton employé.
(b)   Précisez la revendication exprimée aux lignes 23–28. Que pensez-vous des moyens d'action envisagés dans le tract?

Question orale ou écrite

(a)   En vous replaçant dans le contexte social, économique et politique de la France du début des années 50, comment expliquez-vous le succès d'un tract comme celui-ci?

Text 1.15

Le Rôle du Président de la République selon la constitution de la IVᵉ République et de la Vᵉ République

1 La Constitution de la IVᵉ République (extrait)

₁ DU PRÉSIDENT DE LA RÉPUBLIQUE

ART. 29. – Le Président de la République est élu par le Parlement.

Il est élu pour sept ans. Il n'est rééligible qu'une fois.

ART. 30. – Le Président de la République nomme en Conseil des
₅ Ministres les Conseillers d'État, le Grand Chancelier de la Légion d'Honneur, les ambassadeurs et les envoyés extraordinaires, les membres du Conseil supérieur et du Comité de la Défense Nationale, les recteurs des Universités, les préfets, les directeurs des administrations centrales, les officiers généraux, les représentants du Gouvernement dans les terri-
₁₀ toires d'outre-mer.

ART. 31. – Le Président de la République est tenu informé des négociations internationales. Il signe et ratifie les traités.

Le Président de la République accrédite les ambassadeurs et les envoyés extraordinaires auprès des puissances étrangères; les ambassa-
₁₅ deurs et les envoyés extraordinaires étrangers sont accrédités auprès de lui.

ART. 32. – Le Président de la République préside le Conseil des Ministres. Il fait établir et conserve les procès-verbaux des séances.

ART. 33. – Le Président de la République préside, avec les mêmes
₂₀ attributions, le Conseil supérieur et le Comité de la Défense Nationale et prend le titre de Chef des armées.

ART. 34. – Le Président de la République préside le Conseil Supérieur de la Magistrature.

ART. 35. – Le Président de la République exerce le droit de grâce en
₂₅ Conseil Supérieur de la Magistrature.

ART. 36. – Le Président de la République promulgue les lois dans les dix jours qui suivent la transmission au Gouvernement de la loi définitivement adoptée. Ce délai est réduit à cinq jours en cas d'urgence déclarée par l'Assemblée Nationale.

₃₀ Dans le délai fixé pour la promulgation, le Président de la République peut, par un message motivé, demander aux deux Chambres une nouvelle délibération, qui ne peut être refusée.

A défaut de promulgation par le Président de la République dans les

délais fixés par la présente Constitution, il y sera pourvu par le Président
35   de l'Assemblée Nationale.

ART. 37. – Le Président de la République communique avec le
Parlement par des messages adressés à l'Assemblée Nationale.

ART. 38. – Chacun des actes du Président de la République doit être
contresigné par le Président du Conseil des Ministres et par un ministre.

40   ART. 39. – Trente jours au plus, quinze jours au moins avant
l'expiration des pouvoirs du Président de la République, le Parlement
procède à l'élection du nouveau Président.

ART. 40. – Si, en application de l'article précédent, l'élection doit
avoir lieu dans une période où l'Assemblée Nationale est dissoute
45   conformément à l'article 51, les pouvoirs du Président de la République
en exercice sont prorogés jusqu'à l'élection du nouveau Président. Le
Parlement procède à l'élection de ce nouveau Président dans les dix
jours de l'élection de la nouvelle Assemblée Nationale.

Dans ce cas, la désignation du Président du Conseil des Ministres a
50   lieu dans les quinze jours qui suivent l'élection du nouveau Président
de la République.

ART. 41. – En cas d'empêchement dûment constaté par un vote du
Parlement, en cas de vacance par décès, démission ou toute autre
cause, le Président de l'Assemblée Nationale assure provisoirement
55   l'intérim des fonctions de Président de la République. Il sera remplacé
dans ses fonctions par un vice-président.

Le nouveau Président de la République est élu dans les dix jours,
sauf ce qui est dit à l'article précédent.

ART. 42. – Le Président de la République n'est responsable que dans
60   le cas de haute trahison.

Il peut être mis en accusation par l'Assemblée Nationale et renvoyé
devant la Haute Cour de Justice dans les conditions prévues à l'article
57 ci-dessous.

ART. 43. – La charge de Président de la République est incompatible
65   avec toute autre fonction publique.

ART. 44. – Les membres des familles ayant régné sur la France sont
inéligibles à la Présidence de la République.

2 La Constitution de la Ve République (extrait)

LE PRÉSIDENT DE LA RÉPUBLIQUE

70   Art. 5. – Le Président de la République veille au respect de la
Constitution. Il assure, par son arbitrage, le fonctionnement régulier
des pouvoirs publics ainsi que la continuité de l'État.

Il est le garant de l'indépendance nationale, de l'intégrité du territoire,
du respect des accords de Communauté et des traités.

75   Art. 6. – Le Président de la République est élu pour sept ans au suffrage universel direct.

Les modalités d'application du présent article sont fixées par une loi organique.

Art. 7. – Le Président de la République est élu à la majorité absolue
80   des suffrages exprimés. Si celle-ci n'est pas obtenue au premier tour, il est procédé, le deuxième dimanche suivant, à un second tour. Seuls peuvent s'y présenter les deux candidats qui, le cas échéant après retrait de candidats plus favorisés, se trouvent avoir recueilli le plus grand nombre de suffrages au premier tour.

85   Le scrutin est ouvert sur convocation du Gouvernement.

L'élection du nouveau Président a lieu vingt jours au moins et trente-cinq jours au plus avant l'expiration des pouvoirs du Président en exercice.

En cas de vacance de la Présidence de la République pour quelque
90   cause que ce soit, ou d'empêchement constaté par le Conseil constitutionnel saisi par le Gouvernement et statuant à la majorité absolue de ses membres, les fonctions du Président de la République, à l'exception de celles prévues aux articles 11 et 12 ci-dessous, sont provisoirement exercées par le président du Sénat et, si celui-ci est à son tour empêché
95   d'exercer ces fonctions, par le Gouvernement.

En cas de vacance ou lorsque l'empêchement est déclaré définitif par le Conseil constitutionnel, le scrutin pour l'élection du nouveau Président a lieu, sauf cas de force majeure constaté par le Conseil constitutionnel, vingt jours au moins et trente-cinq jours au plus après
100   l'ouverture de la vacance ou la déclaration du caractère définitif de l'empêchement.

Il ne peut être fait application ni des articles 49 et 50 ni de l'article 89 de la Constitution durant la vacance de la Présidence de la République ou durant la période qui s'écoule entre la déclaration du caractère
105   définitif de l'empêchement du Président de la République et l'élection de son successeur.

Art. 8. – Le Président de la République nomme le Premier Ministre. Il met fin à ses fonctions sur la présentation par celui-ci de la démission du Gouvernement.

110   Sur la proposition du Premier ministre, il nomme les autres membres du Gouvernement et met fin à leurs fonctions.

Art. 9. – Le Président de la République préside le Conseil des Ministres.

Art. 10. – Le Président de la République promulgue les lois dans les quinze jours qui suivent la transmission au Gouvernement de la loi
115   définitivement adoptée.

Il peut, avant l'expiration de ce délai, demander au Parlement une nouvelle délibération de la loi ou de certains de ses articles. Cette nouvelle délibération ne peut être refusée.

Art. 11. – Le Président de la République, sur proposition du Gouvernement pendant la durée des sessions ou sur proposition conjointe
des deux assemblées, publiées au *Journal officiel*, peut soumettre au
référendum tout projet de loi portant sur l'organisation des pouvoirs
publics, comportant approbation d'un accord de Communauté ou tend-
ant à autoriser la ratification d'un traité qui, sans être contraire à la
Constitution, aurait des incidences sur le fonctionnement des
institutions.

Lorsque le référendum a conclu à l'adoption du projet, le Président
de la République le promulgue dans le délai prévu à l'article précédent.

Art. 12. – Le Président de la République peut, après consultation du
Premier Ministre et des présidents des assemblées, prononcer la dissolution de l'Assemblée Nationale.

Les élections générales ont lieu vingt jours au moins et quarante
jours au plus tard après la dissolution.

L'Assemblée Nationale se réunit de plein droit le deuxième jeudi qui
suit son élection. Si cette réunion a lieu en dehors des périodes prévues
pour les sessions ordinaires, une session est ouverte de droit pour une
durée de quinze jours.

Il ne peut être procédé à une nouvelle dissolution dans l'année qui
suit ces élections.

Art. 13. – Le Président de la République signe les ordonnances et les
décrets délibérés en Conseil des Ministres.

Il nomme aux emplois civils et militaires de l'État.

Les conseillers d'État, le grand chancelier de la Légion d'Honneur, les
ambassadeurs et envoyés extraordinaires, les conseillers maîtres à la
Cour des comptes, les préfets, les représentants du Gouvernement dans
les territoires d'Outre-Mer, les officiers généraux, les recteurs des acad-
émies, les directeurs des administrations centrales sont nommés en
Conseil des Ministres.

Une loi organique détermine les autres emplois auxquels il est pourvu
en Conseil des Ministres ainsi que les conditions dans lesquelles le
pouvoir de nomination du Président de la République peut être par lui
délégué pour être exercé en son nom.

Art. 14. – Le Président de la République accrédite les ambassadeurs
et les envoyés extraordinaires auprès des puissances étrangères; les
ambassadeurs et les envoyés extraordinaires étrangers sont accrédités
auprès de lui.

Art. 15. – Le Président de la République est le chef des armées. Il
préside les conseils et comités supérieurs de la Défense Nationale.

Art. 16. – Lorsque les institutions de la République, l'indépendance
de la Nation, l'intégrité de son territoire ou l'exécution de ses engagements internationaux sont menacées d'une manière grave et immédiate
et que le fonctionnement régulier des pouvoirs publics constitutionnels

est interrompu, le Président de la République prend les mesures exigées par ces circonstances, après consultation officielle du Premier Ministre, des Présidents des assemblées ainsi que du Conseil Constitutionnel.

Il en informe la Nation par un message.

Ces mesures doivent être inspirées par la volonté d'assurer aux pouvoirs publics constitutionnels, dans les moindres délais, les moyens d'accomplir leur mission. Le Conseil Constitutionnel est consulté à leur sujet.

Le Parlement se réunit de plein droit.

L'Assemblée Nationale ne peut être dissoute pendant l'exercice des pouvoirs exceptionnels.

Art. 17. – Le Président de la République a le droit de faire grâce.

Art. 18. – Le Président de la République communique avec les deux assemblées du Parlement par des messages qu'il fait lire et qui ne donnent lieu à aucun débat.

Hors session, le Parlement est réuni spécialement à cet effet.

Art. 19. – Les actes du Président de la République autres que ceux prévus aux articles 8 (1ᵉʳ alinéa), 11, 12, 16, 18, 54, 56 et 61 sont contresignés par le Premier Ministre et, le cas échéant, par les ministres responsables.

(J. Godechot (ed.), *Les Constitutions de la France depuis 1789*,
Garnier-Flammarion, 1970, pp. 397–429.)

Exercices

Lexique

Expliquez les mots et expressions suivants:

accréditer (l.13)   dûment (l.52)
le droit de grâce (l.24)   le cas échéant (l.82)
proroger (l.46)

Grammaire et stylistique

(a) Justifiez l'usage de 'du' dans le titre 'Du Président de la République'.
(b) Sur le modèle de 'rééligible' (l.3), faites des adjectifs en 'ible'.
(c) Etudiez la langue contractuelle. Notez en particulier l'usage intensif du passif. Trouvez des expressions particulières à cette langue et cherchez les équivalents en anglais.

Compréhension

(a) Donnez la différence entre 'la vacance' et 'les vacances'.
(b) Qu'est-ce que *Le Journal officiel*?

(c)   Quand on parle d''empêchement' (l.96) de la Présidence, de quoi s'agit-il exactement? Donnez des exemples.

(d)   Comparez les Articles 29 et 30 de la Constitution de la IVe République et les Articles 5 et 6 de la Constitution de la Ve République. Quelles différences apparaissent? Montrez leur importance.

(e)   Écrivez deux 'petites annonces' comprenant la description des fonctions pour le poste de Président sous les deux régimes.

Questions orales ou écrites

(a)   En quoi l'article 11 de la Ve République (sur le référendum) est-il particulièrement significatif?

(b)   Comparez le rôle du Président sous les deux constitutions.

(c)   Était-il nécessaire de changer le rôle du Président en 1958?

Text 1.16

Le Moment 'néo-libéral' du RPR

La reconquête du leadership intellectuel de la droite

1   Le RPR, loin de limiter sa réflexion à une critique purement négative du giscardisme, l'oriente vers une stratégie constructive visant à regagner l'estime et la confiance des groupes sociaux qu'il considère non sans raison comme le vivier naturel des forces libérales. Au fond, le
5   RPR inverse la dualité caractéristique de l'ère giscardienne: au couple dirigisme économique-libéralisme culturel, il oppose désormais le couple libéralisme économique-ordre moral, croisant par là même la vague néo-libérale qui s'avance impétueusement dans toutes les sociétés occidentales:
10   – libéralisme économique; l'État est assurément la principale victime du grand mouvement de rectification théorique amorcé par le RPR aux lendemains de 1981: 'L'État, écrit Michel Aurillac, est un garant et non un gérant, il faut donc lutter contre son hypertrophie'; trois grandes médications permettront ainsi au fleuve étatique de rentrer
15   peu à peu dans son lit: la déplanification et la déréglementation de l'économie, la dénationalisation et la débureaucratisation de l'État, la libéralisation du système de protection sociale;
      – ordre moral; libéral, assurément, libertarien, certainement pas; s'il stigmatise l'État-providence, le RPR exalte l'État-gendarme; à partir de
20   1981, il excelle à dénoncer le 'trop d'État' lorsque celui-ci nationalise, réglemente et pressure, et le 'moins d'État' lorsqu'il s'agit de la sécurité des personnes et des biens.
      A l'issue des assises nationales du RPR à Toulouse, son secrétaire, J. Toubon, exprime parfaitement la nouvelle sensibilité de sa formation
25   lorsqu'il s'écrie: 'Pas le féminisme mais la famille, pas l'écologie mais le travail et le niveau de vie, pas le régionalisme, mais la nation, pas la permissivité mais la morale'. Le RPR signifie clairement qu'il n'acceptera plus aucune espèce de transgression idéologique à l'égard de ses clientèles électorales et qu'il restera toujours en phase avec les légitimes
30   aspirations de ses mandants. Plus question de violenter par des initiatives ou des déclarations intempestives l'entrepreneur et le boutiquier, l'agriculteur et le médecin, le propriétaire et la vieille dame!

Vers un grand parti conservateur

Même s'il n'est jamais énoncé de manière explicite ('union de l'opposi-
35 tion oblige'), l'objectif du RPR est, selon toute vraisemblance, de mettre
à profit les états d'âme de l'UDF et les excès du gouvernement 'socialo-
communiste' pour fédérer les composantes plus ou moins éparses de la
droite autour d'un grand projet libéral et conservateur dont il serait
tout à la fois l'inspirateur privilégié et l'exécutant principal. De ce point
40 de vue, l'assimilation soudaine de la vulgate néo-libérale présente bien
des vertus:
– elle prive définitivement l'UDF de l'originalité qui était la sienne,
du supplément d'âme que lui procurait l'attachement à un 'libéralisme
avancé' par opposition au bonapartisme archaïsant du RPR;
45 – elle dote l'ensemble des composantes de la droite française d'un
projet cohérent et radical qui puise une légitimité inattendue dans les
excès étatistes du socialisme français et semble désormais en mesure
d'orienter durablement la pratique d'un futur gouvernement
conservateur;
50 – elle met surtout le RPR à l'unisson de toutes ces forces libérales qui
prennent le pouvoir dans la plupart des démocraties occidentales et qui
s'engagent sans complexe dans de vastes politiques de privatisation et
de déréglementation.
Il faut insister, à cet égard, sur l'énergie mise par le RPR à se
55 repositionner sur la scène internationale et à s'ancrer durablement
dans la grande constellation des néo-libéralismes occidentaux. Ainsi, il
rompt brutalement avec la tradition chauvine qui était la sienne en
matière européenne; l'intitulé du rapport présenté par J. Chirac au
comité central du 12 juin 1983 est à lui seul un programme: 'Rapport
60 sur l'état de l'Europe et les mesures pour une indispensable relance de
la construction européenne'! De même, il n'hésite pas à mettre à mal
l'orgueilleuse politique d'indépendance nationale chère au général de
Gaulle, en plaidant pour la constitution d'une 'défense européenne
commune' étroitement couplée au système de défense de l'OTAN. Ces
65 soudaines professions de foi européennes et atlantistes facilitent ainsi la
réinsertion institutionnelle du RPR dans le club fort prospère des États
et des partis 'libéraux-conservateurs' du monde occidental; en juillet
1982, J. Chirac reçoit les représentants de l'Union démocratique européenne qui regroupe, dans le cadre du Parlement européen, l'ensemble
70 des partis libéraux existant dans la CEE.
Au fond, à travers le défi libéral du RPR, s'esquisse peut-être un défi
stratégique plus vaste: le parti de J. Chirac peut-il conduire à son terme
une entreprise de restructuration de la droite française autour d'un
grand projet d'obédience néo-libérale? Peut-il, à l'image de Margaret
75 Thatcher en Grande-Bretagne, entraîner une société française pétrie de

rigidités bureaucratiques et corporatistes dans la voie de la déréglementation?

Le recentrage sociologique

Le recentrage sociologique du parti est largement contemporain de son
80 recentrage stratégique. A la faveur de l'opposition, entre 1978 et 1986,
le RPR s'est profondément renouvelé, dans ses forces vives, dans ses racines sociales, dans ses références culturelles.

Le renouvellement militant

Le RPR a réussi à puiser dans l'opposition une nouvelle jeunesse: il
85 s'est renforcé, rajeuni, notabilisé.
    Il s'est renforcé.
    Le chiffrage rigoureux des adhérents d'un parti comme le RPR
représente toujours une entreprise à haut risque. Il n'en reste pas
moins qu'il a bénéficié depuis sa création de deux grandes vagues
90 d'adhésion: en 1976–1977, à l'occasion précisément de sa fondation,
en 1981 et 1982 en réaction contre l'expérience 'socialo-communiste'.
Selon A. Duhamel, en 1980, alors que le RPR revendique officiellement
plus de 500 000 membres, il apparaît que près de 80% d'entre eux
n'ont jamais transité par l'UNR et l'UDR et vivent là leur première
95 expérience militante. A l'inverse du PCF où la sédimentation lente du
cercle dirigeant s'oppose à un renouvellement régulier et massif, il
semble qu'ici le *turn over* n'ait pas seulement affecté la base militante
du parti mais se soit également étendu à ses instances stratégiques. Le
RPR est dirigé de haut en bas par une nouvelle génération militante
100 qui se reconnaît d'abord dans la personne et l'action de J. Chirac.
    Il s'est rajeuni.
    Le RPR ne s'est pas seulement renouvelé, il s'est également rajeuni,
réussissant ainsi à reconstituer en son sein le vivier de forces vives hors
duquel tout parti est condamné à décliner. Là encore, la particularité
105 de ce rajeunissement est qu'il ne caractérise pas la seule militance mais
s'étend d'emblée aux instances dirigeantes du parti. Il est visible parmi
les cercles dirigeants du parti et les proches conseillers de J. Chirac. Il
l'est encore plus au sein du groupe parlementaire. Il éclate à l'occasion
des élections municipales de 1983: 48% des nouveaux maires RPR des
110 villes de plus de 30 000 habitants ont moins de 43 ans.
    Selon l'heureuse expression de J. Frémontier, le RPR vit désormais à
l'heure des 'cadets'. Une nouvelle génération a pris les commandes du
parti. Elle est née entre 1940 et 1945 et n'a donc pas vécu les combats
de la Résistance. Elle entre en politique à partir de 1976, séduite par la
115 tentative modernisatrice de J. Chirac, indisposée par le 'libéralisme
avancé' de V. Giscard d'Estaing . . .

Il s'est notabilisé.

Là réside peut-être la principale nouveauté. L'une des particularités institutionnelles du gaullisme n'était-il pas, en effet, le hiatus endémique
120 entre l'excellence de ses positions nationales et la rusticité de ses implantations locales! Résultat logique d'une longue situation d'occupation du pouvoir d'État qui invitait à minimiser les ressources offertes par les fonctions électives locales. La situation change lorsque le RPR goûte les fruits amers de l'opposition et s'astreint à une stratégie de
125 reconquête. Il ne peut plus ignorer l'importance cruciale des tremplins périphériques pour le réinvestissement des positions centrales.

De ce point de vue, la stratégie 'notabiliaire' du RPR est un franc succès. A l'occasion des élections cantonales de 1982 et plus encore des élections municipales de 1983, il capitalise pleinement la radicalisa-
130 tion de l'électorat conservateur: il multiplie par deux le nombre de ses conseillers généraux et par cinq le nombre de ses conseillers munici-paux; alors qu'en 1977 il ne gérait que 15 villes de plus de 30 000 habitants, il en dirige 35 en 1983 et préside désormais 13 Conseils généraux. Le développement de l'implantation locale culmine logique-
135 ment dans l'émergence d'un gaullisme sénatorial. Le RPR dispose désormais d'un groupe parlementaire dynamique au cœur même de cette 'seconde Chambre' qui figura pendant près de quinze années l'ultime réduit de l'opposition au pouvoir gaulliste.

(Jean Baudoin, 'Le Moment "néo-libéral" du RPR', *Revue française de science politique*, December 1990, pp. 832–5.)

Exercices

Lexique

Expliquez les mots et expressions suivants:

le vivier (l.4)	à l'unisson de (l.50)
par là même (l.7)	s'ancrer dans (ll.55–56)
le garant (l.12)	chauvin (l.57)
le gérant (l.13)	une instance stratégique (l.98)
les assises (l.23)	se notabiliser (l.117)
un mandant (l.30)	un hiatus endémique (l.119)
la vulgate (l.40)	un tremplin périphérique (ll.125–126)

Grammaire et stylistique

(a) Justifiez l'orthographe de tout dans 'tout à la fois' (l.39) et 'toutes ces forces libérales' (l.50). Étudiez la règle et faites des phrases utilisant tout variable et tout invariable.

(b) Étudiez le balancement 'pas seulement ..., également' (l.102) et sa variante 'il ne caractérise pas la seule militance mais s'étend . . .' (ll.105–106). Faites vous-même des phrases avec des structures similaires.

Compréhension

(a)   Quelle différence faites-vous entre 'le couple dirigisme économique-libéralisme culturel' et le 'couple libéralisme économique-ordre moral' (ll.5–7) – entre 'libéral' et 'libertarien' (l.18)?

(b)   Appréciez l'efficacité des trois 'médications' indiquées aux lignes 15–17, déplanification et déréglementation de l'économie, dénationalisation et débureaucratisation de l'État, libéralisation du système de protection sociale.

Questions orales ou écrites

(a)   Le RPR peut-il toujours se dire gaulliste?

(b)   Le 'renouvellement militant' représente-t-il un renouveau d'espoir pour l'avenir du gaullisme?

(c)   Quel électorat le RPR recherche-t-il? En vous appuyant sur les lignes 17–22 et 25–30, vous direz dans quelle mesure le RPR s'inspire du Front national sur ce qui touche l'ordre moral et la sécurité.

Text 1.17

Le Front national présente cinquante mesures pour 'régler le problème de l'immigration'

Au cours d'un colloque du Front national, samedi 16 novembre à Marseille, M. Bruno Mégret a présenté cinquante mesures constituant, selon le délégué général du parti d'extrême droite, une *'contribution au règlement du problème de l'immigration'*. Ces mesures, a-t-il précisé, *'ne concernent évidemment pas les ressortissants de la CEE et au-delà, ceux de notre communauté européenne de destin, de culture, de religion et de civilisation, ainsi que les pays avec lesquels nous pourrions prévoir des régimes particuliers'*. Ce plan n'est *'pas encore intégré'* au programme du Front national. Il comprend sept axes prioritaires, que M. Mégret formule de la façon suivante:

1) Créer les conditions du règlement des problèmes de l'immigration. – Créer un observatoire de l'immigration, supprimer la discrimination anti-française, abroger les lois liberticides (Pleven de 1972 et Gayssot de 1990), contrôler les associations étrangères, limiter les financements publics aux associations étrangères (le Front national les supprimera au niveau de l'État), protéger les droits civiques des Français, créer un ministère de la population.

2) Réformer le code de la nationalité. – Rétablir le jus sanguinis, supprimer toute acquisition automatique de la nationalité, établir la naturalisation comme procédure unique, instaurer le serment, arrêter les 'mariages blancs', remettre en cause les naturalisations accordées depuis 1974, mettre un terme au service national effectué à l'étranger par des Français, rendre impossible la double nationalité, élargir le principe de la déchéance de la nationalité, instaurer l'obligation de réserve (pour les naturalisés pendant une période probatoire).

3) Protéger l'identité nationale. – Bannir le cosmopolitisme de l'éducation nationale, instaurer des quotas d'immigrés par classes, convertir les foyers Sonacotra (en logements sociaux pour les Français nécessiteux), démanteler les ghettos ethniques, entraver la construction de mosquées cathédrales, réglementer l'ouverture des écoles coraniques et des centres islamiques.

4) Arrêter toute nouvelle immigration. – Mettre fin au regroupement familial, stopper le faux tourisme (cautionnement obligatoire dissuasif), freiner l'immigration sanitaire (cautionnement), réformer la législation des réfugiés politiques, dénoncer les accords de Schengen, renforcer les contrôles aux frontières (effectifs de police), établir un contrôle sanitaire aux frontières (test récent de séronégativité).

5) *Arrêter les pompes aspirantes.* – Accorder la priorité d'emploi pour les Français (et de licenciement aux immigrés), assurer aux nationaux
40   la priorité d'accès aux logements sociaux, réserver les allocations famil-iales aux familles françaises, donner aux Français la priorité d'accès aux avantages sociaux (immigrés exclus du RMI), créer des caisses de sécurité sociales séparées, taxer le travail étranger (taxe spéciale assise sur la masse salariale des emplois détenus par les étrangers acquittée
45   par le chef d'entreprise), réprimer le travail clandestin, créer le label 'produit en France avec des Français', réglementer la propriété immigrée.

6) *Organiser le retour des immigrés dans leur pays d'origine.* – Supprimer la carte de séjour de dix ans tacitement reconductible (carte
50   de deux ans non renouvelable automatiquement), prévoir le retour des chômeurs en fin de droit, signer des conventions bilatérales de retour, assortir les bourses aux étudiants étrangers d'une obligation de retour.

7) *Rendre effective les nécessaires expulsions.* – Expulser les clandes-tins, rendre effective la décision d'expulsion (sur décision administra-
55   tive), créer des centres d'hébergement surveillé (à proximité des ports et aéroports), affréter des bateaux et des charters pour le retour, expulser les délinquants avant leur libération, punir le refus de décliner son identité (par cinq ans de prison), rechercher les clandestins.

('Le Front national présente cinquante mesures pour "régler le problème de l'immigration" ', *Le Monde*, 19 November 1991.)

Exercices

Lexique

Expliquez les mots et expressions suivants:

régler un problème (titre)	la déchéance de la nationalité (l.24)
un ressortissant de la CEE (l.5)	le foyer Sonocotra (l.28)
un axe prioritaire (l.9)	le cautionnement dissuasif (l.33)
une loi liberticide (l.13)	test de séronégativité (l.37)
une naturalisation (l.20)	un exclu du RMI (l.42)
instaurer le serment (l.20)	un chômeur en fin de droit (l.51)

Grammaire et stylistique

(a)   Remarquez l'utilisation de l'infinitif dans les listes de propositions (et les recettes de cuisine). Écrivez vous-même les unes ou les autres.

(b)   A partir d'expressions comme 'loi liberticide' (dont vous examinerez la formation – cf. fratricide, régicide etc), 'discrimination anti-française', 'période probatoire', 'label "créé en France avec des Français" ', et d'autres que vous trouverez vous-même, qualifiez le ton de la proposition de M. Mégret.

Compréhension

(a)   Qu'entend le Front national par 'discrimination anti-française' (ll.12–13)?

(b)   Quel rôle le 'ministère de la population' (l.17) jouerait-il?

Questions orales ou écrites

(a)   'Accorder la priorité d'emploi pour les Français (et de licenciement aux immigrès)' (ll.38–39). Les immigrés prennent-ils le travail des Français?

(b)   Cette 'contribution au règlement du problème de l'immigration' vous paraît-elle raciste?

Texte 1.18

Jean-Marie Le Pen parle

I. La peine de mort pour les terroristes

Depuis que je suis dans cette Assemblée, j'entends, avec des talents variables, condamner le terrorisme, la sécheresse, les accidents de la route, bref, exprimer beaucoup plus des velléités que des volontés. Nous somme parfaitement impuissants, quand nous ne sommes pas complices
5 – involontaires, certes – de la montée du terrorisme. Celui-ci vient de franchir des limites que l'on croyait infranchissables. Autrefois l'apanage de marginaux dans leur lutte contre la société, le terrorisme a progressivement gagné la société, jusqu'à devenir un moyen, pour certains États, d'imposer leur volonté politique en s'attaquant à ce que
10 les civilisations avaient alors jusque-là précieusement préservé, à savoir les faibles, les femmes, les enfants. En s'attaquant ignoblement, dans les nations différentes du monde, à des communautés de femmes et d'hommes en prière, les terroristes ont lancé, sans doute comme athées révolutionnaires qu'ils sont, un défi à Dieu lui-même, mais aussi – et
15 c'est ce qui nous concerne – à la civilisation.

Il ne suffit donc pas de bêler la paix pour l'obtenir. Il faut prendre des résolutions, et les résolutions que ce Parlement a prises dans différents domaines touchant aux disciplines sociales et politiques de nos pays ont toujours été, non dans le sens du renforcement de la sécurité de
20 nos peuples mais, au contraire, dans celui de l'abaissement de notre garde. Vous avez pris des résolutions pour qu'on supprime la peine de mort, et c'est la peine de mort qu'il faudrait rétablir pour ces abominables criminels pour les dissuader d'accomplir leurs crimes.

Ce sont des ressortissants étrangers qui, en Europe, sont généralement
25 des agents des attentats criminels. Et pourtant, vous vous êtes efforcés d'abaisser toutes les défenses de l'Europe pour permettre librement aux étrangers et aux terroristes d'entrer chez nous. C'est ainsi que l'Assemblée s'étonnera sans doute de voir, à partir du 1er décembre de cette année, la libre circulation des citoyens turcs dans notre Communauté,
30 ignorant sans doute qu'un accord d'association a été signé il y a une vingtaine d'années, qui va précisément le permettre.
Strasbourg, 11 septembre 1986.

II. *Le retour des immigrés*

Nous ne pouvons accepter l'idée que le flanc sud de l'Europe soit
35   stratégiquement et géopolitiquement aux mains de puissances non
européennes. Ces pays doivent comprendre qu'ils ne peuvent envisager
leur avenir et leur développement en dehors de l'Europe. Il est inévitable
à long terme que l'Europe marque ces pays de sa présence. Dans le cas
contraire, ils deviendraient un vecteur mortel de l'Union soviétique
40   contre l'Europe.

Cette politique suppose de l'imagination, de la générosité et de la
fermeté. D'autre part, des mesures draconiennes et difficiles doivent
être prises, en particulier celles qui consistent à régler en Europe le
problème de l'immigration.

45   Personnellement, pour avoir eu les échos d'une conférence de presse
que j'avais faite devant des journalistes du Proche et du Moyen-Orient,
je crois que cette politique est parfaitement entendue si elle n'est pas
présentée comme une politique d'hostilité systématique et si le retour
des immigrés dans leur pays est conçu comme une des formes de la
50   coopération entre nations.

En effet, la première condition d'une telle politique est le retour
massif, progressif et concerté de la majorité des travailleurs immigrés
étrangers à l'Europe dans leur pays d'origine. La seconde est le développement économique de ces pays dans le respect de leur particularité et
55   de leur identité culturelle et religieuse. Cette aide au développement
serait bénéfique pour les deux parties. De plus, l'Europe et surtout la
France dispose encore de cadres d'expérience dans cette région d'Afrique
du Nord capables d'aider au redémarrage économique de ces nations.
Car il est évident que si nous laissions s'instaurer là-bas le désordre et
60   la révolution comme cela semble hélas prévisible, nous laisserions
s'accumuler là des forces explosives dont nous pourrions être demain
les victimes.
Catane, avril 1986.

III. *Les dangers*

65   La vision qu'a le Parlement européen de l'avenir économique de
l'Europe est une vision strasbourgeoise qui ne tient pas suffisamment
compte des réalités dangereuses qui existent autour de nous.

Outre les risques économiques proprement dits, nous devons faire
face aux menaces d'ordre politique.

70   A nos frontières, occupant la moitié du territoire européen par ses
polices et ses armées s'élève un empire dont les volontés hégémoniques
n'ont pas été démenties par Mikhail Gorbatchev. Le nouveau maître de
l'Union soviétique n'a comme autre ambition que de vouloir rendre

plus performant le système soviétique marxiste-léniniste dont il est à la
75   fois le chef et le théoricien.

Au sud, se trouve le monde islamique avec les remous qui l'animent,
l'explosion démographique du Tiers-Monde; toute une série de phénomènes inquiétants qui se produisent dans le même temps.

Il faut donner à l'Europe des patries et des nations, celle pour
80   laquelle nous œuvrons, une dimension économique mais aussi politique qui soit à la hauteur de la compétition mondiale de notre temps et
puisse rivaliser avec les grands empires que sont l'Union soviétique, les
Etats-Unis d'Amérique, la Chine ou le Japon. Il serait faux de croire que
certains ne sont que des partenaires gentils et sympathiques décidés à
85   nous aider à préparer notre avenir d'Européens. Ce sont des concurrents
et peut-être des ennemis.

Milan, octobre 1988.

(Jean-Marie Le Pen, *Europe: Discours et interventions 1984–*
1989, Groupe des Droites européennes, 1989, pp. 138–9,
18–19, 96–7.)

Exercices

Lexique

Expliquez les mots et expressions suivants:

l'apanage de (ll.6–7)	un vecteur (l.39)
bêler (l.16)	une volonté hégémonique (l.71)
l'abaissement de notre garde (ll.20–21)	l'Europe des patries (l.79)

Grammaire et stylistique

(a)   Expliquez le subjonctif 'soit' (l.34).
(b)   Examinez les adjectifs utilisés dans ce texte. Qualifiez-les. Donnez des exemples précis de langage passionnel.

Compréhension

(a)   Sur le premier texte, *La peine de mort pour les terroristes*, quelle différence faites-vous entre des 'velléités' et des 'volontés' (l.3)? A qui le 'vous' (ll.21, 25) s'adresse-t-il?
(b)   Sur le deuxième texte, '*Le retour des immigrés*', expliquez comment l'Europe est 'stratégiquement et géopolitiquement aux mains de puissances non européennes' (ll.35–36). De quels pays s'agit-il exactement? En quoi une politique par laquelle 'l'Europe marque ses pays de sa présence' suppose-t-elle 'de l'imagination, de la générosité et de la fermeté' (ll.38–42)?

(c)   Sur le troisième texte, '*Les dangers*', expliquez les 'réalités dangereuses qui existent autour de nous' (l.67). Qu'entend Le Pen par 'l'Europe des patries et des nations'? Avez-vous la même conception de l'Europe?

Question orale ou écrite

(a)   Analysez la perspective lepéniste sur l'immigration. Examinez le chemin parcouru depuis 1986. Placez-vous sur un plan français puis européen.

Text 1.19

Les Syndicats dans les années 1990

1 L'air du temps n'est pas favorable au syndicalisme. L'individualisme
fait des ravages. Il marque de plus en plus les relations du travail. La
course aux performances amène chaque salarié à s'occuper d'abord de
lui-même, de sa propre réussite. Tant pis si pour cela, il faut piétiner le
5 voisin. Les solidarités reculent. L'engagement collectif devient anti-
nomique du culte de la réussite individuelle. Le militantisme, dans les
syndicats mais aussi dans d'autres associations, en subit durement les
contre-coups.

De plus en plus de laissés pour compte sont abandonnés sur le bord
10 de la route. Les nouveaux pauvres rejoignent les rangs de ceux que le
quart-monde a depuis longtemps rassemblés sous sa triste bannière. Les
chômeurs se trouvent généralement exclus des syndicats en même
temps qu'ils sont rayés du marché du travail. Les handicapés doivent
compter sur une politique de 'quotas' pour avoir une petite chance
15 d'être insérés dans une entreprise. Mais ils restent, eux aussi, à l'écart
du syndicalisme. Les salariés précaires doivent se laver du péché originel
dont les taxent les syndicalistes, par définition hostiles à tout emploi au
rabais, avant de pouvoir prétendre encore bien timidement, être défen-
dus. A force de ne s'occuper que des salariés ayant un emploi et un
20 statut, ce qui aboutit à une relative sur-représentation dans le secteur
public, le mouvement syndical se marginalise. Et les exclus s'excluent
de la société chaque jour un peu plus.

Le syndicalisme apparaît ainsi déphasé. Il en est resté au vieux
schéma ouvriériste, industriel et masculin alors que le modèle salarial a
25 profondément changé. Sans lui. Dans moins de dix ans, c'est déjà un
peu le cas, il aura en face de lui une majorité de cadres et de
techniciens, bien diplômés, bien formés, bien qualifiés, qui travailleront
dans un secteur tertiaire dominant où les femmes seront de plus en
plus nombreuses à occuper des emplois et à exercer des responsabilités.
30 S'adressera-t-il à cette population entièrement remodelée comme il
s'exprimait en 1950?

L'élévation quasi-générale du niveau de formation ne joue pas non
plus en faveur du syndicalisme. Si on n'est pas encore arrivé au stade
où 80 % d'une classe d'âge auront un baccalauréat en poche les
35 salariés de 1990 sont beaucoup plus formés que leurs aînés. Le savoir
rend moins dépendant des autres. La connaissance favorise l'autonomie.
Les employés d'aujourd'hui ne veulent plus être tenus par la main – et

encore moins en laisse –, ce qui les conduit à revendiquer plus de liberté tant vis-à-vis de leur encadrement que vis-à-vis de leurs délégués
40   syndicaux. Dans un tel contexte, le patronat a poussé son avantage. Même mal compris, Monsieur Taylor voit se réduire son nombre de disciples. Les directions des ressources humaines, adeptes de la décentralisation des responsabilités, se substituent aux directions du personnel tatillonnes et centralisatrices d'autrefois. La gestion individuelle
45   supplante la gestion collective. Souplesse, flexibilité, mobilité sont les trois piliers de ce nouveau gouvernement des salariés.

Les syndicats constatent que les règles du jeu changent. Ils protestent ou ils gémissent. Mais ils apparaissent trop souvent dans l'incapacité d'élaborer des parades ajustées leur permettant d'occuper encore une
50   place à la table des joueurs.

Pis encore, la principale arme des syndicats, celle qui pendant des décennies a fait ses preuves, parfois même dans des conditions dramatiques, la grève, devient de plus en plus délicate à utiliser. Dans le secteur public, il suffit que des agents d'EDF abaissent les manettes de
55   la fée électricité ou que des conducteurs de métro de la RATP laissent leurs trains en gare pour que les usagers en colère s'étouffent d'indignation contre cette mise en cause du service public. Les Français aiment et soutiennent avec un enthousiasme bien légitime les grèves de Solidarnosc en Pologne, mais ils n'apprécient guère qu'on cesse volontairement
60   le travail chez eux. La grève, c'est pour les autres. Ou, s'il faut passer par là, elle ne doit pas déranger. On imagine combien serait efficace en effet une grève qui ne gênerait personne! La grève des 'Peugeot' à Mulhouse et à Sochaux, à l'automne 1989, amorce-t-elle un changement? Voilà, en ces temps de 'rigueur édulcorée', selon l'expression de
65   Martine Gilson dans le *Nouvel Observateur*, un conflit de sortie de crise qui, mené dans une apparente unité, sans 'coordination' et face à une direction intransigeante, a bénéficié des faveurs de l'opinion. Mais cette popularité n'est-elle pas venue surtout de la découverte de salaires endessous du seuil de décence dans une entreprise technologiquement
70   moderne?

Quoi qu'il en soit, les syndicats sont de moins en moins les chefs d'orchestre en matière de grèves. Les mots d'ordre presse-bouton appartiennent à l'histoire. Les conflits ont été en baisse constante ces dernières années même s'ils ont remonté de 1985 à 1988 dans la fonction
75   publique. Dans un grand nombre de cas, les salariés partent seuls en grève et espèrent recevoir ensuite … le soutien syndical. C'est le monde à l'envers. Il y a moins de dix ans, c'étaient encore les syndicats qui appelaient à la grève en espérant entraîner les salariés. Aujourd'hui, ils courent derrière leurs troupes.
80   Pourtant, lutte et imagination se retrouvent parfois. A la SNCF avec

le soutien des syndicats, des contrôleurs ont observé de la fin avril à la
fin juin 1989 une grève 'de la pince' très suivie et . . . très populaire. Ils
étaient bien présents dans les trains mais ils ne contrôlaient plus les
billets. Lors de la grande grève des agents des impôts, puis des finances,
85 des syndicats ont remis au goût du jour la grève tournante : la
minorité d'une direction cessait le travail avec le soutien financier de
non-grévistes. Puis, comme au jeu des chaises musicales, on échangeait
les rôles. Phénomène plus tragique, la grève de la faim réapparaît aussi . . .

Nos analystes sociaux n'hésitent pas à infliger cinq zéros pointés aux
90 confédérations syndicales: zéro adaptation, zéro imagination, zéro pragmatisme, zéro efficacité, zéro décentralisation. Ils cultivent, à l'excès,
l'image d'un syndicalisme figé, rigide, dogmatique, inefficace et centrali-
sateur. Un tel procès est largement injuste. Mais après des années et des
années de conquêtes sociales, sur lesquelles il avait assis sa crédibilité,
95 le mouvement syndical court après une influence qui ressemble à une
peau de chagrin. A chaque 'rentrée' sociale, les dirigeants confédéraux
multiplient mises en garde, avertissements et coups de semonce à
l'égard des pouvoirs établis, comme s'ils avaient toujours derrière eux
des légions de combattants prêtes à se mettre en marche au premier
100 signal. Terrible illusion.
   Les gouvernements et les patronats font à peu près tout ce qu'ils
veulent sur le terrain économique et social. Ils ne se soucient guère
plus des syndicats qu'un estivant ne se préoccupe d'un moustique qui
risque, en le piquant, de lui gâcher sa promenade. Même en cas de
105 conflit, les syndicats ont du mal à apparaître comme des interlocuteurs
indispensables tant il est vrai qu'ils maîtrisent mal des mouvements qui
se sont souvent déclenchés sans eux. Dans un univers où le social est
jugé secondaire et complètement dépendant de l'économie, le syndicalisme est tout simplement obsolète. Dans dix ans, dit-on, en 2000, nos
110 bons docteurs pourront signer son acte de décès. Sans sourciller.

(M. Noblecourt, *Les syndicats en questions* Éditions ouvrières,
1990, pp. 9-12, 13-14.)

Exercices

Lexique

Expliquez les mots et expressions suivants:

le ravage (l.2)	le contre-coup (l.8)
tant pis (l.4)	le laissé pour compte (l.9)
piétiner (l.4)	le nouveau pauvre (l.10)
antinomique (ll.5–6)	le quart-monde (l.11)

la bannière (l.11)

les salariés précaires (l.16)

un emploi au rabais (ll.17–18)

EDF (l.54)

RATP (l.55)

le seuil de décence (l.69)

le mot d'ordre presse-bouton (l.72)

c'est le monde à l'envers (ll.76–77)

la grève tournante (l.85)

un zéro pointé (l.89)

asseoir sa crédibilité (l.94)

la rentrée sociale (l.96)

une peau de chagrin (l.96)

sans sourciller (l.110)

Grammaire et stylistique

(a) 'Dans le secteur public . . . mise en cause du service public' (ll.53–57): écrivez la phrase au passé composé.

(b) 'Quoi qu'il en soit' (l.71): traduisez littéralement et justifiez le mode. Comparez avec 'Tant il est vrai que' (l.106), du point de vue tant du mode verbal que de l'ordre des mots que de la signification.

(c) 'tant vis-à-vis de . . . que vis-à-vis de . . .' (l.39): faites des phrases sur ce modèle.

Compréhension

(a) Qu'est-ce qu'une politique 'des quotas' (l.14)? Et une politique 'de la pince' (l.82)

(b) Comment le 'modèle salarial' (l.24) a-t-il changé?

(c) Expliquez pourquoi 'Monsieur Taylor voit se réduire son nombre de disciples' (ll.41–42).

Questions orales ou écrites

(a) Michel Noblecourt a-t-il raison de compter 'l'individualisme' au nombre des raisons du déclin du syndicalisme? Voit-on une montée de l'individualisme dans votre pays?

(b) Quel avenir pour les travailleurs si le syndicalisme poursuit son déclin?

Text 1.20

La Politique étrangère de la France

1   L'image [*de la France à l'étranger*] est celle qu'a voulue le fondateur de
la Vᵉ République – celle que le général de Gaulle a portée en lui depuis
son enfance, et dont les épreuves des années noires ont confirmé la
nécessité à ses yeux. La similitude des propos tenus par les quatre
5   présidents de la République, le ralliement de l'opposition socialiste aux
principes de la politique étrangère gaullienne, la brillante exégèse – ou
redécouverte – qu'en a faite, récemment, Régis Debray, tout cela
confirme la puissance du volontarisme gaullien. Au commencement,
on trouve un refus: celui de la dépendance envers n'importe quelle
10   autre puissance. La célébration de l'indépendance nationale est donc
d'autant plus vibrante que les contraintes extérieures, celles qu'impose
l'économie mondiale ou celles que l'impératif de la sécurité fait peser
sur un pays qui n'est plus à l'échelle des géants, sont plus fortes. Autre
refus: celui de la passivité, d'un isolationnisme à la française destiné
15   (comme feu l'isolationnisme américain) à empêcher que la France ne
soit entraînée dans les aventures des autres. Comme l'a écrit François
Mitterrand dans une formule très gaullienne, 'ni "repli sur soi", ni "oubli
de soi",' ces deux vertiges, ces deux refus dictent trois impératifs. Le
souci du rang distingue la France des autres puissances moyennes,
20   dans la mesure même où l'image de la France associe le rang à la
volonté d'indépendance et d'activisme, et où cet alliage entraîne le
refus de formules intégrationnistes (en Europe ou dans l'Alliance atlantique) auxquelles l'Allemagne fédérale et même l'Angleterre (en ce qui
concerne l'alliance) ne se dérobent pas. Ce souci du rang signifie, selon
25   l'expression de Régis Debray, que la France se voit comme la seule
puissance moyenne dotée d'une capacité mondiale, jouissant d'une
influence supérieure à son importance. Deuxième impératif: veiller à
l'équilibre – et particulièrement à l'équilibre des forces entre les deux
Grands, dans la mesure même où tout déséquilibre limiterait la liberté
30   d'action de la France, et où la lutte pour l'équilibre lui permet de se
poser en protectrice d'autres nations, plus faibles mais également
menacées par les ambitions des géants. Enfin, l'impératif de la modernisation s'impose à l'intérieur, qu'il s'agisse de l'institution d'un
régime fort, ou de la modernisation économique, condition de la
35   puissance . . .

La façon dont la classe politique, et une bonne partie des élites, ont

accepté et transmis cette image signifie-t-elle que les Français y croient?
Je dirais plutôt qu'ils veulent y croire. Mais ils savent aussi, au fond
d'eux-mêmes, que la réalité est moins généreuse, ou plus contraignante;
40 que les possibilités dont la France dispose pour la façonner sont plus
réduites; que la cote dont elle bénéficie à l'étranger (soit comme
modèle, soit comme obstacle aux volontés de puissance des Grands)
n'est pas si élevée. Ce qui caractérise l'attitude des Français face à cette
image de la France, c'est leur installation dans l'ambivalence. La
45 grande ambition nationale n'est certes pas la priorité des citoyens: pays
sans revendications territoriales ni aspirations à la domination mondiale, la France quotidienne se préoccupe avant tout de son avenir
matériel, de l'éducation de ses enfants, de l'évolution des mœurs.
Certes, les électeurs n'ont jamais soutenu les rares hommes politiques
50 qui offraient à la France des ambitions plus réduites, des horizons plus
bas que ceux que reflétaient l'image gaullienne. Les Français applaudis-
sent à *Concorde*, *Ariane* ou *Airbus*; s'enthousiasment-ils vraiment pour
la francophonie? Sont-ils prêts à sacrifier une part importante de leur
bien-être à l'action extérieure? Il est permis d'en douter, même si l'aide
55 aux pays en voie de développement a été proportionnellement plus
forte que celle d'autres puissances comparables. Les 'événements' de
1968 peuvent s'interpréter de bien des façons, mais ils ont aussi pris
l'allure d'une révolte contre des contraintes internes imposées pour les
besoins d'une politique étrangère ambitieuse . . .

60 On se prend à songer à l'exhortation fameuse: 'Fais comme tout le
monde mais ne soit pas commun'. Après tout, les mots-clefs du vocabulaire officiel sont souvent ambigus. 'Moderniser', certes, mais pour quoi
faire? Pour la puissance collective, ou pour la prospérité de chacun?
'L'indépendance', bien sûr; mais alors que l'image la présente comme
65 devant être active, agressive, dynamique, dans l'esprit public la notion
n'exclut pas des cas moins rayonnants, comme ceux de la Suisse ou de
la Suède. 'La France doit être elle-même', mais à l'heure actuelle elle
s'interroge justement sur ce qu'elle est. Le seul symbole non ambigu,
c'est le rang – mais sait-on de façon certaine ce qu'il faut faire pour se
70 maintenir près du sommet? Et si, en définitive, l'image, et les sermons
ou litanies qu'elle entraîne, dans les grandes messes des conférences de
presse présidentielles ou dans les Mémoires des principaux responsables,
n'étaient que des aiguillons destinés à convaincre un peuple de scep-
tiques (d'ailleurs de mieux en mieux renseignés sur la réalité des
75 choses, à l'ère du tourisme tous azimuts) que le jeu de la politique
extérieure n'est pas pure illusion? Ces aiguillons-là seraient l'équivalent
de la double confiance anglaise (d'ailleurs fort mal placée) dans le
Commonwealth et dans la *special relationship* avec Washington, et du
triple impératif allemand – débouchés, sécurité, unité éventuelle. Quand

80   tous ces aiguillons font défaut, la politique étrangère s'étiole – comme
dans le cas de l'Italie.

(S. Hoffmann, 'La France face à son image, 1936–1986',
in Cinquante ans de politique étrangère de la France, numéro spécial
de *Politique étrangère*, numéro 1, 1986, pp. 25–28.)

Exercices

Lexique

Expliquez les mots et expressions suivants:

une exégèse (1.6)   la francophonie (l.53)
le volontarisme (1.8)   le tourisme tous azimuts (1.75)
feu l'isolationnisme américain (l.15)   un aiguillon (1.76)
le rang (l.19)   faire défaut (l.80)
la cote (l.41)   s'étioler (1.80)

Grammaire et stylistique

(a)   Ll.1–8: étudiez l'accord des cinq participes passés en donnant les règles
pertinentes.

(b)   Traduisez en anglais les phrases avec 'dont' (ll.3, 36, 40, 41) en justifiant
chaque fois l'utilisation du pronom relatif en français. Trouvez des
verbes qui, comme 'disposer de' et 'bénéficier de' (ll.40, 41), se
construisent avec 'de' et placez-les dans des propositions relatives.

(c)   Ll.10–11: 'est d'autant plus vibrante que . . . sont plus fortes.' Examinez
la structure et faites d'autres phrases sur le même modèle.

(d)   '"Ni repli sur soi" ni "oubli de soi"' (ll.17–18): expliquez clairement la
formule et dites en quoi elle est 'très gaullienne'.

Compréhension

(a)   Expliquez 'les grandes messes des conférences de presse présidentielles'
(ll.71–72).

(b)   Précisez l'allusion aux événements de 1968 à la lumière de la politique
étrangère (ll.56–59).

(c)   Dégagez (paragraphe 1) et évaluez (paragraphe 2) les trois impératifs
qui commandent la politique étrangère.

(d)   Clarifiez précisément la notion de 'rang'.

Questions orales ou écrites

(a) Comment expliquer les particularités de la politique étrangère de la France?

(b) Que cherche le 'Français moyen' dans la politique étrangère de son pays?

Text 1.21

La Proclamation du Front de libération nationale pour l'indépendance du pays

1   Au peuple Algérien,
     Aux militants de la Cause nationale,
     A vous qui êtes appelés à nous juger, le premier d'une façon générale,
     les seconds tout particulièrement, notre souci, en diffusant la présente
5   proclamation, est de vous éclairer sur les raisons profondes qui nous
     ont poussés à agir, en vous exposant notre programme, le sens de notre
     action, le bien-fondé de nos vues dont le but demeure l'INDÉPEN-
     DANCE NATIONALE dans le cadre nord-africain. Notre désir aussi est
     de vous éviter la confusion que pourraient entretenir l'impérialisme et
10   ses agents: administratifs et autres politicailleurs véreux.
     Nous considérons avant tout qu'après des décades de lutte, le Mouve-
     ment national atteint sa phase finale de réalisation. En effet, le but du
     mouvement révolutionnaire étant de créer toutes les conditions favora-
     bles pour le déclenchement d'une action libératrice, nous estimons que,
15   sur le plan interne, le peuple est uni derrière le mot d'ordre d'indépen-
     dance et d'action, et sur le plan externe, le climat de détente est
     favorable pour le règlement des problèmes mineurs dont le nôtre avec
     surtout l'appui diplomatique de nos frères arabes et musulmans. Les
     événements du Maroc et de Tunisie sont à ce sujet significatifs et
20   marquent profondément le processus de lutte de libération de l'Afrique
     du Nord. A noter dans ce domaine que nous avions depuis fort
     longtemps été les précurseurs de l'unité dans l'action. Malheureusement
     jamais réalisée entre les trois pays.
     Aujourd'hui, les uns et les autres sont engagés résolument dans cette
25   voie, et nous, relégués à l'arrière, nous subissons le sort de ceux qui
     sont dépassés. C'est ainsi que notre Mouvement national terrassé par
     des années d'immobilisme et de routine, mal orienté, privé du soutien
     indispensable de l'opinion populaire, dépassé par les événements, se
     désagrège progressivement à la grande satisfaction du colonialisme qui
30   croit avoir remporté la plus grande victoire de sa lutte contre l'avant-
     garde algérienne. L'heure est grave.
     Devant cette situation qui risque de devenir irréparable, une équipe
     de jeunes responsables et militants conscients, ralliant autour d'elle la
     majorité des éléments sains et décidés, a jugé le moment venu de sortir
35   le Mouvement national de l'impasse où l'ont acculé les luttes de
     personnes et d'influence pour le lancer aux côtés des frères marocains
     et tunisiens dans la véritable lutte révolutionnaire.

Nous tenons à préciser, à cet effet, *que nous sommes indépendants des deux clans* qui se disputent le pouvoir. Plaçant l'intérêt national au-
40 dessus de toutes les considérations mesquines et erronées de personnes et de prestiges, conformément aux principes révolutionnaires, notre action est dirigée uniquement contre le colonialisme, seul ennemi obstiné et aveugle, qui s'est toujours refusé d'accorder la moindre liberté par des moyens pacifiques.

45 Ce sont là, nous pensons, des raisons suffisantes qui font que notre mouvement de rénovation se présente sous le nom de: FRONT de LIBÉRATION NATIONALE, se dégageant ainsi de toutes les compromissions possibles et offrant la possibilité à tous les patriotes algériens de toutes les couches sociales, de tous les partis et mouvements pure-
50 ment algériens de s'intégrer dans la lutte de libération sans aucune autre considération.

Pour nous préciser, nous retraçons ci-après les grandes lignes de notre programme politique:

But: indépendance nationale par:

55 (1) la restauration de l'État algérien souverain, démocratique et social dans le cadre des principes islamiques;
(2) le respect de toutes les libertés fondamentales sans distinction de race ni de confession.

Objectifs intérieurs

60 (1) assainissement politique par la remise du Mouvement national révolutionnaire dans sa véritable voie et par l'anéantissement de tous les vestiges de corruption et de réformisme, causes de notre régression actuelle;
(2) rassemblement et organisation de toutes les énergies saines du
65 peuple algérien pour la liquidation du système colonial.

Objectifs extérieurs

(1) internationalisation du problème algérien;
(2) réalisation de l'unité nord-africaine dans son cadre naturel arabo-islamique;
70 (3) dans le cadre de la Charte des Nations unies, affirmation de notre sympathie agissante à l'égard de toutes les nations qui appuieraient notre action libératrice.

Moyens de lutte

Conformément aux principes révolutionnaires, et compte tenu des
75   situations intérieure et extérieure, la continuation de la lutte par tous
les moyens jusqu'à la réalisation de notre but.

Pour atteindre ces objectifs, le Front de libération nationale aura
deux tâches essentielles à mener de front et simultanément: une action
intérieure tant sur le plan politique que sur le plan de l'action propre,
80   et une action extérieure en vue de faire du problème algérien une
réalité pour le monde entier avec l'appui de tous nos alliés naturels.

C'est là une tâche écrasante qui nécessite la mobilisation de toutes
les énergies et de toutes les ressources nationales. Il est vrai, la lutte
sera longue, mais l'issue est certaine.

85   En dernier lieu, afin d'éviter les fausses interprétations et faux-fuy-
ants, pour prouver notre désir réel de paix, limiter les pertes en vies
humaines et les effusions de sang, nous avançons une plate-forme
honorable de discussion aux autorités françaises si ces dernières sont
animées de bonne foi et reconnaissent une fois pour toutes aux peuples
90   qu'elles subjuguent le droit de disposer d'eux-mêmes:

(1)   L'ouverture de négociations avec les porte-parole autorisés du
peuple algérien sur les bases de la reconnaissance de la souveraineté algérienne une et indivisible.

(2)   La création d'un climat de confiance par la libération de tous les
95   détenus politiques, la levée de toutes les mesures d'exception et
l'arrêt de toutes les poursuites contre les forces combattantes.

(3)   La reconnaissance de la nationalité algérienne par une déclaration
officielle abrogeant les édits, décrets et lois faisant de l'Algérie une
'terre française' en déni de l'histoire, de la géographie, de la
100   langue, de la religion et des mœurs du peuple algérien.
En contrepartie:

(1)   Les intérêts français, culturels et économiques, honnêtement
acquis, seront respectés ainsi que les personnes et les familles.

(2)   Tous les Français désirant rester en Algérie auront le choix entre
105   leur nationalité d'origine et seront de ce fait considérés comme des
étrangers vis-à-vis des lois en vigueur ou opteront pour la nationalité algérienne et dans ce cas seront considérés comme tels en droit
et en devoirs.

(3)   Les liens entre la France et l'Algérie seront définis et feront l'objet
110   d'un accord entre les deux puissances sur la base de l'égalité et du
respect de chacun.
Algérien! Nous t'invitons à méditer la Charte ci-dessus. Ton devoir
est de t'y associer pour sauver notre pays et lui rendre sa liberté. Le
Front de libération nationale est ton front. Sa victoire est la tienne.

115   Quant à nous, résolus à poursuivre la lutte, sûrs de tes sentiments
anti-impérialistes, forts de ton soutien, nous donnons le meilleur de
nous-mêmes à la Patrie.
LE SECRÉTARIAT
(*1er novembre 1954.*)

(P. Éveno et J. Planchais, *La guerre d'Algérie. Dossier et
témoignages*, Éditions la Découverte/*Le Monde*, 1989, pp. 83–6.)

Exercices

Lexique

Expliquez les mots et expressions suivants:

un politicailleur véreux (l.10)	dans le cadre de (l.56)
le mot d'ordre (l.15)	l'assainissement (l.60)
acculer quelqu'un dans une impasse	mener de front (l.78)
(l.35)	un faux-fuyant (ll.85–86)
à cet effet (l.38)	la levée (l.95)
mesquin (l.40)	en contrepartie (l.101)

Grammaire et stylistique

(a)   Le premier, les seconds (ll.3–4) – ces dernières (l.88): que désignent ces
pronoms, très exactement, dans le contexte? Remplacez par 'celui-ci,
celle-là' et inventez vous-même quelques phrases qui utilisent ces
pronoms.

(b)   'vis-à-vis de' (l.106). Faites deux phrases avec cette expression et deux
phrases avec 'à propos de'.

(c)   Faites une liste des constructions verbales avec 'à' et 'de' utilisées dans le
texte. Exemples: 'notre souci est de. . .' l.4 – 'pousser à', l.6.

(d)   Commentez l'utilisation des participes (ll.24–37), en vous souvenant
que le participe passé a un sens passif (il décrit souvent un état – voyez
les quatre exemples des lignes 26–31), alors que le participe présent a
un sens actif (l.34). Quel est l'effet obtenu?

(e)   La rhétorique révolutionnaire s'exprime dans des expressions telles
que 'la souveraineté algérienne une et indivisible' (l.93). Trouvez-en
d'autres du même type.

Compréhension

(a)   Expliquez la notion, pour le FLN, de 'libération nationale'.

(b)   Ce texte constitue-t-il une déclaration de lutte armée?

Questions orales ou écrites

(a)   À votre avis la proclamation du FLN du 1er novembre 1954 signale-t-
elle l'ouverture d'une lutte légitime?

(b)   Imaginez pourquoi un/e Algérien/ne serait séduit/e par cette
proclamation.

(c)   Les buts de la proclamation ont-ils été réalisés à long terme?

Text 1.22

La Politique étrangère de François Mitterrand

1 En France, plus que tout autre pays, le domaine de la politique étrangère est celui du président de la République. Là comme ailleurs, on peut s'interroger sur l'éventuelle rupture marquée par l'arrivée de la gauche au pouvoir. Nous avons demandé à Samy Cohen de dresser un
5 bilan de dix ans de diplomatie française gérée par François Mitterrand.

L'HISTOIRE: *La politique étrangère, 'domaine réservé' du président de la République: est-ce aussi vrai sous François Mitterrand que sous ses prédécesseurs?*

SAMY COHEN: Oui et sans doute plus que sous Charles de Gaulle.
10 Qu'on le veuille ou non, le Général avait le sens des grandes orientations, c'était un visionnaire qui se préoccupait plus de la finalité d'une politique que de ses moyens. Ses successeurs n'ayant pas cette dimension, ils se sont tous intéressés de près à la gestion de leur politique étrangère . . .

15 L'HISTOIRE: *Lors de la cohabitation, la marge de manœuvre du chef de l'État s'est trouvée singulièrement rognée, comme jamais sous la Vᵉ République . . .*

SAMY COHEN: Son pouvoir a reculé là où la politique étrangère avait de fortes implications en politique intérieure. D'abord dans toutes les questions d'ordre économique et commercial, ensuite dans le problème
20 des otages, de la lutte antiterroriste et donc des relations avec les États du Proche-Orient. A telle enseigne que lorsque Jacques Chirac, après la vague d'attentats parisiens de septembre 1986, tente de rassurer l'opinion, François Mitterrand, qui se trouve alors en Indonésie, lui laisse la maîtrise de cette affaire. C'est également Matignon et le ministère de
25 l'Intérieur, et eux seuls, qui traitent de bout en bout le dossier Gordji, ce diplomate iranien soupçonné de manipuler des réseaux terroristes en France et dont le refus de se rendre à la convocation du juge d'instruction conduira à l'encerclement de l'ambassade d'Iran. D'ailleurs, sur tous ces sujets sensibles, les télégrammes qui arrivaient dans les minis-
30 tères concernés ne parvenaient pas toujours à l'Élysée. Il y avait une rétention de l'information, variable au gré de l'état des relations entre le président et le chef du gouvernement . . .

L'HISTOIRE: *En redistribuant les cartes entre président et gouvernement, la cohabitation n'a été qu'une parenthèse dans la conduite de la politique*
35 *étrangère. Après, on en revient aux vieilles méthodes . . .*

SAMY COHEN: François Mitterrand s'était pourtant engagé pendant la campagne de 1988 à tirer les leçons de la cohabitation, en redonnant

au governement et au Parlement leurs attributions constitutionnelles.
Il n'en a rien été. Au contraire, on a l'impression que la période 1986–
40   1988 a alimenté chez lui une frustration qui se traduit aujourd'hui par
un accaparement vorace des dossiers diplomatiques. Matignon a un
rôle marginal et le Quai d'Orsay n'est plus que l'ombre portée de
l'Élysée. Quel meilleur exemple que la gestion de la crise du Golfe, qui a
été le fait du président, et de lui seul? Comme de Gaulle ou Giscard
45   d'Estaing en fin d'exercice, Mitterrand connaît actuellement ce symp-
tôme de la prétention à l'omniscience par lequel il se croit le seul à
même de dire où est l'intérêt de la France . . .

L'Histoire: *Après dix ans d'exercice du pouvoir, peut-on parler d'un grand*
dessein de la gauche en matière diplomatique?

50   Samy Cohen: Je parlerais plus volontiers d'un apport ponctuel, limité.
L'héritage de ses prédécesseurs a pesé davantage sur François Mitterrand
que les grandes options du parti socialiste d'avant 1981. Prenez l'Europe.
Le Président a mené une politique volontariste, affirmant par là même
ses dimensions d'Européen de premier plan. Mais s'est-il pour autant
55   distingué de Valéry Giscard d'Estaing qui est à l'origine des conseils
européens, de l'élection au suffrage universel de l'Assemblée de Strasbourg et du système monétaire européen? Certainement pas. Il y a une
continuité notamment dans le respect de la solidarité franco-allemande.
Une vieille idée de Jean Monnet qui, depuis le général de Gaulle, n'a pas
60   souffert de déviation – sauf avec Georges Pompidou qui soupçonnait
l'Allemagne de ne penser qu'à sa réunification, quitte, pour y parvenir,
à faire des concessions à Moscou.

L'Histoire: *Quoi de neuf, à propos, avec l'URSS?*

Samy Cohen: La décennie écoulée se caractérise par trois périodes. La
65   première voit un Mitterrand qui bat froid aux Soviétiques en réaction à
l'attitude d'un Giscard d'Estaing très complaisant à l'égard de Brejnev.
Le nouveau chef de l'État croit en cela faire du gaullisme. Or il se
contente de prendre le rail de l'opinion publique encore sous le choc
des événements d'Afghanistan et de Pologne.

70   L'Histoire: *La présence de ministres communistes ne le handicape-t-elle pas*
dans ce contexte?

Samy Cohen: Au contraire! Elle l'oblige à faire la démonstration aux
Américains et à l'opinion française, très imprégnée d'antisoviétisme,
qu'il n'est pas prisonnier du parti communiste. Et François Mitterrand
75   se révèle un excellent partenaire au sein de l'Alliance atlantique, bien
plus décomplexé en tout cas que son prédécesseur vis-à-vis des Soviétiques. En témoigne son discours devant le Bundestag en janvier 1983,
appelant les Allemands à accepter l'installation des missiles américains
Pershing en RFA pour faire pièce au déplacement des missiles SS20
80   soviétiques de l'autre côté de la frontière. Vient la deuxième période,
celle de la normalisation avec l'URSS. Ayant fait ses preuves de

loyauté à l'égard des États-Unis, le président envoie des signes de décrispation en direction de Moscou. C'est le sens du voyage de Cheysson puis du sien en 1984.

85 La troisième période commence avec l'arrivée au pouvoir, en 1985, de Mikhail Gorbachev dont François Mitterrand – il faut lui rendre cette justice – fut l'un des premiers, en France, à discerner l'esprit de renouveau et la sincérité. Souvenez-vous des propositions soviétiques de désarmement sur la première et la seconde option zéro, en 1987: le
90 président n'a pas caché aux partenaires de l'Alliance atlantique, même s'il l'a fait discrètement, qu'elles allaient dans le bon sens. Le ministre de la Défense d'alors, André Giraud, plus que réservé, parlait au même moment des tentations de 'Munich européen' qui saisissaient les Occidentaux séduits par le jeu de Gorbatchev.

95 L'HISTOIRE: *Entre la gauche française et les États-Unis, l'histoire a-t-elle été simple?*
SAMY COHEN: On a cru, étant donné l'entourage présidentiel – avec Régis Debray, Jean-Pierre Chevènement, Claude Cheysson, les ministres communistes –, que la France adopterait une attitude de fermeté. En
100 fait, après un début difficile, les rapports ont été assez vite cordiaux et n'avaient assurément plus rien de la raideur gaullienne qui consistait à battre en brèche l'hégémonie américaine sur la scène diplomatique ou monétaire. François Mitterrand pense que si des divergences se font jour avec Washington, elles peuvent être résolues sans acrimonie.

105 L'HISTOIRE: *Et des divergences, il y en a eu!*
SAMY COHEN: L'aide militaire française aux sandinistes du Nicaragua, au nom de la lutte des déshérités contre l'impérialisme, a déclenché une très vive tension. Mais le régime de Daniel Ortega s'avérant moins vertueux qu'on avait bien voulu le dire, l'aide se ralentit et la polémique
110 finit par s'essouffler. Ce fut sans doute le début de la mésentente entre Régis Debray et François Mitterrand.

Au Proche-Orient, et en cela il n'y a pas de rupture avec les présidences précédentes, François Mitterrand, soucieux de poursuivre la politique arabe de la France, s'est toujours démarqué des Américains.
115 Cela peut le mener très loin. Lors de l'opération 'Manta' – déploiement au Tchad d'une force terrestre le long du 15e parallèle, destinée à dissuader une avancée libyenne vers N'djamena –, il repousse les informations obtenues par satellite que les États-Unis lui proposent et qui attestent les agissements libyens au Tchad. Son refus du survol du
120 territoire français par les avions américains qui vont bombarder le quartier général de Kadhafi à Tripoli en 1986 – refus d'ailleurs partagé par Jacques Chirac – ressortit à cette même volonté de se différencier des États-Unis dès lors qu'un pays arabe est en cause.

L'HISTOIRE: *Et toujours au nom de la sacro-sainte indépendance nationale*
125 *chère à de Gaulle . . .*

SAMY COHEN: Oui, mais ce principe n'a un sens qu'en temps de paix. La France a dépêché dans le Golfe un corps expéditionnaire avec de multiples contorsions oratoires pour montrer aux Arabes qu'il n'était pas sous commandement américain. De la même manière, la France proclame que si un conflit se déclarait en Europe, elle n'utiliserait sa force de dissuasion qu'après que son président en aura décidé. Ce discours est séduisant tant que nous ne sommes pas en état de guerre. Mais, une fois pris dans le tourbillon, les forces françaises ne peuvent faire autrement que se mettre au service d'un pôle de commandement qui ne saurait être qu'américain. La guerre du Golfe a révélé la fragilité de la politique d'indépendance nationale. L'influence française a reculé en Orient comme en Occident, en Israël comme en terre arabe.

L'HISTOIRE: *Ses relations très particulières avec le monde arabe n'ont pas empêché la France de rééquilibrer sa position dans le conflit israélo-arabe . . .*

SAMY COHEN: C'est là, sans aucun doute, que je situerai le trait le plus original de la diplomatie de François Mitterrand. Avant lui, la France n'avait ni projet, ni dialogue équitable. Valéry Giscard d'Estaing avait bien envoyé son ministre des Affaires étrangères, en visite officielle en Israël, mais ce fut à peu près tout et, par la suite, sa politique fut unilatéralement pro-arabe. François Mitterrand affiche sa préoccupation de la sécurité de l'État hébreu tout en allant plaider devant les Israéliens la cause d'une terre palestinienne. Et devant les Arabes, il défend le droit à l'existence d'Israël. Ce courage politique, aucune président française ne l'avait eu.

L'HISTOIRE: *Avec l'Irak n'y a-t-il pas eu, ces dernières années, de la part de la France, une politique en zigzag, ce qui revient, là encore, à une absence de politique?*

SAMY COHEN: J'y verrais davantage l'effet d'une myopie politique. Après Giscard, Mitterrand a soutenu militairement l'Irak dans son conflit avec l'Iran, mais de manière inconsidérée. Il fallait, nous disait-on, refouler l'intégrisme islamique des ayatollahs par Saddam Hussein interposé. Sans doute, mais la France aurait pu fournir son aide avec plus de retenue. Un pays aussi puissamment armé que l'Irak ne pouvait que représenter un danger à terme pour tous les États voisins. Ses appétits hégémoniques dans la région n'étaient un secret pour personne. Nos dirigeants n'ont pas su faire preuve de finesse, de sens de l'anticipation. Ils n'ont pas suffisamment réfléchi à la nature du régime de Bagdad et, au motif qu'il était plus progressiste que d'autres, ils lui ont livré des quantités considérables d'armes. L'engagement très poussé de la France dans la crise du Golfe a été une façon de se faire pardonner cet aveuglement.

L'HISTOIRE: *La politique de la gauche à l'égard du Tiers-Monde n'a-t-elle pas, elle aussi, été marquée par des à-coups?*

SAMY COHEN: On a eu une première année généreuse, que symbolise

170 le fameux discours de François Mitterrand à Mexico, le 20 octobre
1981. On se rappelle ses envolées chaleureuses et enflammées: '*Salut*
aux humiliés, aux émigrés, aux exilés sur leurs propres terres, qui veulent
vivre, et vivre libres. Salut à celles et à ceux qu'on bâillonne, qu'on persécute
ou qu'on torture, et qui veulent vivre, et vivre libres.' En fait, ce discours,
175 bien dans le ton de la doctrine du parti socialiste avant son arrivée au
pouvoir, n'a pas tenu ses prouesses, ou plutôt il n'a pas résisté au poids
des réalités. Assez vite, la politique initiale de la gauche s'essouffle pour
revenir à la traditionnelle défense du pré-carré africain. En Afrique subsaharienne, la politique mitterrandienne s'est alignée sur celle qui
180 prévalait depuis de Gaulle: un soutien – économique, militaire et
policier – aux régimes en place, sans grand discernement quant à leur
degré de démocratie.

L'Histoire: *En matière stratégique, la gauche s'est-elle contentée de gérer*
l'héritage ou a-t-elle cherché à ouvrir la France à une amorce de défense
185 *européenne?*

Samy Cohen: Pour l'essentiel, elle a assumé la vision stratégique
définie par de Gaulle, y compris dans ses ambiguïtés. La France maintient officiellement son autonomie de décision nucléaire par rapport à
l'OTAN, mais elle maintient aussi sa coopération avec cette même
190 OTAN (échange d'informations, manœuvres communes) pour éviter,
si l'Europe s'embrase, les difficultés qui surgiraient immanquablement
de l'absence de coordination des forces alliées. François Mitterrand n'a
pas levé cette contradiction, de même qu'il n'a pas surmonté les
résistances à la création d'une défense européenne. La France est-elle
195 prête à placer sa force de dissuasion au profit d'un ensemble régional
qui excéderait largement son territoire? Sur ce point, la rhétorique de
nos responsables est très européaniste mais, dans les faits, le pays reste
très nationaliste.

(Entretien avec Samy Cohen, *Histoire*, No. 143, April 1991.)

Exercices

Lexique

Expliquez les mots et expressions suivants:

la marge de manoeuvre (l.15)	un accaparement des dossiers (l.41)
rogner (l.16)	le Quai d'Orsay (l.42)
à telle enseigne que (l.21)	être à même de (ll.46–47)
Matignon (l.24)	le dessein (l.49)
de bout en bout (l.25)	battre froid à (l.65)
la rétention de l'information (l.31)	décomplexé (l.76)
il n'en a rien été (l.39)	faire pièce à (l.79)

la décrispation (l.83)   il ne saurait être (l.135)
l'option zéro (l.89)   la myopie politique (l.153)
battre quelqu'un en brèche (l.102)   un à-coup (l.168)
se démarquer de (l.114)   une envolée (l.171)

Grammaire et stylistique

(a) 'Qu'on le veuille ou non' (l.10): précisez le sens du subjonctif dans
     cette expression. Faites-en d'autres sur ce modèle.
(b) Conjuguer 'ressortit' (l.122) au présent, à l'imparfait, au futur, au
     passé composé et au subjonctif présent.

Compréhension

(a) Qui était Jean Monnet (l.59)? Quel a été son rôle dans la construction
     européenne? A ce propos, quelle différence faites-vous entre
     'européaniste' (l.197) et 'européen'?.
(b) 'La politique étrangère, "domaine réservé" du président' (l.6).
     Expliquez et illustrez l'allusion.

Questions orales ou écrites

(a) François Mitterrand, idéologue ou pragmatiste dans le domaine de la
     politique étrangère?
(b) Peut-on parler d'un grand dessein de la gauche en matière
     diplomatique? Trente ans après, qu'en est-il donc de la sacro-sainte
     indépendance nationale chère à de Gaulle?

Text 1.23

François Mitterrand: réflexions sur la politique extérieure de la France

1 La politique extérieure de la France s'ordonne autour de quelques idées simples: l'indépendance nationale, l'équilibre des blocs militaires dans le monde, la construction de l'Europe, le droit des peuples à disposer d'eux-mêmes, le développement des pays pauvres . . .

5 *L'indépendance*

Que signifie l'indépendance en 1986? L'attachement au passé? Un orgueil perdu de saison? Une vérité pour demain? Quiconque jette un regard attentif sur le monde alentour constate les solidarités qui se nouent, les frontières qui s'ouvrent, les langues qui s'unifient, les
10 intérêts qui s'interpénètrent, les migrations qui s'enracinent, les empires qui se forment. A cette échelle, le séparatisme, cette recherche d'identité d'autant plus obstinée que le mouvement des sociétés humaines charrie la confusion, ne se distingue guère plus qu'un îlot dans la brume. Chaque jour ce sont les dépendances, les servitudes voulues ou obligées,
15 les grands ensembles qui gagnent du terrain sur le quant-à-soi des rebelles. S'il m'arrive, pour la France, de m'en inquiéter, de redouter cette attraction, je la désire aussi: l'une des idées simples que j'évoquais dès les premiers mots de cette présentation n'est-elle pas l'Europe, ce dépassement de l'Histoire que j'appelle de mes vœux? Je dirai plus loin
20 en quoi j'estime complémentaires l'indépendance de la France et la construction de l'Europe. Ce sera la grande affaire de la génération qui vient que d'harmoniser cette double démarche. Mais que nul ne crie au paradoxe si je place en exergue notre indépendance nationale. C'est qu'elle reste un levier puissant, déterminant, un instrument moderne,
25 et non pas obsolète, de l'action dans le monde d'un pays comme le nôtre. La France n'est pas un phare éteint, comme le pensent trop de responsables – et si peu responsables – de nos affaires publiques, qui oublient de parler leur langue dans les enceintes internationales, qui s'accommodent de l'absorption des œuvres vives de notre économie par
30 le capitalisme étranger, et pour qui la (fausse) sagesse est de faire acte d'allégeance à la loi des empires. Nous vivons à l'heure de Yalta. Cette réalité nous dicte la hiérarchie de nos devoirs et de nos intérêts. Le plus important est de préserver, face aux deux grandes puissances qui se partagent l'Europe, ce continent qui est le nôtre, l'aptitude à rester soi-
35 même. On n'y parviendra qu'en puisant force et confiance dans nos

traditions, notre culture, et en examinant avec nos voisins la façon de mettre en commun nos atouts . . .

Continuité de la politique de défense

Je me suis naguère opposé à la détention par la France de l'arme
40 atomique. On pouvait concevoir, en effet, dans les années soixante, une autre stratégie. Mais, quinze ans plus tard, notre système de défense reposant tout entier sur la force de dissuasion, s'en priver revenait à priver le pays des moyens de sa protection et à l'abandonner au bon-vouloir des autres. C'est ce qu'a compris le Parti socialiste, que je
45 dirigeais à l'époque, et qui, en 1978, plutôt que de nier la réalité issue de la politique militaire initiée par de Gaulle, a préféré la prendre en compte. D'autant plus qu'à la question posée depuis la signature de l'Alliance atlantique: 'les États-Unis d'Amérique s'estiment-ils liés jusqu'à mettre immédiatement en jeu la totalité de leurs forces à la
50 première menace visant un membre de l'Alliance?', il n'avait pas été apporté de réponse.

Il y a deux sortes de dissuasion stratégique. La première, tradition-nelle, consiste à se rendre plus fort que l'adversaire pour l'empêcher d'agir: cette conception débouche sur la spirale du surarmement. A
55 l'heure où les données techniques changent tous les quatre ou cinq ans, elle confère aux superpuissances le moyen de se détruire plusieurs fois l'une l'autre – et nous avec. La seconde, plus économique et conforme à l'âge nucléaire, consiste à rendre prohibitif pour le plus fort le prix d'une agression contre le plus faible, ou à faire que le risque soit
60 toujours plus important que l'enjeu. Cette conception, qui ne vise pas la parité avec l'adversaire, oblige à maintenir face à lui une capacité de riposte conforme au principe de suffisance. C'est la stratégie de la France. La course aux armements est pour elle qualitative: il s'agit de garantir, en fonction des progrès technologiques et des contre-mesures
65 toujours plus affinées des plus forts, l'invulnérabilité de sa défense et sa rapidité, sa précision, sa puissance de pénétration dans le système adverse, au sol et dans l'espace . . .

Faire l'Europe

Pourvue des moyens de sa sécurité et solidaire de ses alliés, la France
70 s'applique à resserrer les liens qui l'unissent à ses voisins avec lesquels elle partage, depuis des siècles, une histoire foisonnante, dialogue permanent d'une immense civilisation au génie créateur, mais aussi affrontements, déchirements, guerres fratricides, régularité du malheur, désastres au cœur d'un continent où la France et l'Allemagne étaient
75 devenues ennemies héréditaires.

Mais, en dépit des progrès réalisés dans la construction de l'Europe, la même question, non résolue, m'obsède.

L'Europe occidentale, militairement dépendante, politiquement désunie, économiquement anachronique, se révélera chaque jour plus vul-
80   nérable aux sollicitations qui la bercent: la soumission à l'imperium américain ou l'abandon au neutralisme, passage obligé vers la domination soviétique. Il suffira aux Russes de jouer sur la complexité et les contradictions des intérêts nationaux, variables selon les latitudes et selon le moment, et sur la crainte de chaque pays d'apparaître comme
85   le point faible du bras de fer Est-Ouest, donc le plus exposé, pour annihiler les résistances l'une après l'autre. A moins que ce ne soit l'Amérique qui, faisant l'impasse sur l'Europe, tranche pour elle et sans elle, et la perde, faute de pouvoir, à si grande distance géographique et psychologique, répondre à ses besoins et à ses aspirations.

(F. Mitterrand, *Réflexions sur la politique extérieure de la France,*
Librairie Arthème Fayard, 1986, pp. 7, 11–12, 20–23.)

Exercices

Lexique

Expliquez les mots et expressions suivants:

quiconque (l.7)   un atout (l.37)
le séparatisme (l.11)   naguère (l.39)
placer quelque chose en exergue   prendre en compte (ll.46–47)
   (l.23)   mettre en jeu (l.49)
un levier (l.24)   foisonnant (l.71)
un phare (l.26)

Grammaire et stylistique

(a)   Déterminez et expliquez le temps/mode de 'tranche' (l.87) et de 'perde' (l.88).
(b)   Étudiez les images des lignes 11–13.

Compréhension

(a)   Comment comprenez-vous l'expression 'l'Europe, ce dépassement de l'Histoire' (l.18–19)?
(b)   Exprimez dans vos propres termes l'idée des lignes 60–62.

Questions orales et écrites

(a)   La politique étrangère de François Mitterrand; rupture ou continuité avec la politique étrangère des autres présidents de la Cinquième République?

(b) Mitterrand a-t-il raison de dire que 'la politique extérieure de la France s'ordonne autour de quelques idées simples'?

Text 1.24

Les Écologistes: comment devient-on un parti?

1   Il est courant de faire remonter l'émergence de l'écologie politique à
     la candidature de René Dumont à l'élection présidentielle de 1974.
     C'est le premier candidat écologiste à l'échelon national, même si des
     candidats écologistes se présentent pour la première fois à des partielles,
5   en 1973 en Alsace. Mais les écologistes émergent véritablement au
     niveau national pour la première fois en 1974 avec un candidat
     soutenu non pas par un parti mais par une espèce de comité de soutien
     très parisien, issu d'associations de militants. Et c'est la première fois
     qu'existe un vote écologiste national. On fait donc remonter là l'origine
10   parce que c'est commode: c'est le premier point de la courbe.
        En revanche, la première expression sociale de l'écologie comme
     mouvement idéologique en voie de constitution se situe à la fin des
     années 60 aux États-Unis avec le grand livre de Rachel Carsons (*Le
     printemps silencieux*) qui soulève un extraordinaire débat, toute une
15   polémique sur le problème des pesticides qui tuent les oiseaux. En
     France, à la toute fin des années 60, deux grandes affaires: le naufrage
     du Torrey Canyon et la défense du parc de la Vanoise jouent le rôle de
     catalyseurs. Dans les années 1972–73, on assiste à une explosion de
     journaux écologistes: *Le Sauvage, La Gueule Ouverte*, plus une infinité de
20   petits journaux. Il faudrait étudier le rôle des journalistes qui forment
     l'Association des journalistes écologistes et qui vont lancer énormément
     de thèmes en partant des poissons qui meurent dans les rivières à cause
     des pesticides. Ils vont embrayer sur la Vanoise, etc. Un vrai groupe de
     pression de journalistes va se créer. Ceux-ci vont faire passer les thèmes
25   de défense de l'environnement dans les journaux de grande diffusion:
     dont *France-soir* en particulier qui va devenir pendant un certain temps
     un journal très 'écolo' ou en tous cas très enclin à défendre les thèmes
     de l'environnement.

L'entrée dans le jeu électoral

30   Mais il faut en réalité distinguer deux phénomènes: l'écologie électorale
     et son évolution depuis 1974 d'une part et le problème de la sympathie
     générale vis-à-vis du mouvement de la nature et de l'environnement
     dans la société d'autre part. Sur le premier point, l'écologie est à son
     maximum en 1978 (200 candidats et 4% des voix où ils se présentent).
35   Dès 1977, dans la banlieue parisienne, il y avait de très jolis scores

d'écologistes alliés avec des centristes, signe qu'il y avait des créneaux aux municipales. L'écologie est en courbe ascendante jusqu'à la fin des années 70. Elle diminue, son point le plus bas est 1986, puis remonte jusqu'aux européennes de 1989.

40   En ce qui concerne le second point, on observe qu'un très vaste mouvement de soutien à l'écologie environnementale éclôt au début des années 70 avant que la crise économique ne s'enracine. Jusque vers le milieu des années 70, le problème de la crise économique n'est pas dominant. Mais dès ce moment, les thèmes dominants deviennent

45   le chômage et les problèmes économiques. C'est la fin du thème de 'la croissance zéro' et les réflexions du Club de Rome rencontrent un moindre écho. A partir de 1988, dès l'élection présidentielle, il y a un desserrement de l'emprise de la crise économique et les retombées des deux ou trois catastrophes écologistes de l'année précédente: phoques

50   de la mer du Nord, marée noire en Alaska et problème de la couche d'ozone. Dans le même temps s'est opéré le passage de la pression locale au travers d'associations – c'est-à-dire l'écologie environnementale agissant comme syndicat de défense de la nature, mouvement complètement éclaté qui réagit ici et là à tel barrage, à tel problème de

55   pollution locale – à un mouvement qui s'exprime au niveau national, voire qui brigue des sièges aux élections. Les écologistes ne s'en sont, je crois, même pas rendu compte.

Le bon usage des élections a posé et continue de poser de nombreux problèmes au mouvement des Verts. Pourquoi se présenter à une

60   élection; ou, compte tenu de la variété des types d'élections en France, à celle-ci plutôt qu'à celle-là? Il y a bien entendu une fonction de témoignage ou d'expression: une fois franchis les obstacles à la candidature, le fait d'être candidat à l'élection présidentielle offre évidemment une occasion extraordinaire pour un mouvement naissant de s'exprimer

65   nationalement. Mais encore faut-il que le score finalement obtenu ne soit pas trop minime comparé aux autres. De ce point de vue, la présentation parfois massive de candidats aux élections législatives a peut-être constitué une mauvaise stratégie pour les Verts: au lendemain d'une élection législative, les scores sont comptabilisés sur l'ensemble

70   des circonscriptions et les résultats obtenus par ceux qui se présentent dans une partie des circonscriptions paraissent bien modestes.

La promotion de thèmes porteurs

Le discours écologiste représente un syncrétisme assez étonnant d'une série de valeurs. Dans l'idéologie écologiste, dès que l'on va creuser un

75   peu les textes, dans les années 50, quand commencent à exister des mouvements naturistes en France, on trouve plein d'origines bizarres: certains courants humanistes, des mouvements très conservateurs

comme 'Nature et progrès', des mouvements plutôt 'neutres' comme les
pêcheurs à la ligne et des mouvements anti-nucléaires ou pacifistes.
80 Mais il faut surtout distinguer entre le niveau de la production idéologique et celui des attitudes des électeurs et des adhérents. Dans
l'enquête que nous venons d'achever sur les élus par exemple, la
question: 'Est-ce que vous vous rattachez à un courant de pensée?' a
été posée et elle ne donne pas de très bon résultats. On trouve très peu
85 de citations d'anarchisme et une ou deux fois apparaît l'anthroposophie.
A la question:'Quels sont les livres qui ont été fondamentaux pour
votre formation personnelle?', les réponses sont très éclatées, à l'exception des livres de René Dumont (sur cent cinquante cas, une vingtaine
fait référence à Dumont). C'est l'ancêtre symbolique. Il a l'avantage
90 d'être un peu syncrétique lui aussi, à la fois extrême gauche et tiers-
mondiste.

Le succès du thème de l'environnement a été jusqu'à présent lié à la
conjoncture économique. Mais de toutes façons, l'environnement est
un thème porteur pour les médias, car il apparaît très spectaculaire et
95 très consensuel. A la rentrée, lorsqu'il n'y a rien à dire, les journalistes
peuvent sortir des papiers sur l'environnement. Il est plus difficile de
vendre l'intégration des musulmans que de vendre la mort des poissons
dans les rivières. Le thème n'est pas aussi chaud que l'immigration, car
c'est un problème idéologiquement moins tranché. Mais les partis
100 commencent à s'en préoccuper sérieusement, le PS en particulier, qui
perd des électeurs surtout depuis les européennes. Dans les colloques
'Écologie et politique', on commence à envoyer les membres du gouvernement pour qu'ils se recyclent un peu.

En ce qui concerne plus précisément le thème nucléaire, il est, je
105 crois, faux de dire: 'Le mouvement des Verts a réussi en Allemagne
alors que les Verts en France ont été mauvais, ils n'ont pas réussi'. Je
ne crois pas qu'il faille regarder du côté des acteurs, des militants mais
plutôt de l'adversaire qu'ils ont eu en face d'eux. EDF a été beaucoup
plus fort que l'adversaire qu'ont eu les écolos en Allemagne. Dans le
110 cas français, cette organisation est partie intégrante de l'État, elle met
plus ou moins à sa disposition la puissance publique dans un système
centralisé. Ce n'est pas du tout un problème de compétence des militants
locaux. Ils ont fait beaucoup de procès, mais devant les tribunaux
administratifs, lents à réagir, et peu enclins à s'opposer à la puissance
115 publique que représente en fait EDF.

L'apprentissage des règles du jeu politique

Waechter joue tout à fait, lui, le jeu politique légitime dans la ligne
d'un parti politique normal. D'où, par exemple, 'l'Heure de vérité' où il
se présente comme quelqu'un qui sait parler de tout comme un profes-

120 sionnel de la politique. Je ne suis pas du tout sûr que ce soit admis par
l'ensemble des militants du mouvement écologiste. Des problèmes vont
se poser à terme: quand il y aura des élections, quand il y aura des
alliances, quand il y aura des phénomènes de glissement entre ce que
dira Waechter à propos des alliances – pour l'instant on ne parle pas des
125 alliances, personne à l'Assemblée générale des Verts ne dit qu'il faut
s'allier avec les socialistes – mais si l'on décode bien ce qui est dit,
certains y sont plus favorables. Pour le moment, Waechter fait une
bonne synthèse entre la part 'associatif environnemental' des écologistes
(il vient du côté 'écologie' et pas 'écologisme') et il semble moins
130 médiatique que Lalonde: il ne faisait pas trop peur à l'intérieur du
mouvement jusqu'à maintenant ... Il est un bon leader parce qu'il
réunissait d'une part la qualité d'être apparemment issu du mouvement
environnemental qui convient aux écologistes de base et d'autre part
d'avoir su se transformer progressivement en leader médiatique pas
135 trop malhabile, capable de passer à la télévision, d'aller à 'l'Heure de
vérité' et de répondre à tout. Mais avec toutes les contradictions
qu'aurait n'importe quel leader écologiste, c'est-à-dire qu'au bout d'un
moment il devient un leader; il a du pouvoir, il parle pour les autres, il
n'est plus seulement porte-parole.

140 De ce point de vue, le Front national a moins de problèmes que les
écologistes. Le passage par la sphère médiatique exige que l'on dispose
d'un véritable représentant. Or, un leader pour les écologistes c'est
toujours un porte-parole et il en faut plusieurs si possible. Ce n'est
évidemment pas comme cela que ça se pose au FN. Et, à mon avis,
145 c'est l'explication de l'éviction de Lalonde.

L'invention d'un militant écologiste

Si les adhérents écologistes ont difficilement accepté les règles du jeu
politique, certains d'entre eux bénéficiaient cependant d'un réel métier
politique. Ils avaient, en tout cas, un savoir-faire associatif. Dans une
150 association on acquiert un savoir-faire. On apprend à parler, à déléguer,
à faire une commission, en bref, on est formé au métier politique.
Même dans une association de défense très locale, on apprend très vite.
J'avais été stupéfait un jour de voir l'apprentissage d'un agriculteur
suppléant d'un candidat écologiste. C'était un homme qui s'exprimait
155 extrêmement mal. Je l'ai vu deux ans après, deux ans de métier
politique après, transformé. Il avait été désigné par le candidat écologiste
comme président d'une association défendant le domaine de l'environnement. Ceux qui viennent de l'extrême gauche arrivent, pour leur part,
avec un savoir, des pratiques politiques mieux rodées, mais il faudrait
160 voir dans quelles mesures ils arriveront réellement à investir les structures de pouvoir dans le parti Vert.

Mais le militantisme politique, c'est peut-être d'abord des pratiques écologistes. L'écologie suppose une morale privée. C'est la seule idéologie politique qui impose une morale privée, un système où on peut changer les choses sur place, dans son foyer. Lorsqu'on est un militant écologiste, on doit en même temps changer chez soi. Il y a des pratiques physiques, peut-être même une morale dans les relations avec les gens qui vous entourent. En tout cas sûrement dans des pratiques de consommation, il y a une espèce de morale, un civisme qui fait que l'on consomme certains produits et pas d'autres. Dans l'enquête sur les élus, sur 150 réponses, au moins 90% des enveloppes utilisées étaient sur papier recyclé. Cela prouve que ce sont vraiment des pratiques sociales.

Un militant écologiste se caractérise par des pratiques alimentaires, des pratiques de santé: médecine douce, homéopathie, usage limité si possible de la voiture. Dans une partie du mouvement écologiste, ces pratiques ne se réalisent plus seulement au niveau individuel mais dans les entreprises. Ce sont les entreprises qui se sont créées dans les années 70 de promotion de telle technique d'énergie éolienne, très souvent sous forme coopérative. Je passe sous silence les agrobios. Cela va au delà de la morale individuelle, puisqu'ils ont essayé de déborder la société par des entreprises qui étaient destinées à investir le marché des biens. C'est assez original. Il y a aussi ici un parallèle avec le socialisme du type développement de coopératives. Je crois qu'il y avait aussi d'ailleurs dans le socialisme, dans l'anarchisme surtout, une morale individuelle privée et quotidienne.

Il est très original de noter que ce mouvement suppose une morale individuelle qui se réalise sur place. Cela l'apparente à une religion sous certains aspects. Mais ce n'est pas sans exemple dans le début du mouvement socialiste. Le marxisme a supprimé, en partie, cela. Toute énergie est produite de façon à transformer sur un plan politique l'ensemble de la société. Un militant politique doit gérer cette contradiction: 'Est-ce que, cet autre monde, je le réalise deux fois par semaine dans ma cellule ou est-ce que je le fabrique tout de suite chez moi?' C'est une question que se posent beaucoup les écologistes sous cette forme: 'Je dois consommer de cette façon parce que ma contribution infinitésimale à la pollution de la nature a son importance'. Le problème plus large de l'essor du marché des produits dits naturels dépasse largement la question de l'écologie. Dans les années 30, il existait une publicité pour du beurre dont l'argument de vente était qu'il était fabriqué dans une usine! Aujourd'hui l'image de la vache terreuse avec la laitière malpropre qui porte un pot en terre douteux est un argument de vente. C'est le problème de la gestion de la nature et de l'artifice dans la représentation sociale.

(Daniel Boy, *Politix*, No. 9, 1990, pp. 15–18.)

Exercices

Lexique

Expliquez les mots et expressions suivants:

les partielles (1.4)   briguer un siège (1.56)
le groupe de pression (ll.23–24)   · la circonscription (1.70)
un créneau (1.36)   le phénomène de glissement (1.123)
la retombée (1.48)   la médecine douce (1.174)
la marée noire (1.50)   l'énergie éolienne (1.178)

Grammaire et stylistique

(a)   Qual effet l'auteur cherche-t-il en écrivant au temps présent?

Compréhension

(a)   Qu'est-ce que 'l'Heure de vérité' (1.118)?
(b)   Quelle différence faites-vous entre 'écologie' et 'écologisme' (1.129)?
(c)   Expliquez l'avantage du Front national dont il est question à la ligne
       140. Cet avantage peut-il être aussi une faiblesse?
(d)   'C'est la seule idéologie politique qui impose une morale privée, un
       système où on peut changer les choses sur place, dans son foyer'
       (ll.163–165). Expliquez et discutez.

Questions orales ou écrites

(a)   L'écologie peut-elle être un parti?
(b)   'C'est le problème de la gestion de la nature et de l'artifice dans la
       représentation sociale' (ll.201–202). Que veut dire l'auteur? Etes-vous
       d'accord avec lui?

Text 1.25

Quatre Changements politiques depuis 1958

1. L'effondrement du Parti communiste.

Pour l'analyste électoral habitué à décrire le phénomène comme immuable, l'effondrement du PC au cours de ces dix dernières années est sans aucun doute l'événement le plus marquant. Fixé à plus de 25% au lendemain de la Libération, le PC avait certes subi un fort recul au moment du retour au pouvoir du général de Gaulle mais il s'était depuis lors maintenu légèrement au-dessus des 20% paraissant inexpugnable sur ses positions. Or à partir de l'élection présidentielle de 1981, il entre dans une phase de reculs en cascade: 15,5% en avril 1981, 11,2% aux européennes de 1984, 9,7% aux législatives de 1986, 6,8% à la présidentielle de 1988 partiellement compensé par une remontée à 11,1% aux législatives du mois de juin.

Ce recul touche tous les éléments de la puissance communiste, réduisant sa représentation parlementaire de 86 députés en 1978 à 27 en 1988, le nombre de ses maires dans les communes de plus de 30 000 habitants de 72 en 1977 à 51 après les élections de 1983 et les nombreuses annulations pour fraude électorale, et enfin le nombre de ses conseillers généraux, de 477 après les renouvellements de 1976 et 1979 à 315 après ceux de 1985 et 1988. Le communisme est également touché au cœur de sa sociologie. Il y a dix ans, aux législatives de 1978, le PC dominait le vote ouvrier: 37% des voix en sa faveur, 26% pour le PS-MRG. Et il se plaçait également en tête pour le vote des jeunes électeurs: 28% des voix parmi les 18–24 ans. Aux législatives de 1988, il ne recueille plus que 16% des voix ouvrières – la baisse y est de 21 points contre une baisse globale de 10 points – et il se situe à 10% des suffrages parmi les 18–24 ans. Le recul communiste est spectaculaire à la fois comme force politique et comme phénomène sociologique.

2. La percée du Parti socialiste.

Tout naturellement, le deuxième bouleversement est la progression du PS. Au déclin régulier de la SFIO sous la IVe République, à l'éparpillement et à la faiblesse de la gauche non communiste (selon l'expression consacrée dont la tournure négative était tout un symbole) a succédé

au début des années 70 un grand Parti socialiste réussissant dans un
premier temps à conquérir un large terrain au centre puis dans un
35   second à affaiblir le Parti communiste. Le PS a en effet réussi à
s'étendre sur ses deux ailes. En termes de classes sociales, il recueillait
en 1978 26% des voix ouvrières et 15% chez les cadres supérieurs et
professions libérales. Dix ans plus tard, il y obtient respectivement 43%
et 39%. Et, selon les familles politiques de la SOFRES, il est passé dans le
40   même laps de temps de 23% à 48% à l'extrême-gauche et de 19% à
31% au centre.

Désormais le Parti socialiste est installé comme le premier parti de
France, loin devant les autres. Aux législatives de 1981, il obtenait
37,8% des suffrages exprimés. Prodigieux gain de 13 points en trois
45   ans qui paraissait lié à la victoire de François Mitterrand et sans
lendemain. Mais pour être très élevée cette montée annonçait bien un
changement de seuil. Aux législatives de 1986, marquées par un très
mauvais score de la gauche, le PS frôlait quand même les 32% et en
1988, après la nouvelle victoire de son inspirateur, il recueille à
50   nouveau plus de 37% des suffrages. Dans la Ve République, cette
position dominante du PS lui confère de grands avantages. Il est à
gauche le seul parti à vocation gouvernementale et en présidentielle
son candidat est assuré avant même de combattre de se qualifier pour
le second tour, ce qui lui permet de mener une campagne de
55   rassemblement.

3. La disparition du gaullisme comme force autonome.

Il y a vingt ans, le gaullisme occupait dans notre vie politique la
position de parti dominant, frôlant à lui seul la majorité absolue des
sièges en 1962 et la dépassant en 1968. Georges Pompidou succédait
60   aisément au général de Gaulle et le pouvoir paraissait promis pour
trente ans. Or, à partir de 1973, le poids du gaullisme dans le total des
voix de droite et du centre devient minoritaire et il le restera sans
discontinuer jusqu'en 1988 (Tableau 1). A partir de 1973, les gaullistes
laissent une large place aux républicains indépendants et aux centristes
65   et ils se diluent dans la droite. A l'élection présidentielle de 1974, ils
subissent de plein fouet leur échec mais échappent à l'écrasement
comme au ralliement et entrent dans une phase de concurrence aiguë
avec le giscardisme. Dans les années 80 où le RPR, héritier du gaullisme,
pouvait reconquérir le leadership à droite, il doit subir la double
70   concurrence de l'UDF et du Front national. Si elle n'empêche pas
Jacques Chirac de se placer en tête de la droite à la présidentielle, elle
limite son score du premier tour à moins de 20% et ruine ses chances
de victoire au second.

En réalité, il convient de parler de disparition du gaullisme comme

Tableau 1. Le poids du gaullisme électoral dans le total des voix de la droite et du centre (en %)

(1er tour des élections)

Législatives 1962	57,7	Législatives 1978	48,1
Présidentielle 1965	65,7	Présidentielle 1981	43,0
Législatives 1967	56,9	Législatives 1981	49,2
Législatives 1968	64,5	Législatives 1986	—
Présidentielle 1969	65,2	Présidentielle 1988	38,9
Législatives 1973	45,5	Législatives 1988	38,1
Présidentielle 1974	27,7		

75   force électorale autonome au profit d'un bloc conservateur imparfaitement uni. Le phénomène était amorcé dès l'élection présidentielle de
1969 où Georges Pompidou, tout en maintenant à la décimale près le
score du général de Gaulle en 1965, perdait une large part de l'électorat
populaire qui donnait au gaullisme son originalité et assurait sa force.
80   Si l'on compare la structure des électorats de de Gaulle et Pompidou en
1965 et 1969, on relève une perte de 10 points en milieu ouvrier
compensée par une forte progression chez les cadres supérieurs et les
agriculteurs. Il est déjà loin le temps où François Goguel pouvait parler
des 'trois millions d'électeurs de gauche' qui, le 19 décembre 1965,
85   s'étaient prononcés pour le général de Gaulle.

4. *D'un système à l'autre.*

Au plan électoral, la mutation principale intervient au début des
années 70. Dans cette période, le système bipolaire organisé jusque-là
autour de l'affrontement gaullisme/communisme cède la place à un
90   affrontement droite/Parti socialiste. Changement capital qui ouvre la
voie à l'alternance. Au préalable en effet, coexistaient la puissance du
gaullisme interclassiste, le maintien d'un centre éventuelle bouée de
secours, et le 'verrou' communiste. Première force à gauche, le PC
disposait dans la coalition d'un poids qui dissuadait une fraction décisive
95   de l'électorat jusque dans les rangs socialistes.
Au fil des années 70, ces différents éléments ont progressivement
disparu. Le gaullisme a perdu sa position dominante sans que la relève
l'emporte vraiment; faute de règles du jeu la droite s'est installée
durablement dans la division. De ce point de vue la non-dissolution et
100   la non-réorganisation de la majorité par M. Giscard d'Estaing après son
élection en 1974 apparaît rétrospectivement comme un tournant stratégique comparable en importance à la réorganisation de la gauche avec
le Congrès d'Épinay et la candidature unique de M. Mitterrand. Le PC,

Tableau 2. Le poids du Parti communiste dans la gauche
(Élections législatives)

	Pourcentage du PC dans le total gauche au 1er tour	Pourcentage de candidats PC représentant la gauche au 2e tour
1962	50,0	59,1
1967	51,6	47,2
1968	49,4	50,6
1973	46,7	42,9
1978	41,7	34,9
1981	29,0	11,6
1986	22,0	—
1988	23,0	6,0

enfin, perd sa primauté au sein de la gauche (Tableau 2). Son pourcent-
105 age au sein de la coalition baisse à partir de 1968 et dix ans plus tard,
pour la première fois depuis 1936, le PS le devance à lui seul. Dans les
scrutins de ballottage, les candidats du PC sont de moins en moins
souvent les représentants de la gauche. Sur tous ces plans, l'élection
de M. Mitterrand en 1981 constitue un accélérateur supplémentaire
110 qu'aucun événement depuis lors n'est venu remettre en cause.
(Jérôme Jaffré, 'Trente années de changement électoral', *Pouvoirs*,
No 49, Presses Universitaires de France, 1989, pp. 16–19.)

Exercices

Lexique

Expliquez les mots et expressions suivants:

des reculs en cascade (1.8)
le PS-MRG (1.21)
la percée (1.28)
la SFIO (1.30)
la SOFRES (1.39)
un laps de temps (1.40)
le gain (1.44)

sans lendemain (ll.45–46)
frôler (1.48)
se diluer (1.65)
de plein fouet (1.66)
le ralliement (1.67)
la primauté (1.104)

Grammaire et stylistique

(a)   Justifiez chacune des 11 utilisations de 'de' dans la phrase des lignes
12–18.

(b)   'Pour être très élevée ...' (l.46): expliquez bien le sens de l'expression. Faites des phrases sur ce modèle. Trouvez d'autres expressions marquant la concession en français.

(c)   Justifiez l'usage de l'imparfait dans les lignes 59–61. On s'attendrait plutôt au passé composé: quel est l'effet de l'imparfait?

Compréhension

(a)   Résumez les phases du déclin du Parti communiste français.

(b)   Expliquez en quoi la tournure négative 'la gauche non communiste' 'était tout un symbole' (ll.31–32).

(c)   Exprimez en une phrase vos conclusions sur chacun des tableaux présentés.

(d)   Que comprenez-vous par l'expression un 'verrou communiste' (l.93)? Précisez le ton de la formule.

Questions orales ou écrites

(a)   Dans quelle mesure les trois premiers changements politiques décrits (effondrement du PCF, percée du PS et disparition du gaullisme comme force autonome) sont-ils interdépendants?

(b)   Trouvez les résultats électoraux depuis 1988 correspondant aux deux tableaux du texte et commentez l'évolution politique depuis 1988.

Text 1.26

Les trois Avertissements de 1988

1   En 1988, la société politique française a enregistré coup sur coup trois alertes sérieuses.

  Le 24 avril, le premier tour de l'élection présidentielle, l'élection reine, a librement accordé 14,4% des suffrages – près de quatre millions
5   quatre cent mille voix – à Jean-Marie Le Pen, le président du Front national. L'Hexagone est ainsi devenu la démocratie occidentale la plus accueillante à l'extrême droite. Premier avertissement qui a impressionné et souvent ébahi les Français, déconcerté et toujours choqué à l'étranger où l'événement a fait grand bruit.

10   Le 5 juin, au soir du premier tour des élections législatives décidées par François Mitterrand dans la foulée de son ample réélection, un taux d'abstention phénoménal – 34,3% des électeurs inscrits – fut enregistré. Jamais, depuis d'un siècle, un tel pourcentage de citoyens français n'avait ainsi dédaigné les urnes. Jamais depuis que le suffrage universel
15   s'exprime sans contraintes, dans ce pays qui s'enorgueillit d'en avoir été le pionnier, pareille indifférence ou pareil désengagement n'était apparu. Treize millions d'électeurs n'ont pas condescendu à se déplacer pour choisir un bulletin dans l'isoloir. Le parti des abstentionnistes est ainsi devenu le premier parti de France. Deuxième alerte.

20   Le 12 juin enfin, au soir du second tour des élections législatives, il fallut attendre tard dans la nuit pour constater que, pour la première fois sous la Vᵉ République, aucune majorité parlementaire absolue ne se dégageait du scrutin. La loi électorale majoritaire n'était pas parvenue à remplir son office. Si la droite modérée avait perdu la courte
25   majorité qu'elle détenait depuis deux ans au Palais-Bourbon, le parti socialiste et ses alliés, quoique en progrès, n'avaient pu arracher qu'une majorité relative. Le RPR et l'UDF avaient été sanctionnés par le suffrage universel, mais la gauche non communiste n'avait pas remporté de victoire complète. La droite de gouvernement subissait une
30   défaite, la gauche de gouvernement éprouvait une déception. Certes, une majorité arithmétique d'union de la gauche existait bien à l'Assemblée nationale, mais politiquement elle n'a pas de sens ni d'ailleurs d'avenir. Les Français avaient en fait exprimé leur mauvaise humeur vis-à-vis de l'ensemble de la classe politique. Un signal d'alarme se
35   déclenchait donc bruyamment pour la troisième fois en moins de deux mois.

  Il n'en fallut pas davantage pour qu'aussitôt triomphe le mythe de la

société civile et que soit sonné à pleins poumons l'hallali de la société
politique. La propension comique des états-majors à feindre d'oublier la
40 triple admonestation des Français n'arrangeait évidemment rien: les
chefs de partis et leurs entourages, les parlementaires et leurs leaders,
s'efforçant de nier toute crise et de minimiser les changements, en-
tretenaient la rumeur qui les décriait et offraient de superbes cibles à
leurs contempteurs. Un anti-politisme sophistiqué très répandu chez
45 nombre d'intellectuels – philosophes en vue, sociologues en flèche et
économistes à la mode – pouvait ainsi confluer avec la tentation de
l'apolitisme primaire perceptible chez une partie des Français.

Le recrutement par Michel Rocard, hors du champ politique, d'une
escouade de personnalités, aussi médiatiques que symboliques – le Pr
50 Léon Schwarzenberg, bientôt remercié, Alain Decaux, Bernard Kouchner, Roger Fauroux, Brice Lalonde ou Michel Gillibert – semblait leur
donner raison. Trop de souffrances et trop de déceptions, trop de
ressentiments et trop d'angoisses accumulés en quinze ans de dérègle-
ments économiques brutaux et de bouleversements éthiques accélérés
55 finissaient ainsi par mettre en accusation la société politique tout
entière. La dernière idée neuve opposait donc la société civile – c'est-à-
dire le champ économique, social et culturel – moderne par principe,
ouverte, imaginative et souple par droit de naissance, à la société
politique, simultanément taxée d'archaïsme, de frivolité et d'impuis-
60 sance. La France, ce vieux royaume de la politique, cette nation si
friande de rhétorique idéologique, si rompue aux jeux et aux ruses du
pouvoir, si familière du théâtre électoral et de la comédie parlementaire,
la France tendait en cette saison une oreille complaisante en direction
des procureurs et des bateleurs.

65 Et cependant la société politique française n'a peut-être jamais moins
mérité qu'aujourd'hui les reproches qui lui sont adressés et les excom-
munications dont on la menace. Elle traverse une crise, c'est un fait: la
résurgence de l'extrême droite, le désastre civique que constitue le taux
de participation du 5 juin sanctionnent un malaise, des impasses et des
70 contradictions qui n'ont cessé de croître avec le chômage, la violence,
la peur ou la xénophobie. En tout cela, la société politique est d'ailleurs,
d'une certaine manière, la victime des échecs de la société civile dont
elle est la caricature autant que la suzeraine.

On n'a pas assez relevé cette singularité de la Ve République: depuis
75 1958, le régime est doté d'institutions stables et efficaces – encore que
perfectibles – qui se sont imposées au détriment de la société politique.
L'hypertrophie de l'exécutif, l'hégémonie de l'État unitaire et centralisé,
pendant longtemps aussi la toute-puissance du gaullisme, ont canniba-
lisé la société politique. La force de la Constitution gaullienne a entretenu
80 la faiblesse de la société politique; le modernisme déséquilibré des
institutions l'a infantilisée. Le Parlement faisait de la figuration, les

partis toujours déprisés étaient alternativement semoncés et fustigés, les contre-pouvoirs ou les pouvoirs d'équilibre (justice, information, associations, syndicats, institutions régionales et locales) se partageaient
85   les miettes de la démocratie. D'où l'excès des passions, la dramatisation des enjeux, l'irréalisme des débats, le manichéisme ambiant: la société politique était condamnée à la pure théâtralité par la réussite même des institutions gaulliennes. Les Français eux-mêmes ne prenaient plus garde à cette situation si peu ordinaire que les politologues américains
90   l'avaient baptisée: l'exceptionnalisme français.

Il aura donc fallu 1981 et la première présidence de François Mitterrand pour que la société politique hexagonale sorte de l'enfance, 1988 et la seconde présidence de M. Mitterrand pour qu'elle manifeste les signes et les symptômes de l'adolescence. Elle traverse aujourd'hui
95   une crise de puberté mais enfin elle approche de l'âge adulte. En expérimentant l'alternance, en inaugurant une législature entière de pouvoir de gauche, en subissant une alternance inverse en 1986, en découvrant les poisons et les délices de la cohabitation, le premier septennat socialiste aura en quelque sorte servi de transition. Les
100   institutions de la Ve République faisaient la preuve de leur robustesse et de leur souplesse. La société politique se transformait et mûrissait à travers ces expériences.

Le second septennat de François Mitterrand commence par une phase de troubles: l'autorité, la représentativité de la société politique
105   sont contestées. Mais il s'agit d'une crise de modernisation: la société politique devient enfin nubile. De tensions en grincements, de surprises en avertissements, cahin-caha, elle atteint l'âge de la majorité.

D'où l'affleurement de tant de nouveaux signes et de tant de comportements différents. Une nouvelle société politique est en train d'apparaître,
110   de se construire. Elle porte les stigmates d'une période cruelle. Elle innove, elle dérange, elle inquiète. En matière politique comme en d'autres domaines, les Français aiment la nouveauté mais se défient du changement. Ils peuvent au moins constater que les métamorphoses de la société politique se produisent jusqu'ici sans violence et sans crise de
115   régime. Un nouveau type de citoyen est en train de se former. Il entretient avec la société politique des relations plus distantes mais moins candides. Il devient moins crédule vis-à-vis des idéologies mirobolantes, il participe à cette forme de consensus – partiel, bien entendu – qui est la marque des démocraties évoluées. Il ne vit plus la
120   lutte politique comme une guerre de religion, il éprouve moins de colère, il nourrit moins d'espérance, il manifeste une certaine propension à l'ouverture et à l'empirisme. Peut-être invente-t-il sans le savoir une approche neuve de la politique, moins abstraite et moins absolue, moins conflictuelle et moins flamboyante. Les Français sont en somme
125   en train de découvrir le charme discret de la politique relative.

La nouvelle société politique qu'annonce la crise de modernisation de
la France des années 80 ne naît pas sans heurts et sans secousses. Un
univers se décompose lentement: les racines traditionnelles dépérissent;
le parti communiste brûle ses derniers feux, le gaullisme gaullien
130   disparaît de la scène. En regard se produit la résistible et tumultueuse
ascension de Jean-Marie Le Pen. Le régime change de cycle: la République radical-socialiste succède à la République gaullienne. Cette inversion se traduit aussi par une phase de bricolage idéologique et par
l'apparition des maladies infantiles de la communication politique.
135   Mais la composition de la trop homogène, trop conformiste, trop
endogame classe dirigeante hexagonale est à son tour contestée. Les
jeunes messieurs deviennent sujet de controverses. Les axes de la
modernisation politique se précisent à leur tour: les institutions, les
forces, les régions, les mentalités mêmes se modifient. Par-dessus tout,
140   l'Europe devient la gouvernante de ce remodelage de la société politique.
Ces thèmes, ces approches, ces évolutions, ces tâtonnements constituent
la trame des habits neufs de la politique.

(Maurice Duverger, *Les Habits neufs de la politique*,
Flammarion, 1989, pp. 9–14.)

Exercices

Lexique

Expliquez les mots et expressions suivants:

coup sur coup (l.1)   au détriment de (l.76)
l'Hexagone (l.6)   déprisé, semoncé, fustigé (l.82)
le bulletin, un isoloir (l.18)   un enjeu (l.86)
un hallali (l.38) – sonner l'hallali de   le manichéisme (l.86)
  quelque chose   cahin-caha (l.107)
une escouade (l.49)   mirobolant (l.118)
taxé de (l.59)   endogame (l.136)
friand de (l.61)   le tâtonnement (l.141)
rompu à (l.61)   la trame (l.142)
la xénophobie (l.71)
le suzerain, la suzeraine (l.73)

Grammaire et stylistique

(a)   Usage des temps: le début du texte est au passé, la seconde partie
      au présent. Où se fait le changement, exactement? Et quel en est le
      but?

(b)   D'après Duverger, la société politique hexagonale grandit comme une personne. Relevez dans le texte les nombreuses incidences du vocabulaire décrivant le développement humain.

Compréhension

(a)   Quels sont les 'trois avertissements' qu'annonce le titre?

(b)   Michel Rocard a recruté bon nombre de personnalités médiatiques dont la liste est donnée aux lignes 50–51. Précisez les raisons qui ont motivé le choix de l'ancien premier ministre.

(c)   Expliquez l'expression 'exceptionnalisme français' (l.90).

(d)   Quelle est la singularité de la Vᵉ République dont il est question (ll. 74–85)?

(e)   Décrivez le nouveau type de citoyen que Duverger voit émerger en France (ll.115–125). Correspond-il à ce que vous connaissez des Français?

Questions orales ou écrites

(a)   Les 'habits neufs de la politique': précisez-en les couleurs et l'emploi. Pourquoi la France en est-elle venue à les porter?

(b)   D'après Duverger, la société politique française approche de l'âge adulte (l.107). Etes-vous d'accord? Décrivez cet état de maturité politique.

Part II
The French Economy

Introduction

Viewed from abroad, it is easy to give conflicting and somewhat contradictory descriptions of the French economy. On the one hand, France is still seen as a kind of Eden flowing with champagne, cognac and *foie gras*, where markets in small Provençal towns are piled high with bright displays of vegetables and *fruits de mer*. On the other hand, it is also the land of high technology, of the *train à grande vitesse* (TGV), a country in which millions of households are hooked up to electronic communications networks through the interactive *Minitel* system, and where 80 per cent of all electricity is provided by the highest concentration of nuclear plants to be found anywhere in the world.

The main French economic indicators – employment, prices, foreign trade – also give out signals which, at first sight, seem somewhat contradictory. For instance, France began the 1990s with one of the highest rates of unemployment in Europe but, at the same time, it was achieving a respectable rate of growth and one of the lowest rates of inflation among the large industrialized nations, at times even lower than in Germany and Japan. Another surprising feature is that during the 1980s, a period when a socialist president and socialist governments were in power for most of the time, income differentials increased significantly, thus reversing the trend of the three previous decades towards a narrowing of income differentials and more social equality. Despite this, the 1980s were a period of relative social peace, with the lowest number of working days lost through strikes since the Second World War, again contradicting the received idea that French people are especially prone to revolts and protests of one sort or another.

Another baffling characteristic of the French economy is the apparent domination of the public sector (the three technological developments mentioned above were developed and marketed by publicly-owned corporations or utilities), which co-exists with vibrant capitalism (the main French stock exchange, the *Bourse de Paris*, was the fastest growing exchange in the major industrialized nations during the 1980s). Indeed, despite the much-vaunted 'interventionism' of the state, the French public sector is one of the least indebted in the EC.

How can these different facets of the French economy be reconciled? Is it possible to find a common thread uniting the conflicting trends at work in the French economy and the conflicting impressions given by the current situation? Three starting points could be proposed to describe and analyse the manner and pace of the development of the economy of France during the half century since the Second World War:

- The process of modernizing the economy has been conducted so rapidly that a number of tensions, contradictions and problems of adaptation have arisen in a socio-economic structure which had previously been remarkably slow to emerge from its rural habits.
- The process of modernizing the production and trade systems was made possible through the emergence of a relative economic and social consensus regulated by the state. After the Second World War a wide range of regulatory instruments imposed new forms of economic behaviour and new economic structures. However, this model of economic regulation, which was never fully developed, started to present signs of strain after the middle of the 1960s and progressively collapsed during the 1970s and 1980s. This was due to a number of factors which included the impact of the world crisis from 1974 onwards and the inherent tensions it created in the control of capital in the domestic economy and between social groups.
- The process of modernization was also accompanied by the opening up of the French economy to the rest of the world. France after the Second World War was still a nation living in relative economic isolation, mostly trading within its colonial empire across the world. The opening up of the economy after the loss of the empire and the participation in the creation of the European Economic Community in the early 1960s meant that French industries and services had to operate in a wider and more competitive market environment. Not only did this so-called 'contrainte extérieure' create a number of tensions in the economy at large, but it also radically altered and reduced the ability of the state to intervene and regulate the workings of the economic system, since outside trends and events, over which the French government had no control, were now influencing the economy.

These changes have dramatically affected the daily lives of French people over two generations. This obviously concerns their working lives in the first instance. At the end of the 1940s, nearly two-thirds of the working population were employed in agriculture or in industry. Now, two-thirds are employed in services and the overwhelming importance of services such as education, commerce, transport, finance, health and communications, in employment and production, is mirrored by changes in the way people consume and the way they organize their lives outside work. Today around three-quarters of the population live in urban areas (one-fifth of these in the Paris region) and six out of seven are wage-earners as opposed to self-employed workers.

The minimum wage level, at constant prices, increased 3.35 times between 1950 and 1991 and such increases in wage levels and income have also brought new patterns of consumption, while the training and education of the work-force has also improved considerably. There are therefore very great improvements in living standards and in the opportunities offered to most of the population (see Part III).

However, these changes cannot always be seen as positive or entirely painless. Indeed, since the 1950s new and deep tensions have arisen in the socio-economic framework of France, often echoing earlier tensions. Economic development has also been uneven because the process of change has destroyed more traditional sectors as well as the ways of life associated with them, often affecting whole regions, and has forced firms and people out of the market. This has created serious social tensions and conflicts, erupting in some cases in political crisis, often based on corporatist interests. Furthermore, the process of exclusion and destruction associated with the transformations of the French economy was exacerbated by the world economic crisis which occurred from the mid-1970s onwards. Since 1982 unemployment in France has never dropped below two million – more than 9 per cent of the working population. Long-term unemployment is a form of permanent exclusion which has created a new category of poor people and families – hence the newly coined expression 'la nouvelle pauvreté', which mainly affects single parent families, the families of immigrant workers and young unskilled people. Many large companies as well as smaller ones continue to reduce their work-forces in the name of international competitiveness, and many French households either feel excluded from prosperity or experience deep anxiety about an economically uncertain future.

As a consequence of the breakdown of traditional systems and the challenge that has been mounted since the 1970s to the new systems of social and economic regulation created during the thirty years of growth following the Second World War, a heavy toll has been exacted on some parts of society, which are excluded from the mainstream of expansion. This has created the so-called 'société à deux vitesses', more problematical relations between the centres of power and the periphery, between the state apparatus and private capital (deeply intertwined after centuries of direct links and reciprocal influence) and between various forms of business, from the multinational with numerous subsidiaries abroad, to the small family firm.

Such processes are also to be found in other countries. Similar upheavals have affected most fast-changing economies and cultures in Mediterranean Europe such as those in Spain and Italy. Elsewhere, under other guises, other countries have experienced even more radical changes. Japan, for instance, probably has an even more 'schizophrenic' socio-economic structure than France, with even stronger tensions between the new and the old, between the private sphere and the market, between those who are excluded from the growth economy and those who benefit from it. However, as will be seen, the French context is highly original and idiosyncratic.

There are many ways of describing the changes which have affected the

French economy since the early 1970s: modernization, growth in a free market system integrated into the world economy, movement towards an 'advanced' or 'post-industrial' open economy, development of activities based on 'services' or 'information production', shift towards 'post-Fordist' production and regulation systems. But however these changes are described, the roots of many of them are to be found in the production of goods and services.

The first section of this part will examine the ways the French system of production has adapted over the last few decades, in the evolution of the various industrial or service sectors, in the changing composition of the labour force, in the changes in in the characteristics of firms, and in the ways these firms relate to external markets.

In the second section, we shall look at the ways in which the French economy uses the added value obtained from the production system – that is, the ways in which the distribution of income is organized (as well as its redistribution through the tax and national insurance systems). We shall also consider the impact of pricing systems, noting that both before and after the war France had a tendency towards inflation which was only broken in the mid-1980s. Another important element in the allocation of resources is the way in which the country looks to the future through investment in infrastructure, productive equipment and housing, by either saving or borrowing for it, and here the evolution of the French monetary and financial system has been an important factor of change in the France of the 1980s.

The third section will look at one of the peculiarities of the French economy which is that, although firmly entrenched in a market-based capitalist system, the role of the state was central both to the reorganization of the economy in the post-war period and to the constitution of the growth economy in the 1960s. By contrast, since the mid-1970s, the role of the state in the conduct and orientation of the economy has been challenged and has changed rapidly.

Finally, the French economy is obviously facing new challenges within the new European framework, which call into question the present structures, practices and policies within it. They will be examined in the last section of this part. Some conclusions will be drawn as to the possible development of the French economy in the future. One of the most crucial challenges in the construction of some form of new, post-crisis consensus is posed by the need to reduce the social cost of economic efficiency – especially unemployment, which represents a massive waste. The second challenge is to find an equilibrium within the open European market. Will the French economy retain its specific characteristics or will these disappear in a homogeneous European economy? A third matter for reflection concerns the future role of the public sector and public authorities within the EC and a liberalized world economy which is still dominated by very severe inequalities and dependencies, as exemplified by North–South economic relations. Here the French economy, with its privileged and dominating relationships with parts of the Third World (especially in Africa), has an important role to play.

Changes in the System of Production

The production and exchange of goods and services, which constitute the basis of economic life, have been evolving since the Second World War through periods of growth and periods of recession which in France have broadly followed the same patterns as in other industrialized economies in Europe and elsewhere. However, at a more substantive level, the French production system has evolved at its own rhythm. Thus we shall first describe the main stages in the evolution of the French production system since the Second World War, and then go on to analyse the changes in the labour force and in the structure of firms.

From Economic Growth to Crisis

In France, in a way that is more marked than in other European countries, the development of production in terms of volume, value or structure has taken place in two distinct periods which have radically different characteristics. The first extends from immediately after the Second World War (the Reconstruction period) up to 1974. During that time France experienced unprecedented growth, comparable to that of Japan and West Germany. The strength of this trend was due to the accumulation of factors such as the considerable increase in technological developments and productive investments by firms, the improvement of the infrastructure and the growth of housing stock, as well as the increase in the size and qualifications of the work-force, but also (as we shall see in the third section) to the organizing, coordinating and regulating functions and practices of the public sector and government.

The result was a huge transfer of population from rural to urban areas, accompanied by the complete overhaul of the infrastructure, the creation of millions of jobs and a general improvement in standards of living. But it also provoked social tensions in a society which was not, as yet, adapted to new ways of consuming and producing but which ruthlessly excluded the remnants of previous modes of production. The revolt of May 1968 was an illustration of the underlying social problems affecting the system, which had not yet been addressed by the political decision-making process.

Thus when the economic crisis hit France in 1974, new changes in the production system became inevitable, especially because the crisis coincided with the full opening up of the French economy to the rest of the word, and new tensions resulted from the need to improve the competitiveness of France's economy on the European and world markets which were now less and less regulated and therefore less and less predictable. Since the mid-1970s the impact of economic difficulties (including that of the world economic crisis which peaked in 1973–75 and 1980–82) on many French households has been considerable. Even though a great majority of households continue to see their standards of living increase, unemployment has risen rapidly. This division between a better-off majority and a large minority which is either excluded from rising living standards or feels threatened by the uncertainty of its economic position and identity, is at the root of many of the socio-political upheavals experienced in France since the late 1970s.

The Trente glorieuses

At the end of the Second World War, the economic situation of France presented a sorry picture. By the end of the nineteenth century, France was one of the leading economic powers in the world, drawing on its large population, vast agricultural resources and powerful pockets of industry, as well as on its considerable colonial empire, but its economic situation deteriorated considerably between 1920 and 1945. The population was ageing because of the losses of the First World War and the failure of the birthrate to rise, while the lack of investment in plant and equipment made France backward compared with other countries. The destruction of the Second World War and the lack of investment between 1940 and 1945 added their toll. At the Liberation, therefore, France was an inward-looking, still largely rural economy, whose agriculture was traditional and was based on numerous smallholdings, with an outdated industrial sector that had been severely damaged, and relatively limited trade with the outside world, except with its colonial empire within which it was living in semi-autarky.

In view of this, the high rates of growth in the national product in the decades following the Second World War are all the more impressive. The thirty years which followed the Liberation have been dubbed the 'Trente glorieuses', and for good reason. The rate of Gross Domestic Product (GDP)[1] growth was higher than that of West Germany during the 1960s and approached that of Japan. The rate of investment (as a proportion of GDP) was also one of the highest in the world.

The annual growth of French GDP was such that it was multiplied by a factor of three between 1950 and 1975 (at constant prices). The period of fastest growth in GDP occurred during the 1960s and early 1970s: between 1960 and 1973 it was multiplied by 2.1, and GDP per inhabitant grew during the same period by a factor of around 1.8. As illustrated in Figure 2.1, the rate of growth was far higher for all periods compared to the UK, and higher than in West Germany during the 1960s.

Although this growth was spread over every sector of the economy, it was at its fastest in industry, with services progressing at the same rhythm as the whole of the economy. The average rate of growth in the added value of agriculture 'only' averaged 2.5 per cent per year between 1959 and 1973, whereas the rate reached a very high 7.5 per cent in industry (and 9 per cent per year in capital goods such as machinery, cars and other transport equipment). The latter rates show the extent to which the growth of the economy was 'industry-led' during these decades.

Figure 2.1   Comparison of GDP annual growth rates between France, the Federal Republic of Germany and the United Kingdom (per cent, average over each period) 1950–1991

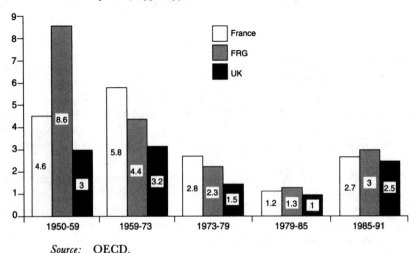

Source: OECD.

The Impact of Investment

There are obviously many reasons why industry led the high growth of the *Trente glorieuses*, but some can be readily identified. A major reason was the pattern and growth of investment after the end of war [see Text 2.1]. Productive investment grew very fast, especially during the 1960s. Most industrial plant at that time was new, since old plant either had been destroyed during the war or was too antiquated to be used (little plant was renewed between the two world wars). This meant that production could incorporate the greatest technical efficiency and use the newest technologies – as well as the most efficient and up-to-date organization of labour.

Investment in construction also played a considerable role in stimulating economic growth. Both housing and infrastructure projects, largely in the public sector, were necessary not only because of the requirements of a population which was shifting from rural to urban areas, but also because of the very poor state of the existing housing stock after the war. There were considerable infrastructure investments in the energy sector (for instance a large number of hydroelectric dams were built at that time), as well as a railway electrification programme and the first motorway scheme which were undertaken in the 1960s. New urban planning also gave considerable scope to the construction industry.

The proportion of domestic resources devoted to investment during these three decades therefore reached high levels, and even increased throughout the period, rising from around 20 per cent of GDP during the 1950s to 23.4 per cent in 1973, growing continuously through the 1960s. A large proportion of this investment was made by the public sector either by government ministries or the nationalized industries.

Labour as a Factor of Growth

Considerable reserves of labour were available: new workers came from rural areas, immigration increased, especially in the 1960s, and women entered employment in greater numbers. The working population grew from 19.4 million in 1954 to more than 22 million in 1975. The growth in employment was a characteristic of the 1960s. Thus, while the number of new people entering the labour market was stable during the 1950s, it increased by more than 290,000 per year between 1962 and 1973.[2]

This labour force was better educated, better trained, and used better equipment. As a consequence, labour productivity improved continuously over the period, so that during the period 1951 to 1973 it increased over the whole economy by 5.2 per cent per year with the rate reaching 5.1 per cent in industry and 6.3 per cent in agriculture.[3]

Another contributory factor was the domestic demand for new household goods (from cars and televisions to bathrooms) which was all the greater because of the low level of equipment before the war.

All these factors and opportunities – high investment rates, the exploitation of new technologies, the larger and better skilled work-force, the growth of demand – would not, of themselves, necessarily have created the conditions for balanced economic growth, especially growth sustained for nearly three decades. Something more was required in order to make them all pull together and to get the different sides of the market and the different factors in the production and distribution system geared to an efficient pattern of growth. In France two elements played a central role. First, the 'Fordist' production system which was instituted in a large part of industry; second, the specific role played by the public sector in coercing, inducing and organizing economic agents and regulating the flows of activity within the market system [see Text 2.2]. These specific elements will be examined and analysed after the second major stage in the development period of the post-war French economy has been described.

The Unfinished Crisis: Disruptions in the Production System

After nearly three decades of solid economic growth and rising incomes, the impact of the two so-called 'oil crises' in 1973–74 and in 1979 was such, in France as elsewhere, that it was seen as the main cause of the economic crisis which followed. It was difficult to understand that the climate of 'stagflation' which affected market economies at that time had deeper roots than a simple increase in oil prices, however great that increase may have been. We will first discuss some of the symptoms of the economic crisis and will then examine some of these deep-rooted problems. Contrary to some other countries such as Japan or the UK, France weathered the impact of the first oil shock quite well. After a small fall in GDP in 1975, growth rates recovered and during the period 1973 to 1979 the annual growth in French GDP reached higher levels than in West Germany, although these levels could not compare with those of the 1960s (see Figure 2.1). But, after 1979, France fared badly, with rates of growth between 1979 and 1985 lower than those of most of its competitors and economic recovery occurring some time later than in these other countries.

As in other industrialized countries, the economic crisis which developed in France in 1973–74 cannot be compared with the Great Depression of the 1930s. It was a slow-down rather than a full slump (characterized by an absolute fall in production), and after 1973 the annual rate of GDP growth was always higher than 1 per cent, except in 1975 and 1983 (see Figure 2.2). Furthermore, it was accompanied by high inflation (which stood at over 10 per cent a year for six years in the decade between 1973 and 1983, and over 13 per cent in three of those years), hence the term 'stagflation' which is used to describe the type of economic crisis which occurred during this period.

Main Indicators of the Economic Crisis

The modest expansion in the second part of the 1980s, which was accompanied by a real fall in inflation levels, was a short respite in a structural crisis which appeared to be affecting all aspects of the system at the beginning of the 1990s. At this stage it is worth comparing some of the main economic indicators for the recent period with those of the three previous decades.

The most remarkable change is that the industrial sector in France is no longer the locomotive of economic growth that it was during the 1960s and early 1970s. The rate of growth in added value from industry fell to 3 per cent a year between 1973 and 1979, and to only 1 per cent a year from 1979 to 1985. During this latter period the construction industry saw its added value fall in absolute terms by 1.4 per cent a year, and the growth rate for the capital goods industry fell to only 0.9 per cent a year, a tenth of its level during the 1960s. At the same time, although services were growing at a slightly faster rate, they were not replacing industry as a force pulling the economy forward.

Figure 2.2 Annual GDP growth and rate of inflation, 1970–1993 (per cent)

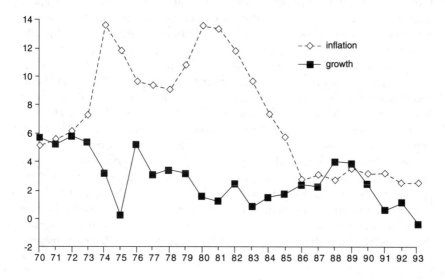

Note: rate of growth of GDP in 'real' terms (deflated). Rate of inflation over the calendar year (this rate is different from the 'sliding rate', from for instance January of Year 0 to January of Year 1). Thus in 1985 the yearly (calendar) rate was 5.8 per cent, and the yearly rate from January 1985 to January 1986 was 4.7 per cent.

Source: Calculated from INSEE, *Annuaire rétrospectif de la France 1948–88*, Table 4 (p. 244) and Table 8 (pp. 289–90); Ministère du Budget, *Notes bleues de Bercy*, various issues.

Another trend, which may provide one of the main explanations for the crisis, has been the slow-down of investment in the economy. Indeed, whereas gross capital investment was higher than 24 per cent of GDP in 1973, it then fell to less than 19 per cent in 1984 before climbing back slightly, reaching 21 per cent in 1990. This fall was particularly important in industry, in which gross capital investment – machine-tools, transport equipment, buildings, research equipment etc. – fell as a proportion of the sector's added value from 22.1 per cent in 1970 to 16.9 per cent in 1985 (between 1980 and 1985, it fell in absolute terms by 2.6 per cent per year at constant prices). The recovery in 1990 to a rate of 19 per cent was still fragile, and industries again reduced their investments in 1991 [see Text 2.3]. Investment in housing construction also fell considerably.

However, an important characteristic of this period is that household consumption continued to increase, at a slower rate than before but still at a higher rate than investment or gross product. Thus between 1970 and 1980 it increased by 3.5 per cent a year, and between 1980 and 1990 it increased by 2.6 per cent a year. Accompanied by the strong domestic inflation referred to above, the increase in domestic consumption was partly fed by imports.

The crisis in industry contributed in large part to the development of unemployment from the early 1970s onwards. Many plants closed down and even those industries which managed to survive, such as the car industry, shed large numbers of jobs, either because of reduced demand or because employers concentrated their investment in labour-saving machinery. However, improvements in labour productivity, which had increased by 5.2 per cent per year between 1951 and 1973, slowed down to 2 per cent per year between 1979 to 1984, and continued to slow down until 1987. All these various factors indicate that two decades of upheaval have completely changed the production system in France, especially in industry. Production methods, the organization of industrial firms, their relation to the market, the forms of competition, have all been challenged and have undergone considerable modifications.

The Emergence of the 'Fordist' Model

Since the 1960s, and especially since the early 1970s, warning signals had indicated that structural problems were beginning to unbalance the institutional and market framework in which the *Trente glorieuses* had developed. These problems were partly those of the international market, such as the crisis in the international monetary system, intense competition and over-capacity in a number of heavy industries all over the industrialized world, and the decline in profitability of industrial assets in a number of countries such as the USA since the mid-1960s. These factors had a greater and greater impact on a French economy which was increasingly integrated into the world economy, and whose trade was shifting away from the ex-colonies (most of which were granted independence by 1960) towards the industrialized world, especially the EC market in which the first six member states abolished duties in 1968.

But other warning signals were specifically related to the evolution of the domestic economy, especially the sphere of the industrial firm. One of the main indicators of a possible dysfunction in the system was that since 1964 there had been a slow-down in the growth in the productivity of capital in industry. Among other factors, this was due to the lack of investment flexibility between sectors, inadequate adaptation to technology and markets, and an insufficient increase in productivity in sectors which were important at the international level. These elements were in part inherent to the mode of development of industry after the war, a mode which a number of analysts have dubbed the 'Fordist' model.

The modernization and technological progress pursued in French industry during the 1950s and with even more vigour during the 1960s were, in fact, made possible through the emergence of a specific type of industrial development model. This was based on investment in large manufacturing units producing for mass-consumption markets. Economies of scale in manufacturing units are accompanied by labour organization techniques which improve labour productivity through an intensification of the use of capital (with shift-work, assembly lines and the so-called 'scientific organization of labour', that is, the strict control of the intensity and duration of labour by individual workers, who are required to perform small, repetitive tasks requiring little professional training). The result was the production of relatively cheap products requiring mass markets.

Another aspect of the same industrial development model was, therefore, that, in order to allow for the mass consumption of newly developed, technological products such as 'white' and 'brown' goods (such as refrigerators and television sets), it was necessary to obtain increases in purchasing power in the domestic economy more or less in line with the growth in output. This in part explains the place of neo-Keynesian models in economic policy at this time, as the management of demand was crucial to the profitability of industrial capital. It also explains the popularity and resilience of political slogans often used at the time, such as 'le partage équitable des fruits de la croissance' (sharing the benefits of economic growth fairly between labour and capital).

The 'Fordist' industrial model as developed in France was not identical to the one that operated, for example, in the USA. For instance there was less reliance in France on automation and assembly lines, but a far more highly developed system of shift working. Typical of such industrial firms were car manufacturers (dominated by Renault, Citroën, Panhard, Simca and Peugeot), the steel industry (de Wendel, Usinor, Lorraine-Escaut), other electrical manufacturers (Compagnie Générale d'Électricité), aluminium (Péchiney and Ugine), aircraft manufacturing (Sud-Aviation, soon to become Aérospatiale), mechanical engineering (the Schneider group), glass and construction materials (St. Gobain). Indeed, France saw industrial output and the labour force increasingly concentrated in large units so that plants employing more than 500 persons accounted for just over 35 per cent of industrial employment in 1960, but around 45 per cent in 1974, when France entered a long period of crisis.

Another specificity of the French 'Fordist' model is the central role played by the state in 'regulating' economic activity. This did not only concern the establishment of the 'rules of the game' in competitive markets. It went further afield, especially but not exclusively into spheres such as income distribution and monetary/financial flows, investment planning (in infrastructure and housing, as well as productive investment), labour markets, and the spatial organization of activities. In a system in which equilibrium depends largely on continued growth in production/investment on the one hand, and on a social consensus guaranteeing the sharing out of the *fruits de la croissance* on the other, there was a need for some form of regulation of companies' gross margins and wages, and of investments and consumption. In France, unlike other market economies, the central role played by the state, as we will see later, was largely rendered necessary by inadequacies in the structure of the economy, and by the legacy of history. But this had little to do with a specific ideology concerning the role of the public sector. Instead, it derived from the traditional pattern of relationships between state power and the market in a country in which the private sector had traditionally been incapable of taking a lead in financial or infrastructural terms. Hence the French pattern of a mixed economy often associated with intermingled public and private interests in the production system.

The Demise of the French Model?

The model for balanced growth developed during the 1950s and 1960s was not only somewhat fragile and rigid, but it was only partly successful in its aims. Three types of pressure on the system can be discerned. First, it imposed considerable socio-economic strains on a society which had to incorporate change too fast. Second, the management structure of industrial firms, in France as in many industrialized countries of the old Europe, was badly prepared for the sort of intense competition that the gradual opening of markets at international level forced upon them from the mid-1960s onwards, and more especially from the mid-1980s onwards. Third, the model in question had inherently unstable features, at an international level as well as in the French domestic economy.

In the late 1960s the French model began to break down, for several reasons. France had lost its colonial empire, while the main foreign markets in Europe, after the complete opening of EC markets in 1968, were highly competitive. At the same time social tensions in France itself reached breaking point. In many firms, 'restructuring' and the continuation of management methods derived from Taylorism alienated many workers. The education system, whose methods and means were not adapted to providing mass education for highly skilled productive workers, broke down, giving rise to the May 1968 movement. Although the economic impact of the *Accords de Grenelle*, ending the 1968 strikes, gave a boost to demand and the economy, it was an early sign that everything was not perfect in the affluent consumer society of the 1960s, and that problems had arisen. Indeed studies carried out several years later in the early 1980s by the Institut national de la statistique et des études économiques (INSEE) revealed that the gross margins of firms had been falling since the mid-1960s, signalling a fall in the rate of return on capital. The crisis really affected France in 1975, a year later than other countries, and its delayed impact was probably due to a series of causes, from the isolation of the French financial system, to specific agreements for oil supplies and to government policies. In fact, the impact of the crisis was greater in France at the beginning of the 1980s, and continued longer than in other leading industrialized economies such as the UK, West Germany or the USA, because the 'adjustment' to the new conditions was delayed by some three years.

As far as manufacturing was concerned, the old system no longer provided the required economies of scale and the increase in labour productivity that the accumulation of capital and the scientific organization of labour had promised. On the contrary, from the mid-1960s onwards, two new trends appeared: on the one hand, the profitability of corporate industrial capital fell, as did the use of productive capacity, while on the other hand, unemployment and inflation began to rise from the end of the 1960s, well before the oil crises. These warning signs only took on their full meaning in the 1980s, when the profit rate of industrial capital became lower than the rate of return on financial investment, and productive investment fell across the economy, especially in industry. In a number of sectors such as steel, shipbuilding, textiles and clothing, the electrical and electronics industries, automobiles and heavy engineering, competition from foreign producers was becoming intense – from shipbuilders in South Korea, from the whole of South-East Asia for textiles, from West Germany for heavy engineering, machine-tools and chemicals, and so on. These were the sectors which had been the most heavily capitalized during the previous decades, and which employed a large number of people in large plants.

Changes in the structure of both domestic and foreign demand and the relative saturation of many domestic markets called for a complete revolution in the organization and management of industry. Basically, the new requirement was for flexibility of both labour and capital in order to be more able to respond quickly to competition, new patterns of demand and technological improvements and trends, and in order to be able to disengage firms from unprofitable activities, and to shed both overcapacity and excess labour. During the late 1970s and the 1980s French managers used the word 'dégraissage' (slimming down) when reducing the work-force, and referred to the 'fermeture des canards boiteux' (closing down lame ducks) for shutting obsolete, unprofitable or unwanted industrial plants [see Text 2.4].

The impact on French industry has been dramatic. Not only did employment in industry fall as a percentage of total employment (see Tables 2.1 and 2.2) but it fell in absolute numbers from 8.3 million persons (including the construction industry and the self-employed) in 1974 to 6.4 million in 1988 – nearly 2 million jobs lost. The losses particularly affected large production units. Indeed, the concentration of activities so characteristic of the previous period was completely reversed. Whereas in 1974 plants with 500 employees or more were employing 43.6 per cent of all wage-earners in industry (including construction), this fell in 1987 to 30.9 per cent, amounting to a fall of just under a million jobs. The absolute number of persons employed in plants with less than 50 employees stayed fairly constant, but their proportion in total employment increased significantly.

Table 2.1. Evolution of added value by sector as percentage of GDP

(% of GDP)	1959	1973	1990
Agriculture	9.7	6.4	3.5
Industry	35.0	41.8	29.6
Services	55.3	51.8	66.9

Source: J.-F. Eck, *Histoire de l'économie française depuis 1945* (A. Colin, 1992).

This was a consequence of the changes in the structure of economic activity described above. Whole industries nearly disappeared (big shipbuilding is now mainly concentrated in one yard) and entire plants closed (Renault for instance was employing more than 30,000 persons in its Billancourt plant near Paris in the early 1960s but the plant closed in 1992). In some cases, whole regions suffered a spate of closures (for instance, the Lorraine region lost most of its steel plants in the 1970s). On the other hand, large firms are still growing in importance; but it is their technical concentration which has decreased. Large firms organize production in smaller units which are more flexible in terms of investment as well as allowing for an intensification of the use of capital and better quality control (the so-called 'zero defect, zero delay, zero stock' management). Greater flexibility is also to be found in the growing importance of sub-contracting, more flexible working conditions, the individualization of wage negotiations, and the reliance on temporary workers rather than the manipulation of numbers in the 'permanent' work-force.

Table 2.2. Evolution of employment by sector (per cent) 1949–1990

	1949	1959	1973	1990
Primary	29.2	22.1	10.9	6.0
Industry	35.0	35.2	37.8	28.6
Services	35.8	42.7	51.3	65.4

Source: J.-F. Eck, *Histoire de l'économie française depuis 1945* (A. Colin, 1992).

There is also a tendency to more frequent and thorough restructuring of capital organizational structure in large firms, which now often switch activities from one product area to another, diversifying their activities away from their first area of specialization. Large industry-based groups, although still undercapitalized compared to their European or North American competitors, are now behaving more like general holding companies, as centres of industrial and financial power.

In production systems, the shift from a mass 'Fordist' model of production to the so-called 'post-Fordist' model has also brought about the near complete abandonment of the previous system whereby government and/or the public sector had a pre-eminent role within the market economy. This reversal of policy is largely due to the difficulties encountered by the government in operating regulatory procedures for money, the financing of the economy, labour markets, income distribution, technological and training policies, and in influencing corporate structures. There are two reasons for this. The first is that the opening of the French economy to the European market and to the rest of the world economy in general made the government's intervention tools inoperative. The second is that the 'Fordist' model itself had failed to protect the basic equilibrium on which it had built the social consensus in France. This consensus was always fragile because of the fast-changing economic conditions for the various social groups and economic centres of power. It was destroyed when the basic equilibrium and the sustained improvements in living standards could no longer be guaranteed. Another role for the government had to be devised, with a different regulatory system. This was largely created by the same socialist government and is described in more detail in the next section [see Texts 2.5, 2.6].

Changing Characteristics of the Work-force

The Growth in the Labour Force

An important aspect of economic growth in the 1960s was the massive labour requirements, in terms of the number of jobs and of skills and productivity. Not only did people change sectors of employment, but non-working people were drafted into employment and large numbers of immigrants were called on to work in France. This was assisted by the rapid increase in the population which grew from 41.5 million at the 1946 census to 56.3 million in 1990. Moreover, demographic trends, the increased employment of women, and the level of immigration during the 1960s, more than compensate for the opposing factors, namely, entry into the labour force at a later age (because of the tremendous expansion in education) and the earlier retirement age [see Text 2.7].

During the 1960s the French economy absorbed some 200,000 new workers per year. Indeed, the return to mainland France of over a million French settlers from Algeria (the 'pieds-noirs') just before Algeria received its independence did not put much strain on the labour market and the supplementary work-force (of perhaps 300,000 persons) was relatively quickly absorbed. However, since the beginning of the period of economic crisis, the potential for job creation has disappeared and a large number of jobs have gone; but the new arrivals on the labour market did not slow down proportionately, despite the nearly total ban on new immigration after 1974 and the imposition of even more stringent restrictions after 1982. Around 160,000 new persons on average entered the labour market each year between 1975 and 1985, with the flow only beginning to decline in 1986. An equivalent number of jobs should have been created every year during this period simply to keep unemployment at the same level, but this was a time during which industry and agriculture were shedding labour as quickly as they could. And although the service sector created a large number of jobs (some 2.8 million extra jobs between 1974 and 1988), this could not both compensate for the 2.7 million jobs lost in the agriculture, industry and construction sectors during the same period, and at the same time provide new jobs for the new arrivals in the work-force. Hence a considerable increase in unemployment, which has become the central question in the French economy.

Figure 2.3   Unemployment in France, 1970–1992.

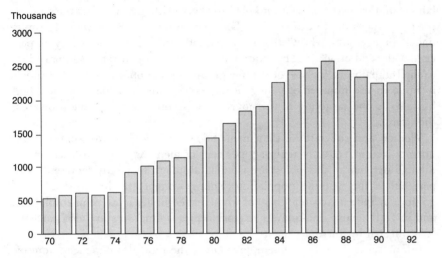

Notes: data from INSEE '*Emploi*' surveys conducted in March of every year (except for 1992: July data). The data is not adjusted for seasonal variations, and unemployment is calculated according to the ILO definition.

Source: Calculated from INSEE, *Annuaire rétrospectif de la France 1944–88*, Table 3 (p. 73); Ministère du Budget, *Notes bleues de Bercy*, various issues.

A Decade with more than Two million Unemployed: Will the 1990s Repeat the 1980s?

During the 1950s and 1960s, the French economy experienced little unemployment – most was due to so-called 'frictional' reasons (people temporarily losing jobs). In 1965, for instance, there were only 250,000 persons unemployed (1.7 per cent of the work-force). The 1980s and early 1990s were very different (see Figure 2.3). In the middle of 1992 unemployment had reached 2.6 million people (or more than 2.9 million according to INSEE figures). The recovery of the economy allowed for some job creation in the late 1980s, and by early 1991 unemployment had fallen to around 2.2 million (some 9 per cent of the working population). But in order simply to maintain unemployment at a steady level, the French economy must still create at least 100,000 jobs every year [see Text 2.8]. After growth had slowed down in 1992, jobs began to disappear, and unemployment rose again, reaching over 3.2 million in July 1993[4] (10.8 per cent of the total active population). The number of long-term jobless (people unemployed for more than a year) was also on the rise again, reaching a third of the total number of unemployed.

As in other countries, unemployment affects some specific groups of the population more than others, especially younger people trying to enter the labour market, women, and unskilled workers. Although it is less the case in the early 1990s than in the early 1980s, there were still 18 per cent of people under the age of 25 who were unemployed in 1991 (as against nearly 25 per cent at the end of 1984). The reduction in unemployment rates is in part due to the reduction in the size of the age group population, as well as the rapid increase in the number of young people continuing into higher education, but also to the targeting of the government's employment policies towards the young.

Women also suffer more than men. Some 12.8 per cent of women were unemployed in 1991, as against 7 per cent of men. As a consequence, more than 56 per cent of the jobless are women, although they only represent 45.8 per cent of the working population. Young women are the worst affected group – in 1984 nearly one-third of women aged under 25 were unemployed, and in 1991 nearly one-quarter (24 per cent). Immigrants are also particularly affected by unemployment.

In one sense, long-term unemployment is the most dramatic symptom of an underlying change in job structures. The traditional employment pattern up to the 1970s was of a large, but shrinking number of self-employed working people (in agriculture, retail and services, crafts), with the increasing number of wage-earners occupying full-time, permanent employment, with relatively little job and geographical mobility. Now, the number of self-employed people has fallen dramatically, and the development of unemployment has been accompanied by new trends in the employment conditions of wage-earners. The economic crisis has allowed the development of 'flexibility' in the labour market with a wide range of differing conditions for labour, from long-term unemployment and total exclusion, at one extreme, to the core of employees with secure long-term jobs, at the other end of the scale, and in the middle short-term contracts, part-time employees (although not as many as in some other countries) and obligatory reductions in hours worked.

In 1992 it was estimated that some 20 per cent of the working population in employment were in positions of that kind and were going from one 'insecure' job to another (i.e. a job not guaranteed by a long-term contract of undetermined duration).[5] In other words, the traditional secure job is something of the past, and between a quarter and a third of the working population is either out of a job or in an uncertain situation. It is hardly surprising in this context that a feeling of despondency about the future can be found in opinion polls on the economic prospects of France, despite the economy's relatively good performance since the late 1980s.

It is not that governments have not attempted to define policies and programmes aimed at reducing unemployment. Apart from specific macro-economic policies aimed at accelerating economic growth, governments also developed, during the 1980s, policies aimed at specific groups of the unemployed, either to exclude them from the working population and therefore from unemployment (this is the case of older unemployed people), or to give them temporary training and temporary jobs (as is the case with younger unemployed people). In 1981 the age of retirement for men was lowered from 65 to 60. In addition, from the mid-1970s onwards, a number of schemes were put together in order to eliminate people aged 55 and over from the unemployment figures: schemes of 'pré-retraites' (early retirement) were introduced in industries with specific modernization problems and in industries which were closing down, such as the steel industry. Such schemes guaranteed an income to people up to the time they reached retirement age and could draw a pension. In 1982–83 this affected more than 250,000 people.

But the most wide-ranging schemes concerned young people. Various public sector temporary 'work experience' and 'youth training' schemes were organized (such as the 'TUC: Travaux d'utilité collective', or community work, and the 'SIVP: Stages d'insertion à la vie professionnelle', or work placement schemes) which benefited up to 1 million people aged 16–25 by 1987. Since then, the scope of these programmes has decreased, with more emphasis being given to skills training (in the 'contrats emploi-formation' for instance) [see Text 2.9]. However, the prospects for a large proportion of young people still consist of a choice between continuing their education as long as possible, unemployment, a short-term work placement, or the so-called 'petits boulots' (little jobs) while finding permanent employment continues to be extremely difficult. The emergence of such a segmented labour market, with an increase in labour 'flexibility', is one of the main problems of the 1990s.

Structure of Jobs: the Decline of Industry and Farming?

As was emphasized earlier, the significance of the different sectors of the economy has shifted dramatically in the last few decades, and that has obviously affected the structure of employment. Whereas agriculture employed some 6 million people in the mid-1950s, including some 1.1 million agricultural workers, the total number had been reduced to just over a million by 1990, with only 100,000 agricultural workers. The fall in employment in agriculture is not something that can be stopped now; indeed, between 1989 and 1990 another 100,000 farmers disappeared. This shift away from agricultural employment played an important part in the rural exodus between the 1950s and the 1970s. Thus the rural population[6] fell from 43 per cent in 1946 to around 19 per cent in the mid-1980s. However, agriculture in many areas has now been marginalized in terms of employment, and rural areas situated on the periphery of large towns are once again seeing their populations grow as commuters colonize these areas.

By contrast, the industrial work-force has followed a completely different path. As noted earlier, the growth pattern of the *Trente glorieuses* was largely industry-based and this was reflected in employment figures. Whereas industry (including the building industries) employed some 6.6 million people in 1954, this number had increased to 8.3 million in 1974 (including nearly 2 million in construction). However, the economic crisis brought about a sudden reversal of this trend, as industry started shedding jobs. More than 1.3 million jobs were lost in manufacturing industry, and some 450,000 in the building industry, between 1974 and 1988. Although some jobs were created in industry in 1989, the 1990s started with a downward trend, with a total of only 6.5 million people employed in the sector in 1990. The prospects for growth of employment in this sector are fairly limited. Indeed, the investment occurring in industry is now mainly oriented towards the introduction of new technology and productivity improvements. Only strong growth in output levels would allow growth in employment and this is why it is expected that the relative significance of services in employment will continue to grow.

In 1990 services occupied nearly 14.2 million people, nearly two-thirds of the total number of jobs in the economy and nearly double the number in 1954 (7.3 million). Although this massive creation of jobs was slowed down by the economic crisis, it was never interrupted by it. However, employment in services is not a homogeneous category, and trends vary from sector to sector.

Characteristics of Work

Changes in the structure of output and employment, in the models of labour management, as well as in the socio-political context, have considerably modified the characteristics of work in French society. Perhaps one of the main changes has been the growing importance of wage-earning employment. In 1954, 34 per cent of jobs were provided through self-employment, but this proportion had fallen to less than 16 per cent by 1990. This was mostly due to the fall in the number of farmers, but other contributory factors have been the reduction in the number of independent shop-keepers and craftsmen. However, the number of self-employed service workers has increased again since the mid-1980s.

Another important characteristic of work is its duration, calculated either as hours per week or weeks per year. Both have shown a marked tendency towards reduction. Although the legal duration of the working week was fixed at 40 hours per week in 1936, the real working week for full-time employees in industry and services has often been higher, because of the widespread practice of overtime. In 1950 industrial workers were putting in some 45.5 hours a week, and white collar workers some 44 hours; these figures increased during the 1960s to more than 46 hours for blue collar workers, but were starting to decrease for white collar workers. However, it was the economic crisis which had the strongest impact on working hours, with weekly hours falling from around 44.5 in 1973 for blue collar workers, the longest hours in the EEC, to less than 41 hours in 1981. The legal length of the working week was lowered to 39 hours in January 1982, but this was, by then, no more than the recognition of an existing trend. By the end of the 1980s both blue and white collar full-time workers were working just under 39 hours a week, which is lower than in the UK, but higher than in Spain and Belgium, and comparable to Germany. Part-time working is developing but it still only affected 11.8 per cent of employees in 1990, and these were overwhelmingly women (24 per cent of female employees). Part-time working is far less highly developed than in many other European countries and some analysts present this as an example of the rigidities of the French labour market. Another factor which has contributed to reducing working time is the extension of paid leave. This first appeared in 1936, and it slowly expanded, reaching 4 weeks in the 1960s and 5 weeks in 1982, with the result that the yearly working time in industry in France had fallen to 1763 hours by 1991, far lower than in Japan (2119) but higher than in Germany (1643).

Another important aspect of working life is the lifetime duration of work. The generation currently in retirement is privileged, as it is a small age group which had the opportunity to benefit from improved financial conditions and a lowering of the age of retirement. However, even before the male retirement age was lowered, a large number of people were taking earlier retirement, either because of their job (teachers and miners, for example, can retire early) or because of pre-retirement pension schemes. As noted before, these kinds of schemes increased in the early 1980s in order to reduce unemployment.

In the future it is not certain that the retirement age will stay as rigidly fixed as it is now because of the changes in the demographic structure of the population (giving an ageing labour force), and also because of the changes in employment conditions. The developing flexibility of working conditions is likely to modify the whole pattern of employment. The development of education and skills training during the 1980s is another indicator of such trends.

In France as elsewhere individuals now have a tendency to postpone their entry into the labour market because of two interconnected factors: the difficulties of finding the first 'real' job (as described above) and the greater number of young people who stay in the education system or in vocational training. The latter represented around 43 per cent of the population aged 16 to 25 in 1990 (as against around 30 per cent in the early 1980s). Another 36 per cent of this age group is in employment (as against 45 per cent in the early 1980s) and 9 per cent are on the dole (with the remainder either doing national service or not working). In addition, it is now more and more common for individuals to undergo periods of training during their working lives and employers are now obliged to finance such training and to provide leave for employees, especially through the 'congés de formation'.

Regional Revolutions: The Geographical Distribution of the French Economy

Throughout the last century there were considerable population movements following changes in the economy. Despite the overall population increase (from 36.5 million in 1851 to 56.3 million in 1990) there has been a shift from regions whose economic base was declining towards other areas with promising development potential, and some regions have suffered heavily in terms of population loss, while others have gained considerably.[7] Other factors have obviously played a part in such movements, but economic factors have been the most relevant.

The changing nature of industry, the importance of the relocation of the working population, the attraction of urban centres and of specific geographical areas (such as Provence-Côte d'Azur) have all led to a complete change in the French economic landcape. Industrial development in France first established a clear division between the old areas of natural resources such as the north and Lorraine, for coal and iron and the steel industry, with textiles in the north and in the Vosges. Thus a large proportion of manufacturing industry was established on the eastern side of a line drawn between Le Havre/Reims/Lyons, with pockets elsewhere (for instance, a number of relatively isolated industrialized towns around and in the Massif Central, such as Le Creusot, Saint Étienne, Clermont-Ferrand, or shipbuilding industries in the main coastal towns). The pre-eminence of Paris as the main French market also helped the development of industry there, and made it the core of service activities. The economic crisis since the mid-1970s has completely changed this map, far more than all the efforts of the successive governments through the policies of regional planning, the so-called 'aménagement du territoire', in the five decades since the war. Central government policies in fact had a strong influence, but more as a corrective and a support than as a means of inducing radical changes.

The traditional industries, such as coal, steel, textiles and shipbuilding, simply could not withstand the crisis and the situation of whole industrial regions, such as the Nord-Pas de Calais (textiles, coal and metallurgy), Lorraine (steel and metallurgy) or old industrial towns (like St Étienne) became terminal. The lack of investment, the competition of foreign industries with recent investment and low production costs, coupled with reduced demand and high production costs and, in some cases, the depletion of natural resources such as iron ore or coal, either brought these industries to their knees or forced thoroughgoing 'restructuring'.

Thus coal mining in the northern region, in the Nord-Pas de Calais, employed 220,000 people in the 1950s – but the last pit closed in 1991. In more modern industries (the car industry, chemicals, household goods) the pressure of international competition and the need to increase productivity and efficiency did not always reduce the size of the work-force. For instance, Renault increased its total work-force from 61,000 in 1960 to 157,400 in 1990, but its principal and oldest factory, at Billancourt in the west of Paris, was closed in 1992, after a steady reduction in employment from nearly 30,000 in the mid-1960s. The phenomenon of 'délocalisation' of production, the transfer of activities to another part of the country, or to another country, is more and more frequent as firms invest in plant and machinery which have a shorter lifespan than previously and are no longer tied to physical resources but rather to mobile networks such as labour skills, transport, markets and communications. The cost and 'flexibility' of labour also plays an important role. Textiles and electronics have been particularly affected by *délocalisation*. For instance, the reduction of employment in clothes manufacturing between 1980 and 1989 is due not only to the fact that the proportion of imports increased but also to the fact that French manufacturers installed plants elsewhere or sub-contracted production to countries such as Portugal or to the Far East in order to reduce costs.

As a consequence, regions with more advanced industries and services have benefited from a concentration of the work-force and wealth – especially the Ile-de-France and Rhône-Alpes and some regional metropolitan centres such as Toulouse and Strasbourg. The western part of France is still largely underindustrialized (although there are some flourishing industries such as the agri-business in Brittany or aerospace in Toulouse). As a result, Normandy and Brittany have twice the proportion of agricultural workers (between 12 and 13 per cent) as the French average of around 6 per cent. Predominantly rural regions with a weak and/or traditional agricultural base, and little industry, such as mountainous areas, parts of the west of France and parts of the Massif Central, were badly hit by the rural exodus and suffered an absolute decline in population numbers. Hence the expression 'Le désert français'.[8]

The main aim of regional planning during the 1960s and 1970s was to combat the effects of this process, with the concomitant loss of local services and the ageing of the dwindling local population. Considerable regulatory, planning and financial efforts were made to entice industries and services away from Paris and the Ile-de-France, to rejuvenate old industrial regions like the north and Lorraine, and to develop underdeveloped regions (such as the Massif Central and Brittany). Considerable efforts were also made to invest in infrastructure, such as motorways, railways, industrial zones, cultural and education facilities and so on, in areas distant from Paris.

Industries wishing to set up in the Paris area were penalized. However, the policy of decentralization was largely a failure, with even the main transport investments adopting the traditional 'star' shape with Paris as the focus.

Even now the Ile-de-France region still plays a comparable role to that of the south-east of England in Great Britain. In 1991, with 2.2 per cent of France's total surface area, it had 18.8 per cent of its total population, with 21.5 per cent of employment and 28.7 per cent of national GDP. Such an unbalanced distribution of population, income and resources results in considerable inequalities between regions. A typical example is unemployment, which is especially high in the south of France (up to 13 per cent in Languedoc-Roussillon or 11 per cent in Provence-Côte d'Azur), but relatively low in other, more privileged, regions (it reached only 5.2 per cent in Alsace, as against a national average of 9.1 per cent in 1990).

More recently new factors and policies have altered some of the past trends. The development of regional urban centres such as Grenoble, Toulouse and Montpellier, as well as the movement of population into rural areas close to large cities (the so-called 'rurban' areas), has been accompanied by government policies concerning decentralization of the public sector, such as the 1982 *loi Defferre* giving new economic powers to the regions and departments alongside their newly found political role, and the 1991 decentralization of a number of public services and bodies. However, this decentralization is much less thoroughgoing than in other countries such as Italy or Germany where much of the public budget is region based. Even new communications infrastructures (such as the TGV) are controversial in the sense that they help to draw people and activities to Paris as well as away from it since the interregional lines are not being developed as fast as the 'star' shaped network. And the growth regions are still the Ile-de-France and Rhône-Alpes [see Text 2.10].

One new issue of regional planning is now that the problem is not so much 'désenclavement' or opening up at national level but rather integration at European level. For instance, there are now two large areas of development in Europe. One is the 'central arc' going from central England through the Netherlands, the Rhine valley and Switzerland down to the north of Italy, which encompasses some of the most dynamic regions of France (especially the Rhône-Alpes region). The other is the 'Mediterranean arc' going from Barcelona or even Seville up to Provence-Côte d'Azur and down to the Rome region through the north of Italy. In this very simplified vision of Europe, most of the Atlantic seaboard as well as the Massif Central are once again excluded from the most dynamic areas of Europe. The significance attached by recent French governments to the development of fast transport infrastructures in these areas is an indication of the seriousness with which the issue is treated.

International Competition: The Opening of the Economy to the Rest of the World

The parameter of economic policy which became more and more important during the 1980s was the significance of international trade and finances in the French economy. If we recall the 1950s we find that at that time France was only importing and exporting around 11 to 15 per cent of its GDP depending on the year (12.8 per cent in 1949, 14.1 per cent in 1950). Furthermore, a third of exports (33 per cent in 1949, and 34 per cent as late as 1958) and a quarter of imports (25 per cent for both years) were coming or going into 'tied' and dependent markets using the franc as currency – namely the colonies, and especially Algeria. In other words, if the economy of France was not autarkic or self-sufficient, it was not far from being so [see Text 2.11].

Since then, two factors have had a crucial influence on the economic system in France. First, the colonies gained their independence (most sub-Saharan African colonies in 1960, and Algeria, the most important in terms of trade, in 1962). Second, France signed the Treaty of Rome in 1957 for the creation of the Common Market in 1958. These events acted as triggers on an economy in which technological change and the increasing diversity of industrial output required an ever-growing internationalization of production. As a result the French economy has become more and more open to the rest of the word.

France is the fourth largest exporter in the world, behind the USA, Japan and Germany, and ahead of the UK and Italy with 6.2 per cent of world export markets in 1990. Total imports of goods into France represented around 22.6 per cent of GDP in 1990. France is now completely dependent on imports from other countries not only to satisfy consumer demand, but also to build up its industries and services (with imports of equipment) and to produce domestic goods (imports of semi-finished products). It is also dependent on foreign markets for outlets, particularly other European countries: in 1992 some 79.5 per cent of French exports were made to Organization for European Cooperation and Development (OECD) countries, 62.7 per cent to EC markets, and 16.8 per cent to Germany, which is France's main economic partner.

During the last two decades international trade has often been seen as a weakness of the French economy. For a long time this trade was in deficit, with particularly large deficits in the early 1980s. In 1982 the deficit reached 136.4 billion francs, or 1.9 per cent of GDP, with imports 20 per cent higher than exports.[9] The reasons for this were the considerable gap in energy trade just after the second oil crisis, and also the sudden surge in household consumption following the government's policy of encouraging growth in demand in 1981/82. The trade deficit disappeared in 1986 when the energy gap was partially eliminated from the end of 1985 onwards, and after the government had implemented a policy of restricting domestic demand after 1983. However, this was a very short respite. A dramatic deficit in industrial products appeared from 1987 onwards [see Text 2.12]. Since at the time the French economy had already improved its price competitiveness (with labour costs and inflation increasing less than in competitor economies), it became clear that French industries were not capable of re-orienting their activities swiftly enough in geographical terms and in terms of product specialization. However, the situation at the start of the 1990s seemed to have improved; the deficit in industrial trade was replaced by a surplus in 1992. Whereas exports paid for only 90 per cent of goods imported in 1990, in 1992 the rate increased to some 103 per cent.

The Use of Resources

One of the most important characteristics of the French economy in the post-war period is the very specific way in which income from economic activity is distributed between economic agents, and redistributed through taxes and social contributions; and in which financial resources are allocated to investment in the economy.

In both cases, the organization of the system and the regulation of its operations largely depended on the role of the state during the period from the war to the mid-1980s, again largely because of the inadequacies and limitations of the French private financial sector in establishing itself as a mechanism for management, by economic agents such as households and companies, of their income and financial resources and requirements.

More recently, the system which was developed during the *Trente glorieuses* has shown signs of strain and the characteristics of income and redistribution, as well as the structure of the financial institutions and markets, have changed dramatically. This section explores the causes and consequences of these changes.

Income Distribution and Redistribution

During the period of uninterrupted growth up to the early 1970s, the average income of French households increased steadily in line with the growth in national output, or even faster. An illustration of this increase is given by the increase in real terms of the minimum wage level (the 'Salaire minimum interprofessionnel garanti' (SMIG) then the 'Salaire minimum interprofessionnel de croissance' (SMIC)) which was multiplied by 3.37 between 1950 and 1991. As indicated later, income increases contributed to the profound changes in patterns of household consumption. Home ownership also increased, alongside a very strong private rented sector and the continued existence of a public housing programme (through the *Sociétés HLM* (Habitation à loyer modéré)).

But another factor also played an important role in modifying socio-economic behaviour: inequalities in income distribution decreased steadily, particularly benefiting low wage-earners and retired people. Within the distribution of gross national income between capital earnings, income from self-employment and wages, the share going to wages increased from 61 per cent to 73 per cent between 1960 and 1980. Within the different groups of wage-earners, there was also a narrowing of differentials from 1969. Between 1970 and 1984 for instance, the proportion of gross wages going to the highest paid tenth in relation to the lowest paid tenth of all wage-earners went from around four to less than three (2.91).

However, one should not conclude that France had become a particularly egalitarian society. Indeed, France in the early 1970s was still more unequal in terms of income distribution, either before or after redistribution by taxes or benefits, than most European countries. Even during the 1950s and 1960s, when the wages' share of gross national income increased considerably, inequalities among wage-earners also increased enormously. The differential between senior management (*cadres supérieurs*) and manual workers increased from a ratio of 3.33 in 1950 to 4.54 in 1967. It was the increases in low wages after May 1968 and the introduction of wage indexation in the 1970s which up to the mid-1980s allowed for a narrowing of wage differentials (in 1990 the differential ratio of senior management to manual workers was only 3.12).

Even more important in improving living conditions is the considerable development and impact of income redistribution through social contributions and benefits, especially old age pensions, family benefits and unemployment benefits. These are very important in society insofar as they guarantee some form of minimum income to households with no other resources. However, their impact on inequality is limited by the fact that national insurance contributions are not progressive and by the fact that, although income tax is progressive, a large proportion of tax revenue in France is derived from indirect taxation which is not progressive either.

The trend towards an increasing share of national income going towards wage-earners and beneficiaries of income redistribution experienced several jolts after the start of the crisis in the mid-1970s. First, the Barre government attempted to reverse the labour/capital relationship in national income distribution by attempting to restore the profit margins of firms through various tax and credit policy measures, without very great effect. Second, the socialist/communist coalition of the first Mauroy government in 1981 attempted to get out of the economic crisis by applying policies aimed at repeating the patterns of the *Trente glorieuses*, in an accelerated fashion. The idea was to 'bring back' economic growth through increases in what was called in the rhetoric of the period 'popular consumption' (i.e. the consumption of lower income groups) and public sector led productive investments. 'Popular consumption' was expected to increase through sizeable increases in minimum wages and social benefits such as pensions and family benefits.

The implementation of this policy did reduce income differentials, through significant increases in the SMIC (which rose by 22 per cent between 1981 and 1982), family allowances, pensions, and so on. However, the result was shortlived. This reflationary 'politique de relance' – which also included other measures such as an expansionist government budget and policies to encourage investments – contributed to inflationary trends, and retail prices increased by nearly 14 per cent in 1981. Furthermore, it isolated the French economy amongst its trading partners, which at the time were all implementing restrictive, anti-inflationary, monetarist policies. As a consequence, the French trade balance went heavily into the red, the country's external debt surged and there were strong speculative pressures on the French franc. This led to a change in the government's economic policy, after some agonizing debates within the ranks of the Socialist Party in 1982 and 1983, which was so brutal and radical that it reversed the income distribution trends of the previous decades.

The new incomes policy put together in 1983 by Pierre Mauroy and Jacques Delors, part of the policy package aimed at curbing inflation and restoring French economic competitiveness in Europe, had ironic results: this was a government committed to reducing income differentials, one of whose most lasting achievements was a widening of these differentials. The first anti-inflation programme was implemented in 1982, in which all wages were frozen for a few months alongside prices [see Text 2.14]. But the 'Delors plan' of 1983 was far more radical in its impact on income distribution, achieving a complete reversal of the trends of the previous three decades, and setting up a new framework for wage negotiations. One of its main features was to break the yearly pattern of wage increases indexed on the previous year's inflation and the growth of productivity, the so-called 'échelle mobile des salaires', whose impact was to reinforce inflation trends whatever their cause. Starting with the public service and public sector employees, the new system aimed at negotiating wage increases on the basis of inflation and productivity improvements expected for the following year – and not the past one (hence its name of 'désindexation'). This way of doing things was also progressively introduced in the private sector branch agreements (the 'conventions collectives').

Thus between 1982 and 1985 several policy measures and new trends slowed down wage increases and increased income differentials. Obviously, the most noticeable effect was the considerable increase in unemployment from 1983 onwards, since the government had abandoned its attempts to protect industrial jobs. This, together with the wage freeze of 1982, the changes in wage negotiations breaking the link between wage increases and past inflation, and the new policy measures aimed at restoring companies' gross earnings and profits (especially after 1984 when the Fabius government took office) as well as restoring the finances of the national health and social benefit systems – all these factors caused wage differentials to increase. Between 1984 and 1988, for instance, the highest 10 per cent of wages rose between 2.91 and 3 times the lowest 10 per cent of wages. Other types of earnings usually associated with the highest income groups (property and capital earnings) also increased far more than average wages during this period, exacerbating income differentials [see Text 2.15].

Therefore, by a curious irony, during the 1980s the long movement towards more egalitarian income distribution (parallel to the extension of wage-earning) was reversed, largely because, from 1983 onwards, the governments of the left had put into practice a new incomes policy and reversed the distribution of national income in favour of capital earnings (whether or not distributed by enterprises). Again, this signalled the end of the model of resource distribution effective since the war, according to which benefits from economic growth were distributed first to consumers [see Text 2.16]. During the second half of the 1970s, the consequences of the Chirac government's anti-recessionary policies had been to increase the share of wages in firms' added value from 64 per cent to around 68 per cent, because of the attempt to maintain the purchasing power of household income despite the lower growth of output and national income. The expansionist policy of 1981–82 increased this share to nearly 69 per cent in 1982. But the change in economic policy started in 1983 has since reversed these trends and exacerbated the effect of reversal. The share of wages in firms' added value effectively decreased to 62 per cent in 1986, and fell to a low of 60 per cent in 1989. Parallel to this decrease, the proportion of firms' gross margins increased from 25 per cent to 26 per cent between 1980 and 1982, to more than 33 per cent in 1987 and 1988.

As a consequence of this change in distribution trends, and also, obviously, of the lower growth rate of the mid-1980s, the living standards of wage-earners fell in 1983–84, and the inequalities between wage-earners increased [see Text 2.17]. The increased number of jobless people also increased income inequalities in the society at large. However, it is important to note that not all social categories have suffered equally – some groups, especially retired people with a 'retraite complémentaire' saw their relative position improve at the time.

Furthermore, it was not only inequalities which increased. New forms of poverty were caused by long-term unemployment and the disintegration of more traditional forms of survival through family support as a result of the increase in the number of households composed of single old people, single parents (mostly women), and so on. Because of the structure of social security in France, which was originally not a universal welfare provision but was basically an insurance linked to the employment of the head of the household, and which was only slowly extended over the years (national unemployment benefits only appeared in 1958), a number of households and individuals have no entitlement to benefits, and slip through the protective welfare net.

Income Redistribution

Another very specific aspect of the structure of income resources in France is the way redistribution is organized through national insurance schemes and the taxation system (VAT and income tax). Contrary to the system used in the UK for instance, social expenditure is not primarily funded through taxation. As a consequence, taxes on income are lower in France than in other countries, especially for people with children. But this is compensated by two other factors: first the high levels of VAT (which have only recently been aligned to average European levels and which up to the mid-1980s included a top rate of 33 per cent); and a national insurance system, which finances unemployment benefits, basic pensions, accident and illness benefits, child benefit and the reimbursement of medical treatment. This is very expensive, for the nation as whole: a large part of these compulsory contributions is paid directly by employers, adding around a third to the cost of labour. Another problem is that this system is relatively non-redistributive and even reinforces inequalities since poorer households contribute a larger proportion of their gross income and receive less in terms of benefits. Again the only exceptions are the pensioners, at least for the time being.

As the population is ageing, and medical consumption is increasing, and as the number of people receiving unemployment benefits is also growing, the financial burden on the national economy of the 'revenus de transfert' (social transfers) and of the health service has also increased. The total funding of the social protection system through contributions represented 19.2 per cent of GDP by 1990, the highest rate in industrialized nations, whereas total taxes (on incomes from capital and labour, and on consumption, throught VAT and other duties) only represented 24.5 per cent, lower than in many industrialized countries. At 5.2 per cent of GDP, income tax is particularly low in France, even lower than Japan and the USA, and five times lower than in Sweden.

The sums redistributed to households represented some 1.5 thousand billion francs in 1990, 34 per cent of the disposable income of all French households. Half of this is made up of pensions, 28 per cent health benefits, 13 per cent family benefits (maternity, child and housing benefits) and 7.3 per cent unemployment benefits.

Considerable problems have been encountered by the system since the 1970s. Each benefit is administered by a different mutualist organization (a 'caisse de sécurité sociale' for instance) in which trade unions, employers' organizations (such as the Conseil national du patronat français (CNPF)), the civil service and sometimes other representative bodies (for instance family organizations) have representatives on the board. Their job is to balance contributions ('cotisations') against benefits ('prestations', 'allocations' or 'remboursements' depending on the type of benefit). Furthermore, some economic sectors or professions, such as the miners, have their own, specific *caisses* as opposed to the 'Régime général' which covers most employees.

Until recently this system of redistribution was not even able to provide insurance for every household. People who, for one reason or another, had fallen through the net and were not insured, did not receive benefits at all. In France, there was no universal 'welfare state' comparable to that of the UK. It was only in 1988 that the idea of a minimum garanteed income was developed. Three years later, in 1991, around 540,000 people received this minimum income (funded from a special earnings-related tax) but only provided they undertook retraining known as 'réinsertion sociale'. However, this programme yielded painfully few positive results, largely because unemployment was still rising.

Other pressing issues will be raised with respect to the social security system over the next few decades. For instance, the main pension scheme (the 'Retraite de base') as well as the occupational pensions schemes ('Retraites complé-mentaires') are organized under a 'redistribution' scheme – that is, at any given time the contributions of people in work are used to finance the pensions of retired people. This can be contrasted with the 'capitalization' system, used for instance in the UK, where the premiums are invested during the working life of the insured person, in order to protect the future value of the pension. The problem with the French system is that it requires either a growing number of employed people financing current pensions, or at least a stable distribution of the population between contributors and pensioners. That has been and is still the case; for instance, during the 1980s, retired households benefited from a considerable increase in real income compared to other sections of the population, such as low income wage-earners [see Text 2.18]. But the expected ageing of the population and the fall in the birth rate has been interpreted by many analysts (especially at the INSEE) as likely to bring about a collapse of the existing system within the first or second decade of the next century. Some analysts now claim that a system based on capitalization would also help to re-establish saving levels and encourage investments. Alternatively, supporters of the current system underline the inherent dangers of alternative systems such as the pension funds of the UK or US type, which not only do not seem to increase levels of long-term savings but rely for their efficiency not on the good health of the economy but on the short-term speculative efficiency of fund managers.

Other problems of the social insurance system in France are related to the high medical expenses of French households, arguably the world's greatest consumers of pills. The ageing of the population, again, will increase the proportion of household consumption which is devoted to health.

These questions will be at the forefront of all the political debates in the near future. The system put together in the 1950s in order to regulate income distribution and therefore the demand on French firms is clearly in trouble. Furthermore, the large increase in social spending during the 1980s, because of the increased needs generated by the economic crisis (larger numbers of unemployed, the increase in early retirement schemes) increased the financial burden on firms of the 'charges sociales' and it is this, rather than the taxation system, which is seen as a brake on cost reduction and the competitiveness of companies.

Consuming and Saving: The End of the old Habits of Thrift?

As household incomes increased, and as socio-economic behaviour changed, there were dramatic modifications in consumption patterns and savings behaviour. Types of consumption changed in ways that are difficult to imagine. For instance, whereas in 1960 nearly half (46 per cent) of average household consumption was devoted solely to food and clothing, the proportion had fallen to just over a quarter (26 per cent) three decades later [see Text 2.19]. Other consumption elements, on the other hand, have seen their share and significance grow – especially housing, transport, health and leisure – and these are expected to absorb an even greater share of disposable income in the future. These trends had a major impact on economic growth during the 1960s, when there was a strong and sudden increase in the acquisition and ownership rate of consumer durables such as cars, washing machines and televisions. However, the role of domestic consumption in long-term economic growth is not as clear now. A level of saturation is being reached for a number of goods, and consumption is not growing as fast as, say, in the 1960s. As in other industrialized countries, the elasticity of expenditure on food and clothing in relation to income is low, and the relative prices of food and clothing are in any case falling. This, together with the fact that the relative prices of services have a tendency to increase because of their high labour content, means there is a tendency for consumption to be directed towards the products of the tertiary sector (leisure, personal services, communications).

Another important aspect of the use of household income is obviously saving patterns, which play a considerable role in supplying resources to the financial circuits of the economy. Here, again, a significant change has occurred. In the 1960s and 1970s, French households were particularly savings-conscious (in 1978 households saved more than 20 per cent of their disposable income). This changed during the 1980s – with a savings ratio which nearly halved to 10.8 per cent in 1987 – and despite a slight increase since has remained below 1970s levels. This change is in part due to increased consumption on credit. France was slower than some other countries in developing modern payment methods (cheques only became a widespread means of payment in the mid-1960s), but more recently credit cards have spread with a vengeance and the indebtedness of households during the 1980s has increased a great deal, with the result that net savings ratios have fallen.

This fall signals a change in economic behaviour which has run in parallel with the revolution in financial circuits and capital markets during the 1980s. The consequence of the combination of these two factors during the 1980s is explored further below. At this stage, suffice it to note that, whereas in the 1970s half of wealth was in property and 30 per cent in short-term deposit accounts (such as the popular 'Caisses d'épargne'), the rest being held in stock and bonds, property only represented 30 per cent of wealth in 1990, with short-term deposits down to 25 per cent, but capital stocks and bonds rising from 20 per cent to 38 per cent, largely because of the explosion of the SICAV (unit trusts).

Therefore, the old, traditional, practices of thrift, which were typical of a France still imbued with rural values and of a financial system which was also very conservative, which were perpetuated in many ways up to the end of the 1970s, have given way to a far more 'dynamic', short-term and open system of financial resource collection. From a quite rigid and restricted pattern of saving products consisting mostly of property and state-guaranteed values (gold, public sector *caisses d'épargne* and government bonds) and very little speculative and productive investment, a new mode has emerged which puts more emphasis on the short term, through consumption and short-term consumption credit, and a vast array of new products. Households are more and more trading their long-term security for maximum short-term financial efficiency, and having increasing recourse to a huge range of new products offered by institutions which are now more competitive, more open and deregulated [see Text 2.20]. As in other areas, France has adopted with a vengeance aspects of the free market behaviour characteristic of other European countries within the framework of the deregulation of the 1980s.

Inflation and Devaluation: The End of the Cycle?

Inflation has been a continued preoccupation in debates over economic policy in France since the First World War. After 1945, France suffered from inflation levels higher than those of the other main industrialized economies, with the result that the franc had to be devalued at regular intervals. It is only since the late 1980s that inflation has been contained at levels no higher than in other major industrialized nations, and indeed lower in the early 1990s. The inflation differential between France and Germany has long been one of the main criteria of economic policy. Whereas it was around 8 per cent in 1980, the policy of the *franc fort* and of *désinflation compétitive* reduced it to nought per cent in 1990 and since then inflation has been 1 to 2 per cent lower than Germany's.

Even during the *Trente glorieuses* some periods were characterized by bouts of high inflation – for instance at the time of the Korean war, in 1952, or during the late 1950s, at the very start of the Fifth Republic, and again in 1963. On each occasion an anti-inflationary plan was put into action, often taking the name of the Finance Minister at the time – the *Plan Meyer* in 1948 which brought to an end the explosive inflation of the post-war period, the *Plan Pinay* in 1952, the *Plan Armand-Rueff* in 1959, the *Plan Giscard* (the future president) in 1963.

There are many reasons why France experienced inflation during this period of growth. The influence of the international markets explains some of the crises, such as the overheating of the world economy after the Korean boom in 1952. Other crises can be explained partly by the destruction of the international monetary system from 1970 onwards which not only made currency movements more frequent and more difficult to control (with an adverse effect on prices of imported and exported goods on the domestic and world markets), but also created the conditions for interest rate wars, with upward pressure for countries such as France. But these reasons are only part of the explanation.

Several major domestic factors which must also be taken into account give a more satisfactory explanation for these phenomena. The first factor is that during the Fourth Republic inflationary pressure was created by the public expenditure deficit, especially at the end of the 1950s when the Algerian war created a huge increase in public expenditure. A second internal factor is that production prices were pushed upwards. For instance, labour requirements were considerable and, even with a growing number of immigrants and women entering the labour market, there was pressure on labour supply. A third reason was that the extension of banking credit, during this period, justified by the high growth in output and investment, easily led to excessive monetary growth in times of sudden and/or unforeseen upsurge in demand.

France's economy, which was relatively isolated from international markets at least up to the mid-1960s, did not necessarily suffer from a certain level of inflation, and could even be said to have benefited from it. Indeed, in a period during which considerable investments were made, inflation reduced the real cost of borrowing. As there was little monetary pressure on interest rates at the time, rates were relatively low, usually little higher than inflation rates – in other words, real interest rates were very low indeed and represented an inducement to investment.[10] Furthermore, a number of financial resources were subsidized by the public sector through the 'prêts à intérêts bonifiés' of the public 'institutions financières spécialisées'.

However, periods of high inflation were another matter. If and when an inflationary spiral threatened to get out of hand, the French government had a vast array of policy tools at its disposal. These ranged from the crudest and most interventionist, such as blocking prices and wages by decree (allowed under an Act of 1945) to budgetary policies (such as increasing taxes in order to reduce household expenditure and demand, and reducing the government budget's deficit) and tools of monetary policy such as credit controls (either through the interest rate or the amount and type of credit created each month), bank regulation (for instance the amount of compulsory reserves that banks had to deposit in the central bank), incomes policies and so on. A number of tools were also used to control flows with the rest of the world. The franc was devalued six times between the end of the Second World War and the end of the 1960s, and exchange controls were frequently imposed [see Text 2.21].

Despite crises such as that of 1958 which had to be dealt with through a strongly deflationary policy, after which the 'nouveau franc' was adopted (worth 100 'old' francs), inflationary pressure in the French economy was not such, therefore, that it prevented the return to expansionist policies, and individuals adapted their behaviour to this [see Text 2.22]. It was only towards the end of the 1960s that the economic system started to lose its capacity to regulate inflation.

Inflation and Stagnation in an Open Economy since the 1970s

The oil crisis, and the indirect impact it had on costs in France, the collapse of the financial and money regulation systems, together with the erosion of firms' incomes, took inflation to levels that had been unknown in France since the early 1950s. In 1974 inflation reached 14 per cent, and in 1980 and 1981 it was around 14 per cent (see Figure 2.2). But this time neither the characteristics of inflation nor the position of France within the world market made it possible to apply the old Keynesian-inspired recipes for stifling inflation. The most obvious characteristic of the inflationary process at the time was that it did not result from a simple overheating in domestic demand and it was accompanied by relatively low growth in the rate of output.

Instead of being the result of increased demand, price increases were very often the result of cost-induced inflation – in the costs either of imported goods (oil, other raw materials, or processed industrialized goods) or of the costs of production in a number of sectors where investment and changes in production methods/technology had not been carried out early enough, so that productivity was increasing slowly. This was particularly the case in traditional industries, with the result that labour costs were high, and they were accused of causing inflation (even though in Germany they were higher without causing inflation).

However, once the prices–wages–profits spiral has begun it is a cumulative phenomenon and inflation can get very high. This was especially true in France where mechanisms in the framework of social regulation helped to stimulate inflation. These mechanisms include the *échelle mobile des salaires* and the automatic indexation of wages on inflation rates which, as was suggested above, were more or less officially accepted in the early 1970s as an intrinsic part of the annual wage round and of incomes policy.

Other elements in the mid-1970s and in the 1980s added to inflationary pressures. Some of these were institutional and structural, such as the fact that public spending is mainly funded through indirect taxes and has direct impact on pricing strategies. There was also a considerable growth in borrowing for housing investment and companies' liquidity requirements (some 25 per cent per year in the early 1970s).

After the middle of the 1970s the French government encountered the problem that inflation patterns ceased to respond to the traditional Keynesian anti-inflationary policies followed since the Second World War. France also experienced stagflation with the conjunction of general inflation in the economy and a very slow growth of GDP (with some growth in sectors such as services held back by a recession in other sectors such as traditional industries like metals, textiles, heavy engineering). Stagflation occurred in an economy which was now open to the world economy and which was far less regulated and controlled than previously. It became impossible to use policy tools which had been appropriate and effective instruments to combat inflation when demand grew too quickly in a relatively closed and heavily regulated economy.

We have already described the failure of the 1981 Mauroy government to beat stagflation through a reflation strategy based on increases in the spending power of low income households, a strategy which only succeeded in stimulating inflation which had already started to rise again in 1979–80. Inflation was accompanied by a high external trade deficit, a loss of confidence in the franc (despite the franc's entry into the Exchange Rate Mechanism (ERM)) and a high level of indebtedness in the French economy. The strategy had to be changed in some way and after bitter disputes within the governing coalition an anti-inflation strategy was implemented in several stages, which in the end resulted in a complete reversal of the 1981 policy of reflation.

Three stages can be distinguished. First, anti-inflationary policies were implemented between 1982 and 1984. The second period, up to 1988, under both conservative and socialist governments, consolidated these policies within a framework of market deregulation. The third period, from 1988 onwards, reinforced anti-inflation policies by making them the centrepiece of government economic strategy, based on the concepts of *désinflation compétitive* and the *franc fort*.

In 1983 the government adopted the so-called *Plan Delors*, from the name of Jacques Delors, at the time finance minister in the Mauroy government. But as early as 1982, confronted with the gravity of the situation, the government had not only devalued the franc for the second time since 1981, and put together a package aimed at reducing demand (particularly through freezing public expenditure) but had also implemented a wage and price freeze in order to break the back of inflation. However, this tough programme had to be reinforced by the more permanent measures of the Delors Plan in 1983 (together with a third currency devaluation). The one which has probably had the most lasting and significant structural effect on the French economy has been the breaking of the link between inflation rates and annual wage rounds, a goal that conservative governments, especially the Barre government of 1976–81, had unsuccessfully tried to achieve in the 1970s. The *désindexation des salaires* first applied in the public sector but spread across the economy and had a great impact on inflation, as did the monetarist control of credit and public borrowing, and the strengthening of competitiveness across the French economy. Freeing markets and ending price controls, which began during the 1984 Fabius government and was completed after 1986 under the Chirac government, completed the elimination of inflationary culture in France. By 1988 the 'inflation differential' with France's main trading partners had disappeared (that is, the rate of inflation in the late 1980s and early 1990s was lower in France than the average inflation rate in its partner countries) and in 1990 the French inflation rate was lower than that of Germany.

However, it is important to stress the role played by the opening of the French economy and its integration within the European market in the successful elimination of structural inflationary trends. Of particular relevance was the place of the franc within the ERM. The anchoring of the franc to the Deutschmark (DM) within the ERM in 1982/83, in very difficult and adverse circumstances, was a tremendous change, the importance of which is only now being fully perceived [see Text 2.23].

In 1981 and 1982 many voices in the ruling coalition, but also in the economy at large, were calling for France to get out of the ERM in order to escape from the straitjacket of the 'Deutschmark zone'. They also called for a large devaluation of the franc which, it was claimed, would have restored the competiveness of French industries and products, and would have reduced the competiveness of imports. Some form of protectionism was also called for, complementing the financial measures to protect the franc taken in 1981 (exchange and currency export controls which were strongly resented but which the government imposed because of speculation). But within government circles, as early as 1982, it was decided that France would defend the franc within the ERM.

There were two reasons for this which are still of interest. The first was short-term. At the time the financial situation of France was serious. There had been a high trade deficit since 1980 and it had become worse in 1982, so that France had developed a considerable international debt. This, plus inflation which reached 13.6 per cent in 1980, 13.4 per cent in 1981, and rose to more than 14 per cent at the start of 1982, made it impossible for France to define and implement any economic policy in isolation from international markets, since the position of the franc was becoming harder and harder to defend or to modify in this situation. But once it was decided to keep within the European monetary fold the discipline of policies then being followed by France's major European partner was accepted, at least in its monetary aspects.

The change in strategy therefore had several features: reducing inflation through internal mesures such as the reduction of demand by increasing the basic VAT rate and national insurance premiums, freezing wages in 1982 for six months, credit controls, reducing government spending, and other deflationary measures such as draconian price controls. As previously described, incomes policy and wage negotiation structures had undergone a complete change, and this radically altered inflation policies. There were also measures to re-establish currency stability and French credit by reducing external borrowing and the budget and trade deficits. This was achieved in a few years, moving progressively towards what became by the end of the 1980s the 'official' theme of economic policy, the defence of the *franc fort* and *désinflation compétitive*.

The defence of the currency simply means that since 1983 governments have considered that in an open economy such as that of France in Europe, where imports consist not only of consumer goods but also machine tools and raw materials, devaluations not only disrupt the economic planning of firms but also have an inflationary role. Competitive deflation means that French governments accept that French firms will be able to survive and develop only if they are able to be competitive on the domestic market as well as on international markets, by reducing their costs, increasing productivity, and limiting wage increases. In this context, less efficient firms which competitive devaluation would have allowed to survive, at least in the short term, eventually disappear – hence the growth in unemployment.

This new policy framework was reinforced by the deregulation of markets started by Pierre Bérégovoy when finance minister between 1984 and 1986. Prices were freed in a number of sectors and there was a financial 'Big Bang'. This was intensified in the period of cohabitation (1986–88) when Finance Minister Edouard Balladur implemented a similar policy, speeding up the end of price controls and bringing in more radical deregulation measures (such as the repeal of the 1945 Act allowing price controls by the government).

Thus government economic strategies in the 1980s moved from a domestically-oriented strategy, in which it was expected that French firms would recapture the domestic market, assisted by the government's incomes policy and reflation strategy, to a strategy based on the recognition of the interdependence of markets (including financial markets) and the integration of the French economy within the European market. At this stage the 'German model' became the main preoccupation of French governments. The aim was to reduce the 'inflation differential' between the two countries, to reach and surpass the labour productivity of West Germany, and to adopt an export strategy. This is the meaning of competitive deflation and the strong franc which are the basis of current policies.

It can therefore be said that the 1980s saw a complete revolution in the mode of regulating the French economy as far as pricing mechanisms and monetary flows are concerned. The opening up of the economy to external markets (mostly European ones) has wider implications and more far-reaching consequences than simply increasing the volume of trade. The way price and monetary mechanisms operate in domestic markets and regulate these markets is changing. The best symbol of this is probably the way the role and perception of currency devaluations has modified in the last four decades. Whereas it was possible to see such devaluations as pro-active adjustments helping to improve the competitiveness of French exports within a world economy which was relatively strictly organized around a stable international monetary system based on the US dollar, the situation is now completely different. Because of the importance of imports in industry and services and the inflexibility in consumption patterns of imported goods, a devaluation is now seen as having a marked inflationary effect on the economy. Furthermore, for a country such as France which wanted to stay within the ERM, devaluations are difficult to implement except either to signal in reaction to the deregulated international money market that speculative selling has defeated the coordinated efforts of the European central banks to maintain the parity of the franc, or as the signal (as in the 1982 and 1983 devaluations of the franc) that the government has recognized the weaknesses of the current economic situation and that policy changes will be implemented. Thus, in the early 1980s, monetarist policies largely replaced reflationary policies partly under pressure from French partners within the ERM, especially Germany.

Financing the Development of the Economy

From what has been said above, it becomes clear that the financing of the future investments within the French economy, of whatever type, productive investments, public infrastructure or housing, is now constrained not only by the behaviour of the firms and households in relation to saving or self-financing, but also by international monetary and financial markets which are now completely open and respond to trends and constraints other than domestic ones.

As we have seen above, the problem of the French financial system was not a lack of resources. Households, in particular, were saving a sizeable proportion of their income during the 1960s and 1970s. The problem lay rather in the inadequacy of the system of financial organization: the financial markets were very small, compartmentalized and limited in scope. Strict controls prevented the development of new products more adapted to the investment needs of the economy. As a result, the public sector had to play a central role in securing resources to allow the economy to develop in the right direction. Institutions such as the *Caisse des dépôts et consignations*, which collected the funds from the popular savings societies like the *Caisses d'épargne*, developed considerably and, from the 1960s onwards, were one of the main sources of financing for local authorities' infrastructure programmes and public housing. Similarly, the network of public *Institutions financières spécialisées* concentrated on collecting resources for specific types of investments like motorways, electricity generation, small and medium-sized industrial firms and telecommunications.

Although the limitations of the banking system and financial markets were recognized quite early on, with reforms of the banking system in the mid-1960s and in the 1970s which partially relaxed the strict organizational divisions and rules, it was not until the mid-1980s that the financial markets underwent a revolution, which then took place very quickly. The deregulation process – the 'Big Bang' – which occurred in France at about the same time as in the UK, allowed an opening of the market to all operators (including foreign ones) and an explosive growth of financial products in newly organized markets, linked with the rest of the world, especially in the Stock Exchange, and in the new money and other futures markets such as the MATIF ('Marché à terme international de France').

As far as concerns the individual investor, a whole array of financial and monetary products created for the individual investor in the 1960s and in the 1970s became really popular in the 1980s, for instance the OPCVM ('Organismes de placement collectif en valeurs mobilières'), and especially the SICAV ('Sociétés d'investissement à capital variable'), either stock unit trusts or money funds. Therefore the individual investor was able to respond directly to specific types of demand, and the banks for a time lost some ground in their role of intermediaries between the investor and the money markets, both in lending to firms and in collecting savings and selling financial products. This process, dubbed 'désintermédiation', soon brought a reaction from the banking system which swiftly took control of most of the new financial products (such as unit trusts), bringing about a process of 'réintermédiation' which was more or less completed by the end of the 1980s.

The result of these changes was to involve savings more closely with the financial markets, moving them away from traditional investments such as property or short-term deposit accounts, towards financial investment and, as we saw earlier, the share of these in total household savings increased from 20 per cent in 1975 to nearly 40 per cent in 1990, with a concomitant fall from 50 per cent to 30 per cent in the share invested in property. Similarly, the structure of firms' borrowing was modified so that they borrowed more on the money market and less from banks.

However, savings did not regain their 1960s levels. For instance, total household savings fell from nearly 20 per cent of gross household income in 1978 to a low of 10.8 per cent in 1987, before rising again slightly. The structure of these savings has changed in parallel with changes in the market and the relative profitability of the various products. In particular, the rate of return on money funds was far higher than that on other investments – hence their popularity.

The whole framework and operating modes of the market in financial resources have therefore changed from a set of state-regulated markets with strict boundaries and objectives to an open, largely deregulated multi-products market, in which the role of the state has been completely modified and has shrunk significantly. This has not come about because of a change in a dominant interventionist ideology. Instead it is the concrete situation of the French economy that has changed policies and ideologies. The earlier, interventionist, policies were, at least in part, forced upon the state because of the inability of French financial structures and agents to organize an efficient and modern framework for collecting and distributing the financial and monetary resources necessary for the considerable growth of the French economy during the *Trente glorieuses*. Again, although the specific role of the French state in taking over some of the market-regulating functions appears to be one of the characteristics of the French economy in the post-war period, it is also clear that the economic role of the state has been deeply modified since the early 1980s. It is this role, and the recent changes which have affected it, that will be examined in a wider context in the next section.

The Changing Role of the State and the Public Sector

It should now be clear that the role of the state in France has been (and still is) fundamental in regulating the functions of the market and controlling some of the agents through the direct participation of the public sector in production activities, income distribution and so on. The typical model of French interventionism, somewhat grandly dubbed 'modèle d'économie mixte' during the 1960s, was not dreamed up by Socialists or Social-democrats, but was largely the result of various coalitions of post-war politicians – including right-wing leaders such as de Gaulle – with a considerable input from 'technocrats' and civil servants who had used the war period to define the broad lines of a new framework of economic operation for France which would avoid a repetition of past crises and problems. The model which was then implemented was not itself the result of a consensus. After all, the various factions in the Resistance movement ranged from the Communists to the nationalist right, but the two years 1945–46 saw the creation by coalition governments of a new structure in which the state had a central role.

Not that this was unknown in France. Even in the past interventionist practices had not stopped at the traditional roles of the public sector as a protector, as a legislator and as a provider of basic public services and infra-structures. Many industries were created in France as royal manufactures in the seventeenth and eighteenth centuries, and although the French Revolution was based on free-market economic principles, the free-market nineteenth century was itself not short of what analysts called 'conservative interventionism',[11] which consisted in regulating markets (especially in protectionist periods) and stimulating and organizing the private sector. The experience of the two world wars also increased interventionist tendencies in all political circles in France. However, the system developed after the Liberation which persisted until the early 1980s gave a specific role and authority to the public sector and this became a hallmark of the French economy in the contemporary period.

The main lesson of recent history is that France's tradition of intervention-ism and the size and significance of its public sector had little or nothing to do with anti-capitalism or a socio-economic ideology which rejected market forces. On the contrary, the specific characteristics of French capitalism were developed by the generation that grew up in the middle of the twentieth century, both because they sought to avoid problems they identified in economic management in the first half of the century and because the specific weaknesses of the systems of economic and social regulation in the 1940s and 1950s eased the way for public, interventionist solutions, which were even espoused by populist, nationalist politicians such as de Gaulle who, after 1943, publicly insisted that he was ready to substitute state intervention for inefficient market forces and private interests where it was necessary in order to restore France's power and *grandeur* in all aspects of life, including the economy.

The Interventionist Model from the Liberation to the 1980s

In the late 1980s, the public sector employed either as civil servants or in nationalized industries around 25 per cent of all wage-earners (a fifth of all working people) and government and local authority receipts amounted to 44.5 per cent of GDP. These two indicators taken together show that France had at that time one of the most 'public-oriented' of all industrialized market economies.

But however large the public sector had become by the early 1980s, it would be misleading to categorize France as having a state-driven economy. Indeed, there are many important utilities or infrastructures which elsewhere are usually assumed to be part of the public sector, and which in France are, at least in part, in the hands of the private sector. For instance, motorways are built and managed by private consortiums and most are toll roads. Local water distribution companies, bus routes, and local industrial development agencies, are also frequently organized through joint ventures between the public and private sector called 'sociétés d'économie mixte'.

Nevertheless, the *Trente glorieuses* saw the creation and development of a large public sector in the industrial, financial and services sectors; during this period the state developed interventionist tools inspired by Keynesian economic principles of demand management, but also deployed a range of more straightforward controls (such as price controls). Another important aspect of the government's arsenal for the economic management of the economy consists of the regulatory as well as the informal framework for labour markets and competition, and the various agencies and institutions concerned with macroeconomic and regional planning, whose job is to help organize the actions and policies of the public sector and of government, and also to coordinate the behaviour of the various economic agents within the economy.

Therefore there are three ways of approaching the analysis of the specific role of the state (taken here in the wider meaning of the word to include the industrial public sector as well as local authorities) and the ways it has changed in the last few decades. These concern the extension of the public sector in terms of productive activities as well as resource allocation, the role of the state in regulating the market system and the role of the state in coordinating the economic agents in the economy.

The Role and Development of the Public Sector

When de Gaulle's administration reshaped the instruments of the French state in 1944–45, the aim was to give France the means to regain its *grandeur*, as well as rebuilding a country largely destroyed by the war. Administration was already highly centralized, an inheritance of the Napoleonic tradition enshrined in the concept of 'le service public'. There was an embryonic public sector which had already existed in the pre-war period.

In addition, the thinking of Resistance groups was that peace could only be established and maintained within France and between France and its neighbours if the worst excesses of the market system were at least tempered, if not eliminated, by reinforcing state intervention in the production system as well as within the framework of social regulation. A strong public sector was therefore needed alongside an efficient system of income redistribution and social welfare. Although an anti-capitalist political economy was powerful in France in the 1950s and the 1960s, the managers, politicians and *technocrates* who were in charge of managing the role of the state in the economy had little, if any, sympathy with any kind of socialist or communist vision. Civil servants like Jean Monnet, Jean Ullmo, Jean Saint-Geours, François Bloch-Lainé, or politicians such as Maurice Schumann or Pierre Mendès-France were mainly interested in improving the efficiency of the French economy and preventing the recurrence of crises such as that of 1929 or the worsening European economic relations which characterized the whole period between the two world wars, and which they believed had led to the catastrophe of the Second World War.

The nationalization programme carried out by the de Gaulle administration in 1945–46 was a mixed bag. It included firms nationalized because previous owners had collaborated with the occupying forces (Renault, for instance) together with others for which the rationale was more economic. This was especially the case of the nationalizations in the financial sector, where the largest insurance companies, the four largest high street banks – two of which became the BNP (Banque Nationale de Paris), the others being the Société Générale and the Crédit Lyonnais – and the central bank, the Banque de France, were all nationalized. A number of utilities were also nationalized, such as gas and electricity (GDF (Gaz de France) and EDF (Électricité de France)). During the 1950s and the 1960s the size of the public sector increased with the creation of public companies such as Elf-Aquitaine (oil), COGEMA (a subsidiary of the Commissariat à l'énergie atomique which processes nuclear fuel), and the amalgamation of aircraft engineering groups in the SNECMA (engines) and SNIAS – better known as Aérospatiale (aircraft). In the financial system, the public sector was also considerably extended, mainly by right-wing Gaullist governments. Of particular importance were the development of the public *institutions financières spécialisées* created to cope with the weaknesses of existing financial markets to finance the economy, and, at the periphery of the public sector, the development of the mutualist banks (such as the Crédit Mutuel and, most important, the local and regional mutual network of the Crédit Agricole, which by the 1980s had become the largest high street bank in France. In the late 1970s the right-wing government took a controlling stake in the main steel companies Usinor and Sacilor which were both in financial crisis.

But the election of the coalition of the left in 1981 further extended the scale of the public sector to a level which was very high for a market economy. The extension of the public sector by the Socialists in 1981 had precise objectives (which were only partly fulfilled or were soon abandoned). Nationalized industries were supposed to become the driving force in each specific sector and, by their patterns of investment and research, their employment policies and global strategy, help to modernize and increase the efficiency of the rest of the sector (industries with similar activities) or the 'filière' (this term refers to all the industries dependent on each other for a specific type of product, from the raw material to the final traded consumer product; examples are the 'filière bois' or the 'filière électronique'). Nationalized financial institutions were expected to participate in the efficient allocation of capital to companies. All were expected to be managed in a more efficient way, taking more account of national and consumer interests than of short-term private profit, and to fit into a rejuvenated planning system which had lost a lot of its impetus during the 1970s.

The 1981 nationalization programme (implemented by an Act of 1982) covered a large group of some of the most important industrial firms in the country. Five major industrial groups, CGE, Saint-Gobain, Péchiney, Rhône-Poulenc, Thomson-Brandt, were fully nationalized, other firms which were partly publicly owned were taken over (Usinor, Sacilor, CII-Honeywell-Bull), while in others the state took a majority stake (Dassault, Matra). At the end of the process the size of the public sector workforce in industry had increased from 5 per cent 1980 to 20 per cent in 1985, while the state's share of industrial added value grew from 8 per cent to some 24 per cent, and of industrial investment from 12 per cent to 35 per cent.[12]

In the financial sector nationalizations were taken even further, since two major investment groups, Paribas and Suez, and thirty-six banks were taken over, with only small family firms and foreign banks being left out. In total, some 88 per cent of bank deposits and 78 per cent of credit in the economy fell under the control of the nationalized financial sector. These nationalizations show the significance the Socialists accorded in 1981 to the control of monetary and financial structures in order to implement their programme of investment and modernization [see Text 2.24].

Following these nationalizations, widespread restructuring took place from 1983 onwards. Thus in the electronics and telecommunications sector, the government amalgamated the military electronic equipment, consumer electronic goods and electronic components activities of several nationalized companies into Thomson, while telephone and other telecommunications activities were transferred to the Alcatel subsidiary of the giant CGE group. The latter also absorbed the telecommunications activities of the CGCT company, a subsidiary of the American multinational ITT.

It should be emphasized that the public sector is greater than the sum of the main nationalized companies or agencies in the banking system, the public services (including transport, energy and telecommunications) and industry. These large companies own or partly control many subsidiaries, which means that in 1991, for example, the 108 nationalized groups controlled 2505 subsidiaries. In addition, many service or infrastructure activities, especially at local or regional level, are managed by companies whose capital is shared between public bodies (central government bodies or local authorities) and the private sector. These *sociétés d'économie mixte* are particularly frequently found in activities such as the construction and management of public housing and capital goods, and utilities such as waste collection and disposal, water distribution, local public transport, and leisure activities. This system has been a major tool for local and regional development and for channelling public finance.

The size of the French public sector only makes sense if it is related to the overall ambition of governmental economic action from the start of the *Trente glorieuses* to the mid-1980s, which was to influence the market and where necessary substitute public action and regulation for a market whose operation was considered 'imperfect' or apparently unable to achieve the socio-political aims and strategic economic goals established in the political sphere. As such it is integrated into the vast array of instruments of policy and intervention developed in France during the post-war period, from monetary, tax and incomes policies to long-term macroeconomic planning and regional planning [see Text 2.25].

The Use of Intervention Instruments

As we have seen, the so-called 'politique conjoncturelle', ranging from instruments of short-term intervention in monetary and credit matters, to price controls and incomes policies, was particularly important in France [see Text 2.22]. Regulation of the money supply was made possible through changes in interest rates as well as through a strict control of the structure of banks' own funds and their credit policy when inflationary pressure was too high. For instance, measures known as 'l'encadrement du crédit' were employed under the 1958 anti-inflationary *Plan Pinay*, in 1963 for the *Plan Giscard* and in the period 1968–70. These allowed for a fine tuning of monetary policies, but can be seen, retrospectively, as having stifled the banks' autonomy and response to the market. Other important short-term policy instruments were, as in other countries, aimed at regulating economic relations with the rest of the world, such as exchange rates, exchange controls and protectionist policies.

Given the growing importance of the public sector in income redistribution, as well as the ever-increasing size of the budgets of public bodies, it is not surprising that both incomes policies and budgetary policies (including taxation and public expenditure) have played a central role in the range of mechanisms used by French governments to implement austerity (anti-inflationary) policies and expansionary (anti-recessionary) policies. The originality of the French mechanisms is that the policies have been implemented rather abruptly and the scope of the changes has been large. For instance, in May 1968 the *Accords de Grenelle* which brought the strikes to an end increased the SMIG by 35 per cent. Similarly, in 1981 the government increased the SMIC by 18 per cent, alongside large increases in family benefits and state pensions, but the following year froze all wages from June to November.

The adoption of policies which influence demand in times of crisis (in government expenditure and household incomes) has had a 'stop – go' effect which has caused rapid changes of strategy, particularly in 1969, when the effect of the 1968 wage rises was clawed back, and between 1974 and 1976 when, in response to the oil crisis, reflationary and austerity policies were implemented one after the other in quick succession. By the mid-1970s neo-Keynesian short-term demand management policies were clearly already in trouble, given the interaction between European economies which prevented any effective autonomous decision-making with respect to demand policies which were, at least in part, determined by external factors. Indeed, in 1976, for the first time, elements of a formal monetarist policy were put in place, when the Barre government published the annual growth rate for the monetary aggregate as a supply-side policy objective, in contrast to the earlier period when money control was seen as an emergency crisis management tool, rather than as a central plank of day-to-day economic regulation.

Rise and Fall of the Planning System

The French system of economic planning, often called 'la planification indicative' or 'la planification souple', found its origin in the coordinating role of the public sector in post-war reconstruction. Instead of replacing market forces, its role was intended to be remedial. There was a broad consensus in France at the time that the old pre-war economic framework was inadequate to reconstruct and modernize France's infrastructure. There was a deliberate will to associate corporate interests and unions, industrial leaders and government ministries, in order to build a social consensus around economic and social objectives. Later in the 1950s and the 1960s the aims of the Plans became the modernization of the French economy alongside the considerable social and economic upheaval resulting from the rural exodus and economic growth. From the *Deuxième Plan* (1954–57) to the *Quatrième Plan* (1962–65), the construction of new urban and communications infrastructures and housing, the support for new industries, and the organization of modern public services were areas which were given priority.

With hindsight, the *Quatrième Plan* represented the high point of planning. In the *Cinquième Plan* which followed, new objectives of industrial competitiveness were introduced, which obviously resulted from the changes that had recently occurred in France's international economic environment, such as the loss of the colonial Empire, the growing role of intra-European trade, and the progressive freeing of markets introduced with entry into the EEC and the Kennedy Round of the GATT negotiations. At the same time, these new objectives introduced elements of weakness into the planning system, since international economic events could not be controlled from within France.

The planning system was complemented by a system of regional planning ('l'aménagement du territoire'), which attracted considerable attention in the 1960s. The reasons for its importance were twofold. First, the perceived need to organize the use of socio-economic space at a time of upheaval in French society with the rural exodus, the creation of new regional centres attracting services and new industries, the increased mobility of the population, all of which created the need for new amenities and a new spatial organization. Second, the continued centralization of activities in and around Paris was a major issue at a political as well as a socio-economic level. An array of public sector policies, investment subsidies, tax rebates, planning constraints and penalties was put together in an attempt to prevent this concentration, to entice companies away from Paris and to encourage the development of peripheral and underdeveloped mountainous areas. The DATAR (the administrative agency responsible for coordinating and implementing regional planning), as well as the *Commissariat général au Plan* were small agencies staffed with civil servants answerable directly to the prime minister and independent of the various lobbies in the other ministries, in an attempt to increase the efficiency of the planning system.

Planning in its various forms was an important part of structural economic policy during most of the *Trente glorieuses*. Not only did it provide a framework for state budgets and policies and for economic plans of firms, but it also served as a consensus-building exercise between economic actors such as unions, management, the state and sectoral or industrial lobbies. This was particularly relevant during the period of industry-led growth as the dominant Fordist model, with its rigid organization of social relations, required some kind of forum in order to negotiate and organize the *partage des fruits de la croissance*.

However, planning lost much of its significance during the 1970s. The gradual opening of the French economy made it more difficult to establish the future trends of the economy, since the main parameters and variables were now dependent on international financial and monetary markets, on international trade, as well as on the economic policies of the main economic and trading partners [see Text 2.26]. The Socialists attempted to re-establish some role for planning, in the *Neuvième Plan*, but the pressure of short-term anti-inflation policies, and the changes in the direction of government policies in 1983 soon thwarted this attempt, which in theory was at the centre of the new economic policy that the Socialists wanted to implement in response to the economic crisis. This painful experience meant that the preparation of the *Dixième* and the *Onzième Plans* was conducted with much more humility, and included no quantified objectives, but instead mainly related to global, consensual goals as well as defining goals for the French economy in relation to the rest of the EC rather than as an autonomous economic area [see Text 2.27].

Sectoral Policies

Parallel to these general policies, French governments often promoted policies for specific sectors such as industry and agriculture. In the 1950s industrial policy mainly concentrated on the need to strengthen 'strategic' or 'basic' sectors such as the steel industry, energy, chemicals and shipbuilding. With the 1960s new parameters entered into the policy-making framework as a result of the opening up of the French economy to world markets.

A major part of industrial policy in the 1960s and 1970s therefore concentrated on two things. First, the promotion of 'grands projets' such as the nuclear programme, the 'Plan Calcul' which aimed at building a national computer industry at the end of the 1960s, the Airbus, Concorde, the telephone industry, and later the TGV. Second, considerable resources were devoted to helping develop industrial 'winners', that is large private or nationalized firms in important sectors, which would not only be able to compete on equal terms with foreign multinationals, but also stimulate modernization and promote greater efficiency in the rest of their sector. In the 1970s industrial policy was directed at assisting large companies operating in the so-called 'créneaux porteurs' (those industrial sectors producing goods for which demand on the world market is likely to be greatest in the near future). Indeed, a large part of the financial support to industry in the 1970s (in the shape of investment subsidies, specific tax advantages, and so on) was concentrated on a very small number of large companies, such as CGE, Thomson-Brandt, Aérospatiale and Dassault, operating in modern, high-technology industries.

The socialist government of 1981 attempted to reverse this policy which they saw as piecemeal and dangerous because it neglected the industrial fabric of each of the sectors. They put forward a strategy based on the concept of *filières industrielles*, according to which support would take into consideration not only the large, well-known manufacturing firm in each sector, but also all the other 'upstream' and 'downstream' activities which were dependent on it and each other. However, this was soon abandoned as the Mauroy government was forced to concentrate on supporting ailing industries like steel and textiles, in order to avoid increasing unemployment, rather than being able to concentrate on promising, high-technology sectors. Furthermore, the change of policy in 1983–84 inverted the basic role of sectoral policies, by re-establishing the primacy of 'market forces', limiting the role of industrial policy to 'accompanying support' (mostly for research and development, training and the location of investments) and concentrating the government's action on improving supply conditions for industrial firms through reductions in taxation, market deregulation and so on. These were preoccupations comparable to those of the first Thatcher government in the UK in 1979, but in France they were first expressed by a socialist government before forming the centrepiece of government policies during the 1986–88 *cohabitation* period when the parties of the right were in power [see Text 2.28].

The most striking example of sectoral policy is obviously the agricultural policy conducted by governments of all shades with a remarkable consistency from the post-war period until the early 1980s when the EC Common Agricultural Policy was reformed. In the years following the Second World War the two main purposes of agricultural policy were to guarantee a secure supply of food for the French population (for most French people, at least in urban areas, the war had been a period of hunger) and to modernize the often backward agricultural sector as a whole in order to guarantee a regular income to farmers. The government had the choice between speeding up the reduction in the numbers employed on the land (at the cost of a massive rural exodus and rural depopulation) together with helping to create a system of large, industrial farms in which mechanization and modern methods would guarantee a rapid rise in productivity and production, and attempting to keep the 'family farm' as the basic unit, but pursuing specific policies which allowed these smaller units to become more efficient, collaborating through a network of cooperative organizations for part of their activities in order to obtain necessary economies of scale for such activities as distribution.

This latter model was adopted, supported by a social consensus in the rural areas from the main farming unions, especially the young farmers organization, CNJA (Centre national des jeunes agriculteurs). The government organized the restructuring of land ownership, which was very fragmented in France, supported the constitution of numerous cooperative organizations for most products, improved the technical training of farmers, encouraged and subsidized mechanization (the number of tractors in France increased from 140,000 in 1950 to nearly 1.5 million in 1980) and provided finance for investment through the Crédit Agricole network.

The policy was highly successful. The number of farms was considerably reduced so that by the 1980s there were around 1 million farms, 600,000 of which had only one person working full time, but France had become the principal agricultural country of Europe, generating some 24 per cent in value of EC agriculture production by the end of the 1980s, and the second largest world exporter of agricultural products behind the USA. Furthermore, this was done by preserving, at least in part, the 'family farm' model.

However, this model and this success are now under threat and have to some extent been rejected by the developments of the late 1980s. Small farms have increasing difficulties in surviving within the new parameters of EC farming policies: set-aside, indebtedness, the increased costs of inputs and the falling levels of guaranteed Community prices have led to the departure of a large number of farmers. In the longer term, it is difficult to see the modern 'family farm' surviving, and large-scale farming industries on the UK model are likely to become as dominant in more and more French rural regions as they have already been for several decades in some areas such as the Beauce or Brie. In the meantime, it is not surprising to see smaller farmers protest against the demise of a model which was as much a social, as a strategic, economic policy [see Text 2.29].

Taxation and Social Security: The Financial Significance of the Public Sector

A major issue of economic policy is the size of the sums taken by the state from the taxation and contributions of economic agents such as households and firms. In France, as in all industrialized economies, these have considerably increased as a proportion of the national product since the Second World War, and the question of whether the public sector controls too much of national income is a hotly debated issue.

The share of GDP taken by central and local taxes and all national insurance contributions (the so-called 'prélèvements obligatoires') increased from 35 per cent in 1973 to 44.6 per cent in 1984 and 44.5 per cent in 1987, a level higher than in many industrialized nations except those in northern Europe,[13] but it is nevertheless comparable to what most European countries have experienced in the last few decades. (The UK is one of the very few countries in which this percentage fell significantly in the 1980s.)

In the league table of 'taxes' levied by the state, France is seen as having one of the highest levels in Europe and in the world, even if this has tended to decrease marginally in recent years, dropping from a maximum of 45.6 per cent in 1985 to 43.7 per cent in 1991.[14] This level is higher than in West Germany (38.1 per cent in 1989 as against 43.8 per cent in France the same year) the UK (36.5 per cent), the United States (30.1 per cent) and Japan (30.6 per cent). Only in northern Europe can higher levels be found, such as 46 per cent in the Netherlands and 56.1 per cent in Sweden.

However, the terms of the debate should be clear. Firstly statistics for international comparison are ambiguous.[15] Furthermore, this money does not go into the pockets of civil servants. Most of it is redistributed to households or is used directly to fund the health service. In fact, in terms of income tax, France is one of the least taxed European countries. Despite the fact that income tax is highly progressive, there are a large number of 'dégrèvements' (tax allowances) and the system of the 'quotient familial' (tax-free allowances for dependent relatives) is so broadly applied that in 1989 personal income tax yielded only 11.8 per cent of all public revenue in France (as against 29.5 per cent in Germany and 26.6 per cent in Great Britain). Taxes on company profits are also relatively low: at 5.5 per cent of total revenue they are at a comparable level to the German, but less than half the UK level of 12.3 per cent.

By contrast, social insurance contributions are very high, as are indirect taxes on consumption, although the latter decreased considerably during the early 1980s. A large proportion of national insurance contributions is directly paid by employers over and above wages, and a proportion of wages is also deducted for the various *contributions sociales*. Herein lies the problem. Typically, for every 100 francs a firm pays in wages, it pays a further 35 to 40 francs in compulsory insurance contributions. These contributions increase labour costs, and therefore reduce the competitivity of French firms compared to countries with less extensive social security coverage. Since the mid-1980s this problem has been recognized and the contributions paid by employers have been to some extent reduced. However, the problem in France, as in other countries, is that there is a continued growth in insurance payments (more people are receiving a pension, the cost of the health service continues to rise, and unemployment has growing social costs).

The initial solution has been to bring the French system closer to the UK system, by funding more of social and health expenditure through the tax system rather than through the national insurance system. Measures were taken to this end in the late 1980s under the Rocard government (with the creation of the *Revenu minimum d'insertion* (RMI) and of the *Contribution sociale généralisée* (CSG), the latter being a 1.1 per cent tax on personal taxable income to fund the national health service and compensate for an equivalent reduction in national insurance contributions).

However, in the longer term, the question of the purpose, funding and organization of the various insurance and welfare benefits, and pensions, is still at the heart of the political and economic policy agenda. Not only are the recurrent deficits in the health and unemployment insurance systems likely to continue, given the uninterrupted growth in medical consumption, the ageing of the population and high unemployment, but this problem will also be compounded with the question of the continued funding of the pensions system at the start of the next century. The complexity of the parameters and of the possible policy choices, which affect all economic agents, from households to firms and the state, illustrates the fact that the mechanisms for social regulation established in the aftermath of the war, in a society largely united behind a consensus for 'redistributive growth', are no longer adapted to the recent socio-demographic trends and are too rigid to take into account the current, more complex, and fast changing environment of an open French economy.

The State and the 'Social Partners'

One specific characteristic of the regulation model developed during the *Trente glorieuses* is the way in which social groups, socio-economic interests (such as employers' organizations, professional bodies or specific pressure groups such as family organizations) and the public sector collaborated to manage and build policy consensus in a number of economic and social areas.

Part I has shown that until recently deeply conflictual socio-political relations were a hallmark of France and that crises often erupted. However, in a number of instances, ideologically antagonistic groups and institutions, often with opposing economic interests, were able to work together within specific regulating institutions. Three main examples are particularly important: the management of the social welfare and income redistribution system; the organization of various frameworks for labour relations (either at national level, or at branch or firm level); and the consultation of social groups and of the various economic interests in the planning process.

The management of the social insurance and welfare systems is based on a three-tier system ('gestion tripartite') on the boards of the various *caisses:* *Caisses d'assurance-maladie* (health insurance) *Caisses d'allocations familiales* (mainly child and housing benefits) and the ASSEDIC (unemployment benefits). These *caisses* have management boards at benefit or insurance level and at local and regional level, with a national body on top, and each management tier includes representatives of the *patronat* (management, organized through the CNPF), the unions, the relevant government ministries, and sometimes of other social interests (such as family associations). This management by the so-called 'partenaires sociaux' (social partners) originated in the attempt, after the war, to find a way to retain the mutual insurance system which had already developed in some industrial sectors. The unions, especially, were keen to be able to have a say in the use of their members' contributions. One of the results of this strategy is that a workplace-linked system was adopted in preference to the kind of state-controlled national insurance system and the universal welfare state to be found in the UK. This obviously goes a long way towards explaining the complexity of the existing social insurance and welfare system in France, as the gaps in the social protection of the French population were filled in a piecemeal and *ad hoc* way over the last four decades. On the other hand, this system has brought the unions together with management representatives to run one of the most important parts of the socio-economic structure of modern France.

A second example of collaboration between the *partenaires sociaux*, or the two sides of industry, is obviously the way in which negotiations of wage settlements or working conditions and the resolution of industrial disputes became progressively codified, very often with the participation of a government ministry in the process. Three-tier negotiations ('négociations collectives') between the *partenaires sociaux* and the state have been a feature of the procedure for resolving important conflicts. Examples would be the negotiations which led to the legendary *Accords de Matignon* in 1936, and the *Accords de Grenelle* in 1968 [see Text 2.30]. Even in normal circumstances, contacts and negotiation between the two sides of industry and the government have been a regular feature of the last four decades, partly because of the influence of the public sector as an employer, but also as part of incomes and employment policies. Such 'concertation sociale' to some degree compensated for the social and ideological conflicts which occurred in France – and was superimposed on the idea of 'class struggle' which coloured industrial relations in France up to the 1980s. At the level of the firm and the economic branch, the difficult reconciliation of these two extremes – antagonism on the one hand and dialogue on the other – brought the creation of a number of formal institutions to assist in some form of regulation. The system of *conventions collectives* (negotiated agreements on wages and working conditions, which can be applied to a whole branch at regional or national level, and which, once generally applied, are legally binding on the relevant economic sector), the *comités d'entreprise* (works councils composed of employer and worker representatives, with rights to information and consultation and responsibility for a number of welfare functions in the firm), and other comparable institutions, saw their role strengthened in the early 1980s by the *lois Auroux* which reiterated the importance of dialogue between both sides of industry in the socio-economic structure.

The planning system is a further significant example of the way in which public administration in the post-war period attempted to build some form of socio-economic consensus in the midst of social antagonism. One of the main inputs into macroeconomic and sectoral planning at national level were the reports of the *Commissions de modernisation*, which, as noted earlier, included representatives of unions and other interest groups. Although ultimately this kind of consensus-building dialogue on economic strategy had little impact on specific economic policies, and only an indirect impact on smoothing out sources of conflicts, it is undoubtedly a good illustration of the numerous attempts in France at the time to find a 'third way' between deregulated, free-market capitalism and unfettered socialist interventionism and state control.

This 'third way' derived in part from the ideas of the technocratic elites in the government and nationalized industries, but was also part of the socio-economic strategy of many political groupings, such as the Christian Democrats of the MRP during the Fourth Republic. The populist national-ism of de Gaulle himself, eager to find a 'third way' between the Cold War blocks in international diplomacy, also hoped to organize an alternative strategy in France in which class collaboration and national consensus would be important ingredients in regulating the economy. Though flexible plan-ning could be seen as one such instrument, others were developed with varying degrees of success. For instance, a pet project of de Gaulle's was the 'intéressement des travailleurs', followed by the 'participation des employés aux bénéfices des entreprises' – two profit-sharing schemes for employees of firms. The first one was optional and was instituted as early as 1959, but the second was made compulsory in 1967 in all firms with over 100 employees. Although the *participation* scheme still concerned more than 4.5 million employees in more than 10,000 firms in 1990, these schemes are most often seen as a complement to wages rather than, as intended, an embryonic system of popular capitalism which would effectively create a third way of organizing relations between capital and labour.

The efforts at building social consensus and regulating negotiation, as well as as the modes of intervention in the economy (including the participation of the public sector in the system of market production) were important strategies for overcoming rigidities in the socio-economic structure rather than ideological constructions. As such, they helped prevent and/or resolve crises in a system which was still divided and changing very fast, and which still organized labour and capital relations in an inflexible way inspired by Fordist methods. They were useful during the *Trente glorieuses*, but their impact was much reduced after the economic structure of France had been changed by economic crisis. The result was that, during the 1980s, the economic role of the state itself entered a period of crisis and was questioned in a number of ways.

Towards a New Relationship between Private and Public Sectors?

The highly interventionist economic policy implemented by the Mauroy government in 1981 and the 1982 nationalization of a number of major industrial groups and of most of the financial sector were seen at the time as bold attempts at regenerating and improving on a mixed economy model which had proved quite successful during the 1960s and had suffered somewhat from the impact of the world crisis on the French economy during the 1970s.

In retrospect, the period from 1981 to 1982/83 looks more like the swan-song of the classic neo-Keynesian interventionist economic policy supported by a strong public sector [see Text 2.31]. The 1980s and early 1990s have witnessed either the total dismantling of this framework or substantial changes in many of the elements on which it depended. Ironically, these changes first occurred under the socialist governments which, after a brief interventionist period, started the process of deregulation between 1983 and 1986 and instituted 'hands-off' policies in relation to the market. This laid the ground for further changes implemented by the 1986–88 government of the right and subsequently the governments of Michel Rocard, Édith Cresson and, especially, Pierre Bérégovoy [see Text 2.27]. The policy objectives given priority included the market competitiveness of French companies, decentralization, the deregulation of markets, privatization (by one means or another) and the rethinking of economic policies within the monetarist framework. At the centre of the new economic policy was support for the *franc fort* and *désinflation compétitive*, which were both seen as the legacy of Pierre Bérégovoy who was finance minister between 1984 and 1986 and between 1988 and 1992, before becoming prime minister in 1991.

The Changing Face of the Public Sector

It was assumed, after 1981, that the nationalized companies would play a central role in restructuring and modernizing French industries and services. However, their role within the economy very quickly became ambiguous, and their relations with the government uneasy. This can be seen in the way corporate strategies and support from government were defined and rapidly evolved, as well as in the fact that financing the expansion of these nationalized industries had to be reorganized. In this context, the privatizations of 1986–88 encouraged a questioning of the concept of a public sector presence in competitive markets, and, after 1988, permanent changes continued to be made.

The attempts at increasing high-technology investment and at restructuring the various nationalized industries in order to increase their efficiency and competitiveness were at best only partly achieved and most of the subsidies to the nationalized industries after 1981 went on wiping out losses by companies such as Usinor-Sacilor or Thomson. The government also aimed to keep an 'arm's-length' relationship with nationalized industries, but despite the negotiation of 'contrats de programme' (medium-term strategic plans) established with the 'ministère de tutelle' (responsible ministry), conflicts arose between ministries and industries (for instance between EDF and the energy ministry over pricing) and the government also intervened in management of the companies.

It rapidly became clear that a major issue was the financing of capital investment in the public sector. With the new policy of austerity after 1983, it was necessary to find financial resources for nationalized firms on the financial market, as government budget resources were more and more limited. For instance, Jacques Delors, finance minister at the time, introduced 'certificats d'investissement' sold on the stock exchange in order to give a 'financial breathing space' to the public sector. Even before 1986, government circles increasingly accepted the need to find resources, on the market if necessary, by selling part of the capital of nationalized companies.

The privatization programme of 1986, which affected not only firms nationalized in 1981 but also companies nationalized by de Gaulle, broke a kind of taboo [see Text 2.32]. The privatization law provided for the sale of 65 companies, groups or banks, although in fact only fifteen in total were sold. The most notable privatizations were those of important banks such as the Société Générale, Paribas and Suez, as well as the largest TV channel (TF1) and large industrial groups (especially CGE, Matra and Saint-Gobain, while the oil company Elf-Aquitaine was privatized only in part). The financial capacity of the French capital market was too small for the successful flotation of a large number of companies and the privatization programme was halted for a time, while Jacques Chirac's failure to capture the presidency in 1988 meant that it remained at a halt.

When Mitterrand was re-elected in 1988 a policy of 'neither nationalizations, nor privatizations' (or 'ni, ni') was offically adopted, but shortly afterwards it was recognized that it was quite unrealistic [see Text 2.33]. The public sector could not keep rigidly to the same corporate structure as in 1988 if it was to stay competitive on the international and domestic market. The search for capital and expansion opportunities and the need for corporate alliances at the European level, for instance, required a degree of flexibility in the capital structure that such companies' nationalized status did not allow.

Furthermore, the free market credo of the EC increasingly prevented the state from providing funds to the public sector for development. Thus the EC Commission forced Renault to reimburse government subsidies which were seen as anti-competitive. Part privatization was therefore increasingly accepted. Renault, for instance, swapped 25 per cent capital with the private Volvo group in 1990 in order to constitute a European-sized car and truck manufacturing group. This was in fact the first step towards the proposed merger of the two companies expected in 1993, leading up to the privatization of Renault. The *ni, ni* policy was then gradually replaced by a '50–50' policy according to which the public sector retains only half of the capital of nationalized industries, the remainder being either sold on the stock exchange, swapped or sold to other companies in corporate alliances or restructuring. In the longer term, a scenario is developing in which the state progressively disengages from market activities. The new privatization programme undertaken by the right-wing Balladur government in 1993 was not, in fact, seen as such a dramatic break with the past as the Chirac privatizations of 1986–88. Even the privatization of the BNP, the jewel in the Gaullist crown of post-war financial institutions, was considered by most people as the continuation of an accepted trend [see Text 2.34].

Deregulation and Supply-Side Economics

These changes in the public sector are only one aspect of a more general reconsideration of the interventionist framework. Since 1983, 'market forces' have increasingly been given a major role and this has led to a general deregulation of the economy, which has not been taken as far as in Britain and America, but which is nevertheless real. This has particularly been true of the financial sector, where since 1985 the financial and money markets have been largely deregulated and open to foreign operators, a complete change from the long period in which state controls and corporatist restrictions on market operators were the norm [see Text 2.35]. The state has also relinquished some of its powers, such as the 1945 Ordonnance authorizing governments to control and freeze prices in the economy.

The context of economic policy making is European construction. The whole policy of *désinflation compétitive*, which has been at the heart of the economic policy followed in France since the mid-1980s, recognizes the need for competitiveness and the fact that, because the economic structure of Europe is now far less rigid, and the production system more diverse and complex than in the immediate post-war period, the traditional modes of regulation at state level are virtually inoperative.

Since the late 1980s, government and other decision-making authorities in France seem to have managed quite well within the monetarist, supply-side economic framework. For instance, in 1991-92, France was one of the few EC countries (and the only large one) which had already managed to satisfy all the 'convergence criteria' laid down in the Maastricht Treaty for entering into the European Monetary System and the single currency system. In 1993 the situation changed dramatically. Public finances deteriorated from 1992 onwards (and the ratio of PSBR (public sector borrowing requirement) to GDP shot up). The crisis in the French economy was accompanied by the collapse of the Exchange Rate Mechanism. In July 1993 France had to accept a change in the ERM currency fluctuation bands from plus or minus 2.25 per cent to plus or minus 15 per cent. This in fact meant a temporary devaluation of the French franc and the quasi-abandonment of rapid movement towards monetary union and a single European currency. However, the defeat of French economic policy did not signal an overturn of the policy of *désinflation compétitive* and the Balladur government continued to pursue the same line as that of the preceding Bérégovoy government, and the franc recovered its parity with the DM by the end of 1993.

Conclusion: Expectations and Problems for the End of the 1990s

If we compare the economic position of France in the late 1940s and early 1950s with the present day we perceive a difference so striking that it has affected the very fabric of the economic structure. From the economic point of view, France in 1945 resembled two countries, a kind of 'dual economy', the one industrialized but the other still largely governed by activities closer to traditional rural societies.

France's considerable achievement since then is to have succeeded in modernizing its economy into a system based first on industry and then on a powerful service sector with a highly trained work-force able to compete with Germany in terms of labour productivity, open to international trade and increasingly integrated into the European economic sphere. This was accomplished by means of a specific French model of economic growth variously described as 'state Fordism' or 'the Colbertist model of an administrated debt economy'.[16]

Despite all the problems which have been described above, this model successfully associated several elements. It gave a central role to the state, associating consensual interventionism and a strong regulatory apparatus with a flexible planning system coordinating the market economy and the public economy. It also relied on the adoption of a 'Fordist' model of production and mass-consumption patterns which required the rapid modernization of production capacity and the development of a significant domestic market. In addition, it depended on the opening up of the French economy at the end of the colonial era, the creation of the EEC, the reduction of trade barriers through the GATT (General Agreement on Tariffs and Trade) and the convertibility of the franc in 1959. A fourth factor, which is often neglected in the assessment of the modernization process, is the consensus which cemented the various social forces around some aspects of the model despite the strong oppositions between social groups. Whatever political oppositions may have existed, it is nevertheless clear that there was a strong undercurrent in favour of economic modernization and structural change. Within the consensus around the drive for investment and infrastructure and productivity improvements, debates and conflicts could be extremely heated, but they did not undermine the basic consensus, and only the May 1968 movement challenged some of the assumptions on which consensus was based, with few long-term consequences.

Similarly, the way the French economy rode out the crises of the 1970s onwards demonstrates a remarkable capacity for change, particularly in abandoning the tenet that the state had a central role to play in the market economy. So that by the end of the 1980s France was again one of the most successful of the industrialized economies in terms of growth and monetary stability.

However, it would be misleading to assert that a new 'post-Fordist' model has been established in the France of the 1990s. First, one characteristic of modern production systems is the heterogeneity of patterns of labour and capital organization and the varying degrees of insertion into the world market. Second, there are a series of challenges which must be faced before a new social consensus on the economy can be achieved. For the moment, the only point of agreement is the need for the autonomy of the market in relation to the state, but the rejection of interventionism has not thrown up new ways of managing the interaction between the economic and the social spheres.

The two principal challenges that the French economy must now address are the exclusion of more than one-tenth of the working population from economic life through unemployment and the long-term question of the financing and organization of social welfare in an advanced economy.

Unemployment appears to have stabilized at an official level of at least three million [see Text 2.5]. There has been a growth of inequalities within a markedly consumerist society, hence an increase in the opportunities for social conflict. Serious long-term difficulties have been identified in financing the redistribution system inherited from the Fordist period of growth, with the public sector having fewer powers to organize and limit the impact of change and conflict. There is a more efficient or directly market-related system of social welfare with means-tested allowances. On the other hand, three million unemployed people represents a huge loss of human resources, which must be placed alongside the disappearance of whole 'ways of life' caused by the internationalization of markets. Competitive disinflation has led to the creation of a two-speed society (*société à deux vitesses*) which requires the exclusion of certain categories of the population; unemployment affects both the young and the older worker disproportionately, and there is clearly a need to change the whole concept of work in society. A new social consensus will have to be sought, probably at the European level, in order to prevent the break-up of the social structure. Thus, although the model of 'redistribution through growth' which obtained during the *Trente glorieuses* is now dead, it has not been replaced by even the outline of a new model which would be broadly acceptable.

Notes

1 GDP is, broadly, the sum of all the added value created by all domestic economic sectors, plus taxes on consumption (VAT, customs duties).

2 The working population remained at around 19.4 million between 1955 and 1962 but grew rapidly to 21.75 million by 1973. The economic crisis of the mid-1970s did not halt the rise in the working population, which had reached 23.45 million in 1983 and 24.4 million in 1991. But since 1973 an increasing proportion of the workforce has been unemployed (see INSEE, *Annuaire rétrospectif de la France, 1948–1988*, 1990).

3 Labour productivity is calculated as the added value per worker. Its growth would be even higher if calculated per worked hour. The fact that agriculture has the fastest growth in productivity but the slowest growth in added value over the period is not surprising. On the one hand, the costs of agricultural inputs (fertilizers, pesticides etc.) have grown faster than the input costs of other sectors, and on the other hand the relative market value of agricultural products has fallen, because of its lower income elasticity. At the same time, the reduction of labour time has been enormous, hence the high growth in labour productivity. The relationships between added value, investment, labour productivity, etc., have been studied by authors such as Perroux, Malinvaud and Dubois.

4 All figures on unemployment given here are estimates calculated according to the definitions of the UN's International Labour Organization (ILO) in order to facilitate international comparisons. Data as established by the ANPE use a wider definition of 'registered' unemployment.

5 See A. Lebaube, 'Emploi et Travail: Après le travail en miettes, l'emploi en miettes . . .', in CREDOC/La Découverte, *L'État de la France 1992* (La Découverte, 1992).

6 In France the rural population is the population living in the countryside and in built-up areas of less than 2,000 inhabitants.

7 For instance, mountain regions such as the department of Ariège in the Pyrénées or the department of Lozère in the Massif Central have both lost more than half of their population since the middle of the last century. But the Nord-Pas de Calais region doubled its population, from 1.85 million to 3.93 million between the same dates.

8 J.-F. Gravier, *Paris et le désert français* (Le Portulan, 1947).

9 One has to be cautious with trade statistics, as definitions can vary. Figures presented in the text, from the customs administration, are estimated CIF-FOB (CIF for imports and FOB for exports). Figures FOB-FOB to be found in the National Accounts give a less dramatic picture, with a 1982 deficit of 69 billion francs and a coverage of imports by exports of nearly 92 per cent. The difference

is due to the fact that the value of freight and transport insurance outside French borders is included in the estimate for CIF imports, increasing them by a few percentage points, and not in the FOB values.

10 At the same time, returns on savings were very low, and outlets for savings very few – hence the major difficulties of the financial system in France in financing the considerable investment requirements of the French economy in a high growth period. The public sector *had* to take a leading role in this context.

11 See P. Rosanvallon, 'État et Société, du XIXe à nos jours', in A. Burguières and J. Revel, *Histoire de la France: L'État et les pouvoirs* (Éditions du Seuil, 1989).

12 These figures exclude energy, which is mostly in the public sector. If this is included, the share of nationalized industries' added value in 1985 rises to 28 per cent and in investments to 49 per cent.

13 Rosanvallon, op. cit.

14 These figures and the following ones are from the OECD and have been only partly standardized. Other figures provided by the French Statistical Office give 44.5 per cent in 1985. Differences are explained by, for instance, how local taxes are considered.

15 For instance, the difference in percentage of public money in the national income between France and Germany would be largely eliminated if the French VAT on local authority activities (which does not exist in Germany) was abolished, thereby reducing by a similar amount transfers from central government budgets to local authority finances, and if some national social insurance systems were transformed into assurance systems managed by industrial branches (therefore outside the public finance system, as in Germany), replacing many of the subsidies with tax credits. All these measures can easily be neutral in terms of taxation and public resources. (See D. Clerc, 'Les Prélèvements Obligatoires', *Alternatives Économiques*, 100, September–October 1992).

16 This expression was used by the economic journalist E. Israelewicz, 'La Modernisation du capitalisme français', in *Le Monde*, 5 May 1993. The term 'Colbertist' refers to the finance minister of Louis XIV, Jean-Baptiste Colbert, who strictly regulated trade and industry and developed a state (or royal) manufacturing sector at the end of the seventeenth century. The expression 'debt economy' (économie d'endettement) refers to the financial economy of the 1950s and 1960s in which resources for investment were secured mostly through borrowing from financial intermediaries.

Suggestions for Further Reading

General Literature in English

There are relatively few general books in English on the French economy, although one can find a great number of books on specialized areas of interest or on economic history. A useful short text-book is C. Flockton and E. Kofman, *France* (Chapman, 1990) which contains a good summary of the main structural characteristics and recent evolution of the French economy. Also useful is the short chapter by P. Holmes on France in D.A. Dyker (ed.), *The National Economies of Europe* (Longman, 1992) pp.12–31. G.M. Holmes and P.D. Fawcett, *The Contemporary French Economy* (Macmillan, 1983) is a general book which is dated by now but which still presents some good analyses of the post-war growth economy and the resulting idiosyncracies of the current French economic structure. However, it does not include a full analysis of the watershed of the early 1980s.

G. Ross *et al.* (eds), *The Mitterrand Experiment: Continuity and Change in Socialist France* (Polity Press, 1987) covers both economics and politics and presents a useful analysis of the fundamental changes which occurred in French economic policies and structures in the early 1980s. F. Caron, *An Economic History of Modern France*, 2 vols (Methuen, 1979), an English translation of a French book, deals, in Volume 2, with the changes in the French economy during the twentieth century, but stops in the late 1960s. Almost as dated, but still useful in parts, are the collections edited by J. Militz and A. Wyplosz, *The French Economy: Theory and Practice* (Westview, 1985) and by S.S. Cohen and P.A. Gourevitch, *France in a Troubled World Economy* (Butterworth, 1982).

At a more advanced, but still general level, the collection by J.F. Hollifield and G. Ross, *In Search of the New France* (Routledge, 1991) includes several economic chapters written by specialists which illuminate recent structural changes in the French economy, especially A. Lipietz, 'Governing the Economy in the Face of International Challenge' (pp. 17–42), an approach to the changing economic role of the state from a well-known 'Regulation School' analyst, and J. Jenson, 'The French Left: A Tale of Three Beginnings' (pp. 85–112), which links changes in the economic and in the political spheres. A classic article analysing the context and the consequences of the left U-turn in economic policy in the early 1980s is by G. Ross and J. Jenson, 'The Tragedy of the French Left', in *New Left Review*, 171, 1988, pp. 5-44.

Recent information on the French economy can be found in English in the annual publication of the Paris-based international organization the OECD, *France: Economic Survey* (also published in French). The London-based Economist Intelligence Unit also publishes a quarterly, *France: Country Profile* and an annual, *France: Country Report*, which in a few dozen pages present a basic description of the French economy and its current situation, backed up by statistics. Banks such as Barclays also publish economic guides to France.

Articles on the French economy are published by academic journals in English such as *Modern and Contemporary France* (Longman) or in the annual J. Howorth and G. Ross, (eds), *Contemporary France: A Review of Interdisciplinary Studies,* now discontinued.

General Literature in French

There is obviously a wealth of good text-books in French, which can profitably be used by English-speaking students studying French and French economics. The most popular is probably J. and G. Brémond, *L'Économie française face aux défis mondiaux* (Hatier, 1990). (This is the 5th edition and new editions are published regularly.) This book is particularly good on the modernization of the various sectors of the French economy, and gives practical examples. Another sound, more historically oriented book, which covers the most important aspects of the current economy and is regularly updated, is J.-F. Eck, *Histoire économique de la France depuis 1945*, 3rd edition (Colin, 1992). A short but more advanced and historically oriented book is A. Gueslin, *Nouvelle Histoire économique de la France contemporaine – L'Économie ouverte 1948–1990* (La Découverte, 1990) whose analysis of the financing of the French economy is especially useful.

There are many other relatively accessible books: M. Parodi, *L'Économie et la société française depuis 1945* (A. Colin, 1981), although old, is an excellent text-book linking economic changes during the *Trente glorieuses* with the social changes occurring at the same time. A thematic approach is used in J.-Y. Capul and D. Meurs, *Les grandes Questions de l'économie française* (Nathan, 1988) making it particularly popular with students. D. Clerc, *Déchiffrer l'Économie* (Syros, 1992) (frequent re-editions) is a more didactic, general economic textbook, which is useful because it brings out new approaches to some of the main issues affecting the French economy. Another didactic book is J.-M. Albertini, *Les Rouages de l'économie nationale* (Les Editions ouvrières, 1990). The same author has also published *Bilan de l'économie française* (Seuil, 1988). Another good general book is A. Gétédan, *Le Bilan économique des années Mitterrand 1981–1993* (Le Monde-Editions, 1993).

Another popular French text-book is M. Baleste, *L'Économie française*

(Masson, 1990) (new editions at regular intervals). This book presents a detailed view of the different sectors of the French economy, with an economic geography approach, but it excludes most of the questions of political economy and is very simplistic on socio-economic topics. Another, somewhat more advanced and more analytical, economic geography book is J.-P. Lauby and D. Moreaux, *La France contemporaine* (Bordas, 1991).

Specialized and More Advanced Literature

It would be impossible to present an exhaustive list of the specialized literature on the French economy. We can only present a few of the most interesting of recent books as well as some classics. We begin with books which employ a historical approach, and then look at some of the major areas of analysis.

A major study of the historical evolution of the French economy is the encyclopaedic collection edited by F. Braudel and E. Labrousse, *Histoire économique de la France* (Presses Universitaires de France, 1982). The twentieth century and in particular the most recent period is covered in Part IV, Volume 3: 'Années 1950 à nos jours'. Another, more succinct history of the nineteenth and twentieth century French economy is J.-C. Asselain, *Histoire économique de la France*, 2 vols (Seuil, 1984). There are two well-known books on the evolution of the French economy during the *Trente glorieuses*. The first, J. Fourastié, *Les Trente glorieuses ou la révolution invisible* (Fayard, 1979), is quite simple to read and presents a 'modernist' analysis of the period. The second, D. Carré, P. Dubois and E. Malinvaud, *La Croissance française* (Seuil, 1972) (published in English as *French Economic Growth*, Oxford University Press, 1975), is a masterpiece of econometric analysis and, as such, quite difficult to understand (a shorter version has been published under the title *Abrégé de la croissance française* (Seuil, 1973)).

Another major study, J.-M. Jeanneney (ed.), *L'Économie Française depuis 1967* (Seuil, 1989), presents the transition from post-war growth to the period of economic crisis in the 1970s and early 1980s. This too is a detailed and complex study with an econometric approach. A more descriptive approach is taken in the excellent and exhaustive study in two volumes by A. Gauron, *Histoire économique et sociale de la Ve République* (La Découverte, 1983, 1988). The impact of the crisis in France is placed in an international context in a more accessible book by E. Mossé, *La Crise . . . et après* (Seuil, 1989). The major assessment of the changes in the French political economy in the crisis-stricken period of the early 1980s is A. Fonteneau and P.-A. Muet, *La Gauche face à la crise* (Presses de la FNSP, 1985). (This book has been adapted into English as *Reflation and Austerity: Economic Policy under Mitterrand* (Berg, 1990)), while a book in English on the same topic is H. Machin and V. Wright (eds), *Economic Policy-Making Under the Mitterrand Presidency* (Pinter, 1985).

A comprehensive list of books on specific aspects or sectors of the French economy would be excessively long. The titles that follow are of interest in their own right and complement the more general publications listed above. A short but exhaustive presentation of employment and unemployment in France is D. Gambier and M. Vernières, *L'Emploi en France* (La Découverte, 1991). The impact of the economic crisis on French household income during the 1980s is studied in CERC, *Les Français et leurs revenus* (La Découverte, 1990). Problems of the French welfare system are described in D. Lamiot and P.-J. Lancry, *La Protection sociale: Les enjeux de la solidarité* (Nathan, 1989). The evolution and economics of French agriculture are analysed in C. Servolin, *L'Agriculture moderne* (Seuil, 1989) while an older study, with more sociological content, by H. Mendras, *La Fin des paysans* (A. Colin, 1970), is still highly relevant. French industry is analysed in N. Holcblat and M. Husson, *L'Industrie française* (La Découverte, 1990) and in H. Le Tellier and A. Torres, *La France, l'industrie, la crise* (Le Caster Astral, 1993), while the best detailed approach to the economics of French international trade is F. Milewski, *Le Commerce extérieur de la France* (La Découverte, 1992). The specific economic relations of France with the developing world, especially Africa, are analysed in detail in J. Adda and M.-C. Smouts, *La France face au Sud: Le Miroir brisé* (Khartala, 1989).

The development of the financial systems has been crucial for the modernization of the French economy. The revolution of the 1980s is analysed in J.-P. Faugère and C. Voisin, *Le Système financier français* (Nathan, 1989). This analysis is extended to include the impact of the changes in the financial system on the structure of French capitalism in O. Pastré, *Les nouveaux Piliers de la finance* (La Découverte, 1992).

The role of the state is one of the specific characteristics of the French economy. There is a good historical analysis in English of the period up to the late 1970s in R. Kuisel, *Capitalism and the State in Modern France* (Cambridge University Press, 1981) (translated into French as *Le Capitalisme et l'État en France*, Gallimard, 1984). Another more recent book analyses the role of the state in the French economy from a free-market point of view: M. Lévy-Leboyer and J.-C. Casanova, *Entre L'État et le marché: L'Économie française des années 1880 à nos jours* (Gallimard, 1991). Another interesting book, which uses more of the 'regulation' framework of analysis, is F. Fenton, *L'État et le capitalisme au XXe siècle* (Presses universitaires de France, 1992). The practice and methods of government economic policies up to the early 1980s are studied in great detail in M. Pebereau, *Les Objectifs de la politique économique*, (A. Colin, 1985) and M. Pebereau, *Les Instruments de la politique économique* (A. Colin, 1988). There are many books on the French experience with economic planning. Two well-known classics are C. Gruson, *Origines et espoirs de la planification française* (Dunod, 1968) and P. Massé, *Le Plan ou l'anti-hasard* (NRF, 1965).

Yearly Publications, Journals and Papers

But it is in the numerous journals, newspaper articles and annual publications that most of the information about and analysis of the French economy can most usefully be found. First, the celebrated daily newspaper *Le Monde*. This is in itself a precious source of information on all aspects of current economic affairs. The Tuesday issue contains an *Economy* supplement. It is also complemented by the *Dossiers et Documents* series which reproduces articles on specific topics, including economic topics. Each year a special issue of the series contains a *Bilan économique et social* which presents a considerable amount of topical information on the world and the French economy. Other national newspapers also cover economics in a useful way: *Libération* often publishes economic articles with a didactic approach, whereas *Le Figaro* contains good business coverage. *Les Échos* is a specialized financial daily.

All weekly news magazines, from *Le Nouvel Observateur* to *L'Événement du Jeudi*, *L'Express* and *Le Point*, contain economic news. But there are also specialized economic and management magazines which are worth reading. One which is popular with students and teachers in France is the monthly *Alternatives économiques*, which often presents original views in a clear and understandable way. The two most popular management magazines are the fortnightly *L'Expansion* and the weekly *Le Nouvel Économiste* which also have a wealth of economic analysis as well as annual supplements on specific subjects. The monthly *L'Usine nouvelle* specifically deals with industry and industrial management.

In addition to *Le Monde*'s *Bilan économique et social*, a number of yearly publications give a good round-up of recent issues and changes in the French economy. The most useful, however, is undoubtedly *L'État de la France* (La Découverte), which contains a wealth of articles by specialists and numerous statistics. The 1992 and 1993–4 editions, for instance, contain a section entitled 'Radioscopie de l'Économie' with articles on recent structural and policy trends, as well as detailed and up-to-date analysis of the situation in the main sectors of the economy.

But most economic information and analysis comes from studies performed and published by research centres such as the CEPREMAP (well known for its links with the 'Regulation School'), the CREDOC (specializing in research on consumers and households), the CERC (*Centre d'Études sur les Revenus et les Coûts*), the OFCE (*Observatoire français des conjonctures économiques*, with its excellent monthly journal *Observations et Diagnostics économiques*) and of course the INSEE. Academic journals also are important, for instance *La Revue économique*, *La Revue d'économie française*, *La Revue d'économie financière*, or *La Revue d'économie industrielle*.

Official economic and social statistics (including the National Accounts and the Census) are produced by the INSEE. But, as its name indicates, in addition to being a statistical powerhouse it is also a research centre of very high standing.

The *Tableaux économiques de la France* published by the INSEE accumulate an enormous quantity of economic and social statistics in a relatively slim yearly volume. The INSEE also publishes long statistical series, the last one being *Annuaire rétrospectif de la France 1948–1988* (La Documentation française, 1990). It also produces the massive yearly *Annuaire statistique de la France*. Another useful INSEE publication is *Données sociales*, a compendium of socio-economic studies and statistical articles by specialists covering topics such as household consumption, employment patterns, income, and so on. It is published every few years at irregular intervals (1984, 1988, 1990 and 1993). Regional statistics are published in *La France et ses régions*. National accounts are published in a technical series, but a detailed statistical summary can be found every year in *Extraits et tableaux des comptes nationaux*, and these accounts are commented on and analysed in the annual *Rapport sur les comptes de la nation*. Both are published in June of the following year.

The INSEE also publishes journals and information bulletins. The most prestigious journal is the monthly *Économie et statistique*, with in-depth analysis of social and economic subjects which are sometimes difficult to follow but always challenging.

The official publications office, La Documentation Française, publishes all sorts of official information. Of particular relevance for the study of the French economy is the bi-monthly *Problèmes économiques*, which is entirely made up of articles culled from various papers in France and across the world. But a most useful source of information is the *Cahiers français* series of thematic dossiers; those on economic topics such as economic policy, financial systems, the integration of France into Europe, international trade, industry and planification are invaluable.

These are complemented by the official bulletin of the Ministère des Finances, *Les Notes bleues de Bercy*, which provides information and analysis on the latest trends in French foreign trade and balance of payments, financial and monetary statistics, government budgets, fiscal policies, prices, and so on. In the financial sector, most banks also publish research and information bulletins, which are often distributed free. Particularly useful are those of the Société Générale and the Banque Suez.

Text 2.1

Les Trente glorieuses: quels ont été les facteurs essentiels de la croissance économique?

1　Les progrès réalisés aujourd'hui ont en partie leur origine dans un passé beaucoup plus ancien qu'on ne le croit habituellement. C'est dans les dernières années du XIXe siècle et dans les premières années du XXe siècle qu'apparurent des facteurs nouveaux qui devaient permettre
5　une accélération de la croissance française. Cette accélération qui se manifesta dès avant la Première Guerre mondiale et pendant les années 1920 fut apparemment stoppée en 1930. Les potentialités productives françaises continuèrent cependant à se développer de telle manière que la production se situait encore en 1946 à un niveau très inférieur à
10　celui que notre pays pouvait normalement atteindre le long d'un régime de croissance équilibrée.

Il fait peu de doute que le retard français par rapport aux tendances à long terme ait été particulièrement grand en 1946. Aux États-Unis la production excédait alors de 75% son niveau de 1929 et la productivité
15　du travail mesurée comme la production par homme-heure, de 40%. Au Royaume-Uni les gains correspondants par rapport à 1929 étaient respectivement de 40% et 10%. En France au contraire la production de 1946 était inférieure de 20% à celle de 1929 et la productivité du travail d'environ 5%. Or, de 1896 à 1929, la productivité du travail avait crû
20　dans notre pays presque aussi vite qu'aux États-Unis et beaucoup plus vite qu'au Royaume-Uni.

Mais ce retard n'était pas accompagné par une interruption durable du développement des capacités productives françaises. Les facteurs les plus fondamentaux de la croissance continuaient à agir dans le sens du
25　progrès. Deux faits paraissent à ce sujet particulièrement importants.

D'une part l'*effort d'instruction* de la population française fut poussé de manière continue depuis la fin du XIXe siècle. La population active comprenait ainsi une proportion croissante d'hommes aptes à participer à une industrie moderne. En 1896, la moitié des personnes actives
30　n'avaient pas été à l'école ou avaient interrompu leurs études avant l'âge de 13 ans, et 13% seulement les avaient poursuivies jusqu'à 15 ans ou plus. En 1931, les proportions correspondantes étaient de 15% et 21%. En 1946 elles s'établissaient à 6% et 27%. Cette population mieux instruite était mal employée à la fin de la guerre. Mais, orientée
35　vers des activités modernes, elle devait, après quelques années d'expérience, atteindre une productivité bien supérieure à celle réalisée vingt ans plus tôt.

D'autre part un développement de l'industrie française dans les *branches douées d'avenir* s'était manifesté progressivement depuis le
40   début du siècle. La France s'était engagée dans la révolution industrielle après l'Angleterre. Durant la seconde moitié du XIXᵉ siècle, elle perdit du terrain par rapport à l'Allemagne et aux États-Unis qui connurent alors une expansion industrielle accélérée. Mais, à partir de 1900, une réaction se manifesta, réaction que la Première Guerre mondiale devait
45   sans doute beaucoup favoriser. Le fait est particulièrement net dans les industries de l'équipement. Il apparaît si nous examinons la part des matériels étrangers dans l'investissement en matériel pour chacune des années qui connurent un boom des investissements. Elle s'établit à 38% en moyenne sur les deux années 1899–1900, à 40% au moment
50   du boom des investissements des années 1911 à 1913, mais à 25% seulement pour 1928, 1929 et 1930. Sans doute la crise et la guerre eurent-elles pour effet d'interrompre la croissance des branches correspondantes. Mais des ingénieurs et des techniciens continuèrent à travailler sur les techniques nouvelles. Ils étaient prêts à les développer
55   rapidement après la guerre. Aussi la part des équipements étrangers dans l'investissement en matériels n'est que de 15% en 1949 et de 20% en 1963 malgré la libéralisation des échanges.

Ainsi le potentiel productif français avait, malgré les apparences, continué à croître après 1930 dans ce qu'il a de plus fondamental. Le
60   vieillissement des équipements, l'arrêt des migrations agricoles, la baisse des taux d'activité, la réduction de la durée du travail expliquaient alors le bas niveau de la production et de la productivité. Mais le retour à des conditions économiques normales devait faire progressivement disparaître ces causes de retard.

65   En somme l'appareil productif était prêt à répondre à l'expansion.

Or, la situation léguée par la crise, la guerre et l'immédiat après-guerre comportait à l'état latent une *demande potentielle considérable*. Les besoins avaient été différés pendant une longue période: besoins de biens durables pour les ménages dont le taux d'équipement était faible
70   par rapport à l'étranger, besoins de logements pour une population à nouveau croissante, besoin de renouvellement et de modernisation des équipements productifs qui dataient le plus souvent des années 1920. Particuliers et entreprises désiraient acquérir de grandes masses de biens. Et, d'une façon qui n'est paradoxale qu'en apparence, l'inflation
75   avait assaini la situation financière: les dettes anciennes se trouvaient pratiquement apurées par l'élévation considérable des prix; les bilans des entreprises avaient ainsi une structure très saine; prêteurs et emprunteurs ne pouvaient éprouver que peu de réticence vis-à-vis d'investissements financés par emprunt.

80   A ces circonstances nationales se superposait un *environnement international* éminemment favorable. La coopération accordée pour un temps

par les États-Unis et leur aide financière permettaient une remise en
marche rapide de l'économie et faisaient connaître aux industriels
85 français les techniques de production et d'organisation habituelles dans
d'autres pays. Chez nos voisins les plus proches, avec qui les contacts
sont particulièrement fréquents, la productivité du travail croissait
aussi à un rythme rapide, ce qui révélait aux chefs d'entreprises de
nombreuses possibilités de progrès. Et enfin la vigueur de la demande
90 dans une Europe qui avait retrouvé la paix apportait une stimulation
continue aux branches les plus modernes de notre industrie.

(J.-J. Carré *et al.*, *Abrégé de la croissance française*, Éditions du
Seuil, 1973, pp. 256–9.)

Exercices

Lexique

Expliquez les mots et expressions suivants:

léguer (l.66)   assainir une situation (l.75)
un particulier (l.73)   apurer des dettes (ll.75–76)

Grammaire et stylistique

(a) Transformez le passé simple en passé composé dans le premier
     paragraphe du texte et comparez l'effet obtenu. Appréciez dans ce
     même paragraphe l'emploi du passé simple et de l'imparfait.
(b) 'Il fait peu de doute que le retard français . . . ait été' (ll.12–13). Quel
     autre mode/temps peut-on utiliser ici? Quelle différence de sens voyez-
     vous?
(c) 'Un passé beaucoup plus ancien qu'on ne le croit' (ll.1–2): expliquez
     cette forme négative. Dans quels cas intervient-elle? Faites des phrases
     qui l'utilisent.

Compréhension

(a) Expliquez les raisons du retard français.
(b) Comment la France a-t-elle pu rattraper ce retard?

Questions orales ou écrites

(a) Les auteurs soulignent l'importance de 'l'effort d'instruction' des
     Français comme facteur explicatif de la croissance jusqu'à la fin des
     années 1960. Est-ce toujours vrai?
(b) Comparez les niveaux et stratégies d'investissement durant les *Trente
     glorieuses* et les années 1980 et 1990. Pourquoi la France ne peut-elle
     plus répéter maintenant les performances et stratégies d'alors?

Text 2.2

Travail, capital et État pendant la période de croissance de l'après-guerre

Des facteurs nouveaux sont intervenus

Les principaux d'entre eux peuvent être groupés autour de trois constatations: les Français ont maintenu à un niveau élevé leur effort de travail, les unités de production se sont équipées et réorganisées, l'administration économique du pays a fait preuve de dynamisme.

Les Français au travail

S'il est impossible de mesurer l'intensité de l'effort fourni par la population active, on peut voir à divers indices que les Français ont donné une certaine priorité au travail. Les évolutions des taux d'activité, de la mobilité géographique et de la durée du travail sont assez révélatrices.

Sans doute l'allongement de la scolarité et la forte réduction du nombre des travailleurs indépendants de l'agriculture et du commerce ont-ils eu pour effet d'abaisser les taux d'activité aux âges extrêmes. Mais en proportion croissante les femmes ont recherché un emploi: la chose apparaît de façon particulièrement nette sur les taux d'activité aux âges inférieurs à 40 ans (à l'âge de 25 ans ce taux est passé de 47% en 1954 à 52% en 1962 puis 56% en 1968).

Quoiqu'elle soit encore faible par rapport à des pays comme les États-Unis, la mobilité géographique semble assez remarquable. Elle a été s'accélérant; et surtout elle s'est située à des niveaux qui apparaissent élevés si l'on a présentes à l'esprit les grandes difficultés de logement qui ont prévalu durant tout l'après-guerre dans la plupart des agglomérations urbaines. Beaucoup ont accepté des conditions de vie très inconfortables dans le but d'avoir un meilleur emploi.

Enfin le maintien, jusqu'à une date récente, d'une longue durée du travail semble avoir résulté en grande partie d'une transformation des attitudes de la population adulte. Par exemple, la durée annuelle du travail, qui dans l'industrie avait diminué d'environ 20% entre 1896 et 1929, puis avait été encore fortement réduite par la crise et la législation de 1936, s'établit durant l'après-guerre à un niveau peu inférieur à celui de 1929, l'existence et l'allongement des congés étant compensés par une croissance de la durée hebdomadaire. Les syndicats ouvriers, qui militaient dans l'immédiat après-guerre pour une réduction de cette durée, se rendirent compte par la suite qu'une telle action n'était pas

désirée, du moins jusqu'en mai 1968. Quelques enquêtes d'opinion firent aussi apparaître que la plupart des salariés faisaient passer le souci d'une amélioration de leur revenu bien avant celui d'une diminution de leur temps de travail. Ainsi la France se trouvait-elle vers 1965
40   l'un des pays dans lesquels la durée du travail était la plus élevée.

Entreprises équipées et modernisées

La modernisation de l'appareil de production joua un rôle important. C'est sans doute grâce à elle que les gains de productivité ne se ralentirent pas durant les années 1960 et même qu'ils s'accélérèrent
45   quelque peu dans l'industrie. A deux époques, des options essentielles furent prises. Dès les premières années de l'après-guerre, le pouvoir politique et les responsables du secteur public entreprirent une reconstruction optimiste de l'infrastructure et des industries de base. A la fin des années 1950 et au début des années 1960, les chefs d'entreprises
50   prirent conscience des exigences de la production moderne et acceptèrent de s'y soumettre. Ils comprirent l'information qui leur avait été donnée dans le cadre du mouvement en faveur de la productivité. Ils en acceptèrent les conséquences et ne freinèrent pas l'ouverture du Marché commun. Beaucoup surent profiter de l'ouverture des frontières.
55   Sans doute l'inflation antérieure avait-elle assaini la situation financière des entreprises. Sans doute diverses mesures de caractère fiscal avaient-elles eu pour effet de rendre plus léger le coût effectif de l'utilisation des équipements. Sans doute la concurrence extérieure obligeait-elle, dans beaucoup de cas, à des réorganisations importantes.
60   Mais, si les chefs et dirigeants d'entreprise n'avaient pas eu la volonté de promouvoir l'expansion de leurs firmes, la modernisation aurait été plus lente.

Comme il arrive toujours dans les périodes connaissant des transformations rapides, les succès furent accompagnés d'une certaine propor-
65   tion d'échecs. Ces derniers ont périodiquement retenu l'attention du public. Mais lorsqu'on prend un certain recul par rapport aux événements, on voit se dégager l'image d'une modernisation douée d'une efficacité d'ensemble indéniable.

Une politique économique dynamique

70   A de multiples endroits nous avons noté le rôle joué par les pouvoirs publics. Ce rôle devait être important puisque existaient à la fin de la guerre un secteur public productif notablement grossi par les nationalisations de 1946, des organismes de contrôle ayant vocation économique, enfin un personnel administratif de haute qualité. Mais de tels atouts
75   étaient contrebalancés par l'inexistence presque totale d'instruments

d'observation économique, par la médiocrité de la formation économique des cadres, enfin par l'absence d'une doctrine claire et largement admise.

Que la politique économique suivie apparaisse rétrospectivement comme douée dans l'ensemble de dynamisme et de cohérence, nous

80   pouvons l'attribuer à une transformation de l'action de l'État qui doit beaucoup à la conjonction des efforts de quelques groupes d'hommes et aux progrès de la connaissance économique. En raison soit de ses fonctions, soit de son expérience, chacun de ces groupes était sensibilisé à un des aspects du développement économique et avait la volonté d'en

85   améliorer les conditions. La juxtaposition de tels efforts engendra un système qui doit beaucoup à l'empirisme mais qui semble doué d'une certaine efficacité.

Ainsi fut engendré un système économique mixte, système dans lequel les marchés jouent un grand rôle, la concurrence est maintenue ou

90   rétablie entre les producteurs nationaux comme entre eux et l'extérieur, système dans lequel existe aussi une planification indicative aidant à une prise de conscience des exigences et des caractéristiques du développement, système enfin dans lequel l'État assume certaines responsabilités directes dans la gestion économique.

95   Par la direction des entreprises publiques, par le financement public de gros investissements, par ses interventions dans l'aménagement du territoire ou dans la réorganisation des grandes entreprises, l'État réalisa en effet un grand nombre d'opérations ponctuelles visant à favoriser la croissance économique. Sans doute ces opérations ne

100 réussirent-elles pas toutes, Néanmoins sans que la doctrine en fût vraiment explicitée, elles s'inscrivent le plus souvent dans une vue assez cohérente de l'action de l'État sur le développement économique.

(J.-J. Carré et al., *Abrégé de la croissance française*, Éditions du Seuil, 1973, pp. 259–62.)

Exercices

Lexique

Expliquez les mots et expressions suivants:

contrebalancer (l.75)   une opération ponctuelle (l.98)
une économie mixte (l.88)

Grammaire et stylistique

(a)   'une certaine priorité' (l.9): appréciez la place de l'adjectif et indiquez la différence avec 'une priorité certaine'. Même chose pour l'expression 'certaines responsabilités' (ll.93–94).

(b)   Proposez une construction différente (et moins littéraire) pour les phrases qui commencent par 'sans doute' (ll.55–59).

Compréhension

(a)   Que mettez-vous sous l'expression 'des instruments d'observation économique' (ll.75–76), 'une doctrine claire et largement admise' (l.77), 'une planification indicative' (l.91)?

(b)   Précisez les responsabilités directes que l'État assume dans la gestion économique (l.94), et dégagez les grandes lignes de 'l'action de l'État sur le développement économique' (l.102).

Questions orales ou écrites

(a)   Pourquoi le rôle de l'État durant la période des *Trente glorieuses* peut-il être perçu comme crucial pour favoriser la croissance et amener la modernisation de l'économie française?

(b)   La durée hebdomadaire du travail en France est beaucoup plus basse aujourd'hui que durant les années 1960. Est-ce un signe d'inefficacité, ou de plus haute productivité?

Text 2.3

A peine terminée, la Crise recommence

1   L'euphorie s'était estompée avant la crise du Golfe. Fin juin, le baril touchait un de ses plus bas niveaux historiques: environ 16 dollars; et pourtant les profits industriels patinaient déjà, en France comme à l'étranger. Dans de nombreuses grandes sociétés, ils sont même en
5   baisse, voire en chute libre. La Bourse, qui était habituée à des records successifs, tombant année après année, en a pris ombrage. Grave? Pas encore sûr, car dans la plupart des cas, les entreprises paient les gros investissements qu'elles ont faits depuis trois ans, notamment dans les pays étrangers. Les frais de l'internationalisation en quelque sorte.
10   C'est dans les pays anglo-saxons que le malaise est le plus vif. Témoin la nouvelle dégradation des constructeurs automobiles américains: en neuf mois, Chrysler n'a dégagé que 37 millions de dollars de bénéfice, contre 1 milliard de dollars les neuf premiers mois de 1989. Ses ventes ont baissé de 15%. Celles de General Motors reculent de 7%,
15   et le n°1 américain a décidé de fermer 4 de ses 28 usines: il affiche 369 millions de dollars de pertes sur neuf mois. Le bénéfice trimestriel de Ford s'effondre de 79%. Les symptômes de la récession américaine sont désormais évidents, et ils peuvent donner la fièvre au monde occidental.
20   Les Européens ont déjà quelques frissons. Chez Volkswagen, leader sur le continent, le bénéfice 1990 devrait être de 1,8 milliard de deutsche-marks, contre 2,9 milliards l'an dernier. Renault annonce un recul de 60% de ses profits, qui seront de 4 milliards, avant impôts, contre 9,7 milliards il y a un an. Les causes? Un recul généralisé des ventes, bien
25   sûr; de gros investissements, comme le lancement de la Clio; mais aussi, et surtout, des difficultés dans les pays étrangers: Espagne ou Amérique latine. Sans oublier la filiale américaine spécialisée dans les poids lourds, Mack, dont il faut bien absorber les pertes.
  On les retrouve un peu partout ces problèmes. Les grandes entreprises
30   françaises, publiques en tête, ont beaucoup acheté ces dernières années, profitant de leurs bénéfices records. Aujourd'hui, elles paient les frais financiers, voire la restructuration et la modernisation, de ces sociétés. Et comme souvent ces rachats se sont faits aux États-Unis, elles reçoivent en plus la facture de la déprime économique américaine. Cas
35   typique, Michelin, qui perdra cette année au moins 2,3 milliards de francs. Mais ce scénario est aussi reproduit, à un degré moindre par Sanofi, la filiale cosmétique d'Elf, qui s'était payé les parfums Stern; par

Rhône-Poulenc, qui doit supporter Rorer; et par Thomson, qui a perdu
270 millions en six mois. Hachette a aussi du mal à supporter ses frais de
40 développement aux États-Unis. Mais il y a des contre-exemples comme
Accor dont les résultats semestriels ont progressé de 50% malgré le rachat
de Motel 6, une chaîne d'hôtels bon marché américains. Roger Fauroux,
ministre de l'Industrie, a soutenu ses troupes, estimant qu'il valait mieux
profiter de la faiblesse américaine pour s'acheter des parts de marché.
45 A long terme, le calcul est peut-être bon. A court terme, il coûte cher.

Mais pas besoin de s'être offert une filiale outre-Atlantique pour
trinquer: il suffit d'avoir investi en Italie, comme l'afficheur Dauphin
... ou en Espagne comme Damart: le bénéfice net semestriel de la
société est divisé par 10 passant de 114,9 millions à 12,4. *'Notre filiale*
50 *espagnole a voulu gagner trop de parts de marché. Elle n'a pas tenu ses*
prévisions, même en progressant de 44%. Résultat, il a fallu solder les
stocks, et nous y perdons 74 millions de francs en six mois', explique-t-on
chez Damart. La firme, qui a racheté plusieurs sociétés cette année,
dont Valisère, va désormais faire très attention à son niveau d'endette-
55 ment. Mais qu'on se rassure à Roubaix, on peut dévisser, même sans
l'aide de l'étranger: les résultats de Bouygues ont baissé de 45%. Et
ceux des banques ne sont pas en reste: recul semestriel de 27,9% à la
BNP.

Alors retour au début des années 80? Certes, des secteurs comme
60 l'électronique souffrent. Au niveau européen, Philips donne l'exemple
en annonçant 45000 suppressions d'emplois, qui toucheront ses unités
françaises. L'informaticien Bull va aussi comprimer ses emplois, notamment aux Etats-Unis. LCC, petite filiale de Thomson spécialisée dans les
composants passifs, va supprimer 10% de ses effectifs.

65 Ces mauvaises nouvelles ne sont pas caractéristiques de l'état général
de l'économie. Globalement, les profits de l'industrie française vont
encore progresser cette année de 5 à 10%, selon les prévisions. *'Il n'est*
pas impossible que les marges baissent l'an prochain, en raison de la hausse
des coûts d'approvisionnement et d'une réduction de la demande en France et
70 *l'étranger. Mais il faut voir que ces marges avaient atteint un plafond depuis*
un an. Nous restons donc à un niveau historiquement élevé', notent les
experts du Crédit national. Selon l'échantillon de bilans de cette banque,
le taux de profit qui était de 4,4% en 1979, avant le second choc
pétrolier, atteignait 8,5% en 1989. Solide. Les entreprises françaises
75 ont un matelas suffisant pour se payer une petite décélération, voire un
choc pétrolier. Elles peuvent même poursuivre leurs investissements
sans trop de craintes. Même si, en 1991, la progression des bénéfices
était nulle (selon Morgan Stanley) ou limitée probablement à 5% (selon
la BGP), la peur ne serait donc pas très vive. La cuvée 1990 serait
80 même une indication de bonne santé. Elle reflète les coûts des embauches et des investissements consentis depuis deux ou trois ans. Les

entreprises sont entrées dans une période de digestion. Une digestion qui va se faire dans un environnement moins faste que les 'trois glorieuses', les trois dernières années. Des 'rationalisations', autrement
85 dit des réductions d'effectifs, ne sont pas impossibles, mais il ne faut pas oublier que les coffres restent, pour le moment, remplis à ras bord.

('La fin des "Trois glorieuses"', Le Nouvel Observateur, 8–14 November 1990.)

Exercices

Lexique

Expliquez les mots et expressions suivants:

patiner (l.3)	la facture (l.34)
en baisse (ll.4–5)	un contre-exemple (l.40)
en chute libre (l.5)	semestriel (l.41)
prendre ombrage de quelque	trinquer (l.47)
chose (l.6)	solder un stock (l.52)
trimestriel (l.16)	dévisser (l.55)
un poids lourd (l.28)	atteindre un plafond (l.70)
un rachat (l.33)	un matelas (l.75)
la déprime (l.34)	à ras bord (l.87)

Grammaire et stylistique

(a)   Examinez aux lignes 17–19 comment l'auteur file sa métaphore: l'expression 'la fièvre' du monde occidental appelle en quelque sorte 'les frissons' des Européens qui continuent malgré tout à 'bien se porter'. Trouvez un autre exemple du même procédé dans le texte – au besoin, inventez-en vous-même.

Compréhension

(a)   A quel événement de l'histoire française le titre fait-il référence?
(b)   Identifiez les sociétés (ll.37–39) et leur production. Faites du même pour Damart (l.48), Valisère (l.54), Bouygues (l.56), BNP (l.58).
(c)   Expliquez la phrase suivante: 'les entreprises françaises ont un matelas suffisant pour se payer une petite décélération, voire un choc pétrolier' (ll.74–76).

Questions orales ou écrites

(a)   Quel est l'impact de l'évolution des profits sur les investissements des entreprises? Prenez l'exemple de la période allant de 1984 à 1990 en France.

(b)   Pourquoi est-il important pour les firmes françaises d'acquérir des filiales à l'étranger?

Text 2.4

La Politique industrielle de la sidérurgie: de plan en plan, une gestion désastreuse

1   Cent milliards de francs au bas mot. Voilà ce qu'aura coûté aux Français le sauvetage de la sidérurgie. Cent mille emplois perdus. Voilà ce qu'aura coûté à l'une des parties les plus fières de la 'classe ouvrière' la crise de l'acier. A supposer, bien entendu, que la 'sortie du rouge'
5   promise pour cette année se vérifie et perdure; et les pronostics restent, à cet égard, prudents.

    Un désastre. Le fait a été, toutes ces longues années, assez illustré par tant de rage et de désespoir mêlés qu'il n'est pas besoin d'y revenir. Si ce n'est peut-être pour rappeler qu'on n'a pas fini d'en observer les
10 conséquences. Au niveau local de ces vallées mono-industrielles en ruine, d'abord, au niveau politique, ensuite. L'élection présidentielle a mis en lumière des sidérurgistes qu'on ne s'attendait pas à voir voter pour M. Le Pen. L'effondement du Parti communiste et la montée de l'extrême droite trouvent, parmi d'autres facteurs, leur ferment sous la
15 rouille des laminoirs.

    Pouvait-on faire autrement? Telle est bien la question en 1988 qui, en condensé, concerne l'industrie française tout entière face à la crise.

    Cette crise sidérurgique, cela a été dit et redit depuis, n'était pas nationale mais mondiale, c'est-à-dire incontournable. Due à l'évolution
20 des techniques d'abord: il faut moins d'acier pour faire une voiture ou un pont. A la division mondiale du travail ensuite: l'acier coulé au Japon puis en Corée et au Brésil n'est pas moins bon et il est moins cher. Toutes les nations développées ont dû fermer des usines. Mais la gestion de la crise a été différente selon les pays, et tout est là.

25   Premier constat: l'acier restera le symbole de la faillite du grand patronat français et des célèbres familles de Wendel ou Schneider. Organisées en quasi-cartels, elles font preuve d'un aveuglement inouï qui les poussera à construire l'usine de Fos-sur-Mer – la sidérurgie *au bord de l'eau* censée représenter l'avenir – en 1971, trois ans avant la
30 chute irrémédiable des marchés. La collusion politique avec l'administration parisienne, à laquelle s'ajoutent l'influence des même corps d'ingénieurs et les intérêts des élus locaux, supprime tout contre-pouvoir. La solution trouvée sera, naturellement, d'en appeler aux crédits publics. Après les profits privés, il fallait 'nationaliser les pertes'. Ce fut fait bien
35 avant 1981, dès 1978.

    Deuxième constat: le dirigisme d'État succède au dirigisme privé mais n'élimine pas le gâchis. La crise est née dans les esprits, refusée dans sa gravité pendant exactement dix ans (1974–1984). Le gouvernement de gauche en témoigne, par son plan de 1982, qui voudra '*relancer*'.

40 On mettra ensuite longtemps avant d'admettre que l'analyse industrielle (les avantages des fours électriques, les comparaisons de coût internationales . . .) n'existe pas parce que les outils les plus élémentaires manquent (une comptabilité précise par exemple). Les facteurs de décision sont l'appartenance aux clans – Usinor contre Sacilor, le Nord
45 contre la Lorraine, les produits plats contre les produits longs, etc., et l'arbitrage politique au sommet.

Le troisième constat porte sur l'Europe, l'acier étant la seule industrie où existe une réelle organisation communautaire (la Communauté européenne du charbon et de l'acier ou CECA). '*L'état de crise manifeste*'
50 déclenché en octobre 1980 par Bruxelles conduira à un plan de réduction homothétique des capacités par pays. Coupe globale indispensable, mais, faite ainsi, elle ne favorise aucun rapprochement intra-européen et conserve leur drapeau aux aciéries. La création de groupes européens – amorcée seulement – est urgente, étant données les surca-
55 pacités restantes.

Au bout du compte, le dysfonctionnement des 'décideurs' français aura coûté cher. La chute de la production française d'acier depuis 1974 (– 34%) est la plus forte de celles qu'ont connues des pays développés, les États-Unis mis à part. Les meubles ont été mal sauvés.
60 Sans doute a-t-on aussi gâché deux ou trois ans par crainte politique de regarder la vérité et de la dire. Plusieurs milliards de francs d'aides publiques auraient pu être épargnés.

Refus d'admettre la crise des 'cathédrales' industrielles, ignorance de gestion, collusion inefficace de la technostructure privée et publique,
65 obstination coupable des élus locaux, la crise sidérurgique symbolise coûteusement la mauvaise traversée par l'industrie française des années 70 et 80. Elle explique aussi, par tant d'argent mal investi, le retard national dans les technologies de pointe.

Puisse la leçon servir et réhabiliter définitivement la nécessité d'une
70 politique industrielle mieux faite, mieux outillée, voyant large et loin, mais non exempte de prudence et d'humilité.

(Eric Boucher, 'La Politique industrielle de la sidérurgie: de plan en plan, une gestion désastreuse', *Le Monde*, 21 May 1988.)

Exercices

Lexique

Expliquer les mots et expressions suivants:

au bas mot (l.1)   trouver son ferment sous la rouille
la sortie du rouge (l.4)   des laminoirs (ll.14–15)

la crise est incontournable (l.19)
un contre-pouvoir (l.32)
le gâchis (l.37)
homothétique (l.51)
le dysfonctionnement des 'décideurs'
    (l.56)

les meubles ont été mal sauvés
    (l.59)
une 'cathédrale' industrielle (l.63)

Grammaire et stylistique

(a)   'Plusieurs milliards de francs d'aide auraient pu être épargnés' (l.62) –
'Voilà ce qu'aura coûté le sauvetage de la sidérurgie' (l.2). Révisez le
futur antérieur et le conditionnel passé dans une grammaire. Et faites
vous-même des phrases en employant ces modes/temps. Prêtez une
attention particulière aux phrases avec 'devoir', 'pouvoir' et 'vouloir'.

(b)   'Puisse la leçon servir . . .' (l.69). Justifiez le subjonctif. Écrivez d'autres
exemples inventés.

Compréhension

(a)   Expliquez l'expression 'nationaliser les pertes' (l.34).

(b)   Résumez les différentes causes de la crise sidérurgique exposées dans
l'article, à l'échelle mondiale et à celle de la France. En quoi cette crise
symbolise-t-elle 'la mauvaise traversée par les industries françaises des
années 1970 et 1980' (ll.66–67)?

Questions orales ou écrites

(a)   Pourquoi a-t-il été nécessaire d'établir une politique européenne commune de réduction des capacités de production d'acier?

(b)   La concurrence des pays du Tiers-Monde: les industries de base comme
la sidérurgie ont-elles encore une place dans la structure industrielle de
la France?

Text 2.5

L'Industrie française redevient-elle compétitive?

1   *'Le renouveau de l'industrie française est indiscutable.'* Ce jugement de M. Jean-Louis Beffa, PDG de Saint-Gobain, est unanimement partagé. Patrons, économistes, fonctionnaires ou syndicalistes, tout le monde s'accorde pour penser que la *'restructuration'* de l'industrie depuis dix

5   ans a conduit à des améliorations considérables. Alors qu'en 1980 la plupart des analyses étaient terriblement pessimistes, elles ont aujourd'hui complètement changé de tonalité. Les entreprises n'ont pas connu le destin 'à la britannique' que l'on prévoyait pour elles même si leur retard vis-à-vis du modèle opposé, l'Allemagne, reste colossal.

10   *'Les entreprises ont découvert la finance et le marketing, note M. Beffa. Grandes et petites, elles ont mis en place une flexibilité de leurs forces de travail, se sont recentrées sur un ou deux métiers qu'elles maîtrisent bien et ont renouvelé complètement leurs équipes dirigeantes. L'essentiel est qu'elles se sont internationalisées: leurs acquisitions à l'étranger ont modifié leur*

15   *façon de voir. Plus personne ne raisonne avec l'Hexagone pour horizon et chacun recherche un leadership mondial. Les succès accumulés à cette échelle démontrent aujourd'hui que l'industrie française n'est pas condamnée à réclamer au gouvernment des dévaluations répétitives pour s'en sortir.'*

'La crise a eu un effet pédagogique excellent parmi les patrons mais aussi

20   *dans le pays en entier, chez les syndicalistes comme chez les hommes politiques'*, renchérit un fonctionnaire. Depuis 1988 et jusqu'à cet été, la bonne conjoncture retrouvée a ensuite bénéficié à plein à l'industrie, qui a parachevé un *'redressement spectaculaire'*. Du coup, les indices positifs s'alignent. Le taux de marge est revenu à ce qu'il était avant la

25   crise. L'investissement a gagné 7% en volume en 1989 et, avant la crise du Golfe, il était prévu qu'il en gagne 11% en 1990.

Les industriels français auraient-ils vaincu leur traditionnelle frilosité? On peut l'espérer quand on constate que les dépenses de recherche et développement ont augmenté en 1989 de 14% dans les vingt-cinq plus

30   grandes entreprises de France. La compétitivité recouvrée se résume au bout du compte dans un premier retour depuis 1974 aux créations d'emplois dans l'industrie l'an dernier: + 30 000. Faible chiffre mais gros symbole. Pourtant, si le déclin est évité, l'euphorie n'est pas de mise. Loin de là. D'abord parce que *'l'industrie française partait de très*

35   *bas'*, comme le rappelle le PDG d'un groupe nationalisé. La production industrielle a crû ces années récentes, mais ce regain n'a pas effacé le

retard accumulé pendant près d'une décennie d'atonie: + 11,7%
depuis 1980 en France au lieu de + 19,5% en Allemagne, 31,4% aux
États-Unis et 42,5% au Japon.

40   La France, pendant toute cette même période, a perdu des parts sur
le marché mondial et rien n'indique encore que ce recul soit solidement
enrayé. Le déficit persistant des échanges industriels (52 milliards de
francs pour les produits civils et militaires en 1989 et sans doute 65
milliards en 1990) prouve que l'assainissement n'est pas achevé.

45   Ces indices sont ceux d'un pays qui, malgré ses efforts, demeure en
réalité sous-industrialisé. En 1988, l'investissement industriel, en
hausse notable, n'a représenté encore que 15,2% de la valeur ajoutée
au lieu de plus de 18% avant la crise de 1973. Tout est là.

'La France reste une société peu innovante où les cols blancs dominent
50   *encore les cols bleus'*, note M. Gilles Cosson, directeur général adjoint de
la Compagnie financière. La sous-industrialisation s'observe en effet
aussi sous des angles plus qualitatifs. *'Les mentalités n'ont pas encore*
basculé en faveur de l'industrie', déplore un fonctionnaire, tandis qu'un
autre ajoute: *'Il suffit de regarder les jeunes diplômés rêver des banques ou*
55   *des sociétés de services pour s'en convaincre.'* La France ne forme que
14 000 ingénieurs par an alors qu'il en faudrait 30 000. . . Ce pays
paysan ne gagnera pas une âme industrieuse et technologique en cinq
ou six ans.

('L'industrie française redevient-elle compétitive?', *Le Monde*,
16 November 1990.)

Exercices

Lexique

Expliquez les mots et expressions suivants:

tout le monde s'accorde pour penser   le taux de marge (1.24)
    que (ll.3–4)   une frilosité (1.27)
la flexibilité de leurs forces de travail   l'euphorie n'est pas de mise (ll.33–34)
    (ll.11–12)   enrayer un recul (ll.41–42)

Grammaire et stylistique

(a)   'Dans les vingt-cinq plus grandes entreprises de France' (ll.29–30).
Examinez l'ordre des mots, puis comparez avec la structure 'les cinq
dernières minutes'. Inventez vous-même des expressions utilisant ces
deux tournures.

(b)   Faites une liste des mots de liaison des lignes 19 à 26. Utilisez-les
ensuite dans vos réponses aux questions de compréhension.

Compréhension

(a)   Que comprenez vous par la formule 'le destin "à la britannique"'
      (l.8)?
(b)   Expliquez l'évolution de l'industrie française telle que la décrit M.
      Beffa (ll.10–18). Comparez avec l'industrie britannique durant la même
      période. Que concluez-vous?
(c)   Expliquez comment 'la crise a eu un effet pédagogique excellent parmi
      les patrons mais aussi dans le pays en entier, chez les syndicalistes
      comme chez les hommes politiques' (ll.19–21).

Questions orales ou écrites

(a)   La France peut-elle être considérée comme sous-industrialisée? Faites
      une comparaison avec la Grande-Bretagne et l'Allemagne.
(b)   Pourquoi beaucoup d'entreprises industrielles sont-elles en faveur de
      'dévaluations compétitives' et pourquoi cela peut-il poser des
      problèmes?

Text 2.6

La Crise de l'emploi au début des années 1990: le retour aux années noires?

1   Bull, 5 000. Casino, 1 450. Chausson, 900. Michelin 2 260. Société métallurgique de Normandie, 500. Valéo, 2 000 à 4 000. Renault, 4 650. Rhône Poulenc, 700 . . . Cotations boursières? Non, suppressions d'emplois.

5   Ainsi, ça recommence. Les charrettes. Les vagues de licenciements. Les restructurations. Deux ans que, par bonheur, on n'en parlait presque plus, sinon comme un point d'histoire, souvenir des années terribles. On les oubliait . . . Et voilà que, subitement, elles reviennent à la mode.

10   Dur réveil. On croyait pourtant nos entreprises en pleine forme, prêtes à affronter la concurrence internationale, à peine effrayées par le grand marché européen de 1993. On les disait assainies, dopées par les investissements, affinées par les dégraissages, musclées par les profits. La cure des années 80 avait été sévère, certes. Mais salutaire. Restait à

15   tendre la main pour en recueillir les fruits. Bernique!

Mais que se passe-t-il? L'économie française serait-elle victime d'un sortilège qui annihilerait ses efforts pour sortir de la crise? Et nos entreprises, maudites entre toutes, contraintes par quelque esprit malin à licencier sans cesse pour avoir une chance de survie? Disons plutôt

20   que, potion d'austérité ou pas, elles sont demeurées dans bien des cas très fragiles. A la merci de la moindre brise.

La preuve? Il aura suffi d'un léger retournement de conjoncture pour que s'effondrent leurs illusions. Revenons en arrière. Fin 1989, tout va encore pour le mieux. Entraînées par la croissance de la demande, les

25   firmes françaises sortent du rouge l'une après l'autre, et engrangent des bénéfices parfois faramineux. Mieux, elles embauchent à tour de bras, d'abord dans les services, secteur chouchou de l'emploi, puis, divine surprise, dans l'industrie elle-même. 200 000 postes de travail créés en 1988, 300 000 en 1989: records des 'trente glorieuses'

30   battus. Tout le monde jubile. On fait des projets. On sourit à l'avenir. On va voir ce qu'on va voir.

Et au printemps dernier, patatras! La demande mondiale, subitement, se rétracte, commence à entamer notre taux de croissance. Nuages. Les entreprises l'avaient-elles prévu? Pas anticipé, en tout cas. Prises de

35   court, beaucoup de directions générales passent de l'euphorie à la plus

extrême prudence. Elles parent au plus pressé, s'arc-boutent, freinent leurs investissements de capacité, limitent leurs embauches, et regardent chuter leurs bénéfices. La crise du Golfe, alliée à la chute du dollar et à l'accélération de la récession américaine, achèvera de noircir

40 l'horizon. Désormais, dans les secteurs les plus exposés, l'informatique, l'automobile, et, dans une moindre mesure, les biens de consommation et le textile, on ne pense qu'à une chose: resserrer les boulons tant qu'il en est encore temps. Et, en bonne logique, à licencier.

La cure d'austérité des années Mauroy-Fabius a-t-elle donc si peu

45 servi qu'à la moindre alerte surgisse à nouveau le spectre des dégraissages massifs? Moins sans doute qu'on avait coutume de le croire. Voire pas du tout, comme le murmurent certains macro-économistes.

Quoi? On aurait fait tout cela pour rien? Les tombereaux de licenciements, l'Est et le Nord dévastés, La Ciotat, La Seyne, Le Creusot en deuil

50 de leurs fonds de commerce, les queues à l'ANPE, les wagons de préretraites, les milliards – et les gouvernements – engloutis dans les restructurations, tout cela pour des cacahuètes? Pour se retrouver exactement au même point, aussi fragile, aussi vulnérable, aussi en retard? 'Les macro-économistes ont une fausse vision des choses', se défend-

55 on au ministère de l'Industrie. De fait, leur analyse globale ignore les résultats enregistrés dans certains secteurs.

Impossible, par exemple, de prétendre que la purge imposée à la sidérurgie française ne l'a pas remise d'aplomb: le groupe Usinor-Sacilor, jadis noyé dans les abysses du déficit, affiche désormais régulière-

60 ment plusieurs milliards de francs de profit. Et a repris ses embauches. Idem dans l'automobile où le redressement spectaculaire de PSA (désormais, deuxième constructeur européen) et, dans une moindre mesure, de Renault, est indéniable. A cela s'ajoutent évidemment les effets de la croissance modérée des salaires et de la politique d'abaissement du coût

65 du travail: les entreprises françaises n'ont peut-être pas rattrapé leur retard de productivité, mais elles ont quand même pu reconstituer leurs marges. Et se remettre à investir.

Seulement voilà, contrairement à ce qu'avait laissé supposer l'euphorie de 1988–1989, le 'sale boulot' n'est pas fini.

70 Ainsi la vague actuelle de licenciements dans l'industrie serait-elle ni plus ni moins la poursuite des restructurations qu'on pensait terminées. Un mauvais rêve.

Ce n'est pas la seule raison. Si certains patrons taillent aujourd'hui à la serpe dans leurs effectifs, c'est aussi l'effet de leur récente stratégie.

75 Qu'ont-ils entrepris ces deux dernières années? D'abord de placer leurs sous dans la 'sphère financière', en clair d'acheter des titres en Bourse ou ailleurs en attendant qu'ils montent. Ils ont certes aussi beaucoup

investi; mais selon une récente étude du CERC (Centre d'études des revenus et des coûts), les fonds ainsi placés par les entreprises auraient
80 décuplé dans les années 80. Profit facile. Ce n'est pas tout. Fort complexées par leur petite taille, de nombreuses – grandes – entreprises ont profité du retour des bénéfices pour se précipiter à l'étranger, afin d'y faire de fructueuses acquisitions. Stratégie nécessaire pour leur survie? Grossière erreur de management? Nul ne le sait pour le moment.
85 Une chose est sûre, ce développement externe s'est révélé catastrophique pour l'emploi – au moins à court terme. Est-ce un hasard si trois des principaux trains de licenciements actuels, ceux de Michelin, de Bull et de Rhône-Poulenc sont le fait d'entreprises ayant réalisé récemment de gros achats aux Etats-Unis?
90 A cela s'ajoute un singulier changement de mentalité patronale. Qu'on se rappelle le passé. Pour qu'une entreprise se résigne à entreprendre un dégraissage, il fallait qu'elle soit parvenue à la dernière limite de ses forces. Que sa dette soit colossale, ses pertes irrémédiables, son sureffectif durable, son avenir grevé. Renault perdait douze milliards
95 par an quand elle a commencé à trancher dans le vif. La sidérurgie bien plus. Même pour les patrons, l'emploi, alors, avait quelque chose de sacré – le dernier bastion dans lequel on acceptait de tailler.

Est-ce l'effet de l'air du temps, la mode de la flexibilité, ou simplement la crainte maladive de se retrouver à nouveau avec des sureffectifs?
100 Toujours est-il que les directions générales ont désormais la main plus leste qu'avant. Beaucoup plus leste. Renault, qui vire aujourd'hui 4 600 travailleurs, affiche ses cinq milliards de profit. PSA, Casino, Saint-Gobain et même (en son temps) Michelin ont, eux aussi, annoncé des réductions de personnel sans que leurs comptes soient dans le
105 rouge. 'C'est vrai, nous avons moins de scrupules que par le passé', reconnaît ce grand patron. Et si cela paraît choquant, au diable! Dans la guerre économique contre les Japonais, chaque minute compte . . .

Rendons-leur quand même cette justice: si elles vont plus vite à les annoncer, les grandes entreprises organisent avec un peu plus de
110 doigté qu'avant leurs trains de suppressions d'emplois. Leurs plans sociaux paraissent en général mieux conçus, plus complets, plus acceptables. Sans doute ont-elles fini par acquérir quelque expérience en la matière.

('La crise de l'emploi au début des années 1990: Le retour aux années noires?', *L'Événement du jeudi*, 22–28 November 1990, pp. 30–32.)

Exercices

Lexique

Expliquez les mots et expressions suivants:

dopé (l.12)

bernique! (l.15)

un sortilège qui annihilerait (ll.16–17)

patatras! (l.32)

pris de court (ll.34–35)

parer au plus pressé (l.36)

tout cela pour des cacahuètes (l.52)

remettre d'aplomb (l.58)

PSA (l.61)

le sale boulot (l.69)

en clair (l.76)

un dégraissage (l.92)

un sureffectif (l.94)

trancher dans le vif (l.95)

virer (l.101)

Grammaire et stylistique

(a)   Lire les chiffres suivants: 5 000, 1 450, 900, 2 260, 1998, 4 650, 1989, 200 000, 1988, 300 000.

(b)   Un sortilège qui annihilerait (ll.16–17). Pourrait-on utiliser un autre temps/mode? Lequel? Tournez la phrase au présent en remplaçant 'annihiler' par 'pouvoir annihiler': quelles possibilités s'offrent à vous? Précisez le sens chaque fois. Examinez et justifiez les subjonctifs des lignes 91–95.

(c)   La question oratoire et l'exclamation. Étudiez la forme et les utilisations aux lignes 86–89 et 96–99. Utilisez-les vous-même dans des phrases.

(d)   Pourquoi la dernière phrase du texte comprend-elle une inversion? Récrivez-la sans inversion.

Compréhension

(a)   Les charrettes (l.5), les tombereaux (l.48). A quel vocabulaire appartiennent ces mots? Expliquez-les dans ce contexte.

Questions orales ou écrites

(a)   Quelles sont les stratégies qui pourraient être employées pour limiter l'impact sur l'emploi des 'restructurations' industrielles?

(b)   Quels sont les liens entre le chômage et la formation professionnelle?

Text 2.7

L'Emploi des travailleurs immigrés: un facteur positif pour l'économie française

Les préjugés et les idées reçues sur les travailleurs immigrés ont la vie dure. Voici quelques réponses.

1 *Les immigrés clandestins sont au moins un million*

Le nombre des étrangers clandestins, par définition, ne peut pas être connu mais ce n'est pas une raison pour avancer des chiffres fantaisistes de nature à affoler l'opinion. Il est cependant possible de se livrer à un
5 exercice comparatif en se référant à la dernière régularisation de clandestins, effectuée en 1981–1982. Alors qu'un chiffre de 300000 clandestins était couramment avancé en 1980–1981, il est apparu que, malgré les conditions très souples exigées, le nombre de dossiers de régularisation déposés n'a pas excédé 150000 (parmi lesquels 131500
10 ont été acceptés). Il n'est donc pas infondé de supposer que les chiffres souvent cités aujourd'hui sur l'importance des étrangers en situation irrégulière soient erronés dans les mêmes proportions.

Les immigrés alimentent le travail clandestin

Le travail clandestin concerne autant les Français que les étrangers. La
15 responsabilité principale en incombe aux entreprises qui y ont recours. Le même terme, 'travail clandestin', regroupe en fait plusieurs situations: d'une part, les étrangers qui séjournent irrégulièrement en France et qui exercent une activité dans des conditions irrégulières. Et, d'autre part, les étrangers en situation régulière mais qui travaillent sans être
20 déclarés, dans les mêmes conditions que le 'travail au noir' auxquels se livrent de nombreux nationaux.

Cette offre de travail clandestin n'existe que parce qu'il y a une demande. Une enquête effectuée d'octobre 1981 à juillet 1982 auprès d'un vaste échantillon (plus de 10000) de travailleurs régularisés a
25 permis de tracer un portrait de ces clandestins: tout d'abord, 95% d'entre eux avaient un emploi. Parmi ces derniers, près du tiers travaillait dans le BTP, moins de 15% dans les hôtels, cafés, restaurants, 10% dans les services domestiques. Leurs employeurs étaient constitués pour 42% par des entreprises de moins de 5 salariés et, pour 25%, par des
30 entreprises de 5 à 9 salariés; soit, pour plus des deux tiers, par des entreprises de moins de 10 salariés.

Les immigrés coûtent cher à la Sécurité sociale

Quand on regarde le solde global des différents régimes, les immigrés ne sont pas une charge pour la Sécurité sociale, Dire: 'Les immigrés coûtent cher à la Sécurité sociale' sous-entend une réponse: 'Ils ne devraient rien coûter.' Or, c'est une mauvaise question: en matière de Sécurité sociale, les cotisants paient pour les bénéficiaires: les bien-portants pour les malades, les ménages moins nombreux pour les familles nombreuses, les actifs pour les retraités. Il ne peut pas y avoir 'd'équilibre' par nationalité, pas plus que par catégorie sociale. Le solde 'cotisations-prestations' est bénéficiaire (plus de cotisations que de prestations) pour le régime maladie du fait de la structure par âge plus jeune des étrangers; pour les prestations familiales, il est déficitaire car les familles d'étrangers sont plus nombreuses que celles des Français, même si la fécondité des femmes étrangères se rapproche, en quelques années, de celle des nationales; pour le régime vieillesse, il est bénéficiare pour la même raison qu'en maladie, même si un viellissement s'amorce.

En 1982, une étude menée par les élèves de l'ENA faisait apparaître les chiffres suivants:

- Maladie: 7,6% des cotisations pour 6,3% des prestations.
- Famille: 7,9% des cotisations pour 14,4% des prestations.
- Vieillesse: 7,9% des cotisations pour 5% des prestations.

Les immigrés prennent le travail des Français

Une telle affirmation est caricaturale. Le rapport entre la main-d'œuvre étrangère et la main-d'œuvre nationale s'est modifié depuis les années 60 dans le sens d'une concurrence de plus en plus sensible. Ensuite, les étrangers qui cherchent à accéder à un emploi sont mieux formés qu'il y a vingt ou trente ans: scolarisation en France pour une partie d'entre eux, progrès de l'alphabétisation et de la scolarisation dans les pays d'origine pour l'autre partie. En outre, les emplois nouveaux sont de plus en plus dans les services et non plus dans le secteur secondaire. Ainsi, les femmes et les jeunes étrangers vont là où l'emploi apparaît, et ils entrent alors en concurrence avec les nationaux, de même que ceux-ci sont en concurrence entre eux.

Cependant, ce raisonnement est insuffisant car il repose sur l'idée que dans une société donnée, à un moment donné, le nombre d'emplois serait fixe: le problème n'étant alors que de répartir les parts d'un gâteau dont la taille n'augmenterait pas. Si l'un occupe un emploi, il le 'prend' forcément à quelqu'un d'autre. En réalité, tout apport supplémentaire de main-d'œuvre, adaptée ou adaptable aux besoins d'une économie moderne, constitue aussi un atout. L'emploi crée l'emploi, comme l'a montré après la Seconde Guerre l'arrivée en RFA des réfugiés d'Europe de l'Est.

Toutefois, dans des secteurs importants, bâtiment et travaux publics, nettoyage industriel, confection, etc., l'emploi étranger demeure complé-
75 mentaire à l'emploi des nationaux, les étrangers continuant à occuper des postes qui ne pourront être pourvus par la main-d'œuvre nationale. Effect-ivement, des offres d'emplois ne trouvent pas preneur à l'heure actuelle.

('L'Emploi des travailleurs immigrés: un facteur positif pour l'économie française', *Libération*, 22 May 1990.)

Exercices

Lexique

Expliquez les mots et expressions suivants:

un échantillon (l.24)   la cotisation, la prestation (l.50)
un travailleur régularisé (l.24)   sensible (l.56)
le BTP (l.27)   un atout (l.71)
le solde (l.33)

Grammaire et stylisique

(a) Etudiez les structures de la comparaison:
     'moins de', 'plus de' (ll.29,30), 'plus que' (l.44)
     'pas plus que' (l.40)
     'plus de . . . que de' (ll.40–41)
     'de plus en plus' (l.56)
     'mieux que' (l.57)
     Utilisez ces structures dans des phrases.
(b) Quand emploie-t-on 'que', quand emploie-t-on 'de'? Faites vous-même des phrases sur ces structures.

Compréhension

(a) 'Quand on regarde le solde global des différents régimes, les immigrés ne sont pas une charge pour la Sécurité sociale' (ll.33–34). Expliquez ce point de vue.
(b) Pourquoi l'affirmation 'les immigrés prennent le travail des Français' est-elle 'caricaturale'? (ll.53–54).

Questions orales ou écrites

(a) Travail clandestin: pourquoi les employeurs y trouvent-ils des avantages?
(b) Selon vous, les événements de ces dernières années en Europe et dans le reste du monde vont-ils permettre un ralentissement de l'émigration vers des pays comme la France?

Text 2.8

Pourquoi la France a-t-elle trois millions de chômeurs en 1992?

1   Quoi? Demain pire qu'aujourd'hui? Alors qu'avec 2,7 millions de demandeurs d'emploi – dont près de 800 000 inscrits à l'ANPE depuis plus d'un an – la France affiche déjà l'un des plus exécrables taux de chômage des grands pays industrialisés ... Pendant des années, les

5   gouvernements successifs se sont battus pour assainir notre économie, restaurer nos grands équilibres, rendre compétitives nos entreprises. Résultat? Rien. Le cancer est toujours là. Pourquoi?

   Parce que la croissance est beaucoup trop faible: 4,5% de croissance en 1989, 2,8% en 1990, quasiment zéro au premier semestre 1991 ...

10 Le ralentissement mondial, amorcé bien avant la guerre du Golfe, a eu des effets dévastateurs sur la conjoncture française. Logiquement, les offres d'emplois se sont effondrées, et les entreprises, après avoir éliminé les intérimaires et les salariés en contrat à durée déterminée, ont fini par licencier. Sombre perspective: les gros plans de licenciements annon-

15 cés dans le textile, l'électronique ou l'automobile n'ont pas encore pris leur effet. Quelque 70 000 chômeurs supplémentaires sont déjà prévus pour la rentrée.

   Certes, d'autres font pire que nous, puisqu'ils sont carrément en récession: les États-Unis ont ainsi engrangé 2 millions de chômeurs de

20 plus en un an, et la Grande-Bretagne 600 000, mais leur taux de chômage n'a pas encore rejoint le nôtre.

   Ainsi, il aura suffi de quelques mois de déprime conjoncturelle pour détériorer gravement la situation de l'emploi, alors que trois années de belle croissance, entre 1987 et 1990, n'ont pratiquement pas permis de

25 réduire le niveau du chômage.

   Parce que la psychologie n'arrange pas les choses. Comme toujours, les comportements psychologiques viennent aggraver la situation. Les ménages, dont le pouvoir d'achat a globalement augmenté l'an dernier, restreignent ou diffèrent leur consommation par peur du lendemain.

30 Les chefs d'entreprises, dont les charges n'ont pas progressé, abandonnent par excès de prudence leurs projets d'investissements, stoppent les embauches, ou commencent même à licencier, au risque de rater le train de la reprise. La France vit recroquevillée sur elle-même, et le climat de morosité s'auto-alimente.

35 *Parce que la formation est inadaptée*. Les listings de l'ANPE s'allongent, mais pendant ce temps-là, des dizaines de milliers d'offres d'emploi ne trouvent pas preneur. L'Agence nationale en recense actuellement 62 000.

Le CNPF, lui, les chiffre à au moins 300 000. . . Qui croire? Dans certains secteurs comme le BTP, la construction électrique ou l'hôtellerie,
40 les besoins en main-d'œuvre qualifiée sont manifestes. Pour y voir plus
clair, Martine Aubry s'apprête d'ailleurs à mener une enquête ser-
rée sur le terrain afin de déterminer les besoins réels des entreprises.

Les causes? Il y a d'abord les carences de l'éducation. Beaucoup trop
45 de jeunes arrivent sur le marché du travail sans aucune qualification
ou avec une formation qui ne correspond nullement aux besoins des
entreprises. Le gouvernement mise aujourd'hui sur le développement
de l'apprentissage pour arranger les choses: une grande négociation
sur ce thème démarrera à la rentrée entre les partenaires sociaux.
50 Espérons qu'elle aboutira cette fois-ci, avec l'aide des entreprises, à des
résultats concrets. Car les dernières grandes initiatives prises par les
pouvoirs publics pour encourager la formation ont plutôt tourné au
fiasco: ainsi, les CFI (Crédit formation individuel), qui ont concerné
depuis 1988 quelque 225 000 jeunes laissés pour compte du système
55 scolaire, n'ont abouti qu'à l'obtention de 5 000 CAP. On comprend
pourquoi Edith Cresson a demandé la mise à plat de tous les systèmes
d'aide à la formation. . .

Parce que la démographie est contre nous. Entre 1987 et 1990, la
France a créé 850 000 emplois. Dans le même temps, le nombre de
60 chômeurs n'a diminué que de 70 000. Douze fois moins! Pourquoi une telle
différence? Parce que notre pays doit faire face à une marée de nouveaux
arrivants sur son marché du travail. Selon l'INSEE, ils seraient environ
200 000 chaque année à venir grossir le flot des demandeurs d'emploi.

S'agirait-il des immigrés, qui, en rangs serrés, viendraient inonder
65 notre ANPE? Nullement. En dix ans, le nombre de travailleurs étrangers
n'a progressé que de 4,4%. Si notre population active augmente rapidement, c'est en premier lieu à cause des jeunes, tout juste sortis du
système éducatif, qui viennent s'inscrire chaque automne à l'ANPE. La
France, dont la natalité est aujourd'hui insuffisante pour assurer le
70 renouvellement de ses générations, paye ici le prix de sa vigueur
démographique du début des années 70. D'autant plus lourd que, pour
beaucoup, les gosses nés dans cette période ont été peu ou mal formés,
et qu'ils ont le plus grand mal à s'insérer dans la vie active.

A cela s'ajoute l'afflux des femmes sur le marché du travail. Il y a
75 celles qui préfèrent travailler plutôt qu'être mères au foyer. Et celles qui
ont impérativement besoin de trouver un emploi. Celles qui cherchent
simplement à arrondir les revenus du ménage. Celles enfin qui souhaitent se remettre au travail une fois leurs enfants élevés. Bref, plus
aucune femme ne veut désormais rester à la maison: en neuf ans, la
80 population active féminine s'est accrue de 1,5 million. A peu près
autant que le chômage.

Bref, la France croule sous les forces vives. Quand ses voisins, à la

démographie anémiée, profitent du moindre souffle de croissance pour réduire leur chômage, elle doit créer des milliers d'emplois supplémen-
85   taires pour simplement espérer le contenir.

Parce que le traitement social a montré ses limites. Les TUC, les PIL, les PLIF, les SRA, les SIVP... Même combinées, les 26 lettres de l'alphabet sont à peine suffisantes pour retracer la myriade de formules de 'stages parking' sorties depuis dix ans des tiroirs du ministère du
90   Travail. Pendant les années 80, l'essentiel de la politique de l'emploi n'a guère consisté qu'à les multiplier. Avec, pour principal objectif, de camoufler la montée du chômage en faisant patienter hors de l'ANPE des centaines de milliers de demandeurs d'emploi potentiels.

En 1988, Jean-Pierre Soisson décide de mettre le holà. Il supprime les
95   formules trop 'immorales' comme les SIVP, réforme les TUC, tente de rendre les différents stages plus formateurs. Désormais, on en fait moins, mais on en fait mieux. Ainsi le nombre de jeunes en TUC (rebaptisés contrats emploi solidarité), qui frisait les 300 000 en 1986, n'est plus aujourd'hui que de 160 000. Moyennant quoi le ministère
100   du Travail dépense moins: en 1990, il a pu rendre neuf milliards de francs initialement prévus pour le traitement social et non dépensés.

Martine Aubry entend poursuivre dans la même voie. Elle ne remplira pas artificiellement les stages parkings. Elle n'en créera pas de nouveau. En revanche, elle le jure, elle mettra toute son énergie à tenter de rendre
105   ces formules plus efficaces, en particulier le crédit formation individualisé, qui, on l'a vu, s'est avéré un désastre. Une politique courageuse. Mais qui, à court terme, risque de s'avérer délicate à gérer: désormais, face à l'explosion du chômage, le gouvernement ne disposera plus du filet de sécurité que représentait le traitement social. Et il ne pourra empêcher la
110   courbe des demandeurs d'emploi de filer vers les 3 millions.

Parce que le coût de la main-d'œuvre non qualifiée serait trop élevé. Bien que tout le monde n'en soit pas convaincu, Pierre Bérégovoy voit là l'une des principales causes du chômage. Aussi prévoit-il d'accentuer la politique de réduction de charges en faveur des PME – il pourrait
115   exonérer de charges sociales les entreprises embauchant un deuxième et un troisième salarié. De son côté, Martine Aubry va donner un coup de pouce aux *'emplois de proximité'* (gardes d'enfants, femmes de ménage, aides ménagères etc.). Reste que ces coups d'épingles ne pourront, à eux seuls, faire fléchir rapidement la courbe des demandeurs
120   d'emploi. Pas plus qu'aucune des mesures de fond planifiées par le gouvernement, qui nécessiteront beaucoup de temps. On n'évitera pas les trois millions de chômeurs.

(Philippe Eliakim and Olivier Drouin, 'Pourquoi la France a-t-elle trois millions de chômeurs en 1992?', *L'Événement du Jeudi*, 4–10 July 1992.)

Exercices

Lexique

Expliquez les mots et expressions suivants:

exécrable (l.3)   le CAP (l.55)
assainir (l.5)   la mise à plat (l.56)
un intérimaire (l.13)   les forces vives (l.82)
un contrat à durée déterminée (l.13)   camoufler (l.92)
engranger (l.19)   mettre le holà (l.94)
la déprime (l.22)   friser (l.98)
l'ANPE (l.35)   exonérer (l.115)
le CNPF (l.38)   donner un coup de pouce (ll.116–117)
le BTP (l.39)   un coup d'épingle (l.118)
les partenaires sociaux (l.49)

Grammaire et stylistique

(a) 'Le nôtre' (l.21). Utilisez vous-même des pronoms possessifs dans des phrases que vous inventerez.
(b) 'S'agirait-il des immigrés, qui, en rangs serrés, viendraient inonder notre ANPE?' (ll.64–65): justifiez le mode/temps des verbes.

Compréhension

(a) Qu'est-ce à votre avis qu'un CFI ou 'crédit formation individuel' (l.53)? Qu'appelle-t-on 'le traitement social du chômage' (l.86)? Que comprenez-vous par l'expression 'un stage-parking' (l.89)?
(b) 'La France croule sous les forces vives' (l.82). Comparez la perspective démographique optimiste exposée dans ce texte et la notion généralement admise selon laquelle la population française est une population vieille.
(c) Résumez les causes du chômage telles qu'elles sont exposées dans le texte et comparez la situation en France et dans votre pays.

Questions orales ou écrites

(a) Dans quelles conditions les mesures de 'partage du travail' (comme par exemple la réduction du temps de travail, le développement du temps partiel) pourraient-elles aider à résoudre la question du chômage en France?
(b) Certains économistes préconisent une réduction des salaires et du SMIC pour les jeunes pour réduire le chômage. Qu'en pensez-vous?

Text 2.9

Treize Plans pour l'emploi en quinze ans

1   Depuis la fin du plein emploi, les plans se succèdent sans enrayer durablement la montée du chômage. A la fin de 1976, la France compte 1 million de chômeurs, soit 4,4% de la population active (chiffres du Bureau International du Travail, corrigés des variations
5   saisonnières).

De 1977 à 1979, Raymond Barre a lancé trois pactes nationaux pour l'emploi, principalement pour lutter contre le chômage des jeunes. Le premier instituait ainsi l'exonération à 100% des charges sociales pour l'embauche des moins de 25 ans. A la fin de l'année 1980, le taux
10   de chômage grimpe à 6,7%.

En septembre 1981, le gouvernement Mauroy lance le 'plan avenir jeunes' avec la mise en œuvre des contrats de solidarité État-entreprises et des bassins d'emploi. De nouveaux types de contrats emploi-formation sont adoptés dès septembre 1982. Juin 1984: nouveau plan fondé sur
15   les aides à l'insertion (stages des jeunes dans les entreprises publiques) et relayé en septembre par les 'initiatives pour l'emploi' (formation en alternance et TUC).

En juillet 1985, le gouvernement Fabius crée les congés-conversion. Pourtant, à la fin de l'année 1985, le taux de chômage atteint
20   10,2%.

Dès avril 1986, Jacques Chirac et Philippe Séguin mettent en place le 'plan d'urgence pour l'emploi des jeunes', qui vise notamment l'exonéra-tion de charges pour l'embauche des jeunes. L'année suivante, second train de mesures qui prévoit le réaménagement des TUC et la création
25   des programmes d'insertion locale (PIL) pour les chômeurs de longue durée. En 1987, le taux de chômage progresse à 10,3%.

En septembre 1988, le premier plan emploi de Michel Rocard se traduit par l'exonération de l'impôt sur les sociétés pour les nouvelles entreprises, l'allégement des cotisations familiales payées par les emplo-
30   yeurs et l'aide à l'emploi local. Fin 1988, le taux de chômage retombe à 9,8%. Le gouvernement lance un second plan en septembre 1989: les contrats emploi-solidarité se substituent aux TUC et PIL. Les contrats de retour à l'emploi pour les chômeurs de longue durée sont créés. En 1989, le taux n'est plus que de 9,1%.

35   Septembre 1990: le troisième plan Rocard vise à lutter contre la pénurie de main-d'œuvre qualifiée, à développer la formation, à aider les PME (prêts à taux bonifiés) et à exonérer les sociétés des charges

lors de l'embauche du premier salarié. En décembre 1990, le taux tombe à 8,9%.

40 Aujourd'hui, le nombre de chômeurs est remonté à 2,338 millions, soit 9,5% de la population active.

Martine Aubry, Ministre du Travail, a présenté, le 3 juillet 1991, de nouvelles mesures pour l'emploi avec notamment des exonérations de charges, des aides aux PME, et une augmentation de l'aide au chômage

45 partiel, et Édith Cresson, Premier Ministre, a annoncé un nouveau train de mesures complétant ces dispositions.

('Treize plans pour l'emploi en quinze ans', *Libération*, 17 October 1991, p. 2.)

Exercices

Lexique

Expliquez les mots et expressions suivants:

chiffres corrigés des variations saisonnières (ll.4–5)	un congé-conversion (l.18)
un bassin d'emploi (l.13)	un PIL (l.25)
un stage (l.15)	un chômeur de longue durée (l.33)
un TUC (l.17)	un PME (l.37)

Grammaire et stylistique

(a) Appréciez les effets du présent opposé au passé (ll.1–34).

(b) Faites une liste de tous les synonymes utilisés dans le texte pour signifier 'monter' et 'descendre'.

Compréhension

(a) Résumez les éléments des divers plans pour l'emploi cités dans le texte.

(b) Que comprenez-vous par: 'l'exonération de l'impôt sur les sociétés pour les nouvelles entreprises', 'l'allégement des cotisations familiales payées par les employeurs', et 'l'aide à l'emploi local' (ll.28–30)?

Questions orales ou écrites

(a) Pourquoi les plans de lutte contre le chômage concentrent-ils souvent leur action sur les jeunes?

(b) Les mesures de 'traitement social' du chômage sont souvent considérées comme étant inutiles et cosmétiques. Qu'en pensez-vous?

Text 2.10

Recensement 1990: la France devient une grande banlieue

1   La France devient une banlieue. Les campagnes continuent de se vider,
     tandis que les villes étendent de plus en plus loin leurs tentacules. La
     coupure du pays s'accentue: les bords de la Méditerranée, l'Ile-de-
     France, la région Rhône-Alpes attirent de plus en plus d'habitants,
5   tandis que se stabilisent les vieilles zones industrielles en déclin du Nord
     et de la Lorraine, et que le Centre est déserté.
        Les régions déjà en croissance forte, les plus peuplées et les plus
     denses connaissent une nouvelle accélération, les moins peuplées et les
     moins denses un nouveau ralentissement. Telles sont les conclusions
10   que suggèrent les premiers résultats du recensement 1990.
        Globalement, la population de la France continue à croître lentement,
     au rythme de 0,5% par an. Le recensement a dénombré 56 556 000
     habitants en métropole (58 453 000 avec les départements et territoires
     d'outre-mer) en mars 1990, soit 2,2 millions de plus qu'en 1982. Si
15   lente qu'elle soit, cette croissance contraste cependant avec l'évolution
     des grands pays d'Europe occidentale, car elle est due pour plus de 80%
     à l'accroissement 'naturel' (l'éxcédent des naissances sur les décès),
     l'immigration ayant été restreinte pendant les huit années 1982–1990.
        Mais l'évolution la plus marquante est celle des villes et des régions.
20   Le recensement de 1982 avait mis en évidence un arrêt de la croissance
     urbaine. Les villes-centres ne se développaient plus et les banlieues
     proches étaient saturées. Mais la population augmentait dans les com-
     munes périphériques semi-rurales, où des citadins cherchaient un peu
     d'air – et des logements moins coûteux. Elle baissait toujours dans de
25   vastes zones éloignées de toute agglomération.

Des zones de basse pression

     Le recensement 1990 confirme ce phénomène. Les communes rurales
30   isolées stagnent, tandis que celles situées à la périphérie des grandes
     agglomérations urbaines continuent à se développer, au rythme de
     1,3% par an: ces dernières ont bénéficié de 40% du gain de population
     constaté depuis 1982. De leur côté, les agglomérations urbaines de plus
     de 200 000 habitants ont repris une croissance modérée (+ 0,4% par
35   an), de même que celles de moins de 20 000 (+ 0,5%). Résultat: 'De
     véritables constellations de pôles urbains et de communes rurales associées
     couvrent une part toujours plus vaste du pays et commandent très largement

l'évolution de la population départementale ou régionale', écrivent MM. Pierre-Alain Audirac et Jean-Paul Faur.

40   Ainsi, alors que Paris *intra muros* perd encore 30 000 habitants, la petite couronne en regagne 85 000 et le reste de la région parisienne progresse de 521 000 habitants, contre 390 000 entre 1975 et 1982. Bordeaux, Toulouse, Montpellier, Nîmes exercent le même pouvoir d'attraction.

45   Au contraire, les départements ruraux situés à l'écart des centres touristiques et loin des sites industriels voient leur déclin s'accélérer, comme la Creuse, qui a déjà perdu la moitié de ses habitants depuis le début du siècle, ou le Gers et les Hautes-Pyrénées, dans le Sud-Ouest.

    Globalement, la tendance à la concentration régionale du peuplement
50 s'est renforcée. C'est en Languedoc-Roussillon (avec 1,14% par an, essentiellement sur le littoral), Provence-Alpes-Côte d'Azur, Rhône-Alpes, Ile-de-France, Aquitaine et Haute-Normandie que la population a augmenté le plus et le plus rapidement.

    Ces régions étaient déjà en phase de croissance; elles ont presque
55 toutes bénéficié d'un coup d'accélérateur depuis 1982. A l'inverse, Bourgogne, Nord-Pas-de-Calais, Champagne-Ardenne, Lorraine et Limousin ont enregistré un nouveau ralentissement ou une baisse accélérée de leur population, par suite de la crise ou d'une évolution ancienne.

60   La surprise vient plutôt du 'Grand Ouest' (Bretagne, Pays-de-la-Loire, Poitou-Charentes et Basse-Normandie): tous les départements y ont vu leur croissance démographique se ralentir. Ce freinage, déjà entamé entre 1975 et 1982, s'est accentué.

    Les migrations intérieures dues à l'emploi et l''héliotropisme' des
65 Français ont compensé l'évolution 'naturelle' de la population, caractérisée depuis des décennies par une fécondité plus forte dans l'Ouest, le Nord et l'Est, fournissant une réserve de main-d'œuvre à l'agglomération parisienne.

(Guy Herzlich, 'La France, grande banlieue', *Bilan économique et social*', Le Monde, 1991.)

Exercices

Lexique

Expliquez les mots et expressions suivants:

en métropole (l.13)

les départements et territoires
   d'outre-mer (ll.13–14)

les villes-centres (l.21)

une commune périphérique semi-
   rurale (ll.22–23)

Paris *intra muros* (l.40)   l'héliotropisme (l.64)
la petite couronne (l.41)

Grammaire et stylistique

'Si lente qu'elle soit . . .' (ll.14–15). Étudiez la structure et faites des phrases sur le même modèle.

Compréhension

(a)   Expliquez ce que l'auteur veut dire par le sous-titre 'des zones de basse pression' (l.26).

(b)   Pourquoi, à votre avis, la fécondité était-elle plus forte dans l'Ouest, le Nord et l'Est?

Questions orales ou écrites

(a)   Dans quelle mesure l'évolution démographique de la France est-elle positive pour la santé de l'économie française?

(b)   Quels sont les problèmes d'infrastructure et d'environnement, à la fois physiques et sociaux, créés par le fait que la France devient une 'grande banlieue'?

Text 2.11

Les Pièges de l'aide aux pays du tiers-monde

1 Les États sont égoïstes, la France comme les autres, malgré ses discours.
L'aide s'inscrit dans le cadre des intérêts hexagonaux, et a engendré
des États clients plus que partenaires.

  L'aide de la France s'est toujours voulue différente et supérieure. De
5 fait, elle accorde encore aux États du Sud une part de son PIB
supérieure à celle accordée par les autres grands pays industrialisés.
Les raisons de cette attitude se trouvent dans la croyance collective de
nos élites dirigeantes dans le destin particulier de la nation française. Le
discours universaliste de la Révolution française avait été transformé
10 par la gauche républicaine et colonisatrice du XIXe siècle en *'mission
civilisatrice'*. L'accession à l'indépendance de nos colonies va permettre
de boucler la boucle: après avoir liquidé non sans mal l'hypothèque
indochinoise puis algérienne, la France va porter un nouveau message
universaliste en s'efforçant d'apparaître comme le héraut du tiers-
15 monde au sein des pays du Nord.

  Les politiques qui traduisent dans la pratique ces intentions vont
moins répondre aux intérêts économiques nationaux qu'au souci de
nos gouvernants de tenir le 'rang' de la France ou, dit autrement, de se
croire encore à la tête d'une grande puissance. Le discours de la France
20 à l'égard du tiers-monde se développe au moment où elle achève de
réorienter ses échanges et ses centres d'intérêt vers ses partenaires
européens. La part des États du Sud dans nos échanges n'a jamais été
aussi faible qu'aujourd'hui, et tout particulièrement, la part de l'Afrique
subsaharienne. Le positionnement politique particulier de la France
25 dans ses rapports avec le Sud apparaît ainsi comme un vestige de son
passé. Le choix de l'intégration européenne et la volonté d'être reconnue
comme membre d'un nouveau directoire mondial, la conduisent d'ailleurs aujourd'hui à normaliser toujours plus son attitude, même si elle
tente parfois de faire avaliser – et financer – par ses partenaires
30 européens, sa 'grande politique' en direction du Sud.

*La France s'efforce d'apparaître comme le héraut du tiers-monde parmi les
pays du Nord, un discours qui masque la continuité des habitudes coloniales*

C'est naturellement dans les rapports de la France avec l'Afrique que
l'ambiguïté d'une telle démarche est apparue la plus forte. Jamais
35 autant qu'ici, le discours universaliste n'a masqué la continuité des

habitudes coloniales. L'évolution se voulait exemplaire: accession à
l'indépendance sans conflits majeurs, politique d'aide et de coopération
généreuse pour accompagner le développement de ces 'jeunes nations'.
La réalité sera bien différente: indépendances octroyées avec pour
40   corollaire l'établissement de liens étroits (officiels et officieux) entre les
classes dirigeantes africaines et les responsables français, et coresponsa-
bilité évidente de la France dans l'évolution de ses ex-colonies, trente
ans après leur accession à l'indépendance.

Résultat: en dépit des proclamations répétées sur la nécessité de
45   redéployer la politique française d'aide, l'Afrique subsaharienne concentre encore 59% de l'aide bilatérale française aujourd'hui (73,1% de
l'aide publique au développement française était bilatérale en 1990).
L'Inde avec ses 800 millions d'habitants, bénéficie de 0,7% de l'aide
française contre 1,2% pour le Gabon qui ne compte qu'un million
50   d'habitants.

Le poids de la France dans ses anciennes colonies d'Afrique prend de
fait un tour parfois caricatural: le ministère de la Coopération ne s'est-il
pas glissé dans les pantoufles de celui des Colonies et ne demeure-t-il
pas responsable de nos relations avec nos anciennes colonies d'Afrique,
55   qui échappent encore aujourd'hui à l'autorité des Affaires étrangères?
Les accords de défense n'ont-ils pas autant pour but d'assurer la
sécurité intérieure qu'extérieure de bien des États africains? Toute
évaluation de la politique française d'aide au développement suppose
donc, au delà des chiffres, d'évaluer comment cette aide s'est articulée
60   avec les politiques de développement mises en œuvre par les États
africains.

L'aide au développement rural privilégie les projets susceptibles de procurer
des devises plutôt que de nourrir la population

Durant la période coloniale, la population rurale était perçue comme
65   une sorte de réservoir de main-d'œuvre taillable et corvéable à merci et
qui devait compter sur elle-même pour sa subsistance. De la traite des
Noirs (déplacement de la main-d'œuvre pour aller mettre en valeur les
Amériques) au travail forcé et à l'obligation de développer les cultures
d'exportation (esclavage sur place), les pratiques coloniales font preuve
70   d'une belle continuité. Mais l'indépendance n'a pas fondamentalement
modifié ces pratiques. Les élites urbaines qui parviennent au pouvoir
pensent que le développement – tradition soviétique oblige – passe par
l'industrialisation, une industrialisation hors du monde rural voire
même contre lui. Situation ô combien paradoxale dans des pays où la
75   majorité de la population vit de l'agriculture.

Un véritable développement rural aurait pu se traduire par une
croissance des échanges entre villes et campagnes: vente à la population

urbaine des surplus vivriers engendrés par les progrès de la productivité de l'agriculture. D'où une croissance du niveau de vie des campagnes
80 permettant d'assurer des débouchés croissant à la production industrielle.

Bien au contraire, les choix réalisés, avec la bénédiction de l''aide' française, vont poursuivre l'insertion directe du monde rural sur le marché mondial. Ainsi, le développement continu des seules cultures
85 d'exportation va procurer les devises permettant de développer des importations de biens industriels (équipement et consommation), lesquelles profiteront d'abord aux élites urbaines. Quant au développement de la production vivrière, elle ne préoccupera les gouvernements que pour autant que des pénuries alimentaires risquent de mécontenter
90 la population urbaine, bien plus dangereuse politiquement. D'où le choix de maintenir le prix des céréales à un niveau bas en recourant aux importations céréalières, proposées à bas prix par des pays du Nord soucieux d'écouler leurs excédents. Cette concurrence importée va réduire à néant la capacité d'investissement des ruraux et encourager
95 une production vivrière pratiquée de façon à satisfaire la seule autoconsommation.

La politique française a constamment encouragé cette politique: les aides au développement rural se portent pour l'essentiel sur les projets susceptibles de rapporter des ressources en devises. Ainsi les coopérants
100 qui travaillent sur le développement rural dans le Sahel, se préoccupent d'abord de la culture du coton. Une culture qui intéresse plus que l'amélioration des cultures vivrières traditionnelles: mils et sorghos. Un signe: le CIRAD, Centre français de recherche agronomique tropicale, ne fait travailler personne sur la sélection génétique du mil! Les rares
105 efforts menés pour développer les productions alimentaires locales, comme les périmètres irrigués rizicoles, imposent des procédés très capitalistiques particulièrement inadaptés. Seules certaines ONG mènent, avec leurs moyens dramatiquement limités, un patient travail de développement rural.

110 *L'aide éducative visait à substituer un protectionnisme linguistique et culturel au protectionnisme colonial*

Le second trait caractéristique de la politique française d'aide et de coopération, c'est le poids de la coopération culturelle et administrative. En 1988, 45,1% de l'aide publique française était liée à l'enseignement,
115 la santé et l'administration publique contre 24,9% pour la moyenne des pays de l'OCDE. Un pourcentage qui témoigne du poids de la France dans les appareils d'États locaux. Des sommes destinées pour les deux tiers à payer des fonctionnaires expatriés qui assurent la continuité du système administratif hérité de la colonisation. En accordant l'indé-

120 pendance, la France a pu présenter comme une aide (et donc, le fruit de sa générosité) ce qui était jusque là une charge (le coût de son administration coloniale). Pour autant, la politique menée n'a pas été un simple prolongement du passé colonial. Le développement passait par la construction d'un État moderne, muni de tous ses attributs. Cette

125 construction s'est limitée à un complexe mélange d'idées occidentales passées à la moulinette africaine, mis en œuvre par un personnel où les cadres expatriés jouent souvent un rôle d'exécutants qualifiés majeur.

Le domaine éducatif (24,3% de l'aide publique française) fournit un bon exemple de la politique française dans le domaine. Après les

130 indépendances, l'aide française a contribué à développer massivement un système éducatif calqué dans ses méthodes et dans ses contenus sur le système français. L'objectif était de produire des millions de petits francophones et substituer au protectionnisme colonial, un protectionnisme linguistique et culturel qui assure le maintien dans l'orbite

135 française de nos ex-colonies. La diffusion de normes caractéristiques d'une société urbaine, tertiaire et développée a induit bien des évolutions perverses pour le continent africain: exode rural encouragé par une éducation qui ignore souvent la réalité de la vie quotidienne du monde villageois, et développement d'une fonction publique pléthorique puis-

140 qu'il faut bien donner des emplois à ceux qui ont décroché des diplômes. La France a même réussi à exporter les propres tares de son système éducatif en favorisant une hypertrophie des formations tertiaires et littéraires au détriment des formations scientifiques et techniques.

(Philippe Frémeaux, 'Les pièges de l'aide au pays du tiers-monde', *Alternatives économiques*, Supplément No. 11, Spring 1991.)

Exercices

Lexique

Expliquez les mots et expressions suivants:

boucler la boucle (l.12)	taillable et corvéable à merci (l.65)
le héraut (l.14)	la traite des Noirs (ll.66–67)
avaliser (l.29)	le surplus vivrier (l.78)
officiel et officieux (l.40)	une ONG (l.107)
se glisser dans les pantoufles de (l.53)	

Grammaire et stylistique

(a)   Étudiez les questions aux lignes 52 à 57. Que constatez-vous? Pourquoi l'auteur choisit-il la forme interrogative?

Compréhension

(a) Que veut dire l'auteur par 'un nouveau directoire mondial' (l.27)? Il parle aussi (ll.10–11) d'une 'mission civilisatrice': que recouvre cette notion, exactement?

(b) Qu'entend-on par 'protectionnisme linguistique et culturel' (ll.133–134)? Quels en sont les avantages pour la France, et les handicaps pour le pays 'protégé'?

(c) Quelle différence faites-vous entre des 'États clients' et des 'États partenaires' (l.3)?

Questions orales ou écrites

(a) L'aide française à l'Afrique n'est-elle essentiellement qu'un moyen de renforcer la position et les profits des entreprises et des intérêts français?

(b) La France devrait-elle accroître la part de son aide au développement allant vers les programmes multilatéraux?

Text 2.12

Le Commerce extérieur dans les années 1980: la France dans le rouge

1　L'économie française est de plus en plus largement ouverte sur le monde extérieur. Ouverture qui constitue, d'ailleurs, un double impératif:

– pour pouvoir se procurer des produits indisponibles chez nous mais
5　nécessaires à notre industrie (produits énergétiques, matières premières) et à certains marchés de consommation;

– pour permettre, grâce aux exportations, l'expansion d'un grand nombre de secteurs d'activité qui ont atteint un niveau de développement tel que le marché national est devenu trop étroit pour leurs
10　possibilités: c'est le cas d'une bonne partie de l'agriculture, de la plupart des secteurs industriels et de nombreuses activités de service.

La réalisation à partir de 1993 d'un espace de libre circulation totale entre les douze pays de la CEE, avec laquelle la France réalise déjà 60% de ses échanges commerciaux, va accentuer le mouvement, déjà bien
15　amorcé, d'internationalisation de notre économie.

Cette ouverture de l'économie française sur le monde extérieur se traduit par des flux de richesses importants de part et d'autre des frontières. C'est ainsi qu'en 1988, plus de 1000 milliards de francs de richesses produites à l'étranger ont été utilisées en France, soit 20% du
20　PIB (total de la richesse produite en France). En sens inverse, un montant à peu près identique (légèrement inférieur toutefois puisque le solde est négatif) de richesses produites en France ont été simultanément consommées à l'étranger.

Cet ensemble d'échanges de biens et de services est synthétisé dans le
25　compte des *transactions courantes*. Il apparaît ainsi que le solde positif des services compense habituellement les insuffisances des échanges de marchandises.

Tous les échanges de biens et de services ont évidemment une contrepartie financière sous forme de flux de capitaux. A ceux-ci
30　s'ajoutent tous les autres échanges financiers (investissements, transferts de produits financiers, prêts, dividendes) ainsi que les dons de certains États, etc.

('Le Commerce extérieur dans les années 1980: la France dans le rouge', *Science et vie magazine, la France en chiffres*, hors série, 1989.)

Exercices

Lexique

Expliquez les mots et expressions suivants:

les activités de service (l.11) le solde (l.25)
amorcer un movement (ll.14–15) le flux des capitaux (l.29)
les transactions courantes (l.25)

Grammaire et stylistique

(a) Faites une liste des formes passives dans le texte et expliquez pourquoi le journaliste s'en sert.

Compréhension

(a) Qu'entendez-vous par la phrase suivante: 'Cet ensemble d'échanges de biens et de services est synthétisé dans le compte des *transactions courantes*' (ll.24–25)?

Question orale ou écrite

(a) L'ouverture de l'économie vers le reste du monde: est-ce nécessaire pour le développement de la France, ou un degré de protectionnisme est-il toujours envisageable?

Text 2.13

France-Allemagne-Japon: que nous apprend la comparaison des échanges de produits industriels?

1   Une balance commerciale désespérément dans le rouge pour la France
et obstinément positive pour l'Allemagne et le Japon. Le casse-tête est-il
insoluble et inéluctable? En fait, le Japon et l'Allemagne ne se ressemblent vraiment pas et le franco-pessimisme est excessif. La France est
5   proche de l'Allemagne mais souffre d'un tissu industriel pas assez
dense. Aurions-nous jeté l'industrie avec l'eau de la modernisation?

Cinquante milliards de francs de déficit en 1990: la balance commerciale française demeure obstinément dans le rouge. Dans le même
temps, les échanges allemands et japonais affichent des soldes inlassable-
10   ment excédentaires en dépit des effets de l'unification sur l'Allemagne
et de la relance de la demande intérieure au Japon. Pour le gouvernement français, la comparaison est obsédante. Car si l'accumulation d'excédents commerciaux n'est pas une fin en soi, le déficit
persistant des échanges français limite nos marges de manœuvre de
15   politique économique. Toute accélération de la croissance creuse en
effet le déficit extérieur. Soit le regain d'investissement se traduit par
des importations croissantes de biens d'équipement, soit la relance de la
demande des ménages apporte un surplus d'achats à l'étranger de
biens de consommation. Or, qui dit limitation de la croissance, dit
20   moins de créations d'emploi et donc maintien du chômage au niveau
actuel. Toute action permettant de rétablir nos échanges commerciaux,
et plus spécifiquement, nos échanges industriels, serait donc la bienvenue. Reste à se mettre d'accord sur les maux dont souffre notre
économie et sur la thérapie à mettre en œuvre.
25   Parmi les diagnostics les plus couramment avancés figure l'insuffisante spécialisation de l'appareil productif français. L'industrie française produirait de tout relativement mal et manquerait de points forts.
De fait, l'examen de la structure des exportations allemandes ou
japonaises fait apparaître des excédents massifs pour certaines catégo-
30   ries de produits: automobile, mécanique, chimie pour l'Allemagne,
l'électronique se substituant à la chimie pour le Japon. Un examen plus
fin de la structure des échanges révèle une orientation très fortement
exportatrice de certaines productions particulières, productions pour
lesquelles l'offre allemande ou japonaise dispose d'une position domi-
35   nante au niveau international. 80% des photocopieurs ou des fours à
micro-ondes produits au Japon sont ainsi exportés. Ce pourcentage

s'élève à 85% pour les appareils-photo, et même à 90% pour les montres et les magnétoscopes.

Allemagne et Japon: un tissu industriel très dense plus que très spécialisé

40 On en déduit aisément que les succès à l'exportation des Allemands et des Japonais s'expliqueraient par une spécialisation de leur industrie dans ce qu'ils font bien, par une concentration de leurs efforts sur des domaines particuliers, à l'inverse du comportement français, obstinément généraliste.

45 L'examen plus approfondi des statistiques du commerce extérieur par produit et des structures industrielles conduit à tempérer cette analyse. Car si l'Allemagne et le Japon sont excellents dans certains domaines, ils ne sont mauvais nulle part. Les balances commerciales allemande et japonaise sont pratiquement équilibrées même dans les domaines où

50 ces deux pays sont considérés comme 'mauvais': c'est le cas pour les produits chimiques en ce qui concerne le Japon, ou l'informatique en ce qui concerne l'Allemagne. Leurs pôles d'excellence s'ancrent ainsi dans un tissu industriel très dense, couvrant l'ensemble des domaines d'activité. Plutôt que spécialisation, c'est au contraire l'extrême diversification

55 du tissu industriel qui caractérise ces économies, qui maîtrisent toutes les technologies. Ce potentiel donne aux entrepreneurs allemands et japonais les moyens de procéder à des recombinaisons rapides de produits pour saisir les opportunités de marché. La seconde observation induite par l'examen approfondi des statistiques du commerce extérieur

60 montre que les structures des échanges japonais et allemands sont très différentes. A l'inverse des déclarations répétées de ses dirigeants, soucieux de faire bonne figure vis-à-vis de leurs partenaires, le Japon connaît un ratio importations/PNB très faible, de l'ordre de 7%, alors qu'il est de 20% pour l'Allemagne ou la France, et de 9% pour les Etats-Unis,

65 dont l'économie est pourtant à l'échelle d'un continent.

Les Japonais sont peu enclins à nouer des relations avec l'extérieur. Le cas de l'Allemagne est très différent. Les excédents accumulés dans la mécanique ou dans l'automobile ne sont pas le signe d'une fermeture de son marché intérieur, ni d'une vocation hégémonique sur un

70 secteur entier. Gros exportateur, l'Allemagne est aussi gros importateur. Prenons l'exemple de la machine-outil, domaine où l'excellence germanique n'est plus à prouver: premier exportateur mondial, l'Allemagne compte aussi parmi les grands importateurs et satisfait 36% de son marché intérieur par des machines japonaises, suisses, italiennes et

75 françaises; elle est aussi le premier client à l'exportation de l'industrie française des machines-outils. Même observation dans l'automobile où

l'Allemagne importait, en 1988, pour plus de 19 milliards de dollars, soit plus que la France qui en importait, la même année, moins de 16 milliards de dollars. En fait, la France est très proche de l'Allemagne: mêmes points forts, même tissu industriel diversifié, même insertion dans la division internationale du travail entre pays développés. L'image de la France 'qui-ne-sait-pas-exporter' résiste donc mal à l'examen des faits. Quatrième exportateur mondial, la France a une orientation géographique de ses échanges peu différente de celle de l'Allemagne, à l'inverse là encore d'une conviction fort répandue qui veut que la France n'exporterait que dans le tiers-monde à coup de grands contrats subventionnés.

Plus de 80% de nos exportations sont destinées aux pays développés à économie de marché, et les produits manufacturés pèsent d'un poids déterminant dans celles-ci. Reste deux spécificités françaises: le poids des exportations agro-alimentaires et la faiblesse de nos excédents industriels. Prises ligne à ligne, nos exportations sont loin d'être négligeables dans de multiples domaines: chimie, mécanique, automobile, biens de consommation. Seul problème, les importations sont soit supérieures, soit seulement légèrement inférieures. Un signe qui témoigne d'abord de la moindre densité industrielle de la France, plus que de l'incapacité de ses entreprises.

La moindre densité industrielle de la France

Que faire dans ces conditions? La densité du tissu industriel ne se décrète pas. Et l'action dans ce domaine ne peut intervenir que très en amont, avec des effets à long, voire à très long terme. Elle passe par la formation des hommes, la qualité des infrastructures, les politiques d'environnement macroéconomiques et réglementaires qui créent un climat favorable au développement des entreprises. Dans une économie libérale, cela veut naturellement dire assurer la profitabilité des investissements. Cela signifie aussi promouvoir des rapports sociaux fondés sur le dialogue et une valorisation des hommes qui aille au-delà du simple discours managérial. Pour le reste, bien des comportements ne peuvent être changés en un tournemain. Les firmes japonaises sont connues pour leur haut niveau d'intégration verticale et par l'étroitesse des relations qui les unissent à leurs sous-traitants. De même, en Allemagne, les grandes firmes entretiennent des rapports étroits avec le réseau de PMI du 'Mittelstand' concept-valise qui renvoie à la fois à la moyenne entreprise et aux classes moyennes et qui constitue un élément essentiel de la société allemande. Dans les deux cas, on privilégie généralement la sécurité des approvisionnements et le partenariat de long terme à une recherche systématique du moindre coût à court terme.

D'autres facteurs sont souvent invoqués pour expliquer les faiblesses
120 de l'industrie française: inadéquation des politiques d'aides publiques
qui privilégient les grands programmes technologiques plutôt que les
aides horizontales qui profitent à toutes les entreprises; système éducatif
qui valorise peu la technique et l'industrie et forme des générations
d'ingénieurs qui préfèrent le management à la production. Il ne faut
125 cependant pas céder au franco-pessimisme: 50 milliards de francs de
déficit commercial, c'est beaucoup dans l'absolu mais cela ne représente
que 4% de nos échanges: 1220 milliards de francs en 1990.

(Pierre Sohlberg, 'France-Allemagne-Japon: que nous apprend
la comparaison des échanges de produits industriels?',
Alternatives économiques, no. 86, April 1991, pp. 23–5.)

Exercices

Lexique

Expliquez les mots et expressions suivants:

un casse-tête (l.2)	induire (l.59)
un solde excédentaire (ll.9–10)	en amont (ll.100–101)
un point fort (l.27)	managérial (l.108)
le four à micro-ondes (ll.35–36)	en un tournemain (l.109)
le magnétoscope (l.38)	un sous-traitant (l.111)
déduire (l.40)	un concept-valise (l.113)

Grammaire et stylistique

(a) Ce texte pose plusieurs problèmes d'accords. Notez le pluriel des mots
composés: 'appareils-photo' (l.37), 'machines-outils' (l.76).
(b) 'Reste à se mettre d'accord' (l.23). Faites des phrases dans lesquelles
'reste' est suivi d'un nom singulier, d'un nom pluriel, d'un verbe.
Étudiez les contructions et les variations.
(c) Une question de genre: on dit aussi bien 'le photocopieur' (l.35) que 'la
photocopieuse'. Pourquoi?
(d) Justifiez l'utilisation du subjonctif aux lignes 94–95.
(e) 'Qui dit . . ., dit . . .' (ll.19–20). Dans quel type de phrase trouve-t-on
cette expression? Faites-en vous-même quelques-unes.

Compréhension

(a) Commentez les chiffres des lignes 63–64. 7 pour cent, est-ce si peu
comparé à 9 pour cent? Que penser alors de 20 pour cent . . .?
(b) Qu'appelle-t-on 'les aides horizontales' (l.122) et 'l'intégration verticale'
(l.110)?

(c)   Analysez et commentez les importations allemandes (l.70–77).

(d)   Quelles sont les conclusions de ce texte sur l'économie française?

Questions orales ou écrites

(a)   Quels sont les principaux aspects des problèmes de compétitivité de l'économie française par rapport à l'Allemagne et au Japon?

(b)   'La principale qualité d'une économie compétitive est sa flexibilité et son adaptabilité'. Commentez et évaluez les conséquences économiques et sociales d'une telle flexibilité.

Text 2.14

Le Retournement socialiste de 1982: de la relance à la rigueur

1 Ce dimanche 13 juin 1982, quand il sort de l'Élysée à midi, Pierre
Mauroy se frotte les yeux. Deux heures plus tôt, alors qu'il gravissait les
marches du 'château' pour un conseil restreint, il savait que la partie
serait presque impossible à jouer. Il voulait obtenir de François Mitter-
5 rand le blocage, pour trois mois, des salaires et des prix. Faute de quoi,
estime le Premier ministre, *'la gauche serait renvoyée dans l'opposition
pour cause de faillite financière. Pour durer, il fallait prendre en main
l'économie'.* Un peu plus d'un an après la victoire socialiste, tous les
indicateurs sont au rouge. Ce dimanche 13 juin 1982, Pierre Mauroy
10 est tout à fait seul. *'Rocard, Fabius, Chevènement m'étaient tous
hostiles. Ils pensaient que tout cela se terminerait mal, que notre
électorat et les syndicats ne l'accepteraient pas.'* Jacques Delors, ministre
des Finances, est d'accord sur le blocage de ses prix, mais il préfère
négocier celui des salaires avec les syndicats. Comment va réagir le
15 président? Mauroy lui a bien fait part de ses angoisses. Mais Mitterrand,
occupé à Versailles où festoient tous les grands de la planète pour le
premier sommet des pays industrialisés organisé par un président
français socialiste, l'aura-t-il entendu? Oui. Mieux même: *'A la fin
du conseil, il a demandé quatre mois de blocage, pas trois!'*, rappelle
20 Mauroy.

Le grand tournant de la rigueur est pris. Il sera confirmé le 16 juin
en conseil des ministres. Dès lors, Mauroy et Mitterrand rompent avec
une année de politique de gauche (augmentation de 10% du SMIC,
relèvement substantiel des allocations familiales et du minimum vieil-
25 lesse, retraite à 60 ans, semaine de 39 heures payées 40). Mais surtout,
ils tirent un trait définitif sur dix années d'indexation des salaires sur
les prix. Ce que ni Chirac ni Barre n'avaient voulu ou su faire. Le tout
avec l'accord des communistes. Pierre Mauroy a rencontré en tête à
tête chacun des quatre ministres du PCF. Et il a convaincu Anicet le
30 Pors, ministre de la Fonction publique. *'Si vous refusez,* leur explique-t-
il, *nous aurons échoué.'* Ils accepteront. *'Nous avions frappé fort, mais nous
n'étions pas certains que c'était suffisant,* raconte François Stasse, à
l'époque conseiller économique de Mitterrand. *Et surtout, nous ignorions
si le président considérait cela comme une parenthèse ou pas.'* Neuf mois
35 plus tard, le gouvernment de gauche passe de la rigueur à l'austérité.
Mitterrand a hésité, poussé dans l'autre sens par Jean Riboud, le PDG
de Schlumberger aujourd'hui décédé, Bérégovoy et Fabius. Les trois

hommes sont partisans d'une '*autre politique*': la sortie du SME (système monétaire européen) accompagnée d'un nouveau plan de rigueur.

40 Pour Mauroy, c'est une catastrophe: si le franc flotte, il sombre. Le vendredi 25 mars, Mitterrand donne une nouvelle fois raison à son Premier ministre. Ce jour-là, en conseil des ministres, Jacques Delors présente des '*mesures d'ordre économique, financier et social*'. Un euphémisme pour une ponction de 65 milliards de francs sur les dépenses de

45 l'État et la consommation des ménages! Les communistes avalent. Raymond Barre applaudit. Bilan des courses, neuf ans après le 13 juin 1982? La France a tordu le cou à l'inflation qui passe de 13,5% en 1980 à 3,4% fin 1990. Tous les grands pays industriels constatent que socialisme rime désormais avec vertu économique. Bérégovoy, avocat

50 acharné du franc fort, est devenu le chouchou des chefs d'entreprise. Le commerce extérieur est toujours un peu patraque, mais la France reste le quatrième exportateur mondial.

Revers de la médaille: depuis 1985, les inégalités se sont creusées; selon le CERC (Centre d'étude des revenus et des coûts), les revenus

55 du travail ont été nettement moins favorisés que ceux du capital. Et surtout, malgré quatre années de croissance inespérée et plus de 800 000 créations d'emplois entre 1987 et 1990, les socialistes n'ont pas su endiguer le chômage.

(Martine Gilson, 'Le retournement socialiste de 1982: de la relance à la rigueur', *Le Nouvel Observateur*, 2–9 May 1991, p. 8.)

Exercices

Lexique

Expliquez les mots et expressions suivants:

faute de quoi (l.5)	bilan des courses (l.46)
pour cause de (l.7)	tordre le cou à (l.47)
prendre en main (l.7)	le chouchou (l.50)
tous les indicateurs sont au rouge	patraque (l.51)
(ll.8–9)	revers de la médaille (l.53)
faire part de (l.15)	

Grammaire et stylistique

(a) Mettre au présent les passages suivants: 'Il savait que la partie serait presque impossible à jouer' (ll.3–4); 'Nous avions frappé fort ... parenthèse ou pas' (ll.31–34).

Compréhension

(a)   Que comprenez-vous par 'blocage des salaires et des prix' (l.5), l'indexation des salaires sur les prix' (ll.26–27)?

(b)   Quelle différence faites-vous entre 'rigueur' et 'austérité' (l.35)?

(c)   Expliquez la phrase: 'les revenus du travail ont été nettement moins favorisés que ceux du capital' (ll.54–55).

Question orale ou écrite

(a)   De la relance socialiste de 1981 au plan d'austérité de Delors de 1983: nouveau réalisme ou trahison des promesses faites aux électeurs?

Text 2.15

Les Inégalités plus fortes depuis le début des années 1980

1   L'histoire retiendra sans doute que l'économie française a vécu, tout
au long des années quatre-vingt, une mutation considérable. C'est
au cours de cette décennie que s'est opérée son adaptation aux contraintes issues de la crise, dans un environnement international
5   marqué par un durcissement de la compétition sur les marchés et
par une accélération des processus d'innovation technologique. Cette
adaptation a été socialement difficile: la compression des coûts des
entreprises, le redéploiement de leurs activités se sont opérés souvent
au prix de licenciements et de pertes d'emploi et toujours d'une sélec-
10   tivité accrue à l'embauche, traduisant le souci d'une rentabilité immédiate des formations.

Désinflation, désindexation des salaires, restructurations industrielles,
flexibilité, compétitivité: tels sont quelques-uns des maîtres mots qui ont
marqué la société française au fil de ces années, lesquelles auront vu
15   dans le domaine social aussi bien l'instauration de la retraite à soixante
ans que la suppression de l'autorisation administrative de licenciement
ou la mise en place des dispositifs de formation en alternance et
d'insertion des jeunes. Mais la décennie quatre-vingt, ce fut aussi
l'assainissement financier des grandes entreprises, la montée des taux
20   d'intérêt mondiaux et la spectaculaire envolée des cours à la Bourse de
Paris. Ce fut enfin la stabilisation, à partir de 1984, du taux global de
prélèvements obligatoires, avec pour corollaire le freinage des dépenses
de l'État et l'inflexion très nette du rythme de croissance des prestations
sociales.

25   Observer la répartition des revenus et son évolution au moment
précis où s'achève la décennie comporte, dans ces conditions, certains
risques. Le recul n'est pas toujours suffisant pour situer précisément les
inflexions, et les statistiques, souvent provisoires, peuvent quelquefois
induire l'observateur en erreur. Pourtant ce que révèlent dès à présent
30   les chiffres analysés dans ce rapport est sans ambiguïté: la société
française a vécu au cours des dix dernières années le passage d'une
période de réduction des inégalités de revenus, amorcée dès les années
soixante, à une période d'accroissement de ces inégalités, dans la
seconde moitié de la décennie.

35 *L'éventail des salaires se rouvre*

Les dernières années ont été marquées en premier lieu par l'arrêt de la fermeture, puis par une tendance à la réouverture de l'éventail des salaires dans le secteur privé: l'écart entre les plus hauts et les plus bas salaires augmente à nouveau depuis 1985.

40   L'examen des statistiques montre que les disparités tenant aux caractéristiques des entreprises (secteur d'activité économique, taille des établissements) ont continué de se réduire, mais que celles liées aux salariés eux-mêmes (sexe et qualification) se stabilisaient ou s'intensifiaient. L'écart entre les salaires des hommes et ceux des femmes ne
45 diminue plus (les hommes gagnent en moyenne 35% de plus que les femmes) alors qu'il n'avait cessé de décroître depuis plus de trente ans. L'éventail hiérarchique – mesuré par le rapport du salaire moyen des chefs d'entreprise et des cadres au salaire moyen des ouvriers –, qui s'était sensiblement refermé depuis 1967, s'ouvre à nouveau, malgré
50 l'augmentation des effectifs de cadres qui tend aujourd'hui, comme hier, à faire baisser la moyenne de leurs salaires. Cet accroissement des disparités entre catégories socioprofessionnelles est partiellement imputable au fait que le SMIC ne joue plus, depuis quelques années, son rôle de facteur de revalorisation des bas salaires; mais il s'explique aussi par
55 la croissance des salaires des cadres, croissance d'ailleurs nettement plus forte tout en haut de la hiérarchie (cadres dirigeants et chefs d'entreprises salariés) qu'un peu plus bas.

Cette réouverture de l'éventail hiérarchique des salaires est particulièrement nette chez les plus jeunes salariés. Force est d'ailleurs de
60 constater que le choc de la crise a pesé plus sur les nouvelles générations que sur les salariés déjà bien insérés dans la vie active. Stages rémunérés, contrats à durée déterminée, intérim ont été le lot d'une fraction croissante des jeunes arrivant sur le marché du travail, allongeant sensiblement la période de leur insertion professionnelle. Simul-
65 tanément, les jeunes ont vu dans l'ensemble leurs salaires se déprécier par rapport à ceux de leurs aînés.

Enfin, le tournant des années quatre-vingt marque aussi l'arrêt de la réduction des disparités géographiques de salaire. Durant les décennies soixante et soixante-dix, la politique d'aménagement du territoire, en
70 favorisant les régions de l'ouest de la France, avait entraîné une diminution de ces disparités. Depuis 1982, les écarts de salaire entre Paris et la province tendent à s'accroître.

Le choc de la crise n'a pas épargné les professions indépendantes et certaines d'entre elles (agriculteurs, artisanat du bâtiment) ont
75 été fragilisées. L'impression prévaut que les différences, aussi bien entre professions qu'au sein même de chacune d'elles, se sont accentuées entre ceux qui ont vu leur situation se précariser et d'autres

qui ont su s'adapter ou bien tirer parti des atouts que leur offrait leur position.

80 *L'enrichissement des propriétaires*

En contrepoint de la rigueur salariale, les années quatre-vingt auront connu une croissance très importante des revenus de la propriété. A l'exception des terres agricoles dont le prix a fortement baissé, tous les placements ont connu des performances réelles globales sensiblement
85 supérieures à ce qu'elles étaient dans les années soixante-dix. Le montant des revenus mobiliers (non compris les plus-values boursières), notamment, a plus que doublé en valeur réelle entre 1982 et 1988. Trois facteurs sont à l'origine de cette croissance: la désinflation qui a fortement bénéficié – au regard des conditions antérieures de rémunéra-
90 tion réelle de leur épargne – aux détenteurs d'épargne liquide ou d'obligations, la montée des taux d'intérêt mondiaux et le regain de rentabilité des entreprises françaises.

En même temps s'est ébauché un mouvement de diffusion des valeurs mobilières, encouragé par des dispositions fiscales avantageuses, par
95 une conjoncture boursière globalement très favorable et par le développement des instruments de placements collectifs (SICAV et fonds communs de placement). Cette diffusion a touché, à des degrés divers, toutes les catégories de ménages.

La progressivité des prélèvements s'est réduite

100 Si donc les Français les plus riches le sont devenus un peu plus au cours de la décennie, leur contribution au prélèvement socio-fiscal a augmenté dans des proportions moindres que celle de leurs concitoyens moins aisés. Le paysage des prélèvements s'est trouvé remodelé, en effet, par la détente de la pression fiscale sur le revenu qui est intervenue à partir de
105 1984 (et qui a fait plus que compenser les mesures d'alourdissement de 1982–83) et par la progression régulière des taux de cotisations sociales, particulièrement des cotisations pesant sur les ménages. Le premier phénomène a bénéficié presque uniformément à l'ensemble des foyers fiscaux, quel que soit leur rang dans la hiérarchie des revenus: l'exten-
110 sion de la décote en faveur des petits contribuables a équilibré la baisse des taux dans les tranches supérieures du barème. En revanche, l'augmentation des taux des cotisations sociales à la charge des salariés a été plus forte pour les rémunérations inférieures ou proches du plafond de la Sécurité sociale. La conjonction de ces deux évolutions s'est traduite
115 par une élévation du taux de prélèvement socio-fiscal sur les ménages un peu plus sensible en bas de l'échelle des revenus qu'en haut.

On notera cependant, en sens inverse, que le déplafonnement des cotisations d'assurance maladie à la charge des employeurs a atténué la forte dégressivité en fonction du salaire de ce volet du prélèvement socio-fiscal.

(Centre d'étude des revenus et des coûts, *Les Français et leurs revenus*, La Découverte/La Documentation française, 1989, pp. 261–4).

Exercices

Lexique

Expliquez les mots et expressions suivants:

la compression des coûts (l.7)
le redéploiement des activités (l.8)
la désindexation des salaires (l.12)
le maître mot (l.13)
la formation en alternance (l.17)
le prélèvement obligatoire (l.22)
imputable à (ll.52–53)
force est de (l.59)
l'épargne (l.90)

le regain (l.91)
une valeur mobilière (ll.93–94)
une SICAV (l.96)
un prélèvement socio-fiscal (l.101)
faire plus que compenser (l.105)
la décote (l.110)
la tranche supérieure du barème (l.111)
le plafond (l.113)

Grammaire et stylistique

(a) 'Si les Français les plus riches le sont devenus' (l.100): que représente 'le' dans cette phrase? Traduisez l'expression en anglais et faites des phrases françaises sur ce modèle.

(b) 'Les années quatre-vingt auront connu' (ll.81–82). Justifiez l'orthographe du nombre indiqué et analysez le temps de la phrase. Utilisez ce temps dans des phrases que vous inventerez.

Compréhension

(a) Précisez ce qu'est la Sécurité sociale (l.114).

(b) Définissez et différenciez précisément les nouvelles formes du travail décrites aux lignes 61–62.

Questions orales ou écrites

(a) Pourquoi les socialistes ont-ils accepté de laisser croître les inégalités de revenu depuis 1983?

(b) Pourquoi les inégalités de revenu entre les générations ont-elles augmenté depuis le début des années 1980?

Text 2.16

L'Héritage est-il réhabilité?

1   Les années 80 resteront dans la mémoire des Français comme celles de la réhabilitation de l'entreprise, des golden boys conquérants et des executive women de choc, des coups en Bourse et du fric facile. L'explosion boursière des dix dernières années, l'envolée des prix du
5   mètre carré et de celui des œuvres d'art a spectaculairement enrichi les plus fortunés. En ce temps-là, l'argent circulait et se multipliait. Les années 90 seront-elles celles du capital dormant, des héritiers frileux et des rentiers pépères? D'ores et déjà, certains économistes annoncent le grand retour de l'héritage: '*75% des Français hériteront au moins une fois*
10   *dans leur vie, certains deux fois*', estime Anne Laferrère, expert à l'INSEE. Et comme 10% des Français possèdent la moitié du patrimoine, les riches deviendront plus riches, l'héritage accentuant les inégalités.

Juste avant les élections présidentielles de 1988, Rocard avait reconnu qu'il y avait '*un malaise au niveau des droits de succession*' et que c'était là
15   '*un problème qu'il nous faudra traiter*'. Le moment est-il venu? Il semble que oui.

Comment expliquer ce retour en force de l'héritage dans la société française? '*Ces trente dernières années*, explique l'économiste Denis Kessler, le meilleur spécialiste du patrimoine en France, *la transmission des*
20   *richesses a joué un rôle mineur dans l'économie française.*' D'abord, les vieux d'hier avaient moins à transmettre à leurs héritiers que ceux d'aujourd'hui. Ensuite, les générations actives des 'trente glorieuses' épargnaient beaucoup plus que celles de maintenant; elles attendaient donc moins de l'héritage et plus de leur propre épargne. En clair, elles
25   comptaient sur leurs propres forces plutôt que sur le maigre coup de pouce que pourraient leur donner leurs parents. Enfin, il était intéressant hier d'investir dans l'éducation des enfants. Le plus bel héritage que les parents pouvaient léguer à leurs enfants, c'était un diplôme d'université ou de grande école. Le taux de rendement réel d'une
30   maîtrise par rapport au bac était de 14% par an, bien supérieur à celui d'un patrimoine classique, mobilier ou immobilier.

     '*Aujourd'hui*, poursuit Kessler, *les trois raisons qui contribuaient à minimiser le rôle de l'héritage dans la société française ont disparu. La tendance s'est inversée.*' Grâce au système actuel de retraites, les 'pauvres
35   petits vieux', comme on disait autrefois, sont en train de disparaître.

Dorénavant, les retraités reçoivent une pension confortable, parfois deux si l'épouse a travaillé; mais, en plus, ils touchent les dividendes de l'épargne qu'ils ont réussi à constituer dans les années de forte croissance de l'économie française. Actuellement, ils n'ont plus besoin
40 d'entamer leur capital pour vivre. A l'inverse, les jeunes générations vivent comme des cigales. Leur épargne est en chute libre et leur endettement gonfle.

La perspective de recevoir un héritage conséquent un jour ou l'autre explique sans doute cette insouciance des jeunes ménages. D'autant
45 plus grosse que, le nombre des enfants par famille diminuant, la part du gâteau est plus grosse. En fait, les ménages sont en train d'adopter un nouveau comportement financier: ils intègrent dans leur stratégie la perspective d'un héritage important à terme. Cet héritage financier tend à prendre de plus en plus le pas sur l'héritage culturel que
50 représentaient hier de solides études et un bon diplôme. '*Le développement du chômage et la dévalorisation des diplômes*, dit Kessler, *sont en train de faire chuter le rendement des études.*'

Quel sera l'avenir de cette France des héritiers? Jean-Claude Chesnais de l'Institut National des Études Démographiques (INED): '*Cette France-*
55 *là sera plus trouillarde. Les gens profiteront de leurs ancêtres. Les nations conquérantes sont poussées par la nécessité. Dans les années qui viennent, les gens de l'Est seront très créatifs: ils ne sont pas gavés, ils vont se battre. A l'inverse, notre histoire risque de pédaler dans le vide.*'

L'économiste A. Minc craint aussi un retour de l'héritage: '*Du temps*
60 *où l'inflation se chargeait de laminer les patrimoines*, lit-on dans son livre '*l'Argent fou*', *l'héritage jouait un rôle décroissant. Avec la désinflation, rien de tel. La fortune héritée sera de plus en plus essentielle, créera des situations de départ aussi hétérogènes que possible, redeviendra, en un mot, une inégalité cardinale.*' Julien Dray, député PS de l'Essonne, est encore plus
65 catégorique: '*L'héritage est la plus grande injustice qui puisse exister aujourd'hui. Dès le départ, elle crée des inégalités. Comment justifier que les plus grosses entreprises du pays, Peugeot, Michelin, etc., soient encore aux mains des familles fondatrices? Pourtant Peugeot est au moins autant le fruit du travail des salariés que de celui des propriétaires. La justice, le vrai*
70 *capitalisme populaire, serait que l'entreprise leur revienne à eux aussi.*'

Le retour de l'héritage risque d'être d'autant plus dramatique que le droit des successions est injuste, inefficace et complètement inadapté à l'évolution de la société française. '*Le Code civil n'est plus adapté*, constate Me Marie-Claude Le Breton. *Le droit des successions n'a pas été modifié*
75 *depuis 1804. Il repose sur deux principes: la loi du sang et le primat de la méfiance. Au nom de la première on privilégie les enfants. En vertu de la seconde, on pénalise l'épouse.*' Contrairement au droit anglo-saxon qui laisse une totale liberté de léguer ses biens à qui l'on veut, le droit français impose de transmettre l'essentiel aux héritiers de sang. Au

80   nom du principe de l'égalité entre les enfants, chacun recevra la même
      part d'héritage: la moitié s'il s'agit d'un héritier unique, les deux tiers
      s'ils sont deux, les trois quarts s'ils sont trois ou plus.

      En fait, ce système est parfaitement injuste: le conjoint ne bénéficie
      que d'une maigre fraction de l'héritage. *'Un jour, un vieux monsieur de*
85   *80 ans est venu me voir après le décès de sa femme,* se souvient un notaire.
      'Heureusement que c'est moi qui hérite, me dit-il, car ma femme haïssait sa
      sœur. Elle ne l'avait pas vue depuis trente ans.' Hélas, il n'y avait pas de
      testament! C'est la sœur qui a hérité et le vieux monsieur est en maison de
      retraite.' Comme cet octogénaire, 70% des Français pensent en toute
90   bonne foi que les conjoints héritent automatiquement l'un de l'autre.

      Mais surtout, le droit français est tout à fait inadapté. Il ne tient pas
      compte de l'évolution des mœurs en considérant les concubins comme
      deux étrangers l'un pour l'autre.

('L'héritage est-il réhabilité?', *Le Nouvel Observateur*, 18–24
January 1990.)

Exercices

Lexique

Expliquez les mots et expressions suivants:

des executive women de choc (l.3)	dorénavant (l.36)
un coup en Bourse (l.3)	vivre comme des cigales (l.41)
le fric facile (l.3)	en chute libre (l.41)
le prix du mètre carré (ll.4–5)	le rendement des études (l.52)
un héritier frileux (l.7)	trouillard (l.55)
d'ores et déjà (l.8)	pédaler dans le vide (l.58)
un rentier pépère (l.8)	un notaire (l.85)
le patrimoine (l.11)	le concubin (l.92)
le coup de pouce (ll.25–26)	

Grammaire et stylistique

(a)   'La plus grande injustice qui puisse exister' (l.65): justifiez le subjonctif
      et faites des phrases sur le même modèle. De même, justifiez le mode de
      'revienne' (l.70).

(b)   'D'autant plus dramatique que...' (l.71). Analysez la structure et
      utilisez-la dans des phrases que vous inventerez.

Compréhension

(a)   Précisez le 'malaise au niveau des droits de succession' (l.14) dont
      parle Rocard.

(b)   Que faut-il entendre par: 'Le taux de rendement réel d'une maîtrise par rapport au bac était de 14% par an, bien supérieur à celui d'un patrimoine classique, mobilier ou immobilier' (ll.29–31)?

(c)   Précisez les différences qui existent entre la situation il y a trente ans et le nouveau comportement financier des ménages.

Questions orales ou écrites

(a)   Etes-vous d'accord avec Julien Dray lorsqu'il dit que 'L'héritage est la plus grande injustice qui puisse exister aujourd'hui' (ll.65–66)? Que pensez-vous de sa définition du 'capitalisme populaire' (l.70)?

(b)   Comparez la loi sur l'héritage en France et celle dans votre pays.

Text 2.17

Vivre en France avec un bas salaire: pas la peine de rêver

1   D'un geste précis, Martine saisit sur la pile un petit drap jaune, le plie
     suivant les contours du modèle, le fronce en un savant mouvement,
     fixe son ouvrage d'un coup de fer brûlant, et le place dans une boîte en
     carton. Voilà. Martine s'essuie le front, une demi-seconde. Puis elle
5   saisit sur la pile un autre petit drap jaune, le plie, le fronce, applique à
     nouveau son fer brûlant. Encore et encore, jusqu'à ce que la cloche la
     libère de l'obsession de la cadence. Martine est repasseuse dans un
     atelier de confection de layette près de Cholet. Elle doit faire ses deux
     cents draps de bébé par jour.
10   Comme les cent cinquante ouvrières de son usine, Martine n'est pas
     bien payée: à peine 4 400 F net. Alors elle met le paquet pour
     augmenter son rendement, et toucher la 'prime de production' réservée
     à celles qui dépassent la cadence. Certains mois, elle se fait 100 F de
     mieux, parfois plus, jusqu'à 400 F. Est-ce que ça vaut le coup de ne pas
15   lever les yeux de l'ouvrage et de repasser à cent à l'heure? *'Je me crève
     pour une misère'*, soupire-t-elle.
         Des Martine, il y en a plein l'industrie textile, à suer devant leur fer
     ou leur machine à coudre pour une fiche de paye minuscule. A ceci
     près que la nôtre est en quelque sorte privilégiée. D'abord parce que son
20   entreprise, le groupe Salmon-Arc-en-ciel (850 salariés), ne se porte pas
     si mal que ça: 10 millions de francs de profits prévus en 1990, un
     chiffre d'affaires de 280 millions en constante augmentation, et chaque
     année de nouvelles embauches. Surtout parce que, chose rare dans le
     textile, son patron a la fibre sociale.
25   Regardons les choses de près. Le patronat de l'habillement acculé à
     la plus extrême rigueur par la concurrence du Sud-Est asiatique, n'a,
     dans son ensemble, pas levé le petit doigt depuis dix ans pour gonfler
     les fiches de paye. Sa grille de rémunérations, obsolète jusqu'au gro-
     tesque, fixe ainsi à. . . 3 478,20 F brut le salaire du premier échelon
30   ouvrier, à 3 578,50 du second, et le reste à l'avenant: douze des
     quatorze classifications ouvrières sont sous le SMIC (5 286,32 F brut).
     Grille naturellement inapplicable: comme il est interdit de payer moins
     que le SMIC, tout le monde le perçoit et n'en parlons plus. Les moins
     qualifiés comme les plus habiles. Aucune progression possible. Aucun
35   espoir de carrière. Ainsi va la confection.
         Pas le groupe Salmon. Le salaire de chacun des neuf échelons
     ouvriers est supérieur au SMIC. Très légèrement pour le plus bas, de

plus en plus à mesure que l'on s'élève dans la classification – il est donc possible ici de faire carrière.

40 Cela, Martine le sait. Et toutes ses collègues avec elle. *'Il faut reconnaître que notre entreprise fait un petit effort'*, disent-elles, en précisant, fort logiquement: *'Ça pourrait être pire.'* Et elles sourient, avec une lasse indulgence. Car au fond, toucher 4 400 F au lieu de 4 200 F, quelle différence?

45 Toutes les ouvrières d'Arc-en-ciel, bien sûr, ne souffrent pas. Celles dont le mari travaille parviennent à peu près à s'en sortir. Beaucoup ont acheté une petite maison dans le bocage (avec, si possible, jardin potager), dont elles payent les traites avec plus ou moins de difficultés. Beaucoup viennent à l'usine en voiture, en se débrouillant pour y
50 amener des collègues et partager ainsi les frais d'essence. Beaucoup réussissent à partir en vacances, souvent en camping sur la côte vendéenne toute proche. Même si les fins de mois sont régulièrement tendues, et la viande rarement quotidienne, ce n'est pas la misère. Ni Zola ni le coron. D'autant qu'ici, entre Cholet et Angers, en pleine
55 campagne, le coût de la vie est bien plus faible que dans les grandes villes, et les sollicitations plus limitées.

N'empêche, c'est dur. Beaucoup d'ouvrières, comme Josiane, avouent connaître des tensions dans leur ménage. *'Chaque jour, chaque instant, on doit faire attention à l'argent qui file, se retenir de dépenser, calculer au*
60 *plus juste. Est-ce que je peux acheter cette robe? Est-ce qu'il peut s'offrir ce pantalon? Forcément, on finit par s'engueuler, par se renvoyer nos fiches de paye à la figure.'* L'harmonie du couple supporte mal les bas salaires. Les enfants en souffrent doublement.

Se battre pour arracher plus? Lancer une bonne grève et faire plier le
65 patron? Certaines y pensent. Mais sans jamais passer à l'acte. La dernière grève chez Salmon-Arc-en-ciel date du début des années 60. Dans cette vieille terre chouanne, il n'y a guère de tradition de lutte sociale. Et puis ici on ne rêve pas, on serait plutôt du genre terre à terre. Les réalités économiques de l'industrie textile? La fragilité de
70 l'emploi, les Chinois qui cousent des chemises pour 150 F par mois? On connaît cela par cœur. N'importe, toutes les ouvrières, sans exception, considèrent leurs salaires comme scandaleusement bas, et se disent victimes d'une *'injustice'*. Toutes estiment qu'on pourrait raisonnablement les payer 'au moins' 1 000 F de plus.

75 (Philippe Eliakim, 'Vivre en France avec un bas salaire: pas la peine de rêver', *L'Événement du Jeudi*, 5–12 July 1990).

Exercices

Lexique

Expliquez les mots et expressions suivants:

un coup de fer (l.3)   à l'avenant (l.30)
la cadence (l.7)   s'en sortir (l.46)
la layette (l.8)   une traite (l.48)
mettre le paquet (l.11)   se débrouiller (l.49)
à cent à l'heure (l.15)   s'engueuler avec quelqu'un (l.61)
se crever (l.15)   passer à l'acte (l.65)
ne pas lever le petit doigt pour (l.27)   terre à terre (ll.68–69)
la grille des rémunérations (l.28)

Grammaire et stylistique

(a)   Relevez les expressions du langage familier. Quelle différence voyez-
       vous entre 'faire 100F de mieux' et 'se faire 100F de mieux' (ll.13–14)?

(b)   Écrivez un paragraphe ou court dialogue en style familier décrivant les
       difficultés de la vie quotidienne d'un ouvrier sans le sou.

Compréhension

(a)   Où est Cholet? Quelles en sont les activités industrielles? Qu'est-ce
       qu'une terre 'chouanne' (l.67)?

(b)   Expliquez l'allusion à Zola et au coron (l.54).

Question orale ou écrite

(a)   Quels sont les arguments économiques qui peuvent être présentés
       contre l'existence d'un salaire minimum tel que le SMIC? Et quels
       sont les arguments économiques pour le maintien d'un tel minimum?

Text 2.18

Une Pauvreté accrue et différente

1 Au plan social, le phénomène majeur de la décennie aura été sans nul doute la prise de conscience par la société française de l'existence en son sein d'une population véritablement pauvre. Cette prise de conscience a conduit à la mise en place du revenu minimum d'insertion fin 1988.

5 Longtemps les observateurs se sont demandé si la réalité de la pauvreté évoluait au même rythme que sa 'lisibilité' par la société, en d'autres termes si le nombre de pauvres (ou plus exactement le nombre de personnes dont le revenu est inférieur au niveau retenu comme seuil de pauvreté) augmentait effectivement. Il est vrai que la 10 connaissance statistique est actuellement trop lacunaire pour mesurer précisément l'ampleur et la nature de la pauvreté en France et pour suivre son évolution. Les quelques indicateurs dont on dispose montrent néanmoins sans ambiguïté que, dans la première moitié de la décennie, le nombre de pauvres s'est accru et que, globalement, leur 15 situation financière s'est aggravée: la part du revenu total détenue par les 10% de ménages les plus pauvres a diminué, entre 1979 et 1984, de 15%.

Qui sont les pauvres? L'instauration dans les années soixante et soixante-dix de prestations sociales adaptées avait permis de procurer 20 un minimum de revenu à des couches de la population particulièrement vulnérables (personnes âgées, familles nombreuses, handicapés, mères isolées), sans qu'on soit certain pour autant que, dans tous les cas, l'existence de ces prestations constituât un rempart absolu contre la pauvreté. Mais, au cours des années quatre-vingt, le visage de la 25 pauvreté s'est transformé et de nouvelles catégories de pauvres sont apparues, qui ne posent plus seulement à la société un problème de subsistance mais aussi – et peut-être surtout – un problème d'insertion dans la vie économique du pays. Les premiers comptages effectués montrent ainsi que 80% des bénéficiaires du revenu minimum d'inser- 30 tion sont des chômeurs de longue durée et que près de 50% sont âgés de moins de 35 ans.

Contrairement à ce qui se passait il y a vingt ans, les facteurs de pauvreté ne sont plus seulement l'exclusion dont souffraient des personnes déjà marginalisées à leur naissance. Dans la France des années 35 quatre-vingt, on peut devenir pauvre, soit à la suite d'une rupture sociale (licenciement) ou familiale (décès du conjoint, divorce, maladie), soit encore parce qu'on ne parvient pas à s'insérer durablement dans le monde du travail.

Les retraités ont été préservés

40 De cette montée de la pauvreté, les personnes âgées semblent avoir été préservées. Bien que les taux d'activité après cinquante-cinq ans aient continué de baisser, la position des retraités sur l'échelle des revenus s'est améliorée. Le revenu moyen par personne (ou plus précisément par unité de consommation) est maintenant légèrement plus élevé en
45 moyenne parmi les ménages de retraités que parmi les ménages d'actifs.

L'origine de cette amélioration est double. D'une part, les personnes âgées ont été nombreuses à profiter de l'accroissement des revenus de la propriété au cours de la décennie, elles dont le patrimoine de
50 rapport est souvent non négligeable. D'autre part – et surtout –, le montant des pensions de retraite qu'elles ont perçues s'est trouvé très sensiblement rehaussé depuis quinze ans. Ce dernier phénomène s'explique avant tout par l'augmentation des droits acquis des nouvelles générations de retraités, sous le triple effet des modifications du
55 mode de calcul des pensions de base, de l'allongement des durées d'assurance des personnes partant en retraite et de l'accroissement des salaires de référence servant au calcul de ces pensions. Cette augmentation des droits ainsi acquis a induit une nette amélioration de la situation des nouveaux retraités par rapport à celle de leurs
60 aînés.

Pour ces derniers en revanche (ou plus exactement pour ces dernières, car à cet âge les femmes sont beaucoup plus nombreuses que les hommes), et plus généralement pour les retraités en place, le pouvoir d'achat des pensions n'a dans l'ensemble pratiquement pas varié depuis
65 dix ans. Il est vrai que les plus démunis ont bénéficié d'un rehaussement sensible du minimum vieillesse (que continuent à percevoir aujourd'hui 1 300 000 personnes) jusqu'en 1982. Les revalorisations intervenues depuis lors n'ont pas suffi à maintenir strictement le pouvoir d'achat atteint à cette date.

70 En dépit de l'amélioration d'ensemble des ressources des personnes âgées, nombre d'entre elles ne disposent encore que de faibles moyens d'existence. Une rupture importante, à cet égard, semble se situer autour de l'âge de 75 ans, mais là encore la connaissance statistique est actuellement trop incertaine pour discerner avec précision l'ampleur
75 des difficultés auxquelles sont confrontées les personnes concernées: dans quelles mesures peuvent-elles faire face aujourd'hui aux besoins spécifiques liés à leur perte d'autonomie physique lorsqu'elles atteignent le quatrième âge?

(Centre d'étude des revenus et des coûts, *Les Français et leurs revenus*, La Découverte/La Documentation française, 1989, pp. 265–6.)

Exercices

Lexique

Expliquez les mots et expressions suivants:

le seuil de pauvreté (l.9)   le patrimoine de rapport (ll.49–50)
lacunaire (l.10)   le minimum vieillesse (l.66)
une prestation sociale (l.19)   le quatrième âge (l.78)
par unité de consommation (l.44)

Grammaire et stylistique

(a) 'Le phénomène majeur de la décennie aura été' (l.1): analysez et
     utilisez vous-même le temps de cette phrase.
(b) 'Sans qu'on soit certain que l'existence constituât' (ll.22–23): justifiez les
     deux temps du subjonctif utilisés ici.

Compréhension

(a) Qu'appelle-t-on 'le revenu minimum d'insertion' ou RMI (l.4)?
     Expliquez le fonctionnement et le résultat de ce mécanisme.
(b) Que comprenez-vous par la 'lisibilité' de la pauvreté (l.6)?
(c) Que veut dire l'auteur quand il parle d'un 'problème d'insertion' des
     pauvres dans la vie économique du pays (ll.27–28)? Que mettez-vous
     sous l'expression 'des personnes déjà marginalisées à leur naissance'
     (ll.33–34)?

Question orale ou écrite

(a) Dans 20 ans, les retraités en France bénéficieront-ils de conditions de
     vie comparables à celles des retraités de la fin des années 1980, et
     pourquoi?

Text 2.19

La Consommation des Français double en un quart de siècle

1 En 1987, chaque Français a dépensé en moyenne 5500 F. par mois pour sa consommation personnelle, soit, mesuré aux prix actuels, 80% de plus qu'en 1967, et le double de 1964.

Une évolution aussi importante n'a pas manqué de s'accompagner
5 de profonds changements dans les habitudes d'achats. De nombreux produits sont apparus sur le marché au cours de cette période de vingt ans. Ceux-ci et d'autres déjà existants sont devenus de plus en plus abordables et attractifs grâce aux progrès techniques et à l'ouverture des frontières qui en a diversifié l'offre. La consommation de biens
10 durables a ainsi triplé en vingt ans, faisant s'accroître vivement les taux d'équipement des ménages: à présent, 4 sur 5 d'entre eux disposent d'une machine à laver, 3 sur 5 d'un téléviseur-couleur (9 sur 10 d'un téléviseur quelconque), et 3 sur 4 d'au moins une automobile alors qu'on ne comptait que 1 ménage sur 2 disposant de ces biens en 1966.
15 Le téléphone, devenu d'un usage moins coûteux, a eu l'un des plus forts développements: 9 ménages sur 10 sont abonnés; ils étaient 12% en 1966.

Certaines modifications de comportement sont apparues à partir de 1973: des dépenses autrefois croissantes se stabilisant (sucre, corps
20 gras, habillement), d'autres se ralentissant plus qu'on ne pouvait l'attendre (boissons non alcoolisées, énergie et transport, équipement du logement), d'autres au contraire progressant imperturbablement en dépit du freinage du pouvoir d'achat (viande et produits laitiers, tabac, télécommunications et loisirs). En somme, la crise aurait poussé les
25 Français à vivre mieux tous les jours, tout en faisant la chasse aux calories inutiles, quitte à sacrifier l'apparence du vêtement et du foyer.

Les années récentes ont confirmé la plupart de ces points, notamment les saturations alimentaires (les rations caloriques journalières sont très voisines de celles des Allemands ou des Américains, avec une proportion
30 moindre d'origine animale qu'au Canada ou en Suède), les économies dans le domaine des transports et la modération des dépenses d'équipement du logement. Cette dernière est à rapprocher du tassement de la construction. Au contraire, le mythe du Français s'étourdissant dans les loisirs pour échapper à la crise n'a pas résisté à la prolongation
35 d'une croissance lente. Les dépenses des spectacles s'essoufflent et ne sont pas compensées par la poussée continue des achats de télé, hi-fi, vidéo, informatique. Remarquons en passant que ces nouveaux biens

durables tendent à consommer du temps de loisir, alors que les articles ménagers, dont les Français sont à présent largement dotés, visaient à
40 en économiser. Enfin, le taux de départ en vacances des Français, qui s'était élevé de 42% en 1966 à 52% en 1976, oscille depuis 1980 entre 54 et 55%.

Un mot sur l'alcool et le tabac. La consommation mesurée en litres d'alcool pur par habitant est stable et demeure très élevée en France,
45 avec un glissement massif du vin vers les autres boissons. Celle du tabac s'accroît, encouragée à plusieurs reprises par le retard des réajustements des tarifs sur la hausse générale des prix.

Les dépenses de santé ont progressé pour leur part beaucoup plus rapidement, quel que soit le critère retenu. En proportion du PIB, elles
50 dépassent celles d'éducation depuis la fin des années soixante-dix. La consommation proprement dite retracée dans les comptes des ménages a été multipliée par 3,5 de 1966 à 1986 alors que la consommation totale doublait, soit une différence de taux annuel de croissance comprise entre 2,5 et 3%, après comme avant 1974. Cette évolution tranche
55 avec celle des autres grands pays où elle a été, soit beaucoup plus proche de celle de l'ensemble des dépenses (RFA, Royaume-Uni), soit en nette décélération au cours de la dernière décennie (États-Unis, Japon).

Selon les estimations de la CEE, la consommation individuelle est maintenant en France supérieure d'environ 40% à la moyenne commu-
60 nautaire. Dans l'ensemble, les prix semblent proches de ceux pratiqués chez nos voisins, quoique bien inférieurs aux prix américains. Leur structure est cependant fort différente: plus élevés de 15 à 20% pour les honoraires, l'appareillage médical et l'hospitalisation: plus faibles de 20 à 25% pour les produits pharmaceutiques où le contrôle de la Sécurité
65 sociale est le plus effectif. En conséquence, la consommation de médicaments se révèle particulièrement élevée: 70% environ au-dessus de l'allemande et de l'italienne et plus de quatre fois la britannique au système de distribution très économe.

L'extension de la couverture de l'assurance-maladie a été un autre
70 élément majeur de développement de la consommation. La protection par la Sécurité sociale est quasi achevée dès 1970, avec près de 96% de la population concernée (76% en 1960).

(P. Sigogne, 'Consommation logement et épargne', in J-M. Jeanneney, *L'Économie française depuis 1967*, Éditions du Seuil, 1989, pp. 205 sqq.)

Exercices

Lexique

Expliquez les mots et expressions suivants:

abordable (l.8)
un bien durable (ll.9–10)
le taux d'équipement des ménages
  (l.11)
un corps gras (ll.19–20)
l'équipement du logement (ll.21–22)

le freinage (l.23)
faire la chasse aux calories (ll.25–26)
le tassement (l.32)
les dépenses s'essoufflent (l.35)
les honoraires (l.63)

Grammaire et stylistique

(a)   'la crise aurait poussé les Français à vivre mieux' (ll.24–25). Expliquez
      le conditionnel et faites vous-même des phrases sur le même modèle.
(b)   'Remarquons en passant' (l.37). Justifiez le mode du verbe et refaites la
      phrase en remplaçant ce mode par un autre.

Compréhension

(a)   '4 [Français] sur 5 disposent d'une machine à laver, 3 sur 5 d'un
      téléviseur-couleur (...) et 3 sur 4 d'au moins une automobile ... 9
      ménages sur 10 sont abonnés (au téléphone)' (ll.11–16). Cherchez des
      chiffres comparables pour votre pays et analysez similarités et
      différences.
(b)   Quelles modifications de comportement expliquent le glissement des
      dépenses dans l'alimentation?

Questions orales ou écrites

(a)   Les structures de la consommation des ménages deviennent-elles
      uniformes à travers l'Europe? Justifiez votre réponse.
(b)   La tendance vers un accroissement continu des dépenses de santé des
      ménages n'est-elle pas irréversible, à cause du vieillissement de la popula-
      tion et des progrès de la médecine? Que pourrait-on faire pour en
      limiter l'ampleur?

Text 2.20

Le Développement du crédit à la consommation: comment vivre au-dessus de ses moyens

1   Les Français n'ont plus peur de s'endetter. Ils commencent même à adorer ça. Et collectionnent les cartes de crédit jusqu'au vertige. Excitant, mais dangereux.

En 1968, les étudiants exigeaient 'tout, tout de suite', et c'était une
5   petite révolution. Aujourd'hui, les Français veulent tout, tout de suite, voiture, maison, cuisine intégrée, ordinateur, congélateur, Seychelles, lifting, bref, le bonheur, et se l'achètent à crédit: c'est devenu normal. Et si facile. Une vraie révolution, cette fois. Morale. En vingt ans, on est passé d'une consommation récompense (d'un 'dur labeur') à une
10   consommation hédoniste: jouir maintenant, payer demain. Le crédit est devenu un droit.

Du coup, un ménage sur deux est endetté, selon l'INSEE. Et les autres, surtout les jeunes, s'y mettront un jour, tous les sondages l'indiquent. S'endetter pour se loger: rien de plus banal. Un Français sur
15   quatre paie actuellement des traites sur son logement principal. Solide, le crédit immobilier: il en reste toujours quelque chose. Mais, saisis par la débauche consommatrice, les Français se ruent sur les nouveaux appâts des banques et des marchands: ces petits crédits ordinaires, si simples, si alléchants, qu'on rembourse en un mois, en un an, au pis en cinq
20   ans. Il suffit d'une ligne, juste une ligne supplémentaire, sur un compte bancaire, un découvert généreux, une 'réserve' de trésorerie, ou surtout l'une de ces cartes magiques dites 'du magasin'. A vue de nez, chaque mois, ça ne coûte pas bien cher et ça permet de vivre au-dessus de ses moyens, en attendant de les avoir. Mieux, cela donne l'impression
25   d'entrer dans un club dynamique et moderne, comme disent les pubs, où l'on maîtrise l'argent, et l'avenir. Le crédit à la consommation, qui augmentait régulièrement de 17% jusqu'en 1984, s'est soudain affolé depuis trois ans: 39% de hausse en 1986, 33% en 1987 et encore 22% en 1988. Trois Français sur dix sont, à présent, endettés pour des biens
30   ou des services qui, par nature, se déprécient à l'usage. Ce qui représente une masse totale de 300 milliards de francs.

Pour la première fois, les Français empruntent plus qu'ils n'épargnent. 'Voilà dix ans, quand ils empruntaient 100 francs, raconte l'économiste André Babeau, les ménages épargnaient, parallèlement,
35   225 francs.' Aujourd'hui, ils mettent de côté 12% de leurs revenus (20.5% en 1978) et en abandonnent 14 – toutes dettes comprises – à leurs créanciers (8% en 1978). Une autre façon de voir la vie. Mais les

Français ont beau galoper, ils sont loin des sommets atteints aux États-Unis, où le cinquième des revenus, en moyenne, file en crédit à la
40   consommation: hors logement, donc. Nous n'en sommes qu'à 7% à peine. Mais on y va. Tout droit.

('Le Développement du crédit à la consommation: comment vivre au dessus de ses moyens!', *L'Express*, 10 February 1989, p.24.)

Exercises

Lexique

Expliquez les mots et expressions suivants:

la cuisine intégrée (1.6)   le crédit immobilier (l.16)
le congélateur (1.6)   les nouveaux appâts (l.17)
le lifting (1.7)   le crédit à la consommation (1.26)
une traite (l.15)

Grammaire et stylistique

(a)   Relevez les phrases sans verbe principal conjugué. Faites des remarques sur leur structure et leur effet.
(b)   Inventez des phrases du même type.

Compréhension

(a)   Quelle différence faites-vous entre une 'consommation récompense' (1.9) et une 'consommation hédoniste' (1.10)?
(b)   Selon le texte, quelle est la transformation des attitudes devant le crédit, quantitativement, sociologiquement, culturellement, moralement . . .?

Question orale ou écrite

(a)   Quelles sont les conséquences du nouveau comportement des Français en ce qui concerne l'épargne et l'emprunt? Pensez au financement des investissements et au contrôle de l'inflation, par exemple.

Les Raisons d'une dévaluation: déclaration du Président Georges Pompidou à l'issue du Conseil des ministres du 8 août 1969

1   Dès ma prise de fonctions, j'ai considéré le problème de la monnaie comme le plus important et le plus urgent. M'étant fait rendre compte de tous les aspects de notre situation financière, je suis arrivé à la conviction qu'une modification de la parité du franc est inévitable.

5   Le Premier ministre et le ministre des Finances partagent cette conviction.

Nous constatons que le franc s'échange sur les places étrangères avec une décote importante.

Prétendre remonter ce handicap serait choisir une politique de défla-
10 tion brutale qui imposerait au pays des sacrifices insupportables et un chômage massif, et qui, de plus, compromettrait nos investissements, donc notre avenir.

Les questions posées sont donc uniquement celles du montant, du moment et des modalités.

15 Le montant:

Le bon sens conseille d'aligner le franc sur le cours que lui reconnais-sent les transactions à terme réalisées sur les marchés extérieurs. Nous nous bornons à constater un fait acquis et à prendre acte.

Ainsi nous limitons les conséquences au strict nécessaire, tout en
20 cherchant à ne pas troubler les relations commerciales avec nos partenaires.

Le moment:

Notre souci a été d'agir librement et non sous l'empire de pressions extérieures ou d'une crise spéculative, comme c'était le cas en novembre
25 1968 quand le général de Gaulle, à juste titre, a refusé de dévaluer.

L'apaisement qui a suivi la crise politique du printemps et le début du redressement de notre commerce extérieur qui se sont marqués par une diminution des sorties de devises au cours des dernières semaines ont crée une situation calme sur le marché des changes.

30 Compte tenu de l'état de nos réserves et de nos possibilités d'emprunt, nous sommes, certes, techniquement en mesure de franchir sans difficul-tés les prochains mois.

Mais il serait absurde d'attendre d'être contraints par la nécessité de dévaluer précipitamment, avec des réserves de devises et d'or diminuées,
35 et dans une ambiance propice à la spéculation.

Une dévaluation sous la contrainte immédiate est d'avance condam-née à l'échec.

Au surplus, nous entendons déjouer toute spéculation. C'est pourquoi nous avons observé un secret total et choisi pour notre décision une
40   période vouée habituellement aux seules vacances.

Pour le moment, nous avons isolé la décision monétaire des autres mesures de redressement que le Gouvernement sera conduit à prendre et dont la mise au point n'aurait pas manqué d'éveiller l'attention.

Mais il va de soi que la dévaluation ne constitue qu'une base de
45   départ pour le rétablissement de notre situation et j'attends du Gouvernement que, dans les domaines budgétaire, financier, économique, il propose une action d'ensemble vigoureuse et rigoureuse, dès la fin de ce mois.

Cette action devra être guidée par la volonté d'épargner les catégories
50   les plus modestes et d'établir, sur la base d'une monnaie assainie, les conditions d'une expansion et d'un développement durables.

Pour cela, il est nécessaire de faire prendre conscience à chaque Français des réalités, de toutes les réalités. Nous devons fonder notre puissance économique, source de notre progrès social et garantie de
55   notre indépendance, sur des données vraies, en procédant au constat de la valeur réelle du franc. En refusant de céder à la facilité qui consisterait à gagner du temps, nous pratiquons une première 'opération-vérité'. Ce ne sera pas la seule. Les efforts qui devront être demandés au pays, et dont la nécessité devra lui être expliquée, répon-
60   dront au double souci de l'efficacité et de la justice dans la répartition des sacrifices.

(Georges Pompidou, *Entretiens et discours*, Hachette, 1975, pp. 231–32.)

Exercices

Lexique

Expliquez les mots et expressions suivants:

une modification de la parité du
  franc (l.4)
une politique de déflation (ll.9–10)
le bon sens (l.16)
une transaction à terme (l.17)
nous nous bornons . . . à prendre acte
  (l.18)

à juste titre (l.25).
une devise (l.34)
nous entendons déjouer (l.38)
il va de soi que (l.44)
la valeur réelle du franc (l.56)

Grammaire et stylistique

(a)   'M'étant fait rendre compte de' (l.2). Étudiez la structure de cette phrase, traduisez-la, puis inventez des variations en français. Pensez à des expressions comme 'se faire faire', 'faire voir' etc.

(b) Précisez et justifiez le mode/temps de 'constitue' (l.44).

(c) 'Dont'. Etudiez les valeurs du relatif aux lignes 42 et 59. Faites vous-même des phrases avec 'dont'.

Compréhension

(a) Expliquez pourquoi une politique de déflation brutale 'imposerait au pays des sacrifices insupportables et un chômage massif, et compromet-trait . . . notre avenir' (ll.9–12).

(b) Illustrez l'importance du 'moment', selon Pompidou.

(c) Qu'entend Pompidou par une première 'operation-vérité' (1.58)?

Question orale ou écrite

(a) Pompidou refusait une 'déflation brutale' car ceci, entre autres conséquences négatives, 'compromettrait nos investissements, donc notre avenir' (ll.9–11). Pourquoi adoptait-il de telles vues, et pourquoi, maintenant, la plupart des responsables économiques en France adoptent-ils une position exactement inverse?

Text 2.22

Le Plan d'assainissement financier de 1958 et la création du nouveau franc

1 Quelques jours avant l'ouverture officielle du premier septennat de la Ve République, la France savait quel serait le nouveau décor économique et financier du régime. Le 27 décembre 1958, le conseil des ministres adoptait, en effet, un vaste plan d'assainissement qui
5 rompait avec un passé de facilités. C'est le souci de redonner à notre pays sa place à la table des puissances européennes qui inspira en premier lieu cette profonde réforme d'ensemble.

Depuis des années, les représentants de la France à l'OECE (Organisation européenne de coopération économique) développaient avec une
10 gêne croissante les raisons que leur pays avait de ne pas suivre le train des libérations d'importations des voisins.

Le 1er janvier 1958, les premières mesures de désarmement douanier et d'élargissement des contingents prévues par le traité de Rome entraient en vigueur, et le seul pays des Six qui aurait dû, dès l'ouverture, faire
15 jouer des 'clauses de sauvegarde' eût été la France si une opération chirurgicale n'avait pas été prévue.

Enfin, la Grande-Bretagne préparait pour la fin de cette fameuse année 1958 la convertibilité de sa monnaie, et les pays à monnaie forte s'apprêtaient à suivre l'exemple. Le franc eût été, une fois de plus, 'à la traîne'.
20 Cette vision était intolérable pour le général de Gaulle et, d'accord avec Antoine Pinay, un groupe d'experts présidé par Jacques Rueff s'était mis à l'œuvre, le 30 septembre 1958, pour préparer le 'nouveau cours' de l'économie française.

Adopté, après un certain nombre de retouches, à quelques jours des
25 échéances dangereuses, le plan Pinay-Rueff frappa le monde entier par son audace. Il prévoyait notamment: 1) une dévaluation du franc de 17,55%, le nouveau taux de change (1 ancien franc = 1,8 milligramme d'or; 1 dollar = 493,70 F) ménageant une marge de sécurité suffisante pour absorber les conséquences de l'assainissement sur les prix inté-
30 rieurs; 2) la création d'un franc 'lourd' (100 F = 1 NF) destiné à faire son apparition sur le marché intérieur le 1er janvier 1960; 3) la convertibilité du franc pour les non-résidents, l'apport des capitaux étrangers pouvant ainsi faciliter l'équilibre des paiements extérieurs; 4) la libération des échanges avec les pays de l'OECE à un taux jamais
35 atteint auparavant (90%); 5) l'abaissement des droits de douane de 10% vis-à-vis de nos partenaires de Marché commun, comme il était prévu par le traité de Rome.

D'un seul coup, la France accomplissait les gestes d'une nation financièrement indépendante, alors que, à l'arrivée du général de
40   Gaulle au pouvoir, les réserves en or et en devises étaient pratiquement nulles (19 millions de dollars au Fonds de stabilisation des changes au 30 mai 1958).

C'est le baromètre des finances extérieures qui devait dire si la France allait ou non gagner son pari. Le commerce avec l'étranger s'améliora
45   plus vite qu'on ne l'avait espéré, la dévaluation du franc, ainsi que la reprise générale de l'expansion dans les pays industriels, donnant un véritable coup de fouet à nos exportations tout en freinant les importations. Dès le mois de mai 1959, c'est-à-dire quatre mois après le lancement du plan Pinay-Rueff, nos importations étaient couvertes, et
50   au-delà, par nos exportations. Quant à la balance des paiements, qui avait été en déficit (pour la zone franc) de 275 millions de dollars, elle était déjà en excédent de quelque 600 millions de dollars pour le premier semestre 1959. Dès la fin de 1960, nos réserves d'or et de devises convertibles atteignaient 2 068 millions de dollars.

('Le Plan d'assainissement financier de 1958 et la création du
nouveau franc', Le Monde, 23 November 1965.)

Exercices

Lexique

Expliquez les mots et expressions suivants:

une échéance (l.25)   la zone franc (l.51)
donner un coup de fouet (ll.46–47)

Grammaire et stylistique

(a)   'La France savait quel serait le nouveau décor' (l.2). Faites vous-même des phrases avec 'quel', en observant les positions du mot par rapport au nom auquel il se rapporte.

(b)   Justifiez le mode/temps des lignes 15 et 19. Stylistiquement, quel est l'avantage de l'emploi de ce mode ou ce temps? Qu'aurait-on pu dire à la place?

Compréhension

(a)   Qu'est-ce que la convertibilité de la monnaie (l.18)?

(b)   Que comprenez-vous par 'le train des libérations d'importations des voisins' (ll.10–11)?

(c)   Clarifiez l'allusion à 'un passé de facilités' (l.5).

(d)   Montrez l'audace du plan Pinay-Rueff.

Question orale ou écrite

(a)   Pourquoi, selon vous, la France de 1958 était-elle à la traîne des autres pays en ce qui concerne la libéralisation des échanges extérieurs?

Text 2.23

L'Histoire mouvementée du franc

1 L'histoire du franc, depuis le début de la guerre de 1914, et surtout, depuis la fin de la seconde guerre mondiale, a été très mouvementée, ponctuée par plus de quatorze dévaluations que séparaient des périodes, plus ou moins longues, de stabilité. Onze de ces dévaluations ont été
5 effectuées depuis 1945, avec une période très agitée entre cette date et la fin 1958, dans une économie rongée par l'inflation et avec une tentative, réussie, de stabilisation sous les auspices du général de Gaulle et de son ministre des finances, M. Antoine Pinay, au début des années 60. Les événements de mai 1968 déclenchent une nouvelle spirale
10 inflationniste qui met le franc à rude épreuve. En 1972, un nouvel essai de stabilisation prend place, avec l'entrée de notre monnaie dans un ensemble européen à parités fixes, le fameux 'serpent', qu'elle quitte en 1974, réintègre en 1975 pour le quitter à nouveau en 1976 et, en mars 1979, s'incorpore au Système monétaire européen (SME), toujours
15 en vigueur. Après mai 1981, une cascade de dévaluations affaiblit un franc que minent l'inflation et le déficit commercial, puis c'est l'assagisse- ment lent mais régulier, grâce au blocage temporaire des prix et des salaires, au recul progressif et spectaculaire de l'inflation et à une diminution du déséquilibre des échanges avec les pays étrangers.
20 Depuis sa dernière dévaluation, ou la dernière réévaluation du mark, ce qui revient au même, le franc s'est progressivement renforcé et malgré quelques alertes, maintient sa parité avec la devise allemande, son seul point de référence et d'ancrage, puisque le dollar et les autres monnaies (livre sterling, yen, etc.) flottent librement vis-à-vis du SME.
25 Ce dernier a visiblement exercé une contrainte salutaire sur l'économie française, obligeant ses gouvernements à mener une politique mon- étaire de plus en plus rigoureuse, que ce soit sur les salaires, sur les prix et sur le déficit budgétaire, au point que l'écart d'inflation entre notre pays et l'Allemagne (toujours LA référence) est tombé à moins d'un
30 point. La rançon de cette réussite a été le maintien de taux d'intérêt élevés, record d'Europe en niveau réel – hors inflation, – et à la diligence de la Banque de France. Cette dernière, soucieuse de défendre le franc vis-à-vis d'un mark tout-puissant, veut assurer aux prêteurs étrangers une prime de risque importante. Cette prime est en train de diminuer,
35 la France devenant un pays à économie 'vertueuse' et la RFA suppor- tant le poids de sa fusion avec la RDA. Le jour où une telle prime aura disparu, le franc sera devenu une monnaie forte, à part entière: il aura

fallu près d'un demi-siècle. Pendant les années qui suivirent la création
en 1979 du Système monétaire européen (SME), à l'initiative conjointe
40   du chancelier Helmut Schmidt et de M. Giscard d'Estaing, une partie
importante de l'intelligentsia française critiqua le choix fait d'une
monnaie jugée surévaluée, qui sacrifiait – le mot fut souvent employé –
la compétitivité française et affaiblissait inutilement son industrie. Des
critiques qui ne désarmèrent pas, malgré cinq dévaluations du franc
45   entre 1981 et 1987.

L'élément nouveau est que, depuis 1988, cette analyse a perdu
beaucoup d'adeptes, alors que se multipliaient les tenants d'une monnaie forte, en même temps qu'était prise en considération leur argumentation: des importations moins cher payées favorisent la stabilité des
50   prix intérieurs; une monnaie stable, non fondante, force les entreprises
à innover, à améliorer la qualité de leurs produits, bref à se battre sur
l'offre, sans l'appui de coûts artificiellement réduits.

Si un certain consensus semble s'être réalisé au sein de l'intelligentsia
française et, quoique dans une moindre mesure, au sein de la classe
55   politique, il reste que la stabilité d'une monnaie, la confiance qu'elle inspire
dans le monde, et d'abord aux marchés des changes, ne sont pas acquis par
enchantement. Elles sont tout le contraire des fruits immédiats du hasard,
résultats de politiques longues et cohérentes, souvent impopulaires,
exigeant les sacrifices de certaines catégories sociales et professionnelles.
60   C'est, d'une certaine façon en 1982 que fut remplie la première
condition – nécessaire mais point suffisante – de la stabilité du franc.
Cette année-là, M. Pierre Mauroy, alors premier ministre, bloqua les
salaires pendant quelques mois et par la suite détacha leur évolution de
celle des prix. Cette désindexation de fait créa un choc considérable
65   dans une France habituée à voir son niveau de vie augmenter régulièrement. Le pouvoir d'achat recula deux années de suite (1983 et 1984).

C'est à peu près la même logique de consolidation du franc qui –
malgré les deux dévaluations de 1986 et 1987 – a guidé la politique
économique menée par Edouard Balladur: réduction des déficits publics,
70   freinage salarial draconien dans le secteur public, faveurs faites à
l'épargne, politique monétaire stricte fondée sur des taux d'intérêt
élevés. Pierre Bérégovoy a *grosso modo* agi de même depuis son retour
aux finances en 1988.

(Alain Vernholes, 'L'Histoire mouvementée du franc', *Le Monde,*
Dossiers et Documents, No. 176, April 1990.)

Exercices

Lexique

Expliquez les mots et expressions suivants:

ronger (l.6)

sous les auspices de (l.7)

mettre à rude épreuve (l.10)

la monnaie (l.11)

la parité (l.12)

en vigueur (l.15)

miner (l.16)

un point d'ancrage (l.23)

une prime de risque (l.34)

à part entière (l.37)

Grammaire et stylistique

(a) 'Depuis sa dernière dévaluation, le franc s'est renforcé.. et maintient..' (ll.20–22): dans quels cas met-on le présent, dans quels cas ne le met-on pas après 'depuis'?

Compréhension

(a) Que comprenez-vous par une 'économie vertueuse' (l.35)? Qu'est-ce que cette 'prime de risque' dont il est question (l.34)?

(b) Précisez la notion de 'serpent monétaire', 'SME'.

Questions orales ou écrites

(a) Pourquoi dans les années 1980 la valeur du franc s'est-elle stabilisée par rapport aux autres devises, alors que ceci s'était révélé impossible durant les décennies précédentes?

(b) Selon l'article, l'Allemagne est la référence monétaire de la France. Pourquoi?

Text 2.24

Les Nationalisations de 1981: les justifications et les difficultés potentielles

1 Le crédit, l'armement, la sidérurgie regagnent le giron de l'État. Quatre écueils majeurs guettent ces entreprises du secteur public rénové.

En 1936 comme en 1945, les nationalisations ont été de véritables révolutions politiques, économiques et sociales. La troisième vague –
5 celle de 1981 – ne sera pas moins spectaculaire. Pierre Mauroy frappe, en effet, dur et fort: l'ensemble des banques et tous les champions de l'industrie nationale seront sous tutelle publique avant la fin de l'année.

Bien sûr, un tel chambardement ne va pas sans risques. L'enjeu?
10 Tout bêtement le niveau de vie des Français, et le crédit de leur pays à l'extérieur. Mercredi 8 juillet, 16 h 15, à la tribune de l'Assemblée: 'La réforme de 1936 et 1945 sur le crédit sera parachevée ... En outre, nous procéderons à la nationalisation de 11 groupes industriels.'

Le Premier ministre dessine ainsi le cadre général des nationalisations.
15 Du même coup, il met fin aux spéculations et aux rumeurs, aussi fantaisistes que contradictoires, qui circulaient depuis quelques semaines. Une importante rupture, après une décennie marquée par le 'dépérissement des entreprises publiques' et par la 'mort de l'État-patron'. Une terrible gifle, aussi, pour les patrons, qui, jusqu'au dernier
20 moment, se berçaient d'illusions. C'était oublier que François Mitterrand est d'abord un homme politique. Sensible à la valeur symbolique de la nationalisation pour les militants de gauche, il a imposé que toutes ses promesses de l'élection présidentielles soient mises en œuvre à une vitesse accélérée. Pierre Mauroy, respectueux de la doctrine, a accepté.

25 Le champ des nationalisations? Du côté du crédit, toutes les banques, à l'exception des établissements sous contrôle étranger et du secteur mutualiste, et les holdings financiers. Dur à avaler pour les empires Suez et Paribas, qui pensaient ne perdre – et encore – que leurs réseaux de guichets métropolitains dans l'aventure. Maigre consolation, ils ne
30 seront pas les vecteurs de 'nationalisations rampantes'. Un sort particulier sera également réservé aux petites banques: le gouvernment proposera à ces maisons de crédit de se fédérer et d'accepter une prise de participation majoritaire d'une banque nationalisée. L'objectif est de tuer dans l'œuf tout germe capable de narguer ultérieurement le
35 domaine étatique.

Pour l'industrie, le programme socialiste est également interprété de façon extensive. Seront nationalisés les secteurs de l'armement (Das-

sault et l'activité défense de Matra) et de la sidérurgie, ainsi que la
Compagnie Générale d'Électricité, Pechiney-Ugine-Kuhlmann, Thom-
40 son, Rhône-Poulenc. Saint-Gobain, Roussel-Uclaf, ITT France et CII-
Honeywell Bull. En prime, le gouvernment a ajouté sur la liste la
Lyonnaise des Eaux et Schneider, filiales respectives de Suez et de
Paribas. Ce sont donc 700 000 personnes, 250 milliards de francs de
chiffres d'affaires et, surtout, la quasi-totalité des grands groupes indus-
45 triels privés tournés vers l'étranger qui sont concernés.

Qu'entend exactement Pierre Mauroy par nationalisation? Trois cas
sont à distinguer. L'État prendra le contrôle intégral du crédit, de
l'armement et de la sidérurgie. En revanche, le montant de sa participation dans les cinq grands groupes détenus par une multitude de petits
50 actionnaires français se fera cas par cas, mais cette participation sera
toujours majoritaire. Quant aux trois sociétés liées à des firmes
étrangères (Roussel-Uclaf, ITT France et CII-Honeywell Bull), des négociations seront engagées avec les actionnaires. L'un des schémas étudiés
prévoit la dilution de leur participation par des augmentations de
55 capital souscrites par l'État. En tout cas, les engagements pris antérieurement par la France devront être respectés.

On ne perdra pas de temps. L'acte d'étatisation du crédit devrait être
voté lors de la session extraordinaire du Parlement en septembre. Et
celui de la nationalisation de l'armement, de la sidérurgie et des cinq
60 groupes serait déposé en octobre. Cette rapidité tend à mettre fin à
l'incertitude des dirigeants des affaires concernées.

'L'indemnisation sera juste et préalable': les socialistes n'entendent
surtout pas être soupçonnés de spoliation.

Qu'on ne s'y trompe pas: le débat traduit deux conceptions radicale-
65 ment différentes du rôle des entreprises publiques dans la vie
économique. Tout d'abord, la condamnation unanime des règles du jeu
libéral. Chef d'accusation: obsédées par le seul profit à court terme, les
firmes privées manquent d'ambition, ne parient pas sur les domaines
d'avenir et investissent massivement à l'étranger. Résultat? Une totale
70 désinvolture envers l'emploi et la puissance industrielle de la nation.
Les experts de la gauche reprochent, en particulier, à ces mécanismes
pervers d'être à l'origine du faible investissement de l'industrie privée
depuis 1973. Un faible investissement qui, selon eux, a engendré les
problèmes d'emploi actuels. Quelles sont les solutions? Volet politique:
75 l'accroissement des droits du personnel dans l'entreprises, indissociable
de tout movement de nationalisation. Volet économique: de grandes
ambitions industrielles dans le cadre d'un Plan, dont le secteur public
et national sera la courroie de transmission.

C'est sur l'ampleur de la planification et, par ricochet, sur le poids du
80 secteur public qu'il y a controverse. Sans aller aussi loin que les
communistes, toujours séduits par le Gosplan soviétique, beaucoup de

socialistes souhaitent que l'État supervise tous les grands secteurs
d'activité et la totalité des géants industriels. Dans leur esprit, un vaste
85   secteur public n'empêche pas la concurrence de jouer ni les chefs
d'entreprise d'être libres de leur gestion.

'Douce utopie, répliquent leurs collègues modérés. Au-delà d'un
certain seuil, il y a changement de système, et nous basculons dans
l'étatisme pur et simple.' Jacques Delors fixait récemment le point
90   critique à 16% du produit national brut.

Alors, va-t-on franchir la ligne rouge? Les tenants du libéralisme en
sont convaincus. Confidence d'un patron d'une entreprise nationalis-
able: 'Le tissu capitaliste va craquer. Jusqu'ici, il y avait quelques
trous, mais ils étaient insuffisants pour autoriser les fonctionnaires à
95   dicter leur loi à Renault, à Elf Aquitaine, à Aérospatiale ou aux
banques nationalisées. Cette époque est révolue.' Autre argument:
l'État, maître absolu du crédit, asservira non seulement les entreprises
publiques, mais aussi les entreprises privées, largement endettées. La
preuve? 'Aucun autre pays industriel, sauf le Portugal pendant sa
100   kermesse socialiste, n'a osé procéder à une telle mainmise sur les
circuits de l'argent', assurent les adversaires des nationalisations.

'C'est l'éternel débat sur les vertus comparées du libéralisme et du
dirigisme. L'expérience prouve qu'il y a des entreprises publiques brillantes et des sociétés privées mal gérées. Seules comptent, en réalité, les
105   opérations sur le terrain', assure André Giraud, ancien ministre de
l'Industrie. Point de vue partagé par plusieurs dirigeants de nationalisables. Car la gestion d'une société publique est pleine d'écueils.

- Écueil étatique: la vie des dirigeants des sociétés d'État est une
perpétuelle guérilla avec leur embarrassant tuteur. Il faut éviter
110   les contraintes affublées du beau nom de service public (Concorde
pour Air France, lignes secondaires pour la SNCF). L'obsession
de l'indice remet en question l'alignement des tarifs sur les coûts
(EDF). Tout projet d'investissement à l'étranger est suspect (Elf-
Erap aux Etats-Unis, l'an dernier). En revanche, que l'État ait un
115   canard boiteux ou un secteur en difficulté, il pense immédiatement à ses chers petits (Renault et la machine-outil). Conséquence de cette confusion des genres: les résultats, biaisés, ne
permettent pas de porter un jugement sérieux sur la gestion de
ces entreprises nationales. Avec le renouveau du Plan, on risque
120   encore d'aggraver l'inceste entre le pouvoir politique et les entreprises. Avec, à la clef, des déficits géants financés par les contribuables. Comme en Italie.
- Écueil industriel: la tentation est grande, chez les fonctionnaires,
de fixer la stratégie des firmes jusque dans le détail des produits.
125   L'expérience des 'plans' sidérurgie, informatique, composants et

machine-outil a amplement démontré la vanité de cette prétention. Autre péché mignon des fonctionnaires: l'obsession des
130 regroupements, malgré l'échec retentissant de certaines fusions.
On évoque pourtant la création d'un pôle unique dans l'acier
(assuré de perdre 2 milliards de francs par an), le téléphone, les
ordinateurs . . .

- Écueil social: la puissance renforcée du personnel peut neutraliser
135 la direction. En position de force, les syndicats sont tentés de
réclamer des salaires excessifs et, pour imposer leurs revendications, de perturber la production. En revanche, ils ont tendance à
considérer qu'une entreprise publique garantit l'emploi à vie. Un
sérieux blocage qui risque de rendre impossibles les mutations
140 technologiques.

- Écueil international: des réactions de rejet se produisent inévitablement à l'étranger lors d'une nationalisation. Les cadres des filiales
extérieures, peu familiers des subtilités hexagonales, s'interrogent.
Des concurrents en profitent pour tenter de les débaucher: Saint-
145 Gobain vient de le constater aux Etats-Unis. Plus inquiétant, la
société nationale suscite la méfiance de ses clients: 'Des Arabes
qui, depuis la victoire socialiste, ne sont pas loin de croire que les
Soviétiques campent place de la Concorde nous ont fait savoir
que les liens seraient rompus en cas de nationalisation', affirme
150 le responsable d'une grande banque. Une économie aussi ouverte
que celle de la France est sensible à de semblables mesures de
rétorsion.

L'apocalypse n'est pourtant pas obligatoirement au bout du chemin.
Pierre Dreyfus, ministre de l'Industrie, a donné la preuve, pendant un
155 quart de siècle, que la 'liberté de réussir' existait bel et bien chez
Renault, entreprise nationale soumise à la concurrence internationale
s'il en est. Tout, en fait, dépend des hommes, de leur force de caractère
et de leur brio de manager. A condition de mobiliser les meilleurs
talents industriels – et non politiques – les socialistes peuvent réussir
160 quelques nationalisations.

(Jean Gloaguen, 'Mitterrand: dix ans, quatre époques', *Les Cahiers de L'Express*, 9 May 1991.)

Exercices

Lexique

Expliquez les mots et expressions suivants:

frapper dur et fort (ll.5–6)	la gifle (l.19)
le chambardement (l.9)	se bercer d'illusions (l.20)
le dépérissement (l.18)	dur à avaler (l.27)

le secteur mutualiste (ll.26–27)

une prise de participation (ll.32–33)

narguer (l.34)

le domaine étatique (l.35)

en prime (l.41)

le chiffre d'affaires (l.44)

un actionnaire (l.50)

le volet politique (l.74)

la courroie de transmission (l.78)

par ricochet (l.79)

les tenants du libéralisme (l.91)

la kermesse socialiste (l.100)

la mainmise (l.100)

le canard boiteux (l.115)

le contribuable (ll.121–122)

le péché mignon (l.129)

Grammaire et stylistique

(a) Expliquez le sens de 'que' aux lignes 64 et 114. Traduisez les phrases concernées en anglais.

(b) Quelle différence faites-vous entre 'achever' et 'parachever' (l.12), entre 'fantaisie' (l.16) et 'fantasme'?

Compréhension

(a) Expliquez la différence entre 'voter un acte' (ll.57–58) et 'déposer un acte' (ll.59–60).

(b) Identifiez la production des groupes industriels cités aux lignes 37–41. En quoi le fait de ne pas être vecteurs de 'nationalisations rampantes' devrait-il consoler certains groupes (ll.29–30)?

(c) Exposez et discutez le rôle des entreprises publiques dans la vie économique selon les socialistes.

Questions orales ou écrites

(a) Rétrospectivement, les critiques et les inquiétudes soulevées par ce texte écrit en 1981 ont-elles selon vous été justifiées par l'expérience des sociétés nationalisées par la suite?

(b) N'aurait-il pas été plus efficace et moins coûteux pour l'État de prendre le contrôle à 51 pour cent des sociétés nationalisables, ou bien l'achat de 100 pour cent du capital était-il absolument nécessaire?

Text 2.25

Reconversion des vieilles régions industrielles: une usine textile sur les ruines de la mine de la Mure

1 Aidés par la région, le groupe textile DMC et son partenaire japonais vont créer une usine de soierie artificielle à la Mure, dans l'Isère. A rebrousse-poil de la tendance à la délocalisation dans les pays asiatiques. Dans l'Isère, à la Mure, on prépare la mort de la mine. L'extraction de
5 l'anthracite sera bientôt abandonnée, et, avec elle, supprimée une bonne partie des emplois industriels de la ville. Aussi, la commune a-t-elle dressé un pont d'or pour que s'implante chez elle l'usine de soierie artificielle que veut construire le groupe DMC et son partenaire japonais Unitika. Après dix-huit mois de négociations compliquées à trois, un
10 accord original a été annoncé hier. Une société, Inesota, va être créée, dans laquelle DMC aura 34,5% du capital, le groupe japonais 33,5% et les sociétés de développement régional (SDR) qui dépendent du conseil général de l'Isère, 32%.

Paradoxalement, DMC, qui reconnaît que cette usine représente un
15 investissement relativement lourd – 200 millions de francs pour les seuls équipements industriels de tissage et de teinture – va débourser pour ce projet moins de 25 millions, c'est-à-dire sa part dans le capital. Même engagement minimum pour Unitika. L'essentiel de l'investissement sera couvert par des emprunts bancaires.

20 Mais, du côté des pouvoirs locaux, on a décidé de mettre le paquet. '*Et encore, nous n'avons pas pu satisfaire l'ensemble des demandes financières des industriels*', remarque le maire de La Mure. Non seulement les SDR vont devenir actionnaires et apporter près de 25 millions, une participation que les groupes privés leur rachèteront d'ici huit ans. Mais les
25 pouvoirs locaux, la municipalité et le conseil général vont financer la formation des futurs salariés (plus de 200), qui coûtera 13 millions. Ils préfinancent le bâtiment industriel sur un terrain vendu 42 francs le mètre carré, ce qui revient à accorder au projet une aide indirecte supplémentaire. Sans oublier les subventions de 50 000 francs par
30 personne embauchée, versées par l'État et le département. '*Ces aides sont incitatives et visent à compenser les pertes d'emplois provoquées par la décision des Charbonnages de France de fermer la mine*', explique le maire.

Du coup, le risque devient moindre pour les industriels privés. '*Nous n'aurions pas pour autant renoncé si les SDR ne nous avaient pas suivis*', se
35 défend le directeur de DMC. '*C'est un développement stratégique pour le groupe, car le marché est en forte croissance.*'

La confection française importe aujourd'hui la quasi-totalité de sa

soierie artificielle du Japon, de Taïwan ou de Corée du Sud. Le Japon
produit essentiellement des soieries haut de gamme, destinées à la
40 fabrication des chemisiers. Des groupes comme DMC avaient déjà tenté
de développer seuls cette activité, en vain. Les groupes textiles japonais
sont incontestablement les leaders des soieries synthétiques et ils en
détiennent le savoir-faire. Or, '*les délais de livraison sont de plus en plus
longs, entre un et trois mois, ce qui ne correspond pas au rythme de la
45 mode*', remarque un responsable de la société nippone pour justifier son
investissement français. '*Nous avons donc intérêt à nous implanter en
Europe, plus près de nos clients.*'

(Sylvaine Villeneuve, 'Reconversion des vieilles régions
industrielles: une usine textile sur les ruines de la mine de la
Mure', *Libération*, 6–7 April 1991, p. 10.)

Exercices

Lexique

Expliquez les mots et expressions suivants:

à rebrousse-poil (ll.2–3).   la soierie (l.38)
dresser un pont d'or (l.7)   haut de gamme (l.39)
mettre le paquet (l.20)   une société nippone (l.45)
préfinancer (l.27)

Grammaire et stylistique

(a) Expressions de mesures. Exprimez en anglais 25 millions de francs, 42
francs le mètre carré.
(b) Précisez le ton des trois premières expressions données dans le lexique.
(c) Quelle différence faites-vous entre 'la confection de chemisiers' et 'les
chemisiers de confection'?
(d) 'Aussi la commune a-t-elle dressé un pont d'or . . .' (ll.6–7). Faites
vous-mêmes des phrases commençant par 'aussi'.

Compréhension

(a) Situez l'Isère sur la carte de la France.
(b) Pourquoi 'les délais de livraison (. . .) entre un et trois mois' ne
correspondent-ils pas 'au rythme de la mode' (ll.43–45)?

Questions orales ou écrites

(a)   Est-ce le rôle des pouvoirs locaux d'aider l'industrialisation de leur région?

(b)   Les investissements japonais en France affaiblissent-ils l'indépendance économique du pays?

Text 2.26

La Planification française: de l'ardente obligation au scepticisme

Lettre de Jean Monnet, haut-commissaire au Plan, adressée au général de Gaulle (4 décembre 1945)

La reconstitution de la France n'implique pas seulement la réparation des destructions de guerre mais aussi la modernisation de son outillage et de ses méthodes de production.

La France, pour vivre, a besoin de reconstruire ce qui a été détruit pendant la guerre. Mais, pour retrouver sa place dans un monde où les techniques ont rapidement évolué, elle doit transformer les conditions de sa production. Sans cette modernisation il ne pourrait être possible d'élever le niveau de vie des Français, celui-ci étant dans le monde contemporain essentiellement fonction de la productivité de l'individu. Cette productivité dépend elle-même de l'instrument mécanique dont dispose le travailleur et de l'organisation de la production. Malgré ses grandes qualités professionnelles, le travailleur français, dès avant la guerre, ne pouvait atteindre les rendements obtenus dans la plupart des autres grands pays industriels, parce qu'il n'avait pas à sa disposition le même outillage et les mêmes méthodes d'organisation agricoles et industrielles. Depuis la guerre, la différence des rendements français et étrangers s'est encore accrue, car, cependant que notre outillage s'épuisait faute d'entretien, l'effort de production fourni pour la guerre par les autres belligérants provoquait une véritable révolution technique qui a déjà conduit, dans certaines parties du monde, à une expansion de la production et de la consommation.

En fait, modernisation et reconstruction doivent être poursuivies simultanément. La reconstruction porte sur les villes, les routes et les ponts, les voies de chemin de fer et les ports, la flotte marchande, etc. Il faut remédier également à l'épuisement des stocks (ceux de l'industrie et ceux des particuliers), à l'usure de l'outillage, à l'épuisement du sol insuffisamment nourri d'engrais, au délabrement de nos hôtels, de nos maisons, etc.

Il faudra un certain temps pour réparer ces destructions tant visibles qu'invisibles, mais elles seront réparées parce que la nécessité s'en impose avec évidence. Par contre, il faudra une volonté ferme des pouvoirs publics et un effort considérable d'information pour faire comprendre à la nation que le mal essentiel dont souffre l'économie française est le caractère archaïque d'une grande partie de notre équipement et de nos méthodes de production.

Pour aboutir à une amélioration des conditions d'existence de la
population française, il est essentiel, si l'on veut faire œuvre durable
40 et rompre le circuit de la hausse des salaires et des prix, de s'attaquer
à la racine même du mal et d'entreprendre la modernisation de l'économie française. Ces remarques s'appliquent tant à l'industrie qu'à
l'agriculture, au système de distribution et aux activités des services
publics. Cette modernisation devra s'inspirer de l'intérêt général
45 de façon à ménager l'avenir du pays, notamment dans le domaine
démographique. [. . .]
Toute la nation doit être associée à cet effort.
Le pays n'acceptera les mesures prises que pour autant qu'il connaîtra et comprendra clairement la situation réelle. Que ce soit, par
50 conséquent, pour permettre aux responsables de notre politique
économique de choisir en toute connaissance de cause, ou que le
gouvernement obtienne l'acquiescement et la collaboration du pays à
l'exécution des décisions qui seront prises, l'établissement et la large
diffusion dans le public du bilan d'ensemble de notre situation
55 économique, des plans de modernisation et de leurs répercussions sur
les activités et la vie de chacun, paraissent indispensables. Le Plan n'est
pas seulement utile à l'administration et aux pouvoirs publics: il intéresse tous les Français qui y trouveront les données générales sur notre
situation et des directives pour les guider dans l'orientation de leurs
60 initiatives individuelles.
Puisque l'exécution du Plan exigera la collaboration de tous, il est
indispensable que tous les éléments vitaux de la nation participent à
son élaboration. C'est pour cela que la méthode de travail proposée
associe dans chaque secteur l'administration responsable, les experts
65 les plus qualifiés, les représentants des syndicats professionnels (ouvriers, cadres et patrons).

(Reprinted in J. Le Goff, 'L'État et les pouvoirs', in A. Burguière
and J. Revel (eds), *Histoire de La France*, Éditions du Seuil,
1989, pp. 598–99.)

Exercises

Lexique

Expliquez les mots et expressions suivants:

le niveau de vie (l.10)	l'usure de l'outillage (l.28)
le rendement (l.15)	faire œuvre durable (l.39)
le belligérant (l.21)	en toute connaissance de cause (l.51)
le particulier (l.28)	un acquiescement (l.52)

Grammaire et stylistique

(a)   'Le même outillage, les mêmes méthodes' (l.17); 'à la racine même du mal' (l.41). Précisez les sens de 'même' suivant sa place et faites des phrases pour illustrer ces sens.

(b)   'Cette productivité dépend de . . . et de' (ll.12–13); 'utile à . . . et aux' (l.57). Examinez le jeu des prépositions et faites des phrases de votre cru.

(c)   Quelle différence faites-vous entre 'en fait' (l.24) et 'en effet'?

(d)   'Tant visibles qu'invisibles' (ll.31–32); 'ces remarques s'appliquent tant à l'industrie qu'à l'agriculture' (ll.42–43). Étudiez la structure. Comparez avec 'pour autant que' (l.48) et 'cependant que' (l.19). Inventez vous-même des phrases pour illustrer les structures.

Compréhension

(a)   A votre avis, comment les pouvoirs publics doivent-ils s'y prendre pour faire évoluer la mentalité de la nation (ll.33–37)?

Question orale ou écrite

(a)   Quels étaient les aspects les plus originaux de la planification souple à la française?

Text 2.27

Pourquoi planifier l'Économie aujourd'hui?

1   *Pourquoi planifier aujourd'hui? La première partie du Xe Plan présente rapidement les grandes tendances des prochaines années, qu'il s'agisse de menaces (instabilité accrue de l'économie mondiale, montée des exclusions, handicaps culturels propres à la France) ou de chances (la reprise de la*
5   *croissance, les progrès technologiques, l'Europe notamment). Elle rappelle ensuite les quatre raisons principales qui rendent nécessaire la démarche de planification. L'extrait de la loi de Plan montre ainsi la nécessité d'une stratégie à moyen terme.*

      Entre ceux qui croient à la planification et ceux pour qui la planification
10   ne sert à rien dans un marché international, on n'échappe pas à une interrogation préalable. La réponse n'est pas idéologique, elle est dans l'observation des faits. Nous vivons dans un monde plus aléatoire, plus complexe et plus interdépendant.

      Dans cet univers de croissance lente et de règles du jeu financier
15   cahotiques, les acteurs économiques ont dû s'adapter. Si les États ont parfois abandonné toute vision longue et se sont réfugiés dans un pilotage financier à court terme, les entreprises, elles, et notamment les très grandes, ont éprouvé le besoin de se diriger dans la tourmente en élaborant une planification stratégique: quels marchés abandonne-t-
20   on, quels marchés conquiert-on, quelle part de marché minimum recherche-t-on, sur quels produits, dans quels secteurs, vers quelles technologies se recentre-t-on? On ne fera pas tout, on ne gagnera pas partout, il faut donc choisir en sachant que la mise en œuvre de ces choix demandera plusieurs années et portera donc sur le moyen terme.
25   La planification stratégique de l'entreprise s'inscrit dans la logique du marché international.

      Ainsi doit-il en être de l'État, sans libéralisme naïf ni intervention-nisme systématique. Les États-Unis recourent fréquemment au protec-tionnisme pour certains secteurs de leur économie. Le Japon, quant à lui,
30   s'est rendu capable de coordonner l'action de tous ses agents publics et privés pour développer des exportations définies comme stratégiques sur les marchés retenus comme cibles.

      Dans ce jeu, la France est restée malhabile. Elle a, pour suivre l'esprit de l'époque en même temps que la contrainte d'internationalisation des
35   marchés, démantelé les contrôles publics qui pesaient sur l'économie et sur les entreprises sans pour autant avoir fait naître, entre des entre-

prises plus autonomes et un État moins porté à réglementer, les synergies nouvelles au service du développement et des exportations qu'ont su mettre au point le Japon ou l'Allemagne.

40   Aujourd'hui, pourtant, la situation est claire: la France a choisi d'entrer dans le Marché unifié européen, donc d'en accepter les règles. Elle a choisi d'y entrer avec une économie mixte où l'État et le secteur privé se partagent, selon des frontières désormais stabilisées, les responsabilités. Le Plan et le marché y sont donc parfaitement
45   complémentaires.

Demeure en outre l'absence de réponses spontanées du marché à certaines questions structurelles. Par exemple, à l'heure où nous construisons l'Europe, la France peut légitimement souhaiter disposer de quelques grandes métropoles européennes: le marché fera-t-il spon-
50   tanément émerger le maillage aérien, les liaisons ferroviaires à grande vitesse, le réseau autoroutier qui créeront ces métropoles?

Certainement pas: seuls des choix stratégiques à moyen terme pourront y parvenir. Or, choisir à moyen terme, tel est le sens précis de la démarche de planification.

55   En ce début de 1989 où un nouveau septennat, une nouvelle législature, un nouveau gouvernement sont là pour agir en profondeur et préparer notre pays à l'échéance européenne du 1er janvier 1993, le besoin de choisir à moyen et long terme se fait encore plus sentir.

('Planifier aujourd'hui: le dixième Plan', *Les Cahiers français*,
No. 242, July–September 1989.)

Exercices

Lexique

Expliquez les mots et expressions suivants:

préalable (l.11)   une synergie (l.38)
aléatoire (l.13)   le maillage aérien (l.50)
la cible (l.32)

Grammaire et stylistique

(a)   Vérifiez le mot 'cahotique' (l.15) dans un dictionnaire. Que constatez-vous? Avec quel mot l'auteur l'a-t-il peut-être confondu? Quel est l'adjectif fabriqué à partir de 'cahot' et que signifie-t-il?
(b)   Conjuguez le verbe 'conquérir' (l.20) au présent, à l'imparfait, au futur, au passé composé et au subjonctif présent.
(c)   Sur le modèle des lignes 27–28, faites des phrases commençant par 'ainsi'.
(d)   Pour bien mettre en lumière l'ordre bouleversé des mots, traduisez les lignes 33–39, puis exprimez l'idée en français dans vos propres termes.

Compréhension

(a) Que comprenez-vous par 'pilotage financier à court terme' (l.17)?
(b) Qu'appelle-t-on 'une planification stratégique' (l.25)?
(c) 'Les États-Unis recourent fréquemment au protectionnisme pour certains secteurs de leur économie' (ll.28–29). Donnez des exemples précis.

Question orale ou écrite

(a) L'intégration économique de la France dans la Communauté européenne limite-t-elle le rôle de la planification en France à une simple adaptation des stratégies et politiques décidées à Bruxelles?

Text 2.28

M. Mitterrand, modernisateur du capitalisme français?

1   En dix ans, le chef de l'État a rompu à la fois avec le pseudo-libéralisme de la droite et avec le volontarisme de la gauche.

    L'économie française n'aura sans doute jamais été, depuis la fin de la seconde guerre mondiale au moins, aussi libérale qu'après dix années 5 de 'socialisme'. Le paradoxe est sans doute l'un des plus inattendus de ceux produits par la décennie Mitterrand. Faut-il, pour autant, en conclure que les socialistes français ont, au cours des dix années écoulées, découvert les vertus de l'économie de marché, mais oublié le socialisme? Les choses ne sont pas aussi simples.

10   La reconnaissance par les socialistes de la supériorité du marché n'est qu'un aspect d'une révolution plus large: la fin de l'exception française dans le domaine économique. La France n'a pas pu échapper à la vague libérale qui a inondé le monde à partir de la fin des années 70. Elle s'est banalisée. Dans ces conditions, au 'socialisme à la fran- 15 çaise', M. François Mitterrand a habilement substitué l'ambition europé-enne. Les multiples reniements auxquels la gauche a dû procéder, avec l'abandon du volontarisme étatique et du dirigisme, ne signifient pourtant pas une conversion totale et aveugle au marché.

    Malgré un apparent consensus – sur la politique conjoncturelle, en 20 particulier – entre la gauche et la droite, subsistent des conceptions différentes. La décennie a rendu caduques les controverses entre social-isme et capitalisme pour leur substituer un débat sur le type de capitalisme souhaité. De nouveaux clivages apparaissent à ce sujet; ils ne recouvrent pas nécessairement les frontières actuelles des partis.

25   Est-il nécessaire de le rappeler? Au cours de la décennie Mitterrand, mars 1983 a été un mois décisif. Après deux années de réformes sociales importantes, les caisses de la France sont vides. A l'issue d'une période tendue d'intenses discussions, le président de la République décide un retour à l'orthodoxie. La France reste dans le système mon- 30 étaire européen et en accepte toutes les contraintes. La décision est historique.

    Pour qualifier ce revirement, chacun, à gauche, y va de sa formule: le *'virage libéral'* (M. Jean-Pierre Chevènement), la prise de conscience de *'l'impossibilité du socialisme dans un seul pays'* (M. Dominique Strauss- 35 Kahn), *'l'abandon de la culture de la dévaluation qui réunissait la gauche et la droite'* (M. Alain Minc), *'la fin de la culture de l'inflation'* (M. Jean Peyrelevade). Avec la fin de l'indexation généralisée des revenus, les gouvernements de M. Mitterrand vont révolutionner la France.

Cette révolution – qui va se traduire notamment par un partage de la
40 valeur ajoutée de plus en plus favorable aux entreprises, cela aux
dépens des salariés – est souvent présentée comme une trahison des
socialistes. Ceux-ci sont effectivement amenés à abandonner beaucoup
de leurs promesses, voire de leurs principes. La lecture comparée des
déclarations de 1980 et de 1990 des dirigeants socialistes est à cet
45 égard un exercice cruel. Ils voulaient relancer le charbon, ralentir les
ventes d'armes, instaurer l'autogestion, bouleverser la fiscalité, nationaliser des secteurs entiers pour reconquérir le marché intérieur, créer une
banque nationale d'investissement pour orienter l'épargne vers la production . . . Ils ont organisé le repli du charbon, développé les exporta-
50 tions d'armements et élargi timidement, avec les lois Auroux, la participation dans l'entreprise. Ils ont modifié profondément la fiscalité mais
la plupart du temps dans le sens opposé à celui que l'on attendait. Ils
ont participé à la réhabilitation du profit, marié Renault au groupe
privé suédois Volvo et dérégulé les marchés financiers . . .

55 Il n'est pourtant pas juste de limiter cette révolution à une simple
adhésion nouvelle des socialistes à l'économie de marché. Elle a en fait
été une double rupture pour le pays: avec le pseudo-libéralisme
giscardo-pompidolien d'une part, avec le volontarisme étatique de la
gauche d'autre part. '*L'année 1983 ne marque pas seulement*, explique à
60 juste titre l'économiste Elie Cohen, *une rupture avec le socialisme de
1981–1982, mais aussi avec tout le passé de l'après-guerre, une rupture
avec l'économie de financement administrée.*'

La France s'engage dans la voie de l'économie de marché, ouverte
sur l'extérieur et sans inflation. A l'issue de la décennie, les prix et les
65 changes sont libres – une situation que n'avait pratiquement jamais
connue la France. Les conditions de gestion des salariés ont été libérali-
sées. La politique de désinflation compétitive et du franc fort est encen-
sée par la presse anglo-saxonne. Les capitalistes étrangers sont avides
de titres de l'État français. Cette double rupture n'est cependant pas le
70 fruit du hasard. Les socialistes arrivent au pouvoir au moment même
où une vague libérale commence à inonder le monde. Elle est ensuite
imposée par l'Europe, un choix politique fort du président. L'intelligence
de M. Mitterrand a sans doute été d'avoir préféré, au prix d'abandons
considérables, surfer sur cette vague plutôt que de la voir noyer le pays.

75 Sur le plan politique, la vague libérale se traduit par l'accession au
pouvoir de Mme Margaret Thatcher en Grande-Bretagne (1979) et de
M. Ronald Reagan aux États-Unis (1981). Même si les politiques
réellement menées ne correspondent pas toujours à celles annoncées,
outre-Atlantique par exemple, partout la loi des trois 'D' (désétatisation,
80 déréglementation et désinflation) s'impose. Les doctrines libérales s'infil-
trent dans les organisations internationales, comme naturellement le

FMI, mais aussi la Banque mondiale et l'OCDE. Le tiers-monde est, à
son tour, pris dans la tourmente. Symbole de cette évolution, les
85   programmes de privatisation deviennent la panacée. La vague libérale
atteindra finalement le continent socialiste: l'Europe de l'Est est inondée
à la fin de la décennie. C'est l'échec, après quarante ans de 'socialisme'
(soixante-dix en URSS), de l'économie centralement planifiée en Europe
de l'Est et le début de la transition vers l'économie de marché. D'où
90   vient cette vague libérale?

'Depuis la fin des années 1960 jusqu'à aujourd'hui, estime M.
Strauss-Kahn, nous avons vécu l'essoufflement des régulations antérieures.
Nous ne connaissons pas encore les nouvelles. Aussi, dans l'entre-deux,
devons-nous accepter une certaine désorganisation qui prend la forme du
95   marché, du libéralisme.' M. Mitterrand a en tout cas compris que, les
contraintes économiques l'emportant parfois sur la volonté politique, il
valait mieux, dans certains cas, leur céder.

Effectivement, il y a toujours, entre la droite et la gauche, des
oppositions. D'anciens clivages subsistent, de nouveaux sont apparus.
100   Parmi les anciens thèmes, il y a encore et toujours la place de l'État
dans l'économie. Fondamentalement pervers pour la droite, l'État reste
profondément indispensable pour la gauche. 'Le marché, cruel, est irrem-
plaçable. Il ne peut fonctionner sans règles, sans un État qui corrige ses
excès', rappelait M. Bérégovoy, ministre de l'Économie et des Finances.
105   L'État est un correcteur des excès que provoque le fonctionnement du
marché, des inégalités qu'il engendre par exemple!

'Par sa seule présence, même minoritaire, dans le capital des entreprises,
le secteur public instille une vue à long terme dans l'économie, par opposition
au marché qui soumet les acteurs au reporting trimestriel des dividendes',
110   ajoute ce chaud partisan de l'économie mixte.

L'ampleur de la redistribution nécessaire reste aussi une opposition
traditionnelle entre les deux camps.

L'attitude plus favorable des socialistes à l'égard du marché ne
signifie donc pas la fin des débats économiques. Il y a toujours une
115   droite et une gauche.

(Erik Izraelewicz, 'M. Mitterrand, modernisateur du
capitalisme', Le Monde, 8 May 1991, pp. 1 & 8.)

Exercices

Lexique

Expliquez les mots et expressions suivants:

se banaliser (l.14)	à l'issue de (l.27)
le reniement (l.16)	déréguler (l.54)
caduque (l.21)	la panacée (l.85)

Grammaire et stylistique

(a)   Pourquoi le journaliste écrit-il 'à l'issue de la décennie' (l.64) au lieu de
      'à la fin de la décennie'? Commentez ce choix stylistique.
(b)   'Ceux-ci sont effectivement amenés à abandonner beaucoup de leurs
      promesses, voire de leurs principes' (ll.42–43). Que veut dire 'voire de'?
      Inventez vous-même des phrases en utilisant cette expression.

Compréhension

(a)   Que comprenez-vous par 'volontarisme étatique' (l.17), 'politique
      conjoncturelle' (l.19), 'l'indexation généralisée des revenus' (l.37)?
(b)   A la ligne 23, précisez de quels clivages il s'agit.
(c)   Expliquez et commentez les lignes 21–24.

Questions orales ou écrites

(a)   Les socialistes ont-ils oublié le socialisme en découvrant les vertus de
      l'économie de marché?
(b)   Que restait-il, en 1991, de la démarche économique de Mitterrand telle
      qu'elle avait été présentée aux électeurs dix ans plus tôt?

Text 2.29

Le Tourment agricole de la France: allons-nous vers une agriculture à deux vitesses?

1   L'Europe communautaire a trop de blé, trop de lait et de beurre, trop de viande bovine, bref, elle a trop de tout, ou peu s'en faut. Mise en place au début des années 60, la politique agricole commune, la fameuse PAC, a réussi au-delà de tous les espoirs. Elle ambitionnait de rendre les
5   pays du Marché commun autosuffisants. Ils sont devenus des exportateurs redoutés. La France arrivant en tête: depuis trois ans, le surplus agro-alimentaire compense grosso modo le déficit de la balance industrielle. Jolie réussite, donc, mais sur fond de crise chronique. Les prix s'effritent et les revenus des agriculteurs restent à la traîne. En 1990,
10 l'exode rural a battu en France tous les records de la décennie. L'heure de vérité approche pour le monde agricole français et, au-delà, pour les 9 millions d'agriculteurs de la CEE. Vont-ils ou non accepter la réforme – radicale – de la PAC concoctée par la Commission de Bruxelles? En deux mots, le projet Ray MacSharry, du nom de son auteur, commis-
15 saire européen à l'agriculture, se propose de diminuer très fortement les prix agricoles (–35% pour les céréales) mais de compenser intégralement le manque à gagner pour les agriculteurs petits et moyens, et partiellement pour les gros – en fonction des superficies qu'ils mettront en jachère. Objectifs de la réforme: faire disparaître les excédents
20 communautaires (la CEE produit 20% de plus qu'elle ne consomme); garantir des revenus stables aux petits agriculteurs; stopper la dégradation de l'environnement; fournir aux consommateurs européens des produits agricoles moins chers (et de meilleure qualité); débloquer, enfin, les négociations du Gatt, à Genève. Rude tâche!
25   Il y a agriculteur et agriculteur. Comparée à la plupart des pays de la CEE, la France agricole se singularise par la disparité des revenus de ses exploitants agricoles. Entre l'éleveur du Limousin et le viticulteur de la région Champagne-Ardenne, l'écart varie de 1 à 7. L'an passé, il s'est encore élargi. Ainsi, le revenu des producteurs de céréales a
30 dégringolé de 13%, après cinq années de baisse ininterrompue. De telles secousses, synonymes de gestion acrobatique, d'ardoises impayées au Crédit agricole ou ailleurs, de faillites, contribuent largement à éclaircir les rangs de la profession. La France compte aujourd'hui 1 million d'exploitations agricoles; à la fin du siècle, 300 000 suffiraient
35 à assurer la même production – exportations comprises. Perdants incontestables du projet MacSharry – s'il est adopté par les Douze –, les gros céréaliers, les barons du Bassin parisien et de l'est de l'Angleterre.

Pendant des années, ils ont amplement profité d'un système généreux
et pervers qui, financé par le budget communautaire et le portefeuille
40 des consommateurs, incitait à produire à tout va. A l'avenir, les plus
gros des céréaliers devront mettre en jachère une partie de leurs terres
sans compensation financière. Mais 4% à peine des céréaliers sont
concernés. Dans les autres filières (lait, production bovine) également
les sacrifices ne concernent qu'une minorité d'agriculteurs. En
45 revanche, tous seront perdants si la réforme PAC n'est pas mise sur les
rails. Bruxelles prévoit une baisse des revenus agricoles de 23% d'ici
à 1996.

A terme, deux types d'agriculture coexisteront dans l'Hexagone. La
première, de type capitalistique, intensive, conduite de manière scienti-
50 fique, affrontera sur les marchés ses concurrents traditionnels, américains
en tête, dans le cadre de règles du Gatt remises à jour. Bénéficiant d'aides
financières directes versées par la CEE, l'autre agriculture sera extensive.
Et plurielle: une partie non négligeable des revenus des exploitants
devrait provenir d'activités annexes, du tourisme vert à des tâches
55 d'intérêt collectif (entretien des routes de montagne, par exemple). Le
risque: faire de ces agriculteurs du deuxième type des assistés de la société
placés sous perfusion financière. En attendant leur disparition définitive.

(Jean-Pierre Tuquoi, 'Le Tourment agricole de la France:
allons-nous vers une agriculture à deux vitesses?', *L'Expansion*,
3–16 October 1991.)

Exercices

Lexique

Expliquez les mots et expressions suivants:

peu s'en faut (l.2)
ambitionner (l.4)
rester à la traîne (l.9)
en deux mots (l.14)
le manque à gagner (l.16)
en jachère (l.18)
se singulariser par (l.26)
le viticulteur (l.27)

dégringoler (l.30)
une ardoise impayée (l.31)
le céréalier (l.37)
à tout va (l.40)
la filière (l.43)
un assisté (l.56)
une perfusion financière (l.57)

Grammaire et stylistique

(a) 'Autosuffisant' (l.5). Traduisez ce mot en anglais, et faites vous-même
     d'autres mots sur ce modèle.
(b) Quelle différence de registre faites-vous entre 'paysan', 'fermier' et
     'exploitant agricole'? En quoi ces distinctions sont-elles significatives?

Compréhension

(a)   'Il y a agriculteur et agriculteur' (l.25). A votre avis, que veut dire l'auteur?

(b)   'Entre l'éleveur . . . et le viticulteur . . . l'écart varie de 1 à 7' (l.27). De quoi s'agit-il exactement?

(c)   Quelle différence faites-vous entre les termes 'capitaliste' et 'capitalistique'? Qu'est-ce qu'une agriculture capitalistique? Et une agriculture plurielle, intensive, extensive?

(d)   Montrez le paradoxe inhérent à la PAC tel qu'il est indiqué dans le texte.

Questions orales ou écrites

(a)   Y a-t-il une agriculture française, ou plusieurs? Quelles en sont les conséquences?

(b)   Quels sont les dangers sociaux et économiques d'une 'agriculture à deux vitesses'?

Text 2.30

Mai 1968: une usine occupée

1   A Issy-les-Moulineaux, aux usines SEV-Marchal, qui groupent deux mille huit cents personnes, dont mille huit cents femmes, les cadres se sont opposés au mouvement de grève. Les ouvriers occupent l'usine depuis le 17 mai, et l'atmosphère est tendue car le refus du dialogue est
5   total de la part de la direction. Les salaires moyens sont affichés sur les hauts murs presque aveugles de l'usine: un manœuvre gagne 2,95 F de l'heure; un OS 1, 3,35 F; un P 1, 3,98 F. Les salaires sont inférieurs de 30% à 40% à ceux qui sont pratiqués chez Renault.

Les bâtiments sont tristes, vétustes, mal entretenus, et c'est à Émile
10 Zola qu'on pense immédiatement. Tout de suite les témoignages fusent: les salaires, certes, mais aussi les conditions de travail, la crasse, les cadences qui augmentent, les mutations d'atelier en atelier qui écrasent les salaires, les deux machines qu'il faut servir au lieu d'une sans changement de rémunération.

15 Ici aussi le besoin d'information est ressenti comme une nécessité: '*A chaque instant, le patron nous dit: "Le budget est en déficit." Mais on nous ment, on nous bluffe. Il faut que les pouvoirs du comité d'entreprise deviennent réels, qu'on ne puisse plus muter, licencier des gens sans notre avis. Il nous faut des garanties d'emploi, de formation, de perfectionnement.*' Et les
20 étudiants?

'*Ils devraient venir dans les usines demander notre avis pour transformer l'Université. Ça nous intéresse puisque si un ouvrier fait des sacrifices pour envoyer son fils à l'école, c'est pour qu'il trouve du travail après.*' '*On doit être solidaire avec les étudiants: c'est l'avenir du pays, et on espère que nos*
25 *enfants pourront étudier un jour.*' Le régime et le chef de l'État? '*On ne peut pas refaire confiance à de Gaulle.*' '*Qu'il fiche le camp, il est assez vieux, il a l'âge de la retraite.*'

Mais très vite, les préoccupations reviennent au plus urgent. L'a-compte versé habituellement le 22 de chaque mois s'est trouvé réduit
30 la semaine dernière à 150 F.

(Josée Doyère, 'Usine occupée', *Le Monde*, 30 May 1968.)

Exercices

Lexique

Expliquez les mots et expressions suivants:

un mur aveugle (l.6)
un manœuvre (l.6)
un OS, un P 1 (l.7)
fuser (l.10)

la crasse (l.11)
bluffer (l.17)
un acompte (l.29)

Grammaire et stylistique

(a)   A la ligne 2, indiquez quand 'cent' prend un 's' et quand il n'en prend pas. Quelle est la règle pour 'mille' et pour 'vingt'?
(b)   'Qu'il fiche le camp' (l.26). Identifiez et justifiez le mode du verbe.

Compréhension

(a)   Où situez-vous Issy-les-Moulineaux et qu'y fait-on?
(b)   Qui est Zola? Expliquez l'allusion.

Questions orales ou écrites

(a)   Depuis 1968, le rôle des instances de concertation, telles que le comité d'entreprise, a-t-il été renforcé? Est-ce une bonne chose ou non?
(b)   Quelles sont selon vous les raisons de la chute du nombre de journées de travail perdues pour fait de grève depuis le milieu des années 1970?

Text 2.31

Évaluation de la politique économique socialiste entre 1981 et 1984: une approche libérale

1   Depuis mai 1981, la politique économique et sociale menée par le gouvernement socialiste a été marquée par de brusques et successifs changements dans le langage et dans l'action, qui ont désorienté les responsables de la vie économique du pays, perturbé les structures de
5   production et déconcerté l'opinion publique. Un an de relance; un an de rigueur; un an de super-rigueur; et à l'heure actuelle une situation rendue confuse par les interprétations que le pouvoir donne du passé qu'il défigure, du présent qu'il déforme et de l'avenir dont il annonce trop vite l'amélioration. Tentons d'y voir clair.

10   La France supporte à l'heure actuelle et continuera à supporter demain les conséquences de la gestion aventureuse de la première année du septennat. Celle-ci a provoqué une rupture dans le processus de rétablissement des équilibres et d'adaptation structurelle qui était alors en cours.

15   Certes, en mai 1981, les difficultés n'étaient pas entièrement surmontées; il y avait encore du travail à faire. Mais les finances publiques et sociales étaient fermement tenues; la monnaie était stable et soutenue par d'abondantes réserves; les entreprises avaient, grâce à la liberté des prix, amélioré leur situation financière, engagé d'importants investisse-
20   ments et maintenaient avec succés leurs exportations; la balance commerciale, fortement détériorée en 1980 par les effets du second choc pétrolier, était en voie de rétablissement et, surtout, la balance des paiements courants présentait un déficit qui était inférieur de moitié à celui de la République Fédérale d'Allemagne. Le taux d'inflation, qui
25   avait atteint 13,6% en décembre 1980 par rapport à décembre 1979, avait commencé à régresser au début de 1981; il restait certes élevé par suite des effets du second choc pétrolier et du contexte inflationniste mondial, mais les prix étaient libres, et l'écart d'inflation par rapport à nos principaux concurrents n'excédait pas 2,9%. Enfin, en dépit de
30   toutes les résistances et de l'exploitation acharnée des difficultés par l'opposition d'alors, les gouvernements successifs, à partir de 1973, avaient conduit une transformation progressive, ordonnée et humaine des grandes industries traditionnelles: charbonnages, sidérurgie, construction navale. Ils avaient d'autre part vigoureusement poursuivi la
35   politique de développement industriel et technologique de leurs prédécesseurs, notamment dans l'équipement nucléaire et les télécommunications. Une forte impulsion avait été donnée à l'industrie aéronautique

(Airbus), à l'industrie spatiale, à l'énergie solaire, à la bio-technologie, à l'agro-alimentaire; un dialogue stratégique avait été établi avec les
40 entreprises par l'intermédiaire du Comité des industries stratégiques (CODIS).

Avec l'avènement du pouvoir socialiste, le lyrisme économique suicidaire de 'l'état de grâce' (augmentation massive du déficit budgétaire; accroissement sensible des charges des entreprises) s'accompagne du
45 blocage et de l'inversion de tous les processus d'adaptation (recrutement important d'agents dans les entreprises publiques, nouveaux investissements), ainsi que du bouleversement des structures des entreprises nationalisées par une sorte de Monopoly industriel. L'aggravation de l'inflation (l'écart d'inflation avec nos concurrents atteint, rappelons-le,
50 6,3% en juin 1982), le déficit extérieur massif et croissant, l'augmentation continue de l'endettement extérieur, trois dévaluations du franc en dix-huit mois, ont contraint le gouvernement, d'abord en juin 1982, puis en avril 1983, à modifier de fond en comble sa politique. Le pouvoir fit un demi-tour d'autant plus rapide et brutal qu'il n'avait
55 plus d'autre issue.

La politique de rigueur, la stagnation de l'économie, les contrôles de prix et de revenus, la baisse du pouvoir d'achat, l'augmentation du chômage, ne sont pas la conséquence de 'l'héritage', où l'actif l'emportait sur le passif, ni celle de la conjoncture internationale qui n'a cessé
60 de s'améliorer depuis 1982 (baisse du prix du pétrole – stabilité des cours des matières premières – ralentissement prononcé de l'inflation mondiale). Ils ne sont pas non plus imputables à la hausse du dollar; si celle-ci accroît le prix des importations, elle favorise l'essor des exportations et, par conséquent, de l'activité économique des partenaires des
65 États-Unis: ceux-ci doivent, comme nous, y faire face et leur situation ne s'en améliore pas moins. La détérioration de la situation économique et sociale de la France depuis 1981 est due principalement à la politique menée par le président de la République jusqu'en avril 1983: les engagements démagogiques pris pendant la campagne pour l'élec-
70 tion présidentielle, l'aveuglement idéologique, l'archaïsme de l'inspiration, l'ignorance des ressorts profonds de la vie économique et sociale, de graves erreurs de jugement sur la conjoncture internationale, font de cette politique un exemple privilégié du contresens et de l'échec.

En juin 1982, puis en avril 1983, le président de la République et le
75 gouvernement ont procédé à un changement radical de leur politique: ce fut le changement du changement. Même s'ils y ont été acculés par la nécessité, il faut leur donner acte de leur attitude. L'équilibre extérieur, la défense du franc, la compétitivité et la rentabilité des entreprises, l'initiative individuelle, la diminution des prélèvements obligatoires sont
80 désormais des objectifs officiellement proclamés après avoir été raillés et combattus. Il faut s'en féliciter puisque c'est l'avenir du pays qui est en jeu.

Mais le gouvernement et l'orchestre de la complaisance qui soutient sa démarche, tentent de faire oublier leurs responsabilités en mettant en relief les mesures qu'ils ont prises et en soulignant sans relâche que
85   seul un gouvernement de gauche pouvait les faire accepter aux syndicats et aux travailleurs; ils se félicitent des succès qu'ils ont obtenus, en matière d'inflation par exemple, les comparant aux résultats de la gestion passée. Il est difficile de se laisser convaincre par leurs arguments, pour peu que l'on regarde les choses de près.

(R. Barre, Réflexions pour demain, Hachette, 1984,
pp. 99–102.)

Exercices

Lexique

Expliquez les mots et expressions suivants:

la relance (l.5)	le passif (l.59)
la rigueur (l.6)	un contresens (l.73)
supporter (l.10)	donner acte de quelque chose à
soutenir (l.17)	quelqu'un (l.77)
l'état de grâce (l.43)	mettre en relief (ll.83–84)
de fond en comble (l.53)	pour peu que (l.89)
un actif (l.58)	

Grammaire et stylistique

(a)   'd'autant plus ... que' (l.54): examinez l'utilisation de ce tour et faites des phrases avec.

(b)   Dans la phrase des lignes 11–12, remplacez 'de la gestion aventureuse de la première année du septennat' par un pronom objet. De même, dans la phrase de la ligne 77, remplacez 'de leur attitude' par un pronom objet. Que concluez-vous?

(c)   Remplacez le pronom objet 'y' (l.76) par un groupe nominal. Que remarquez-vous sur la construction du verbe principal? Même exercice à la ligne 65. Que concluez-vous sur les pronoms objets 'y' et 'en' et la construction des verbes? Prenez des exemples indépendants du texte pour illustrer vos découvertes.

Compréhension

(a)   Expliquez ce que Raymond Barre entend par 'gestion aventureuse' (l.11), par 'Monopoly industriel' (l.48). Que mettez-vous sous l'expression 'les engagements démagogiques' (l.69)?

Questions orales ou écrites

(a) Comparez les idées et les analyses de ce texte, avec celles du Texte: 'M. Mitterrand, modernisateur du capitalisme français?' (2.28), qui sont souvent opposées. Qu'en pensez-vous?

(b) M. Barre oppose les politiques économiques du septennat de M. Giscard d'Estaing (pendant lequel lui-même avait été Premier ministre et ministre des Finances) à celles des socialistes entre 1981 et 1984. Il signale que ces dernières avaient été marquées par de 'brusques et successifs changements'. Ceci est-il différent de l'évolution des politiques économiques pratiquées entre 1973 et 1977?

Text 2.32

1982–1988: des nationalisations aux privatisations

Les nationalisées de 1982, groupes industriels comme banques, confirment leur redressement alors même que les élections de mars 1986 portent au pouvoir une majorité de droite dont le programme de 'libéralisation' économique fait de la privatisation des entreprises pub-
5 liques un élément-clé. En défaisant les nationalisations de 1982 réalisées par les socialistes, mais en s'attaquant aussi à celles opérées antérieurement par le général de Gaulle, le gouvernement de Jacques Chirac entend donner une plus grande liberté aux entreprises concernées. En leur permettant de faire appel sans contrainte au marché
10 financier, il veut alléger d'autant les finances de l'État actionnaire soumis à la rigueur budgétaire. Enfin, Edouard Balladur, ministre d'État chargé de l'économie, des finances et de la privatisation, voit également dans la dénationalisation l'occasion de transformer la société française en favorisant l'émergence d'un actionnariat populaire et d'un
15 actionnariat salarié.

Noyaux durs

Le programme du gouvernement est ambitieux. Il porte sur soixante-cinq entreprises dans l'industrie, la banque, les assurances et la communication. Un enjeu de 200 à 300 milliards de francs, bien supérieur à
20 ce qu'ont pu réaliser les autres pays occidentaux qui ont lancé le mouvement – RFA, Grande-Bretagne ou Canada.
Le gouvernement avait prévu de privatiser par voie d'ordonnance. Devant l'opposition du président de la République, il devra se résoudre à utiliser la voie parlementaire classique. La mise en œuvre des privatisa-
25 tions porte l'empreinte du ministre d'État. C'est lui qui décide du prix de mise en vente des privatisées, tout comme de la constitution des 'noyaux durs', ces groupes d'actionnaires censés stabiliser, pour un temps, une partie du capital des sociétés rendues au privé, aux côtés des petits porteurs, des salariés et des étrangers (20% du capital au
30 maximum).
Le programme de privatisation lancé à l'automne 1986 avec la mise en vente de Saint-Gobain fait un tabac auprès des Français jusqu'à l'été 1987. Des millions de souscripteurs se disputent les titres de Paribas, du CCF, de la Société générale, d'Havas ou de TF1. Mais le krach
35 boursier du 19 octobre vient mettre un terme à cette euphorie. Suez,

mise en vente à la veille du krach, connaîtra une introduction en Bourse catastrophique en dessous même du prix de cession des titres. La privatisation de Matra, prévue pour fin octobre, ne sera effective qu'en janvier. Quant à la suite du programme – notamment les
40   assurances, avec l'UAP et les AGF, – elle est reportée après les élections présidentielles. Au total, en quatorze mois, le gouvernement aura réalisé plus de 40% de son programme de privatisation avec douze opérations de marché et deux ventes de gré à gré.

Volet important des programmes gouvernementaux de la gauche
45   comme de la droite, nationalisations de 1982 et privatisations de 1986 ne constituent pas cependant un simple aller et retour. Certaines des premières n'ont pas encore été rendues au privé. En revanche, les dénationalisations réalisées ont débordé le périmètre de 1982 en au moins une 'vieille' entreprise publique de 1945: la Société générale.
50   En outre, la physionomie et l'état de santé des privatisées de 1986 n'ont plus grand-chose à voir avec les groupes industriels ou les banques nationalisées en 1982. Redressés, restructurés et modernisés, ce sont eux qui partent aujourd'hui à l'assaut du marché mondial et qui effectuent des acquisitions à l'étranger. Paradoxe ou non, la réussite
55   et le dynamisme des privatisées doivent beaucoup à leur vie passée dans le giron des pouvoirs publics.

(Claire Blandin, 'Des nationalisations aux privatisations', *Bilan du septennat, Dossiers et Documents, Le Monde*, 1988.)

Exercices

Lexique

Expliquez les mots et expressions suivants:

les nationalisées (l.1)	faire un tabac (l.32)
d'autant (l.10)	un souscripteur (l.33)
la rigueur budgétaire (l.11)	un titre (l.33)
un actionnariat (l.15)	le prix de cession (l.37)
un enjeu (l.19)	une vente de gré à gré (l.43)
une ordonnance (l.22)	un volet (l.44)
les privatisées (l.26)	le giron (l.56)
un noyau dur (l.27)	

Grammaire et stylistique

(a)   Remarquez que 'grand-chose' (l.51) s'utilise toujours dans des phrases négatives. Faites-en quelques-unes de votre cru.

(b)   Trouvez les sujets des participes présents des lignes 5 à 11. Quelle est la règle relative à ces sujets? Faites des phrases illustrant ce point de grammaire.

Compréhension

(a) Qu'est-ce à votre avis que 'la voie parlementaire classique' dont il est question ligne 24? En quoi l'ordonnance (l.22) diffère-t-elle?

(b) En quoi les nationalisations de 1982 et privatisations de 1986 ne constituent-elles pas 'un simple aller et retour' (l.46)?

Questions orales ou écrites

(a) Les privatisations de la période de cohabitation de 1986 à 1988 ont-elles été effectuées selon des critères purement marchands, ou bien la vente du capital privatisé a-t-elle été organisée en prenant en compte des paramètres d'ordre politique et stratégique?

(b) Pourquoi un programme de privatisation tel que celui de 1986 ne peut-il pas être effectué d'un coup?

Text 2.33

Mitterrand: la France est une société d'économie mixte

1   Considérons l'économie mondiale: on n'y voit qu'un champ de bataille
où les entreprises se livrent une guerre sans merci. On n'y fait pas de
prisonnier. Qui tombe, meurt. A l'instar de la stratégie militaire, le
vainqueur s'inspire toujours de règles simples: la meilleure préparation,
5   les mouvements les plus rapides, l'offensive sur terrain adverse, de bons
alliés, la volonté de vaincre (. . .).

Mais ce que je viens d'écrire ouvre une autre discussion: que sont,
que doivent être, dans ce combat les rôles respectifs de l'État et de
l'entreprise? S'opposent-ils? Se conjuguent-ils? Leur dualité nuit-elle au
10 succès commun? L'opinion que j'en ai se fonde sur l'expérience. Le
public et le privé ne peuvent être dissociés car l'économie française est
mixte par nature. L'accès à la compétitivité internationale serait le plus
souvent interdit aux entreprises sans la promotion des technologies
avancées que l'on doit à l'État. Elles bénéficient de la formation que
15 l'Éducation nationale dispense aux jeunes, formation qu'elles adaptent,
perfectionnent chez elles ou par des stages extérieurs, pour une meilleure qualification de leur personnel. C'est le passage du témoin. A
chaque stade de la production, la coopération entre universitaires et
industriels se révèle toujours salutaire.

20 Les retombées de la recherche en effet servent indifféremment aux
entreprises publiques ou privées. Songeons que les sociétés américaines
de construction d'avions comme Boeing, modèle du grand capital fier
de l'être, reçoivent 73% de crédits d'État pour leurs études et recherches.
Aux États-Unis! Dans le sanctuaire de l'économie libérale! La plupart
25 des géants de l'industrie américaine sont dans ce cas. Il en va de même
en Europe. Au Japon. Et en France. 37% de la dépense de recherche des
États membres de l'OCDE, c'est-à-dire des plus puissants pays industriels
de la planète, sont destinés aux entreprises privées. Une forte part de la
recherche des sociétés françaises Matra, Dassault, Thomson, CGE est
30 financée sur fonds publics. Sans le plan Dreyfus de 1981, notre industrie
textile aurait sombré. Cette contribution de l'État à l'industrie privée ne me
scandalise pas. Au contraire. Mais j'estime que l'emploi de ces milliards
payés par les contribuables mérite d'être suivi de plus près par l'État (. . .).

Vous trouverez peut-être contradictoire la double démarche qui nous
35 a conduits en 1981 à élargir le champ du secteur public par des
nationalisations tandis que, par la décentralisation, nous avons multi-
plié les contre-pouvoirs destinés à tenir tête à la même puissance

publique. Je vous demande plutôt d'y voir une cohérence. Elle procédait
à la fois de l'idée qu'il était normal de transférer à la Nation des
40 entreprises qui ne vivaient que de l'État ou qui ne produisaient que des
biens nécessaires à la Nation, et de l'idée qu'étendre le pouvoir de l'État
devait être compensé par de nouvelles institutions. Aussi n'avons-
nous pas seulement fait éclater le pouvoir politique entre l'État et les
collectivités locales, mais encore tenté d'offrir aux entreprises des parte-
45 naires à leur niveau, capables de décider avec elles, d'organiser entre
elles une stratégie économique. Quoi qu'il en fût, les nationalisations
ont économiquement et financièrement réussi. Elles ont sauvé celles
des grandes entreprises que leurs propriétaires privés avaient saignées à
blanc et que, faute de projet, certains s'apprêtaient à vendre à des
50 multinationales étrangères. Leur valeur marchande a doublé, triplé en
cinq ans, ce qu'a amplement démontré leur prix de vente à l'heure des
privatisations. Elles ont servi à remodeler les secteurs en crise et ont
constitué un fer de lance qui nous manquait. Je continue de regretter
qu'on n'ait pas créé, à l'époque, à partir de capitaux publics, un secteur
55 puissant de la machine-outil, dont l'absence aujourd'hui est cruellement
ressentie par notre économie. Mais, puisque les Français, par leur vote
de 1986, ont préféré une autre direction, laissons s'apaiser les bouillon-
nements que le va-et-vient nationalisations-privatisations ne prolonge-
rait pas sans dommage. Annonçant ma candidature à la télévision,
60 j'ai dit qu'élu, j'arrêterai le ballet. Je ne conseillerai pas, en effet, au
futur gouvernement, s'il en était tenté, d'alourdir le dossier. Le délai qui
nous sépare du grand marché européen est trop court pour que soit
pris le risque de bouleverser à nouveau le paysage économique. D'autres
échéances, d'une autre gravité, requièrent la mobilisation des énergies
65 françaises. Il est temps que la Bourse redevienne le lieu où l'épargne
s'investit pour créer et bâtir, et que cesse de triompher une économie
de spéculation à courte vue.

(François Mitterrand, *Lettre à tous les Français*, Parti socialiste,
1988.)

Exercices

Lexique

Expliquez les mots et expressions suivants:

à l'instar de (l.3)
une économie mixte (ll.11–12)
le stage (l.16)
le passage du témoin (l.17)
une retombée (l.20)
le grand capital (l.22)
il en va de même (l.25)

un contre-pouvoir (l.37)
tenir tête à (l.37)
saigner à blanc (ll.48–49)
un fer de lance (l.53)
une machine-outil (l.55)
une échéance (l.64)

Grammaire et stylistique

(a)   'Procéder de ... et de ...' (ll.38–42). Faites vous-mêmes des phrases employant des verbes à construction similaire où les compléments (deux ou davantage) sont très éloignés de leur verbe. N'oubliez pas de répéter la préposition.

(b)   Phrases commençant par 'aussi' (l.42): expliquez la syntaxe. Quels autres mots gouvernent une syntaxe similaire? Faites des phrases qui les utilisent.

(c)   'j'arrêterai, je ne conseillerai pas' (l.60): appréciez la valeur du futur et comparez avec le conditionnel.

(d)   'on n'ait pas créé' (l.54), 'soit pris le risque de ...' (ll.62–63). Justifiez ces subjonctifs. Identifiez et justifiez le mode/temps des six verbes de la dernière phrase.

(e)   Étudiez dans le premier paragraphe l'emploi de la négative (syntaxe et lexique) et de l'énumération (en comparant la ponctuation avec celle de l'anglais).

Compréhension

(a)   Matra, Dassault, Thomson, CGE (l.29) Précisez les activités de ces groupes.

Questions orales ou écrites

(a)   Le rôle du secteur public est-il nécessairement de s'opposer au libre jeu du marché?

(b)   Quelles sont les originalités du système d'économie mixte mis en place en France dans la période de l'après-guerre?

Text 2.34

'Ni-ni' peau de chagrin: quand le gouvernement socialiste accepte des privatisations partielles

1   Les investisseurs privés pourront désormais détenir, sous certaines
    conditions, jusqu'à 49,9% du capital d'une entreprise publique. Un
    décret paru en avril 1991 accorde un peu de souplesse au secteur
    public. Mais il prévoit en même temps de nombreux garde-fous, et ne
5   porte pas atteinte au sacro-saint principe de la 'Lettre aux Français' de
    François Mitterrand: ni nationalisation, ni privatisation. De quoi mettre
    tout le monde d'accord.
        Bien malin qui aurait prévu que l'une des rares grandes querelles
    idéologiques du septennat, celle du 'ni-ni', connaîtrait un jour sembla-
10 ble dénouement. L'engagement électoral du chef de l'État qu'il n'y
    aurait plus, durant son second mandat, ni nationalisations ni privati-
    sations a suscité de telles polémiques ces dernières années que le
    combat semblait nécessairement devoir se conclure avec la victoire
    par K.-O. de l'un des deux camps en présence, celui des pro ou celui
15 des anti-ni-ni. Mais nul n'avait songé qu'une solution puisse être trou-
    vée à la satisfaction quasi générale. Une sorte de match nul. C'est
    pourtant l'issue que laisse présager un décret publié discrètement
    hier au *Journal officiel*. Un décret qui organise la respiration des
    entreprises publiques et qui présente une singularité: il permettra
20 aux partisans comme aux adversaires de la directive présidentielle de
    chanter victoire.
        De fait, lors de sa campagne présidentielle, François Mitterrand avait
    fixé dans sa *Lettre à tous les Français* une règle du jeu qui avait valeur
    de contrat avec le pays.
25   Une ligne de conduite qui avait déchaîné les passions. Avec d'un côté
    la gauche traditionnelle, hostile aux privatisations, qui avait applaudi
    la mesure en soulignant qu'elle interdirait la vente '*de l'argenterie de
    famille*'. Et de l'autre la droite, accusant le gouvernement de s'accrocher
    à des dogmes et de vouloir maintenir des entreprises du secteur concur-
30 rentiel sous la tutelle de l'État. Sans parler des rocardiens qui n'ont
    jamais été partisans des nationalisations à 100% et qui revendiquaient
    un peu plus de souplesse.
        Le décret publié hier au *J.O.* modifie donc la donne initiale. Car il fixe
    pour condition aux opérations de respiration qu'elles ne remettent '*pas
35 en cause la majorité publique dans le capital de ces entreprises*'. La formule
    dit donc bien ce qu'elle veut dire: en théorie, un investisseur privé
    pourra désormais détenir jusqu'à 49,9% du capital d'une entreprise

publique française, c'est-à-dire au-delà de la minorité de blocage. De quoi satisfaire, au moins sur le papier, les anti-ni-ni.

40 Mais les partisans du ni-ni, parmi lequels figure Pierre Bérégovoy, y trouvent aussi largement leur compte. Car le dispositif prévoit aussi de très nombreux autres garde-fous.

Avec pragmatisme, le gouvernement a toujours trouvé, au cas par cas, des solutions pour permettre aux entreprises publiques de conclure
45 les accords nécessaires à leur développement: la loi a été modifiée en temps utile pour permettre aux compagnies d'assurances publiques d'ouvrir plus facilement (à hauteur de 25%) leur capital à des investisseurs privés; de même, par la loi, le statut de Renault a été modifié pour permettre au constructeur français de conclure son alliance avec Volvo.
50 Conclusion: loin d'être un bouleversement, ce nouveau décret est seulement un prolongement logique des décisions de ces trois dernières années.

Ultime argument des fidèles du Président: dans l'immédiat, aucun accord de coopération à l'étude ne devrait se traduire par l'ouverture
55 du capital d'une entreprise publique au-delà de 5 à 10%. Preuve que si le gouvernement n'agit pas avec dogmatisme, il compte cependant rester prudent.

Il n'empêche. Avec la publication de ce fameux décret, la question ne peut être éludée: insensiblement, pas à pas, les socialistes ne sont-ils pas
60 en train de changer de doctrine? Partisans hier des nationalisations, puis aujourd'hui du ni-ni, ne préparent-ils pas le terrain à une troisième étape? Officiellement, il n'en est pas question. Ou du moins pas encore: la question ne sera mise à l'étude que lors des prochaines législatives. Mais qui peut croire maintenant que les socialistes resteront encore
65 longtemps partisans du *statu quo*?

Signe des temps, Raymond Barre, la semaine dernière, demandait aux socialistes de faire un geste. '*On peut se demander*, écrivait-il, *si le moment n'est pas venu d'ouvrir aux actionnaires privés, progressivement et partiellement* (*puisqu'il faut respecter les Tables de la Loi!*), *le capital des*
70 *entreprises publiques, à commencer par celles qui appartiennent au secteur concurrentiel.*' Progressivement et partiellement ... L'ancien Premier ministre parle d'or.

(Laurent Mauduit, ' "Ni-ni" peau de chagrin: quand le gouvernement socialiste accepte les privatisations partielles',
Libération, 7 April 1991, p. 8.)

Exercices

Lexique

Expliquez les mots et expressions suivants:

le garde-fou (l.4)
la victoire par K.-O. (ll.13–14)
un match nul (l.16)
la minorité de blocage (l.38)

au cas par cas (ll.43–44)
à hauteur de 25% (l.47)
il n'empêche (l.58)
pas à pas (l.59)

Grammaire et stylistique

(a) 'Bien malin qui aurait prévu' (l.8). étudiez la structure de l'expression et inventez-en d'autres (avec adroit, habile, naïf. . .).

(b) Spécifiez le ton des lignes 10 à 21. Comparez avec le ton des articles du *Monde* (p. ex. Texts 2.28, 2.30 et 2.32). Faites des conclusions sur le lectorat de *Libération* et sur celui du *Monde*.

Compréhension

(a) Expliquez le titre de ce texte.

(b) Que veut dire l'auteur par 'l'ancien Premier ministre parle d'or', dans la dernière phrase du texte?

Questions orales ou écrites

(a) Quel a été le rôle des problèmes de financement du secteur public dans la mise en place des programmes de privatisation de 1986 à maintenant?

(b) Pourquoi des entreprises comme Renault ou Air France se doivent-elles de constituer des alliances avec d'autres compagnies européennes?

Text 2.35

Le Marché du capital est-il transparent?
L'autocontrôle pas mort!

1   Les restructurations et OPA en tout genre qui ont ébranlé les entreprises
françaises depuis quelques années ont incité les patrons à garder un
œil vigilant sur la composition de leur capital. Jusqu'ici, ils disposaient,
en toute légalité, d'une 'recette magique': l'autocontrôle. Une société
5   n'a pas le droit d'acheter ses propres actions, mais rien ne l'empêche
d'en faire acheter par une filiale ou une sous-filiale. Ainsi, une société
A peut contrôler une société B, qui elle-même détient une participation
dans une société C, qui à son tour est actionnaire de la société A. Ce
faisant, en cas de coup dur, la société A est assurée du vote de la
10   société C.

Cette pratique est interdite en Grande-Bretagne, tandis qu'aux États-
Unis les actions détenues en autocontrôle sont privées du droit de vote.
En France, elles le sont aussi depuis le 1er juillet 1991 en vertu de la loi
Dailly. Le système, en effet, est pervers à plus d'un titre. Il permet aux
15   dirigeants de l'entreprise, non seulement de faire passer leurs intérêts
avant ceux des actionnaires, mais aussi avant ceux de la société elle-
même, puisqu'il affaiblit sa capacité financière: les fonds servant à
acquérir les actions d'autocontrôle, aux seules fins d'obtenir un vote à
l'assemblée ou une stabilité du capital en cas d'OPA, pourraient être
20   plus utilement employés. Autre inconvénient de cette pratique: elle
fausse le jeu comptable et conduit à un amenuisement de l'actif dans
les procédures de consolidation.

Nul doute que, privé de son droit de vote, l'autocontrôle va perdre
une grande partie de son charme. Car, si sur un capital de 1 000
25   actions il y en a 100 en autocontrôle, donc sans droit de vote, la
majorité s'exerce désormais sur 900 actions. Il est plus juste alors de
parler d''autodétention'. La plupart des grandes entreprises françaises –
une sur deux d'après la COB – étaient très friandes de la formule. Elles
ont, bon gré mal gré, anticipé la date du 1er juillet 1991 pour éliminer
30   (ou au moins réduire) leur autocontrôle. Car ce qui était un plus risque
de devenir un moins. En l'absence de droit de vote, le poids des autres
actionnaires se trouve accru.

Ainsi, à la fin de 1990, le poids de l'autocontrôle chez Paribas
s'élevait à 8,9% du capital. Il ne sera plus, fin juillet 1991, que de 4%.
35   Stratégie différente chez Perrier. 'Nous n'avons aucunement l'intention de céder nos 13,8% d'autocontrôle, s'exclame le PDG Jacques
Vincent. Si, dans un, deux ou trois ans, se présente une opération de

diversification ou de développement qui serait facilitée par un paiement en titres, nous serons bien contents de trouver cette cagnotte.'

40   Pour certains, l'autocontrôle est une façon de montrer sa confiance dans sa propre gestion. C'est le cas chez Chargeurs, qui, avec 553 000 actions, détient un autocontrôle de 8,5%. 'Nous n'aimons pas ce terme, souligne Jean-Pierre Valais, le directeur de la communication. Quand on a du cash et que l'action est nettement sous-évaluée, c'est un geste

45 de solidarité avec les autres actionnaires que d'acheter ses propres actions. Nous leur montrons que nous partageons les risques. Mais ces titres ont vocation à être vendus quand le marché sera plus favorable.'

    Enfin, l'autocontrôle peut exister sous une forme déguisée: pour éviter de les remettre sur le marché, on 'échange' des participations

50 avec des sociétés amies. C'est ce qu'ont fait Saint-Gobain et Suez, Exor et Suez, Pernod-Ricard et la Société générale, la Compagnie de navigation mixte et la Société centrale d'investissements. On peut aussi ranger dans cette catégorie l'actionnariat des salariés. Certes, rien ne les oblige à voter comme le patron, mais c'est bien souvent le cas, et

55 leur participation renforce le noyau dur de la société. Bref, loi Dailly ou pas, l'autocontrôle, déclaré ou déguisé, a encore de beaux jours devant lui.

        (Chantal Bialobos, 'Le marché du capital est-il transparent?
        L'autocontrôle pas mort!', *L'Expansion*,
        4–7 July 1991, p. 30.)

Exercices

Lexique

Expliquez les mots et expressions suivants:

une OPA (l.1)	être friand de (l.28)
une filiale, une sous-filiale (l.6)	bon gré mal gré (l.29)
une participation (l.7)	un plus, un moins (ll.30, 31)
en cas de coup dur (l.9)	le PDG (l.36)
aux seules fins de (l.18)	un titre (l.39)
une consolidation (l.22)	une cagnotte (l.39)
la COB (l.28)	une action (l.42)

Grammaire et stylistique.

(a)   'En France, elles le sont aussi ...' (l.13). Que représente ce 'le'? Traduisez en anglais, littéralement puis idiomatiquement. Faites d'autres phrases sur ce modèle.

(b)   'Nul doute que l'autocontrôle va perdre ...' (l.23). Justifiez le temps.

Compréhension

(a)   Expliquez ce qu'on entend par 'la composition du capital' (l.3).

(b)   Montrez comment l'autocontrôle fait 'passer (les) intérêts (des dirigeants de l'entreprise) avant ceux des actionnaires (et) aussi avant ceux de la société elle-même' (ll.15–17)

(c)   'Cette pratique est interdite en Grande-Bretagne' (l.11). Pourquoi? Donnez les avantages et les inconvénients des positions britannique, américaine et française sur la question.

Questions orales ou écrites

(a)   Est-ce utile ou nécessaire pour les entreprises françaises contemporaines de chercher à préserver leur indépendance, ou bien doivent-elles chercher à fusionner ou à être absorbées par des groupes plus puissants?

(b)   Quelles stratégies autres que l'autocontrôle de leur capital les entreprises peuvent-elles adopter pour maintenir leur indépendance?

Part III
Contemporary French Society

Introduction

The years since the Second World War have seen deeper and more rapid social changes in France than at any time, perhaps, since the Revolution of 1789. In the last forty-five years the rural exodus has been completed. Most French people now live in towns and those that remain in the country have had their lives transformed by the provision of public utilities and the modernization of agricultural methods, while town and country have been brought closer together by vast infrastructural improvements in public transport and telecommunications. The nature of work has changed, as has the composition of the work-force; the age structure of the population has altered and, with it, people's aspirations and expectations. The social structure familiar from the pre-war period, with its seemingly rigid divisions between 'ouvriers' and 'bourgeois' and its significant numbers of 'paysans' or people working on the land, has been profoundly altered both by the disappearance of the traditional working class composed of male heavy industry workers and their families, and the concomitant growth of tertiary sector employment, together with the emergence of significant new social actors such as young people, old people, immigrants and the poor. Mass secondary education and the mass media have undoubtedly had a homogenizing effect and the cultural specificities which attached to earlier social divisions, with distinguishably different 'bourgeois' and 'working-class' cultures, have been attenuated. At the same time, other forms of cultural diversity have emerged which are based on regional, generational and ethnic differences.

The locomotive of these changes has been economic and political as well as cultural. As described in Part II, the French economy experienced unparalleled growth during the *Trente glorieuses*, or the thirty years immediately following the war. The consumer society arrived in France with an impact that was rendered all the greater because of the dramatic contrast it created with the relatively low living standards of the pre-war period. But in embracing consumerism and the 'affluent society' France has also lost many of its peculiarities and has become more like other western European countries. Side by side with economic convergence has been a political 'normalization', as described in Part I, together with a sustained effort on the part of French leaders to align themselves with Germany and to promote European integration. The content of politics has become national and

European where once it was local, and it is unlikely that a figure such as Pierre Poujade who, in the mid-1950s, stood for the defence of small business against economic modernization and the defence of local interests against interference from the capital, will ever emerge again, for the disappearance of regional specificities and the generalization of television have guaranteed all public figures, however partial or extremist their programmes, a national platform if they wish it. Thus politics too is now conducted on a national and European stage and this also encourages convergence with the remainder of western Europe [see Text 3.1].

This process of convergence has not proceeded smoothly. The observer of French society notes two distinct periods of social change in the post-war period, symbolically separated by the events of May 1968. The changes that took place up to the end of the 1960s, during the Fourth Republic and the presidency of de Gaulle, are usually described in terms of the 'modernization' which accompanied the high economic growth of the *Trente glorieuses*. Living standards improved dramatically and the advent of the consumer society brought with it changes in habits, life-styles and expectations. Physically, France was transformed by massive programmes of building and renovation. Then came the revolt of students and workers in May 1968. The strikes and demonstrations lasted for over a month, closing down, in the process, industry, business and public services. Banks, broadcasting and transport were all affected alongside the education system and manufacturing industry, and the movement was only brought to an end by the wage increases and other reforms incorporated in the *Accords de Grenelle*. For a short while it seemed as if a political revolution, led by workers and students, might overthrow the government. In the event, no such overthrow took place. However, as a result of May 1968, social and industrial relations changed for good. The old hierarchies and the old paternalism were replaced by the more relaxed, flexible and non-hierarchical forms of institutional and interpersonal relations common today. This was evident in all kinds of ways, from the widespread use of the *tu* form of address, to the clothes worn to school and in the street, to eating habits, as well as in the adoption of participatory management in industry and in public institutions such as universities.

With hindsight we can say that May 1968 marked as much as caused such changes, since the events now appear to be as much a reaction to what went before as a prefiguration of what was to come. But it would still be difficult to overstate their symbolic significance. Thus in attempting to make sense of social change in contemporary France, May 1968 continues to present a useful watershed, a point at which the process of change took a different turn [see Text 3.2].

With the start of the 1970s, French society ceased to be bent on unquestioned modernization. For as long as families had been inadequately fed and housed it had seemed obvious that modernization should have as its object the provision of basic amenities and a decent standard of living for all. After May 1968, however, qualitative considerations began to replace quantitative calculations, so that the consumer society, for example, was not universally seen as a good thing. Criticism of consumerism is, of course, the luxury of affluence, but it was none the less real.

The election of Valéry Giscard d'Estaing to the presidency in 1974 marked the beginning of the second period of social change. His election coincided with the effects of the first oil crisis which caused the first interruption in rapid growth since the war and led to a less rapid expansion of living standards, if not an actual decline. But Giscard's presidency (1974–81) was a great period of social reform. Virtually all the popular demands of the 1960s and early 1970s were embodied in social legislation, bringing France, often somewhat tardily, into line with other western countries. Contraception and abortion were legalized, equal opportunities legislation was enacted, paternal authority was reduced. In these respects Giscard was a much greater reformer than the Socialists who succeeded him.

But this social modernization also reflected a shift in the debate about social inequalities. Until the end of the 1960s social policy was implicitly underpinned by a model of a society based on the division into classes. This meant that the process of social change was directed at integration – at incorporating the less privileged workers and peasants into the national community by offering them comparable living standards and social protection to those available to the middle classes. Such an approach was made possible both by economic growth and by central, technocratic control of change which enabled local opposition to be circumvented. It was thus paternalistic in both the positive and negative senses. From the middle of the 1970s onwards, however, other forms of social grouping, based on factors such as race, sex or age, as well as or instead of class, were recognized as significant, and legislation was directed at ensuring equal provision of benefits and amenities for such groups. At the same time, however, the paternalism of the Gaullist era was dismantled. Individuals of whatever sex or colour had their social rights protected by law, but economically they became more vulnerable since the individual rather than the family became the focus of social and economic change. Thus women, for example, achieved equal rights but forfeited the expectation that they would be supported and cared for by father or husband. By the 1980s the effects of such policies were to become strongly apparent both in the emergence of the 'new poor', a group composed essentially of those whose lack of a family meant they had no entitlement to benefits, and also in debates over the possibility and desirability of 'integrating' immigrants into French society, as well as in sporadic outbursts of discontent, particularly among public sector employees, such as nurses and train drivers, and among the young people who inhabit housing estates on the edge of the big cities whose violent protests seemed to translate a sense that they had no social influence. In other words the experience of the 1980s, which reaped both the benefits and the disadvantages of the social legislation of the 1970s, suggests that French society, after a period when living standards and expectations had converged, became much less homogeneous. By the end of the 1980s it was obvious that, even though most people in France were materially much better off than in 1945, there were still deep divisions in society but that these could not be explained in terms of the old class model. The pages which follow will explore the major social changes which have taken place in France since the Second World War and will examine some of the factors of convergence and division.

Land Use, Infrastructure and the Communications Revolution

A key element in the post-war modernization of French society was the shift in the balance between the city and the country. People had begun to leave the land in the nineteenth century, during the first period of industrialization, and by early this century the urban population had become as large as the rural population. However, the post-war 'rural exodus' was different both in terms of the number of people involved, the speed with which it took place and the effect on the age structure of the rural population. In the space of twenty years France became a primarily urban society with more than 70 per cent of its population living in towns. Most of the migrants were young people and women and as a result of these migrations there was a transformation of life in both the countryside and the towns, as well as of the relationship between the two.

The Agricultural Revolution

Great emphasis was placed on the modernization of agriculture, initially assisted by Marshall Aid. The state encouraged the creation of larger and more viable farming units through the rural exodus and *remembrement*, made credit available for mechanization, and encouraged the technical education of young farmers. Today the more prosperous French farmers, generally to be found in the north and west of the country, are the managers or owners of large businesses. But the process of modernization has also created regional disparities and in the southern half of the country and in the hill areas, where farms tend to be smaller and less profitable, modernization has been a mixed blessing. For the rural exodus has also destroyed the village as a local community. Village schools, shops, post offices and churches have all closed and are still closing. The local notables – the teacher, the doctor and the priest – no longer live among the farmers, local bus and rail services have disappeared, and country dwellers are almost entirely dependent on private cars. In short, as one commentator has put it, the village now has to go to the town rather than the town to the village. These changes did not proceed without protest. The movement of small shopkeepers led by Pierre Poujade, which gained 52 parliamentary seats in the 1956 elections, was one important sign that the transformation of the rural economy, particularly in areas such as the small town in the Lot from which Poujade came, was not only causing a whole way of life to disappear but was also depriving some groups of their livelihood [see Text 3.3].

By the 1970s, however, a reverse movement began to occur. With the experience of two decades of rapid urbanization behind them, many people in France began to rediscover the virtues of country life, though they did so in the knowledge that the utilities (water, electricity, refuse collection, and so on) were now available in the country on much the same basis as in the towns, and that education, the mass media and the communications revolution had improved the level of rural integration into the national community. 'Neo-ruralism', as it was called, brought together critics of the consumer society, defenders of regional cultures, campaigners against nuclear power, and other similar groups. Very few individuals actually left the city to live in the country, but public attitudes towards the country certainly changed, and it was no longer seen as a repository of backwardness. From 1975 onwards it can also be observed that smaller towns began to grow in population while the very large cities lost population. Towns such as Dijon, Rennes, Montpellier and Tours all grew, while Paris, Lyons, Marseilles and old industrial centres, such as Douai or St Étienne, declined. These population movements reflect a search for 'quality of life' which was proving elusive in very large cities that had outgrown their capacity to provide such things as good, reasonably priced housing or good schools, together with the realization that the amenities offered by smaller centres of population and their transport links had improved out of all recognition. Small towns began to grow outwards into the countryside and the countryside itself, thanks to increased acquisition of second homes, ceased, at least in some areas, to be as deserted as it had been.

Modernizing the Cities

However, even if they own a second home in the country, or have elderly relatives still living there, most French people today live in towns, and much of the modernization effort of the last five decades has concerned the urban environment. In the immediate post-war period housing presented a huge problem. The influx of migrants from the country, the rising population and the dilapidation of the housing stock, partly as a result of the war, all combined to create a crisis. Working-class families, in particular, were often extremely badly housed, and one study carried out in Paris in the early 1950s noted that the dwelling of a typical working-class family would have an average of only seven square metres per person. In addition, the existing housing stock was not well equipped, with only 10 per cent of dwellings, for example, having inside lavatories and only 60 per cent with running water. In an attempt to regulate the market and prevent speculation, private sector rents were controlled from 1948 onwards (vestiges of this legislation still remain today), but although this kept prices down it had the effect of discouraging private investment in housing. Poor conditions and shortages led to a series of protest movements in the years between 1947 and 1951, and these included squatting and social housing campaigns.

There was therefore an urgent need for the massive housing programme which was duly embarked upon in the 1950s. Writers on the topic tend to divide post-war urbanization programmes into three phases. First, from the mid-1950s, a huge, mainly state-financed, housing construction programme was launched, providing public housing for rent under the management of the HLM organizations. The main planning instrument for new urban development was the ZUP (*zone à urbaniser en priorité*) which enabled the purchase of land for development, usually at agricultural use price. The ZUP, which were generally on the outskirts of towns, were invariably developed into large housing estates, known as 'grands ensembles', which were frequently high-rise and system built. Because of the nature of their architecture and design, and because the local authorities were often unable to finance the provision of adequate services such as transport and lighting, the *grands ensembles* were not well provided with amenities and were never desirable places to live. Intended for families with modest incomes, they became, from the 1970s onwards, the preserve of immigrants and the poor. The second phase, which began in 1963, involved private capital much more widely in housing programmes, so that construction tended to be more closely linked with non-residential developments. The third phase began after the collapse of the property market in 1974, and it saw the end of large-scale projects, whether publicly or privately financed, but greater emphasis on the quality of life, the creation of open spaces and the development of medium-sized and smaller towns. Taken together, the achievements of these three phases of development were spectacular: between 1945 and 1952 fewer than 100,000 houses were built every year, but by 1974 this had swelled to 500,000 annual completions. Today, as a result of these massive building programmes, more than one French family in two lives in a new dwelling and the improvement in amenities has been dramatic. Thus by 1984 virtually all dwellings had running water, 80 per cent had inside lavatories and 77 per cent had a bath or a shower.

At the same time as the towns expanded into the countryside the city centres changed in both appearance and function. Economic activity in cities shifted from manufacturing industry to services, necessitating the construction of large numbers of office blocks. Most of the city redevelopment projects undertaken in the 1960s and 1970s, such as La Part-Dieu in Lyons and La Défense in Paris, were made viable by office building, while other city centre projects included the creation of commercial centres and shopping malls. Perhaps the most symbolic illustration of the transformation of the city centres was the redevelopment of Les Halles, the old food market in central Paris that Zola had called 'le ventre de Paris', which was turned into a pedestrianized shopping centre and tourist attraction. But virtually all the old markets were moved out of the centres of towns since changes in storage and transportation rendered city centre locations both impracticable and unnecessary. From the late 1950s onwards, considerable sums were also invested in the renovation of old and historic areas in cities and in the cleaning and restoration of public buildings, the preservation of the historical environment and the development of tourist attractions. This is especially visible in Paris where almost all public buildings have now been cleaned and a district such as the Marais almost entirely restored, where a large number of new museums have been created, including the Musée d'Orsay in what was once a railway station, and where, since the mid-1970s, there has been a ban on the construction of high-rise buildings. Such projects have been accompanied by ambitious public building programmes such as the Arche de la Défense, the Opéra de la Bastille, the Centre Georges Pompidou, the transformation of La Villette and the rehabilitation of the Bercy area with the construction of a new national library and Ministry of Finances, so that these *grands chantiers* amount to the largest scheme of urban transformation since Haussmann's in the mid-nineteenth century. But many other cities and towns have created pedestrian zones, restored old districts and routed traffic round their periphery in an attempt to preserve the quality of life and stimulate the local economy through tourism and other forms of business creation. Alongside the renovation of city centres there has been significant investment in the improvement and extension of public transport. Many cities have built ring roads and rapid transit systems (*métro* networks in Lyons and Lille, trams in Grenoble) or improved existing systems (RER network in Paris), thus drawing into their employment sphere outlying towns whose inhabitants rely on good rail and road networks to get to work. In this way, towns like Orléans and Amiens, respectively 130 and 150 kilometres distant from Paris, have become commuter suburbs.

However, such developments, like Haussmann's before them, also exacerbate social divisions. The building of office blocks and the renovation of central districts as expensive residential areas is a form of zoning. The poor who, in the days before rapid public transport, needed to live near their place of work, have been all but expelled from the centre of large cities – even the working-class and immigrant districts of Belleville and Ménilmont-ant in Paris are now being gentrified – while the *grands ensembles*, as has been said, house immigrants and the poor. The geographical stratification of the city thus appears to be an inevitable concomitant of its economic transforma-tion and the rise of tourism.

Regional Development

Similar modernization was pursued at regional level. France essentially had a system of territorial administration inherited from the revolutionary and agrarian age.[1] In 1947 Jean-Claude Gravier published his influential study,

Paris et le désert français, in which he criticized, among other things, the concentration of resources and amenities in the capital. As a result of his thinking and that of like-minded economists, attempts were made, from the mid-1960s onwards, to develop the regions through the creation of the *Délégation à l'aménagement du territoire et à l'action régionale* (DATAR). This was a body of technocrats which was designed to by-pass local elites that were thought to be resistant to change and to encourage planned regional modernization through collaboration between the state (represented by the *préfet*) and private investors. They adopted a strategy of designating *métropoles d'équilibre* – regional cities which were to be developed as counterweights to Paris: Strasbourg, Nancy-Metz, Lille-Roubaix-Tourcoing, Nantes-Saint Nazaire, Bordeaux, Toulouse, Lyons-St Étienne, Marseilles-Aix – served by vastly improved transport links. In the same way as with town planning, little faith was placed in local participation in regional development, although several big cities like Marseilles, Bordeaux and, more recently, Lille, had or have mayors, like Gaston Defferre, Jacques Chaban-Delmas or Pierre Mauroy, who have been extremely influential nationally as well as locally and who have been able to influence planning decisions in the way they wished. Thus the Channel Tunnel rail link, for example, is routed through Lille, even though this diverges from existing railway routes.

The inadequacies of the technocratic system were recognized in the report *Vivre ensemble* published by the Commission Guichard in 1975 which proposed grouping the *communes* into larger units, reducing the power of the *préfets* and enacting a degree of fiscal reform so as to give local authorities an adequate tax base. The *commune*, as an administrative unit with its elected *maire*, has resisted all proposals for reform and, indeed, has experienced something of a revival in the countryside since the 1970s. As a focus for community-based activities the *communes* have been well placed to benefit from the rediscovery of country life and their continued existence in large numbers (36,000 of them) remains a peculiarity of French local administration. However, the socialist government elected in 1981, influenced both by Gaston Defferre, who became the minister of the interior, and by Michel Rocard, who had argued in *Décoloniser la province* (1967) for devolution to the regions, undertook a far-reaching reform of regional government that reduced the power of the *préfet* and gave budgetary and planning power to elected regional assemblies. The impact of these planning authorities on land use and infrastructural developments is only now beginning to be felt [see Text 3.4].

Communications

France is the largest country in western Europe and the EC but its population, unlike that of the UK or Germany, is not highly concentrated in large cities. The development and improvement of communications have therefore been even more vital in France than elsewhere, not just in stimulating economic growth but also in bringing about cultural change,

Of course, communications improved dramatically in the nineteenth century with the advent of the railways and the construction of roads to serve them. Even so, as Eugen Weber reminds us,[2] many country areas remained virtually inaccessible right up to the beginning of this century, and it was not until the First World War that many men travelled more than a few kilometres beyond their native village. On the other hand, the inter-war years saw huge improvements in the roads and the rise of public and private motor transport as well as the beginnings of tourism based on the private motor car or bicycle, which was stimulated by the publication of road maps and the creation of the *Guide Michelin*. The Second World War, and particularly the invasion of the Allied armies and the retreat of the German forces, caused considerable damage to the communications infrastructure, which consequently underwent reconstruction and modernization in the 1950s and 1960s. Private car ownership also grew significantly, with manufacturers like Citroën and Renault developing popular models like the 2CV and the Dauphine, which had existed in prototype on the eve of the war and were now produced in large numbers for the expanding market. After a very slow start in the 1950s, television also became a feature of most French homes during the 1960s, with nearly 80 per cent of households owning at least a black and white television by the 1970s. In this way, individuals were able both to travel more easily and to receive in their homes immediate news of national and international events.

The decades of the 1970s and 1980s, however, witnessed a qualitative transformation of communications in France, based in many cases on the application of new technologies to existing systems. Today, as might be expected, 95 per cent of French households are equipped with the telephone. In 1970 the figure was a mere 11 per cent. Under President Giscard, telecommunications underwent a crash programme of expansion and modernization which not only eliminated lengthy waiting lists for telephones and created a network of public call boxes, but also introduced fully automated processes for national and international calls. Other western countries similarly modernized their telecommunications systems in the 1970s and 1980s, but in France the process was both exceptionally rapid and extremely thoroughgoing. In 1970 France was very like East Germany in 1989, and its backwardness created a similar hindrance to economic expansion. By the end of the decade, however, it had acquired one of the most advanced telecommunications systems in the world. But in upgrading its network, France has gone further than some other countries in giving the *Minitel*, a home computer which offers access to a large range of interactive services through the telecommunications system, to all telephone subscribers.

The rail network has undergone a similar qualitative transformation with the TGV. The development of this high-speed train dates back to the 1960s, but it was given impetus by the oil crisis of 1973 which made the attempt to attract passengers from air to rail both urgent and more economically attractive. The first route, Paris–Lyons, was introduced in 1981 and was served by a new, purpose-built line as well as new locomotives, whereas many subsequent routes simply run high-speed trains on existing track. The TGV network now serves practically all the major cities in France and has, in most cases, halved travelling times between Paris and other city destinations (Paris–Lyons was reduced from over four to two hours), making day trips by rail possible to most major destinations. Yet far from encouraging decentralization, the effect has often been to reinforce the dominance of Paris both in terms of business transactions and of residence. With the introduction of the TGV Atlantique, for example, Nantes is only two hours away from Paris, while Le Mans has become a suburb of the capital. Indeed, most of the TGV programme has facilitated travel up and down France rather than across it. More recently, the TGV has acquired a European dimension, even though this has not occurred without opposition, in linking France into the two major European poles of economic development, the London–Milan axis which passes through Lille (but by-passes Paris) and the Mediterranean axis stretching from Barcelona to Genoa through Perpignan and Montpellier. In both cases, new TGV tracks are under contruction, and when completed they will, to some extent, form a counterweight to the centripetal pull of the capital city while at the same time, or so the argument runs, fostering European integration [see Text 3.5].

Thus, in the space of a mere two decades, the individual's relationship to, and perception of, space has been profoundly transformed in France through greater possibilities for rapid transit combined with highly developed *in situ* communications, enabling information sources from throughout the world to be much more easily accessed. The accompanying cultural revolution is at least as great as that brought about by the railways in the nineteenth century. The integrated high-speed transport system points to the extent to which the concerns of the 1960s now seem irrelevant. It is now extremely easy to travel the length if not the breadth of the country, whilst new road and rail links facilitate communication between France and its geographical neighbours and other communications systems have been massively modernized and improved. The psychological impact of such changes is hard to overstate.

Social Structure of Post-War France

Changes in Social Structure

The rural exodus is only one aspect of the profound modification in the social structure of France which has taken place this century. Until the First World War, French society divided broadly into three main groups, *bourgeois, ouvriers* and *paysans*. These were not simply groups based on occupation and income, which could sometimes vary widely within each category, but groups which experienced radically different ways of life.

Of these groups the *paysans* were numerically the most significant, accounting for half the work-force. As has been recalled above, at least until the last quarter of the nineteenth century much of the countryside was inaccessible, communications were extremely poor, and the agents of the state sometimes found difficulties in administering the law. Country people sometimes did not understand the French language, let alone speak it. Although the advent of the railways, universal primary education and conscription all helped to open up the countryside to outside influences and to encourage the spread of a more national culture, it remains the case that many *paysans* lived in a world apart at least until 1914. The second significant grouping was the *ouvriers* or industrial workers, whose ranks swelled in the first half of this century from about 31 per cent of the work-force in 1901 to about 38 per cent in 1936, an increase which reflected the progress of industrialization. Although they almost invariably lived in towns, *ouvriers* had a way of life and a culture almost as completely separate as that of the *paysans*; a way of life which was maintained through social, political and recreational institutions such as the trade unions and the Communist Party. The *bourgeoisie*, on the other hand, covered a range of socio-professional groups from office workers (*employés*) to members of the professions (*professions libérales*), some of whom were highly educated and some of whom were not, some of whom owned businesses and some of whom were wage-earners, some of whom were wealthy and some of whom were not.

The changes wrought to this very roughly drawn picture in the post-war period have been of two kinds. First, the number of *paysans* has declined progressively to stand today at about 6 per cent of the work-force. Where have they all gone? Many joined the ranks of the *ouvriers* whose numbers stood at about 35 per cent of the work-force in 1946 and rose to about 38 per cent in the mid-1970s, before falling to about 29 per cent in the 1990s. But this does not tell the whole story. In the post-war period the nature of work has also altered. The second dramatic change has been the massive expansion in wage-earners in all social categories, accompanied by a decline in the number of self-employed artisans and small shopkeepers, so that today almost 80 per cent of the work-force is composed of *salariés*, that is people employed by some other person or organization. The changes in the social structure of France since the war are comparable to those observed in other countries where there has been a similar decline in the peasantry, followed by a decline in the traditional working class and an expansion in white collar jobs. Where France differs, however, is in the spectacular rapidity of the decline in the numbers of people working on the land in the post-war period.

All social categorization, as Pierre Rosanvallon reminds us, is to some extent arbitrary,[3] and despite the increasing sophistication of statistical data, it is often contentious and subjective. All those who write on French social structure are at pains to emphasize that the terms commonly employed in social classification no longer mean what they meant fifty years ago. Much discussion has attached, for example, to the definition of an *ouvrier*. In addition, individuals now refer to themselves and others using the language of statistics rather than the older terms. This is clearest in the case of the *paysan* who, these days, is called an *agriculteur* and who is 'un producteur urbanisé qui vit à la campagne, regarde la télévision, et fait ses comptes, comme un cadre ou un commerçant des villes'.[4] But it is also true of the category of *employé* which includes a range of white collar jobs, and especially that of *cadre* which covers a wide range of managerial jobs and has no real equivalent in Anglo-American terminology.

Another difficulty encountered in describing the social structure of France is that many commentators are consciously or unconsciously nostalgic about the disappearance of ways of life which attached to particular social categories. This is to some extent true of the *paysans* – a throwback, perhaps, to the days when the country relied for its defence on a peasant army – and the view is often expressed that the country way of life is somehow more authentic and worthwhile than that of the city. But it is even more true of the traditional working class – manual workers in manufacturing industry. Because Marx designated the proletariat as the actor of the revolution, some social scientists have been reluctant to come to terms with the transformations in, or even perhaps the disappearance of, the traditional working class, despite obvious economic changes: 'Toucher au concept de classe ouvrière' writes Rosanvallon, 'c'est en fait toucher à la notion traditionnelle de révolution . . . En évitant de s'interroger sur les mutations du monde ouvrier, on pense ainsi faire l'économie d'une réévaluation de l'idée même de révolution.'[5] The decline of the traditional working class is indisputable. Until the 1960s the working class was identifiable as a distinct group within French society which was both numerically large and conscious of its own politics and culture which were different and separate from those of other classes or social strata. From the mid-1930s to the mid-1950s working-class conscious-ness and solidarity were reinforced by the stability of employment in heavy industry, the transmission of jobs from father to son, and by the cohesion created by political and social struggles such as those in 1936 and 1947–8, and it was supported by much higher trade union membership than exists today. Thus when, in the early 1950s, Chombart de Lauwe began his study of working-class families in Paris he found 'un mode de pensée différent de celui auquel sont habitués les intellectuels et une forme d'intelligence qui faisait mon admiration, et que ne soupçonnaient même pas les milieux bourgeois'.[6] But from the 1960s onwards the working population underwent massive restructuring. The growth of the tertiary sector and the service industries, which required a work-force with less physical strength and new skills, a work-force which was indeed often female, created what Serge Mallet called a 'nouvelle classe ouvrière'. The question, for many, was whether this new working class would behave, politically, as the traditional working class had done. Would it, in other words, be a 'real' working class or would these workers in new industries simply be assimilated into the great mass of the middle classes and lose or abandon their working-class characteristics? The changes in the composition of the work-force have given rise to a fascinating debate about values and 'moyennisation', or the incorporation of the working class into the middle classes, which probes behind the analysis of social structure in terms of socio-professional groups to look at such things as taste, life-style and cultural values, and which has suggested, for example, that income is by no means the only determinant of status and that groups of widely varying income may have the same 'cultural capital' and hence the same cultural values and vice versa.

One of the questions that such studies are designed to answer is whether mobility has increased in post-war French society and whether society has become more or less equal. In other words, have the profound social changes we have referred to been matched by a transformation in individual expecta-tions and opportunities? Raymond Boudon has pointed out that modern industrial societies have, for the most part, ironed out political and legal inequalities but that inequalities of opportunity have been very resistant to change:

> L'inégalité des chances, chances scolaires et chances socio-profession-nelles, est donc, avec les inégalités économiques, la seule forme d'inégalité qui ne paraisse pas affectée de façon sensible par le développement des sociétés industrielles. Un fils d'ouvrier aura cer-tainement un niveau de vie supérieur à celui de son père. Mais ses chances d'accéder à l'enseignement supérieur, comparées à celles du fils de cadre supérieur, ne seront guère plus élevées qu'à la génération de son père. Et ses chances d'accéder à une catégorie sociale supér-

ieure à celui de son père seront du même ordre de grandeur que celles qu'avait son père lui-même.[7]

Admittedly, these lines were written two decades ago, but there is little evidence that the situation they describe has altered, except that disparities in income have widened. This means that, while virtually everyone in France has become richer and the general standard of living has risen, and while it is clear that society has become much less obviously hierarchical and rigid, social mobility is not as great as might have been hoped or expected. Only in one respect has there been significant social mobility in France when compared with, say, Great Britain or Sweden, and it is to be attributed to the rural exodus. Many sons and daughters of farmers did not become farmers in their turn but became *ouvriers* or *employés*, but with the completion of the rural exodus even this form of mobility has disappeared.

Boudon's remarks help to explain the enormous political and ideological investment modern industrial societies place in their education systems which are supposed to function as the agents of equal opportunities and, in view of its perceived importance, the pages which follow will devote considerable attention to the education system in France. But in asking whether sons will follow fathers' occupations and, if not, whether the sons' occupations will reflect a rise or fall in social status, mobility studies can seem extremely outdated. Are there not other determinants of status, such as race, sex and age, which are perhaps as important or more important than education and class? As Yannick Lemel emphasizes, many of the features that anthropologists consider central to the study of non-industrial societies have, at least until very recently, been ignored or minimized by social scientists studying industrial societies: 'Les sociologues n'échappent pas aux mouvements généraux de l'opinion qui, d'une différence jusqu'alors "naturelle" font à un moment donné une inégalité intolérable.'[8] We shall therefore proceed to take a closer look at some of the social groups as defined by sex, race and age, which have been the focus of social change in the post-war period, and at the attempts to identify and eliminate the inequalities from which they suffer.

Women

Since 1945 there has been a revolution in the status of women in France which is closely related to their new economic freedom and their ability to control their own fertility. It is a revolution which has been assisted by and is reflected in the reform of electoral, family and property law and in the changing nature of women's work, and it may be summed up in the different reactions to two events of significance: in 1949, when Simone de Beauvoir published her now celebrated study of women, *Le deuxième Sexe*, she was condemned as irrelevant and frivolous; but in 1975, when the newly elected President Giscard d'Estaing created the first *Secrétariat à la condition féminine*, he was hailed as a progressive.

In order to understand the changes it is important to realize that the position of women before 1945 was better than is sometimes suggested.[9] Although the *Code civil* of 1804 did not recognize women as having civil status, the Third Republic brought about progressive improvements, particularly as far as single women and widows were concerned. French women gained the right to education alongside men, they were admitted to the *baccalauréat* and to university degrees, including those of the medical schools, and a number of women's educational institutions were created. The combined effect of increased educational opportunities and a shortage of male labour after the First World War meant that women were able to gain employment in the public sector as doctors, teachers, civil servants, and the like. In addition, in a society still composed of large numbers of farmers and small family businesses, there was a strong tradition of wives working alongside husbands. Indeed, not only were women well represented in the labour force but, contrary to popular belief, there were actually more women at work in 1921 than in 1975.[10] Moreover, even before the Second World War, French legislation was particularly generous in protecting the rights of working women through measures such as paid maternity leave. In some respects, therefore, French women were socially and economically better served than their Anglo-American counterparts who suffered grievously from the economic conditions of the 1930s and from legislation discriminating against married women. French women were needed in the labour force and were accordingly better treated.

However, it was not until after the Second World War that French women gained full citizenship. Although there had been (unelected) women ministers in Léon Blum's Popular Front government in 1936, women voted and stood for election to the National Assembly for the first time in 1945. The earlier resistance to giving women the vote in France is usually attributed to the fact that women were held to be more conservative than men, and more likely to support the Catholic church and the anti-republican parties. They would, it was often said, 'voter curé'. This belief was held simultaneously with another, which contradicted it, namely that women would not vote independently but would always follow their husbands in their choice of whom to vote for. These theses were not confirmed by the elections to the Constituant Assembly of 1945, but thereafter until 1974 they would appear to have been borne out in practice. However, as Janine Mossuz-Lavau and Mariette Sineau have shown, there is a clear correlation between education and work on the one hand, and voting behaviour on the other.[11] As women massively entered higher education in the 1960s, and proceeded from there into the paid labour force, so they moved progressively away from non-participation to electoral involvement: the link between women and conservatism was broken, with the Socialist Party as the ultimate beneficiary. This trend was not lost on politicians. Two successive presidents, Giscard d'Estaing and Mitterrand, have demonstrated their appreciation of the link between gender and politics by placing 'women's issues' high on their list of reforms. However, although women obtained the vote in 1945 they were not very active in politics. Despite the proportional representation regimes of the Fourth Republic, which might have been expected to assist women candidates, the percentage of women elected to the National Assembly declined from 5.4 per cent in 1951 to only 1.6 per cent in 1973 and did not climb back to the 1951 level until 1981, and it was not until Mitterrand appointed Édith Cresson minister of agriculture in 1981 that women politicians succeeded in breaking out of the traditional areas of social policy where they tended to be congregated if they were at all active in politics.

The status of women has also been changed by a series of legal measures affecting the rights of married women to hold property and to have responsibility for their children. The provisions of the Napoleonic Code have gradually been abandoned so as to create legal equality for women within marriage. Single women and widows had already been emancipated from the Napoleonic Code which had treated them as minors for the purposes of property owning, but married women, who were the vast majority of women, were not able, until 1965, to manage their own property nor, until 1970, to exercise legal authority over their children. Their legal status could lead to considerable difficulties. For example, a woman could not enrol her child in a school without the father's consent, could not obtain a passport for her child, could not hold a bank account without her husband's consent, or run a household without her husband agreeing to the disbursement of resources. It is easy to imagine the difficulties this caused at times of social upheaval or in the case of disputes between parents. In addition, it had the unfortunate effect of distinguishing between legitimate children, over whom paternal authority was exercised, and illegitimate children, for whom the mother was responsible. From 1965 onwards, the commonest form of marital regime, that is, the one applicable to couples who married without a contract, became one in which each partner managed his or her own property, and in which this property is distinguished from that acquired after marriage (known as the *régime de communauté réduite aux acquêts*). Even so, it was not until 1985 that married women gained the equal right to manage the marital estate. As far as children are concerned, an Act of 1970 substituted the notion of 'autorité parentale' for 'autorité paternelle', thus making the parents equally responsible for their children. In this way married women gained most of the legal and financial freedoms already accorded to those who were not married and saw their status within the family enhanced.

These legislative measures form the backdrop against which the radical changes of the last two decades have taken place. Not all the changes are material – many are purely symbolic – but taken together they have profoundly affected the lives of women throughout France. From the middle of the 1960s onwards, large numbers of women began to enter higher education, even such male bastions as the École Polytechnique, which admitted its first women in 1972. Women were able to control their own fertility as a result of the legalization of contraception in 1967 and abortion in 1975. Above all, women entered the work-force in ever larger numbers, filling many of the new jobs created by the rapidly expanding tertiary sector. To some extent women competed directly with men for jobs – this was undoubtedly the case for the best qualified. But the overall trend suggests that the rise in women's employment was a response to shifts in the labour market. For example, among French people aged over 55, the number of women working has risen since 1975 whilst the number of men in work has declined sharply. In other words, the change in women's social status is closely linked with deindustrialization, the rise of the service sector, and the information society. Today 80 per cent of women between the ages of 25 and 29 work, 75 per cent of married women with one child work, as do 68 per cent of those with two children. Indeed, it is only among women who have three or more children that the rate of employment drops below 40 per cent. Although women working is no novelty in France, what is new is the huge presence of middle and lower-middle-class women in the salaried labour force, working essentially in offices rather than on farms or in small family businesses. The perception of women has changed accordingly and, increasingly, a woman's status is determined not by whom she marries, as in the past, but by her job. Thus, for the last two decades, women in France have benefited from considerably increased education and employment opportunities and from the ability to control their own fertility, and these are changes which have undoubtedly led to much greater social and economic freedom.

Have these changes also created different forms of social organization and a radically different perception of women in society? Since the 1970s women's issues have been in the forefront of both official politics and extra-parliamentary groups. The contemporary women's movement was born out of the events of May 1968 and took shape as the *Mouvement de libération des femmes* (MLF). At the same time, a powerful single-issue campaign was mounted through a group known as the *Mouvement pour la libération de l'avortement et de la contraception* (MLAC), supported by the *Association Choisir*. The campaign reached its zenith at the *Procès de Bobigny*, the trial and subsequent acquittal of the mother of a fifteen-year-old girl who had procured an illegal abortion for her daughter who had been raped. Once abortion had been legalized in 1975, the cement which held the various women's groups together disintegrated. The MLF did not survive as an umbrella organization but rapidly splintered into a number of warring groups, each of which had a particular emphasis and political position. However, the intellectual excitement generated by the women's movement continued unabated, and the last two decades have seen an upsurge of female creativity and the publication of numerous essays and scholarly works debating the issues of femininity and difference.

As far as official politics is concerned, 1974 saw the creation of the first government department devoted entirely to women's issues, the *Secrétariat à la condition féminine*, headed by the journalist Françoise Giroud. The department had no budget, so that its proposals, published as *Cent Mesures pour les femmes*, were frequently symbolic. They were often important for all that. For example, a woman's right not to call herself by her husband's name together with a husband's right to call himself by his wife's name are obvious symbols in any challenge to patriarchy [see Text 3.6]. The tradition of a government department devoted to women's affairs was continued with the election of a socialist government in 1981 when Yvette Roudy became *Ministre aux droits de la femme*. Several important measures were enacted under this administration, including the provision for abortion to be reimbursed under the social security system (i.e. making it free), together with legislation guaranteeing equal pay for work of equal value. There were also less successful campaigns which attempted to outlaw sexism in the media and to encourage the use of contraception. In addition, President Mitterrand has always been conscious of the importance of the women's vote to the electoral success of the Socialist Party and has promoted women outside the normal spheres of social policy and women's affairs. In the 1981 government Édith Cresson was appointed minister of agriculture – which did not go down well with the farming community who believed that the appointment of a woman demonstrated the Socialists' contempt for agriculture. More recently, Élisabeth Guigou has served as minister for European affairs, while Cresson herself was briefly, though unsuccessfully, prime minister.

Two decades of the women's movement, combined with two decades when official politics have devoted considerable attention to the promotion of women, have nevertheless yielded only mixed results. Newspapers and magazines frequently talk of 'post-feminism', as though women had achieved equality with men and that chapter of social history was closed. Equality, of course, is an ambiguous term and it is not recognized as an objective by many in the women's movement who stress the right to 'différence'. But even if one considers the purely material gains, the achievements have been patchy, often despite the existence of equal rights legislation.

Despite the fact that it was in 1972 that the principle of 'à travail égal, salaire égal' was embodied in legislation, women still earn considerably less than men and this is true at both ends of the salary spectrum. With equivalent qualifications a male manager is likely to earn up to 25 per cent more than a female manager, whilst an extraordinary 75 per cent of those who earn only the SMIC are women. Women are more highly represented than men in the part-time and temporary jobs that burgeoned in the 1980s and this is not necessarily by choice. In addition, despite the *loi Roudy* mentioned above, there is considerable evidence that two distinct labour markets have developed, each based on gender, and this in turn has had the effect of depressing women's wages and status [see Text 3.7].

Similarly, although much media space has been devoted to the 'new man', the sensitive, caring creature portrayed, with some irony, in Claire Clouzot's film, *L'Homme fragile* (1983), and although there have undoubtedly been some changes in attitude among the generations of men who grew up in the late 1960s and after, nevertheless most surveys show that men have far more time to devote to hobbies and leisure interests than do women, and that most working women – that is, over 80 per cent of the female population – perform 'la double journée' – taking responsibility for the house and children as well as for their jobs [see Text 3.8]. Élisabeth Badinter has suggested that differentiation on the basis of gender is disappearing, and this is certainly apparent in the domains of fashion and taste, but surveys do not, or not yet, show that such a change has significantly affected the domestic or professional lives of ordinary men and women in France.[12]

Immigrants

During the 1970s and 1980s immigration became a significant social, cultural and political issue in France. Expressions of racism and xenophobia became frequent, one political party, the Front national, based its electoral appeal almost exclusively on an anti-immigrant platform; another, the RPR, adopted a repressive stance towards immigration. Whereas the previous assumption had always been that immigrants would integrate into French society, now, even among those who were sympathetic to immigrants, concern was expressed at their apparent cultural differences and their ability or otherwise to fit into French society.

For more than a century and a half, France has attracted large numbers of immigrants. Historically, this was for both political and economic reasons. The religious tolerance introduced after the 1789 Revolution, which was particularly welcome to Jews and Protestants, undoubtedly helped to establish France as a country which traditionally offered asylum to victims of persecution elsewhere. From the economic point of view, France has needed to increase its labour force at various points in its history to make good the shortfall created by a comparatively low birthrate or the losses caused by war. The welcome extended to immigrants, together with the territorial acquisitions of the nineteenth and twentieth centuries – Alsace, Lorraine, Nice and its surrounding area, Algeria – have all contributed to the mixed origin of the French population. Indeed, it has been estimated that one French person in four has at least one grandparent born outside France. In this respect, therefore, France is comparable to the USA – and French commentators have not hesitated to refer to 'le creuset français' by analogy with the American example – but is very different in experiences and practice from other European countries, such as the UK, Ireland, Italy, Greece or Portugal, with their strong traditions of emigration [see Text 3.9].

Economic immigration has occurred in three main waves. The first, at the

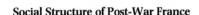
France Hers

end of the nineteenth century, coincided with the industrialization of France. Most of the immigrants were Belgian or Italian and they made up something over 3 per cent of the population. A second, much larger, wave occurred throughout the 1920s, reaching a peak in 1931. It was made necessary by the acute labour shortage created by the losses of the First World War and was encouraged and organized by both the state and the employers. Russians, Poles and North Africans joined the Belgians and Italians to form about 6 per cent of the population, whilst towards the end of the 1930s there was an increasing number of political refugees.

The situation in 1945 was similar to that in the 1920s. Reconstruction and economic growth meant that France, like other European countries, was short of labour and welcomed immigrants, and that the government adopted a policy of deliberately encouraging immigration. Initially, the post-war immigrants came mainly from Europe, especially from Italy and Portugal, but increasingly Africa replaced Europe as their major source and Algerians, especially, became much more numerous. By the end of the 1980s non-European immigration, including substantial numbers of refugees from South-East Asia and from sub-Saharan Africa, was much more significant than European immigration, even though the total number of immigrants of European origin remained larger than the total number of immigrants of African and Asian origin. Today there are thought to be something over four million immigrants in France, representing approximately 7 per cent of the population. However, the term 'immigrés', in its popular usage, covers groups of people who are very diverse both in their country of origin, as we have seen, but also in their socio-professional and civil status. In particular, it is often used to refer to the children of immigrants who are born in France, hold French nationality and have not migrated from any other country. Conversely, the term is frequently not used of citizens of other European countries who have settled in France to whom it should, strictly speaking, also refer.

Immigration became a significant socio-political issue in 1974. The reasons include the recession created by the oil crisis of 1973 which caused unemployment to rise sharply, changing patterns of urbanization created by the boom of the 1960s, and the information technology revolution which decreased the need for unskilled workers. But it was also the result of changes in the pattern of immigration. Between 1965 and 1973 there were far more immigrants of non-European than of European origin, and the sudden and obvious presence of large numbers of Africans and Asians in French cities provoked outbursts of racism. At the same time, it became clear that, whereas many of the immigrants of the 1950s and 1960s had behaved like 'guest-workers', staying in France only as long as it took to save enough money to establish themselves and their families comfortably 'at home', the immigrants of the 1970s and after came to France to settle, bringing their families with them, and having children in France. Thus, from the 1970s onwards, what continued to be referred to as the 'immigrant' problem in fact became a problem of integrating into French society disparate groups of people who had little or no intention of going anywhere else and who, though they might not technically hold French nationality, were at least in some sense French.

The Politics of Immigration

President Giscard d'Estaing took steps to reverse the traditional French welcome to immigrants with the introduction of immigration controls in 1974 and the provision of an *aide au retour* in 1977. These were short-term measures which succeeded in slowing down the arrival of immigrants (although the economic crisis and consequent lack of jobs might have stemmed the flow in any case), but not in encouraging many people to leave France. Indeed, by the time it was abolished in 1981, just short of 100,000 people had taken advantage of the *aide au retour* and it is not known how many of those would have left France in any case. In 1981 the newly elected socialist government took a different approach. It gave legal status to illegal immigrants who had employment, a measure which affected some 130,000 people, and at the same time abolished the *aide au retour*. But it also took a series of steps aimed at assisting immigrants to integrate into French society better than they had done previously. The period of political cohabitation brought still further changes in the shape of the 1986 *loi Pasqua* modifiying, in the restrictive sense, the conditions under which foreigners could enter and reside in France, and introducing visas for all non-EC citizens. This was to some extent a panic measure brought in under pressure from the Front national which, at the time, was demanding the forcible repatriation of immigrants, and it had the effect, in many instances, of simply driving immigration underground [see Text 3.10]. As a result of the moral panic created by the electoral successes of the Front national's anti-immigration platform, the Chirac government also presented a bill to Parliament in October 1986 proposing to reform the Code of Nationality. Among other things, the bill proposed the abolition of the right of all children of foreign parents born in France and having resided in France for five years to the attribution of French nationality, the so-called *jus soli*. Instead, the proposal was to require such people to request nationality, a request which could be refused if, for example, the applicant had served a prison sentence. The bill caused an outcry which led to its withdrawal and the establishment of a *Commission de la nationalité* under the chairmanship of Marceau Long, the recommendations of which, published in 1988, were intended to form the basis for future policy and legislation [see Text 3.11]. When the Socialists again returned to office in 1988, they did so on a platform promising measures to clamp down on illegal immigration as well as to encourage the better integration of existing immigrants, while the right-wing government elected in March 1993 returned to the restrictions on nationality first proposed in the mid-1980s. As can be seen, therefore, during the last twenty years when the question of immigration has been politically controversial, policy has oscillated between the social concerns of the Socialists and the need for the parties of the right to satisfy their electorate, whilst avoiding overt racism. It remains the case, however, that all parties are committed to a policy which places strict limits on the number of immigrants entering France.

This commitment has been further reinforced by recent events in Europe. The unification of Germany, the opening up of the Eastern bloc countries and the disintegration of the Soviet Union have all given western politicians cause to expect large waves of migration from the east to the west of Europe. Although Germany would be a first destination for most migrants, France, with its traditions of immigration, its relatively buoyant economy and its tradition of cultural and political links with the former Warsaw Pact countries is also likely to be a preferred destination. In addition, France, like Italy, fears mass immigration from North Africa where it is clear that job creation cannot keep pace with population growth, and where the pressure for young people to emigrate will grow. A further threat, as the French perceive it, is the rise of Islamic fundamentalism, particularly in Algeria where the electoral successes of the fundamentalists would seem to have borne out these concerns. A widely remarked expression of such fears came from the former President Giscard who, in a controversial interview in the *Figaro Magazine* in 1991, claimed to be voicing commonly held views when he said: 'Le type de problème auquel nous aurons à faire face se déplace de celui de *l'immigration* ("arrivée d'étrangers désireux de s'installer dans un pays") vers celui de *l'invasion* ("action d'entrer, de se répandre soudainement").'[13] Though the statement caused considerable protest, and though the positions expressed in it were apparently more extreme than those revealed by the accompanying poll, which certainly showed the French to be very concerned by immigration but also keen to treat legal immigrants no differently from French people, they nevertheless did indicate the degree to which immigration and the problems of immigrants have become politicized in recent years.

Immigrant Communities in French Society

There is, as we have seen, no single immigrant community in France, but a variety of communities of more or less recent origin more or less well integrated into French society. However, post-war immigration is an urban phenomenon. Most immigrants are to be found concentrated in three regions – the Ile-de-France, Rhône-Alpes and the Bouches-du-Rhône, around the major cities of Paris, Marseilles and Lyons – and in these areas, and especially round Marseilles, the concentration of immigrants is much higher than the 7 per cent to be found overall in France. Some of the immigrant communities have other characteristics which serve to differentiate them from the French population. They were in the recent past, and to some extent still are today, significantly younger and more male, because it was the young men who came to France to work for relatively short periods of time, leaving their families behind. More recently, since it has become much more common for families to accompany the male worker, there are, again, noticeable differences in family size between non-European immigrants and Europeans. Thus the structure of the age pyramid is different among immigrant groups and the birth rate higher. North African immigrants score noticeably worse than other immigrant groups and than French people across a range of socio-economic indicators: they do less well at school, they are less well trained, and they are more likely to be unemployed.[14] Such features, along with life-style differences, ignorance of the French language and maintenance of traditional customs, have certainly made some of the immigrant communities more visible and are probably behind the sporadic outbursts of racism to be found in French towns in such episodes as protests against the construction of mosques [see Text 3.12]. On the other hand, some immigrant groups have developed a distinctive culture which draws on both that of France and that of their own or their parents' country of origin, and in so doing have demonstrated a capacity for a degree of integration. This is the case with the 'beurs', as the children of North African immigrants are known.[15] Even so, the popular perception of immigrants, and more particularly North African immigrants, remains unfavourable, while opinion polls, such as the one reported in the *Figaro Magazine*, suggest that immigrants are seen as too numerous and as the source of many social problems. There has been considerable debate in France, and there remain considerable divergences of view, as to the relative merits of integration and what policies, if any, should be pursued to achieve what degree of assimilation of the immigrant communities. Despite the *Rapport Long* consensus has not been reached, and it seems certain, therefore, that immigrants will continue to provide a focus of social discontent for some time to come [see Text 3.13].

Young People and Old People

One novel demographic feature of post-war France is the significant increase in the proportion of both young people and old people within the population by comparison with the pre-war years and the nineteenth century. The rise in the number of young people was a phenomenon of the 1950s and 1960s – the post-war baby boom – and as a result of effective birth control it does not seem about to be repeated. By contrast, the increase in the numbers of people over 65 results from improvements in public health which have prolonged life expectancy, and it therefore seems certain to remain a characteristic of French social structure. The rise in the number of young people was welcomed when it occurred, whereas the increase in senior citizens or 'troisième âge', as they are sometimes known, gives cause for concern, but both groups have been singled out as significantly different from the remainder of the population both as regards their habits of consumption, and also in their beliefs and political behaviour. In this respect they may be compared to social categories defined by sex or race, as opposed to the more usual class or socio-professional categories which are based on income and occupation, even though the assumption that members of a 'generation' have more in common with each other than they do with people of the same race, sex or class is frequently, and successfully, challenged.[16]

France first became aware that young people formed an important, and to some degree distinct, social group in the late 1950s when journalists like Françoise Giroud began to publish articles on what they termed the *nouvelle vague* or youth culture [see Text 3.14]. In due course, distinctive leisure activities and patterns of consumption developed among teenagers and students in France, much as they did elsewhere, typified by the magazine and radio show *Salut les copains* and the rise of pop stars such as Johnny Halliday and Sylvie Vartan, as well as the immense popularity of British and American pop and rock musicians. The entertainment, clothing and transport industries all began to cater specifically for young people whose tastes appeared to be less influenced by those of their parents or their own upbringing and social class than by the generation they belonged to. French people who reached adolescence in the 1950s and 1960s also saw their sense of generational solidarity reinforced by external events such as the Algerian war and, later, the war in Vietnam, both of which occasioned massive protests and began the process of challenging paternalism which culminated in the events of May 1968.[17] This cultural revolution seemed to confirm both the existence and rights of young people as a generational group. In May 1968, the conventional wisdom of all the elders was challenged and, at the same time, young people claimed the right to decide their future for themselves. Their success was recognized, politically, by the lowering of the age of majority to 18 in 1974, while in the matter of inter-generational relations in particular, and social relations in general, all commentators concur that May 1968 changed everything, and that authority would never again be exercised in quite the paternalistic fashion that had been the norm before the events.

However, although May 1968 was a watershed in social relations, it also marked the beginning of the decline of the youth generation and of 'youth culture' as a phenomenon. The birth rate began to fall in the 1960s and unemployment began to rise. Often those who were hardest hit were young people who began to find it much more difficult to secure permanent employment commensurate with their qualifications. In the 1970s and 1980s, therefore, with the exception of the much sought after graduates of the *grandes écoles*, young people typically began to defer their departure from the family home and to experience longer periods of economic insecurity before

settling into permanent employment. The notion of the 'conflict of generations' disappears from sight at this point, a process which is reinforced, in the
eyes of some observers, by a greater degree of uncertainty within families as
to what constitutes a 'generation', as a result of the creation of new family
groups through divorce and remarriage [see Texts 3.15 and 3.16].

Though the constitution of a large generation of retired people has been
less immediately visible than that of young people it is no less significant. Life
expectancy has increased markedly since the Second World War so that
French women, for example, can now expect to live well into their eighties.
Indeed, the *troisième âge* has been joined by the so-called 'quatrième âge' or
sigificant numbers of old people over the age of 85.

The 1981 socialist government lowered the statutory retirement age for
men and harmonized it with that of women at 60, partly as a progressive
social measure, partly as a way of creating jobs at a time of unemployment.
In fact, however, many people do not retire at 60; instead, retirement can
take place at any time between the ages of 55 and 70, depending
on the nature of employment, with men in manual jobs often being encouraged to take early retirement. The effect, however, has been further to
increase the numbers of retired people in the population. Thanks to the
generalization of pensions, old age has ceased to be a primary cause of
poverty and although many old people are poor many more of the elderly
actually find they have more disposable income than when they were in
employment because their family responsibilities have diminished. The result
of this new social phenomenon is that those who are over 65, who
today make up some 20 per cent of the population, together with those
who have taken early retirement, now form a significant consumer group
with the leisure, and often the income, to pursue a range of new activities
from sport to tourism.

Population, Family and Social Policy

With almost 56 million inhabitants France, along with the UK, Italy and Germany, is among the most populous countries of the European Community. The most recent census showed a slight increase in population thanks to a greater number of births than deaths. Both France and the UK have populations that are rising slightly and before the unification of Germany EUROSTAT (the European statistical organization) extrapolated these trends to predict that, by the year 2010, France and the UK would have larger populations than West Germany or Italy. Unification has, of course, meant that Germany will be the most populous European country at the beginning of the next century [see Text 3. 17].

It is not only in absolute numbers but in structure of population that France today closely resembles its major European partners. Life expectancy has increased, standing at present at over eighty years for women and just over 72 years for men. Infant mortality has declined but so has the number of live births. This means that the age pyramid reveals fewer people under fifteen years of age than there are between the ages of fifteen and forty, together with larger numbers of people, but especially women, over the age of 65 than there were thirty, forty or fifty years ago (see Figure 3.1). Such trends are to be found throughout western Europe. France is also closely comparable to her European neighbours with respect to demographic indicators such as rate of marriage, rate of divorce, infant mortality and so on. There are variations however: infant mortality is the lowest in Europe, the divorce rate is relatively lower than that of, for example, the UK, but so is the rate of marriage. It is only since the 1940s that France has conformed to European demographic trends. In 1942, the birthrate began to rise, as it did in neighbouring countries, creating the so-called 'baby boom'. The population grew as women had more children and infant mortality declined dramatically. After 1964, on the other hand, the birthrate began to decline slowly and dropped more sharply after 1975. In other words, the women born after the war chose to have fewer children themselves or, in some cases, to delay childbearing until they reached their thirties but, in the first instance at least, the impact of this trend was mitigated by the fact that the baby boom had created a greater number of women of childbearing age.

The number of children born to each woman is, of course, not the only feature of family structure which has changed. The rural exodus in the late

Figure 3.1   La Pyramide des âges: répartition par âge de la population au 1er janvier 1989 et au 1er janvier 2020

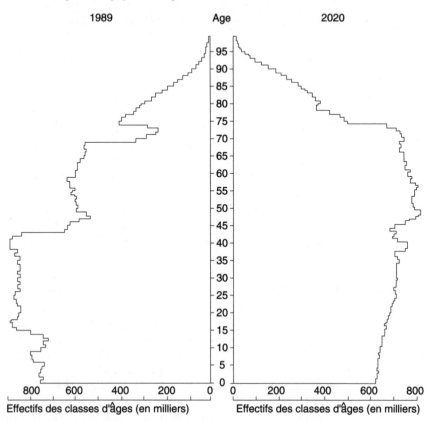

Source: INSEE, *Données sociales*, 1990, p. 20.

1940s and 1950s broke up the traditional, extended family in which several generations lived and worked together or in close proximity. Today, many French children, like their counterparts elsewhere in Europe, see their grandparents only during the holidays, if at all. The number of single-parent families has also increased massively. But these families are of two kinds: those in which the children are genuinely brought up by one or the other of their parents, generally, but not always as the result of divorce, and those born to parents who are not married but who nevertheless live together as a stable, marital couple. The latter phenomenon is relatively new, becoming statistically significant towards the end of the 1970s, and is the subject of considerable sociological and media interest. More recently, different forms of extended family seem to be in the process of creation. The age at which young people marry has risen and many adult children continue to live with their parents, sometimes introducing a cohabitee into the parental home for some or all of the time. Another new form of extended family is the so-called 'famille recomposée' formed by a marriage between individuals who already have children by a previous marriage or marriages, and who may themselves have a further child or children [see Text 3.18].

Family policy has been marked by a combination of pragmatism and the belief that social policy can influence behaviour, at least at the margins, and in some cases this has led to public support for policies which contradict common practices. The family allowances – 'allocations familiales' – created in 1939 were continued after the war. Though often described, at least by British commentators, as generous, they are in fact graduated to encourage women to have more than one child, and preferably more than two. Thus allowances are negligeable for the first child, significant for the second, and generous for third and subsequent children. In addition, a family with three or more children is classified as a 'famille nombreuse' and can benefit from other advantages such as cheaper transport. Perhaps as important as the family allowance, however, was the creation of a fiscal advantage to childbearing with the introduction of the 'quotient familial' which allows a proportion of income to be exempt from direct taxation for each child and dependent. This is one reason why large numbers of French people pay little or no income tax. Other benefits to assist parents with children include the 'allocation monoparentale' and the 'allocation salaire unique'. The former is designed to help those who are single parents and, on the principle that the benefits system should be morally neutral, the allowance is paid to all single parents whether or not they have ever married, whether they are divorced, and whether or not they cohabit. For this reason it has been criticized as discouraging marriage. Similarly, an 'allocation salaire unique' compensates couples in which one partner ceases work to bring up the children.

In general, therefore, fiscal and social policy is designed to assist those with children, irrespective of their marital status, and to encourage women to have several children. Indeed, the measures just described are complemented by a range of benefits relating to maternity care, maternity leave and maternity rights which are not only generous by European standards but have clearly been influential in reducing infant mortality to historically low levels. Nevertheless, none of these measures has been successful in influencing the birthrate. This means that, unless the behaviour of couples changes or unless immigration policy is relaxed, the population of France will increase only slightly, and this will primarily be thanks to better health care.

Marriage and Divorce

One of the most interesting features of contemporary social behaviour in France is the decline in the popularity of marriage. Once again, this is a western phenomenon which, though it is ill-understood, is convincingly linked to affluence by Evelyne Sullerot. Pointing to the example of Sweden, where nearly half the population is unmarried, she reminds us that in most western European countries 'l'échange intime de services qui liait le couple des années 40 et 50',[18] (by which she means food, shelter and clothing as well as sex) is no longer necessary. Sullerot suggests that greater affluence, as well as greater social, sexual and economic freedom for women, have led to a decline in the popularity of marriage.

It is certainly true that in the past those members of the community who did not marry were pitied if not stigmatized, and this was particularly true of women who did not marry, for whom the lack of a spouse also meant that they lacked a social and economic role. For even when women worked, as they frequently did on farms or in small shops, this did not give them the independence they would have needed to have survived without a husband, since their involvement was part of a family enterprise, they were not salaried and their departure from the business would have been inconceivable. However, since the war, failure to marry for lack of an appropriate spouse has been common only among men in poor rural communities, especially in the south west. Elsewhere it does not mean enforced solitude or social inferiority. The present-day decline in the popularity of marriage is matched by an estimated two million couples who live together without marrying, but theirs is a positive refusal of wedlock rather than a failure to find a suitable partner. There is also a close relation between education and marriage chances. The more highly educated a woman is, the less likely she is to marry, while the reverse is true for a man, so that the influx of women into higher education may have had some impact on the rate of marriage.

It is sometimes suggested that easier divorce is to blame for the failure of marriages, but this is not borne out by the statistics which show that within the EC France has neither the high divorce rate of Denmark and the UK, nor the low divorce rate of Italy and Greece. After an initial jump in the divorce rate when no-fault divorce and divorce by mutual consent were introduced in 1975, the rate appears to have stabilized, having in any case risen throughout the 1970s, even before the new legislation. Divorce is much commoner during the early years of marriage and becomes infrequent after a marriage has lasted more than six years. There are also interesting regional and social differences in divorce rates. Divorce is more common among the middle classes – *salariés* and *cadres moyens* – than in the upper and lower income groups, and this fact underscores the intimate and persisting relationship between marriage, property and economic survival. In a lower income family both spouses need each other to survive, while in a high income family both spouses would have too much to lose from separation. Higher divorce rates are also to be found in the city than in the country, with a particularly high incidence in Paris, and there are lower rates of divorce in those parts of the country, such as the west, where the Catholic church has traditionally been strong.

Do the decline in marriage and the rise in divorce point to new living patterns? The answer must be yes. First, it is clear that many couples choose to live together without marrying. Whereas previously such couples would probably have married if they decided to have children, today sociologists conclude from an examination of registrations of births in which both parents recognize the child as their own that many couples are also choosing to have children out of wedlock. There are also far greater numbers of people living alone, either by choice or from necessity, than there were forty years ago. This includes all the elderly, widowed people, usually women, but it is also a characteristically urban phenomenon. For example, the 1982 census revealed, to general astonishment, that in Paris nearly one household in two consists of a single individual.

The Politics of Sexuality

At the end of the eighteenth century France was the most populous country in western Europe and, partly because of this, the most powerful. However, during the nineteenth century the size of the French population declined in relation to that of Germany and Britain which expanded under the combined effects of empire and the industrial revolution, and, as if to confirm the political importance of demography, France was invaded three times by Germany in the space of a century (1871, 1914–18, 1940). The belief in the intimate relationship between demography and power has not only given rise to a fascinating academic literature, but has coloured the terms in which social policies on sexuality and the family are discussed and enacted. For, in the words of Hervé Le Bras, in France demography is 'une science politique'.[19]

Contraception and abortion were legalized in France in 1967 and 1975 respectively, after lengthy campaigns in both cases. The widespread use of forms of contraception is attested in France as early as the beginning of the eighteenth century, and comparatively slow population growth in the nineteenth century suggests that it was often effective. Strong fears of depopulation after the First World War led, in 1920, to both contraception and information about contraception being made illegal, and this legislation remained in force until the 1960s. Concern with population growth did not abate after the Second World War, despite the 'baby boom'. The period saw the establishment of the *Institut national des études démographiques* (INED) whose twin function is to study historical demography with a view to interpreting present behaviour in the light of the past, and to make recommendations on present conditions and policy, in particular an annual report to Parliament on the state of the French population. There has thus been acute public interest in demographic questions and population structure, which can on occasions strike the outsider as comic. The Gaullist politician Alain Peyrefitte, for example, described the comparative study of the British and French populations as 'le match France-Angleterre'. However with unification Germany has, once again, replaced Britain as the demographic spectre which, at least from the French point of view, is haunting Europe. It is therefore hardly surprising that, since the Liberation, it has been politically axiomatic to encourage population growth and an increase in the proportion of young people in the population. De Gaulle looked forward to a time when the population of France would virtually double to 100 million and, in a famous phrase, called for the birth of 'douze millions de beaux bébés'. But he was not alone. In general in France, the encouragement of a high birth rate is interpreted as support for national unity and the future of France, to such an extent that, as Le Bras again put it, 'la dénatalité effraye sans doute plus les Français que la menace atomique'.[20]

The campaign to legalize contraception and abortion therefore had a hard time in the 1960s when the development and popularization of the contraceptive pill gave added weight to demands for repeal. During the 1960s, close analysis of demographic data revealed that a large number of brides were pregnant on marriage, while surveys showed that third and subsequent children were often unplanned or unwanted. Thus the case for legalizing contraception was made on the basis of family planning, which would allow couples to choose when to have their children and how many to have. It was not made on the basis of any principle of sexual freedom, and it was not until the mid-1970s that contraception became widely used among young people (see Table 3.1).

The legalization of abortion was rather different. The campaign was conducted under the slogan 'un enfant si je veux, quand je veux'. By this time the social upheaval of May 1968 had taken place and the women's movement had got under way, so that the pro-abortionists felt much more strongly that the new legislation should embody a woman's right to do what she wished with her own body. The case for legal abortion rested on two premises. The first was that illegal abortions, of which it was estimated there were a large number, were dangerous and sometimes fatal; the second was that there was a social difference in existing access to safe abortion since middle-class women, who were likely to be better informed as well as better off, tended to travel to Britain or Switzerland to secure legal abortions in safe conditions, while poorer women had to rely on back-street abortionists. A further element was that the law was often not enforced. This became particularly apparent after the *Manifeste des 343* – 343 well-known women who owned up to having had abortions – was published in *Le Nouvel Observateur* in 1971 but was not followed by prosecution. But it was the *Procès de Bobigny* which brought matters to a head. This was the much publicized trial of the mother of an under-age girl who procured an illegal abortion for her daughter who had been raped [see Text 3.19]. The trial became a *cause célèbre*. The defence lawyer, Gisèle Halimi, was well known for her defence of human rights and a version of the trial was made into a campaigning film, *Histoires d'A*. However, although abortion was decriminalized in 1975, it was not until the socialist government was elected in 1981, and even then only after

Table 3.1. Ce qui a changé la vie: contraception (59 %), accès aux responsabilités (43 %)

Au cours des vingt dernières années, qu'est-ce qui a le plus contribué, selon vous, à changer la vie des femmes?

	Ensemble des femmes	Génération			
		15–24 ans	25–34 ans	35–54 ans	55 ans et plus
La contraception (la pilule)	59	50	59	65	59
L'accès des femmes aux responsabilités	43	38	45	44	44
Les progrès dans les équipements ménagers	39	21	31	40	53
La possibilité d'accéder à des nouveaux métiers réservés aux hommes	37	53	37	33	31
La légalisation de l'avortement	31	28	34	36	26
Le développement de l'union libre	21	24	23	22	16
Les changements de mentalité des hommes	17	21	20	15	15
La simplification du divorce	13	13	10	13	14
Les mouvements féministes (MLF, etc.)	9	11	8	11	8
Les nouvelles techniques de procréation	7	6	7	6	7
Sans opinion	2	0	2	0	5

Le total des pourcentages est supérieur à 100, les personnes interrogées ayant pu donner plusieurs réponses.

Source: *Le Nouvel Observateur*, 6–12 December 1990, p. 24.

a fiercely fought campaign, that the operation was recognized for reimbursement under the social security system. In other words, free abortion did not become available until the mid-1980s.

Legislation on sexual matters, as on matters concerning the family, has been brought into line with advances in medicine and with common practice. It has also been influenced by the critique of power, specifically regulatory medical power, undertaken by Michel Foucault and his disciples. The pro-abortion campaign, in particular, brought together demographic pragmatists, those campaigning for greater social justice, and those who believed in the freedom of the individual and refused the right of the state to regulate in this private domain. At the same time as such campaigns were being organized by women to defend and promote what were essentially seen as women's rights, campaigns were launched to secure equal legislative treatment for homosexuals, with the creation of groups such as the *Front homosexuel d'action révolutionnaire* (FHAR). Homosexual acts between consenting adult males were re-legalized after the Second World War, following a tradition which dates back to the Revolution. Now, however, the FHAR concentrated on matters such as attempting to secure the harmonization of the age of consent for homosexual and heterosexual acts. France has a reputation for sexual tolerance, which is founded in part on its toleration of prostitution and homosexuality, yet, as we have seen, it is only in the last twenty years that this has been extended to matters affecting the family and children. And even its traditional tolerance has been brought into sharp focus by the AIDS epidemic. The country has the largest number of AIDS cases in Europe. Hitherto these have been mainly confined to the male homosexual population, particularly those between the ages of twenty and forty-five who are middle-class and who live in Paris. A significant number of haemophiliacs have also been infected with HIV as a result of receiving contaminated blood, and, as elsewhere, HIV is increasingly spreading to the heterosexual population. The relatively large number of cases may reflect more efficient notification, especially in the early years of the epidemic, a larger or more sexually active population of homosexual males, or better facilities for treatment. But it may also reflect a reluctance to pursue active public health campaigns affecting sexual behaviour which is often held to be a matter of individual rather than public concern. Certainly, in the absence of a vaccination against HIV or a cure for AIDS, there has been considerable resistance to proposals for mass testing, together with a reinforcement of measures to ensure that those infected with HIV do not encounter discrimination.

The French Welfare State

Like most other western European countries, France instituted a social security system immediately after the Second World War which was gradually extended to cover the whole population and, in addition to the family and maternity allowances mentioned above, provides benefits during old age, sickness and unemployment [see Text 3.20]. Just as the maternity allowances have been particularly successful in reducing infant mortality, so old age benefits have all but eliminated extreme poverty among old people. The *vignette automobile* (road fund licence) was created in 1956 to finance assistance to the elderly and today the *minimum vieillesse* is a benefit available to all old people who need it, while contributions both to the state pension scheme, *retraite d'état*, and to an occupational pension scheme, *retraite complémentaire*, are obligatory. The social welfare system costs nearly 20 per cent of GDP, but the proportion spent on each of the sets of benefits has varied. In 1988 old age benefits accounted for nearly 50 per cent of social security spending, followed by health (28 per cent), family and maternity allowances, which accounted for 13 per cent, and unemployment, over 7 per cent. This distribution reflects the current rise both in the numbers of old people and in the numbers of unemployed. By contrast, health spending, which rose very sharply during the 1970s and early 1980s, giving considerable cause for concern, has stabilized since the mid-1980s and is no longer rising faster than GDP. Nevertheless, the growth in spending on health has been massive in the post-war period, reflecting both increased affluence and some of its less desirable effects. Thus in the decade between 1963 and 1973 health spending *per capita* rose by 7.3 per cent, between 1973 and 1979 by 6.9 per cent, and between 1979 and 1985 by 4.9 per cent. Similarly, in the decade between 1970 and 1980 the number of doctors rose from 65,000 to 104,000 and the number of hospital beds from 500,000 to 600,000. By 1988 there were some 138,000 doctors practising in France, or one doctor for every 430 people.

The nature of health spending has changed too. To the French family, spending on health represented nearly 9 per cent of their budget by the mid-1980s (compared with 14 per cent in Germany and only 1.3 per cent in the UK). Most of this was accounted for within statutory social security contributions but also, and increasingly, by complementary health insurance and by personal expenditure not covered by insurance. This reflects both the increasing importance attached to good health, the greater variety of treatments available, and the desire of the state, from the middle of the 1980s onwards, to control spending on health. Health care in France is not free at the point of delivery except in the public hospitals and clinics. Instead, it is paid for by the patients who are then reimbursed by their local social security office up to 75 per cent of an agreed cost, except for certain chronic conditions and mortal illness which are 100 per cent reimbursed. Private health insurance schemes, which are optional and which are often occupation-related mutualist associations, reimburse the difference in cost thereafter, also up to a fixed ceiling, and any further expenditure is borne by the patient. The number of individuals covered by private, complementary insurance rose from 30 per cent in the 1960s to 70 per cent in the 1980s, and although it then increased much more slowly, the rise does suggest a widespread willingness to spend money on health care.

Does this mean that the population is healthier? Two classic measures of public health, infant mortality and life expectancy, have shown dramatic improvements since 1945, as we have seen. On the other hand, new public health problems, such as those created by HIV and AIDS, pose still unquantifiable risks. There still remain, however, inequalities in health which tend to reflect inequalities in occupation and income. The class inequalities in infant mortality have virtually disappeared thanks to an active public health policy. In 1954 a manual worker's child was three times more likely to die before reaching twelve months of age than was the child of a member of the professions, but by 1976 this difference had virtually disappeared. By the same token, regional differences and variations between the city and the country have also been almost completely wiped out thanks to the improvement of living standards in the country areas as well as the decline of dietary and other habits (such as alcohol consumption) which increased infant mortality. Today, the north and Brittany still have slightly higher infant mortality rates than the remainder of the country, but the gap has narrowed considerably. By contrast, inequalities in life expectancy still remain high, as do variable susceptibilities to accidents at work and a variety of occupation-linked illnesses. Thus, while alcohol-related deaths are declining, road accidents (many of which are in fact alcohol-related) have become a major cause of mortality. Women continue to live longer than men and the gap has widened, so that the longevity of French women is one of the highest in Europe. Similarly, occupation still plays a significant part in life expectancy. In the period 1975–80, for example, a teacher could expect to live nine years longer than a manual worker and there is evidence that the gap is widening rather than narrowing, even if the differences are linked more to life-style factors such as diet and alcohol consumption than to the different nature of the work.

The Poor

The economic austerity programmes introduced from 1978 onwards not only marked a certain withdrawal from spending on welfare provision on the part of the state, but also the abandonment of any attempt to eliminate poverty. This statement must immediately be qualified by the reminder that there is little agreement in France, as elsewhere, on the definition of poverty except that in industrialized countries it has a very different meaning, and corresponds to a very different experience, from poverty in underdeveloped countries. In the mid-1970s, estimates of the numbers of people living in poverty in France ranged from five million to fifteen million, depending on the measure adopted.[21] However, there seems little dispute that poverty began to rise after 1979 as a result of the relative decline in the value of welfare benefits and the rise in unemployment. In addition to rising, poverty began to affect different groups from the traditional clients of the social services. These 'nouveaux pauvres', as they are called, are comprised essentially of the long-term unemployed 'en fin de droits', that is, who have exhausted their entitlement to unemployment benefits, and they may be either young single people, with no family, and therefore with no claim to the social and welfare protection offered by family benefits, or middle-aged people, especially men, with financial commitments entered into in more prosperous times, with no previous experience of poverty or of the claimant culture, who find it difficult to come to terms with their situation.

According to a survey carried out by CREDOC in 1985, the *nouveaux pauvres*, especially the young, had become the principal clients of the social services and charity agencies. They were also more visible than the traditional poor had been on the streets of the cities and the phenomenon captured the public imagination, with articles devoted to the 'quart monde' and with the launch of a soup kitchen movement known as the 'restaurants du coeur'. Virtually the only positive measure in the Socialists' electoral campaign of 1988, and one which commanded general consensus, was the promise to create the *Revenu minimum d'insertion*, a benefit designed to assist precisely those for whom no other benefit was available. By the middle of 1989 the RMI, which had been introduced in December 1988, had been paid to over a quarter of a million claimants, a figure which suggests that it was meeting a very real need, with most of the beneficiaries receiving about 2000 francs per month, and with a close correlation between the regional distribution of payments of the RMI and the areas where unemployment was the highest (the north and the extreme south-east). As has already been suggested, France differs from many other European countries in having tackled the problem of poverty among old people by the introduction of a *minimum vieillesse*. Studies of the operation of the RMI since 1988 confirm this by revealing relatively few old people among its beneficiaries. Instead they point to a claimant population composed of single adults who do not fit in with any of the other categories eligible for benefits, together with those who often have a history of mental illness or of homelessness.

Work and Leisure

Urbanization and economic change have brought new patterns of work, leisure and consumption. Working conditions have progressively improved throughout this century thanks to legislation limiting hours of work and to the provision of statutory paid holidays. Thus the eight-hour day was introduced in 1918, the forty-hour week in 1936, and the thirty-nine-hour week in 1982. Similarly, statutory holiday entitlement has gradually risen and in 1982 stood at five weeks in addition to public holidays. Conditions have been further improved both by the national minimum wage and by 'mensualisation', the process by which workers are paid monthly and also make national insurance contributions which bring them in under the net of social protection and give them the right to sickness and unemployment benefits as well as to a pension. Even though the 1982 *lois Auroux* (discussed in Part I) were seen as efforts to stimulate employment as well as attempts to improve the lot of the workers, they nevertheless did bring about improvements in working conditions.

Government Policy and the Labour Market

The economic crises of the 1970s brought about a profound restructuring of the work-force. The collapse of the Lorraine steel industry in the early 1970s devastated the whole region and it also marked the start of two decades of decline in heavy industry, culminating in the symbolic closure in 1992 of the Renault car factory at Boulogne-Billancourt. The perception of work and working conditions modified accordingly. In the 1950s and 1960s trade union demands centred round pay increases, union recognition and safety, all features of the 1968 *Accords de Grenelle*. From the 1970s onwards these were partially replaced by the 'thèmes qualitatifs' concerning such things as the organization of work, employee participation, self-management and so on. Although Robert Linhart's account of life in a car factory in the 1970s does not greatly differ from classic descriptions of working conditions such as those of Simone Weil in the 1930s, new concerns also preoccupied trade unionists [see Text 3.21]. Economic and technological change brought its own disadvantages in the loss of both autonomy and human contact. Whereas previously men may have worked hard at physically demanding and danger- ous jobs, at least, so the argument ran, they could communicate with one another on the job and draw strength from solidarity. But the new technologies, especially information technologies, dehumanized the working environment and created problems of isolation. Thus the criticism of the *cadences infernales* of the production lines in the factories, so graphically described by Linhart and other authors, was superseded by attacks on new technologies, which were often viewed with great suspicion.

Gradually, however, such criticisms were themselves made obsolete by new divisions which appeared among the working population. As unemployment rose, the great social distinction came to be between those who had a permanent, full-time job and those who did not, between the official and the unofficial economy. Those in full-time employment benefited from health insurance, paid holidays, security and a high standard of living, whilst those not in full-time paid employment became increasingly marginal. Many of the latter were young people newly arrived on the labour market [see Text 3.22]. For these the government enacted a series of measures, such as the creation of work experience schemes, the *travaux d'utilité collective* in 1984, and from 1988 onwards introduced fiscal measures to encourage companies to recruit young people. Nevertheless, the social effects of the shake-out in the labour market were devastating, and it is no accident, as we have seen, that many of those claiming the RMI were young, single people.

By the end of the 1980s, therefore, the structure of the labour market was very different from that of the 1950s and, as a consequence, attitudes towards work had changed dramatically. First, there was a clear difference between those employed in the private sector who over the 1980s had seen their incomes rise during the boom, and those employed in the public sector whose incomes had remained depressed thanks to the tight control of public spending pursued by the Socialists after 1983, a policy which was supported by the trade unions and which encountered only sporadic and piecemeal opposition from workers such as the railway employees in 1988. Second, despite legislation guaranteeing equal pay for work of equal value, the labour market has, increasingly, become structured on gender lines. Not only do women with similar qualifications systematically earn less than men, but some jobs are performed principally or almost exclusively by women, especially certain public sector jobs such as teaching and nursing. This has also had the effect of depressing public sector pay. Third, there has been a shift in the market value of qualifications documented by statisticians who note a *déclassement* comparable to that of the 1960s: 'Une coupure nouvelle semble s'installer entre les très hauts diplômes et les autres diplômes de l'enseignement supérieur, en particulier ceux que délivrent les universités'.[22] In other words, although the working population may be better qualified, this does not necessarily correspond to an improvement in socio-occupational status.

Consumption and Leisure

Alongside changed attitudes to work have come changed patterns of consumption and leisure. Many of these are, of course, the result of generally rising living standards, for in the post-war period, unlike the 1920s, all social categories shared in the general rise in prosperity. In France, as in other western countries, many consumer durables such as cars, which were luxury items owned by the privileged few before the war, became generalized to the mass of the population. Television sets and, more recently, freezers, dishwashers and video-recorders, are all items which began as expensive luxuries and are now widely owned.

From this point on sociologists have tended to focus attention not so much on what people buy, since most consumer goods are now widely considered essential, but on different patterns of spending. Considerable differences have emerged over the past forty years. Most striking is the fall in the percentage of income spent on food and on clothes. Conversely, the amount spent on transport (which includes car purchase), on housing and on health have all risen significantly. Obviously this does not mean that French people are eating less well or are less well dressed, although it may mean that they travel more and, possibly, that they are less healthy or better covered by health insurance. What it certainly indicates, however, is that they have surplus income to devote to new kinds of spending.

However, such statements are not very informative about the way people live or the different life-styles adopted. Initially economists believed that greater affluence would 'trickle down' through all social classes, leading to greater convergence of behaviour and life-styles, an idea which would seem to be supported by the gradual closing of the gap between income differentials in the 1960s and 1970s. Indeed, one of the criticisms levelled at the consumer society was that it encouraged a stultifying conformity, often to a way of life that was not 'French' but 'American'. This is far from being borne out in practice. A considerable body of work has been undertaken in the sociology of taste, the findings of which suggest that one of the effects of the consumer society, with its large array of choices, is that individuals spend their money very differently, and that what determines their choices is a number of variables among which class is a very important factor but by no means the only one [see Text 3.23].

As we have seen, the traditional socio-economic categories are crossed by other forms of stratification such as age and gender, so that groups like old people, young people and women have consumption habits which have become significantly different over the last ten or twenty years. Although many old people today are quite affluent, they tend not to be owner occupiers, not to own cars, to spend less than other categories on clothes but more on their domestic interior. The entry of women into the work-force has led to a marked increase on spending on restaurant meals in families where women work, while women now spend an astonishing 30 per cent more on clothes than men in a context where overall spending on clothes has declined as a proportion of income [see Text 3.24]. Young people are also a distinct consumer category. Young males, for example, spend up to 37 per cent of their income on transport – essentially car purchase – and as they are for the most part single, a great deal on eating out but relatively little on housing. Similarly, children have been identified both as significant consumers in their own right and as major influences on household spending decisions. Thus in 1988 one study calculated the annual amount of pocket money spent was thirty billion francs and that spending on children represented 15 per cent of total household spending. Furthermore, by the age of nine children are said to have a decisive influence on the choice of car, house, television and so on.[23] Other noticeable differences in consumption and life-style are regional. In Paris, for example, fewer people – especially single people – own cars, while a greater number live in flats than in houses and so do not purchase a range of household and gardening equipment. Conversely, Parisians are likely to eat out more – 23 per cent of all their spending on food at the last count.

Food, indeed, is a very good illustration of the differential analyses of consumption as well as being an area where France still remains somewhat different from other developed countries. Despite the generalization of the *journée continue*, that is continuous working through the day, the French still spend more time on meals than other nations.[24] However, they by no means all eat the same thing. France may have a cheese for every day of the year but the likelihood that an individual will eat one kind of cheese rather than another depends on social background as well as age and where he or she lives. In addition, dietary habits are still much influenced by the regional availability of foodstuffs. More oil is consumed in the south, more butter in the North, more fish in Brittany, more poultry in the south west, reflecting a combination of availability and tradition. But the major opposition would appear to be between the *produits traditionnels* and the *produits modernes* and this has a great deal to do with historical patterns of availability and distribution. Thus not only do rural families produce for themselves up to 30 per cent of the foodstuffs they consume, but they also consume greater quantities of foodstuffs that can easily be stored – preserves, ham, bread and pasta. Conversely, city dwellers, particularly the new middle classes, have greater access to fresh fruit and vegetables, especially out of season, and to convenience foods, and they are more likely to be influenced by health considerations. They consume, for example, large quantities of mineral water. This does not reflect necessity – many families have freezers – but preferences built up over the years. Similarly, some social categories are more susceptible to pretension and/or to inverted snobbery than others. Many writers condemn fast food, more for its supposed American origins than because it is deleterious to health, while purists, like the hero of

Tavernier's film, *L'Horloger de Saint-Paul* (or indeed the restaurant critic of *Le Monde*) dine at traditional restaurants with names like *Le Chauvin* and condemn the popularization of inauthentic regional recipes 'aux herbes de Provence' [see Text 3.25].

Perhaps the greatest change in the way people live is in the expansion of leisure and the growth of the leisure industries, especially the domestic leisure industries. French people in the late twentieth century have, at least in theory, more free time than their compatriots had at the beginning of the century. This is partly due to the enactment of legislation limiting hours of work and providing statutory paid holidays referred to above. In 1967 the average week worked was 45 hours but this dropped after 1982 to 39.5 hours. However, both figures cover wide differences in practice. Some people, like farmers and senior managers, work long hours because of the nature of their jobs; others, like those in industries in crisis, work short time because they are obliged to do so or, perhaps, take early retirement. Many differences relate to class or income. As recalled in the May 1968 slogan 'métro, boulot, dodo', the poorer inhabitants of the outer suburbs spend more time travelling to work than their more affluent colleagues who can afford to live in the city centre. They are also more likely to work shifts and unsocial hours. Other differences relate to gender, since most surveys reveal, as we have seen, that women report considerably less free time than men. Even so, increased life expectancy, the length of time people now spend in full-time education, together with the possibility of retirement at the age of 60 or earlier in some cases, have all meant that the average working life has become shorter and people have more free time, especially in retirement, than ever before.

What do people do with their free time? If they can afford to do so they take holidays. Theoretically, every worker benefits from a paid holiday and has done since 1936 when the first legislation creating two weeks' statutory paid holidays was translated as 'Front Populaire, la France part en vacances!' Today, with the introduction of 'la cinquième semaine' in 1982, paid holiday entitlement stands at one of the highest levels in Europe. Yet, although the number of holiday-makers has risen, by no means everyone goes away. In 1964 less than half the population – 43.6 per cent – managed a break away, and by 1990 this had risen to nearly two-thirds – 59 per cent. Of those who do take a holiday 12.6 per cent went abroad in 1990 [see Text 3.26]. There has also been a growth in so-called *vacances à thème*, or activity holidays, while the introduction of *la cinquième semaine* has led to a growth in second, winter holidays. Many of these breaks involve winter sports, and have given rise to a great expansion of resort provision and complex timetabling of school mid-term breaks to enable hoteliers and tour operators to maximize utilization of their plant. People in general move around much more than in the past, assisted in this by the growth of car ownership since the war. Going away for the weekend has become a favourite leisure pursuit, but so has visiting monuments and sites of historical interest or natural beauty.

Two further forms of leisure activity are of some note, the first for its continuing social stratification, the second for its 'democratization'. Most observers have recorded an upsurge of interest in sport in the last twenty or thirty years on the part of both practitioners and spectators, and those who do practise a sport are doing so more regularly. However, sporting interests are highly socially stratified. Although in 1986 one French person in three claimed to be involved in some sporting activity, sports still remain the province of the young male. Women, in general, are far less involved in sports than are men, although their participation is increasing, especially through activities such as dance, gymnastics and swimming, but for both men and women participation in a sport is closely related to the level of education, so that over 60 per cent of university graduates participate in some sport but only 18 per cent of those who have no academic qualifications at all. In the same way, the sports which have gained in popularity over recent years are those which appeal to the middle classes – tennis, swimming, gymnastics, skiing, not to mention squash and golf – although football and cycling still retain their general appeal.

By contrast, the expansion of the domestic leisure industries has affected virtually all French households. As one writer put it, 'la maison est devenue la première salle de spectacle', absorbing 70 per cent of all spending on culture.[25] By the end of the 1970s virtually every French household (94 per cent) had at least one television set and spent on average two hours ten minutes a day watching it, although naturally the number of hours actually spent in front of the television varied from social group to social group. Many households now also own video-recorders which they use both to record off air and to watch hired tapes, and the same is true of music centres or other means of listening to and recording music. Spending on books and newspapers has increased, as has the frequentation of museums. As a result, it is no longer possible to speak of the cultural divisions along class lines which certainly existed in the 1950s. The mass media and the domestic leisure industries have created both a degree of homogenization and different forms of stratification which have more to do with age than class, even though the category *cadres supérieurs et professions libérales* is noteworthy for the amount it spends on culture and the fact that it watches very little television.

However, the state supports culture and leisure activities in inverse proportion to their popularity, giving most money to opera which is seen by very few people and no money to television which virtually everyone watches. Indeed, although 'culture' has traditionally been an important plank of government policy, intimately associated in the minds of legislators with both education and the quality of life as well as the position of France in the world, and although in 1981 the culture budget was virtually doubled, the traditional forms of spending have scarcely altered over the years. Some attempt was made between 1981 and 1986 to 'decentralize' cultural spending both by supporting and creating museums in smaller towns and by encouraging local initiatives and workplace efforts. But the Ministry of Culture kept a firm grip on all projects and constituted itself rather than the local people the definitive arbiter of quality. Although what the state considered culture was expanded to include *bandes dessinées*, circus and song, the spectrum of activities obtaining financial support has remained firmly rooted in the traditional notion of 'bourgeois culture' [see Text 3.27]. It is also true to say that since the war, and more especially since the massive expansion of television, support for culture as traditionally conceived has been associated in the minds of some influential intellectuals, like Régis Debray and Alain Finkielkraut, with a reinforcement of French identity against successive assaults from America and Japan.

Social Institutions: The Army, the Church and the Education System

The traditional structuring institutions of French society were the army, the church and the education system. Of these, the army and the church have greatly declined in influence, although some notion of their past significance is important for understanding the present day, while the education system remains a crucial force in French society. This section will examine all three institutions and attempt to elucidate their role in modern French society.

The Army

France has required national service from all its young men since the eighteenth century and for most, though not all, this means a period spent in the army. National service was disliked so much that wealthy families often paid a substitute; the sons of poorer families, on the other hand, protested by deserting. During the 1950s and 1960s, at the height of the colonial wars, many young men felt objections of principle to service in an army whose role they saw as politically repressive [see Text 3.28]. However, France has not had a major military engagement since the end of the Algerian war; under de Gaulle the possibility of conscientious objection was acknowledged; more recently, the regime of 'coopération' – that is, community rather than military service – has been widely extended, with the result that national service arouses little opposition today and, indeed, is treated by some *coopérants* as a means of broadening their professional experience. When elected in 1981, the Socialists promised to reduce military service from one year to six months. This measure was not enacted, either because unemployment was rising and the government viewed national service as a means of massaging the statistics, or because the costs of replacing a conscript army with a professional army were too great, and it was not until 1991 that the length of service was reduced to ten months and new forms of *coopération* were introduced. Yet the failure to keep this election promise occasioned no protest and it must therefore be concluded that French people still believe that national service performs an important social function, even if its military utility is no longer self-evident.

The theory behind military service is that the people will defend the nation from attack and that this is not only a duty but in some sense constitutive of citizenship. Historically, of course, this was true. The Napoleonic wars and, even more, the First World War allowed farm boys to leave their villages for the first and perhaps only time in their lives, taught them to read, write and, in some cases, speak French, and then sent them to die for their country, which they did in millions. The army was, in the words of Henri Mendras, 'l'école de la nation'.[26] But the army was overtaken by events, and the invasion of France at the beginning of the Second World War showed that a large infantry (into which the conscripts went) was no protection against tanks, and that an air force was essential to the defence of the nation. Subsequently, nuclear capacity has distanced the conscript army even further from an effective defence role.

Since conscripts can play little role in defence and are probably expensive to manage, it must be concluded that it is its ideological function that keeps conscription in existence. One view is that a people's army will not turn against the people, that a military dictatorship is impossible for as long as conscription is maintained. Traditionally, this is an important reason why many left-wing French people, particularly members of the Communist Party, have supported military service. But it is also true that the links between the army and politics are closer in France than in Britain, Germany or the United States, and de Gaulle was only the latest of a series of French leaders who had come to politics via the army. It therefore remains to be seen what effect the end of the Cold War and greater European cooperation on defence matters will have on the social role of the army.

The Church

It is commonly said that France is a 'Catholic' country. Such statements are based on history. France was 'la fille aînée de l'Église', Catholicism was the official religion much as Anglicanism is in England, and other religious groups such as Protestants were persecuted. More than that, the church had pretensions to embrace in its fold everyone in France. However, one of the effects of the 1789 Revolution was to break the relationship between church and state, a break which received formal status with the Concordat of 1905. Civil rights were extended to non-Catholic and non-Christian groups much earlier than elsewhere (for example the English Test Acts were not repealed until towards the end of the nineteenth century) and the Catholic church retreated from a position of universality, where it could claim to speak for everyone, to a position where it represented one group within society. The republican and anti-clerical movement forced the Catholic church into what has been called a counter-cultural positon, often associated with monarchism and right-wing, anti-democratic politics.

Nevertheless, until the First World War the church remained a powerful influence in what was still a largely rural society. The priest was a local notable, along with the doctor and the teacher, and he was expected to direct the thoughts and actions of the peasants. The republican party aimed to destroy this power through a secular education system, but it was the urban working class, organized through the trade unions and later the Communist Party, which effectively limited the power of the church.

As social statisticians point out, it is impossible to measure beliefs, only practices, but even this is difficult in France where, since the census of 1872, questions about religion have not been posed since this is considered a 'private matter'.[27] Figures given for different religious groups within France, therefore, are based partly on extrapolations from social surveys and partly on the numbers of births, marriages and deaths celebrated according to religious rites.

If the majority of French people still declare themselves Catholics, this for the most part amounts to little more than recourse to the church for the rites of birth, marriage and death, and even here the number is declining rapidly. In 1987 only 10 per cent of men and 15 per cent of women stated that they practised a religion, while 26.8 per cent of men and 17 per cent of women said that they had no religious belief whatsoever. Older people and people in the country seem more attached to religion than younger people and people in the towns, while farmers, senior managers and retired people are more likely than other social categories to practise a religion. These figures might be compared with the 24 per cent attendance at mass recorded in 1955 and the 20 per cent in 1970. Similarly, although about 60 per cent of children continued to be baptized in the 1980s, this compares unfavourably with over 90 per cent in the 1950s.[28] Few people go to confession any longer, nor do they, despite their religious obligation, take communion at Easter. The figures may be imprecise, but the conclusion is inescapable: Catholicism is declining and, with the exception of fractions of the managerial stratum, those who do practise a religion tend not to be among the most dynamic and youthful sections of the nation. Not surprisingly, the priesthood mirrors the habits of secular society. The number of ordinations has declined dramatically over the last thirty years with the result that not only are there fewer priests, but those there are tend to be elderly. Many *communes* now do not have their own priest but share the services of a clergyman who rotates around a number of districts. Churches have closed and their closure, like that of post offices and schools, has removed both a social centre and a source of influence from village life [see Text 3.29].

In the period since the Second World War, therefore, the Catholic church has to a degree retained its cultural pre-eminence but the spread of secularism has meant that many people in France do not look to religion at all for spiritual or moral, still less for political guidance. In the 1930s and the early 1950s, the church reacted strongly to its loss of influence. Catholic action movements such as the *Jeunesse ouvrière chrétienne* (JOC), the *Jeunesse agricole chrétienne* (JAC) and the *Jeunesse étudiante chrétienne* (JEC) were extremely active, and many members of Catholic social movements were influential in the Resistance. After the war, similarly, following the publication in 1943 of the Abbé Godin's book, *France pays de mission*, which revealed the extent of dechristianization, the church encouraged a new interpretation of the priest's role as an 'urban missionary', and many clerics abandoned the pomp, circumstance and ritual of the church to become worker priests, proselytizing among the most dechristianized urban populations. It would appear, however, that the French church was out of step with the Vatican on the conception of its new social role and Rome quickly put a stop to worker priests. More recently, the attitude of John Paul II to such matters as contraception and abortion, an attitude which appears to go against the modernizing thinking embodied in the Second Vatican Council (1962–5), has led many Catholics to ignore the church's teaching on questions concerning private life. AIDS, similarly, has led many Catholics to ignore the recommendations of the Vatican. At the same time, a body of opinion within the church felt that modernization, and attempts to reach out towards the people, had gone too far. These were the 'intégristes' grouped round the late Cardinal Lefebvre, who remained attached to all the old rituals of Catholicism including the mass sung in Latin. The *intégristes* have attracted attention primarily because many of them espouse right-wing political views and openly support Jean-Marie Le Pen. However, they are also significant because they do point to a revival of interest in religion. At the same time, therefore, as Catholicism has lost both its universality and its cultural appeal for the large majority of people in France, smaller groups of people have become militant Catholics, albeit of a politically reprehensible persuasion.

Other Religions

To the extent that can be judged – and the statistics are imperfect – the Moslems now appear to be the second largest religious grouping in France after the Catholics (see Figure 3.2). Thus it is estimated that there are between 800,000 and 1 million Protestants in France, between 500,000 and 700,000 Jews (about half of whom came to France from North Africa at the time of Algerian independence) but anything up to 3 million Moslems. Part of the difficulty in obtaining figures has to do with the assumption sometimes made that immigrants from North Africa, Turkey and other Moslem countries will automatically be practising Moslems themselves. As specialists point out, this is as inaccurate as the statement that all French people are Catholics. What is noticeable, however, is the greater Moslem presence in many large cities as indicated by the existence of a mosque, the location and construction of which frequently causes local protests. Though these new mosques may simply indicate that Moslems are settling in one place rather than moving round to find work, they also point to a greater degree of Moslem 'visibility'.

It would seem, therefore, that with the exception of Islam which despite its

Figure 3.2. Les Musulmans en France

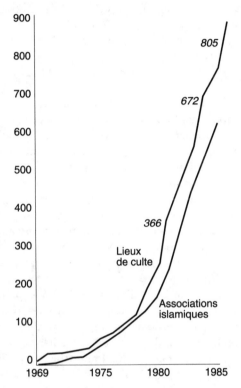

Source: INSEE, *Données Sociales*, 1990, p. 382

dynamism remains a minority faith, religion has lost much of its former influence in French society. There is one respect, however, in which it apparently retains much of its significance and this is in the realm of political geography. All commentators look to traditional religious beliefs to explain political behaviour since 'la religion demeure le facteur le plus explicatif des grands clivages idéologiques et politiques de la société française'.[29] France has a very characteristic religious geography, with the areas most distant from Paris, which were often but not always the most rural areas, remaining Catholic for longer than all other areas, and with Protestant enclaves in the south west and east and in Paris. Both Judaism and Islam remain essentially urban phenomena, most Moslems and Jews being found in the cities of the south (Marseilles and Nice) and in Paris and its region. Rural Communism, especially in a region such as the Limousin, is closely linked with a weak church; conversely, right-wing politics is traditionally associated with Catholicism. This is undoubtedly why all presidents of the republic are careful to be seen coming out of mass and why, in the elections of 1981, the Socialists were considered to have made a breakthrough when the traditionally

Catholic towns of the west returned socialist deputies for the first time. This does not mean that traditions developed through two centuries have disappeared overnight, but it is yet one more indication of the secular decline of Catholicism in France.

The Education System

The post-war period has been characterized by a massive increase in the demand for education, continuing a trend which had first become apparent in the 1930s. The changed nature of work and the growth of the tertiary sector meant that new skills were required, necessitating longer periods of schooling. At the same time, the general rise in living standards meant that many parents could aspire to a more extended period of education for their children. This was achieved by a series of measures. In 1959 the period of compulsory schooling was extended to ten years by raising the school-leaving age from fifteen to sixteen, while the education system was also extended on either side of the period of compulsory schooling. By 1988–89 over one-third of two-year-olds and virtually all three-year-olds (97.5 per cent) were in school, compared with about 50 per cent of three-year-olds in Great Britain, a level of take-up which must be linked to changing patterns of childcare and to the massive increase in the number of women with children in the work-force, as well as to the desire to improve performance through early schooling. At the other end of the spectrum there has been a huge increase in the number of children staying at school after the age of sixteen, so that by the end of the 1980s the number of pupils in the *deuxième cycle* of the *lycée* stood at 70 per cent of the age cohort as against 36 per cent at the end of the 1960s. In this way, extended secondary education has ceased to be reserved for a small elite and has become accessible to the vast majority of young people in France, while the stated objective for the year 2000 is that 80 per cent of each cohort should achieve the 'niveau baccalauréat'.[30] Higher education has also experienced continuous expansion in France since the 1960s and the total number of students rose from half a million in 1960 to about 2 million in 1990, with most of the additional students to be found in the universities. This currently represents about 40 per cent of the age cohort, but the proposed increase in the number of *bacheliers* will further increase the number of students, transforming the French universities into mass education establishments (see Figure 3.3.).

Secondary education

The content and organization of the secondary school curriculum have undergone a series of modifications since the beginning of the Fifth Republic. The main changes have involved the abolition of the unified *baccalauréat* and its replacement by specific *baccalauréats* in specific disciplines, based on 'filières', or groupings of homologous subjects such as mathematics and physics

Figure 3.3. Le Système éducatif en France

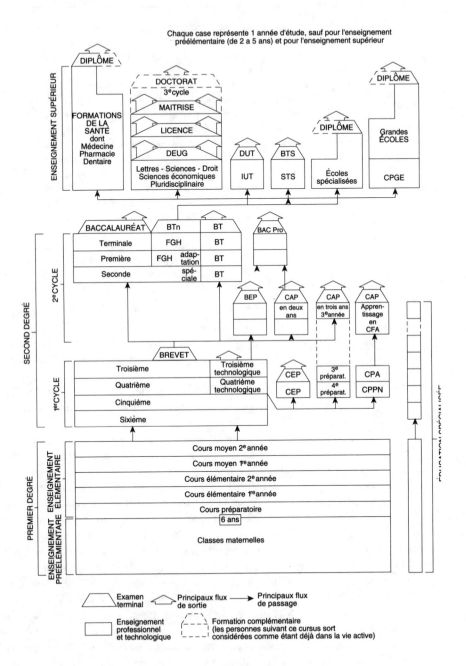

Table 3.2. Caractéristiques des lycées

La dénomination générale 'lycée' recouvre deux catégories d'établissements secondaires. Il y a, d'une part, les lycées professionnels (ex-lycées d'enseignement professionnel -LEP- ex-collèges d'enseignement technique -CET-) qui assurent par des formations courtes la préparation des CAP et des BEP et, depuis quelques années, celle des baccalauréats professionnels. Il y a, d'autre part, les établissements assurant les formations générales ou techniques longues, réparties sur trois ans (seconde, première, terminale), en vue du baccalauréat d'enseignement général ou du baccalauréat de technicien.

Il est aisé de présenter une problématique des lycées, tant leur situation est connue. Elle se caractérise d'abord par la poussée des effectifs, qui devrait se poursuivre: pour atteindre l'objectif des 80% d'âge au niveau de la terminale en l'an 2000, les élèves devraient être 400 000 de plus qu'actuellement. L'accueil de ces flux massifs a posé et posera encore des problèmes aux régions en investissements et en budgets de fonctionnement des établissements qui relèvent d'elles.

Source: 'Le Système éducatif', *Cahiers français*, 249, January–February 1991, p. 27.

(1963); the creation of the *Collèges d'enseignement secondaire* (CES), the 'collèges uniques' which provide a single, comprehensive establishment attended by all children in the *premier cycle* (1964); and the abolition of streaming in the *premier cycle* (a measure which was introduced from 1977 onwards).

As far as concerns the content of the curriculum, the French system has two features of note: the strong development of technical education and the value accorded to excellence in mathematics. At the end of the *premier cycle*, at the age of fourteen or thereabouts, young people must choose how they are going to complete the remainder of their education. About 100,000, that is about 12 per cent of each cohort, leave school every year with no qualification. The remainder either follow the academic route to one of the various *baccalauréats* or take up some form of manual or technical training. The latter takes place, for the most part, in institutions known as *lycées professionnels* after the age of fifteen, although some pupils may already find themselves in 'technological' classes when they enter 'quatrième' at the age of about thirteen. The qualifications available are the *Certificat d'aptitude professionnelle* (CAP) and the *Brevet d'études professionnelles* (BEP), the latter being less craft-specific and containing more general education. In 1987 a *baccalauréat professionnel* was created in order to meet industry's demands for skilled labour and to offer a route into higher education via the *baccalauréat de technicien* which, by 1989, accounted for almost half of all *baccalauréat* qualifications achieved. Thus, a system has been devised which encourages large numbers of young people to stay on at school to receive education and

Table 3.3. Les élèves du second cycle du second degré: évolution, en milliers

	1960–1961	1970–1971	1975–1976	1980–1971	1985–1986	1987–1988	1988–1989
Deuxième cycle professionnel:							
Public	256,2	480,0	576,9	601,2	619,5	559,6	538,8
%	66,9	73,8	77,3	77,8	76,9	75,8	75,8
Privé	127,0	170,6	169,4	172,0	186,3	178,8	172,3
%	33,1	26,2	22,7	22,2	23,1	24,2	24,2
Total	**383,2**	**650,6**	**746,3**	**773,2**	**805,8**	**738,4**	**711,1**
%	100,0	100,0	100,0	100,0	100,0	100,0	100,0
Deuxième cycle général et technologique:							
Public	326,3	653,3	735,2	850,0	925,9	1 059,5	1 137,8
%	77,3	77,0	76,5	77,1	76,7	78,0	78,8
Privé	95,6	195,3	225,6	252,6	281,7	298,5	306,4
%	22.7	23,0	23,5	22,9	23,3	22,0	21,2
Total	**421,9**	**848,6**	**960,8**	**1 102,6**	**1 207,6**	**1 358,0**	**1 444,2**
%	100,0	100,0	100,0	100,0	100,0	100,0	100,0

Source: 'Le Système éducatif', *Cahiers français*, 249, January–February 1991, p. 28.

training and which attempts to be sensitive to the labour market. As for those in the academic sections, the abolition of selection by ability has led to a form of streaming by subject. Virtually all the *grandes écoles* and the selective disciplines of the university base entry either on a mathematical *baccalauréat*, especially the *Bac C*, or on a highly mathematical entrance examination, and this has meant that large numbers of pupils study mathematics, with intense competition to do well in the subject. Those who do not wish, or are unable, to do so find themselves in one of the other *baccalauréat* groupings based on arts or social sciences (see Tables 3.2, 3.3, 3.4 and 3.5).

Higher education
The French school-leaver with a *baccalauréat* essentially has three options: admission to a university, admission to an *Institut universitaire de technologie* (IUT) or admission to a *classe préparatoire* leading to a *grande école*. Altogether, there are some two million students in higher education in France, but the prestige attached to each of these possible routes is directly linked to the level of qualification required for entry, the degree of selection practised by the establishment to which entry is sought, and the length of study offered.

Undergraduate studies at university are organized into a *premier* and a *deuxième cycle*, with the *troisième cycle* being the postgraduate level. Thus at

Table 3.4. Évolution du nombre d'admis au baccalauréat

Séries	1950	1960	1970	1975	1980	1985	1987	1988	1989
Série A (a)	17 186	23 344	64 502	50 436	46 391	46 704	48 627	55 441	58 057
Série B. Économique et social		191	11 304	20 946	31 521	40 381	46 261	52 971	59 057
Série C. Mathématiques et Sciences physiques	7 474	17 061	21 443	30 396	32 658	34 516	36 259	41 645	48 173
Série D. Mathématiques et Sciences de la nature Série D'. Sciences agronomiques et techniques	6 747	15 443	36 011	46 710	48 545	44 536	48 970	51 443	54 769
Série E. Sciences et techniques	955	3 248	5 447	5 197	5 823	5 427	5 465	6 116	6 845
Expérimentales					831				
Total baccalauréat général	32 362	59 287	138 707	153 685	159 769	170 564	185 582	207 616	226 901
Série F (b)			11 081	19 113	26 612	33 179	35 373	37 644	40 023
Série G (c)			17 465	31 272	35 605	48 025	55 154	59 937	65 897
Série H. Techniques informatiques			54	419	443	1 282	1 235	910	634
Total baccalauréat de technicien			28 600	50 804	62 660	82 486	91 762	98 491	106 554
Baccalauréat professionnel							880	6 529	14 315
Total général	32 362	59 287	167 307	204 489	222 429	253 050	278 224	312 636	347 770
Progression en indice	100	183	517	632	687	782	860	969	

(a) Série A: options A1. latin et sciences-lettres; A2. latin et langues; A3. lettres et arts.

(b) Série F: options F1. construction mécanique; F2. électronique; F3. électrotechnique; F4. génie civil; F5. physique; F6. chimie; F7. biochimie; F7'. biologie; F8. sciences médico-sociales; F9. équipement technique bâtiment; F10. microtechnique; F11. musique; F11'. danse; F12. arts plastiques.

(c) Série G: options G1. techniques administratives; G2. techniques quantitatives de gestion; G3. techniques commerciales.

Source: 'Le Système éducatif', *Cahiers français*, 249, January–February 1991, p. 31.

Table 3.5. Répartition par section des élèves de terminale selon leur origine sociale (%)

	A	B	C	D,D'	E	F	G,H	BT BTA	Ensemble
Agriculteurs	9,7	10,7	8,0	15,4	2,5	11,6	19,1	23,0	100,0
Artisans, commerçants et chefs d'entreprise	19,8	19,4	8,3	15,8	2,1	9,8	19,5	5,3	100,0
Cadres sup. et prof. libérales	17,7	20,6	23,2	23,9	1,1	4,9	7,2	1,4	100,0
Enseignants	20,4	16,1	25,0	23,2	1,6	5,5	6,8	1,4	100,0
Professions inter- médiaires	16,9	19,6	10,4	16,6	2,9	11,9	18,0	3,7	100,0
Employés	18,4	17,3	8,4	13,3	1,3	12,1	25,9	3,3	100,0
Ouvriers et pers. de service	17,2	14,6	5,2	11,3	1,7	17,2	28,8	4,0	100,0
Non-actifs et divers	17,7	12,0	9,1	13,9	1,9	11,0	29,6	4,8	100,0
Ensemble	17,4	17,2	11,3	16,1	1,9	11,5	19,9	4,7	100,0

Source: 'Le Système éducatif', *Cahiers français*, 249, January–February 1991, p.29.

the end of two years (*premier cycle*) students are awarded a DEUG (*Diplôme d'études universitaires générales*), at the end of three years a *Licence* and at the end of four years (*deuxième cycle*) a *Maîtrise*. Although in theory the two-year diploma is a nationally recognized qualification, it has little or no value on the labour market and, these days, even the *Licence* is not well looked on by employers, so that most students, if they can, complete the *Maîtrise* which takes a minimum of four years but may take longer. Hence this level of qualification is sometimes referred to as '*Bac + 4*'. Access to university is via the *baccalauréat* and every *bachelier* has a right to a university place. However, within this general principle of 'non-selection', forms of selection do occur. Some disciplines, such as economics, require applicants to hold a particular *baccalauréat*, whilst others like medicine, dentistry and veterinary science apply a *numerus clausus* at the end of the first year of study, in this way providing only a limited number of places. Those *bacheliers* who fail to secure a reserved place or who have obtained the 'wrong' kind of *baccalauréat* are therefore obliged to study arts, law or some sciences where large numbers of students are admitted because no limitation is placed on numbers.

Two other factors affect choice of university and so act as a form of selection at the point of entry and during the course of university study. The first is the 'carte universitaire' which normally obliges students to attend the local university for at least the *premier cycle*. It is designed to keep first and second year students out of Paris, though it is widely flouted. The second form of selection is more insidious. Known as 'la sélection par l'échec', it is particularly apparent in arts faculties where there is a high wastage rate and a high proportion of students who have to repeat one or more years of study to obtain a degree. *La sélection par l'échec* is perhaps the inevitable counterpart of the failure to introduce selection on entry, which has frequently proved to be politically unacceptable in France. But it is equally the result of the inability of a system designed to be much smaller to cope with large and increasing numbers of students, and of inadequate counselling and guidance.

The *Instituts universitaires de technologie* were created in 1966 to fill a gap in the training of technicians. They offer a qualification obtained in two years, the *Diplôme universitaire de technologie* (DUT) which is based on vocationally and professionally oriented courses that are strongly influenced by employers' demands. Entry to the IUT is selective and their 'diplomates' are highly successful in securing employment, with the result that these institutions have become extremely popular. By 1989 nearly 70,000 students were in the IUT, representing a 30 per cent increase over the decade.

The *grandes écoles* are unique to France. They are highly selective, socially prestigious, and offer high level vocational training primarily in engineering, administration or business subjects. Some, such as the *École polytechnique* (known as X) or the *École normale supérieure* (ENS), trace their origin back to the late eighteenth century when the state recognized the need to train managers with scientific expertise and teachers with higher education. But many, such as the *École nationale d'administration* (ENA), have been founded since the war. Some *grandes écoles* are financed by the state and are dependent on particular ministries for whose sphere of activity, in theory, they are intended to provide specialized personnel. In these cases, candidates who are successful in gaining admission to a *grande école* become civil servants and receive a salary while undertaking their studies. Others, particularly the business schools, are run by private organizations such as chambers of commerce and charge fees, although scholarships are available for many students. Entrance to a *grande école* usually takes place one or two years after the *baccalauréat* on the basis of a competitive entrance examination known as a *concours d'entrée*. Prospective entrants first attend *classes préparatoires* held in a small number of *lycées* in large towns in order to prepare for these examinations, and do not usually enter a *grande école* until the age of twenty or twenty-one, while some *grandes écoles*, such as ENA, take students when they are even older, and only after they have first completed a course of study at another *grande école*, often the *École polytechnique*.

The *grandes écoles* train the French business, managerial and, increasingly these days, political elite. Two post-war presidents of the republic, Georges

Pompidou and Valéry Giscard d'Estaing, were graduates of a *grande école* and many senior politicians today, including former Prime Ministers Chirac, Fabius and Rocard, have trained at ENA. The intimate link between politics, management and the civil service is underpinned by the 'old boy' network of the *grandes écoles* and has been much criticized in recent years. The *grandes écoles* have responded by diversifying and increasing their recruitment, although to nothing like the same extent as the university sector. Thus all the *grandes écoles* now admit both men and women (in some cases such as those of the *Hautes études commerciales* and the ENS this has meant the amalgamation of separate establishments) while ENA has made a particular effort to broaden its social base by opening its recruitment to mature students already in employment in the public sector. Recruitment to the *grandes écoles* rose from about 47,000 to about 78,000 in the 1980s, but this is still a minute proportion of the total number of students. Moreover, there is little evidence that expansion has greatly altered the social composition of recruitment, and the pupils of the *grandes écoles* are still drawn overwhelmingly from business, managerial or professional backgrounds. The most famous, such as *Polytechnique* or ENA, also show a strong geographical bias in their recruitment, with the majority of successful applicants coming from the Paris region. Indeed, perhaps in an effort to counter this metropolitan bias, as well as to encourage regional development, attempts have been made to relocate some of the *grandes écoles*, not without considerable opposition from their directors and *alumni*. The latest proposal, announced during Édith Cresson's short tenure as prime minister, is the removal of ENA to Strasbourg – a measure of decentralization, to be sure, but one that is in addition undoubtedly designed both to strengthen the case for retaining the European Parliament in Strasbourg and to give the training of public servants an explicitly European dimension.

Education and the promotion of equality

As Raymond Boudon reminds us, education has acquired immense significance in post-war industrial societies since it is seen as the means to iron out social inequalities and promote social mobility. In order to discover how successful the French system has been in these respects we can consider the ways in which class, sex, race and geography affect a child's prospects at school and in higher education. As far as class is concerned, research suggests that a child's success at school depends more than anything else on what Pierre Bourdieu has called her or his parents' 'cultural capital', their own level of education and ability to deploy the 'symbolic capital' with which it endows them. Viewed in this way, the education system remains profoundly conservative, reinforcing existing social categories rather than promoting mobility.

As far as sex is concerned, there has, on the face of it, been a dramatic change. Thus in the mid-1980s the number of female students exceeded the number of male students for the first time, although women had been catching up rapidly from the 1960s onwards and numbers had equalized around 1975. However, the academic curriculum remains sexually segregated. Women are far less well represented in science and engineering than in the arts and social sciences, although they are well represented in medicine, economics and business studies while, as far as vocational training is concerned, there is almost total sexual segregation: the boys train to be metalworkers, mechanics, builders, electricians, and so on, while the girls train to be secretaries, hairdressers and the like [see Text 3.30].

Where race is concerned, it is estimated that in French schools there are over one million children of immigrants, many of whom are not European in origin and many of whom do not have French as their first language. Since 1970 specific measures have been taken to assist their progress through school. However, children of immigrants remain disproportionately highly represented among those children who have to repeat a year of schooling and among those who leave school with no qualifications or with poor qualifications.

Finally, geography can play a part in the creation of inequalities. For example, there is wide variation in the provision and take-up of pre-school education and care, so that, although the national percentage of two-year-olds in school is high, this figure disguises the fact that provision is much better in Paris, Brittany and the south than it is in the north. The same pattern emerges with the percentage of pupils repeating classes, where the industrial north and Basse Normandie score particularly badly, and with the percentage of pupils obtaining the *baccalauréat* which, with the exception of Paris, is much higher in the south than in the north. Since the regions acquired responsibility for the maintenance of secondary schools and their equipment under the decentralization law of 1983, it seems likely that even greater regional disparities will arise in future. In sum, the French education system in the post-war period has not been very effective in promoting social equality or mobility and, although the numbers of students in higher education will rise as we approach the end of the century, there is no guarantee that this rise will result in greater equality.

Convergences and Differences in French Society

The education system is a good weathervane of society since its multiple role makes it the focus of social change and discontent. A number of protest movements have originated within the education system in recent years which, in addition to drawing attention to aspects of the system that have failed to function properly, have all exposed other problems of a more broadly social nature.

The first and most radical of these was May 1968 which, as has been said, altered the whole spectrum of social relations. Within the university, May 1968 was a protest against the hierarchical structure of the institution as reflected in the content and organization of disciplines, in the lack of personal contact between students and teachers, and in the inability of a university which had expanded very rapidly to deal administratively with large numbers of students. But behind these protests lay a considerable anxiety about life chances. Even before 1968 the Situationists in Strasbourg, authors of the celebrated premonitory pamphlet *De la Misère en milieu étudiant*, complained that students were little more than fodder for the employment market [see Text 3.31]. Similarly, Daniel Cohn-Bendit, perhaps the best known of the student leaders, remarked in an interview:

> 'L'économie ayant atteint un certain niveau de modernisation, il fallait moderniser l'école ... A un certain moment la petite et moyenne bourgeoisie en ont fait les frais. L'enseignement a été rationalisé en de former les technocrates ... Les étudiants qui se révoltent le font aussi pour conserver les privilèges de la bourgeoisie, qu'ils perdent momentanément dans une transformation de la société dans le passage du capitalisme concurrentiel au capitalisme monopolistique.'[31]

The reform of the university structures and curriculum embodied in the 1968 *loi Faure* did not resolve the question posed by the Situationists and Daniel Cohn-Bendit, namely what is the university for? If the university was not – or only in part – for the disinterested pursuit of knowledge and the training of future scholars, then its function must be to train the work-force. However, from the students' point of view it no longer performed that function as effectively as it had done in the past since the privilege conferred by a university degree was losing its value, while from the point of view of the government there might well be an increasing number of students and therefore, theoretically, a better trained work-force, but many of these students were not trained to do the right things. The sociologist Alain Touraine described the legacy of May 1968 very pessimistically: 'Lettres, sciences et droit, domaines sans sélection, s'enfoncent dans l'abandon, tandis que la médecine, l'économie et les sciences politiques prospèrent grâce à la sélection et que le pouvoir des grandes écoles, hypersélectives, ne cesse de se renforcer.'[32] In the quarter of a century since 1968 politicians have continued to condemn the non-selective disciplines as 'voies de garage' and several proposals to introduce selective university entry have been made but have failed. Universities have made attempts to devise more vocationally oriented courses and to develop links with employers. Despite this, however, the issues raised in May 1968 remain posed and, with the university system poised on the brink of further expansion, it is likely that the question of its purpose and efficiency will be asked with renewed urgency in the 1990s and beyond.

The second protest movement concerned a proposal to reform private schools. Traditionally, French parents have sent their children to private schools for religious rather than social or academic reasons: 90 per cent of private schools – écoles libres – are Catholic and many are to be found in traditionally Catholic regions of the country such as the west. Their continuing existence is the counterpart of the prohibition of religious instruction in state schools which are required by law to be 'laïques'. But from 1959 onwards, many private schools began to receive subsidies from the public purse and had therefore become partially integrated into the state system. In his 1981 election manifesto, *110 Propositions*, François Mitterrand called for 'un grand service public unifié et laïque de l'Éducation nationale', but by the time his education minister Alain Savary introduced a bill, the proposals merely involved the participation of private schools in the overall attribution of numbers of pupil places within a given area (the 'carte scolaire') together with the incorporation of private school teachers as public servants or 'fonctionnaires' if they wished it. Even so, the *projet de loi Savary* gave rise to massive protests. The summer of 1984 witnessed the extraordinary spectacle of more than one million people demonstrating in the streets of Paris in support of private education, as a result of which Savary was removed from office and his bill withdrawn. There followed a reshuffle which, with Laurent Fabius replacing Pierre Mauroy as prime minister, confirmed that the government recognized it had misjudged the depth of public feeling aroused by this issue.

If the freedom to give a child a religious education had been all that was at stake, it is unlikely that it would have aroused so much opposition – after all, little more than 10 per cent of the population are practising Catholics. Nor would it have aroused opposition from the left as well as the right. The demonstration revealed the extent to which parents felt disempowered by the state education system. Faced with a decision that a child should repeat a year or that she or he should pursue a course of study different from the one desired, parents wished to retain the option of private education as a 'second chance' where the rules and regulations of the state system do not apply. Indeed, a series of opinion polls taken in the early 1980s showed that religion came sixth in a list of reasons why parents opted for private education, well after such considerations as 'discipline', 'better qualified teachers', 'teaching methods', 'better relations between parents and school', 'opportunity for children to be educated not just taught'.[33] The demonstration pointed to another trend as well: the developing impatience with the extension of the powers of the state in the policies pursued by the socialist government between 1981 and 1984, an impatience which was to find further political expression in 1986 when the left lost the legislative elections to a right bent on 'moins d'État'. Thus the 1984 demonstrations, in addition to suggesting public loss of confidence in the state education system, also pointed to doubts as to the state's role in the provision of public services in general.

In 1989 a dispute of a different kind broke out in Creil, north of Paris, which challenged the principle of the 'école laïque'. The dispute, which came to be known as the 'affaire des foulards islamiques', concerned three teenage girls who attended school wearing headscarves and refused to take them off when asked to do so by the head teacher, allegedly because wearing headscarves was an essential part of their religious observance.[34] The girls were excluded from school for a period, the matter preoccupied the media for several months and it gave rise to a series of public demonstrations [see Texts 3.32 and 3.33]. This affair brought out into the open a variety of attitudes towards the role of school in society and also revealed strong divisions within the ranks of the government. Above all, in posing the question as to the meaning and purpose of *l'école laïque* in contemporary France, it asked whether the school system had been able to adapt to changing social realities.

For some on the left *laïcité* meant the exercise of equal treatment for all pupils within the school, whatever their social, cultural, political, religious or regional differences outside school. Many socialist teachers subscribed to this view of *laïcité* as a guarantee of equality of treatment, as did women's groups who saw in the Islamic headscarves the symbol of the oppression of women under Islam. Other groups on the left, however, interpreted the principle of *laïcité* as meaning ideological neutrality, that is the school's obligation not to favour any religion or belief system but to tolerate them all and to respect differences of opinion. On the political right, in general, support was expressed for the old-fashioned concept of *laïcité* which would have required the Creil girls to conform to the sartorial demands of their head teacher. Like the *projet de loi Savary*, therefore, this affair revealed an education system whose institutional principles were unable to cope with the pressures of contemporary urban society or to adapt to the social circumstances of many of the children it purported to educate. Furthermore, an important element of this debate, which on one level was undoubtedly inflated out of all proportion to its significance, was that the girls in question were *beurs*. In insisting on wearing headscarves in school, they appeared to be wishing to affirm, symbolically at least, a different identity from the one promoted by the French school system, an identity that many people in France, not just those on the right, considered to be 'not French'. In this way, the *affaire des foulards* became entangled with a much wider debate which raged towards the end of the 1980s, about immigration and the integration of immigrants and their children into French society.

As if to confirm the dysfunctions of the education system, a series of demonstrations by *lycée* students the following Autumn revealed how imperfectly the principle of equality applied in the system. Unlike many previous such demonstrations which were led by representatives from the big Paris *lycées*, those in 1990 brought together pupils from the outer suburbs of Paris and from the provinces. The demonstrators, whose schools were often situated in run-down, working-class districts, demanded more teachers and better facilities. Their action drew attention to the gross inequalities of provision between the well-funded, well-maintained, prestige establishments in the big city centres, which are mainly attended by children from well-heeled families, and the dilapidated, poorly staffed and sometimes physically dangerous schools serving housing estates in outlying districts [see Text 3.34]. The government moved swiftly to find money to recruit more teachers and *surveillants* and called on the departments to spend money too. But the very speed of their reaction was a response to the level of disquiet aroused nationally by these demonstrations and the chorus of condemnation at the unequal status they revealed.

If these protest movements reveal a common concern it is that the aspirations of the 1950s and 1960s have not been achieved and, indeed, are now being called into question. Now that a general sense of rising prosperity has evaporated it is the differences rather than the convergences in French society which are becoming apparent. In this the education system is often just the catalyst, the focal point of inequalities and differences which have other and deeper causes.

Conclusion

French society in the 1990s offers the student a fascinating set of paradoxes. It is an urban society with a tremendous nostalgia for rural life, a society which simultaneously asserts its desire for European integration and for cultural independence, an extremely wealthy society which tolerates pockets of considerable poverty, and a society in which egalitarianism is a guiding principle but in which the search for equality has been all but abandoned.

Since 1945 French society has undoubtedly been modernized. General living standards have risen, the population is better housed, better fed, better clothed, more long-lived and better educated than it was in 1945. Legislation of a progressive kind has been enacted in the domain of private and public life, giving legal force to equality of opportunity, recognizing the rights of women and children, bringing social legislation in line with common practices and new family structures. At the same time, modernization has lost the wholly positive connotations it had in the immediate post-war period. The critique of affluence, consumerism and mass culture, which are seen as the fruits of modernization, is often made in the name of what is authentically French, of a different set of values which some commentators feel have slipped or are slipping away. The demonstrations by farmers, especially those at the time of the reform of the Common Agricultural Policy, unleashed a wave of support for a way of life which was not only seen as threatened by big European business but which somehow was felt to embody the essence of France.

In this context, the 1992 Referendum on the Maastricht Treaty was extremely interesting. Whilst most politicians recognized the need for France to compete with its major EC partner, Germany, and probably accepted the economic policy which, as Part II shows, was followed throughout the 1980s in an attempt to position France as a viable competitor to Germany, the Maastricht Referendum acquired a cultural dimension which undoubtedly took President Mitterrand and his advisors by surprise. The debate revealed considerable misgivings about European integration, not just from the xenophobic right or the protectionist left, but among pro-Europeans. The fear was expressed that Maastricht would exact too high a social price, particularly in the area of employment.

A parallel issue, which also had a European dimension, was the question of immigration and the treatment of immigrants which continually resurfaced in the 1980s, often causing embarrassment to governments in office. This issue was a constant reminder, if one were needed, that the search for social consensus which post-war prosperity had promised, and which before May 1968 had apparently been achieved, had been abandoned as a policy objective because the economic crisis had caused agreement about social objectives to evaporate.

When François Mitterrand ceases to be President (his mandate expires in 1995) France will experience the 'generational change' already undergone by America and Britain, and will be led by a politician with no direct experience of the Second World War. Thus Mitterrand is probably the last politician able to evoke, with any conviction, the threat of war in Europe as an argument for European integration. When he departs it seems likely that his successor will have to confront the pressing social agenda that Mitterrand himself has avoided tackling. Despite its prosperity, and to some extent because of it, French society has yet to resolve a number of urgent questions, of which the most urgent are employment and unemployment, the continuation of the welfare state and the treatment of immigrants in the community. All of these are issues which relate to equality which, in France as in other western countries, is the area in which post-war modernization and prosperity have failed.

Notes

1 See C. Flockton, 'French Local Government Reform and Urban Planning', in *Local Government Studies*, September–October 1983, pp. 65–77.

2 See E. Weber, *Peasants into Frenchmen* (Chatto & Windus, 1979) p. 206.

3 P. Rosanvallon, *Crise et avenir de la classe ouvrière* (Seuil, 1979) p. 116.

4 H. Mendras, *La seconde Révolution française* (Gallimard, 1988) p. 34.

5 P. Rosanvallon, p. 6.

6 See P. Chombart de Lauwe, *La Vie quotidienne des familles ouvrières*, 3rd edn., (Éditions du CNRS, 1977) pp. 10–11.

7 R. Boudon, *L'Inégalité des chances: la mobilité sociale dans les sociétés industrielles* (Armand Colin, 1973) p. 12.

8 Y. Lemel, *La mobilité sociale* (Armand Colin, 1991) p. 12.

9 For example by J. Ardagh in *France Today* (Penguin, 1988) pp. 330 ff. Time has done little to mitigate the essential fatuousness, not to speak of inaccuracy, of Ardagh's remarks.

10 See *Cahiers français* 171, May–August 1975, p. 20.

11 J. Mossuz-Lavau and M. Sineau, *Enquête sur les femmes et la politique* (PUF, 1983) pp. 154 ff.

12 See É. Badinter, *L'Un est l'autre* (Odile Jacob, 1986).

13 See *Le Figaro Magazine*, 21 September 1991, p. 50.

14 L. Dirn, *La Société française en tendances* (PUF, 1990) p. 350.

15 See A. Hargreaves, *Voices from the North African Community* (Berg, 1992) pp. 29–31 for an explanation of the term 'beur'.

16 See *L'État de la France 1989* (La Découverte, 1989) pp. 32–34.

17 See for example M. Winock, *La République se meurt* (Seuil, 1980); Hervé Hamon and Patrick Rotman, *Génération*, 2 Vols (Seuil, 1987–8).

18 See E. Sullerot, *Pour le meilleur et sans le pire* (Fayard, 1984) p. 69.

19 H. Le Bras, (ed.), *Population* (Hachette, 1985) p. 25.

20 Le Bras, p. 27.

21 L. Dirn, p. 361.

22 See *Données sociales 1990*, p. 105.

23 See *L'État de la France 1989* (La Découverte, 1989) p. 133.

24 *Données sociales 1990*, p. 188.

25 Bernard Préel, in *L'État de la France 1989*, p. 104.

26 H. Mendras, *La seconde Révolution française* (Gallimard, 1988) p. 70.

27 See *Données sociales 1990*, p. 384.

28 See H. Mendras, p. 82.

29 H. Mendras, p. 83.

30 This does not mean that 80 per cent of pupils will actually obtain the *baccalauréat* qualification, but that 80 per cent will take a course of study leading to it.

31 D. Cohn-Bendit, *La Révolte étudiante* (Seuil, 1968) p. 61.

32 A. Touraine, *Mort d'une gauche* (Galilée, 1979) p. 205.

33 See A. Prost, *Éducation, société et politiques* (Seuil, 1992) p. 174.

34 See R. Solé, *Le Monde*, 21 Oct. 1989, p.1: 'On ne sait trop comment nommer l'objet du scandale: voile? foulard? tchador? *hidjeb*? Aucun de ces mots n'est satisfaisant, aucun n'est innocent.'

Suggestions for Further Reading

General Literature in English

There are few overviews of contemporary French society in English. Of most use, though first published in 1982, is L. Hantrais, *Contemporary French Society* (Macmillan, 1989). A companion to volumes on French politics and the French economy, this contains chapters on demographic features, the family, social welfare, education and leisure and contains a selection of supporting texts in French as well as a limited number of language exercises. More recent, and with a more socio-economic perspective, is C. Flockton and E. Kofman, *France* (Paul Chapman, 1989) which is particularly strong on spatial questions and the discussion of social inequalities. D. Hanley *et al.*, *Contemporary France: Politics and Society since 1945*, 2nd edn. (Routledge & Kegan Paul, 1984) contains much of interest and use, although the contents need updating, and it is particularly strong on the politics of education. It may, however, be too detailed for the average undergraduate. J. Flower (ed.), *France Today*, first published in 1971 but frequently reprinted and updated and now in its sixth edition, is a collection of discrete essays covering social structure, · political parties, trade unions, immigrants, foreign policy, education, the church, the press and the broadcasting media. It gains from contributions by experts in the field, but suffers from the absence of any unifying view. G. Ross (ed.), *The Mitterrand Experiment: Continuity and Change in Modern France* (Polity, 1987), though it is mainly devoted to questions of political economy, nevertheless contains essays of interest on cultural and educational policy, while J. Hollifield and G. Ross (eds), *Searching for the New France* (Routledge, 1991) includes surveys of the welfare state, education, immigration, trade unions and the role of intellectuals in public life. It also contains an excellent bibliography. Similarly, J. Howorth and G. Ross (eds), *Contemporary France: A Review of Interdisciplinary Studies* (Frances Pinter, 1987) was an annual publication which may usefully be consulted for essays of topical interest. There are also a number of now classic socio-historical and socio-anthropological studies of France which provide fascinating background reading. Among these must be mentioned L. Wylie, *Village in the Vaucluse* (Harvard University Press, 1957); S. Hoffman *et al.*, *In Search of France* (Harvard University Press, 1963); T. Zeldin, *France 1848–1945*, 2 Vols (Clarendon Press, 1973–6) and *The French* (Collins, 1983); and E. Weber, *Peasants into Frenchmen* (Chatto & Windus, 1979).

General Literature in French

There are comparatively few accounts of contemporary French society which will provide an appropriate and adequate overview. Undoubtedly the most accessible is

D. Borne, *Histoire de la société française depuis 1945* (A. Colin, 1990) which is not only up to date but written in an agreeable prose, and is intended for students in the *classes préparatoires*. Similar, though by now dated, works are G. Dupeux, *La Société française 1945–69* (A. Colin, 1969) and *La Société française 1789–1970* (A. Colin, 1972). Though the first only covers half the post-war period, and most discussion centres on the 'modernization' of French society, it is intended as a text-book for university students and is helpful in taking little for granted, while the second volume has the advantage of placing contemporary developments within a broader historical context. More ambitious and perhaps less obviously geared towards the undergraduate market is P. Sorlin, *La Société française contemporaine 1914–1968*, Vol 2 (Arthaud, 1971). Although less than half the book is devoted to the post-war period it is particularly strong on the decline of the working class and contains a useful bibliography and chronology. Also to be recommended in terms of length and price as well as content are the relevant volumes in the Éditions du Seuil's series, *Nouvelle histoire de la France contemporaine*: J.-P. Rioux, *La France de la Quatrième République*, 2 Vols (Seuil, 1980) and J. Juillard, *La Cinquième République* (Seuil, 1980). Both are clearly and accessibly written with chronology, index and suggestions for further reading. General studies of the post-1968 period tend to be more polemical or more specialist. In the former category L. Dirn, *La Société française en tendances* (PUF, 1990) is a pseudonymous work written by a group of sociologists who do not disguise their socialist sympathies. It does, however, attempt to look to the future and provides a useful summary of social trends and changes in such areas as consumption, leisure, family life, women's issues, community activities and so on. Similarly, H. Mendras, *La seconde Révolution française 1965–84* (Gallimard, 1988) considers social change in terms of the break-up of the traditional class system, the decline of institutions such as the church, the army and the trade unions, the changing notions of age group and generation with their impact on work and education and changes in life-style. This is probably the best general essay on social change currently available in French. Three further indispensable sources of information on contemporary French society must be mentioned. *Données sociales* (INSEE/La Documentation française) is a volume published every three years or so by the French statistical office INSEE and is comparable to the British volume, *Social Trends*, though it is much larger and more comprehensive. In addition to essential statistical information on a variety of topics from population to education and income, it frequently contains comparative tables permitting French statistics to be looked at in relation to European trends. It also contains short essays on topics which appear to be of socio-political interest at the time of publication. *Cahiers français* is a periodical published five times a year by the *Documentation française* which, similarly, attempts a synthesis of information relating to a particular area of social, political or economic concern. Of particular use here has been 'Le Système éducatif', *Cahiers français*, 249, January–February 1991. Finally, the alternative view is given in *L'État de la France* (La Découverte, 1992). This contains a large number of very short summaries by experts on issues or problems of social interest ranging from rock music to adults who live alone, accompanied by a wealth of statistical information and suggestions for further reading. It is particularly strong on the analysis of life-styles and has a section devoted to regional developments containing a *Tour de France*, or handy socio-economic portrait of each of the French regions. New editions are regularly produced.

Specialist Monographs

The changes in infrastructure, land use and communications are often best treated in the general works mentioned above. However, F. Bloch-Lainé, *La France en mai 1981– forces et faiblesses* (La Documentation française, 1981), commissioned by the incoming socialist government, sets out briefly the policies to be adopted. M. Castells, *City, Class and Power* (Macmillan, 1978) is a classic left-wing essay on urban policy, much of which relates to France, while L. Chevalier, *Les Parisiens* (Hachette, 1967) is a now classic socio-anthropological essay devoted to one city in particular. J.F. Gravier, *Paris et le désert français* (Le Portulan, 1947) is an early, and by now classic, denunciation of the over-development of the Paris region and the under-development of the remainder of France and it contains an extended statement of the view that France is underpopulated, while M. Debatisse, *La Révolution silencieuse* (Calmann-Lévy, 1964) is an account of the modernization of agriculture by one of the leaders of the trade union concerned. Hervé Le Bras, *Les trois France* (Odile Jacob, 1987) attempts to relate urban and regional development to demographic factors, while H. Mendras, *Le Changement social* (A. Colin, 1983) attempts the same thing from a sociological perspective. Useful works in English are M. Wynn, *Housing in Europe* (Croom Helm, 1983) and, for regional policy in particular, S. Mazey and M. Newman (eds), *Mitterrand's France* (Croom Helm, 1987).

There is a wealth of specialist literature on French social structure, only a very small fraction of which can be mentioned here. Y. Lemel, *Stratification et mobilité sociale* (A. Colin, 1989) provides a handy summary and analysis of debates over questions such as mobility, stratification and class structure, with useful and extensive bibliographical references as well as comparisons with Anglo-American literature on the subject. Classic studies referred to include S. Mallet, *La nouvelle Classe ouvrière* (Seuil, 1963), E. Goblot, *La Barrière et le niveau* (PUF, 1967), C. Thélot, *Tel Père, tel fils?* (Dunod, 1982) and P. Chombart de Lauwe, *La Vie quotidienne des familles ouvrières* (Éditions du CNRS, 1977). The decline of the working class is also addressed in P. Rosanvallon, *Crise et avenir de la classe ouvrière* (Seuil, 1979) and A. Touraine *et al.*, *Le Mouvement ouvrier* (Fayard, 1984). The literature on women is, by now, fairly extensive. M. Albistur and D. Armogathe, *Histoire du féminisme français* (Des Femmes, 1977) provides a useful account of the historical position of women in France and E. Sullerot (ed.), *Le Fait féminin* (Fayard, 1978) brings together a collection of essays on women from a variety of perspectives and translated from several languages. J. Mossuz-Lavau and M. Sineau, *Enquête sur les femmes et la politique* (PUF, 1983) offer a comprehensive study of women's political behaviour and this is usefully complemented by Y. Roudy's polemic, *La Femme en marge* (Flammarion, 1975) written before she became the minister responsible for women's rights. In addition, F. Giroud (ed.), *Cent Mesures pour les femmes* (La Documentation française, 1976) contains the proposals she introduced as the first secretary of state for women. Further suggestions are to found in the *États Généraux des femmes 1989* (Des Femmes, 1990). By contrast, É. Badinter, *L'Un est l'autre* (Odile Jacob, 1986) attempts to view the relations between men and women from a more philosophical point of view. These works can be complemented by several useful anthologies in English: C. Laubier (ed.), *The Condition of Women in France 1945 to the Present* (Routledge, 1990) is a collection of extracts from original French material relating to such matters as the French women's movement, home life, women and work, linked together with short introductory essays in English; C. Duchen, *Feminism in France: From May '68 to Mitterrand* (Routledge & Kegan Paul, 1986) particularly deals with questions relating to women and the social sphere, while T. Moi, *French Feminist Thought* (Blackwell, 1987) does the same for philosophical and literary writing. There is now an equally abundant literature on questions of immigration. In English, M. Silverman, *Deconstructing the Nation: Immigration, Racism and Citizenship in Modern France* (Routledge, 1992) provides an excellent and up-to-date summary and analysis of legislation since the war. In French, M. Long (ed.), *Etre français aujourd'hui et demain*, 2 Vols (UGE, 1988) contains the transcript of the hearings of the *Commission de la nationalité* in 1987, together with a summary of changes in French legislation on nationality since the Revolution and statistical material relating to the evolving size of the foreign population in France. G. Noiriel, *Le Creuset français* (Seuil, 1988) is an excellent history of immigration since the nineteenth century with particularly useful comparisons with the American experience, H. Le Bras, *Marianne et les lapins* (Olivier Orban, 1991) is a witty and extremely spirited attack on the implicit racism of French 'natalist' policies and their effects on the immigrant community, while D. Schnapper, *La France de l'intégration* (Gallimard, 1991) states the case for the traditional French 'integrationist' approach to immigration, with interesting reflections on the philosophical and historical foundations for present policies. On generational conflict, H. Hamon and P. Rotman, *Génération*, 2 Vols (Seuil, 1987–8) is a massive documentary account of May 1968. Otherwise the various editions of *L'État de la France* offer much of interest on old people and young people, especially children.

The literature in French on demographic questions is vast and we can do no more than offer a few bibliographical indications. An indispensable classic work is P. Ariès, *Histoire des populations françaises* (Seuil, 1971). For up-to-date statistical summaries one need look no further than 'La Population française de A à Z', *Les Cahiers français*, January–February 1985, as well as the successive volumes of *Données sociales*, while the introduction written by H. Le Bras, *Population* (Hachette, 1985) sets in context the French preoccupation with demographic matters. On marriage, divorce and the welfare state, E. Sullerot, *Pour le meilleur et sans le pire* (Fayard, 1984) offers a polemical overview from a distinctly natalist perspective, while J. Mossuz-Lavau, *Les Lois de l'amour* (Payot, 1991) looks at questions of sexuality in relation to matters of contraception, abortion, rape, harassment, homosexuality and so on. Much of the literature relating to women also deals with questions of contraception, abortion, marriage and divorce, while M. Foucault, *Histoire de la sexualité*, 3 Vols (Gallimard, 1976–84) is the now classic philosophical study of questions of sexuality. On the French welfare state, F. Ewald, *L'État providence* (Grasset, 1986) and D. Lamiot and P.-J. Lancry, *La Protection sociale: les enjeux de la solidarité* (Nathan, 1989) both describe the French welfare system. 'Chômage et politiques', *Cahiers français*, 195, March–April 1980 looks at unemployment at the end of the first decade in which it became politically and economically significant, while *Données sociales 1990* offers an essay, supported by copious statistics, on new forms of poverty entitled 'Solidarités et déséquilibres'. H. Mendras, *La Fin des paysans* (A. Colin, 1970) looks at the decline of agricultural labour. R. Linhart, *L'Établi* (Minuit, 1978) offers a graphic description of life on the Renault production line. P. Bourdieu, *La Distinction* (Minuit, 1979) provides fascinating portraits of the tastes and life-styles of members of different social classes and this can be complemented by A. Girard, *Les Pratiques culturelles des*

Français (La Documentation française, 1990) as well by essays in Dirn's *La Société française en tendances* and in *L'État de la France*. P. Ory, *L'Aventure culturelle française* (Flammarion, 1989) offers a history of cultural policy since the war, while M. Fumaroli, *L'État culturel* (Éditions de Fallois, 1991) provides a virulent criticism of socialist cultural policies in the post-1981 administration.

The best account of the decline of the army and the church as significant social institutions is to be found in H. Mendras, *La seconde Révolution française*. On the education system, the most authoritative writer is A. Prost in a series of books: the now dated *L'Enseignement en France* (A. Colin, 1968), updated by *L'Enseignement s'est-il démocratisé?* (PUF, 1986) and *Éducation, société et politiques* (Seuil, 1992). These can usefully be complemented by C. Durand-Pringborne, 'Le Système éducatif', *Cahiers français*, 249, January–February 1991 (La Documentation française, 1991). On May 1968, J. Sauvageot *et al.*, *La Révolte étudiante* (Seuil, 1968) is a contemporary account, while Hamon and Rotman's *Génération* interviews many of the May 68 leaders twenty years after the events. P. Bourdieu and J.-C. Passeron, *Les Héritiers* (Minuit, 1964) and *La Reproduction* (Minuit, 1970) offer a thoroughgoing critique of the education system as an agent of equal opportunity, as does R. Boudon, from a more mathematical perspective, in *L'Inégalité des chances* (A. Colin, 1973). By contrast J. Lesourne, *Éducation et société: les défis de l'an 2000* (La Découverte, 1988), in a report commissioned by the French government, looks at the relationship between the needs of the economy and demand for education at the end of the century.

Text 3.1

La France poujadiste

1 La France de ces années-là, quand j'y pense, ce doit être pour les jeunes
gens d'aujourd'hui un peu comme cet 'avant-guerre' dont mes parents
me rebattaient les oreilles: avant la guerre par-ci, avant la guerre par-
là, un de ces temps merveilleux et perdus où l'on avait connu les
5 dernières voluptés de la douceur de vivre. Mais, au fond, toute illusion
mise à part, je crois bien que la France de notre enfance ressemblait
encore bougrement à celle d'avant la guerre. C'est précisément au
cours des années cinquante qu'on sentit se préparer la grande mutation
qui allait retourner la société française comme une crêpe, vider les
10 campagnes et faire pousser à côté des banlieues-champignons les
primeurs appétissantes de la société de consommation.

La France fut alors déchirée, non point entre la droite et la gauche,
mais entre les adeptes de la modernité et les défenseurs de la société
précapitaliste et malthusienne. Dans le premier camp, où nous nous
15 placions résolument, nous, étudiants, citadins sans racine et sans
héritage, on comptait tous les sectateurs du progrès, les ingénieurs
saint-simoniens, les polytechniciens, les amis du genre humain, les
curés progressistes, les femmes savantes, les élèves de l'ENA, les constructeurs d'automobiles, les syndicalistes, les lecteurs de Fourastié
20 (lequel décrivait en des 'Que sais-je?' sans cesse réédités les délices de la
civilisation 'de 1975'), les économistes de la croissance, les chanteurs
marxistes, les professeurs keynésiens, les sidérurgistes, les fonctionnaires
de l'INSEE, les journalistes du *Monde* (à part quelques vieux *réacs*
hérités du *Temps* de jadis), les voyageurs d'Air-France, la jeunesse
25 étudiante chrétienne, les gymnastes, les sociétés d'import-export, les
Éditions du Seuil, les marchands de téléviseurs, les chercheurs de
Saclay, les hygiénistes, les chimistes, les militants du *birth-control*, les
révérends pères dominicains, tout un monde qui grondait contre les
scléroses d'un pays poussif. C'est un État moderne qu'il nous fallait!
30 dynamique! électrique (sinon soviétique)! propre! organisé! efficace!
juste! Nous avions honte de notre fumier natal, de nos vieux autobus
brinquebalants et nous détestions les sépulcres blanchis qui glorifiaient
le passé avec des rimes mais sans raison. Dans l'autre camp s'épanouis-
saient les chantres de la France villageoise, les propriétaires de leur
35 carré de choux, l'Apollon de Bellac, les petits commerçants, les bistrots
qui faisaient la fortune de M. Paul Ricard, la France du XIXᵉ siècle,
radicale, protectionniste, pavillonnaire, avec sa traînée de notaires,

d'avoués, d'huissiers, d'inspecteurs des poids et mesures, de curés traditionalistes, de boulistes à béret basque, de chiens méchants, de
40 murs sertis de tessons de bouteille, de membres actifs de l'association Guillaume-Budé, de bouilleurs de cru, d'administrateurs coloniaux, d'anciens tenanciers de bordel, à quoi s'ajoutaient les fidèles du maréchal Pétain, les sacristains, les bénédictins, les bouchers chevalins, les officiers de cavalerie, tout un peuple mélancolique qui se sentait menacé
45 par l'invasion du plastique, du Coca-Cola et du cheval-vapeur.

Soudain, en 1955, comme si elle avait senti sa mort prochaine, la vieille France se regroupa derrière l'étendard de la révolte que brandit Pierre Poujade, un de ces fiers-à-bras de gloire éphémère dont notre histoire nationale est pleine à craquer.

50 'Poujadolf!' Une trouvaille que ce mot-là! reprise dans une caricature de *l'Express* qui adornait le matamore de Saint-Céré d'une mèche et d'une petite moustache sans équivoque. Le champion des boutiquiers renchérit involontairement en intitulant sa profession de foi *J'ai choisi le combat*, qui faisait penser irrésistiblement à *Mein Kampf*. Sacré Poujade!
55 Jusqu'aux élections du 2 janvier 1956, il faisait rire les beaux esprits que nous étions: un fasciste, d'accord! mais un fasciste du Lot! rien à voir avec les brasseries légendaires de Munich et les revolvers des soldats perdus d'Ernst von Salomon... Oui mais, le 2 janvier, les Maillotins de Poujade obtenaient près de 2 500 000 voix et 52 sièges à
60 la Chambre; il fallait prendre désormais le poujadisme au sérieux.

(Michel Winock, *La République se meurt*, Éditions du Seuil, 1978, pp. 17–19.)

Exercices

Lexique

Expliquez les mots et expressions suivants: ·

bougrement (l.7)	un chantre (l.34)
retourner quelque chose comme une crêpe (l.9)	la France pavillonnaire (l.37)
un vieux réac (l.23)	un bouliste (l.39)
brinquebalant (l.32)	un bouilleur de cru (l.41)
	un fier-à-bras (l.48)

Grammaire et stylistique

(a) Qualifiez le style des lignes 7 à 11: est-il homogène? Quel effet obtient-il? Étudiez le procédé.

(b) Comment l'humour s'exprime-t-il stylistiquement dans ce texte?

Compréhension

(a)   Que comprenez-vous par 'rebattre les oreilles' (l.3)? Expliquez l'expression 'avec des rimes mais sans raison' (l.33). Que comprenez-vous par 'société précapitaliste et malthusienne' (ll.13–14)?

(b)   'Les ingénieurs saint-simoniens' (ll.16–17), 'les femmes savantes' (l.18), 'des "Que sais-je?"' (l.20), 'Saclay' (l.27), 'l'Apollon de Bellac' (l.35), 'M. Paul Ricard' (l.36), 'l'association Guillaume Budé' (ll.40–41): précisez toutes ces allusions. Pourquoi l'auteur choisit-il de citer les Éditions du Seuil (l.26)?

(c)   Montrez les traces d'humour. Comment le mot 'Poujadolf' (l.50) est-il fabriqué? En quoi est-ce 'une trouvaille'?

Questions orales ou écrites

(a)   En donnant d'autres exemples de ces 'fiers-à-bras ... dont notre histoire nationale est pleine à craquer' (ll.48–9), donnez une brève histoire de l'extrême droite en France.

(b)   En vous inspirant de ce passage, écrivez une page comparant une même société à deux époques différentes, ou bien deux sociétés différentes géographiquement.

Text 3.2

Quand la France s'ennuie

1   Ce qui caractérise actuellement notre vie publique, c'est l'ennui. Les Français s'ennuient. Ils ne participent ni de près ni de loin aux grandes convulsions qui secouent le monde. La guerre du Vietnam les émeut, certes, mais elle ne les touche pas vraiment. Invités à réunir 'un

5   milliard pour le Vietnam', 20 F par tête, 33 F par adulte, ils sont, après plus d'un an de collectes, bien loin du compte. D'ailleurs, à l'exception de quelques engagés d'un côté ou de l'autre, tous, du premier d'entre eux au dernier, voient cette guerre avec les mêmes yeux, ou à peu près. Le conflit du Moyen-Orient a provoqué une petite fièvre au début de

10 l'été dernier: la chevauchée héroïque remuait des réactions viscérales, des sentiments et des opinions; en six jours, l'accès était terminé. Les guérillas d'Amérique latine et l'effervescence cubaine ont été, un temps, à la mode; elles ne sont plus guère qu'un sujet de travaux pratiques pour sociologues de gauche et l'objet de motions pour intellectuels.

15 Cinq cent mille morts peut-être en Indonésie, cinquante mille tués au Biafra, un coup d'État en Grèce, les expulsions du Kenya, l'apartheid sud-africain, les tensions en Inde: ce n'est guère que la monnaie quotidienne de l'information. La crise des partis communistes et la révolution culturelle chinoise semblent équilibrer le malaise noir aux

20 États-Unis et les difficultés anglaises.

    De toute façon, ce sont leurs affaires, pas les nôtres. Rien de tout cela ne nous atteint directement: d'ailleurs la télévision nous répète au moins trois fois chaque soir que la France est en paix pour la première fois depuis bientôt trente ans et qu'elle n'est ni impliquée ni concernée

25 où que ce soit dans le monde.

    La jeunesse s'ennuie. Les étudiants manifestent, bougent, se battent en Espagne, en Italie, en Belgique, en Algérie, au Japon, en Amérique, en Égypte, en Allemagne, en Pologne même. Ils ont l'impression qu'ils ont des conquêtes à entreprendre, une protestation à faire entendre, au

30 moins un sentiment de l'absurde à opposer à l'absurdité. Les étudiants français se préoccupent de savoir si les filles de Nanterre et d'Antony pourront accéder librement aux chambres des garçons, conception malgré tout limitée des droits de l'homme. Quant aux jeunes ouvriers, ils cherchent du travail et n'en trouvent pas. Les empoignades, les

35 homélies et les apostrophes des hommes politiques de tout bord paraissent à tous ces jeunes, au mieux plutôt comiques, au pis tout à fait inutiles, presque toujours incompréhensibles. (. . .)

Le général de Gaulle s'ennuie. Il s'était bien juré de ne plus inaugurer les chrysanthèmes, et il continue d'aller, officiel et bonhomme, du
40   Salon de l'agriculture à la Foire de Lyon. Que faire d'autre? (. . .)

Seuls quelques centaines de milliers de Français ne s'ennuient pas: chômeurs, jeunes sans emploi, petits paysans écrasés par le progrès, victimes de la nécessaire concentration et de la concurrence de plus en plus rude, vieillards plus ou moins abandonnés de tous. Ceux-là sont si
45   absorbés par leurs soucis qu'ils n'ont pas le temps de s'ennuyer, ni d'ailleurs le cœur à manifester et à s'agiter. Et ils ennuient tout le monde. La télévision, qui est faite pour distraire, ne parle pas assez d'eux. Aussi le calme règne-t-il. (. . .)

Dans une petite France presque réduite à l'hexagone, qui n'est pas
50   vraiment malheureuse ni vraiment prospère, en paix avec tout le monde, sans grande prise sur les événements mondiaux, l'ardeur et l'imagination sont aussi nécessaires que le bien-être et l'expansion. Ce n'est certes pas facile. L'impératif vaut d'ailleurs pour l'opposition autant que pour le pouvoir. S'il n'est pas satisfait, l'anesthésie risque de
55   provoquer la consomption. Et à la limite, cela s'est vu, un pays peut aussi périr d'ennui.

(Pierre Viansson-Ponté, 'Quand la France s'ennuie', *Le Monde*,
15 March 1968.)

Exercices

Lexique

Expliquez les mots et expressions suivants:

ennuyer/s'ennuyer (ll.2, 46)   une homélie (l.35)
la chevauchée héroïque (l.10)   de tout bord (l.35)
une réaction viscérale (l.10)   inaugurer les chrysanthèmes (ll.38–9)
des travaux pratiques (l.13)   sans grande prise sur (l.51)
une empoignade (l.34)

Grammaire et stylistique

(a)   'Ils ne participent ni de près ni de loin' (l.2); 'elle n'est ni impliquée ni concernée' (l.24). Étudiez les négatives et faites des phrases en les utilisant.

(b)   Le mot 'fièvre' (l.9) commence une métaphore. Quel mot la poursuit?

Compréhension

(a)   Quelle différence faites-vous entre 'émouvoir' et 'toucher' (ll.3–4)?

(b)   'Un sentiment de l'absurde à opposer à l'absurdité' (l.30): que comprenez-vous par cette expression?

Question orale ou écrite

(a)   Dans quelle mesure le sentiment d'ennui décrit par l'auteur de ce texte peut-il expliquer les événements de mai 1968?

Text 3.3

Il faut sauver les derniers Paysans

1 Comment garder la tête froide lorsque l'avenir paraît irrémédiablement
compromis? Comment ne pas sombrer dans la démesure et la violence
lorsqu'on a le sentiment d'être lâché de tous? De la France entière, ce
dimanche, cent mille agriculteurs au bas mot vont déferler sur Paris
5 pour crier aux citadins le mal de vivre du monde rural. Mais, parmi
eux, il en est pour qui ce cri sera tout simplement de désespoir, au sens
plein du mot!

 Leur disparition, c'est aussi, et peut-être surtout, la fin d'un mode de
vie et la mort de régions entières. Sécheresse, baisse des cours, importa-
10 tions sauvages de l'Est, réforme de la politique agricole commune,
baisse du budget de l'agriculture en 1992 . . . Peu importe la raison qui
a fait cette fois déborder le vase. Pour une bonne moitié des paysans
français, les 'petits' éleveurs du Massif central, les jeunes à peine
installés dans les Alpes, les exploitants âgés agrippés à une polyculture
15 dépassée, bref, pour tous ceux qui n'ont pas pu prendre le virage de la
modernité, la démonstration de force de ce dimanche est une manifestation de la dernière chance.

 Que la collectivité nationale continue de leur prodiguer une compas-
sion de façade, et ils finiront au mieux comme de simples figurants
20 dans des sortes de 'réserves naturelles'. Au pire, ils disparaîtront corps
et biens de la vie économique française. Ils étaient 3 millions en 1950.
Ils sont 1 million aujourd'hui. Cent mille d'entre eux ont déjà sombré
depuis 1984. Et lorsqu'on est arrivé à cette extrémité, on est prêt à
tout. Même à suivre les mots d'ordre les plus démagogiques, comme
25 celui du Front national, qui les appelait à *'prendre d'assaut l'Opéra-
Bastille'*. Au risque d'aboutir au résultat inverse de celui recherché, en
braquant un peu plus les Français contre eux.

 Louis Mermaz, 'leur' ministre, a raison de dire que la crise agricole
n'est pas seulement une affaire de gros sous. Les politiques ont beau,
30 ces derniers jours, faire assaut de propos réconfortants et de déclarations
de soutien qui fleurent bon les arrière-pensées électorales, la crise des
campagnes a atteint un tel paroxysme qu'aucun leader traditionnel ne
trouve plus grâce aux yeux des paysans. *'Il n'y en a pas un qui nous
comprenne'*, tranche en privé Raymond Lacombe, le patron de la
35 FNSEA, grande organisatrice de la manifestation du 29 septembre.

 Dans l'opinion, pourtant, les agriculteurs ont conservé ce capital de
sympathie, survivance d'un temps qui s'éloigne où la France des

campagnes se confondait presque entièrement avec la France tout court. Mais à perpétuer une image de catégorie sociale jamais contente
40 – qui ne se souvient du 'pauvre paysan' de Fernand Raynaud? – ils ont aussi dilapidé une grande part de leur capacité de séduction, surtout dans un Hexagone citadin à 80%. N'étaient-ils pas déjà dans les rues l'an dernier à pareille époque?

Sauver les derniers paysans, ceux que l'économie, l'Europe, les États-
45 Unis semblent condamner: qui, sentimentalement, ne souscrit pas à un tel objectif? Mais, pratiquement, comment organiser cette 'opération survie'? Là, les politiques restent sans voix. A leur décharge, ils peuvent rétorquer qu'il faudrait pour satisfaire tous les agriculteurs réaliser la quadrature du cercle. Car 'sauver les paysans', c'est concilier des
50 impératifs à la fois économiques, politiques et sociaux. C'est-à-dire concilier les inconciliables.

On peut aisément soutenir le bien-fondé de la 'restructuration' des campagnes. L'agriculture française paie en quelque sorte ses efforts de modernisation. En trente ans, la productivité du travail a quadruplé.
55 Les céréaliers de la Beauce ou de la Brie ont des rendements parmi les plus élevés du monde. Plus inquiétant pour les paysans, la part relative de l'agriculteur dans l'alimentation régresse à mesure que l'agroalimentaire se développe. Les 3 millions d'agriculteurs de l'après-guerre étaient souvent ceux de 'L'Angélus' de Millet: image-souvenir pour vieux
60 calendriers des postes. Désormais, 350 000 gros exploitants assurent 75% du chiffre d'affaires agricole français, quand 500 000 petits paysans se contentent de 10%.

Au dire des experts, moins de 300 000 exploitations hypercompétitives suffiraient amplement à nourrir les Français et à doper le com-
65 merce extérieur. On suivrait en cela les exemples étrangers. Un peu moins de 7% des actifs sont encore employés dans l'agriculture en France. Ils ne sont que 3% aux États-Unis!

Le sauvetage du monde rural se heurte également aux impératifs européens. La réforme de la fameuse politique agricole commune
70 (PAC), qui met les campagnes en ébullition relève, certes, de la partie de bras de fer entre l'Europe et les États-Unis, mais elle répond également à des considérations plus terre à terre. La PAC coûte toujours plus cher aux Douze (225 milliards de francs), et singulièrement à la France. L'an prochain, sa participation au budget européen grimpera de 71 à
75 84 milliards de francs sans qu'en retour les aides aux agriculteurs français progressent dans la même proportion. D'autant qu'à ces sommes s'ajoutent les 135 milliards – dont 63 de seule protection sociale – affectés dans le budget national à l'aide aux agriculteurs. La collectivité peut-elle faire plus?
80 Pourtant, la classe politique voit bien l'intérêt pour elle de défendre le monde rural. La France est sociologiquement citadine, mais reste électo-

ralement influencée par les campagnes. Les 32 000 maires de petites communes, le mode d'élection des conseillers généraux et des sénateurs assurent aux agriculteurs une représentation sans commune
85 mesure avec leur poids actuel dans la société. Dans sa conférence de presse du 11 septembre, le président de la République a eu beau feindre de découvrir les aberrations du système et laisser entrevoir une possible réforme, il redoute les scrutins locaux du printemps prochain. Élu pendant un quart de siècle d'un département rural, le
90 'Morvandiau' François Mitterrand connaît plus qu'un autre l'influence des agriculteurs sur les autres habitants des bourgs et des petites communes. C'est pourquoi, l'autre semaine, il a personnellement imposé, contre l'avis de plusieurs de ses proches, le blocage des importations de viande de l'Est. Quitte à être montré du doigt pour son
95 'égoïsme'. Louis Mermaz, l'un des fidèles du Président – surnommé avec une certaine bienveillance par les responsables agricoles 'l'Edgar Faure de gauche' – a pris la tête de la fronde contre la réforme de la PAC souhaitée par les 'eurocrates'. Lundi dernier encore, à Bruxelles, il a tout fait pour que les Douze repoussent au maximum – au
100 moins après les élections de 1992, disent les mauvaises langues – la moindre décision. C'est un autre fidèle du Président, Michel Charasse, qui, dans un autre registre, donne de la voix pour enjoindre à ses douaniers d'intercepter les camions étrangers de viande aux frontières.
105 Toutes ces gesticulations de dernière minute suffiront-elles à convaincre les agriculteurs, et singulièrement les 'petits', que l'État est décidé à les sauver? Sûrs de leur emprise sur le monde rural, les leaders du RPR et de l'UDF ont beau jeu ces jours-ci de jeter de l'huile sur le feu en raillant la panique du pouvoir. Il n'est pas certain que ce petit jeu
110 partisan grandisse l'ensemble des responsables politiques. A vouloir conserver ou récupérer ainsi des suffrages, ils risquent de perdre un peu plus de crédibilité, et, le plus grave, sans rendre service à ceux qu'ils pensent soutenir. Il y va pourtant de l'intérêt général de sauver les 'derniers agriculteurs'. En un siècle, l'exode rural, puis la dispari
115 tion des fermes les moins compétitives ont abouti à un résultat effarant: 45% de l'Hexagone se transforme en désert. La dernière exploitation qui met la clé sous la porte, et c'est, à terme, tout un village qui meurt et le retour des friches. Les jardiniers du dimanche que sont les citadins auraient bien du mal à prendre la relève. Autre
120 conséquence: depuis jeudi, le gouvernement a en sa possession un rapport commandé par Jean-Pierre Soisson alors qu'il était encore ministre du Travail, sur 'L'avenir de l'emploi dans les zones rurales fragiles'. Le constat est accablant et les solutions pour 'l'avenir' bien aléatoires.
125 *'Là où il n'y a plus d'agriculture, la nature est ignorée*, lançait voilà peu

Jacques Delors. *Si demain l'Europe devait passer de onze millions à cinq ou six millions d'agriculteurs, nous léguerions à nos enfants un monde invivable.'* Les propos du président de la Commission de Bruxelles ne sont pas passés inaperçus, et les organisateurs de la manifestation de dimanche

130 ont saisi la balle au bond en faisant de cette journée le point d'orgue de la défense de l'ensemble de la France rurale, et non des seuls agriculteurs.

Voilà ainsi posé, au-delà de la survie d'une catégorie sociale, un problème essentiel, celui de l'équilibre du territoire. Car, s'il y a trop de

135 paysans pour une agriculture compétitive, il n'y en a plus assez pour sauvegarder le capital naturel de la France '*80% de la population concentrée sur 20% du territoire, on marche sur la tête'*, s'exclamait l'autre jour, avec bon sens, Jean-Pierre Sueur, le secrétaire d'État aux Collectivités locales.

140 Mais, pour les agriculteurs, l'indignation vient bien tard. Surtout, elle paraît aux antipodes des choix d'aménagement du territoire faits depuis des lustres. Quand l'État dépense 700 francs par habitant dans un département rural, il en consacre 1 700 pour un Bordelais et 2 700 pour un Parisien, rappelle-t-on à la FNSEA. En exacerbant les égoïsmes

145 locaux, la décentralisation n'a pas inversé le mouvement. Au contraire. Allemands et Britanniques, qui ont par tradition moins d'agriculteurs que nous, dépensent pourtant six à dix fois plus de crédits que la France pour leurs zones rurales. Dans l'affaire, l'Europe a bon dos. Sous prétexte qu'elle est désormais la principale responsable de la

150 politique agricole (elle dépense ainsi 40 milliards de francs par an pour les zones difficiles), l'État français s'est trop désintéressé de ses campagnes.

Face à la menace de désertification, la prise de conscience publique semble quand même venir. Pour preuve, Édith Cresson a même installé

155 mercredi le Conseil national d'aménagement du territoire. Mais, là encore, les politiques sont confrontés à un nouveau dilemme. Ils 'fonctionnariseraient' volontiers les petits paysans, en les transformant en 'jardiniers de la nature'. Mais ces derniers ne veulent pas en entendre parler. '*Aucun agriculteur ne resterait sur sa ferme pour regarder*

160 *pousser les pâquerettes*, va répétant Raymond Lacombe. *Nous sommes là pour produire.'*

La réponse n'appartient pas aux seuls agriculteurs. C'est aussi l'équilibre de la France de demain qui est en jeu. Le désespoir des paysans place l'État devant ses responsabilités. Depuis le premier choc pétrolier,

165 il n'aménage plus vraiment le territoire. C'est pourtant l'une de ses tâches. Avec l'éducation et l'immigration, c'est même aujourd'hui une priorité.

(Patrick Coquidé, 'Il faut sauver les derniers paysans,' *Le Point*, 28 September 1991, pp. 49–53.)

Exercices

Lexique

Expliquez les mots et expressions suivants:

le mal de vivre (l.5)	une partie de bras de fer (ll.70–71)
une importation sauvage (ll.9-10)	terre à terre (l.72)
faire déborder le vase (l.12)	quitte à (l.94)
prendre le virage de (l.15)	montrer du doigt (l.94)
un figurant (l.19)	jeter de l'huile sur le feu (l.108)
braquer quelqu'un (l.27)	une friche (l.118)
une affaire de gros sous (l.29)	prendre la relève de (l.119)
rester sans voix (l.47)	un point d'orgue (l.130)
à leur décharge (l.47)	saisir la balle au bond (l.130)
le bien-fondé de (l.52)	on marche sur la tête (l.137)
doper (l.64)	des lustres (l.142)
se heurter à (l.68)	l'Europe a bon dos (l.148)

Grammaire et stylistique

(a) Identifiez et justifiez le mode/temps de 'continue' (l.18) et de 'comprenne' (l.34). Faites vous-même des phrases commençant par 'que'.

(b) Étudiez le registre de l'article. Relevez des expressions ou images 'toutes faites'. Trouvez-en d'autres, et utilisez-les dans un court paragraphe résumant le texte.

Compréhension

(a) Qui est Fernand Raynaud? Expliquez l'allusion de la ligne 40. Expliquez l'allusion à 'L'Angélus de Millet, image-souvenir pour vieux calendriers des postes' (ll.59–60).

(b) Qu'est-ce qu'un 'Morvandiau' (l.90)? Qu'entend-on par 'désertification'? Est-ce un problème réel à votre avis?

(c) Expliquez et discutez la pensée de Jacques Delors exposée aux lignes 125-7.

(d) Que comprenez-vous par 'fonctionnariser les petits paysans' (l.157)? Donnez votre avis sur cette 'solution' à la question agricole.

Question orale ou écrite

(a) L'article expose en conclusion une série de problèmes auxquels la France doit faire face en priorité. Donnez votre point de vue sur la hiérarchie des urgences.

Text 3.4

L'Invention de la Bretagne

1   La perception de la spécificité des différentes provinces françaises apparaît sous la Révolution et l'Empire, au moment où les provinces cessent
d'être des entités politiques. Jusque-là, il n'y avait pas de discours
cohérent et organisé sur la province et encore moins sur la région.
5   Désormais, chaque province se voit reconnaître une histoire, avec ses
monuments et ses grands hommes, une géographie, un sol, un climat
et des hommes, des paysans, avec leur mode de vie (leur folklore) et les
traits caractéristiques de leur race. En 1830, on peut considérer que les
catégories de la description des provinces françaises sont fixées. En
10 revanche, si le cadre est désormais au point, le contenu évolue. La
représentation de la Bretagne par exemple fait toujours appel aux
mêmes termes: la nature du pays, le folklore, la race celtique; mais
selon les époques, la lande est sinistre ou bucolique, le costume étrange
ou ravissant, le Breton sauvage ou pieux. On peut ainsi repérer des
15 'époques' caractéristiques où, à une forme donnée de la représentation
provinciale (la Bretagne sauvage de l'époque romantique par exemple)
correspondent des auteurs particuliers, un type d'écrits privilégié (le
roman noir), un public caractéristique, des fonctions idéologique et
politique spécifiques.

Une province parmi d'autres: la Bretagne

20

Les représentations qui touchent à la Bretagne sont particulièrement
caractéristiques des usages sociaux d'une image régionale pour trois
raisons essentielles. En premier lieu à cause des Celtes: ceux-ci, ou leurs
épigones, les Gaulois, font office à partir de la fin du XVIIIème siècle,
25 d'ancêtres communs à presque toutes les populations paysannes de la
France. Parce qu'ils parlent breton, et parce que la péninsule a été
effectivement recolonisée par des populations celtiques au VIème siècle,
les Bretons font figure de celtes-véritables, sortes de fossiles anthro-
pologiques arrivés intacts du fond des âges et dont les traits caractéris-
30 tiques auraient gardé plus de force que ceux de leurs voisins. Une autre
raison contribue à donner à l'image de la Bretagne une place particulière dans la conscience collective du XIXème siècle: la chouannerie. Les
révoltes rurales qui se sont succédées à partir de 1792 ont traumatisé
durablement l'opinion. Elles n'ont été le fait que d'une partie de la
35 Bretagne mais l'historiographie banale a eu vite fait – la statistique des

titres en témoigne – de créer l'image d'un grand Ouest uniformément chouan et bocager s'étendant du Mans à l'Iroise. Enfin le réel retard économique du pays a renforcé l'impression d'un monde archaïque. Le décalage est surtout sensible après 1850 au moment où l'industrialisa-
40   tion s'accélère dans une bonne partie de la France et où, simultanément, s'écroulent les activités économiques traditionnelles en Bretagne (toiles, cabotage, mines). L'expérience paraît soudain confirmer l'apparence.

Tout ceci cependant fonctionne plus comme amplificateur que comme déterminant véritable des caractéristiques attribuées à la pro-
45   vince. Lorsque la province française dans son ensemble est réputée sauvage, la Bretagne paraît simplement plus sauvage (... parce que celte, archaïque, et chouanne); lorsque la province française tout entière est censée être catholique et conservatrice, la Bretagne est plus catholique et plus conservatrice (toujours parce que celte, archaïque et
50   chouanne ...). Cette exacerbation permanente ne doit pourtant pas masquer l'essentiel: la chronologie, le mode de formation, les fonctions assurées par l'image de la Bretagne s'inscrivent dans des évolutions sociologiques, politiques et esthétiques nationales dont on peut suivre la chronologie sur près de deux siècles.

55   *Le Breton ou les fonctions d'un stéréotype*

C'est de la Révolution qu'il faut dater la naissance de la représentation provinciale telle qu'elle est encore en usage. Les éléments qui forment l'image moderne des provinces sont au nombre de trois: elle se construit autour d'un personnage rural et d'une personnalité géographique; sa
60   production correspond à des auteurs et à un public identifiables; des options politiques et idéologiques précises s'y investissent selon une chronologie tout à fait repérable. Au total, le stéréotype provincial est caractéristique de la culture politique du XIXème siècle et du XXème siècle.
65   C'est sous la plume des administrateurs et des savants de la Répu-blique, du Consulat et de l'Empire que se structure pour la première fois la notion de personnalité provinciale à partir de quatre éléments associés: une civilisation rurale, saisie essentiellement à travers ses signes extérieurs (les costumes, coutumes, rites et superstitions ... du
70   folklore), une race, une langue et un paysage. Il est désormais classique de reconnaître à l'origine de ce savoir des interrogations très administra-tives et politiques qui par la suite s'effacent. Il faut en effet environ 40 ans à l'ensemble des connaissances de type folklorique accumulées sur la Bretagne pour se débarrasser des prémisses politiques qui marquent
75   leur naissance. Pour la Bretagne comme pour les autres provinces, on oublie les interrogations en termes de pouvoir (ce paysan est-il un citoyen soumis, un agriculteur efficace?) qui ont fait converger les

regards vers un rural auparavant ignoré. La recherche se donne dès les
années 1800 comme pure curiosité érudite que justifie le phantasme de
80 la disparition des coutumes. Phantasme, le terme a sa place ici, non
qu'il soit inexact que les habitudes rurales changent et que certaines
disparaissent, mais parce que leurs traits constitutifs sont perçus par les
observateurs comme un stock constitué une fois pour toutes dans les
temps reculés et dont la trace irait en s'affaiblissant tous les jours. Les
85 usages ruraux ne sont nullement considérés comme des réalités évolu-
ant à aussi juste titre que les modes urbaines ou les habitudes des
notables. Au contraire, ils sont conçus comme un précieux dépôt –
c'est le terme employé – légué par les ancêtres et que des héritiers
ignorants de la valeur du magot dilapideraient par négligence. L'entre-
90 prise érudite des notables folkloristes a dès lors une justification: sauver
ce 'trésor', qui la dispense d'autres interrogations.

(Catherine Bertho, 'L'invention de la Bretagne', *Actes de la
recherche en sciences sociales*, No 35, November 1980, pp. 45–7.

Exercices

Lexique

Expliquez les mots et expressions suivants:

les épigones (l.24)   le cabotage (l.42)
faire office de (l.24)   amplificateur (l.43)
la chouannerie (l.32)   l'exacerbation (l.50)
être le fait de (l.34)   s'y investissent (l.61)
l'historiographie (l.35)   se donne (l.78)
bocager (l.37)   le phantasme (l.80)
le décalage (l.39)   un magot (l.89)

Grammaire et stylistique

(a) Identifiez et justifiez le temps/mode du verbe dans les expressions
suivantes: 'se voit reconnaître' (l.5); 'selon les époques la lande est
sinistre ou bucolique' (l.13); 'auraient' (l.30); 'a eu vite fait' (l.35); 'non
qu'il soit' (ll.80–81).

Compréhension

(a) Que faut-il mettre sous la 'spécificité des différentes provinces
françaises' (l.1)?

(b) Qu'est-ce que le 'roman noir' (l.18)? Expliquez le rapport avec le texte.

(c) Que comprenez-vous par 'des usages sociaux d'une image régionale'
(l.22)?

(d)   Expliquez la référence aux 'révoltes rurales' (l.33).

(e)   Quels éléments constituent la notion de personnalité provinciale (l.67)?

(f)   Quelle est la différence entre une province et une région en France?

Question orale ou écrite

(a)   L'image stéréotypée de la Bretagne correspond-elle à une réalité?

Text 3.5

TGV: une décennie qui a changé la France

1   On se bat pour l'avoir ou pour qu'il passe au large. Lui, il roule. Depuis
      juste dix ans, le TGV est devenu le symbole d'une nouvelle SNCF. Le
      27 septembre 1981, les premiers passagers du Train à grande vitesse
      découvraient un nouveau paysage entre Paris et Lyon, celui que l'on
5   traverse à 270 km/h. Cinq jours avant, François Mitterrand avait
      inauguré la ligne nouvelle. Ironie du sort: c'est une technologie dévelop-
      pée à l'initiative d'un président de droite, Georges Pompidou (à l'occa-
      sion du dernier Conseil des ministres qu'il présida), qui allait offrir à un
      président de gauche, quelques mois après son élection, une scène
10   fabuleuse pour présenter une image de modernité, et celle d'un pouvoir
      prêt à dépoussiérer ses plus vénérables institutions.
          Parmi elles, la SNCF, sauvée par la grande vitesse. Pour mettre en
      ligne ses TGV entre Paris et Lyon, elle a consacré plus de 14 milliards
      de francs. Mais elle ne cassait pas seulement sa tirelire. Elle inventait
15   un nouveau produit qui devait lui rapporter de l'argent. Nouveau, dans
      sa culture. Certes, la société mangeait son pain blanc. Elle lançait son
      train orange sur la liaison la mieux appropriée pour concurrencer
      l'avion. La direction tablait sur un taux de rentabilité de 10%. Aujour-
      d'hui, elle l'évalue à 15%. Les investissements sont sur le point d'être
20   amortis, en avance sur le calendrier. Nulle autre liaison, en service sur
      l'Atlantique ou en projet dans le Nord, le Sud ou l'Est, n'est aussi
      porteuse.
          Au départ, le train orange eut ses détracteurs. Très vite, ils furent
      soumis. Dès la première année pleine d'exploitation, en 1982, les TGV
25   transportent 6,4 millions de passagers sur le réseau sud-est. Ils ne
      prennent pas encore le pas sur les trains traditionnels, qui y assuraient
      un trafic de 12 millions de voyageurs par an. Mais la montée en
      puissance est au rendez-vous. Elle couche Air Inter sur l'aile, qui perd
      la moitié de ses passagers sur Paris-Lyon. La compagnie aérienne avait
30   sous-estimé l'impact. Avant le TGV, la vitesse était l'apanage de l'avion.
      Avec le TGV, elle change de camp, et le rail la symbolise, comme au
      premier temps du chemin de fer. Le public accroche et multiplie ses
      déplacements au fur et à mesure de l'arrivée de nouvelles rames. L'an
      dernier, 20,6 millions de passagers ont pris un TGV sur le Sud-Est: une
35   fréquentation qui a plus que triplé en dix ans. Et, sur l'Atlantique, on a
      approché les 13 millions de passagers. Le tout grâce à 208 rames qui
      desservent 86 villes.

Le TGV a tiré la croissance du trafic ferroviaire en même temps qu'il devenait la coqueluche du pays et de son industrie. La SNCF en a
40 profité pour changer de mode d'exploitation. Subrepticement, elle introduit dans son langage des termes comme profit, comme rentabilité. Et, pour les liaisons à grande distance, elle gomme de son registre la notion de service public. Le commercial sur les grandes lignes, avec le TGV, balaie les vieux comportements. La culture cheminot est ébranlée
45 lorsque les derniers présidents de la SNCF – d'André Chadeau à Jacques Fournier en passant par Philippe Essig et Philippe Rouvillois – ont l'œil rivé sur les comptes d'exploitation. Aujourd'hui, la SNCF est déficitaire dans le fret. Et, dans les transports régionaux et de banlieue, elle équilibre ses comptes grâce aux compensations tarifaires de l'État
50 ou des régions. Seules les grandes lignes rapportent de l'argent, et couvrent les divers autres déficits d'exploitation.

Certes, il y a les autres trains qui sillonnent l'Hexagone. Mais ils appartiennent déjà au passé. L'an dernier, le TGV a transporté un passager sur quatre de grandes lignes. La SNCF lui consacre la moitié
55 de l'ensemble de ses investissements, commandant de nouvelles rames plutôt que de moderniser ses vieux wagons couchettes indignes, et programmant 3 400 km de nouvelles lignes (contre 417 km actuellement sur Paris-Lyon et 287 sur l'Atlantique) selon un schéma directeur conçu pour irriguer tout le territoire.

60 Le TGV a également gagné son ticket d'entrée dans le monde politique. Pas un maire qui ne souhaiterait avoir une gare TGV à sa porte. Car la grande vitesse ferroviaire a changé la géographie de l'Hexagone. Il faut l'avoir pour se rapprocher de Paris, pour attirer les hommes d'affaires qui courent après le temps, et les touristes pressés
65 d'arriver à destination. Le TGV est un outil d'excellence dans le marketing territorial. Pierre Mauroy s'est battu bec et ongles pour qu'il passe par Lille alors que les élus d'Amiens défendaient leur cause sur le futur trajet Paris-Londres. Strasbourg veut l'imposer à cor et à cri pour conserver le Parlement européen. Même pour Rouen, Laurent Fabius le
70 réclame. Mais, si on veut les gares, on refuse les lignes, qui créent des cicatrices dans le paysage. L'exemple le plus flagrant est aujourd'hui celui de la Provence, où des associations locales refusent les lignes nouvelles. Le cœur des élus balance: pas question de se priver du TGV, impossible de se mettre l'opinion publique à dos. Alors, ils tentent
75 de rejeter la ligne sur d'autres circonscriptions et de garder la gare. C'est une lutte d'influences qui remonte jusqu'à l'Élysée. Pour le gouvernement, le terrain est miné. S'il est hors de question de revenir sur l'extension du réseau grande vitesse, ils hésitent à le figer. En charge du ministère des Transports, Michel Delebarre prit du retard pour
80 présenter le projet de schéma directeur, face aux réactions passionnelles déclenchées par les choix de tracés. Et sur les plus délicats, son

successeur, Louis Besson, n'a pas tranché non plus. Mais le temps fait
son office. La machine ferroviaire a mis son TGV en marche, avec
comme objectif de mettre à trois heures au plus de Paris toutes les
85   métropoles françaises. Pour prendre l'avion de vitesse.

('TGV: une décennie qui a changé la France', *Libération*, 22
September 1991, p. 14.)

Exercices

Lexique

Expliquez les mots et expressions suivants:

au large (l.1)   une rame de train (l.33)
le Conseil des ministres (l.8)   la coqueluche (l.39)
dépoussiérer (l.11)   gommer une notion (ll.42–3)
la tirelire (l.14)   cheminot (l.44)
manger son pain blanc (l.16)   l'Hexagone (l.63)
tabler sur (l.18)   se battre bec et ongles (l.66)
amortir un investissement (ll.19–20)   à cor et à cri (l.68)
un projet porteur (ll.21–2)   se mettre quelqu'un à dos (l.74)
prendre le pas sur (l.26)   le temps fait son office (ll.82–3)
l'apanage de (l.30)

Grammaire et stylistique

(a)   'Lui, il roule' (l.1). Conjuguez cette phrase à toutes les personnes.
(b)   Quel est l'effet du passé simple à la ligne 8? Utilisez-le vous-même
      dans un court paragraphe décrivant une réalisation technologique de
      votre choix.

Compréhension

(a)   Expliquez ce qu'est la 'notion de service public' (l.43) et comment 'le
      commercial sur les grandes lignes, avec le TGV, balaie les vieux
      comportements' (ll.43–4). Quels sont les avantages et les inconvénients
      du 'commercial' dans un service public?

Question orale ou écrite

(a)   En quoi la modification de la géographie de la France, grâce au TGV,
      vous semble-t-elle souhaitable?

Text 3.6

Cent Mesures pour les femmes: le nom

1   Parmi les attributs de la personne, le nom revêt une importance particulière. Il désigne en effet la personne, il l'individualise et la personne s'identifie au nom qu'elle perçoit comme sien. En droit français, le nom est attribué par filiation. Ainsi, le parent qui a transmis
5   son nom à l'enfant ne disparaît pas, il se perpétue en la personne de celui-ci. De plus, le nom peut acquérir une valeur commerciale ou s'attacher une clientèle. Attribut essentiel de l'individu, et même droit de la personnalité, transmissible, le nom de chaque personne devrait pouvoir être librement conservé et transmis par elle, indépendamment
10   de son sexe; or, il n'en est rien.

    Les solutions du droit français reflètent une conception de la famille, centrée autour du père, chef de famille. Le nom du père se communique, à tous les membres de la famille, alors que la femme perd le sien pour prendre celui de son mari. Seul le nom du père se transmet à ses
15   enfants. La famille adopte ainsi un nom unique, le nom du père, nom patronymique.

    Une réforme du droit positif devrait avoir pour objet l'établissement d'un nom qui ne soit plus un nom patronymique, mais un nom véritable de famille, reflétant l'origine de cette famille, issue à la fois
20   d'un père et d'une mère.

    Diverses solutions ont été envisagées (ou adoptées dans les pays étrangers).

    M. Durand épouse Mlle Leroy. Au moment du mariage ils choisissent ensemble entre trois formules:

25   (1)   S'appeler M. et Mme Durand, et transmettre ce nom à leurs enfants.
       (2)   S'appeler M. et Mme Leroy et transmettre ce nom à leurs enfants.
       (3)   S'appeler M. Durand et Mme Leroy et transmettre à leurs enfants soit le nom de Durand soit le nom de Leroy.

    Mais la disparité de noms au sein d'une même famille ne va pas sans
30   inconvénient. C'est pourquoi il paraîtrait préférable que chaque individu porte, jusqu'à son mariage, un double nom composé de celui de son père et de celui de sa mère.

    La progression géométrique interdisant que ses enfants en fassent autant, sous peine d'allonger inconsidérément les patronymes, il con-
35   viendrait qu'au moment du mariage, il choisisse celui des deux qu'il veut conserver et adjoindre au nom de son conjoint.

Pratiquement: M. Durand-Leroy épouse Mlle Dupont-Martin. Ils prennent ensemble et transmettent à leurs enfants le double nom suivant au choix:

40   Durand-Dupont,
        Leroy-Dupont,
        Durand-Martin,
        Leroy-Martin.

Un tel système s'il présente l'inconvénient de conférer à chaque per-
45   sonne deux noms au lieu d'un a cependant de nombreux avantages: comme l'homme, la femme conserve son nom, et le transmet; elle contribue à la désignation de la famille; le nom reflète exactement les filiations paternelle et maternelle, et consacre l'égalité de celles-ci. Enfin, chaque individu, à un moment de sa vie, choisit le nom qu'il
50   désire porter et perpétuer.

Une formule plus simple, dont les effets sont un peu différents, a été adoptée en Allemagne.

Au moment du mariage, les époux peuvent décider que le nom porté par la famille (y compris l'époux) et qui sera transmis aux enfants, sera
55   celui de l'épouse.

Avant de choisir entre les systèmes possibles – d'autres pouvant être imaginés – un sondage pourrait indiquer valablement celui qui correspondrait le mieux, en l'état actuel, à la psychologie de la population française.

(F. Giroud (ed.), *Cent Mesures pour les femmes*, La Documentation française, 1976, pp. 91–2.)

Exercices

Lexique

Expliquez les mots et expressions suivants:

revêtir (l.1)	sous peine de (l.34)
il n'en est rien (l.10)	cela ne va pas sans (l.29)
le nom patronymique (ll.15–16)	conférer quelque chose à quelqu'un (l.44)

Grammaire et stylistique

(a)   'Le nom revêt. . .' (l.1): trouvez d'autres mots signifiant 'prendre' ou plus généralement 'avoir'. De la même manière, trouvez des synonymes du verbe 'être'.

(b)   Précisez et justifiez le mode du verbe 'porte' (l.31). Analysez le mode des verbes aux lignes 33–6.

Compréhension

(a)   Quelle différence faites-vous aux lignes 18–19 entre un 'nom patronymique' et un 'nom véritable de famille'? Quelles conceptions de la famille ces deux termes recouvrent-ils?

(b)   L'auteur suggère plusieurs 'systèmes' patronymiques possibles et ajoute que d'autres peuvent être imaginés. Faites vos propres propositions et dites quelle désignation vous paraît la meilleure et pourquoi.

Question orale ou écrite

(a)   Les mesures symboliques peuvent-elles faire avancer la cause des femmes?

Text 3.7

Féminisme et sexisme

1   L'une des revendications fondamentales des féministes vise à faire disparaître les 'chasses gardées', à empêcher que la sphère publique soit occupée par les seuls hommes, la sphère privée dévolue aux seules femmes. Nous avons vu que les femmes qui travaillent s'intéressent

5   plus que les autres aux affaires de la collectivité et revendiquent l'accès aux postes de responsabilités politiques. Mais, en franchissant cette frontière, montrent-elles un souci égal de voir les hommes pénétrer dans la sphère privée et prendre part à des tâches qui ont, de tous temps, incombé aux épouses et aux mères? Et dans quelle mesure les

10   femmes inactives et les hommes, plus ou moins 'réservés' sur l'ouver-ture de la vie politique au deuxième sexe, acceptent-ils que les barrières s'abaissent, que public et privé communiquent au point que, partout, la mixité l'emporte?

  Nos quatre groupes témoignent d'une sensibilité très variable aux

15   grandes exigences féministes (voir tableau). En particulier, ils appré-cient diversement ce qui détourne les femmes de leur vocation tradition-nelle et les fait entrer sur les terres masculines: l'exercice d'une profes-sion. Quoique de plus en plus fréquent, le travail féminin prête à discussion. Chez les hommes tout d'abord, dont la moitié souhaite que

20   les femmes abandonnent leur métier au plus tard lorsqu'elles ont des enfants, mais aussi chez les femmes au foyer (40%) et les ex-actives (38% contre 20% des actives). Les actives sont les plus nombreuses à envisager une interruption limitée dans le temps et pratiquement les seules à considérer qu'une femme doit travailler sans interruption

25   jusqu'à l'âge de la retraite. Autrement dit, quelles que soient les 'conditions' exigées par les uns ou les autres pour juger favorablement le travail féminin (que la femme soit célibataire, sans enfant du tout ou sans enfant en bas âge, etc . . .), toutes se rapportent au rôle conjugal et maternel de la femme, qui est censé déterminer l'ensemble de ses

30   activités. Chaque groupe raisonne en fin de compte en fonction de sa situation propre: celles qui exercent une profession valorisent l'activité, celles qui ne travaillent pas (ou plus) à l'extérieur la rejettent en partie. Quant aux hommes, s'ils sont les plus enclins à désigner aux épouses le chemin du foyer, c'est sans doute aussi parce que bien des éléments de

35   leur vie quotidienne peuvent les y pousser: près d'un sur deux a une femme sans profession, l'image de l'homme 'digne de ce nom' est encore pour beaucoup celle du pourvoyeur du foyer, leur femme –

Opinions à l'égard de la division des rôles: les femmes actives sont les plus nombreuses à la refuser

	Hommes actifs %	Femmes actives %	Ex-actives %	Femmes au foyer %
Pour une femme, de nos jours, qu'est-ce qui vous paraît la meilleure solution?				
– ne pas travailler	15	5	7	10
– travailler jusqu'au mariage	7	2	4	5
– travailler jusqu'à ce qu'elle ait des enfants	29	13	27	25
– s'arrêter le temps d'élever les enfants puis reprendre ensuite	40	66	58	54
– travailler sans interruption jusqu'à la retraite	5	12	3	3
Sans opinion	4	2	1	3
Pouvez-vous me dire s'il vaut mieux que ce soit la femme qui s'occupe de la vaisselle, l'homme, ou bien les deux?				
– l'homme	1	1	0	0
– la femme	36	25	39	49
– les deux	62	74	59	51
Sans opinion	1	0	2	0
Pouvez-vous me dire s'il vaut mieux que ce soit la femme qui donne les soins aux jeunes enfants, l'homme, ou les deux?				
– l'homme	0	0	0	0
– la femme	50	33	46	49
– les deux	49	67	54	50
Sans opinion	1	0	0	1

lorsqu'elle travaille – est peut-être obligée de le faire pour des raisons matérielles et cela pose des problèmes familiaux, etc.

40   Ces sentiments semblent en tout cas assez profondément enracinés dans les mentalités puisqu'ils amènent à imaginer pour les générations futures une organisation sociale dans laquelle les femmes n'ont pas autant besoin que les hommes d'être préparées à l'exercice d'une profession. Alors que 76% des actives pensent que 'bien réussir dans

45   ses études est aussi important pour une fille que pour un garçon', 66% des hommes et 61% seulement des femmes au foyer sont de cet avis –

l'idée de ceux qui font 'deux poids deux mesures' étant sans doute que
la réussite scolaire de la fille est moins cruciale puisque celle-ci a la
ressource de faire carrière dans le mariage, ou qu'elle n'aura à fournir
50 qu'un salaire d'appoint.

Le travail féminin – et tout ce qui y conduit – est donc bien perçu
comme l'élément qui ébranle le monde encore assez cloisonné dans
lequel vivent aujourd'hui les Françaises et les Français. Et il le bouscule
réellement si l'on en juge par les avis exprimés à propos des tâches
55 domestiques et éducatives. La vaisselle indifféremment faite par
l'homme et la femme? Cela convient aux trois-quarts des actives,
presque aux deux-tiers des ex-actives et des hommes et à la moitié
seulement des femmes au foyer. Les soins aux jeunes enfants dispensés
par les deux conjoints? Les 'partageurs' sont déjà un peu moins nom-
60 breux mais les actives restent celles qui acceptent le plus volontiers que
maternage s'accorde avec paternage. En revanche, les 'inactives'
comme les hommes, réservent assez souvent ces soins-là à la seule
mère. Ces jugements correspondent d'ailleurs à ce qui est vécu dans la
réalité quotidienne de chacun. Il est évident que les femmes travaillant
65 à l'extérieur ne peuvent plus assurer l'intégralité des tâches domestiques
et éducatives. Et, quand on les interroge sur la façon dont se répartis-
sent, à leur foyer, un certain nombre de tâches liées à la vie familiale,
les actives (26%) sont de fait moins nombreuses que les ex-actives
(46%) et les femmes au foyer (56%) à déclarer qu'elles font tout elles-
70 mêmes. Pourtant, le passage par l'entreprise modifie sans conteste les
comportements puisque, même lorsqu'elles ont cessé de travailler, les
femmes ayant connu la vie professionnelle sont plus aidées par leur
conjoint que celles qui n'ont pas fait ce 'détour'.

En bref, nous voyons se dégager deux modèles familiaux, deux
75 conceptions assez opposées du rôle que doit jouer la femme au sein du
couple et par rapport à sa descendance. L'une, dernière-née de la
période immédiatement contemporaine, est celle de la famille à double
carrière, la 'famille-association', dans laquelle l'homme et la femme
n'ont plus de missions spécifiques, exercent ensemble des responsa-
80 bilités, accomplissent l'un et l'autre les tâches requises par la vie d'un
ménage, la famille où surgissent enfin les 'nouveaux pères'. L'autre,
vestige de l'organisation sociale d'il y a quelques décennies, repose au
contraire sur une répartition des rôles selon le sexe. L'homme est au
dehors (à 'l'entreprise', mais aussi à des réunions, dans des lieux
85 publics), et pourvoit aux besoins de la famille, la femme est 'dedans',
règne sur la sphère privée dont elle a entièrement la charge; et elle ne
prend un emploi que lorsque les contraintes matérielles (le bien-être
familial . . .) l'exigent.

(Janine Mossuz-Lavau and Mariette Sineau, *Enquête sur les
femmes et la politique en France*, PUF, 1983, pp. 68–71.)

Exercices

Lexique

Expliquez les mots et expressions suivants:

incomber à (l.9)
l'emporter (l.13)
une femme au foyer (l.21)
le pourvoyeur (l.37)

un monde cloisonné (l.52)
le maternage et le paternage (l.61)
le vestige (l.82)

Grammaire et stylistique

(a) Quelle différence faites-vous entre les expressions suivantes: 'aux seules femmes' (ll.3–4) et 'aux femmes seules'? Trouvez d'autres adjectifs qui changent de sens suivant leur position par rapport au nom qu'ils qualifient et illustrez les variations dans des phrases.

(b) 'Deux poids deux mesures' (l.47). Quel est l'équivalent en anglais? Faites la liste de dix autres expressions toutes faites et trouvez-en la traduction en anglais.

Compréhension

(a) Qu'appelle-t-on la 'population active' (ll.21–2)? Montrez les paradoxes de la définition courante.

(b) A votre avis, que signifie l'expression 'famille-association' (l.78)? Que comprenez-vous par l'expression 'un homme digne de ce nom' (l.36)? Faites-en le portrait.

Question orale ou écrite

(a) Examinez le tableau proposé à la page 458 et dites si vous y découvrez des surprises.

Text 3.8

Dieu qu'ils sont laids: comment font-elles?

1   On proclame volontiers l'égalité entre les sexes. L'égalité, l'égalité, c'est vite dit! Il faut quand même avouer que les hommes ont du génie. Ils ont trouvé un truc sensationnel: nous faire croire pendant des siècles que si on les aime ce n'est pas pour leur physique. Dans leur cas, la
5   beauté, ça ne compte pas. Ce qui compte, c'est l'intelligence, le talent, la fortune, l'expérience, c'est tout ce que vous voudrez sauf le galbe de leur mollet ou la forme de leur nez. Et ça, c'est très astucieux. D'abord parce que la beauté, c'est donné, ça ne s'acquiert pas, ensuite parce que la beauté, ça se fane, ça se flétrit, ça s'en va.
10   Pour les femmes, en revanche, voyez comme tout s'arrange, l'important à leurs yeux, donc aux nôtres, c'est cela précisément, c'est la rose, c'est l'éphémère éclat d'une jeunesse que, de Booz à Aznavour en passant par Ronsard, les poètes se sont empressés de cueillir: mignonne, allons voir, avant qu'il ne soit trop tard, donne, donne, allez, donne tes
15   seize ans. A qui? A qui les demande et qui est en âge, pardon en situation, de les apprécier à leur juste valeur. Sur ce chapitre, on assiste à une rapide, à une spectaculaire évolution des mœurs et des mentalités. Quel était, en effet, jusqu'à il y a deux ou trois ans, le modèle courant du séducteur au cinéma? Piccoli, Rochefort, Marielle, Montand . . .

20   *Don Juan sur le retour*

  La petite ou la bonne cinquantaine – parfois même davantage, selon les jours, les éclairages – sévèrement tenue le plus souvent, pesée, poncée, passée à la teinture blonde ou noire, révisée côté denture et enduite de crème à bronzer sans soleil. Combinés à un début de raideur dans la
25   démarche et le geste, les rides dites d'expression, les cernes, les pattes d'oie, le côté fripé du haut et ankylosé du bas semblaient – pourquoi en parler au passé? – semblent toujours plaire aux tendres et ravissantes partenaires de ces dons Juan un peu sur le retour. Certaines même sont si peu regardantes – je pense à Charlotte Rampling dans *Le Taxi mauve*
30   – qu'elles en arrivent à trouver goût aux molles lourdeurs d'un Noiret ventripotent. Si à la sortie du film vous osez vous étonner, vous plaindre du spectacle peu ragoûtant offert par les étreintes pour le moins mal assorties – inversez les rôles, imaginez Signoret et Patrick Dewaere dans les mêmes draps! –, il se trouvera toujours quelqu'un
35   pour vous rappeler au sens des réalités.

C'est, paraît-il, un fait de société que l'attrait exercé sur de très jeunes femmes par le savoir-vivre, le savoir-faire d'une maturité bien affirmée, bien établie sur tous les plans, affectif, social et naturellement financier. Posez-leur la question. Elles vous diront s'ennuyer avec des
40   garçons de leur âge, et chercher – et trouver – dans une relation avec un homme déjà installé dans la vie une sécurité nécessaire à leur épanouissement. Réalisateur en vogue, écrivain célèbre, gros industriel, s'ils ne sont plus de la première fraîcheur, nos séducteurs de la pellicule ont tout de même du répondant. C'est ce qui importe. D'ailleurs, dans
45   le monde animal, le phénomène est constant: relisez Lorenz, parcourez Ardrey, vous verrez que les femelles se soumettent voluptueusement à la loi du plus fort, du plus puissant, bref, du plus offrant.

Traduit en termes clairs, cela signifie qu'elles se conduisent toutes comme des putains. C'est ce qu'on essaye de nous prouver sur tous les
50   écrans de cinéma.

Une situation savoureuse

Croyez-vous que les femmes s'en offusquent, qu'elles réagissent à l'insulte? Absolument pas. Ce sont eux, ce sont les hommes que cela vexe à présent dans leur orgueil, leur vanité. Comment! Passé un certain âge
55   on ne les aimerait que pour leur argent, leur célébrité? Et on se permettrait de le laisser entendre? Si on les adore, si on les vénère, ce n'est pas du tout pour ça. C'est pourquoi, alors? C'est pour la qualité, le fini de leur travail au tapis, pour leurs prouesses au lit. La preuve? Jean Yanne dans *Moi, fleur bleue*. Un Jean Yanne en jean crasseux, hirsute,
60   gras à lard, mal rasé. Il n'est ni banquier, ni P.-D.G., il est routier et il ne sait laquelle choisir, laquelle combler, de deux splendeurs: Sydney Rome et Jody Foster, deux sœurs extasiées par la taille semble-t-il renversante de son appareil génital.

Pour peu que cette tendance se confirme, on a de bonnes chances
65   d'assister un jour à un savoureux retournement de la situation. Des hommes devenus objets de désir, dont le prix sera fonction de leurs seules mensurations. Voilà qui serait, avouez, du dernier piquant.
(Claude Sarraute, 'Dieu qu'ils sont laids: comment font-elles?',
F Magazine, No 3, March 1978.)

Exercices

Lexique

Expliquez les mots et expressions suivants:

le galbe (l.6)   la petite ou la bonne cinquantaine
un don Juan sur le retour (l.20)   (l.21)

côté denture (l.23)

une patte d'oie (ll.25–26)

regardant (l.29)

ragoûtant (l.32)

en vogue (l.42)

avoir du répondant (l.44)

un P.-D.G. (l.60)

un routier (l.60)

du dernier piquant (l.67)

Grammaire et stylistique

(a)   'Pour peu que' (l.64): identifiez le mode du verbe qui suit. Faites vous-même des phrases avec cette expression dont vous préciserez le sens.

(b)   Le style parlé: donnez des exemples du vocabulaire de la langue parlée. Grammaticalement, remarquez le mélange du 'on' et du 'nous' (ll.3–4) incorrect à l'écrit.

Compréhension

(a)   Que comprenez-vous par 'le fini de leur travail au tapis' (l.58)? En quoi le terme 'femelle' (l.46) est-il amusant en français dans ce contexte?

(b)   Précisez les allusions 'c'est la rose' (l.11), 'mignonne, allons voir' (ll.13–14). Identifiez les nombreux personnages célèbres évoqués aux lignes 19 et 33–34 en particulier.

Question orale ou écrite

(a)   Imaginez la sortie de cinéma évoquée aux lignes 31–35: inventez des dialogues possibles.

Text 3.9

Plus français que moi, tu rentres chez toi

1   Au début de l'été, mon père m'inscrivait au tennis de La Baule. Matin
et soir, j'étais condamné aux travaux forcés. En socquettes et short
blancs, en polo Lacoste, je devais taper à coups de raquette sur des
balles Slazenger ou Dunlop. Pour ce père breton dont le tennis du fils
5   signait l'ascension sociale, dénicher les oiseaux, courir les bois avec des
paysans du même âge, plaisanter avec des jeunes filles, eût été déchoir.
Bon fils, j'allais donc chaque jour cogner sur les balles de caoutchouc
laineux. Je me prenais au jeu. Et, puisqu'on comptait les points, je
gagnais. Je tapais n'importe comment, mais je l'emportais sur ces
10   jeunes Nantais, Angevins et Parisiens sûrs d'eux, de leur monde et plus
encore de leur style. Victoires qu'ils contestaient aussitôt. Certes, j'avais
gagné, mais sans style. Je n'aurais pas dû gagner puisque eux possédai-
ent le style. Si j'avais plus de points et eux plus de style, c'est que la
règle était mauvaise: on ne devait plus compter les points, mais juger le
15   style.
On n'entre pas dans la bourgeoisie par le mérite. La même remarque
vaut pour les immigrés. Contrairement à ce qui était écrit sur les
pancartes brandies par les gros bras du Front national ou par les dames
patronnesses RPR, être français ne se mérite pas. C'est même dangereux
20   pour un immigré. Un Breton de la deuxième génération peut jouer au
tennis, on le lui recommande même comme preuve d'intégration, mais
c'est aux vrais bourgeois français de gagner. Un immigré peut consciencieusement s'assimiler, il peut devenir français, mais un cran en dessous. Bretons et immigrés menacent ici les mêmes structures sociales.
25   Ils sont rejetés par un même changement des règles. Ils ont beau avoir
suivi l'école française, avoir adopté le mode de vie familial des Français,
avoir oublié leur langue, négligé leur religion, ils concurrencent les
Français en place, d'autant plus qu'ils leur ressemblent davantage.
Alors, on tente de les repousser, sous prétexte qu'ils n'ont pas le style.
30   Inutile de compter les points.
Ainsi, la question des immigrés, qui a beaucoup occupé les Français
depuis trois ans, s'est peut-être posée non pas en raison des difficultés
de l'intégration, mais à cause de son succès. Les immigrés représentent
un danger pour être devenus trop français, comme les juifs 'cosmopo-
35   lites' de l'avant-guerre à qui il était reproché une trop grande facilité à
se couler dans n'importe quelle culture.
Maintenant que la boutique du Code de la nationalité a fermé, il est

temps de s'interroger sérieusement sur cette curieuse folie, sur cette
affaire Dreyfus sans capitaine qui se termine sans révision de procès. Il
40 est temps de se demander si la 'commission des sages' était vraiment
sage et vraiment composée de sages. Temps de savoir si le traitement
purement politique de la question ne dissimulait pas une manœuvre
sociale destinée à remettre les immigrés à leur place, la plus basse,
qu'ils avaient tendance à quitter, tandis que de bons Français de
45 souche dégringolaient de l'échelle sociale. Un grand nombre d'arguments militent pour cette interprétation.

(Hervé Le Bras, 'Plus français que moi, tu rentres chez toi',
Le Genre humain, February 1989, pp. 9–10.)

Exercices

Lexique

Expliquez les mots et expressions suivants:

les travaux forcés (l.2)	une dame patronnesse (ll.18–19)
Je me prenais au jeu (l.8)	un cran en dessous (ll.23–4)
brandir une pancarte (l.18)	la commission des sages (l.40)
les gros bras du Front national (l.18)	

Grammaire et stylistique

(a) 'Au début de l'été, mon père m'inscrivait . . .' (l.1). Quel est l'effet de
l'imparfait?

(b) 'Dénicher les oiseaux, courir les bois . . ., plaisanter avec des jeunes
filles, eût été déchoir' (ll.5–6). Expliquez le subjonctif. Récrivez la
phrase en utilisant un autre mode. Pourquoi à votre avis l'auteur opte-
t-il pour le subjonctif?

(c) Commentez le style de l'auteur (car, quoiqu'il en dise, il en a un . . .),
et en particulier son sens de la formule. En vous appuyant sur vos
commentaires stylistiques ainsi que sur le contenu du texte, précisez
votre perception du narrateur.

Compréhension

(a) Expliquez le titre. Faites d'autres expressions sur ce modèle.

(b) 'La boutique du Code de la nationalité a fermé' (l.37): expliquez
l'allusion et dites aussi comment la question des immigrés 'a beaucoup
occupé les Français depuis trois ans' (ll.31–2), c'est-à-dire depuis 1986.

(c) Expliquez 'cette affaire Dreyfus sans capitaine' (ll.38–9). Montrez son
impact.

(d) 'Un grand nombre d'arguments militent pour cette interprétation'
(ll.45–6). Précisez lesquels.

Question orale ou écrite

(a)   Que pensez-vous de la comparaison entre les immigrés devenus trop français et les juifs cosmopolites de l'avant-guerre (ll.34–5)? Comparez avec la position de François Léotard dans le Texte 3.13.

Text 3.10

Lettre ouverte à Véronique, Denis, Alessandro et les autres

1 *Anne Tristan est journaliste. Elle a tout quitté pour vivre avec les*
militants du Front national. Après avoir été secrétaire administrative de la
plus forte section locale de ce parti à Marseille, elle a raconté l'expérience
sous forme d'un livre intitulé Au Front. *Elle met cette lettre à la fin de*
5 *son livre.*

Cette lettre n'est pas destinée à vous convaincre. D'abord, vous
n'avez pas le temps de lire. Ensuite, dès l'instant où j'ai quitté les
quartiers nord, je ne suis plus, à vos yeux, habilitée à parler. Enfin, ce
n'est pas une lettre qui vous fera changer.
10   Je voulais juste vous dire que j'ai eu du mal à vous quitter, non que
j'aie fini par admettre vos idées et vos méthodes. Vos obsessions, vos
voitures qui foncent dans la nuit sur des silhouettes isolées, vos armes,
vos haines m'ont toujours rendue malade. Je reviens chez moi, déterminée à les dénoncer.
15   Mais je reviens aussi pour parler de la misère d'où surgissent vos
fantasmes, de cette terre aride que n'irrigue plus aucune solidarité, de
ce désert où sévit le mirage lepéniste. Je ne vous persuaderai pas de
faire demi-tour. Si seulement je pouvais forcer les sourds à entendre
votre mal de vivre! Avant qu'il ne soit vraiment trop tard.
20   A Sarcelles-sous-Mistral, on courbe les épaules sous les barres de
béton, l'horizon est bouché par le chômage. D'année en année, le
champ des espoirs se rétrécit. La gauche au pouvoir pas plus que la
droite n'a éclairci l'avenir. Sur le terrain, rares sont ceux qui parlent de
serrer les coudes, de combattre ensemble. On se bat, on en bave, mais
25 c'est chacun pour soi, quitte à piétiner le voisin. Même une socialiste,
ancienne gréviste prend pour cible aujourd'hui les Arabes et les Juifs.
Cette logique du bouc émissaire n'a pas de fin: elle vous, elle nous
broiera tous.
Je vous en veux de ne pas savoir résister aux marchands d'illusions
30 du Front national. Je m'en veux aussi à moi-même de les avoir laissés
s'installer. J'en veux à ceux qui leur ont laissé le champ libre, qui ne
parlent plus que compétition et concurrence, qui ont renoncé à défendre
pied à pied des valeurs humanistes d'égalité et de solidarité.
En arrivant au Front national, je pensais débarquer dans un repaire
35 de barbouzes, un parti aux frontières bien définies. Il aurait mieux valu.
Je me suis retrouvée au cœur d'un puissant courant xénophobe, un

courant ancien, bien français, longtemps réduit à l'état de filet mais qui inonde aujourd'hui largement le pays.

C'est cette épidémie qui m'inquiète. 'Tout le monde est pour Le Pen',
40 dites-vous. De fait, peu de voix se lèvent pour vous contredire. On voit même à la télévision des hommes politiques très éloignés du Front national prendre un air mesuré pour dire qu'il y a un 'problème d'immigration'. Dans ces conditions, si même des gens qui ont fait des études le disent ... pourquoi ne pas rallier Le Pen, qui affirme ce que
45 d'autres bredouillent?

Les solutions des lepénistes ont un goût de rance. Ce n'est pas parce que le Front national n'a jamais été au pouvoir qu'il est neuf pour autant. Vous-mêmes, d'une certaine façon, le dites: Véronique s'attend à être trahie par Le Pen comme elle l'a été par les autres. Et Denis rêve
50 que les 'gens du peuple' s'unissent pour faire reculer le chômage. Le Front est une auberge espagnole, on y entre avec sa révolte à soi, sa rancœur, sa rage de vivre en HLM, de manquer d'argent et tant d'autres raisons d'agressivité rentrée. Chacun apporte sa haine sous le bras, puis, grappillant dans les autres plats, trouve à se mettre sous la
55 dent d'autres haines, attisées par des militants chevronnés. Et le doigt est mis dans l'engrenage.

Au cours de ces mois passés avec vous, j'ai eu le temps de vous écouter. J'ai appris vos discours, et surtout les silences de vos discours. Certes, vous n'êtes pas des assassins, ni même pour la plupart des
60 assassins en puissance. Dans le combat qui se livre, au creux de chacun de nous, entre la violence et l'interdit, c'est souvent le second qui l'emporte.

Mais pas toujours. Une nuit de la mi-juin 1987, six jeunes Niçois frappent à mort un Tunisien ouvrier boiseur. Un jour de la mi-août
65 1987, une dizaine de garçons âgés de quatorze à vingt-trois ans provoquent dans la petite ville de Châteauroux, une bataille rangée avec des Maghrébins. Fin août, trois chauffards de l'Oise passent à tabac un auto-stoppeur d'origine algérienne. Aucun des agresseurs n'a hésité à se dire raciste pour justifier son geste.

70 Amalgame, direz-vous, ces jeunes-là n'étaient pas du Front. Pourtant vous ne m'empêcherez pas de me remémorer la phrase de Jean-Pierre: 'Quand le Front national fait 15% des voix, il y a déjà moins de risque à tuer un Arabe, quand il fera 30%, etc.' Ces mots ne me quittent plus. Je croyais le Front derrière moi. Je sais aujourd'hui qu'il n'est que
75 l'esquif porté par une vague plus puissante, une mer de haine.

Le racisme est depuis trop longtemps une affaire banale. On s'y habitue. On se réjouit que la justice condamne les crimes racistes sans plus s'étonner qu'il y ait eu crime. Le Front profite de ce réveil des réflexes d'exclusion. On s'y habitue aussi. On se félicite qu'il enregistre
80 'seulement' 12 à 15% des suffrages dans les sondages; ou encore qu'il

ne rassemble 'que' quelques milliers de personnes sur les plages de l'été 1987. On s'habitue à tout.

En vous quittant, j'ai remercié chacun de vous pour sa sollicitude à l'égard d'Anne la chômeuse. J'ai partagé avec vous beaucoup de
85   choses. Dans la grisaille des quartiers nord, votre amitié était bienvenue. Nous étions des braves gens qui s'aimaient, mais ajouterait Albert Cohen, Juif et Marseillais d'adoption, des 'braves gens qui s'aiment de détester ensemble'.

J'ai songé à ceux d'entre vous qui se rassurent, estimant que le Front
90   national n'a rien de dangereux 'puisqu'il se soumet aux électeurs'. J'ai souhaité que leurs yeux se dessillent.

J'ai espéré, sans trop y croire. Mais ma dernière pensée a été pour cette petite vieille qui, fragile, est restée à contre-courant des manifestants du 4 avril en murmurant *Le Chant des partisans*.

(Anne Tristan, *Au Front*, Gallimard 1987, pp. 253–57.)

Exercices

Lexique

Expliquez les mots et expressions suivants:

faire demi-tour (l.18)	un goût de rance (l.46)
le mal de vivre (l.19)	une auberge espagnole (l.51)
se serrer les coudes (l.24)	le doigt est mis dans l'engrenage
on en bave (l.24)	(ll.55–6)
la logique du bouc émissaire (l.27)	passer à tabac (ll.67–8)
pied à pied (l.33)	la grisaille (l.85)
les barbouzes (l.35)	leurs yeux se dessillent (l.91)

Grammaire et stylistique

(a)   'se remémorer' (l.71): trouvez six autres verbes sur le même modèle.
(b)   Dégagez le vocabulaire populaire, le vocabulaire à charge émotive; précisez les registres et les tons.

Compréhension

(a)   Qu'entendez-vous par le 'mirage lepéniste' (l.17)? Expliquez et commentez l'expression des lignes 29–30: 'les marchands d'illusions du Front national'.
(b)   Qui sont à votre avis les 'sourds' dont il est question à la ligne 18? Dégagez l'idée du quatrième paragraphe.
(c)   'une mer de haine' (l.75): quels commentaires vous suggère cette expression?
(d)   Précisez l'allusion au *Chant des partisans* (l.94).

Question orale ou écrite

(a)   Comment vous représentez-vous Véronique, Denis, Alessandro et les autres? Décrivez leurs vêtements, leur environnement (famille, maison, amis). Imaginez plusieurs cas. Faites-les parler ensemble.

Text 3.11

Un Modèle français d'intégration

1 Installé en mars 1990, le Haut Conseil à l'intégration ne s'attendait pas
à publier son premier rapport annuel au milieu d'une guerre opposant
la France à un pays arabe. Devait-il surseoir à cette publication? Les
neuf 'sages' qui le composent ont vu, au contraire, dans les événements
5 du Golfe une raison supplémentaire de s'exprimer sur l'une des questions majeures de la société française.

Le document que le Haut Conseil a remis, lundi 18 février, au
premier ministre est l'ébauche d'un véritable code de l'intégration. On
y trouve, à la fois, une analyse et des propositions. C'est la première fois
10 qu'une instance officielle va aussi loin dans la définition de ce concept,
adopté récemment par la quasi-totalité de la classe politique.

Il est beaucoup question de 'communautés' depuis le début de la
guerre du Golfe: communautés juive, musulmane, maghrébine ...
Comme si la France était un ensemble de minorités ayant chacune son
15 opinion, son autonomie, sinon ses droits particuliers! Le Haut Conseil
souligne que cette approche est contraire à l'esprit d'une République
indivisible et laïque.

Le *'modèle français d'intégration'*, affirme-t-il, se distingue nettement
de certaines tendances qui se font jour en Europe: la logique des
20 communautés (comme en Grande-Bretagne) ou la reconnaissance de
minorités nationales (comme dans les pays de l'Est). Le Haut Conseil ne
nie pas qu'il existe en France, comme partout, des minorités. Il pense
cependant que les principes traditionnels d'égalité des personnes, de
reconnaissance des droits individuels et de non-discrimination assurent
25 mieux l'épanouissement de chacun, dans l'unité nationale, que la
reconnaissance institutionnelle – et forcément discriminatoire – de ces
minorités.

Qu'est-ce que l'intégration? Ce n'est pas une voie moyenne entre
l'assimilation et l'insertion, affirment les neuf 'sages', mais *un processus*
30 *spécifique par lequel il s'agit de susciter la participation active à la société*
nationale d'éléments variés et différents, tout en acceptant la subsistance de
spécificités culturelles et morales et en tenant pour vrai que l'ensemble
s'enrichit de cette variété, de cette complexité'. Ou encore, plus simplement:
'Sans nier les différences, en sachant les prendre en compte sans les exalter,
35 *c'est sur les ressemblances et les convergences qu'une politique d'intégration*
met l'accent dans l'égalité des droits et des obligations.' En clair, les immigrés,
d'où qu'ils viennent, doivent *'accepter les règles'* de la société française,

adhérer à '*un minimum de valeurs communes*', pour que leur '*fusion dans la collectivité nationale*' continue à enrichir celle-ci et à contribuer à son

40 rayonnement. On est loin de la fameuse '*société multiculturelle*', tant vantée par certains au début des années 80 . . .

Le Haut Conseil à l'intégration dénonce, à juste titre, une grande confusion dans le vocabulaire. Il distingue et précise quatre termes: l'étranger, l'immigré, la personne d'origine étrangère et la personne

45 exclue ou marginalisée. Ainsi, de nombreux immigrés, qui ne sont plus étrangers, sont parfaitement intégrés, alors que des populations juridiquement françaises dès l'origine (provenant, par exemple, des départements d'outre-mer) peuvent êtres victimes de discrimination et rencontrer des problèmes d'intégration . . . Les 'sages' mettent en garde à ce

50 propos contre une sorte d'intégration à l'envers: celle qui naît de la cohabitation explosive, en certains quartiers, d'immigrés récents et de Français en voie de marginalisation. Dans un tel contexte, l'intégration n'est plus une promotion sociale, mais une '*intégration-exclusion*'.

Confusion du vocabulaire, mais aussi confusion statistique. Le Haut

55 Conseil souligne qu'une connaissance imprécise, partielle et dispersée des populations étudiées (immigrés, étrangers, personnes d'origine étrangère, marginaux) ne permet ni de suivre correctement les évolutions ni d'évaluer la portée des décisions prises et d'informer clairement l'opinion. Il a donc conçu une sorte de baromètre, qui devrait permettre

60 d'étudier l'intégration de manière un peu plus sérieuse. Différents 'groupes-cibles', constitués d'immigrés et de leurs enfants, qu'ils soient français ou étrangers, seront étudiés sur la base de vingt-trois indicateurs juridiques, économiques et sociaux: durée du séjour en France, montant des revenus transférés dans le pays d'origine, usage de la

65 langue française, mariages mixtes, taux de fécondité, pourcentage de bacheliers, taux de chômage, revenus par ménage, concentration géographique, mortalité infantile, dépenses de santé, population carcérale . . . En attendant, le Haut Conseil a procédé à une enquête auprès de plusieurs dizaines de communes. Et il donne dans son rapport un état,

70 aussi précis que possible, de tous les chiffres disponibles.

Les neuf 'sages' reconnaissent que le gouvernement et le Parlement ont pris récemment quelques mesures importantes pour favoriser l'intégration. Ils pensent cependant qu'il faut '*aller plus vite et plus loin*'. Parmi leurs propositions: la création d'une grande '*direction de la popula-

75 tion et de la solidarité*' au ministère des affaires sociales, la transformation des foyers d'accueil pour travailleurs migrants et une extension de la protection sociale pour les étrangers.

Faut-il créer un ministère de l'intégration? Les 'sages' ne se prononcent pas vraiment sur ce point: tout dépend des pouvoirs réels qu'on

80 donnerait à un tel organisme qui risque d'être une coquille vide. Pour le moment, il faut faire travailler ensemble des ministères différents. Or

le secrétariat général à l'intégration, créé en novembre 1989, n'a pas les moyens de jouer ce rôle. Tout se passe comme si on avait seulement créé un échelon supplémentaire.

85   Faut-il accorder aux résidents étrangers le droit de vote aux élections locales? Les neuf 'sages' sont partagés sur le fond de cette mesure, comme sur ses effets. En tout cas, ils sont unanimes pour reconnaître que l'examen de cette question, dans les circonstances présentes, ne jouerait certainement pas en faveur de l'intégration des immigrés.

90   Vouloir *'aller plus vite et plus loin'* n'empêche pas le Haut Conseil de remarquer que l'intégration est une affaire de longue haleine. Elle ne peut réussir que dans la durée. Mais le temps n'est pas toujours linéaire: les effets dévastateurs du chômage et une urbanisation ratée font que certains enfants d'immigrés, même s'ils ont la nationalité

95   française, sont aujourd'hui moins bien intégrés que leurs parents!

Un autre paradoxe tient aux rapports de la France avec ses voisins. Compte tenu de la prochaine ouverture complète des frontières communautaires et de la poussée migratoire en provenance de l'Est, toute politique à l'égard des immigrés suppose une concertation internatio-

100   nale et une harmonisation de certaines règles. Or la France a un 'modèle' d'intégration. Et elle entend le garder.

(Robert Solé, 'Un Modèle français d'intégration', *Le Monde*, 19 February 1991.)

Exercices

Lexique

Expliquez les mots et expressions suivants:

surseoir à (l.3)   mettre l'accent sur (l.36)
une ébauche (l.8)   à juste titre (l.42)
une instance officielle (l.10)   tout se passe comme si (l.83)
il est question de (l.12)   un échelon (l.84)
se faire jour (l.19)   une affaire de longue haleine (l.91)

Grammaire et stylistique

(a)   Justifiez les subjonctifs 'viennent' (l.37) et 'soient' (l.61), et faites des phrases sur le modèle des phrases dont ils sont tirés.
(b)   Étudiez l'usage de la question oratoire en début de paragraphe (l.28, l.78, l.85). Faites un résumé du texte en utilisant ce procédé.

Compréhension

(a)   Que peut-on reprocher au mot 'communauté'? Quelle différence faites-vous entre 'assimilation', 'insertion' et 'intégration'? Donnez une réponse précise. Définissez et différenciez 'l'étranger', 'l'immigré', 'la personne d'origine étrangère' et 'la personne exclue ou marginalisée'. De la même manière, indiquez la différence que vous voyez entre 'une société multiraciale' et 'une société intégrée'.

(b)   Analysez la portée des 'indicateurs juridiques, économiques et sociaux' dont il est question (l.63). Dites en quoi ils expriment un degré d'intégration et, éventuellement, trouvez-en d'autres.

Question orale ou écrite

(a)   Définissez le 'modèle français d'intégration' et évaluez-le par rapport à d'autres.

Text 3.12

Le Rejet de l'islam et l'attrait de la France

1   Pour la première fois, l'IFOP a interrogé, parallèlement, un échantillon représentatif de la population française et un échantillon représentatif de la population musulmane. Ce sondage, réalisé pour *le Monde, la Vie* et RTL, indique que plus de deux Français sur trois ont une image très

5   négative de l'islam. De leur côté, les musulmans manifestent un sentiment identitaire assez net, mais neuf sur dix d'entre eux estiment que leur religion est compatible avec une intégration dans la société française.

    Le sondage de l'IFOP a été réalisé entre le 6 et le 13 novembre, en

10   pleine affaire du 'foulard'. Il y a eu, de toute évidence, un 'effet voile' qui se traduit par la faible proportion de non-réponses aux questions posées. Aussi bien dans l'échantillon français (qui compte environ 2,5% de musulmans) que dans l'échantillon appelé schématiquement 'musulmans' (et qui compte 26% de personnes de nationalité

15   française).

    Premier enseignement de ce sondage: les deux groupes perçoivent l'islam de manière diamétralement opposée. Si la 'deuxième religion de France' est synonyme de paix pour 84% des musulmans, il n'y a pas un Français sur cinq pour soutenir pareille proposition. Ce sont les

20   termes de *'fanatisme'* de *'retour en arrière'* et de *'soumission de la femme'* que plus des deux tiers des Français accolent à l'islam. Cette image 'iranienne' est particulièrement accentuée dans la population d'âge mûr, dans les classes populaires et moyennes, chez les sympathisants de l'extrême droite comme ceux du Parti communiste.

25   L'islam est assimilé au *'fanatisme'* par 84% des cadres supérieurs et professions libérales, et par 82% des sympathisants de droite. Ce sont, finalement, les catholiques pratiquants qui se montrent les moins sévères à son égard.

    Il existe ainsi un profond malentendu entre les deux populations

30   interrogées, malentendu qui n'est pas étranger au caractère passionnel des débats de l'année 1989 sur le livre de Salman Rushdie, la construction de mosquées et le port de foulards à l'école publique. L'échantillon musulman présente volontiers l'islam comme une religion de *'tolérance'* (62%), de *'progrès'* (64%), de *'protection de la femme'* (61%). Cela dit, un

35   bon tiers de la population musulmane – indifférente, noncroyante ou assimilée – pense le contraire. Sur la question très controversée de leur statut, les femmes musulmanes ne sont que 56% à parler de l'islam

comme d'une religion qui les *'protège'*. Et ce sont les jeunes qui craignent le plus, dans l'islam, un *'retour en arrière'*.

40   *Revendications identitaires*

Le deuxième enseignement de ce sondage est l'émergence d'un islam communautaire qui pourrait bien être, selon M. Rémy Leveau, chercheur à l'Institut d'études politiques de Paris, la conséquence du *'regard hostile de la société française'*. Dans l'échantillon musulman, on rencon-
45   tre en effet des majorités très favorables à des propositions identitaires aussi précises et variées que la construction de mosquées (90% de réponses positives), l'aménagement de cantines scolaires respectant les obligations alimentaires rituelles (87%), la transformation en jours fériés de fêtes religieuses musulmanes (73%), la participation des
50   étrangers non européens aux élections locales (75%) ou le droit à des représentants qualifiés comme interlocuteurs des pouvoirs publics.

Une volonté de s'intégrer

Sur chacune de ces propositions, des écarts sensibles se manifestent, une fois de plus, avec l'opinion française. Deux Français sur trois sont
55   hostiles au droit de vote des résidents étrangers aux élections locales. L'opposition à la construction de mosquées est affichée par plus d'un tiers des Français (38%). Elle croît avec la visibilité de la mosquée (hauteur du minaret) et sa nuisance sonore supposée (appels extérieurs à la prière). La France tolère l'islam, à condition qu'il reste caché et
60   silencieux . . .

Deux Français sur trois contestent le droit pour les musulmans d'avoir des écoles privées islamiques. Et même la question, apparemment sans grande conséquence sociale, des menus différenciés dans les cantines pour motif religieux donne 56% de réponses négatives. Quant
65   au port du foulard islamique à l'école, il est refusé par 75% des Français (69% des moins de vingt-cinq ans).

Les musulmans manifestent malgré tout – et c'est le troisième enseignement de ce sondage – un souhait d'intégration, allant jusqu'à l'acceptation des valeurs et des règles du jeu françaises, voire à une
70   'privatisation' de la religion. La notion de laïcité de l'État paraît, en effet, partiellement intériorisée. Deux musulmans sur trois ne souhaitent pas bénéficier de lois particulières, conformes à leur religion, pour le mariage, le divorce et la garde des enfants. Les avis sont également très partagés sur la question des écoles privées islamiques, que 36% des
75   musulmans interrogés affirment ne pas souhaiter. L'école publique française garde un réel pouvoir d'attraction.

Si la volonté d'intégration politique semble très nette, allant jusqu'au

souhait d'un président français musulman, la création éventuelle de partis et de syndicats islamiques ne recueille que des taux d'adhésion
80 très faibles. Cela confirme sans doute une certaine répugnance pour des formules répandues dans les pays musulmans et une intériorisation des règles du jeu politique et syndical en France. Ainsi, bien qu'ils soient très majoritairement favorables à des représentants qualifiés pour parler en leur nom, les musulmans interrogés dans cette enquête ne souhait-
85 ent pas que le choix de ces porte-parole se fasse sur des critères nationaux.

A ce souci d'indépendance s'ajoute une volonté de privatisation de la religion qui, pour 95% des musulmans interrogés, paraît conciliable avec une intégration dans le cadre français. C'est particulièrement vrai
90 pour les moins de trente-cinq ans et pour ceux qui ont été scolarisés. Pas d'islam qui puisse choquer la population française: plus d'un musulman sur deux refuse l'appel à la prière à l'extérieur des mosquées. Et trois sur quatre s'affirment prêts à respecter le libre choix d'un proche parent qui abandonnerait sa religion . . .
95 Au total, si ce sondage révèle un glissement de l'opinion française vers une opposition à l'islam, qui dépasse singulièrement les scores nationaux du Front national, il confirme l'existence en France d'un islam majoritairement modéré et tranquille. Un islam qui cherche à la fois à affirmer son identité et à s'intégrer, malgré les efforts de ses extrémistes pour occuper le devant de la scène.

('Le Rejet de l'islam et l'attrait de la France', *Enquête de l'IFOP sur l'islam en France, Le Monde*, 30 November 1989.)

Exercices

Lexique

Expliquez les mots et expressions suivants:

un sentiment identitaire (ll.5–6)
un 'effet voile' (l.10)
le caractère passionnel des débats (ll.30–31)

un écart sensible (l.53)
la laïcité de l'État (l.70)
la garde des enfants (l.73)

Grammaire et stylistique

(a) Remarquez l'expression de quantité 'deux Français sur trois' (l.4).
(b) Attention aux prépositions – 'favorable à' (l.45), 'transformations en. . . de' (ll.48–9), 'participation aux' (ll.49–50), 'aller jusqu'à' (ll.68–9). Trouvez d'autres structures similaires dans le texte, et faites-en des phrases.

Compréhension

(a)   Précisez ce que l'auteur entend par 'l'échantillon appelé schématiquement "musulmans"' (ll.13–14).

(b)   'Les femmes musulmanes ne sont que 56% à parler de l'islam comme
d'une religion qui les "protège"' (ll.37–8). Commentez le chiffre.

(c)   Que comprenez-vous par l'expression qu'emploie l'auteur aux lignes
41–42, 'un islam communautaire'? Et cette autre, aux lignes 69–70,
'une "privatisation" de la religion'?

Question orale ou écrite

(a)   Étudiez le projet présenté aux lignes 44–51. Imaginez ce qu'il signifie
concrètement. Discutez sa faisabilité.

Text 3.13

Lâchetés

1   Comment a-t-on pu en arriver là? Par quelles séries de démissions, de
    lâchetés, de compromis, de flatteries les plus grands dirigeants de ce
    pays en arrivent-ils à faire de M. Le Pen l'astre noir autour duquel
    gravitent ces petites pensées affolées et jalouses? Quelle est la succession
5   de désarrois, quel est l'emporium des ambitions et des calculs qui ont
    engendré cette poursuite triviale, et passablement déshonorante, de
    l'un derrière l'autre et de tous vers le pire? Que depuis dix années on ait
    pu voir une grande force politique, le PS, un chef d'État, François
    Mitterrand, et le désordre des esprits qui accompagne l'un et l'autre,
10 utiliser le Front national après lui avoir donné naissance, est malheu-
    reusement incontestable. Que le parti d'extrême droite ait prospéré sur
    l'humus délétère des calculs électoraux, des manipulations en tout
    genre, des mensonges et des impuissances, cela est hélas! vrai.
        Qu'il y ait donc un lien étroit entre le Front national et le PS, l'un se
15 nourrissant de l'autre et chacun ne devant sa survie qu'à la menace
    de l'autre, l'Histoire le montrera, comme elle l'a montré ailleurs en
    d'autres temps. Mais qu'aujourd'hui, dans cette course aux voix qui
    est un véritable épuisement de la pensée, il faille se donner comme
    ligne de conduite '*ils le pensent, donc je le dis*', voilà qui est de nature à
20 décourager tout civisme et, pour tout dire, tout débat. On ne peut pas
    porter de jugements régulièrement affligeants sur le discrédit qui
    entoure la chose publique si l'on oublie soi-même que la République
    suppose, comme premier ressort et premier principe, la vertu, c'est-à-dire,
    selon Montesquieu, le courage.
25   Pourquoi ne pas accepter cette idée qu'aujourd'hui le courage se
    trouve rarement du côté du plus grand nombre? Pourquoi ne pas
    penser que la dignité de la vie publique tient davantage dans le refus
    que dans la soumission, dans un jugement libre – fût-il solitaire – que
    dans une expression convenue, fût-elle populaire?
30   Or, dans ce dossier carbonisé qui empoisonne la vie politique, et qui
    s'appelle l'immigration, le courage n'est pas d'en parler, de manière à
    glisser ensuite, avec d'autres, dans le sens de la plus grande pente.
        Ce pourrait être autre chose: retrouver par exemple le chemin de
    Renan. Lorsque, après la défaite de Sedan, l'imputant en grande partie,
35 face à la Prusse victorieuse, aux carences de l'école, l'historien appela
    à une réforme intellectuelle et morale, sur quoi la fonda-t-il? Sur
    la nation, elle-même issue d'un plébiscite quotidien, des adhésions

volontaires à un projet. A aucun moment sur la fatalité du sang. Le sang
de nos veines n'est pas, à lui seul, le garant d'une identité, qui fut
40   rayonnante tant qu'elle était le partage d'un idéal et d'une espérance. Il
n'est pas plus la certitude d'un patriotisme que l'indifférence ou la
malveillance ne le serait d'un sang étranger.

Des centaines de milliers d'étrangers, 'mais nos frères pourtant' ont
donné à la France – au-delà de leur vie – une dimension que jamais
45   nos concitoyens par le sang n'ont pu – à eux seuls – lui donner. Sans cette
dimension, à la fois immatérielle et charnelle, notre pays serait ramené à
des frontières invisibles qui le feraient étouffer, mourir avec lui-même.

Ce n'est pas parce que le contenu du mot 'France' est aujourd'hui,
au moment où nous sommes, vulgaire, de notre propre faute, qu'il faut
50   s'enfermer avec lui pour en faire un postulat d'identité, se suffisant à
lui-même dans le confort du sang reçu.

Que l'on aménage avec la plus grande rigueur le droit du sol, qu'on
le subordonne à des conditions drastiques d'adhésion à une communauté de valeurs (serment solennel, langue pratiquée, service militaire,
55   période probatoire, etc.), que l'on définisse des quotas qui correspondent
d'abord à nos intérêts, cela n'est pas contestable et serait fort bien
compris de nos compatriotes, comme des pays concernés. C'est d'ailleurs
l'esprit (et souvent la lettre) de toutes les propositions faites jusqu'alors
par l'opposition.

60   Mais que – de grâce! – dans un débat où se mêlent l'histoire la plus
ancienne, la culture et l'image d'un peuple, le patrimoine de valeurs
qu'il incarne, le regard que l'on peut avoir sur lui, on ne change pas le
droit pour un avantage de pacotille qui ressemble un peu trop à un
espoir électoral.

65   Penser serait-il interdit, expliquer désuet, convaincre inutile? En 1940,
la France connut la douleur de l'invasion. Ce fut à l'honneur de quelques-
uns d'y résister. Le mot n'a pas changé. Il fallait de la violence, des armes,
des bombes et des meurtres pour y faire face. Ceux qui appelèrent à cet
usage, à cette dignité, à ce courage, eurent raison. Je ne suis pas sûr
70   qu'aujourd'hui on mesure la portée du précédent inconsciemment
invoqué. Y convoquer l'esprit français légitimement tourmenté par le
désordre et l'impatience ajoute à l'amertume: à l'invasion, on résiste par
la violence! Et à la violence, par quoi résiste-t-on? Si l'on consulte un jour
les Français sur ce sujet, qu'auparavant au moins on montre de leur passé
75   les plus belles images: celles d'un grand peuple qui ne fut jamais une race.

Depuis les gardes suisses tombant devant les Tuileries jusqu'aux
légionnaires de toutes races montant au corps à corps les talus de Dien
Bien Phu en passant par le groupe Manoukian, combien sont ceux
pour qui les 'morts pour la France' ont donné à notre peuple, par le
80   sang versé, beaucoup plus qu'ils n'ont reçu?

(François Léotard, 'Lâchetés', Le Monde, 24 September 1991.)

Exercices

Lexique

Expliquez les mots et expressions suivants:

le désordre des esprits (l.9)
l'humus délétère (l.12)
la chose publique (l.22)
ce dossier carbonisé qui empoisonne
    la vie politique (l.30)

imputer la défaite aux carences de
    l'école (ll.34–5)
une dimension immatérielle et
    charnelle (l.46)
un avantage de pacotille (l.63)

Grammaire et stylistique

(a) Récrivez la phrase des lignes 16–17 en commençant par 'L'Histoire montrera que . . .'. De même, récrivez les lignes 17–21 en commençant par 'On peut être découragé devant le fait qu'aujourd'hui . . .'. Faites vous-mêmes des phrases commençant par 'que'.

(b) 'Un jugement libre – fût-il solitaire', 'une expression convenue, fût-elle populaire' (ll.28–9). Expliquez les subjonctifs. Trouvez vous-même une expression de ce type.

(c) 'Qu'auparavant au moins on montre de leur passé les plus belles images' (ll.74–5). Expliquez l'emploi du subjonctif. Faites une phrase sur le même modèle.

(d) En vous appuyant sur le titre, sur des mots, expressions et paragraphes précis du texte, dites quelle image François Léotard veut donner de lui-même et précisez son ton.

Comprehénsion

(a) 'Ces petites pensées affolées et jalouses' (l.4). Précisez le ton.

(b) Qui sont Montesquieu (l.24) et Renan (l.34)? Expliquez l'allusion des lignes 35–38, Dien Bien Phu (ll.77–8) et le groupe Manoukian (l.78).

(c) Expliquez et discutez la référence à 1940 et à la Résistance (ll.65–7). Expliquez en particulier ce que recouvre l'expression 'Je ne suis pas sûr qu'aujourd'hui on mesure la portée du précédent inconsciemment invoqué' (ll.69–71).

Question orale ou écrite

(a) Montrez comment François Léotard retourne la controverse sur le 'sang' (ll.38–42). Donnez votre avis sur le rapport entre 'sang' et 'race'.

Text 3.14

Pour le Moment, moi, ça va

1   *Voici le témoignage d'un ajusteur P 3. Il a vingt-huit ans, marié. Son père était garç on de café. Il a son certificat d'études et le brevet élémentaire industriel. Il habite une pièce avec sa femme qui attend son premier enfant. Il a l'eau, le gaz, l'électricité, la radio.*

5   Dès mes dix-huit ans, je suis venu à Paris. J'ai toujours travaillé dans la même entreprise, une usine métallurgique, sauf durant mon service militaire.

Je trouve que j'ai plutôt de la chance de vivre à l'époque actuelle. Il y a du travail pour tout le monde et pas de conflit international.

10   Je suis ajusteur P 3. Ce travail me plaît. C'est mon métier, je l'ai choisi. Pas assez payé pour ce que c'est, mais le travail est actif et varié. Bien sûr, je souhaite avancer pour gagner plus et pour être plus tranquille . . . J'ai été à l'école assez longtemps, il faut bien que cela me serve à quelque chose. Mais je veux rester toujours dans la même

15   branche.

Avoir des responsabilités ne me fait pas peur. Pas seulement parce qu'il vaut mieux commander que d'être commandé, mais parce qu'on est plus tranquille. C'est comme à la caserne.

Bien sûr, c'est quand même ingrat à cause des responsabilités, mais

20   enfin, elles sont payées. Dans notre boîte, c'est peut-être moins dur de percer que dans les petites boîtes. C'est toujours la même histoire; il y a d'abord les pistonnés, mais il y a des débouchés pour les jeunes de plus en plus nombreux. Pour les hommes, tout au moins. Pour les femmes, il n'y a rien du tout. Dans les bureaux, par exemple, une sténodactylo

25   reste sténodactylo toute sa vie.

Non, je ne peux pas dire que je sois exploité. Pour le moment, ça va. Ma femme est de mon avis.

Je n'ai pas de gros soucis d'argent; je m'organise avec ce que j'ai; je ne me prive sur rien. Mais j'aurais besoin de quinze mille francs de plus

30   par mois pour envisager l'achat d'un logement à construire. La vie a drôlement augmenté depuis un an, dans des proportions beaucoup plus importantes que les salaires. J'estime que le logement devrait être le principal souci de nos députés. La situation est lamentable. Ça fait des années, sept ans, que j'en attends un. Il n'y aurait qu'à supprimer les

35   dépenses inutiles, par exemple, les guerres, les avions à réaction. Les taudis ne devraient plus exister à notre époque.

Je voudrais bien devenir propriétaire d'un logement à Paris, mais, pour un ouvrier, c'est inabordable; j'y consacrerais volontiers quinze pour cent de mon salaire.

40   J'épargne toujours un peu pour le lendemain; il vaut mieux être prévoyant, en cas de maladie, par exemple. Chez nous, il y a une retraite, nous n'aurons pas une vieillesse malheureuse, comme ces vieux qui vont à l'asile ou sont dans la misère.

J'ai toujours en vue l'amélioration du confort, nous projetons l'achat
45   d'un petit réfrigérateur; mais les projets sont limités, faute de place. J'utilise le crédit pour l'achat du mobilier et des appareils ménagers; j'en suis très satisfait.

Je sors surtout le dimanche; les autres jours, il y a du travail. En dehors du cinéma, chaque semaine à peu près régulièrement, visites à
50   des amis mais pas tellement (une demi-douzaine); et je fais de la photo (tirages, agrandissements, etc.). Nous avons passé des vacances en famille, chez les beaux-parents, nous y sommes très bien et j'en suis très content.

Mes ambitions matérielles? C'est surtout un logement: deux pièces,
55   cuisine et salle de bains me suffiraient.

Les changements par rapport à la génération de mes parents? C'est surtout le progrès; il y avait moins de cinémas, moins de distractions, moins de machines. Mais par contre, eux, ils avaient une maison. Ils pensaient d'abord à leur intérieur. Maintenant, on pense surtout à
60   sortir, pour la bonne raison qu'il n'y a pas de logement; il était plus facile à nos parents d'accéder à la propriété, les gens achetaient un petit bout de terrain et construisaient eux-mêmes.

(Françoise Giroud, *Nouvelle Vague: portraits de la jeunesse*,
Gallimard, 1958, pp. 170–72.)

L'amour en chiffres

– Où habitent-ils?: 90,3% des 15–19 ans vivent chez leurs parents,
65   9,5% habitent seuls à l'extérieur, une infime minorité (0,2%) vivant en couple. Il faut attendre l'âge de 23 ans pour qu'une majorité des jeunes gens quittent le domicile familial; les jeunes filles volent plus tôt de leurs propres ailes, vers 22 ans (enquête Emploi de l'INSEE, 1987).

– L'âge du premier rapport sexuel: évalué en 1970 à 19,2 ans pour
70   les garçons et 21,5 ans pour les filles (rapport Simon), il était respective-ment de 17 et 18 ans en 1985 (enquête SOFRES). Depuis, il semble avoir remonté légèrement, pour se situer à présent entre 17 et 18 ans pour les garçons et entre 18 et 19 ans pour les filles, selon Henri Léridon, directeur de recherche à l'Institut national d'études
75   démographiques.

– La contraception: 40% des premiers rapports ont lieu sans aucune contraception, mais 40% se font 'avec pilule', 9% 'avec retrait' et

seulement 6% 'avec préservatif'. A 20 ans, une jeune femme sur deux
a déjà pris la pilule. Parmi celles de 18 et 19 ans, 51,6% déclarent
80   recourir à une méthode contraceptive et 44% citent la pilule. Mais
parmi les 48,2% qui n'utilisent aucune contraception, 40% n'ont pas
de partenaire (enquête Fécondité de l'INED, 1988).
　　　– L'avortement: parmi les jeunes filles de moins de 20 ans, 20 000
avortements ont été pratiqués en 1985. 56% des grossesses de femmes
85   célibataires de cet âge ont été interrompues volontairement et 5% chez
les mariées de moins de 20 ans (INSEE).

　　　　　　　　　　　　('L'Amour en chiffres', *Le Monde*, 9 November 1990.)

Exercices

Lexique

Expliquez les mots et expressions suivants:

dans la même branche (ll.14–15)	percer dans une boîte (ll.20–21)
la caserne (l.18)	être pistonné (l.22)
c'est ingrat (l.19)	c'est inabordable (l.38)

Grammaire et stylistique

(a)　'Pas assez payé' (l.11). Analyser les phrases commençant par une
　　　négative. Faites-en vous-même en utilisant d'autres négatives.

(b)　'Avoir des responsabilités ne me fait pas peur' (l.16). Étudiez les
　　　phrases ayant un infinitif pour sujet. Quelle forme verbale utilisez-vous
　　　en anglais? Remarquez la personne verbale employée (et en particulier,
　　　son nombre) et faites vous-même quelques phrases sur ce modèle.

Compréhension

(a)　Que comprenez-vous par 'un ajusteur P 3' (l.10)?

(b)　'quinze mille francs' (l.29): évaluez la somme en francs actuels.

Question orale ou écrite

(a)　En vous appuyant sur quelques chiffres cités (en particulier l.29),
　　　comparez le niveau de vie décrit dans ce texte et celui que vous
　　　connaissez aujourd'hui.

Text 3.15

Les 'Tagueurs' ou le retour à l'ère des tribus

1   Un trait, deux courbes et trois gribouillis. La pointe rouge du gros
feutre a glissé sur la banquette bleue du métro dans un de ces légers
crissements, tout juste perceptibles, qui dégagent un vague parfum
douceureux et donneraient presque la chair de poule. Sans doute a-t-il

5   d'ailleurs frissonné, cet adolescent tout en jambes et en bras qui a
rengainé son 'marqueur', fermé son cartable de collégien et filé avant
la fermeture automatique des portes, abandonnant derrière lui ses
hiéroglyphes indéchiffrables et des usagers mécontents.

   Sur le quai, il a nargué les contrôleurs de la RATP restés dans le

10 wagon. Il les a regardés partir, excité et insolent comme un voleur de
poules face aux gardes champêtres d'antan. Sur la dernière voiture, un
bandeau défilait, lettres jaunes et blanches sur fond bleu: '*Graffitis: 5,5*
millions de francs pour nettoyer les trains de cette ligne. Ensemble, protégeons
le bien public!'

15 Graffitis? Pour la RATP et pour les non-initiés, sans doute. Mais
certainement pas pour ces milliers de jeunes qui barbouillent Paris et sa
banlieue. Dans leur jargon, ces inscriptions gribouillées à la va-vite
comme autant d'autographes de stars sont des 'tags', des 'signatures'
qui permettent à tel ou tel jeune de faire connaître son surnom ('Mao',

20 'Boa', 'Rage'...). Au contraire, le 'graffiti' (ou 'graf') est un dessin qui
part d'une démarche plus artistique et nécessite un certain travail. Ce
sont ces fresques multicolores qui ornent parfois les murs des usines
désaffectées.

   Né au début des années 70 aux États-Unis et arrivé en France quinze

25 ans plus tard, sur fond de musique rap, le phénomène compte chaque
jour de nouveaux adeptes. Certains *tags* disparaissent aussi vite qu'ils
sont apparus. D'autres survivent, garantissant à leur auteur respect et
célébrité dans un milieu où tout le monde se connaît (au moins à Paris).

   Qui sont-ils, ces Lucky Luke de la bombe de peinture qui dégainent

30 plus vite que leur ombre? Un spécialiste notera bien qu'ils ont fréquemment le bout des ongles et le fond des poches tachés d'encre, qu'ils
portent souvent des baskets et parfois de petits sacs à dos. Mais nul ne
saurait dresser un portrait-type du 'tagueur'.

Les Picasso du marqueur

35 Gavroche de grande banlieue ou collégien des faubourgs, Parisien
'branché' ou étudiant facétieux, il a entre douze et vingt-cinq ans,

raffole de rap, rêve des États-Unis mais ne déteste pas Paris. Il est en quête d'identité et de sensations. Écrire son surnom ou celui de son groupe (*THC, Vandales, En Puissance, 93 NTM* ...) sur un plan de
40   métro, c'est choquer le bourgeois qui passe et entrer au Top 50 des Picasso du marqueur.

Chaque jour l'éventail s'élargit un peu plus encore, depuis les gamins de Mantes-la-Jolie qui sévissent dans les cités de leur quartier jusqu'aux noctambules qui se risquent à pénétrer dans le métro en pleine nuit.
45   Une aventure toujours risquée – le graffiti est un délit – mais excitante, que l'un d'eux résume en une délicieuse '*montée d'adrénaline*'.

Car ce drôle de jeu, pimenté par la peur du gendarme ou du témoin gênant, tient aussi de la sensation forte à tarif réduit, du grand frisson pour 50 ou 60 francs, prix moyen des gros marqueurs ou des bombes
50   de peinture: '*C'est une performance, une sorte de mission impossible*', assure André, lycéen de dix-neuf ans. '*Dans ces moments-là, tu perds ta tête, c'est une jouissance totale. Tu éjacules sur les murs!*', assure l'un de ses amis, avant d'ajouter: '*Le grand kif* (plaisir), *ce serait de taguer un commissariat!*'

55   L'essentiel est donc de provoquer et de s'afficher en lettres stylisées (les lettres parisiennes sont réputées plus lisibles que les new-yorkaises), comme une manière d'exister, un moyen de marquer son territoire. Alain Vulbeau, chercheur à l'Institut de l'enfance et de la famille, dans une étude sur ce phénomène, le qualifie de '*pétition illisible*' ou
60   d''*émeute silencieuse*'. '*C'est un retour à l'ère des tribus. Les hommes préhistoriques eux-aussi taguaient dans les cavernes. On revient aux sources.*'

'SIB' a vingt et un ans, une casquette bleue et des baskets neuves. Né dans le Queens, à New-York, de parents français, il arbore une barbiche à la Trotski et revendique le statut de 'décorateur graffiste'. Il
65   dit avoir renoncé aux *tags*, mais reste solidaire de ses amis 'Mambo' ou 'Rage' qui continuent, dit-il, à '*massacrer*' Paris: '*C'est notre ville, on peut en faire ce que l'on veut. Nous ne sommes ni des voyous ni des marginaux. Je veux devenir peintre. Le tag, c'est beau, coloré, vivant et spontané. Le rêve serait que tout le monde en fasse. Quant à ceux qui nous critiquent, qu'ils*
70   *réfléchissent un peu. En agissant ainsi, on leur montre que l'on n'est pas des zombies comme eux. On existe, nous!*'

('Les "Tagueurs" ou le retour à l'ère des tribus', *Le Monde*, 9 November 1990.)

Exercices

Lexique

Expliquez les mots et expressions suivants:

un gribouilli (l.1)   la démarche (l.21)
un feutre (l.2)   branché (l.36)
un marqueur (l.6)   raffoler de quelque chose (l.37)
narguer (l.9)   choquer le bourgeois (l.40)
la RATP (l.9)   un éventail (l.42)
le garde champêtre d'antan (l.11)   un noctambule (l.44)
barbouiller (l.16)   arborer (l.63)
à la va-vite (l.17)   un voyou (l.67)
le surnom (l.19)

Grammaire et stylistique

(a) 'Graffitis' (l.12): à quelle langue est emprunté ce mot? Trouvez des exemples de mots d'origine anglaise dont l'orthographe a été bouleversée par la traduction en français – et inversement des mots français méconnaissables en anglais.

(b) Quelle différence faites-vous entre 'un drôle de jeu' (l.47) et 'un jeu drôle'? Trouvez d'autres adjectifs français dont le sens change suivant la position.

(c) 'Décorateur graffiste' (l.64) Après avoir admiré l'orthographe subtile de ce néologisme, inventez des expressions aussi ronflantes décrivant un écolier, un chômeur, un dealer ou d'autres situations de votre choix.

Compréhension

(a) 'Tagueurs': expliquez le mot et le titre.

(b) Que comprenez-vous par 'ces Lucky Luke de la bombe de peinture qui dégainent plus vite que leur ombre' (ll.29–30)? Expliquez l'allusion. De même, qui est Gavroche (l.35)? Expliquez enfin l'expression 'les Picasso du marqueur' (l.34).

(c) Où est 'Mantes-la-Jolie' (l.43) et que savez-vous sur cet endroit?

Question orale ou écrite

(a) Appréciez et discutez l'état d'esprit des tagueurs tels qu'il est présenté dans cet article (ll.50–54, 59–61, 66–71 en particulier).

Text 3.16

Alice et les petits coqs

1   Blouson de cuir noir sur taches de rousseur, Alice 'assure'. Père décédé,
    mère remariée: à vingt ans, elle en a déja vu trop pour s'en laisser
    conter. *'Quand on n'a que des gars autour de soi, on est obligé d'avoir une
    grande gueule'*, annonce-t-elle. Alice est l'une des dix filles égarées parmi
5   les sept cents garçons fréquentant ce lycée professionnel de province
    qui prépare aux métiers de l'industrie. Elle fait figure d'exception dans
    sa classe de 'maintenance de l'audiovisuel électronique', un *'boulot de
    gars'*.
        Sa solide personnalité l'a aidée à forcer le respect de ses compagnons
10 d'études. Alice joue au foot et se fait siffler par les *'gamins de CAP'*.
    'Au début, je répondais par des gestes obscènes; maintenant je me tais'. Elle
    n'a *'aucun problème'* avec les garçons de son âge, en particulier ceux
    de sa classe. Jamais, pourtant, elle ne choisirait son ami de cœur parmi
    eux.
15   Son *'gars'* à elle vit à 200 kilomètres, mais ils se voient chaque week-
    end. Elle l'a rencontré l'an dernier, le soir de Noël. *'D'abord on est sorti,
    on a flirté, romantique quoi! Mais on a attendu deux jours pour coucher
    ensemble.'* Alice n'aime pas trop *'les jeunes qui abusent de leur liberté'*. Elle
    trouve *'tristes'* les garçons qui *'collectionnent'* et *'les filles qui se promènent
20 avec un préservatif dans la poche'*. Elle pense qu'*'autrefois, c'était un
    moment plus fort'*.
        Pas question, cependant, pour cette jeune femme, de brandir l'éten-
    dard de la contre-révolution sexuelle. Alice prend la pilule même si elle
    l'oublie parfois, et aura des enfants *'quand j'aurai décidé'*, dit-elle, après
25 avoir décroché un diplôme et un emploi, c'est-à-dire *'dans longtemps,
    très longtemps'*, vers vingt-cinq ou vingt-six ans. Si elle était enceinte
    avant, elle avorterait: *'Ce n'est pas bien de tuer un enfant, mais comment
    vivrait-il dehors?'*
        En attendant les lointaines échéances de la maternité, elle compte
30 goûter aux joies du concubinage. *'Quand on n'est pas mariés, c'est encore
    plus fort, car on ne peut pas retenir l'autre; il n'est pas vraiment à soi!'* Et
    puis elle finira sans doute par se marier *'pour les papiers et pour que les
    enfants portent le nom de mon mari'*. Le mariage, pour elle, c'est *'se
    donner complètement à quelqu'un'*, mais il faut être sûr de soi, car
35 *'divorcer coûte cher'*.
        Alice n'apprécie guère les petits coqs qui s'aventurent à tourner
    autour d'elle au lycée. D'ailleurs, insiste-t-elle, elle préfère les timides

aux *'grandes gueules'* et son *'type'*, c'est le chanteur Francis Cabrel.
Parce qu' *'il est sincère et très discret sur sa vie'*.

('Alice et les petits coqs', *Le Monde*, 9 November 1990.)

Exercices

Lexique

Expliquez les mots et expressions suivants:

une tache de rousseur (l.1)	la maintenance (l.7)
elle en a trop vu (l.2)	forcer le respect (l.9)
s'en laisser conter (ll.2–3)	décrocher un diplôme (l.25)
avoir une grande gueule (ll.3–4)	un petit coq (l.36)
faire figure de (l.6)	tourner autour d'une fille (ll.36–7)

Grammaire et stylistique

(a) Discutez l'accord du participe passé dans 'on est obligé' (l.3) et dans 'on est sorti' (l.16).

(b) Définissez le registre lexical de ce texte. Donnez des équivalents de registres différents pour les expressions suivantes: 'un boulot de gars' (ll.7–8), 'un petit coq' (l.36), 'son "gars"' (l.15), 'avoir une grande gueule' (ll.3–4) – et d'autres, que vous sélectionnerez vous-même.

Compréhension

(a) Que comprenez-vous par 'Alice "assure"' (l.1)? Que veut dire cette jeune fille par 'autrefois, c'était un moment plus fort' (ll.20–21)?

Question orale ou écrite

(a) Discutez les prises de position morales et sexuelles d'Alice, en particulier sur le concubinage, l'avortement, le mariage et le divorce.

Text 3.17

La Population française: la plus dynamique des quatre grands pays de l'Europe des douze

1   Au 1er janvier 1989, la France métropolitaine compte 55 996 000 habitants, soit 246 000 de plus qu'au 1er janvier précédent. Cet accroissement résulte du seul mouvement naturel, c'est-à-dire de la différence entre 770 000 naissances et 524 000 décès enregistrés au
5   cours de l'année 1988. L'excédent migratoire, faute de données fiables dans l'état actuel des informations disponibles, est estimé globalement nul depuis 1985. Rapportés à la population moyenne de l'année 1988, ces chiffres correspondent à un taux de natalité de 13,8 pour 1000, de mortalité de 9,4 pour 1000 et d'accroissement naturel de 4,4 pour
10   1000. Le taux de croissance globale, 0.4% l'an, est resté stable depuis 1975. Au sein de l'Europe des 12, seuls l'Espagne, le Portugal et les Pays-Bas ont une croissance plus forte. Dans les années 80, l'accroissement naturel a été en moyenne négatif en Allemagne féderale et au Danemark. Des soldes migratoires nets positifs pour les mêmes années
15   ont contribué à réduire, voire à annuler comme au Danemark, l'évolution en baisse de la population totale.

Autant de naissances et moins de décès

A 10 000 près, le nombre de naissances est resté stable au cours des cinq ou six dernières années. Il en est de même pour l'indice de fécondité estimé
20   à 182 enfants pour 100 femmes en 1988. Ainsi, après la baisse rapide des années 1964 à 1976, la fécondité s'est à peu près stabilisée autour de 1,8 enfant par femme. Le maintien de la fécondite du moment en dessous du seuil de remplacement des générations, 2,1 enfants par femme, pendant une période relativement longue commence à infléchir en baisse la
25   fécondité réelle des générations. La raréfaction des familles nombreuses, traduite par la baisse des naissances de rang 3 ou plus, a réduit la descendance finale des générations récentes malgré l'apport grandissant des naissances hors mariage. C'est une autre facette de la cohabitation sans mariage. Sa diffusion de plus en plus répandue chez les jeunes se répercute
30   dans la baisse continue du nombre de premiers mariages comme dans celle de l'indice de primonuptialité.

    Tous les pays de l'Europe occidentale ainsi que divers pays développés des autres continents sont également affectés par ce phénomène. Il atteint même ici ou là une ampleur inconcevable il y a seulement vingt
35   ans. Le maintien en régime permanent de la fécondité autour de 1,3

enfant par femme observée actuellement en Allemagne fédérale et en
Italie par exemple signifierait une réduction de moitié des populations
allemande et italienne dans moins de quarante ans.

En France, grâce à une structure par âge favorable à la natalité – les
40   générations nombreuses nées au cours de la période du baby-boom
parcourent actuellement l'âge de fécondité – le nombre des naissances
reste encore supérieur à celui des décès. Ce potentiel de croissance doit
durer jusqu'à la fin du siècle.

Depuis 1985, le nombre de décès diminue, de 552 000 en 1985 à
45   524 000 en 1988, alors qu'au cours de la période quinquennale
précédente, le nombre moyen annuel avoisine 550 000. Or à mortalité
par âge égale, le nombre de décès devrait s'accroître d'une année sur
l'autre du fait de l'augmentation de la population et surtout de son
vieillissement. La baisse tendancielle de la mortalité, qui s'est traduite
50   depuis 1977 par un gain annuel moyen d'espérance de vie supérieur à
0,2 année, se poursuit et semble même s'accélérer. Le gain par âge est
variable. Entre 30 et 40 ans, les taux de mortalité diminuent en
moyenne de 2% par an. En dehors de cet intervalle d'âge, le rythme de
baisse atteint le double. Ainsi la forte réduction de la mortalité aux âges
55   élevés est une nouvelle donne de la démographie française. Elle devient
un facteur supplémentaire du vieillissement, après la baisse de la
fécondité.

L'espérance de vie dépasse 80 ans pour les femmes

L'espérance de vie à la naissance est estimée, pour 1988, à 80,6
60   années pour les femmes, et à 72,3 années pour les hommes. La France
figure depuis 1987 parmi les quelques pays (Japon, Suède, Islande . . .)
où la vie moyenne des femmes dépasse 80 ans. En revanche, l'écart de
plus de huit ans entre les vies moyennes des femmes et des hommes
dépasse la valeur observée de cet écart dans la plupart des pays
65   développés occidentaux.

L'analyse par âge au décès montre que l'excès de surmortalité
masculine française joue dès le début de l'âge adulte. Mais c'est surtout
à partir de l'âge de départ à la retraite que l'écart est le plus accusé. Les
mortalités par tumeurs d'une part, par accidents, suicides et morts
70   violentes d'autre part, en sont responsables.

La mortalité infantile, 7,7 décès d'enfants de moins d'un an pour
1000 naissances vivantes en 1988, n'a jamais été aussi faible (le
dixième du taux enregistré en 1946!). Elle est très proche des taux les
plus bas observés dans le monde.

75   *Le regain du mariage*

Le nombre de mariages, qui avait évolué en hausse depuis les années
60 jusqu'en 1972 (arrivée à l'âge du mariage des générations nombreuses de l'après-guerre), était en baisse constante depuis. La baisse
s'est arrêtée en 1987 avec 266 000 unions célébrées, autant qu'en
80   1986. Un début de reprise semble marquer 1988 avec 273 000
mariages et un indice de primonuptialité en hausse par rapport à celui
de l'année précédente pour la première fois depuis quinze ans. Cette
évolution ne semble pas cependant modifier les tendances de fond
observées antérieurement: fléchissement continu du nombre des pre-
85   miers mariages, augmentation régulière des remariages.

La crise du mariage se double par ailleurs d'une brutale accélération
de la divorcialité au cours des deux dernières décennies: la proportion
annuelle des mariages rompus par un divorce est passée de 10 divorces
pour 100 mariages en 1964 à 20 en 1977 et à 30 en 1985. Ceci
90   signifie qu'en cas de maintien prolongé de ce comportement, sur les
100 mariages célébrés une année donnée, 30 se termineraient par un
divorce! (45 en Suède ou au Danemark).

Une certitude pour l'évolution future: la France vieillit

Moins de naissances, moins de décès, la population ne peut que vieillir:
95   en rétrécissant la base de la pyramide des âges, la baisse de la natalité
augmente l'importance relative de la population âgée aux dépens de
celle des jeunes, la part de la population adulte variant relativement peu.

En l'espace d'un quart de siècle, la proportion des 0–19 ans est
passée de 34% en 1965 à 28% en 1989, celle des 60 ans ou plus, de
100   17% à 19%. Cependant, le vieillissement est un phénomène mondial. Si
vers 1950, notre pays occupait le premier rang mondial, il se classe
actuellement derrière le Royaume-Uni, le Danemark, la République
fédérale d'Allemagne, la Belgique et quelques autres pays encore.

Les projections de population métropolitaine effectuées par l'Insee
105   montrent que dans tous les cas, la population française continuera à
croître jusqu'à la fin du siècle. Après l'an 2000 le sens de la croissance
dépend du cheminement de la fécondité: le déclin dans les hypothèses
1,8 ou 1,5, la continuité dans la croissance si la fécondité se redresse à
2,1 ou 2,4. Quoi qu'il en soit, le vieillissement se poursuit, surtout après
110   2006 du fait de l'entrée des générations du baby-boom dans la classe
des personnes âgées de 60 ans ou plus. A l'horizon 2020, ce groupe
d'âge comptera pour 23% (hypothèse 2,4) à 28% (hypothèse 1,5) de la
population totale, soit un Français sur quatre.

('La Population française: la plus dynamique des quatre
grands pays de l'Europe des Douze', *Données sociales*, 1990.)

Exercices

Lexique

Expliquez les mots et expressions suivants:

faute de données fiables (l.5)

le solde migratoire (l.14)

le seuil de remplacement des
   générations (ll.22–3)

une naissance de rang 3 ou plus
   (l.26)

une période quinquennale (l.45)

à mortalité par âge égale (ll.46–7)

l'espérance de vie (l.59)

la primonuptialité (l.81)

le fléchissement (l.84)

la divorcialité (l.87)

Grammaire et stylistique

(a)   Préparez une lecture rapide des chiffres et dates donnés aux lignes
      1–11, 44–51, 76–82.

(b)   'A mortalité par âge égale' (ll.46–7): examinez l'ordre des mots en
      analysant les accords et faites d'autres expressions sur ce modèle.

Compréhension

(a)   Qu'appelle-t-on 'le vieillissement de la population'? Quels en sont les
      facteurs et les conséquences?

(b)   Comment vous expliquez-vous l'écart de plus de huit ans entre les vies
      moyennes des femmes et des hommes; et à votre avis pourquoi cet écart
      est-il plus accusé en France que dans la majorité des pays occidentaux?

(c)   Qu'est-ce qu'un 'excédent migratoire' (l.5)? Pourquoi n'a-t-on pas de
      données fiables sur la question depuis 1985?

Question orale ou écrite

(a)   'A l'horizon 2000, [les personnes âgées de 60 ans ou plus] compteront
      pour 23% à 28% de la population totale, soit un Français sur quatre'
      (ll.111–13). Quelles conséquences cette situation peut-elle avoir à long
      terme? Comment cela affecte-t-il les décisions d'une personne jeune?

Text 3.18

Refaire sa vie

1   Antoine, 39 ans, marié depuis quinze ans, s'ennuyait. Véronique, 'la
femme d'à côté', mariée elle aussi, s'ennuyait plus encore. Unions
usées, journées sans flamme, ces victimes du bovarysme aspiraient au
coup de cœur. A une tendre complicité, où tout de l'un et de l'autre
5   serait partagé. Pourquoi ne pas changer la vie, la leur, pourquoi ne pas
se donner droit à l'émotion, au plaisir? Véronique, elle, s'était mariée à
19 ans *'comme tout le monde, parce que c'était logique, commode, évident.
Les enfants sont venus très vite, les bagarres aussi'.* Quant à Antoine, il se
mourait de gris, de répétition, d'usure quotidienne. Ah, ces journées
10   lentes!: *'Après tant d'années de vie commune, nous n'avions, ma femme et
moi, plus rien à partager; j'étais devenu un cadre dynamique, elle était restée
baba cool. On cohabitait et je nous voyais vieillir en beaufs. Ce n'était pas
l'idée que je me faisais du couple.'*
Antoine et Véronique, les deux voisins devenus amants, ont donc
15   décidé ensemble de 'repartir à zéro': *'Seul, je n'aurais pas eu le cran
d'assumer la rupture'*, avoue Antoine. Et ils se sont épousés. Pour
reconstruire, depuis cinq ans déjà, une histoire à deux. Ou plutôt à
neuf, avec les trois fils de Véronique, dont elle a eu la garde; avec la fille
aînée d'Antoine, restée à sa demande avec son père; avec ses deux
20   autres petits qui les rejoignent le week-end, et encore avec Juliette, leur
bébé, celui *'de la deuxième chance'*. Ce n'est plus une famille, c'est une
tribu, et comme le dit Louis Roussel, sociologue de la famille à l'INED:
'Le remariage est le laboratoire du mariage de demain.'
Oublier les habitudes qui tiennent lieu de passion, réinventer le
25   temps à deux, blesser ses enfants et apprivoiser les enfants de l'autre
... Qui oserait prétendre que tout cela se fait sans mal? Pourtant,
comme on change aujourd'hui de voiture ou d'ordinateur, de ville ou
de travail, on refait son existence amoureuse ou conjugale avec une
déconcertante légèreté. Vivre 'ailleurs' est devenu presque aussi naturel
30   que de respirer. Aussi, ces aventuriers du couple perdu ... et retrouvé,
ces candidats décomplexés au bonheur, sont-ils désormais un élément
indissociable du nouveau paysage français. Un couple légitime sur trois
se sépare (un sur deux en région parisienne) mais 40 500 divorcées et
42 879 divorcés se sont remariés en 1989, soit près de 16% de
35   l'ensemble des contrats passés cette année-là. Un chiffre en augmentation de 4% en douze mois!
Des hommes, des femmes, qui, quatre, cinq, quinze ans auparavant

s'étaient juré fidélité 'pour le meilleur et pour le pire', jugent qu'ils ont
eu le pire et repartent en quête du meilleur. Mais l'état des mœurs a
40   tellement évolué qu'ils se sentent totalement libres de recommencer
comme bon leur semble: plus personne ne regarde de travers celui ou
celle qui entame une nouvelle histoire d'amour et ne le traite de '*chaud
lapin*' ou de '*putain*'. Certains, donc – 17% à peine –, se représentent
devant monsieur le maire sans pour autant verser dans les noces
45   officielles: les formalités d'abord, la fête après, peut-être. Et puis il y a
ceux qui ne se sont jamais mariés mais qui renoncent à leur bail de vie
commune. Ceux-ci n'auront pas à divorcer. Il leur faudra pourtant
assumer la rupture avec souvent autant de désarroi.

Il suffit de regarder autour de soi: il n'y a plus d'âge pour refaire sa
50   vie. La société s'est mise à l'unisson des gens du show-biz. Bien des
hommes d'âge plus que mûr retrouvent un 'deuxième souffle' avec une
compagne beaucoup plus jeune: en général, elle leur donne des enfants
qui pourraient passer pour leurs petits-enfants. A l'autre bout de la
fameuse pyramide des générations, on rencontre énormément de gar-
55   çons ou de filles de 25 ans qui, ayant entamé adolescents, lorsqu'ils
vivaient encore chez papa-maman, une carrière de couple, décident
tout d'un coup de s'envoler ailleurs.

Mais comment gérer le cataclysme qu'est toujours une séparation?
Refaire sa vie, c'est d'abord 'rompre' avec ce qui, jusqu'à présent, a été
60   sa respiration; c'est laisser derrière soi au vent du hasard ses marques
et ses repères. Ce n'est pas un hasard: 49% des hommes et 42% des
femmes connaissent déjà leur nouvel amour lorsqu'ils divorcent ou se
séparent. Comme s'il fallait, d'emblée, éviter trop d'inconnu et trouver
en même temps la meilleure raison d'en finir avec 'l'autre'. Ce n'est
65   toujours pas un hasard: 75% de ces hommes et 59% de ces femmes
envisagent d'épouser leur nouvelle conquête. Comme s'ils justifiaient
ainsi à leurs propres yeux et à ceux de l'entourage les souffrances
inévitables qu'ils infligent.

Priorité des priorités: le bonheur à deux. L'égoïsme l'emporte sur le
70   dévouement, la bonne conscience sur le remords, le plaisir sur l'effort.
'*Aujourd'hui, le besoin de réussir sa vie à deux prime sur la famille*, explique
la sociologue Christine Castelain-Meunier. *C'est la victoire de l'affect, de
l'individu sur l'institution.*' Le bonheur à tout prix. Pas seulement une
volonté: une exigence.

75   Chez tous ces conjoints de la deuxième chance, et peut-être du
troisième type, une même revendication: dialoguer. On discute, on
négocie, on argumente. Normal, puisque le couple est le seul enjeu.
Plus de rôle attribué d'avance? Le quotidien, dès lors, devient objet de
débat.

80   Le discours des remariés ressemble quelquefois à s'y méprendre à
celui des *just married*. Le sociologue Louis Roussel constate: '*Cette*

*exigence de bonheur à tout prix traduit quelquefois une immaturité. Beau-
coup de couples vivent leur remariage sur le mode de la lune de miel. Ils ne
veulent que les débuts heureux et pleins d'espoir, pas les incontournables*
85 *difficultés d'après. La pente naturelle sera alors de répéter une deuxième,
voire une troisième fois les mêmes erreurs.'*

Et les enfants, que deviennent-ils au milieu de tous ces bouleversements qu'on leur impose sans plus jamais ou presque leur demander
leur avis, tant on est convaincu que le bonheur des adultes assure le
90 leur? *'Les couples font aujourd'hui passer leur besoin de nouvelle vie avant la
stabilité de leurs gosses'*, accuse Sauveur Boukris, psychologue auprès des
adolescents. Les heureux remariés seraient-ils de monstrueux égocen-
triques? Imprégnés de Françoise Dolto et de Bruno Bettelheim, déculpabi-
lisés puisque *'les parents épanouis font des enfants équilibrés'*, les chefs de
95 familles éclatées-reconstituées auraient donc tiré un peu vite un trait
sur leurs responsabilités? Eh bien, non. *'Un certain nombre de chercheurs
s'obstinent à voir dans ces nouvelles cellules recomposées des familles à
risque. Pour l'instant, aucune étude n'est venue étayer cette thèse'*, constate
Irène Péri, initiatrice en France du terme de *'famille recomposée'*. *'En*
100 *fait, il est très rare que le parent "rapporté" essaie, en cas de divorce, de se
substituer au parent génétique*, souligne la sociologue qui a enquêté
auprès d'une soixantaine de nouvelles familles. *Chacun cherche des
solutions, des formules, pour parler de ces nouveaux liens qui ne sont pas
encore entrés dans le dictionnaire.'*

('Refaire sa vie,' *Le Nouvel Observateur*,
5–11 September 1991.)

Exercices

Lexique

Expliquez les mots et expressions suivants:

un beauf (l.12)
repartir à zéro (l.15)
avoir le cran de (l.15)
avoir la garde de quelqu'un (l.18)
l'INED (l.22)

pour le meilleur et pour le pire
(l.38)
un chaud lapin (ll.42–3)
une putain (l.43)
un bail de vie commune (ll.46–7)

Grammaire et stylistique

(a) Le texte fait de nombreuses références à la culture des années 1980 –
comme par exemple 'ces conjoints de la deuxième chance et peut-être
du troisième type' (ll.75–6) ou 'les aventuriers du couple perdu' (l.30).
Précisez les allusions et trouvez-en d'autres.

Compréhension

(a)   Que comprenez-vous par 'bovarysme'? Expliquez l'expression des lignes 3–4, 'ces victimes du bovarysme aspiraient au coup de coeur'.

(b)   Qu'est-ce à votre avis que 'la victoire de l'affect' (l.72)?

Question orale ou écrite

(a)   Ce texte parle beaucoup des parents et fort peu des enfants. A votre avis, comment ces derniers vivent-ils 'le cataclysme qu'est toujours une séparation' (l.58)?

Text 3.19

Une Loi en procès: l'affaire de Bobigny

1   Le 11 octobre 1972, Marie-Claire, 17 ans, comparaissait devant le Tribunal pour Enfants de Bobigny pour avoir avorté, délit puni par l'article 317 du Code pénal.

La procédure imposait l'anonymat et le huis clos.

5   En fait, une enfant était jugée pour n'avoir pas voulu assumer une naissance: cette contradiction, la première, fit éclater 'l'affaire'.

Le lendemain la presse entière racontait l'histoire de Marie-Claire, telle qu'elle avait été revélée au cours des débats.

Marie-Claire vit avec sa mère et ses deux jeunes sœurs (14 et 15 ans)
10   dans une H.L.M. de la banlieue parisienne.

Madame Chevalier est mère célibataire. Elle élève seule, – honorablement, courageusement, dira l'enquête de moralité – ses trois filles.

Elle est employée à la R.A.T.P. au salaire unique de 1500 francs par mois.

15   Marie-Claire poursuit ses études dans un Collège d'Enseignement Technique. Elle est 'indépendante mais sage'.

Parmi de nombreux camarades, Daniel P . . ., 18 ans. Au mois d'août 71, Daniel propose à Marie-Claire un tour en voiture. En fait, il l'emmène chez lui.

20   Il la fait céder sous les menaces et les brutalités. 'Il m'a menacée de me frapper et ensuite il m'a frappée; j'ai reçu des claques', confesse Marie-Claire à ses juges. 'Je me suis sauvée ensuite . . . Je n'ai eu qu'une seule fois des rapports avec lui.'

Mais cela aura suffi pour que Marie-Claire soit enceinte. Quand elle
25   s'en rend compte, Marie-Claire attend, puis parle.

A Daniel d'abord: 'J'ai parlé à Daniel P . . . mais il a refusé ses responsabilités. Il disait que s'il voyait ma mère, il l'écraserait avec sa voiture.'

Marie-Claire alors se confie à sa mère. La première réaction de celle-
30   ci: 'On l'élèvera en faisant plus de sacrifices.'

Mais pour Marie-Claire, il n'en est pas question: elle ne veut pas de l'enfant d'un voyou. Et surtout: 'Je n'étais pas prête à élever un enfant. J'allais en classe. Je ne voulais pas être comme ma mère, car elle nous a élevées sans aide de personne.'

35   Mme Chevalier se met alors en quête. Le gynécologue qui confirme la grossesse accepte d'avorter Marie-Claire mais pour 4 500 francs.

Mme Chevalier se confie alors à une collègue de métro Mme Duboucheix, qui se renseigne et obtient par une autre collègue de métro, Mme Sausset, l'adresse de Mme Bambuck, secrétaire, qui a appris les
40   techniques de l'avortement en le pratiquant sur elle-même.

Par pitié, et aussi pour 1200 francs, elle s'occupe de l'opération. Après avoir subi cinq fois en quelques jours une sonde artisanale et le spéculum, Marie-Claire, en proie à l'hémorragie, est conduite par sa mère à la clinique où elle reste trois jours.

45   C'est, selon toute vraisemblance, Daniel P ... qui la dénonce à la police au cours d'un interrogatoire pour vol dans une voiture.

Des policiers font irruption chez Mme Chevalier, malade et alitée avec 40° de fièvre. Elle reconnaît les faits spontanément.

Après l'instruction, c'est le procès.

50   Le cas de Mmes Chevalier, Duboucheix et Sausset, prévenues de complicité d'avortement, comme celui de Mme Bambuck, avorteuse, est disjoint de celui de Marie-Claire qui, mineure, est jugée en premier devant le Tribunal pour Enfants.

Devant ses juges, la déposition de Marie-Claire se termine par ces
55   mots: 'Je ne regrette pas d'avoir avorté, car cet enfant aurait été à l'Assistance et malheureux.'

Sur les poursuites exercées contre les dames Michèle CHEVALIER, DUBOUCHEIX, SAUSSET:

1. Sur le moyen tiré de la relaxe dont a bénéficié Marie-Claire
60   *CHEVALIER:*

Attendu qu'il est prétendu que Marie-Claire CHEVALIER, auteur principal, ayant bénéficié d'une décision de relaxe rendue par le tribunal pour enfants de BOBIGNY, le 11 octobre 1972, cette décision devrait profiter aux prévenues poursuivies pour complicité;

65   Mais attendu que le tribunal pour enfants, dans sa décision précitée, après avoir constaté la matérialité des faits, a prononcé la relaxe de l'intéressée en raison 'des contraintes d'ordre moral, familial, social auxquelles elle n'a pu résister', la faisant ainsi bénéficier de l'excuse légale prévue par l'article 64 du code pénal;

70   Attendu que cette excuse légale ne saurait nécessairement profiter aux complices, que l'acte de complicité peut être réprimé, malgré la mise hors de cause de l'auteur principal, dès lors que le délit commis par celui-ci reste objectivement punissable;

Qu'il convient, en conséquence, de rejeter le moyen.

75   *2. Sur la culpabilité de Michèle CHEVALIER:*

Attendu que la défense invoque au profit de Michèle CHEVALIER que celle-ci ne pouvait agir autrement qu'elle l'a fait, que l'argumentation développée à la barre tend à établir qu'elle a subi une contrainte

irrésistible, voire qu'elle s'est trouvée dans la nécessité de procurer à sa
80   fille les moyens d'avorter;

Attendu qu'il résulte des pièces de la procédure et des débats
que Michèle CHEVALIER a examiné mûrement les diverses solutions
possibles; que les considérations précédemment exposées qui ont
déterminé son comportement ne suffisent pas à constituer les élé-
85   ments d'une contrainte morale ayant annihilé la volonté de la dame
CHEVALIER;

Attendu, par ailleurs, que si l'état de nécessité peut enlever aux faits
leur caractère délictueux, il suppose que le bien sacrifié soit d'une
valeur inférieure à celle du bien ou de l'intérêt sauvegardé;
90   Attendu que le Tribunal n'a trouvé ni dans les pièces de la procédure
ni dans les témoignages recueillis à l'audience des éléments suffisants
pour lui permettre d'affirmer que les intérêts dont la dame CHEVALIER
poursuivait la protection, tels qu'ils ressortent de l'exposé des faits,
avaient une valeur supérieure à celle du bien sacrifié, c'est-à-dire le
95   fœtus destiné par nature à devenir une personne humaine et juridiquement protégé dès la conception;

Qu'il découle au surplus de l'article L 161–1 du code de la Santé
publique que seule la sauvegarde de la vie de la mère gravement
menacée justifie l'avortement, que tel n'est pas le cas de l'espèce;
100 Qu'il convient, en conséquence, de rejeter l'exception fondé tant sur
l'excuse légale de contrainte que sur le fait justificatif tiré de l'état de
nécessité;

Attendu qu'il est établi que Michèle CHEVALIER a, en novembre
1971, en tout cas depuis moins de trois ans, à NEUILLY-PLAISANCE,
105 avec connaissance aidé ou assisté Marie-Claire CHEVALIER à se
procurer l'avortement, notamment en la mettant en rapport avec
Micheline DEISS, veuve BAMBUCK, ainsi qu'en rappelant téléphonique-
ment cette dernière à quatre reprises parce que ses précédentes interventions étaient demeurées inefficaces et de s'être ainsi rendue complice du
110 délit prévu et réprimé par les articles 59–60 et 317 alinéa 3 du code pénal;

Mais attendu qu'il doit être tenu compte des conditions sociales,
morales, familiales dans lesquelles l'infraction a été commise; qu'en
particulier il y a lieu de considérer que Michèle CHEVALIER, née de
mère célibataire, elle-même mère abandonnée, a péniblement et digne-
115 ment élevé ses trois enfants, qu'elle était unie par des liens familiaux
étroits à l'auteur principal du délit, qu'elle a pu être troublée par la
prise de position publique de personnes en vue, socialement plus
favorisées, concrétisée par un document dit 'Manifeste des 343' largement diffusé par la presse;
120 Qu'il convient, en conséquence, de la faire bénéficier des plus larges
circonstances atténuantes;

Attendu que Michèle CHEVALIER est délinquante primaire, qu'il y a lieu de faire application des dispositions prévues par l'article 734.1 du code de procédure pénale.

> ('Une Loi en procès; l'affaire de Bobigny', Association 'Choisir', Gallimard, 1973, pp. 17–19.)

Exercices

Lexique

Expliquez les mots et expressions suivants:

comparaître devant un tribunal (ll.1–2)	une grossesse (l.36)
à huis clos (l.4)	un avortement (l.40)
une H.L.M. (l.10)	une sonde (l.42)
une mère célibataire (l.11)	un spéculum (ll.42–3)
une claque (l.21)	une instruction (l.49)
avoir des rapports (ll.23–4)	un procès (l.49)
un voyou (l.32)	une déposition (l.54)

Grammaire et stylistique

(a) Commentez l'utilisation du présent dans ce texte. Mettez les lignes 11–16 et 35–44 au passé. Comparez les deux récits.

Compréhension

(a) Quelles sont les 'conditions sociales, morales, familiales' (ll.111–12) évoquées par le juge à l'endroit de Michèle Chevalier?

(b) Il est question de la 'Santé publique' (ll.97–98) dans ce texte. Qu'entendez-vous par cette expression?

Question orale ou écrite

(a) Imaginez un dialogue entre Madame Chevalier et Marie-Claire le jour où celle-ci se trouve enceinte.

Text 3.20

La Protection sociale

1 Des changements significatifs sont intervenus dans le rôle de la protection sociale.

Le premier concerne les couples: depuis la loi du 2 janvier 1978, les couples non mariés vivant maritalement sont assimilés aux couples
5 mariés. C'est-à-dire que la qualité d'ayant droit a été reconnue à la personne

vivant maritalement avec un assuré social et étant à sa charge, d'abord par la Sécurité Sociale, puis par les mutuelles alignées sur les dispositions de la Sécurité Sociale, puis par certains régimes complémentaires.
10 Une telle reconnaissance ouvre donc à la concubine les mêmes droits qu'à l'épouse: assurance maladie, assurance maternité, prestations familiales.

La justification de cette ouverture de la part de la Sécurité Sociale comme des Caisses d'allocations familiales est 'la neutralité quasi par-
15 faite que la protection sociale croit devoir adopter devant le statut des couples'. Revoilà la neutralité (et remarquons au passage qu'on est en 1978). Le statut légal ne compte pour rien et le seul critère retenu pour l'ouverture des droits est 'la communauté de ressources et de charges'.

En réalité, cette affirmation est tout à fait controuvée par les faits.
20 Ainsi deux amies dont l'une tient le ménage, ou un couple d'homosexuels dont l'un est à la charge de l'autre pourront bien former 'une communauté de ressources et de charges', celui qui travaille ne fera pas de l'autre son ayant droit. Il faut qu'il y ait couple hétérosexuel susceptible d'avoir des rapports sexuels et vivant ensemble. Car la
25 Sécurité Sociale spécifie même que pour reconnaître la qualité d'ayant droit de la personne qui 'vit maritalement' avec l'assuré, point n'est besoin de savoir si elle participe ou non aux frais de la communauté. Vous pouvez envoyer à la 'Sécu' les feuilles de maladie de votre riche maîtresse qui vous a offert logement et voiture comme celles de l'amant
30 qui ne fait rien et qui vous prend vos sous. Ils sont vos ayants droit.

Que fera la caisse de Sécurité Sociale qui a des doutes au sujet de la déclaration sur l'honneur qui lui a été remise? Si elle refuse de payer, l'intéressé(e) peut faire un recours gracieux. Si, après ce gracieux recours, la caisse ne paie toujours pas, l'assimilé(e) marié(e) peut saisir
35 la commission de première instance de la Sécurité Sociale. Celle-ci doit ordonner un complément d'instruction pour savoir, oui ou non, si la déclaration est véridique ou mensongère, si cette personne vit bien avec leur assuré. Malheureusement, chaque fois que les caisses ont

déposé une plainte pour obtenir une enquête de police, l'enquête n'a
40   pas abouti: ce serait une 'immixtion dans la vie privée'. Faute de
preuves contraires, la commission se voit contrainte de donner gain de
cause au demandeur.

Sachant qu'elles n'obtiendront rien de cette procédure et qu'aucune
autre ne leur est ouverte, les caisses ne cherchent plus à démêler le vrai
45   du faux, les concubins réels des concubins de circonstance – et elles
paient.

Si elles désiraient vérifier, c'est qu'il leur est vite arrivé d'insolites
demandes: telle dame demandait la qualité d'ayant droit de tel assuré
car vivant maritalement avec lui et à sa charge ... mais l'assuré en
50   question, déjà marié, garantissait déjà son épouse légitime. Que faire?
La question a été posée à la Sécurité Sociale de savoir si un assuré
marié peut faire bénéficier de l'assurance maladie *à la fois sa femme et la
maîtresse avec qui il vit?* La réponse a été donnée par la circulaire n° 794
78 du 4 octobre 1978 émanant de la Caisse nationale d'assurance
55   maladie des Travailleurs salariés relative aux modalités d'application
des dispositions de l'article 13 de la loi. 'On doit *légitimement* conclure
que *l'assuré peut garantir simultanément son conjoint légitime et la personne
avec qui il vit maritalement*', y est-il dit. Et comme il ne faut pas oublier
les cas compliqués entraînés par le divorce, cette circulaire ajoute, pour
60   éclairer les caisses: '*La personne divorcée* ayant eu la qualité d'ayant
droit d'un assuré social, *et les membres de sa famille qui sont à sa charge,
continuent à bénéficier des prestations maladie et maternité sur le compte de
l'assuré alors même que celui-ci assure la protection sociale de la personne
avec qui il vit en concubinage.*'
65   Il est donc clair que la Sécurité Sociale rembourse la bigamie – alors
même qu'elle est illégale. Aucune obligation de domiciles séparés n'est
exigée pour les deux femmes.

(Evelyne Sullerot, *Pour le meilleur et sans le pire*, Fayard,
1984, pp. 211–15.)

Exercices

Lexique

Expliquez les mots et expressions suivants:

un ayant droit (l.5)	un concubin (l.9)
vivre maritalement avec quelqu'un (l.6)	une prestation (l.10)
un assuré social (l.6)	une affirmation controuvée (l.18)
étant à sa charge (l.6)	point n'est besoin de savoir (ll.25–6)
une mutuelle (l.7)	déposer une plainte (l.38)
	une immixtion (l.39)

Grammaire et stylistique

(a)   Relevez des expressions du langage du droit et trouvez leurs équivalents anglais.

Compréhension

(a)   Précisez la critique d'Evelyne Sullerot aux lignes 27–29 et 42–45. Etes-vous d'accord avec elle? Justifiez votre point de vue.

Question orale ou écrite

(a)   La 'neutralité quasi parfaite de la protection sociale devant le statut des couples' (ll.13–15) est-elle une bonne ou une mauvaise chose?

Text 3.21

Les Lumières de la grande chaîne

1   Il n'est pas question de me mettre à la porte. Deux bras à quatre francs de l'heure, Citroën en aura bien l'usage, même s'ils ne sont pas fameux. Inapte à la soudure à l'étain? Qu'à cela ne tienne, il y a tant de postes équivalents, tant de boulons à serrer, tant d'objets à transporter!
5   Noir ou Arabe, je n'aurais sûrement pas droit à un autre essai: on me collerait un balai dans les mains ou des chariots surchargés à pousser. Mais je suis Français. Même O.S., même maladroit, je devrais pouvoir faire mieux que pousse-balai.

  A sept heures du matin, au démarrage de la chaîne, Mouloud m'a
10   fait faire encore un essai. A sept heures et demie, il avait définitivement renoncé.

  'Ça fait rien, va, ils vont bien te trouver autre chose à faire. Et puis, tu y gagneras peut-être. Tu sais, ici, c'est pas un bon poste. L'étain, ça rend malade. Tous les mois, on me fait une prise de sang. Celui qui
15   était là avant moi, ils l'ont enlevé parce qu'il commençait à aller mal. Mais ils ne lui ont pas reconnu la maladie professionnelle, ah non! Ils l'ont mis ailleurs, c'est tout. Jamais ils voudront reconnaître qu'il y a une maladie professionnelle de l'étain. Mais alors, pourquoi les prises de sang? . . . Et moi, ils me changeront de poste quand je cracherai des
20   bouts de fer. T'en fais pas, tu perdras pas grand-chose.'

  Vers huit heures, le contremaître Gravier fait son apparition. 'Alors, Mouloud, il y arrive?' Gravier est grand et baraqué, genre beau gosse, avec un rien de vulgarité dans la voix, histoire de marquer le côté ancien ouvrier. Il est brutal et craint. 'Il y arrive? Il peut continuer le
25   poste tout seul? – Euh . . . c'est pas encore ça, chef, je sais pas si il pourra.' Mouloud est embarrassé, il ne veut pas me faire de tort. Il ajoute à tout hasard: 'Il fait ce qu'il peut, chef, c'est pas facile au début . . .' Gravier le coupe et tranche: 'Bon, laisse tomber.' Puis, se tournant vers moi: 'Allez, suis-moi.'

30   Escalier. Couloirs encombrés de containers. Terrifiant vacarme des presses. Allées où foncent les caristes. Escaliers. Détours. Bouffées de froid. Bouffées de chaleur. Fenwicks. Salles encombrées. Escalier. Puis une salle qui me paraît immense, explosion de bruits stridents et de couleurs criardes. Des postes partout, une chaîne interminable qui
35   court sur le côté le plus allongé d'un vaste rectangle, et d'autres chaînes plus petites, perpendiculaires, tranversales, obliques, et des petits établis, avec des gens en train de gainer, de percer, de tailler,

de visser. Un mouvement d'éléments en tous sens: par terre, à
hauteur d'homme, au plafond. Et le défilé de voitures colorées,
40   brillantes, vives. Ces couleurs me frappent, un choc après la grisaille
des tôles crues de l'atelier de soudure. Et aussi les bruits, beaucoup plus
divers et discordants. Un choc, oui, mais pas agréable: cette lumière
artificielle et ce vacarme différent sont aussi difficilement supportables
que l'étaient, chez Gravier, le glissement des tôles et la répétition
45   cyclique des bruits. Chez Gravier, il n'y avait que du métal. Ici, c'est
autre chose: c'est un atelier de finition, où les voitures arrivent peintes,
rutilantes, où on les 'habille': on recouvre l'intérieur, on monte les
sièges, les phares, les chromes, on pose le bloc moteur sur le chassis, on
met les vitres, on monte les roues. Tout cela, je le saisis au passage. Pas
50   le temps de contempler: c'est le pas de course derrière la blouse blanc
sale de Gravier. Nous entrons dans un bureau, grande cage vitrée,
centrale. Un autre contremaître est assis derrière une table: petit, gros,
à moitié chauve. Gravier me présente en deux mots et file. L'autre:
'Attends là.' Et il se replonge dans ses papiers. Ils tutoient tous leurs
55   ouvriers. Pourquoi? Pourquoi ce ton cassant? C'est l'autorité qui veut
ça. C'est le système. C'est un petit bout du système Citroën. Comme de
vous ignorer en passant, comme les ordres secs, comme de dire à
quelqu'un d'autre, en votre présence: 'Mettez-le donc à ce poste.' Les
mille façons de vous répéter à chaque instant de la journée que vous
60   n'êtes rien. Moins qu'un accessoire de voiture, moins qu'un crochet de
chaîne (tout ça, on y fait attention). Rien.

(Robert Linhart, *L'Établi*, Minuit, 1978, pp. 27–9.)

Exercices

Lexique

Expliquez les mots et expressions suivants:

mettre quelqu'un à la porte (l.1)	le contremaître (l.21)
Qu'à cela ne tienne (l.3)	baraqué (l.22)
un O.S. (l.7)	beau gosse (l.22)
un pousse-balai (l.8)	laisse tomber (l.28)
une prise de sang (l.14)	au pas de course (l.50)
T'en fais pas (l.20)	filer (l.53)

Grammaire et stylistique

(a)   En commentant les expressions des lignes 21–29, et d'autres que vous
choisirez, étudiez le style parlé de la première partie du texte (ll.1–38).

(b)   Après le dialogue, la description. Étudiez le changement de syntaxe
(structures des phrases) et de lexique (remarquez les adjectifs) (ll.39–53).

Compréhension

(a)   Que comprenez-vous par 'la maladie professionnelle' (l.16)? Expliquez
       l'idée de la phrase.
(b)   Comment définiriez-vous 'le système' dont il est question ligne 56?
(c)   Pourquoi est-il significatif que les contremaîtres tutoient les ouvriers?
       Comment comprenez-vous l'usage du 'tu' et du 'vous'?

Question orale ou écrite

(a)   'Le travail, c'est la santé; rien faire, c'est la conserver.' Sans aller
       nécessairement aussi loin dans vos conclusions, étudiez les rapports du
       travail et de la santé.

Text 3.22

Ma Semaine de bonne à tout faire

1   Je suis une jeune personne bien malheureuse. Vingt-quatre ans, toutes
mes dents, mais des revers familiaux et financiers me contraignent,
depuis deux ans, à vendre ma force de travail sous une forme bien
particulière: le service des autres. Munie de deux certificats élogieux et
5   bidons, flanquée d'énormes valises cartonnées qui m'arrachent les bras,
je fais la tournée des offres d'emploi. Je suis bonne à tout faire, fauchée
et très pressée, mes bagages en témoignent. Je soigne mon air humble:
ma jupe est signée 'Prisu', mais propre et repassée de frais; mes bottes
sont éculées, mais brillent vaillamment.
10   Je suis le prototype de la femme facilement exploitable et invariable-
ment exploitée, parce qu'elle n'a pas le choix. C'est ainsi que je me
présente chez des gens qui ont demandé, par voie d'annonce, une 'aide
ménagère' ou une 'employée de maison'.
Avenue Bosquet, on réclame 'J.F. pour travail ménager et cuisine'.
15   Mes valises ancrées aux paumes, je piétine sur les trois marches de
l'entrée en négociant mon admission dans ce semblant d'hôtel particulier en panne de domestique. Je pose le barda, exhibe d'un air fier
mes certificats, qui affirment sans nuances que je suis en tout point
digne de louanges et d'estime. La quinquagénaire qui accuse réception
20   de ma personne semble s'en battre l'œil. L'intéressent à l'évidence bien
davantage mes nippes, mon désarroi et la craie que je me suis soigneusement tartinée sur le visage avant l'épreuve pour paraître plus pâle. Au
bout d'un quart d'heure, elle semble rassurée, je fais propre et poli.
'Entrez', 'Merci Madame' . . .
25   Nous traversons un très long et très chic appartement, style ministre,
meublé de vieilles choses chères. Des lustres cliquettent au-dessus de
nous. Un escalier particulier, quinze marches à la volée, et la dame
annonce: 'Voilà, vous êtes chez vous.' Je dispose à vue de nez de
cinquante mètres carrés uniquement habités par quatre plafonniers (je
30   pense aussitôt à une salle de jeux désaffectée), d'un tout petit lit et
d'une armoire-housse. 'Vous avez le chauffage, mais il est à votre
charge.' Le chauffage est une petite chose qui souffle bruyamment et
fait tourner le joli compteur installé de frais à une vitesse étourdissante.
Combien cela peut-il coûter de calorifuger un hall de gare? 'Vous
35   prenez votre service à 7 heures. De 15 à 17 heures, c'est la coupure.
Vous reprenez jusqu'à environ 22 heures.' 'Et . . . pour . . . le salaire?'
Très sèche: 'C'est 2 200 francs. Logée, nourrie.' J'ai droit à ma journée

pour m'installer. 'Ma sœur va venir m'aider, pour mes affaires', lui
dis-je.

40 A midi et demi, je descends et demande, le plus naturellement
possible, si je peux manger quelque chose. 'Écoutez ... non, euh ...
aujourd'hui ... nous déjeunons très légèrement. Alors, allez donc vous
chercher un sandwich au café en bas, hein?' 'Puis-je avoir quelques
précisions sur les fonctions que l'on a l'obligeance de m'attribuer?'
45 'Nous recevons seulement une ou deux fois par semaine, et jamais plus
tard que minuit. Vous disposerez de votre dimanche. Je vois que vous
êtes en jupe, mais je précise que je ne tolère pas le pantalon durant le
service. Vous avez l'usage de la salle d'eau du premier. Comme votre
chambre est dans l'appartement, je vous demanderai d'éviter de re-
50 cevoir.' Un coup en traître, je fais l'andouille: 'De recevoir?' 'Oui ...
enfin, je veux dire, n'invitez pas n'importe qui ...' 'Mais ma sœur, je
peux?' 'Mmmoui.' 'Merci Madame.'

Avenue de Breteuil, on cherche une bonne à tout faire. Lorsque je
me présente, vers midi, j'ai la mine accablée de celle qui sait bien que
55 c'est trop tard mais qui tente le coup quand même. Madame a
quarante-cinq ans et les cheveux violets. Elle me considère avec la
mansuétude que l'on imagine chez les châtelaines qui font des œuvres.
On attaque le côté business illico. 'Vous faites en gros douze heures par
jour. Mais je ne suis pas stricte, tout dépend des repas que vous avez à
60 préparer. Je vous donne 2 000 francs par mois, logée, nourrie, et vous
avez une chambre indépendante au-dessus.' Au-dessus, c'est au sep-
tième sans ascenseur, un couloir tuberculeux qui tousse un peu d'eau
en son milieu. Mon royaume a rétréci: je n'ai plus, pour vivre ma vie,
que quatre ou cinq mètres carrés mansardés sur la moitié. C'est le
65 même tout petit lit, avec, en prime, un matelas vicieux qui tend à
glisser mollement sur la tommette. Une table, format pupitre de maternelle, supporte tant bien que mal le broc et la cuvette qui me serviront
de sanitaire. 'Vous pouvez décorer à votre guise', déclare la dame,
magnanime. 'Évidemment, il n'y a pas d'armoire, mais avec quelques
70 patères, vous vous en tirerez très bien. Vous descendez à 7 h 30 pour
servir le breakfast. Puis vous faites le marché, et le ménage. A fond.
Nous sommes très exigeants là-dessus.' 'Les vitres aussi?' 'Évidemment!'
fait la dame, agacée. 'Vous cirerez une fois par semaine. Nous ne
recevons pas.' 'Est-ce que j'ai un jour de repos, Madame?' 'Le
75 dimanche. J'oubliais. Vous recevez qui vous voulez. En dehors des
heures de service, évidemment.' A midi, je demande à manger. 'En
temps normal, vous déjeunez avec nous. Aujourd'hui, puisque vous
vous installez, je pense que vous pourrez vous débrouiller toute seule. A
ce soir.'

80 Les alentours de la place Maubert. Joli immeuble, sans doute un
hôtel particulier recyclé en appartements de standing. J'ai affaire à une

jeune femme très séduisante, pas plus vieille que moi. Elle refuse de
regarder mes certificats, et me prie d'entrer m'affaler sur un des
considérables coussins qui molletonnent la belle grande pièce où je suis
85   introduite très rapidement. Beaucoup de revues à la mode, éclairage au
néon et jouets qui traînent un peu partout. 'Nous avons tous les deux
une profession artistique.' (Je m'en serais doutée. Mais laquelle, je n'ose
pas demander, puisque je suis issue du Limousin et de la grande
confrérie des employés de maison réunis.) 'Nous avons besoin de
90   quelqu'un qui s'occupe bien des mômes, je vois sur ton ... sur votre
certificat que vous aimez les enfants, ça tombe bien. Alors, la chambre,
c'est par ici.' Élégant appartement sans meubles ni objets, que la jeune
femme traverse comme une plage. A ma droite, une gravure de Folon,
à ma gauche un vitrail signé de quelqu'un de célèbre, mais je n'arrive
95   pas à mettre un nom dessus. M'échoit une belle pièce chaulée, pourvue
de rayonnages et de placards, avec des prises de courant partout. Un lit
enfin normal, une table à tréteaux, trois lampes. 'Je donne entre 3 000
et 3 500 francs par mois, enfin, ça dépend.
Des fois on reçoit beaucoup, des fois pas ... Tu ... Vous n'avez pas
100   de travail spécial dans ces cas-là, on prend tout chez le traiteur. Mais
c'est la vaisselle et garder les gosses ...' 'J'ai un jour libre?' 'Mais bien
sûr, voyons. Le dimanche, et si vous voulez sortir un autre jour, il suffit
de me prévenir, hein? Pour le reste, on se lève tard, mais pas les petits.
Alors il faut rester ici souvent.' Je ne dis rien. 'Est-ce que ça vous
105   convient?' Je profite de la seule occasion qui m'est offerte pour faire la
difficile. 'Oui ... mais je pourrai recevoir?' 'Évidemment.' 'Et porter un
pantalon?' 'Bien sûr que tu peux!' Elle avait l'air gentil. Elle m'a
tutoyée très vite. Elle avait mon âge. Pas question de les servir à table
ou de lui cirer ses chaussures. Eh bien, c'est par cette jeune femme que
110   je me suis sentie le plus humiliée, et je ne sais pas à quoi ça tient.

(Anne Vergne, 'Ma Semaine de bonne à tout faire', *F Magazine*,
3 March 1978.)

Exercices

Lexique

Expliquez les mots et expressions suivants:

vingt-quatre ans, toutes mes dents (ll.1–2)	je m'en bats l'œil (l.20)
un certificat bidon (ll.4–5)	mes nippes (l.21)
fauché (l.6)	à vue de nez (l.28)
J.F. (l.14)	la coupure (l.35)
un hôtel particulier (ll.16–17)	recevoir (l.45)
un barda (l.17)	faire l'andouille (l.50)
	tenter le coup (l.55)

illico (l.58)   le traiteur (l.100)
un môme (l.90)

Grammaire et stylistique

(a)   Remarquez les mots inventés – molletonner (l.84), calorifuger (l.34).
       Examinez leur forme et donnez leur sens.
(b)   Appréciez les effets du style parlé. Relevez les expressions qui vous
       paraissent les plus savoureuses en donnant vos raisons.
(c)   Commentez les descriptions – 'Madame a quarante-cinq ans et les
       cheveux violets' (ll.55–6) – 'un couloir tuberculeux qui tousse un peu
       d'eau en son milieu' (ll.62–3) – 'un matelas vicieux' (l.65). Trouvez
       vous-même d'autres expressions particulièrement descriptives.

Compréhension

(a)   Qui est Folon (l.93)? Qu'est-ce qu'une fenêtre 'mansardée' (l.64)?
       Que signifie l'expression 'des châtelaines qui font des œuvres' (l.57) –
       précisez le ton.
(b)   Situez sur un plan de Paris les adresses données (avenue Bosquet,
       avenue de Breteuil et la place Maubert). Comparez les trois dames, les
       trois appartements, et les conditions de travail.

Question orale ou écrite

(a)   Expliquez et discutez la conclusion du texte. Auriez-vous réagi comme
       Anne Vergne? Donnez vos raisons.

Text 3.23

Une Boulangère juste dans la moyenne

1   Madame D., boulangère à Grenoble, orpheline à l'âge de 12 ans a été
confiée à l'Assistance publique; elle a été en classe jusqu'à 14 ans mais
n'a pas passé le CEP. Son mari a d'abord travaillé de nuit dans une
laiterie, puis comme ouvrier boulanger pendant 8 ans; il s'est installé à
5   son compte, il y a 12 ans. Leur fille âgée de 22 ans est mariée et est
préparatrice en pharmacie. Ils sont propriétaires d'une petite boulangerie (employant un ouvrier) qu'ils vont bientôt quitter, avec l'intention
de reprendre un autre petit commerce, mais qui soit moins astreignant,
'moins tenu'. Ils viennent d'acheter dans la banlieue de Grenoble une
10   maison comportant un salon, une salle à manger, plusieurs chambres,
une cuisine et une salle de bains et entourée d'un grand jardin
entretenu avec beaucoup de soin.

    A l'intérieur, tout reluit, tout est astiqué: 'ce n'est pas pour me
vanter, mais j'aime bien la propreté, alors j'aime bien bichonner ma
15   maison, faire ma poussière, peut-être trop, parce que finalement, quand
on y est tout le temps, on ne ferait que ça'. Le souci de se tenir dans ce
qui lui apparaît un juste milieu, d'être 'juste dans la moyenne', de ne
pas trop se faire remarquer, oriente tous ses propos. Ainsi de leur
maison, elle dira qu'elle est un peu 'le fruit de notre travail', 'une
20   récompense', qu''elle est bien, mais qu'il y a beaucoup mieux quand
même; disons que c'est pas mal bien sûr (...); un petit truc bien
moyen, ce n'est pas que je suis fière, elle serait un petit peu plus petite,
je l'aurais quand même prise. Il faut dire: c'est juste dans la moyenne,
c'est pas du luxe, luxe, mais ce n'est pas non plus tout à fait moyen'.
25   'On a été élevé très économe'; 'en travaillant comme on travaillait, on
n'a pas le temps de dépenser (...), on n'a pas le temps de sortir, alors
on économise par la force des choses; souvent, j'ai dit, "il y en a qui ont
l'argent, et qui ont le temps, moi j'ai l'argent, mais je n'ai pas le temps",
c'est malheureux à dire mais c'est la vérité'.
30   Le choix du mobilier, de style Lévitan, a posé beaucoup de 'problèmes'. 'J'ai couru pas mal de magasins (...) pour ne pas me tromper
(...); je voulais quelque chose qui aille avec mon âge un peu, parce
que je vois mal une personne de 50 ans avec des meubles ultra-
modernes (...); j'ai pensé choisir quelque chose d'intermédiaire entre le
35   très moderne et l'ancien'. Elle a préféré 'attendre le temps qu'il faut'
pour acheter la maison que d''acheter à l'aveuglette'; 'il y en a qui ont
tout de suite une maison, disons que nous, on n'en profitait pas, cela

ne servait à rien d'en avoir; on a attendu un certain nombre d'années,
ce qui m'a permis d'acheter quelque chose de plus confortable'.

40   Les meubles du salon, 'c'est pas les plus ordinaires, mais c'est pas
non plus les plus beaux, j'ai choisi quelque chose de classique'; la
grande banquette grise, 'avec ce ton là, on peut s'y asseoir', 'on n'est
pas esclave' (on n'a pas peur de la salir) 'tout en étant assez bien'. Elle
a dû faire seule tous ces choix, son mari n'ayant ni le temps, ni l'envie

45   de l'accompagner: 'il s'en foutait complètement, il m'a dit "tu prends
comme tu veux"'. Elle cherchait quelque chose 'qui aille avec le style
des pièces; je ne pense pas être très qualifiée là-dessus, mais il faut
respecter un certain style dans les pièces'.

    Sur les murs, un tableau que lui a donné son beau-frère et un

50   tableau qu'elle a acheté à un 'peintre sur toile'. 'J'aimerais bien la
peinture, mais je n'ai pas les moyens'. Elle pense qu'elle aimerait peut-
être aussi écouter des disques mais n'en a jamais acheté et ne se voit
pas en train d'en acheter. Le souci de ne rien perdre, le sens de
l'économie l'ont conduite à 'récupérer' des petits bibelots pour sa

55   maison. 'J'ai des tas de petites saletés, que je récupère, des choses que
j'ai trouvées dans les greniers des tantes, des oncles, des machins que
j'ai astiqués. Toutes ces choses ont de la valeur maintenant parce que
c'est propre (. . .); à l'époque où je les ai récupérées, personne ne se
serait rabaissé pour les ramasser parce que c'était trop sale.'

60   Elle aime son intérieur; si elle dispose d'argent, elle préférera 'le
mettre dans un meuble ou quelque chose pour la maison', acheter des
rideaux ou un tapis qu'elle pourra 'garder longtemps' plutôt qu'une
robe qui l'année d'après sera un 'rossignol' ou qu'un bijou qu'elle ne
portera guère. 'Il y a des gens qui sont très coquets, qui achètent

65   beaucoup. Moi je n'éprouve pas ce besoin parce qu'après tout, quelquefois même, on achète des trucs qu'on ne met jamais. Ils vous ont plu,
on ne sait pas pourquoi, du jour au lendemain, ils ne vous plaisent
plus. Des chaussures, il suffit qu'elles vous fassent mal aux pieds, vous
les mettez une demi-journée ou une heure, puis après vous dites "j'ai

70   trop mal aux pieds, zut, je ne les mets pas", puis ils restent dans la
boîte. Je suis sûre que je ne suis pas la seule dans ce cas'. Elle 'aime les
vrais bijoux', les 'bijoux en or' mais ne met pas ceux qu'elle a. 'J'aime
pas en mettre plein la vue, sortir tous mes bijoux, on dira "tiens, elle
sort tous ses bijoux"; j'aime pas exposer toutes mes richesses si on peut

75   appeler ça comme ça.'

    Elle ne 'met jamais cher' pour les vêtements: 'je ne suis pas de celles
qui dépensent beaucoup en toilette'. De toutes façons, 'la mode change,
change; (. . .) on a beau faire, on n'est jamais à la mode si on va par là'.
Aussi recherche-t-elle plutôt des vêtements 'classiques'. Elle hésite à

80   accepter une invitation à un mariage: 'ça ne me dit rien parce qu'il
faut trop acheter de choses chères et pour en finir, ça ne sert qu'une

fois pratiquement'. Elle va de temps en temps chez le coiffeur, et c'est
pour elle une 'corvée': il faut 's'arranger un peu, mais sans plus'. A la
campagne où elle a passé son enfance, 'ça ne se faisait pas de se mettre
85   devant sa glace et de se maquiller'. Dans la vie quotidienne, Madame D.
ne fait pas beaucoup de cuisine parce qu'ils ne sont que deux; mais,
lorsqu'il y a du monde, elle 'aime beaucoup cuisiner des choses classiques', des quiches lorraines, des gratins dauphinois, des rôtis de
toutes sortes, des tomates farcies.

90   Elle s'entend très bien avec ceux qui ont 'les mêmes goûts' qu'elle,
aime 'avoir affaire à des gens honnêtes'. Étant 'assez économe tout en
n'étant pas, disons, radin' ('mais enfin on n'aime pas le gaspillage'),
elle pense qu'elle ne pourrait pas s'entendre avec des gens qui, au
contraire, 'foutent tout par les fenêtres'. Elle comprend mal ceux qui
95   'pour parler vulgairement, tirent le diable par la queue, mais autant ils
gagnent, autant ils dépensent (. . .). C'est pas les plus riches qui se
refusent le moins de choses, souvent c'est les gens de classe moyenne
qui, au fond, ne se refusent rien; ils ont envie de gâteaux, ils boivent du
bon vin quand ça leur dit et quand ils n'y arrivent plus, ils font
100   marquer'. Elle enferme dans la même condamnation ceux qui ne
savent pas 'diriger leur budget' et qui, en fin de mois, demandent que
les dépenses soient inscrites sur leur compte afin de payer plus tard,
c'est-à-dire, sans doute, bien qu'elle ne les désigne pas explicitement,
les ouvriers.

105   Elle n'a pas été au cinéma 'depuis dix ans au moins', n'a pas le temps
de lire des quotidiens, ni les hebdomadaires comme *Match* ou *Jours de
France* que des clients oublient parfois dans la boulangerie, 'beaucoup
de pages pour pas grand-chose et beaucoup de réclames'. Elle regarde
un peu la télévision, mais 'pas trop', le dimanche surtout, mais jamais
110   après dix heures du soir; elle n'est pas une 'fanatique de la télé', 'aime
les émissions gaies', où 'il n'y a pas trop à réfléchir', les émissions de
variétés en particulier à condition que le réalisateur ne cherche pas 'à
trop bien faire': 'plus ça va, plus je trouve que même les émissions de
variétés, elles veulent tellement bien faire, le classique c'était mieux'.
115   Elle refuse toute recherche formelle, n'aime pas les émissions d'Averty.
'J'aime pas du tout ces trucs tout coupés, on voit une tête, on voit un
nez, on voit une jambe. Je trouve ça bête, sûrement, je dois être de
l'ancienne école (. . .). On voit un chanteur qui est long, sur trois
mètres de long, après, il y a des bras sur deux mètres de large, vous
120   trouvez ça marrant? Ah, j'aime pas, c'est bête, je ne vois pas l'intérêt de
déformer les choses'. Par contre, elle aime regarder un chanteur 'classique', c'est-à-dire 'un chanteur qui chante, qui chante normalement,
qui soit de taille normale et qui ne soit pas déformé'.

Chaque année, ils partent en vacances quinze jours ou trois semaines
125   avec une caravane; ils ont été deux ou trois fois dans un camping sur

la côte d'Azur et dernièrement au bord d'un lac dans la région de Grenoble. Avant d'avoir la caravane, ils n'allaient pas en vacances, son mari 'n'aime pas l'hôtel, pas du tout, pas le restaurant'. Pendant les vacances, son mari joue beaucoup aux boules, aux cartes, 'se fait

130 beaucoup d'amis'. Quant à elle, elle n'aime pas rester sans rien faire d'utile; aussi elle se repose et tricote ou fait de la tapisserie: 'c'est un passe-temps agréable; le temps passe plus vite'. Ils vont un peu sur la plage, prennent le pastis avec des amis. En dehors des vacances, les contraintes du travail sont telles qu'ils ne peuvent sortir; son mari

135 travaille tous les dimanches soirs à partir de 21 heures ce qui l'oblige à dormir le dimanche après-midi. Ils arrivent tout au plus à sortir 'une fois l'an, pour le lundi de Pâques ou le lundi de Pentecôte. Le fait que c'était férié, on fermait deux jours, le dimanche et le lundi'.

(Pierre Bourdieu, *La Distinction*, Minuit, 1979, pp. 399–402.)

Exercices

Lexique

Expliquez les mots et expressions suivants:

s'installer à son compte (ll.4–5)	en mettre plein la vue (l.73)
bichonner sa maison (l.14)	mettre cher (l.76)
un petit truc bien moyen (ll.21–2)	une corvée (l.83)
par la force des choses (l.27)	radin (l.92)
c'est malheureux à dire (l.29)	foutre l'argent par les fenêtres
courir les magasins (l.31)	(l.94)
à l'aveuglette (l.36)	tirer le diable par la queue (l.95)
il s'en foutait complètement (l.45)	être de l'ancienne école (ll.117–18)
un tas de petites saletés (l.55)	c'est bête (l.120)
un machin (l.56)	le pastis (l.133)
des trucs qu'on ne met jamais (l.66)	c'était férié (l.138)

Grammaire et stylistique

(a) 'quelque chose qui aille avec mon âge' (l.32): justifiez le subjonctif et faites des phrases du même type.

(b) 'plus ça va, plus je trouve ...' (l.113). Analysez soigneusement la structure, comparez-la à son équivalent anglais, et faites des phrases qui l'utilisent.

(c) 'On a été élevé très économe' (l.25). Notez l'utilisation de l'adjectif au lieu de l'adverbe. Trouvez vous-même des expressions similaires. Traduisez en anglais: que remarquez-vous? Concluez sur les niveaux de langue.

(d)   Traduisez le style de la langue parlée: lignes 13–29 et 90–100.

Compréhension

(a)   Qu'est-ce que le style Lévitan (l.30)? Que comprenez-vous par 'un rossignol' (l.63) et que pensez-vous de la comparaison? Qu'entend la boulangère par 'ils font marquer' (ll.99–100)?
(b)   Qu'est-ce que l'Assistance publique (l.2)? Jusqu'à quel âge la scolarité est-elle obligatoire aujourd'hui en France? Qu'est-ce qu'un CEP (l.3)?
(c)   Que signifie le titre, 'une boulangère "juste dans la moyenne"'? Donnez tous les sens possibles de l'expression, précisez celui qui convient dans le contexte et relevez les expressions qui indiquent ce souci d'être 'juste dans la moyenne'.

Question orale ou écrite

(a)   Comment la notion d'objets de 'nécessité' et de 'luxe' a-t-elle évolué depuis 45 ans?

Text 3.24

Les Étoffes des héros

1   Aujourd'hui, le diplôme ne suffit plus: le vêtement est devenu le
baromètre de la réussite. Le talent ne remplace pas un revers soigné ou
une cravate élégante. Pour éviter au jeune manager de patienter
éternellement à la porte du succès, il doit passer chez le tailleur. Ainsi
5   apprendra-t-il l'art de mettre le pied, chaussé de Church's évidemment,
dans l'étrier de la réussite.

Séduire son patron, son fournisseur ou son client est devenu un
impératif professionnel. 'L'image fait la différence. Pour avoir un job bien
payé, il faut posséder les attributs et les codes vestimentaires en vigueur',
10   affirme Bénédicte Bulot, psychologue de formation et créatrice de Séduction Conseil, une agence spécialisée. Avec deux doigts de bon sens et
un goût très sûr, aidée par une associée analyste-coloriste, Danielle
Sèbe, elle métamorphose les sous-doués du look. 'Ils s'étonnent de ne pas
évoluer alors qu'ils en ont les compétences . . . mais pas l'apparence', dit-elle.

15   Alors, impitoyable, elle débusque les costumes ringards, les cravates
ternes et les chaussures éculées, aussi éliminatoires lors d'un entretien
d'embauche qu'un zéro un jour d'examen. Ensuite, elle accompagne
ses clients dans une tournée des bonnes boutiques, adaptées à leurs
moyens de débutant ou de cadre confirmé. L'objectif: leur apprendre
20   l'art d'assortir chaussettes et cravate, de mélanger les gris sans tomber
dans la grisaille, de marier le chic anglais et la désinvolture italienne.

Mais, avant tout, pour ne pas se tromper de vêtement lors d'un
premier rendez-vous avec son futur patron, 'il faut aller respirer la
culture de l'entreprise le matin ou à l'heure du déjeuner. On ne s'habille pas
25   de la même façon chez Procter et chez Colgate, conseille Benédicte Bulot.
Et, ajoute-t-elle, l'originalité ne paie pas. On passe partout quand on est
classique. D'autant plus qu'on ne connaît jamais les goûts de celui qui
vous reçoit'. Car il faut faire bonne impression dès la première rencontre. Puisque l'habit fait le moi, voici le shopping de la réussite. Afin de
30   passer du look banlieue au look Auteuil.

Le jeune financier à Paribas

Pour le financier, un vêtement est un placement. De préférence sans
risque. Car il doit inspirer confiance et montrer qu'il met autant de soin
pour choisir ses costumes que pour gérer la fortune de ses clients. A lui
35   donc l'élégance sobre: complet classique, gris et croisé, chemise bleue

unie ou à très fines rayures, chaussures sombres, genre Richelieu et
cravate sans fantaisie. D'ailleurs, le financier tient l'imagination pour
une tare. Il lui préfère les chiffres, qu'il aime comme le chartreux son
panier. Un tantinet conservateur, il apprécie, même jeune diplômé, les
40   bonnes maisons à la réputation aussi irréprochable que leurs revers de
pantalon. Plus tard, quand sa banque l'enverra faire un tour à la City,
il en profitera pour acheter quelques costumes à Londres. A moins qu'il
ne se fasse faire des Lobb. Sur mesure.

La chef de produit chez Procter

45   *L'executive woman* doit avoir l'élégance naturelle de Jackie Kennedy et
les attributs de sa corporation: Filofax, stylo Montblanc, escarpins Harel
en lézard et sac Chanel. Du moins, quand elle aura réussi. La jeune
diplômée peut se contenter d'une panoplie incomplète. La gourmette en
argent Hermès n'est pas à dédaigner, ni le rang de perles. Mais pas
50   question pour autant de ressembler à Valérie Lemercier. L'executive
woman doit être '*chicos*', comme elle dit. Elle a gardé de ses études le
syndrome de première de la classe: il lui faut être irréprochable,
parfaitement maquillée, discrètement parfumée. D'où aussi ses tailleurs
parfois un peu stricts, en attendant 'le' Saint Laurent qu'elle rêve de
55   s'offrir.

Le commercial chez Canon

Son impératif: vendre. Sa religion: vendre. De la hi-fi, des yaourts ou
des voitures. Le vendeur se sent capable de négocier des prêts immo-
biliers chez les Inuit ou de vendre des téléviseurs aux Indiens d'Amazo-
60   nie. Sûr de lui et m'as-tu-vu, il aime qu'on le remarque. Tant pis si sa
tenue n'est pas toujours des plus discrètes. Il ne répugne pas à porter
des chemises roses qui vont si bien à son teint – artificiellement –
bronzé, des cravates voyantes et des pochettes jaunes ou rouges,
assorties à sa Golf GTI. Son péché mignon: les bijoux. Il porte toujours
65   sa chevalière. Et, avec son premier salaire, il va s'offrir une Cartier en
or. C'est chic, pense-t-il. D'ailleurs, il l'a lu dans 'Vogue-Hommes'.

La chef de pub chez BDDP

Sexy, la chef de pub n'hésite pas à porter des minijupes, parfois en cuir.
Après tout, il lui faut séduire pour caser son annonce. Elle aime aussi
70   les tee-shirts bariolés et les pulls moulants. Pas étonnant donc qu'elle
considère Christian Lacroix comme le génie de la couture. L'essentiel
est qu'on la remarque, comme son homologue masculin. Lui, il se
complaît dans les excentricités vestimentaires et peut même aller

travailler en jeans. Un conseil cependant: éviter le look gourou des
75 années 60 avec catogan et vestes informes. La place est déjà occupée
par Bernard Cathelat et les imitations ne sont jamais aussi bonnes que
les originaux.

Le consultant chez Coopers et Lybrand

Avec son air arrogant et sa suffisance, le consultant est un tueur.
80 Élégant. Lui, dès ses premiers biberons, il a ses Weston et son semainier
en cuir noir. Bien élevé, audacieux et dynamique, il sait qu'il faut se
battre pour emporter l'adhésion de ses clients, parfois à grand renfort
de mots d'anglais dont il émaille ses propos. Mais cela rapporte. Suffisamment pour s'habiller chez les meilleurs tailleurs où il puise ses costumes
85 gris ou ses blazers bleu marine. Le cashmere et la flanelle sont ses
matières préférées. Et la soie des pochettes de chez Charvet. Le jour où
il aura un peu d'argent, il se fera faire une housse en cuir chez Hermès
pour son portable, instrument indispensable de sa réussite.

('Les Étoffes des héros', *Le Nouvel Observateur*, 26 September–
20 October 1991, pp. 33–34.)

Exercices

Lexique

Expliquez les mots et expressions suivants:

un revers soigné (l.2)	un escarpin (l.46)
mettre le pied dans l'étrier (ll.5–6)	une gourmette (l.48)
avec deux doigts de bon sens (l.11)	m'as-tu-vu (l.60)
un costume ringard (l.15)	un péché mignon (l.64)
des chaussures éculées (l.16)	une chevalière (l.65)
éliminatoire (l.16)	la suffisance (l.79)
la grisaille (l.21)	émailler ses propos d'anglais (l.83)
un complet croisé (l.35)	un portable (l.88)
un tantinet conservateur (l.39)	

Grammaire et stylistique

(a)   Étudiez les six mots et expressions de liaison des lignes 15 à 30.
Montrez comment ils donnent l'impression d'un raisonnement.
(b)   Relevez les formules publicitaires. Traduisez-les en anglais. Traduisez
les lignes 68–77.
(c)   Comparez la description du financier et celle du commercial – deux
aspects du vocabulaire de l'argent.

Compréhension

(a)   Qu'est-ce que Paribas? Une chef de pub? Un commercial? Une chef de produit?

(b)   'L'habit fait le moi' (l.29): expliquez le jeu de mots. Que comprenez-vous par 'le look banlieue, le look Auteuil' (l.30)? Qu'est-ce que 'le' Saint Laurent (l.54), et une 'Cartier' (l.65)?

Question orale ou écrite

(a)   Vous briguez un poste de (1) garçon de café, (2) institutrice, (3) metteur en scène. Pour chacun de ces postes vous êtes convoqué à une interview. Décrivez comment vous vous habillez et justifiez votre choix.

Text 3.25

Décadence du repas bourgeois

1 L'arrivée du barbecue dans la société française il y a plus d'une vingtaine d'années et sa diffusion fulgurante témoignent de presque toutes les grandes transformations de notre pays: on peut y lire toute notre histoire sociale récente. Le mot même révèle l'américanisation de
5 la France. Le cow-boy faisait griller une pièce de viande pour la dévorer à pleines dents.

Que cette pratique alimentaire de sauvage ait pénétré la gastronomie la plus civilisée du monde mérite une explication. Ni un paysan ni un ouvrier et encore moins un bourgeois du début du siècle n'auraient
10 imaginé qu'on puisse manger dehors de la viande presque crue. Les premiers ne mangeaient pratiquement pas de viande, les seconds la mangeaient rôtie, et tous la mangeaient dedans, à la cuisine ou à la salle à manger. Manger dehors? quelle incongruité! Certes les ouvriers et les paysans emportaient le casse-croûte dans les champs ou sur les
15 chantiers et les bourgeois organisaient des pique-niques mais le repas était froid et frugal pour le travailleur (qui, à l'atelier, faisait parfois réchauffer la gamelle), opulent et raffiné pour la partie de campagne. Mais dans tous les cas c'était le contraire d'un vrai repas pris à la maison.

20 Or aujourd'hui un Français sur trois a son barbecue, pour moitié acheté dans les quatre dernières années. En 1980, s'il s'en est vendu près de quatre cent mille, 80% viennent de Taïwan, 15% seulement ont été fabriqués en France et le reste ailleurs. Bien sûr on ne peut compter ceux fabriqués sur place, en pierre et somptueux dans les
25 résidences secondaires luxueuses, ou de fortune, faits d'une jante d'auto-mobile montée sur trois pieds par exemple. Innovation récente qui a suivi la courbe logistique classique en S, le barbecue est 'transclassiste', comme on dit, les plus beaux ne sont pas nécessairement en haut de l'échelle sociale. C'est un gadget de grande consommation très diversifié:
30 un beau, français, solide, sans danger vaut 1500 francs tandis qu'un léger et dangereux venu de Taïwan vaut 150 francs.

Le rôti, le bouilli et le mijoté étaient les trois grands modes de cuisson de la cuisine bourgeoise et paysanne. Le feu dans l'âtre servait à bouillir la soupe paysanne et à rôtir le gigot bourgeois. Sur la braise,
35 dans le potager (qui pourrait paraître l'ancêtre du barbecue mais ne l'est pas) le lait chauffait pour faire monter la crème, les ragoûts mijotaient lentement. Mais de grillade point. Le beefsteak, nouveauté

anglaise, nous est venu à la fin du siècle dernier avec le sport et le *five o'clock tea.*

40 J'incline à penser que le scoutisme, autre innovation anglaise, a été le grand éclaireur du barbecue en habituant les jeunes bourgeois à la cuisine grillée dans la nature. Mais ce n'était là encore que jeux de petits sauvages, le contraire de la cuisine et du repas bien ordonnés. Les chantiers de jeunesse enfin eurent aussi leur rôle et je subodore un

45 relent de vichysme dans le fumet du barbecue.

Les ouvriers jardiniers qui faisaient la cuisine en plein air pendant qu'ils bêchaient leur jardin se flattent d'être les inventeurs et les promoteurs du barbecue mais c'est une prétention visiblement usurpée: comment une pratique d'hommes, hors de leur maison, se serait-elle

50 transmise? La guerre d'Algérie et le retour des pieds-noirs paraît une influence beaucoup plus plausible: le petit fourneau méditerranéen qu'on tient devant la porte est évidemment une sorte de barbecue. Le méchoui surtout, sans lequel il n'y a plus de belle fête de village, est une exaltation somptueuse du barbecue.

55 Tous ces précédents historiques n'auraient été que de faible poids sans un phénomène social massif: la décadence de la bourgeoisie. Il suffit de comparer le repas de la famille bourgeoise et le déjeuner autour du barbecue pour comprendre que celui-ci est la négation de la bourgeoisie. La mise en scène du repas reproduisait dans la salle à

60 manger les clivages fondamentaux de la société: les parents au centre avec leurs invités, en bout de table les enfants et les familiers (parents pauvres, gouvernantes . . .), debout, les serviteurs servant et regardant le spectacle que se donnait (et leur donnait) la famille, sous la houlette active de la maîtresse de maison dont c'est le triomphe. Bourgeoisie,

65 classes moyennes et prolétariat étaient rituellement situés dans la salle à manger comme dans l'ensemble de la société. Ce rite ne peut se perpétuer si les domestiques disparaissent et si l'on renonce à saisir toutes les occasions de hiérarchiser les individus. Comment vivre bourgeoisement si l'on n'a plus de domestiques pour vous servir et vous

70 observer?

Le rassemblement familial et amical autour du barbecue est un rite en tous points opposé au repas bourgeois. Ni hiérarchie affirmée ni répartition ritualisée des rôles. Hommes et femmes, jeunes et vieux, les invités et leurs hôtes, en tenue également débraillée (de bon ton,

75 discrète ou vulgaire), se font cuire chacun sa brochette. L'homme qui a allumé le feu préside à l'ensemble, distribue les brochettes, se glorifie dans un nouveau rôle masculin et rabaisse d'autant la femme cantonnée à la salade et aux légumes. Rite de classe moyenne où le spectacle ne sert plus à confirmer les positions sociales de chacun mais plutôt à

80 classer et à reclasser les familles sur une échelle discrète où chacun s'efforce de gravir un nouvel échelon.

Tout est inversé: le grillé remplace le rôti, le dehors le dedans (sans pour autant être dans la nature), l'égalité la hiérarchie, et l'ascension la stabilité car il y a des barbecues riches et élégants ('classes' comme on dit) et d'autres simples et populaires. En un mot les sauvages américains ont détruit tout l'ordre immuable de la bourgeoisie française grâce à un misérable petit outil qu'ils ont fait fabriquer par les Chinois . . .

85

(Henri Mendras, 'Décadence du repas bourgeois', in Pascal Ory' (ed.), *Mots de passe 1945–85*, Éditions Autrement, 1985.)

Exercices

Lexique

Expliquez les mots et expressions suivants:

le casse-croûte (l.14)
la gamelle (l.17)
une partie de campagne (l.17)
le rôti, le bouilli, le mijoté (l.32)
un âtre (l.33)
le gigot (l.34)

le pied-noir (l.50)
le méchoui (l.53)
sous la houlette de (ll.63–4)
débraillé (l.74)
de bon ton (l.74)

Grammaire et stylistique

(a) Justifiez le subjonctif de la ligne 10. Quel autre mode eût-on pu utiliser?

(b) 'Je subodore un relent de vichysme dans le fumet du barbecue' (ll.44–45). Examinez la formule: quels mots 'filent' la métaphore? Essayez d'appliquer ce procédé dans des phrases de votre cru.

(c) 'pique-nique', 'sport', 'five o'clock tea' – nombreux sont les mots du texte empruntés à l'anglais. Trouvez-en d'autres ici.

Compréhension

(a) Que comprenez-vous par l'expression 'transclassiste' (l.27)? Quelle est la racine de ce néologisme?

(b) Qu'est-ce que le 'vichysme' (l.45)?

Question orale ou écrite

(a) Écrivez un article d'imitation sur la sociologie du fast-food.

Text 3.26

La Transhumance des aoûtiens, bête noire des entreprises

1   Tous les Français n'ont pas, en août, les pieds dans l'eau et la tête au
     soleil. Air France, Air Inter, la SNCF ou la RATP, on s'en doute, ne
     peuvent pas convoyer des millions de vacanciers sans gérer au compte-
     gouttes l'octroi de congés payés durant l'été. On imagine mal les
5   hôpitaux sans infirmières, les prisons sans gardiens, les commissariats
     désertés. Dans le secteur privé, si quatre entreprises sur dix ferment
     leurs portes en août, beaucoup doivent ruser pour pousser leurs salariés
     à partir à l'automne, en hiver ou au printemps.
         Dans les travaux publics, quand les directions départementales profi-
10   tent de la grande migration pour refaire les routes, on emploie parfois de
     drôles de méthodes: *'Certaines boîtes fixent arbitrairement la durée maxi-*
     mum des congés qu'il est possible de prendre en été. Parfois, elles tolèrent
     même des arrangements du type: officiellement, l'ouvrier est en vacances et
     touche ses congés payés; en réalité, il travaille. Au noir ou pas', explique
15   Jean-Jacques Peyre, à la fédération CFDT du BTP.
         Certaines entreprises ouvrent leur chéquier pour inciter leurs salariés
     à déserter les plages. Cobra (bracelets montre) a un besoin impératif de
     80% de son personnel tout au long de l'année: la direction propose une
     prime de 3000 francs aux salariés qui acceptent de ne partir que
20   quinze jours en été. Le découpage des trois autres semaines de congés
     payés donne encore droit à une prime de 1000 francs. Un système
     plutôt efficace puisque 90% des 150 salariés était au travail cette
     semaine. Dans le commerce et la restauration, le recours systématique
     aux contrats à durée déterminée ou aux intérimaires permet, le plus
25   souvent, de passer l'été sans encombre.
         Dans le public, autres méthodes, autres mœurs, mais problématique
     similaire. On ne remplace pas au pied levé un gardien de prison, un
     conducteur de train ou un pilote d'avion. Là, on parle de *'réquisition'*.
     En été, certaines prisons font figure de bataillons disciplinaires. *'Les*
30   *gardiens prennent leur mois de vacances entre avril et octobre. A tour de*
     rôle. Ceux qui sont partis en avril cette année partiront en mai l'an prochain,
     puis en juin et, dans quatre ans, en août', détaille Jean-Paul Roman,
     délégué FO, à Fleury-Mérogis. Pas vraiment la panacée. Pour des
     raisons familiales, certains bouleversent parfois les rotations en prenant,
35   en juillet ou en août, la place de collègues jugés moins prioritaires.
     Pour ces derniers, la potion est amère. *'Lorsque notre tour saute, il n'y a*
     pas de repêchage l'année suivante. Et, comble de galère, on est rarement

prévenus à temps. Nos réservations vacances sont déjà faites', explique un gardien à Fleury-Mérogis.

40   Moins tendue mais aussi difficile la situation des agents SNCF, RATP ou du personnel d'Air France et d'Air Inter, dont l'attribution des vacances est soumise à un savant calcul. *'Chacun est crédité d'un nombre de points en fonction de son ancienneté, de sa situation de famille et de la période de congés qu'il a prise l'année précédente'*, explique Jean-

45   Claude Raoul, à la direction du personnel de la SNCF. Le total obtenu détermine le mois accordé. *'Une année d'ancienneté rapporte environ 1 point, le fait d'être marié 10, un enfant en âge scolaire 12 et ainsi de suite. Dans ma situation, je dois cumuler pas mal de mois de vacances en dehors de la période protocolaire* (de mai à octobre) *pour avoir une chance de*

50   *décrocher un jour le mois d'août'*, précise un contrôleur grandes lignes, célibataire, abonné aux mois de pluie.

Si bien que certaines corporations, au sein même de la SNCF, ont contourné la règle nationale en signant des accords plus souples. Résultat: de peur de voir une mosaïque d'accords particuliers se sub-

55   stituer à la règle générale, la SNCF, a retravaillé sa copie. Désormais, elle accorde une prime sonnante et trébuchante aux agents qui posent leurs vacances en dehors de la période rouge. Pour faire voler ses avions, Air France préfère offrir des jours de congé supplémentaires aux amateurs de sports d'hiver tandis que la RATP, qui vient de

60   décentraliser la gestion des vacances en élargissant l'autonomie des divers chefs de dépôts, autorise cette année ses ouailles à prendre leurs congés à la carte.

Même l'administration pénitentiaire semble se réveiller. Elle compte assouplir son système en incitant les gardiens à ne prendre que quinze

65   jours l'été, plutôt qu'un mois plein. Objectif: alléger la grille pour y faire figurer plus de monde. Une chance, ce souci des entreprises ou des administrations va de pair avec l'évolution des mœurs du vacancier qui préfère maintenant partir moins longtemps mais plus souvent.

('La Transhumance des aoûtiens, bête noire des entreprises',
Libération, 15–16 August 1992.)

Exercices

Lexique

Expliquez les mots et expressions suivants:

gérer au compte-gouttes (ll.3–4).   à tour de rôle (ll.30–31)
le contrat à durée déterminée (l.24)   notre tour saute (l.36)
un intérimaire (l.24)   comble de galère (l.37)
sans encombre (l.25)   le repêchage (l.37)
au pied levé (l.27)   et ainsi de suite (l.47)

| une prime sonnante et | les ouailles (l.61) |
| trébuchante (l.56) | aller de pair avec (l.67) |

Grammaire et stylistique

(a) 'au compte-gouttes' (ll.3–4). Cherchez le pluriel de ce mot et commentez, à l'aide d'exemples de votre cru, le pluriel des mots composés.

(b) 'drôles de méthodes' (l.11). Quel est le ton de cette expression? Faites-en d'autres sur le même modèle.

(c) 'Pas vraiment la panacée' (l.33). Analyser les phrases commençant par une négative. Faites-en vous-même en utilisant d'autres négatives.

Compréhension

(a) Qu'est-ce que la CFDT (l.15), le BTP (l.15), FO (l.33), la SNCF (l.45) et la RATP (l.59)?

(b) Comment comprenez-vous l'expression: 'la SNCF a retravaillé sa copie' (l.55)?

(c) Expliquez le titre et commentez le choix des mots: précisez-en le registre.

Question orale ou écrite

(a) Comment les grandes entreprises répondent-elles aux problèmes que posent les 'aoûtiens' ou personnes qui prennent leurs vacances en août? Quelles solutions proposez-vous vous-même?

Text 3.27

Pratiques et politiques

1   En une génération la vie culturelle de la majorité des Français s'est profondément transformée. La plupart des ménages ont désormais équipé leur foyer de biens et d'appareils culturels qu'ils utilisent quotidiennement. Vingt ans de progrès technologique et le doublement du
5   niveau de vie ont redistribué les cartes, mais l'intelligentsia n'en est guère consciente car ses pratiques, à elle, ont peu changé.

    La plus grande part du temps libre est occupé par l'usage, relativement passif, de 'machines culturelles', à base d'électronique, qui sont achetées sur le marché et dont les contenus sont indépendants des
10   politiques culturelles publiques. Les pratiques individuelles à domicile, qui relèvent du commerce et de l'industrie, l'emportent de beaucoup sur la fréquentation collective de spectacles vivants, qui, eux, sont de plus en plus subventionnés par les pouvoirs publics.

    Soirées à la maison et industries culturelles contre sorties et salles de
15   spectacles, que signifie cette apparente alternative pour les individus, pour les artistes, pour les institutions, pour les pouvoirs publics? La 'culture' a pris de nouvelles formes, de nouvelles dimensions, et l'on est en droit de se demander par rapport à un tel changement de société ce qu'a fait la politique culturelle, si elle a tenu compte de la nouvelle
20   'donne'.

    Depuis 1959, date de la création d'un ministère des affaires culturelles, le budget culturel a crû nettement plus que le budget général de l'État mais il s'est peu transformé dans sa structure, sauf en 1982, où son montant et sa répartition ont été bouleversés. Il a régulièrement
25   privilégié, comme dans tous les pays du monde, une hiérarchie d'institutions qui était parallèle à la hiérarchie sociale et inversement proportionnelle à l'étendue des publics touchés. L'opéra est au sommet de la pyramide des subventions (plusieurs centaines de francs par spectateur, plusieurs milliers de francs pour le couple d'amateurs qui s'y rend cinq
30   fois par an), mais ce sommet est bien étroit puisque 2% seulement des Français ont assisté dans l'année à un spectacle d'opéra. La subvention est égale pour le spectateur cadre supérieur et pour le spectateur ouvrier, mais le premier a statistiquement dix fois plus de chances de s'y rendre que le second. Dans les théâtres subventionnés, l'aide par
35   fauteuil a été multipliée par cinq en francs constants, mais le public a stagné ou régressé, et la composition sociale est restée inchangée.

    Au contraire, l'écart dans les chances d'accès n'est plus que de 1 à 2

lorsqu'il s'agit de la lecture, et de 1 à 1,2 pour le spectacle de télévision.
Or ces deux activités, qui sont à la fois les plus prisées et les plus
40   répandues dans le public, sont celles qui, jusqu'en 1981, recevaient le
moins d'aide de l'État. Doit-on dédaigner l'effet de la télévision quand
on sait que 45% des Français regardent un spectacle de théâtre souvent
ou de temps en temps, alors qu'ils ne sont que 10% à avoir fréquenté
un spectacle en salle une fois dans l'année? Même si l'on se garde
45   d'oublier qu'il s'agit d'émotions très différentes?

Voilà donc un financement qui est allé prioritairement à des institutions héritées du passé ou qui, mêmes récentes (théâtres décentralisés,
maisons de la culture), ne recrutent leur public que dans des catégories
socio-professionnelles déjà 'cultivées' (le public est généralement comp-
50   osé de 50 à 65% d'étudiants et enseignants, 20 à 30% de cadres moyens
ou supérieurs, 10 à 30% d'employés, 1 à 4% d'ouvriers et d'agriculteurs) et avec une hiérarchie géographique immuable (Paris, région
parisienne, très grandes villes, villes moyennes, monde rural). Même si
les institutions se sont raffermies et développées depuis une génération,
55   même si elles sont efficaces et remplies de public, ce qui est souvent le
cas, on peut se demander si elles suffiront jamais pour atteindre l'un
des objectifs majeurs du financement public: la démocratisation de la
culture.

On peut certes considérer que la répartition traditionnelle de ces
60   financements est bien naturelle: l'État n'aurait pas à intervenir dans les
secteurs qui fonctionnent selon les lois du marché, et il devrait se
borner à encourager les secteurs qui ne peuvent trouver par leur
production propre des ressources suffisantes. Mais, si l'on tient compte
du fait que les secteurs les plus aidés ne concernent qu'une faible part
65   de la population et que la participation à leurs activités reste très
élitaire, on peut se demander si la politique culturelle ne s'est pas
trouvée jusqu'en 1982 en porte à faux: en dépit de ces objectifs égalitaires, elle a abouti à privilégier les privilégiés, elle est passée à côté des
pratiques des milieux défavorisés ou en crise (milieux de travail, ruraux,
70   jeunes), qui sont pourtant les plus nombreux. Dans le droit et budgétaire-
ment, tous les Français sont égaux devant la culture, mais il en va bien
autrement dans la réalité.

Ne faudrait-il pas qu'une politique à moyen terme vise à remettre
d'aplomb ce porte-à-faux. Constatant que des mesures qui se voulaient
75   égalitaires ont eu des effets pervers qui ont cumulé les facilités d'accès à
la culture sur les mêmes catégories de population, ne doit-on pas
imaginer des politiques explicitement inégalitaires qui interviennent en
priorité en faveur des populations défavorisées (ruraux, travailleurs
manuels) et dans les milieux porteurs d'avenir: jeunes, enfants en
80   milieu scolaire?

Ce n'est pas à une enquête par sondage, ni à l'analyse de flux

financiers de fournir les mesures à inventer. La culture, dans ce qu'elle a de plus fécond, ne se rencontre guère au fil des pourcentages; ce qui fait son importance leur échappe: l'intensité des pratiques militantes ou
85 associatives, le plaisir de l'amateur, et surtout la force vitale de la création. Le statisticien pose ses chiffres en forme de défi, puis il se tait. C'est au politique d'y répondre, c'est-à-dire l'élu, maire ou ministre, le serviteur de l'État et aussi le citoyen, la multiplicité des citoyens, chacun avec son pouvoir d'initiative, sa capacité de créer et la liberté
90 de s'associer.

(Augustin Girard, 'Pratiques et politiques', *Le Monde*,
8 December 1982.)

Exercices

Lexique

Expliquez les mots et expressions suivants:

un ménage (l.2)	une activité prisée (l.39)
le niveau de vie (l.5)	se garder de (ll.44–5)
redistribuer les cartes (l.5)	immuable (l.52)
à domicile (l.10)	il en va autrement (ll.71–2)
on est en droit de (ll.17–18)	un effet pervers (l.75)
la nouvelle donne (ll.19–20)	ce n'est pas à . . . de . . . (ll.81–2)
en francs constants (l.35)	au fil de (l.83)

Grammaire et stylistique

(a) Quelle différence faites-vous entre 'élitaire' (l.66) et 'élitiste'?
(b) 'On peut se demander si elles suffiront jamais pour atteindre . . .' (l.56). Pourquoi n'a-t-on pas de négative?
(c) 'On peut considérer que la répartition est naturelle' (ll.59–60). Mettez la phrase à la négative.

Compréhension

(a) 'Les machines culturelles . . . dont les contenus sont indépendants des politiques culturelles publiques' (ll.8–10): de quoi s'agit-il exactement? Donnez des exemples.
(b) 'Les pratiques individuelles à domicile . . . l'emportent de beaucoup sur le spectacle vivant' (ll.10–12): que pensez-vous de cette évolution? Expliquez les causes de ce désintérêt. Quel avenir peut-on prévoir pour le spectacle vivant?
(c) Que pensez-vous des considérations du dernier paragraphe?

Question orale ou écrite

(a)   Quelles propositions feriez-vous si vous travailliez au ministère de la culture?

Text 3.28

Un An dans le kaki

1   Comme tous, ici, nous avons accepté bien difficilement de répondre à
l'appel: c'est en renâclant et en maugréant que nous nous installons
dans cet inhabituel engrenage. Chacun à sa manière, nous sommes
inquiets, mal à l'aise. Nous suivons notre 'p'tit chef' à reculons. Alors,
5   pour compenser, très vite entre nous les liens se tissent, les coudes se
serrent.

Il ne faut guère de temps pour que chacun sorte de son silence, de
son apparente léthargie individuelle, pour que les langues se délient et
que fusent les questions. 'Et toi, c'est quoi ton nom? D'où viens-tu?
10   Dans le civil, qu'est-ce que tu fais?' On a vite fait le tour, et échangé les
noms. Ils viennent de partout, les premiers copains, de tous les coins de
France. Certains ont roulé toute la nuit pour rejoindre leur lieu d'affecta-
tion. Ils sont lycéens, couvreurs, paysans, chômeurs. Ils ont vingt ans
tout au plus. Parmi eux, je me sens déjà vieux, un peu différent aussi.
15   Mais qu'importe, nous sommes aujourd'hui dans la même galère. Et
nous avons tous, derrière nos airs de braves ou d'indifférents, nos
petites fanfaronnades et nos assurances tout adolescentes, la même
sourde inquiétude, la même agressive hostilité.

Le décor, à l'entour, n'a rien de folichon. Il y a d'abord une longue
20   avenue bordée de platanes décharnés qui s'étire depuis le poste de
garde jusqu'au gros des casernements et sur laquelle circulent sans
discontinuer jeeps et camions militaires. Puis, tout au bout, la caserne
proprement dite qui semble comprendre six grands bâtiments assez
anciens, tous scrupuleusement construits sur le même modèle réglemen-
25   taire, tous alignés comme au cordeau, blocs rectangulaires à deux
étages couverts d'un toit de tuiles brunes, aux façades percées de petites
fenêtres égales et régulières, et aux murs jaunis et délavés par les pluies
et le soleil. Et c'est là où l'on nous entraîne après les premières
formalités. Coiffeur et hygiène obligent.
30   Je me souviens encore très bien. Ce matin, nous avions tous les
cheveux longs. Ils ajoutaient à chacun de nous une petite touche de
fantaisie, d'originalité, un trait de reconnaissance, quelque chose d'inattendu, un peu de vie sauvage et non réglée. Et j'aimais mes cheveux
dans le vent, sans ordre, aux épaules, juste retenus par un fin bandeau
35   de cuir brun. C'était comme une carte de visite. C'était un peu de moi,
de mes habits, de mon allure de chansonnier, de ma liberté.

Maintenant, je ne me reconnais plus guère. Mes cheveux, je passe et

repasse sans cesse ma main sur ce qu'il en reste, en comparaison
presque rien, deux centimètres sur le sommet du crâne, avec quelques
40   épis et les oreilles largement dégagées. Drôle d'impression. Me voilà
soudainement, et sans l'avoir voulu, avec une tout autre gueule. Et
pour reconnaître les copains de la chambre, il faut maintenant d'autres
signes, d'autres repères, les traits marqués des uns, le nez, le front des
autres. Tout à l'heure, on passait et repassait devant l'unique glace de
45   la chambre. Ensemble, on se comptait les trous, les entailles, les
escaliers. On riait, on chialait, on maugréait.
   'Eh! derrière, tu crois qu'il m'a bien coupé, j'lui avais pourtant
d'mandé.
   — T'en as une gueule, ça, il t'a pas raté.'
50   Le 'il' en question, c'est le coiffeur de service, un appelé comme nous,
juste un peu plus vieux, qui passe ses journées à taillader les bleus. Il
n'a rien de méchant. Il n'aime pas particulièrement les cheveux courts.
Mais on lui a bien fait la leçon. 'Si les cheveux des bleus sont mal
coupés, y aura pas d'perms.' Alors, comme entre deux maux c'est ici
55   toujours le moindre qu'il faut choisir, et comme 'mal couper' ça veut
dire dans le jargon militaire 'en laisser trop sur le crâne', il n'y a
aucune hésitation à avoir. Il vaut mieux, dès lors, en enlever plus que
moins. Telle est la règle de tout coiffeur d'expérience. Notre coiffeur
s'est finalement bien fait à son personnage. C'est résigné et lointain
60   qu'il nous tonsure distraitement et qu'il rudoie les nouveaux arrivants.
Avec, au beau milieu, un gros tas de cheveux morts, à gauche 'les
encore civils' aux cheveux longs, à droite 'les presque soldats' aux
crânes blanchis, aux oreilles dégagées, mais à la coupe 'virile': une
belle scène de jugement dernier.
65   Et ce n'est qu'une étape, qu'une toute petite étape. J'aimerais déjà
pouvoir tout arrêter, m'en aller, ou bien rire de ce spectacle après tout
plus grotesque et ridicule qu'autre chose. Mais aujourd'hui, je n'ai pas
trop le cœur à rire car c'est moi qui suis sur la scène. C'est de moi
qu'on pourrait rire, et c'est moi qui file bon gré mal gré dans l'engrenage
70   et passe à la tonsure.
   Maintenant, on vient soudainement nous avertir qu'il faut se dé-
pêcher. Nous devons encore passer à la chaîne d'habillement et nous
sommes en retard. Notre petite caravane se presse, se bouscule d'autant
plus qu'on nous avertit que l'adjudant de l'habillement, un vieil engagé
75   régulièrement ivre, n'est pas commode et a un caractère détestable.
Comme de juste, il nous engueule copieusement à notre arrivée.
   'Dépêchez-vous, on n'a pas que ça à foutre! Tout doit être fini avant
six heures. Qui encore m'a arrangé une chaîne pareille?' Notre chef est
dans ses petits souliers. Nous nous précipitons en désordre, gauches,
80   énervés mais dociles. Dehors il fait maintenant froid. Il pleut à verse. La
nuit commence à tomber.

Nous nous déshabillons en silence, abandonnant cette fois-ci pour de bon nos affaires civiles. Dans le baraquement glacé, nous nous retrouvons presque nus, en slip, à la queue leu leu, attendant patiemment notre tour. C'est l'adjudant qui mène le bal, et c'est lui qui, à l'aide d'un grand mètre de couturière, va prendre toutes nos mesures et ensuite d'une voix stridente les dicter à un subalterne servile qui les notera consciencieusement. Ensuite, toutes nos mesures soigneusement colligées sur une petite feuille, nous n'avons plus qu'à passer devant les différents comptoirs de la chaîne pour réclamer notre dû et entasser dans nos sacs marins tout ce que doit légitimement posséder un bon soldat d'Occident: casque, cravates, uniformes de sortie, rangers, treillis . . . j'en passe et j'en passe. La liste serait longue et l'oubli ou la perte de quelques-uns de ces éléments, fussent-ils mineurs, nous donnera d'ailleurs l'occasion dans l'avenir d'écoper de plus d'une punition. Nous revêtons aussi par la même occasion, et pour la première fois, un uniforme militaire, notre tenue de parade: chaussures noires et pointues, pantalon kaki coupe 1950, veste cintrée renforcée d'épaulettes et munie de boutons d'argent, chemise et cravate ainsi qu'un petit béret bleu avec sur le devant l'insigne argenté de notre arme.

Maintenant j'en ai assez, et je veux tellement en finir que j'en arriverais à prendre au hasard n'importe quoi, à m'habiller de n'importe quel vêtement, quelle que soit sa coupe ou sa grandeur. Le ridicule, il me semble, colle ici trop à la peau. Que, dans ses mesures, l'adjudant se soit trompé, j'm'en fous complètement. Je n'en suis plus à une laideur près. Après tout, qu'est-ce que cela peut bien faire? Si mon corps leur appartient désormais pour quelque temps et s'ils peuvent le façonner à leur image, il me reste encore ce qu'il y a de plus précieux, ce que je pense, mes idées et, celles-là, je les garde, ils ne les transformeront pas. C'est à cela qu'il faut que je me tienne. C'est ce que je dois protéger coûte que coûte.

J'avais beau me répéter avec beaucoup de ferveur ce dernier petit couplet, j'ai eu quand même un maudit coup au cœur en apercevant soudainement, au sortir de la chaîne d'habillement, mon reflet dans un miroir. Arc-bouté sous les volumineux 'pakos' (paquetages) et sacs marins, emmitouflé dans un gros manteau d'hiver kaki trop grand pour moi, le béret de guingois sur un crâne dégarni, je ne voyais plus de moi, sous la pâlotte lumière du baraquement, que l'image comique d'un autre bonhomme, étranger, désorienté, que le grotesque reflet d'un petit soldat penaud et maladroit. En l'espace de quelques heures, ils m'avaient déjà transformé, taillardé, habillé, rendu tout pareil à leur image. J'en étais abasourdi.

(Nicolas Siterre, *Un An dans le kaki*, La Brèche/Syros, 1980, pp. 29–31.)

Exercices

Lexique

Expliquez les mots et expressions suivants:

un engrenage (l.3)   bon gré mal gré (l.69)
serrer les coudes (ll.5–6)   être dans ses petits souliers (l.79)
dans la même galère (l.15)   à la queue leu leu (l.84)
une fanfaronnade (l.17)   coller à la peau (l.104)
folichon (l.19)   coûte que coûte (l.111)
un épi (dans les cheveux) (l.40)   de guingois (l.117)
une gueule (l.41)

Grammaire et stylistique

(a)   'Qui encore m'a arrangé une chaîne pareille?' (l.78). Le pronom 'm'
       est-il utile? A quel registre appartient cet emploi?

(b)   Quelle différence faites-vous entre 'un petit chef' et 'un p'tit chef'
       (l.4), entre 'je m'en fous' et 'j'm'en fous' (l.105)?

(c)   'Et toi, c'est quoi ton nom?' (l.9). Posez la question de différentes
       manières en qualifiant chaque fois le registre ou ton. Trouvez d'autres
       exemples.

Compréhension

(a)   Dans la langue militaire, qu'est-ce que 'des bleus' (l.53), 'une perm'
       (l.54)?

(b)   Que signifie 'Il t'a pas raté' (l.49) dans ce contexte? Trouvez
       d'autres situations où l'expression peut convenir.

(c)   Que comprenez-vous par 'une belle scène de jugement dernier' (ll.63–4)?
       Que pensez-vous de cette comparaison? Évaluez le style et l'image.

Question orale ou écrite

(a)   Pour une armée de métier ou une armée de conscription?

Text 3.29

La Fin d'une certaine France catholique

1   Quelques oasis n'ont jamais fait d'un désert un jardin. Quelques manifestations isolées d'effervescence religieuse, de 'réappropriation' d'un patrimoine ou d'une identité confessionnelle, qu'elle soit juive, chrétienne
ou musulmane, charismatique, fondamentaliste ou néo-orthodoxe, ne
5   permettent pas de conclure à un retour du sacré. La science brise, là
aussi, des illusions: celles d'Églises qui risqueraient de confondre
quelques formes nouvelles de spiritualité avec une remontée de la foi
chrétienne, ou celles de 'laïques' qui puisent dans les nouveaux intégris-
mes de quoi réajuster leur discours anticlérical.
10   La réalité est beaucoup plus terre à terre. Les sociologues de la vie
religieuse nous la livrent à l'état brut: si, dans une société privée de
sens, renaît en effet un certain spontanéisme religieux, de moins en
moins encadré par les institutions traditionnelles, on est bien passé à
un autre type de culture, où la dimension religieuse n'est plus ni
15   centrale ni englobante.
Les Français sont-ils encore catholiques? Poser la question, c'est déjà
y répondre. A l'issue de cinq années de travaux, Jacques Sutter et trois
autres spécialistes de la science religieuse viennent tordre le cou à une
idée longtemps répandue, mais qui n'était déjà plus qu'une légende. Si
20   dans toutes les enquêtes d'opinion les Français continuent de se déclarer
majoritairement catholiques (environ 80%), la France n'est plus un
pays catholique. Sauf pour une minorité, le lien n'est plus fait entre la
déclaration d'appartenance à cette confession et son contenu ou ses
conséquences. Elle n'est plus suivie de pratiques, de croyances en des
25   valeurs et des dogmes, d'un lien avec une institution. La 'dérive' serait
même plus nette d'année en année.
Pour la première fois, une étude prend en compte tous les facteurs de
la vie religieuse: les pratiques (fréquence de la messe, niveau de l'enseignement religieux, rapport au baptême, au mariage, etc.); les croyances
30   (Dieu, l'au-delà, la place de la foi dans la vie); le rapport à certaines
valeurs ou normes éthiques (acceptation ou non de l'avortement, des
relations préconjugales); l'identification à l'Église et au pape, etc.
Les résultats permettent déjà de douter de l'identité religieuse d'un
pays où 52% des Français qui se disent catholiques ne vont à l'église
35   que pour les *'cérémonies'* (baptême, mariage, enterrement), où l'existence
de Dieu ne paraît *'certaine'* qu'à moins d'un tiers de l'échantillon, où
s'expriment, y compris chez les pratiquants réguliers, des désaccords

très nets avec les principes de la morale conjugale et sexuelle de l'Église.

40   Les résultats sont convergents. Pour les pratiques, résiste bien un certain *'catholicisme festif'*, correspondant aux grands rites de la vie: naissance, adolescence, mariage, mort. Mais la trajectoire d'ensemble est marquée par *'un refus général des adhésions, manifesté à travers les pratiques, les dispositifs de socialisation catholique, les ressources en prêtres,*
45   *seul se maintenant à peu près l'enseignement catholique'*.

L'étude démontre la cohérence maintenue entre des variables comme la pratique dominicale, la fréquence de la prière, la lecture de la Bible, l'attestation d'une place importante de la foi dans la vie personnelle, l'attachement à l'institution ecclésiastique. Mais elle souligne la rupture
50   en train de se produire au niveau de la première 'socialisation' religieuse, liée au milieu familial. Si autrefois il y avait peu de différence dans le *'système religieux'* des parents et celui des enfants, il n'en est plus de même aujourd'hui. L'Église n'est plus la référence essentielle de l'identification au catholicisme. La moitié des Français interrogés qui se
55   déclarent baptisés dans cette Église n'adhèrent plus aux croyances spécifiques énoncées dans le catholicisme (l'existence d'une vie après la mort ou Jésus-Christ, fils de Dieu).

Aux deux extrémités, se trouvent le pôle des catholiques *'attestataires'*, bien intégrés, et celui des *'désenchantés'*, qui s'expriment à travers le
60   refus des croyances, l'absence de pratiques, l'éloignement de l'institution et de ses valeurs morales. Mais la nouveauté est que l'*'attestation'* et le *'refus'*, attitudes entre lesquelles flottent un grand pourcentage d'indécis, ne se structurent plus selon les mêmes critères et ne se réfèrent plus au même univers culturel: elle est là, la 'dérive'. A l'affrontement de
65   bloc à bloc qui, entre fidèles de conviction et laïques militants, a marqué l'histoire de France succède une indifférence croissante.

Le sentiment d'appartenance au catholicisme comme héritage culturel résiste au total. Mais par sa masse même (81%) la population dite catholique subit de plein fouet les perturbations de la modernité.

('La fin d'une certaine France catholique,' *Le Monde*,
20 December 1991.)

Exercices

Lexique

Expliquez les mots et les expressions suivants:

terre à terre (l.10)	une dérive (l.25)
à l'état brut (l.11)	un échantillon (l.36)
un spontanéisme religieux (l.12)	la pratique dominicale (l.47)
tordre le cou à une idée (l.18)	l'institution ecclésiastique (l.49)

les catholiques attestataires (l.58)   de plein fouet (l.69)

Grammaire et stylistique

(a)   Commentez le temps/mode du verbe dans les phrases suivantes:
'Églises qui risqueraient de confondre' (l.6); 'Poser la question, c'est déjà
y répondre' (ll.16–17); 'Pour la première fois une étude prend en
compte' (l.27).

Compréhension

(a)   Que comprenez-vous par 'catholicisme festif' (l.41); 'normes éthiques'
(l.31); 'l'héritage culturel' du catholicisme (ll.67–8)? En quoi consistait
'l'affrontement de bloc à bloc (. . .) entre fidèles de conviction et
laïques militants' (ll.64–6) qui a marqué l'histoire de la France?

Question orale ou écrite

(a)   Comment définissez-vous 'un pays catholique'?

Text 3.30

Manqueraient-elles d'Ambition?

1 Les filles manqueraient d'ambition. L'évidence emplit les pages des
magazines, court sur toutes les lèvres – même celles des adultes qui se
penchent sur la destinée scolaire féminine. Conseillers d'orientation,
experts ministériels, chargés de mission des rectorats, hommes ou
5 femmes de terrain le disent volontiers: c'est ce manque d'ambition qui
détourne les jeunes filles des filières d'études les plus prestigieuses.
Curieux reproche puisque, à revers, l'adjectif *'ambitieux'* accolé à une
femme a, selon un dictionnaire, une connotation péjorative: *'Ambitieux.*
Qui a de l'ambition (désir ardent d'obtenir les biens qui peuvent flatter
10 *l'amour-propre). Exemple: une femme ambitieuse'.*

La critique envers les adolescentes, qui seraient incapables de posséder la juste dose d'ambition, s'alimente de données irréfutables.
Parvenues à l'âge des projets d'étude et de métier, rares sont celles qui
s'aventurent vers les traditionnels fiefs masculins, situés au sommet de
15 la hiérarchie scolaire: études de longue durée ou domaines scientifiques
et technologiques.

Leurs projets, c'est un fait, visent moins haut. Leurs objectifs sont
plus facilement revus à la baisse en cours d'études. Ils se révèlent plus
sensibles aux obstacles. Ainsi, dès que la scolarité n'est plus obligatoire
20 après seize ans, le simple fait d'avoir un père au chômage affecte
davantage la poursuite d'études des filles que des fils.

Parce qu'elles sont moins soutenues à la maison, les filles ont des
aspirations fragiles. D'après une enquête du sociologue Olivier Galland
auprès de lycéens normands, les filles de toutes catégories sociales sont
25 beaucoup plus nombreuses que les garçons à cocher la réponse: *'Mes*
parents n'ont pas vu de professeur dans l'année.' De même, les parents
discutent davantage des problèmes scolaires avec les garçons. Elles sont
plus pessimistes à l'approche des examens, et font preuve d'une moindre
confiance en elles. A l'opposé, les fils de cadres supérieurs inscrits en C
30 affichent une belle assurance.

Et pourtant elles rêvent

Se préparer à un métier revêt un caractère inéluctable pour les garçons.
A elles, *'le monde adulte offre un modèle moins net'*, note Nicole Mosconi,
enseignante en sciences de l'éducation à l'université de Nanterre; il est
35 vrai qu'une part minoritaire mais bien réelle des femmes sont au

foyer. '*Les lycéennes savent qu'un projet familial implique inévitablement pour elles des tâches importantes, pas toujours faciles à concilier avec la vie professionnelle*, observe Nicole Mosconi à l'issue d'une enquête. *Il serait bien étonnant que ce flou et ces conflits n'aient pas d'effets sur la manière*
40 *dont les filles investissent dans leurs études.'*

Les jeunes filles ne manquent pourtant ni d'imagination ni d'envies: interrogées par l'ONISEP sur leur '*métier de rêve*', elles citent un large éventail de professions, peu différent de celui mentionné par les garçons. Elles rêvent même d'être professeur plutôt qu'instituteur, médecin plutôt
45 qu'infirmière, ou encore ingénieur et journaliste. Questionnées ensuite sur le métier réellement envisagé, elles font preuve – comme leurs camarades masculins – de réalisme. Les garçons de terminale G (gestion) ne pensent pas non plus devenir médecins. . .

Ça ne paie pas

50 Ambitieuses, quelques-unes le sont malgré tout puisqu'elles dépassent ces obstacles et optent pour des orientations en décalage avec les parcours conventionnels. Que se passe-t-il alors? Un coup d'œil sur leur carrière scolaire ou professionnelle entraîne un constat cruel: l'ambition ne paie pas systématiquement; s'orienter 'comme les garçons'
55 ne suffit nullement à améliorer la situation.

Avec un BEP d'électronique en poche, les garçons connaissent un taux de chômage de 15%, les filles de 44%. Parmi un groupe de femmes formées à des métiers industriels, les deux tiers ont à présent un emploi, mais seulement 37% exercent la profession apprise. Elles
60 sont presque toujours refusées dans le bâtiment ou la métallurgie, moins mal acceptées dans d'autres secteurs: dessin industriel, micro-mécanique, transports routiers et, malgré tout, électronique.

La plupart de ces femmes ont rencontré des difficultés à l'embauche: déqualification, précarité de statut, attribution de postes à moindre
65 responsabilité. Autant de traits qui concourent à des rémunérations plus faibles et à des perspectives de carrière moins attrayantes que pour les hommes en situation analogue. '*Les orientations imposées aux filles* [sont] *en grande partie imputables au sexisme des entreprises et du marché du travail*', estiment Christian Baudelot et Roger Establet. Dans ce
70 contexte, une fille munie d'un diplôme masculin est loin d'être au bout de ses peines.

Compte tenu de ces réalités du monde du travail, force est de reconnaître qu'une orientation vers des filières féminines classiques constitue un choix plus facile à rentabiliser. Le prétendu manque
75 d'ambition est parfois judicieux. Avec un BEP d'agent administratif, les jeunes filles subissent un taux de chômage moindre qu'avec celui d'électronique (33%, contre 44%). Les diplômées de BTS industriels

connaissent une insertion plus délicate que celles qui détiennent un
BTS de secrétariat de direction.

80   Faut-il, alors, exiger des jeunes filles qu'elles jouent un rôle de
pionnières, avec tous les risques d'insertion sociale et professionnelle
difficile qu'il comporte? S'y ajoutent en outre les problèmes personnels:
le fonctionnement actuel de la famille est tel que les femmes assument
toujours davantage de tâches domestiques et de responsabilité éducative
85   que les époux. Mener de front une vie familiale conforme et un emploi
à responsabilité exige quelques acrobaties.

Le cliché du manque d'ambition suggère qu'il suffirait aux jeunes
filles de copier les choix professionnels des garçons pour mener la
même vie qu'eux. La réalité de la société actuelle est moins simple; et
90   les adolescentes semblent en avoir conscience puisqu'elles évitent les
filières très risquées au profit de choix raisonnés. *'On comprend alors ce
qui peut apparaître comme une moindre ambition, un manque de conviction,
une mentalité conservatrice, voire un certain fatalisme – attitudes qu'il est
facile de connoter et d'expliquer comme féminines, alors qu'elles sont parfaite-
95   ment rationnelles chez les jeunes filles, qui s'épargnent ainsi des difficultés
inutiles ou des désillusions cuisantes'*, analyse la sociologue Marie Duru.

Le mariage repoussé

Pour le meilleur ou pour le pire, dès lors qu'elles adoptent des projets
scolaires non traditionnels, les collégiennes et les lycéennes s'exposent
100   bel et bien à de profondes transformations. C'est le cas des filles
d'ouvriers qui, contrairement aux habitudes de leur milieu, préparent
le bac. Par un mélange de choix personnel et d'opportunité offerte par
la démocratisation du lycée, elles vivent une expérience de rupture qui
n'est pas sans effets sur leur conception de la vie.

105   C'est aussi le cas des étudiantes qui décident de pousser leurs études
dans des filières (droit, économie, commerce) ou à des niveaux (maîtrise,
troisième cycle) où les femmes sont minoritaires. *'La prolongation de la
scolarisation féminine a eu des effets considérables qui se font sentir dans le
système scolaire et sur le marché du travail, mais aussi beaucoup plus
110   largement dans les modes de vie, de formation des couples et les rapports
entre les sexes'*, estime Olivier Galland.

Parmi les lycéens des deux sexes issus de la classe ouvrière qualifiée,
par exemple, *'ce sont les filles qui prennent le plus nettement leurs distances
avec le modèle culturel traditionnel dans les domaines du travail et de la
115   famille'*, note Olivier Galland. Les garçons, au contraire, se caractérisent
plutôt par la reproduction des valeurs de leur milieu familial: placés
devant trois scénarios de vie en couple, la plupart préfèrent le plus
classique (mariage, enfants, femme au foyer). Cette conception est
rejetée par les lycéennes: celles des classes moyennes optent d'abord

120   pour le scénario non conformiste (refus du mariage, égalité des rôles sexuels, procréation différée); les lycéennes de familles ouvrières préfèrent le ' *scénario de compromis*' (mariage après cohabitation, enfants, travail de la femme).

Interrogées par ailleurs sur leurs opinions politiques ou éthiques, les
125   étudiantes expriment des points de vue plus à gauche ou plus contestataires que les jeunes femmes non étudiantes – mais aussi que leurs condisciples masculins.

'*Femmes diplômées, femmes dangereuses*', plagie avec humour François de Singly, sociologue spécialiste du mariage. Elles sont en effet plus
130   souvent célibataires que leurs consoeurs. '*A trente-cinq ans, une femme dotée du certificat de fin d'études a cinq chances sur cent d'être célibataire; une femme ayant au moins une licence en a, elle, dix-huit*', observe-t-il. Au contraire, les hommes les plus diplômés sont les moins célibataires. '*Une femme de niveau universitaire inscrite dans une agence matrimoniale*
135   *n'a reçu en quatre mois que cinq propositions masculines, alors qu'un homme de niveau comparable en a reçu cent cinquante*', note François de Singly. Il cite l'exemple d'une femme à laquelle l'agence matrimoniale avait conseillé d'ôter de sa fiche la mention de son doctorat de philosophie '*parce qu'elle suffisait à éloigner la plupart des hommes*'.

140   Les femmes très diplômées terminent leurs études à un âge où les hommes avec lesquels elles peuvent convoler sont parfois déjà mariés. En France, le mariage-type unit une femme à un homme légèrement plus âgé et plus élevé qu'elle dans la hiérarchie sociale. '*D'où le risque encouru par celles qui investissent fortement dans l'institution scolaire et*
145   *dans la profession de rater le moment favorable de contracter le mariage (si celui-ci est une opportunité)*', note le sociologue. De plus, les diplomées se méfient, plus que les autres femmes, du mariage traditionnel.

La majorité d'entre elles se marient cependant. Quant aux célibataires, elles ne vivent pas pour autant dans la solitude, explique
150   François de Singly. Elles développent au contraire d'autres types d'unions et de liens affectifs.

Les choix scolaires des adolescentes entraînent ainsi des répercussions profondes à plusieurs niveaux. Les écarts, même faibles, par rapport aux orientations traditionnelles favorisent de fait un certain non-con-
155   formisme chez les femmes. La thèse du manque d'ambition des filles pourrait bien plutôt masquer la tension d'un système scolaire travaillé par des forces contraires. Les idéaux encore récents d'égalité se heurtent à une longue tradition. Les pratiques éducatives encouragent encore les jeunes filles à se tourner vers des objectifs modestes; mais en même
160   temps une minorité d'entre elles se servent de l'éducation pour accéder à une vie plus indépendante.

(Catherine Bédarida, 'Manqueraient-elles d'ambition?',
Le Monde de l'Éducation, July–August 1990, pp. 28–31.)

Exercices

Lexique

Expliquez les mots et expressions suivants:

un chargé de mission (l.4)	en décalage avec (l.51)
un rectorat (l.4)	la rémunération (l.65)
un homme de terrain (ll.4–5)	être au bout de ses peines (ll.70–71)
une filière (l.6)	force est de (l.72)
à revers (l.7)	rentabiliser (l.74)
le fief (l.14)	mener de front (l.85)
cocher (l.25)	une désillusion cuisante (l.96)
une femme au foyer (ll.35–6)	bel et bien (l.100)
à l'issue de (l.38)	contestataire (ll.125–6)
envisager (l.46)	

Grammaire et stylistique

(a)   'idéaux' (l.157). Faites la liste des mots en -al dont le pluriel est irrégulier.

(b)   Donnez le masculin de 'consoeur' (l.130).

(c)   Qualifiez le ton des lignes 11 à 16. Relevez les termes qui justifient votre réponse.

Compréhension

(a)   Quelle différence faites-vous entre 'un professeur' et un 'instituteur' (l.44)?

(b)   Discutez 'le fonctionnement de la famille' décrit aux lignes 83–86. Discutez particulièrement l'attitude des garçons et des filles face au travail et à la famille (ll.112–23).

(c)   Résumez et discutez le point de vue de la sociologue Marie Duru (ll.91–6). Donnez votre point de vue.

Question orale ou écrite

(a)   Vie intellectuelle et vie sentimentale, sont-elles incompatibles?

Text 3.31

L'Étudiant méprisé

1 Nous pouvons affirmer, sans grand risque de nous tromper, que l'étudiant en France est, après le policier et le prêtre, l'être le plus universellement méprisé. Si les raisons pour lesquelles on le méprise sont souvent de fausses raisons qui relèvent de l'idéologie dominante, les raisons
5 pour lesquelles il est effectivement méprisable et méprisé du point de vue de la critique révolutionnaire sont refoulées et inavouées. Les tenants de la fausse contestation savent pourtant les reconnaître, et s'y reconnaître. Ils inversent ce vrai mépris en une admiration complaisante. Ainsi l'impuissante intelligentsia de gauche (des *Temps Modernes*
10 à *L'Express*) se pâme devant la prétendue 'montée des étudiants', et les organisations bureaucratiques effectivement déclinantes (du parti dit communiste à l'UNEF) se disputent jalousement son appui 'moral et matériel'. Nous montrerons les raisons de cet intérêt pour les étudiants, et comment elles participent positivement à la réalité dominante du
15 capitalisme surdéveloppé, et nous emploierons cette brochure à les dénoncer une à une: la désaliénation ne suit pas d'autre chemin que celui de l'aliénation.

Toutes les analyses et études entreprises sur le milieu étudiant ont, jusqu'ici, négligé l'essentiel. Jamais elles ne dépassent le point de vue
20 des spécialisations universitaires (psychologie, sociologie, économie), et demeurent donc fondamentalement erronées. Toutes, elles commettent ce que Fourier appelait déjà une *étourderie méthodique* 'puisqu'elle porte régulièrement sur les questions primordiales', en ignorant le point de vue total de la société moderne. Le fétichisme des faits masque la
25 catégorie essentielle, et les détails font oublier la *totalité*. On dit tout de cette société, sauf ce qu'elle est effectivement: *marchande et spectaculaire*. Les sociologues Bourderon et Passedieu, dans leur enquête *Les Héritiers: les étudiants et la culture*, restent désarmés devant les quelques vérités partielles qu'ils ont fini par prouver. Et, malgré toute leur volonté
30 bonne, ils retombent dans la morale des professeurs, l'inévitable éthique kantienne d'une *démocratisation réelle par une rationalisation réelle du système d'enseignement*, c'est-à-dire de l'enseignement du système. Tandis que leurs disciples se croient des milliers à se réveiller, compensant leur amertume petite-bureaucrate par le fatras d'une phraséologie
35 révolutionnaire désuète.

La mise en spectacle de la réification sous le capitalisme moderne impose à chacun un rôle dans la passivité généralisée. L'étudiant

n'échappe pas à cette loi. Il est un rôle provisoire, qui le prépare au rôle
définitif qu'il assumera, en élément positif et conservateur, dans le
40   fonctionnement du système marchand. Rien d'autre qu'une initiation.
Cette initiation retrouve, magiquement, toutes les caractéristiques de
l'initiation mythique. Elle reste totalement coupée de la réalité historique, individuelle et sociale. L'étudiant est un être partagé entre un
statut présent et un statut futur nettement tranchés, et dont la limite
45   va être mécaniquement franchie. Sa conscience schizophrénique lui
permet de s'isoler dans une 'société d'initiation', méconnaît son avenir
et s'enchante de l'unité mystique que lui offre un présent à l'abri de
l'histoire. Le ressort du renversement de la vérité officielle, c'est-à-dire
économique, est tellement simple à démasquer: la réalité étudiante est
50   dure à regarder en face. Dans une 'société d'abondance', le statut
actuel de l'étudiant est l'extrême pauvreté. Originaires à plus de 80%
des couches dont le revenu est supérieur à celui d'un ouvrier, 90%
d'entre eux disposent d'un revenu inférieur à celui du plus simple
salarié. La misère de l'étudiant reste en deçà de la misère de la société
55   du spectacle, de la nouvelle misère du nouveau prolétariat. En un
temps où une partie croissante de la jeunesse s'affranchit de plus en
plus des préjugés moraux et de l'autorité familiale pour entrer au plus
tôt dans les relations d'exploitation ouverte, l'étudiant se maintient à
tous les niveaux dans une 'minorité prolongée', irresponsable et docile.
60   Si la crise juvénile tardive l'oppose quelque peu à sa famille, il accepte
sans mal d'être traité en enfant dans les diverses institutions qui
régissent sa vie quotidienne (. . .).
Mais les raisons qui fondent notre mépris pour l'étudiant sont d'un
tout autre ordre. Elles ne concernent pas seulement sa misère réelle
65   mais sa complaisance envers toutes les misères, sa propension malsaine
à consommer béatement de l'aliénation, dans l'espoir, devant le manque
d'intérêt général, d'intéresser à son manque particulier. Les exigences
du capitalisme moderne font que la majeure partie des étudiants seront
tout simplement de *petits cadres* (c'est-à-dire l'équivalent de ce qu'était
70   au XIXe siècle la fonction d'ouvrier qualifié). Devant le caractère misérable, facile à pressentir, de cet avenir plus ou moins proche qui le
'dédommagera' de la honteuse misère du présent, l'étudiant préfère se
tourner vers son présent et le décorer de prestiges illusoires. La compensation même est trop lamentable pour qu'on s'y attache; les lendemains
75   ne chanteront pas et baigneront fatalement dans la médiocrité. C'est
pourquoi il se réfugie dans un présent irréellement vécu.
Esclave stoïcien, l'étudiant se croit d'autant plus libre que toutes les
chaînes de l'autorité le lient. Comme sa nouvelle famille, l'Université, il
se prend pour l'être social le plus 'autonome' alors qu'il relève *directe-*
80   *ment et conjointement* des deux systèmes les plus puissants de l'autorité
sociale: la famille et l'État. Il est leur enfant rangé et reconnaissant.

Suivant la même logique de *l'enfant soumis*, il participe à toutes les valeurs et mystifications du système, et les concentre en lui. Ce qui était illusions imposées aux employés devient idéologie intériorisée et
85 véhiculée par la masse des futurs petits cadres (. . .).

Récoltant un peu du prestige en miettes de l'Université, l'étudiant est encore content d'être étudiant. Trop tard. L'enseignement mécanique et spécialisé qu'il reçoit est aussi profondément dégradé (par rapport à l'ancien niveau de la culture générale bourgeoise) que son propre
90 niveau intellectuel au moment où il y accède, du seul fait que la réalité qui domine tout cela, le système économique, réclame une fabrication massive d'étudiants incultes et incapables de penser. Que l'Université soit devenue une organisation – institutionnelle – de l'ignorance, que la 'haute culture' elle-même se dissolve au rythme de la production en
95 série des professeurs, que *tous* ces professeurs soient des crétins, dont la plupart provoqueraient le chahut de n'importe quel public de lycée – l'étudiant l'ignore; et il continue d'écouter respectueusement ses maîtres, avec la volonté consciente de perdre tout esprit critique afin de mieux communier dans l'illusion mystique d'être devenu un 'étudiant',
100 quelqu'un qui s'occupe sérieusement à apprendre un savoir *sérieux*, dans l'espoir qu'on lui confiera les vérités dernières. C'est une ménopause de l'esprit. Tout ce qui se passe aujourd'hui dans les amphithéâtres des écoles et des facultés sera condamné dans la future société révolutionnaire comme *bruit*, socialement nocif. D'ores et déjà, l'étu
105 diant fait rire.

(*De la Misère en milieu étudiant*, Internationale Situationniste
de Strasbourg, 1967, pp. 3–7.)

Exercices

Lexique

Expliquez les mots et expressions suivants:

le fatras (l.34)   la nouvelle misère (l.55)
en deçà de (l.54)   d'ores et déjà (l.104)

Grammaire et stylistique

(a) Récrivez les lignes 92–97 en commençant la phrase par 'L'étudiant ignore que . . .'

Compréhension

(a) 'L'étudiant est, après le policier et le prêtre, l'être le plus méprisé' (ll.1–3). Commentez et discutez cette hiérarchie du mépris.

(b)   'Toutes les analyses ... ont négligé l'essentiel' (ll.18–19). Quel est cet essentiel, pour l'auteur?

(c)   Qu'est-ce que *Les Temps modernes* (l.9), l'UNEF (l.12)? Qui est Fourier (l.22)? Qu'entend-il par 'une étourderie méthodique'? Commentez et discutez la formule.

(d)   'Cette société ... marchande et spectaculaire' (l.26). Expliquez et commentez cette déclaration. De même, que signifie 'une minorité prolongée' (l.59)? Expliquez aussi 'sa conscience schizophrénique' (l.45). Cette expression décrit-elle la situation universitaire telle que vous la connaissez?

Question orale ou écrite

(a)   A votre avis, ce texte a-t-il vieilli? Sur quels points garde-t-il éventuelle-ment une actualité quelconque? L'étudiant fait-il rire aujourd'hui, et si oui, pour quelles raisons?

Text 3.32

Les Foulards de la discorde

1   Au collège Gabriel-Havez, au cœur de la cité ouvrière de Creil, dans l'Oise, on respire. Samira, Fatima et Leïla, trois jeunes Maghrébines de 13 à 15 ans, nées en France de parents marocains et tunisiens, peuvent à nouveau pénétrer dans leurs salles de classe. A une condition:

5   assister aux cours 'tête nue'. Le principal, Ernest Chenières, réputé homme à poigne, les avait exclues de l'établissement le 18 septembre, estimant que le port du 'hidjeb', le foulard traditionnel coranique, noué sous le menton et cachant les cheveux, représentait 'une atteinte à la laïcité et à la neutralité de l'école publique'. Deux points de vue

10   opposés: pour les familles, leurs filles ne font qu'observer le Coran en portant le voile. 'Peut-être, mais si tout le monde vient à l'école avec son drapeau ou sa bannière religieuse, où s'arrêtera-t-on?' riposte le principal.

    Cette histoire de couvre-chef a aussitôt déchaîné les passions, et failli

15   dégénérer en un affrontement entre 'islamistes' et défenseurs de l'école républicaine. Bref, une affaire empoisonnée, qui a plongé dans l'embarras jusqu'au ministre de l'Éducation nationale lui-même, lequel s'est bien gardé de trancher: 'Il s'agit de respecter la laïcité de l'école en n'affichant pas, de façon ostentatoire, les signes de son appartenance

20   religieuse', déclare-t-il, le 8 octobre. Mais il ajoute: 'L'école est faite pour accueillir les enfants et non pour les exclure . . .' Il aura fallu, à Creil, l'intervention d'un inspecteur d'académie et la médiation patiente de l'association culturelle tunisienne locale pour arracher un compromis. Finalement, chacun a mis un peu du sien: les jeunes filles garderont

25   leur hidjeb dans la cour de l'école, mais l'enlèveront en classe.

    Affaire terminée? Pas si simple, à entendre témoignages et opinions divergents: 'Le compromis trouvé ne suffira pas à résoudre le problème de l'intégration des musulmans dans notre société', affirment certains enseignants du collège Gabriel-Havez. Là cohabitent, il est vrai, 855

30   élèves de 25 nationalités différentes, parmi lesquels près de 500 jeunes musulmans: les deux tiers des collégiens ont un retard scolaire. Une situation explosive. Autre question, toujours en suspens: une vingtaine de collégiens israélites refusent de venir en classe le samedi, jour de shabbat. Normal?

35   Un peu partout en France, des chefs d'établissement se trouvent face à des problèmes similaires. Chacun les résout à sa manière, en jouant les shérifs de la laïcité comme Ernest Chenières, ou, au contraire, en

optant pour la 'tolérance'. Ainsi, au collège du Hohberg, à Strasbourg –
qui compte 28% de Maghrébins – le principal autorise les jeunes filles
40   à porter le foulard islamique, tout en espérant les convaincre peu à peu
de l'abandonner. En revanche, dans le quartier de la Paillade, à
Montpellier – un secteur à fort taux d'immigrés – le responsable d'un
collège a expulsé récemment deux jeunes élèves qui refusaient d'abandonner leur voile.
45   Il est temps, en France, de dépoussiérer le concept de laïcité. Une
certitude: au Maroc et en Tunisie, le port du voile est interdit à l'école.

(Marie-Laure de Léotard, 'Les foulards de la discorde',
L'Express, 30 October 1989).

Exercices

Lexique

Expliquez les mots et expressions suivants:

un homme à poigne (l.6)	un inspecteur d'académie (l.22)
une bannière religieuse (l.12)	chacun y a mis un peu du sien (l.24)
un couvre-chef (l.14)	jouer les shérifs de la laïcité (l.36)
se garder de trancher (l.18)	dépoussiérer un concept (l.45)

Grammaire et stylistique

(a)   Traduisez les lignes 16–18 et 29–32. Précisez les utilisations du relatif
'lequel' et illustrez-les par des phrases de votre cru.

(b)   'assister aux cours' (l.5), 'dégénérer en un affrontement' (l.15), 'refuser
de' (ll.33 et 43). Faites une liste des verbes construits avec une
préposition dans le texte et utilisez-les dans des phrases.

Compréhension

(a)   Expliquez comment, du point de vue français, le port du foulard peut
constituer 'une atteinte à la laïcité et à la neutralité de l'école publique'
(ll.8–9).

(b)   'Chacun y a mis un peu du sien' (l.24). S'agit-il d'une véritable
solution? Expliquez la gêne et l'ambiguïté des autorités.

(c)   Que comprenez-vous par l'expression 'jouer les shérifs de la laïcité'
(l.37)? En quoi peut-on l'opposer au mot 'tolérance' (l.38)? Comparez
avec 'islamistes' (l.15) et 'défenseurs de l'école républicaine' (ll.15–16).
Avec quel parti la journaliste se range-t-elle? Et que pensez-vous de sa
conclusion?

(d)   Beaucoup de mots arabes sont passés en français – caoua, toubib, bled.
Trouvez-en d'autres.

Question orale ou écrite

(a) Dans 'l'affaire des foulards islamiques' quelle était, selon vous, la véritable querelle entre l'école et les élèves?

Text 3.33

Les Limites de la tolérance

1 Cette excitation pour s'emparer de trois foulards coraniques et y nouer un débat national est-elle déraisonnable? Non! Mais révélatrice, sûrement! On prétendit cacher ces coups de canif de l'islam à l'école laïque, nous en écarter comme des enfants d'un secret de famille. Mais rien n'a
5 pu contenir l'éruption. Pourquoi? Parce que derrière le voile coranique se profilait la question brûlante de l'intégration. Et derrière elle, celle de l'identité nationale. Autant de 'bonnes questions' qui couvaient comme le feu sous la cendre.

Les Français n'ont jamais craint l'immigration, parce qu'ils ont
10 toujours réussi à l'intégrer. Mais, avec plus de trois millions de musulmans, ils voient désormais que la magie du creuset national n'opérera pas comme jadis avec Polonais, Italiens, Espagnols et autres Portugais.

La difficulté nouvelle n'est nullement raciale: elle est culturelle, religieuse et tient à l'islam. Il n'y a aucun 'racisme' à relever, quant à
15 l'islam, quelques vérités qui crèvent les yeux de toute la planète. La première tient à sa propension à mêler le spirituel et le temporel, à régenter les mœurs, le sexe, le vêtement, l'alimentation, à prescrire le rythme des prières, le temps du ramadan, quand ce ne sont pas l'opinion des fidèles et le régime qu'il leur faut. La deuxième est que
20 l'islam maintient la femme dans un statut d'infériorité insupportable à nos mœurs et à nos lois. La troisième est qu'il a développé dans certaines de ses traditions un fanatisme abominable. Ce n'est pas tout à fait un hasard si aucun pays musulman ne pratique encore, à notre manière, la démocratie libérale. Un connaisseur, V.S. Naipaul, met le
25 doigt sur l'essentiel: '*La religion, pour un musulman, écrit-il, n'est pas affaire de conscience et de pratiques privées comme le christianisme peut l'être pour un Européen. Accepter l'islam, c'est accepter (. . .) un certain ordre social.*' Dans ces quelques mots, tout est dit.

Ce constat déprimant doit-il nous faire trembler? Non. Car il existe,
30 au sein de notre communauté d'origine maghrébine, une majorité de fidèles dont l'islam, heureusement, se fait tiède ou déclinant. On y rencontre un fort courant laïc, et, chez les Beurs, le souci de fuir le Moyen Age. Mais les ferments de l'intégrisme en France, ses capacités de violence, le renfort médiatique du messianisme de la Jihad (pensez à
35 l'affaire Rushdie), le regain de l'islamisme algérien, les aliments que le fanatisme peut trouver en France dans le chômage, le désespoir des

ghettos et la détestation d'une société riche et permissive, tout cela justifie en effet que nous fixions des limites claires à notre tolérance.

40 Entre nous, je fais plutôt confiance au Président tunisien qu'à M. Jospin ou à Mme Mitterrand pour apprécier la symbolique du voile que les musulmans modernistes interdisent dans leurs classes: ils y voient, mieux que nos jobards, l'ostentation d'une règle coranique qui maintient les femmes, au-delà d'une pudeur imposée, dans un asservissement répugnant pour des peuples libres.

45 C'est une erreur de rêver que, dans une France aplatie de tolérance, l'islam resterait confiné dans la sphère privée. Une autre erreur est de nous monter le bourrichon avec le projet fantasmatique d'une 'nouvelle société multiculturelle' en invoquant l'exemple américain. D'abord, cet exemple n'est guère engageant. Ensuite, pour transposer chez nous la
50 mosaïque américaine, il nous faudrait l'espace, la culture biblique, la morale du shérif et le rêve américains. Chez nous, le mythe intégrateur de la nation reste, via l'école, l'idée républicaine.

Les valeurs de la République ne sont pas neutres. Elles n'appellent pas ces contorsions chèvre-chou pour prescrire aux fillettes de l'islam la
55 gymnastique – où l'on se dévoile – sans proscrire le foulard qui voile. Cette laïcité gagnée par l'esprit jésuite, on dirait le pied de nez de Voltaire à un Bicentenaire flageolant.

(Claude Imbert, 'Les Limites de la tolérance', *Le Point*,
30 October 1989, p. 29.)

Exercices

Lexique

Expliquez les mots et expressions suivants:

donner un coup de canif à quelque chose (l.3)
la magie du creuset national (l.11)
un fort courant laïc (l.32)
les Beurs (l.32)

un jobard (l.42)
une France aplatie de tolérance (l.45)
se monter le bourrichon (l.47)
une contorsion chèvre-chou (l.54)

Grammaire et stylistique

(a) 'Cette excitation ... est-elle déraisonnable? Non!' (ll.1–2). Utilisez vous-même des négatives, sur ce modèle et sur d'autres que vous inventerez.

Compréhension

(a)   A votre avis, pourquoi 'la magie du creuset national' (l.11) n'opère-t-
elle plus?

(b)   Qu'appelle-t-on 'l'esprit jésuite' (l.56), et qui est visé? Expliquez la
dernière phrase du texte.

(c)   'Chez nous, le mythe intégrateur de la nation reste, via l'école, l'idée
républicaine' (ll.51–2). Clarifiez cette idée républicaine et expliquez ce
que veut dire l'auteur.

Question orale ou écrite

(a)   A l'aide d'une encyclopédie, informez-vous sur l'histoire des relations
de la France et de l'islam. L'Occident peut-il 'intégrer' l'islam?

Text 3.34

Où donc apprendre?

1   A Paris et dans de nombreuses grandes villes de province, 'l'automne chaud des lycéens', en novembre dernier, a de nouveau attiré l'attention sur la détérioration du système d'enseignement français.

    Les acteurs, contrairement à ce que l'on attendait, étaient des lycéens,
5   et non des étudiants; des élèves qui souvent étaient les premiers, dans la lignée familiale, à accéder à l'enseignement secondaire: jeunes des banlieues plus que des 'grands établissements', enfants de la crise plus que candidats au pouvoir intellectuel ou politique. 'Blacks' et 'beurs' ont fourni – autre fait nouveau – une partie des dirigeants du mouve-
10   ment lycéen.

    Nouvelle, également, la culture de ce mouvement, même s'il n'a, apparemment, guère dépassé le terrain des revendications matérielles pour mettre en forme des aspirations d'ordre qualitatif. Cette culture d'après communisme et gauchisme n'a trouvé aucune famille d'esprit,
15   aucune force politique apte à l'aider à formuler la possibilité d'alterna-tives concrètes. Pourtant, *'c'est un véritable signal d'alarme'* qui impose à notre société et à l'école de redéfinir un futur.

    Ils ont l'âge de la crise.

    80% de bacheliers, la formule choc de la loi d'orientation du 10
20   juillet 1989, qui a suscité et suscitera des efforts considérables, n'est pas exempte d'effets pervers. *Quid* des 20% restants et, en attendant la réalisation de ces objectifs, des 250 000 jeunes – un quart d'une classe d'âge – quittant actuellement l'école sans CAP ou BEP?

    Quelle est la valeur d'un parchemin, sur le marché du travail, quand
25   un jeune sur quatre est condamné au chômage au sortir du lycée et quand la sous-qualification de l'emploi par rapport au diplôme est une règle?

    L'ampleur du mouvement des lycéens tient à ce qu'il a mobilisé à la fois les exclus, ceux pour qui l'école et la cité constituent les mêmes
30   impasses, et les déçus, ceux que, en juillet 1990, un rapport (confiden-tiel!) de l'inspection générale présentait comme victimes *'de désillusions, de désarroi, de frustrations'*. Entre résignation et révolte, les manifestants auront mis en avant leur aspiration à s'intégrer dans un univers que la violence nue du rapport économique soumet à la loi de la jungle
35   libérale.

    Car l'institution scolaire n'échappe pas au fonctionnement d'une société à plusieurs vitesses: 700 000 élèves étrangers dans le primaire

(10% du total, dont 450 000 Maghrébins et Turcs); 400 000 dans le secondaire (7%, dont 250 000 de la même origine; mais seulement
40   4% dans les filières du second cycle qui mènent au baccalauréat). Par contre, les enfants d'O.S. venus d'ailleurs représentent 30% des élèves de l'enseignement spécial dans l'académie de Paris et 19% à l'échelle nationale. Les laissés-pour-compte menacent de constituer un sous-prolétariat ou, selon la formule des sociologues américains, une
45   *pluri-ethnic underclass* des ghettos, vouée à la 'galère', à la bande . . .

Intégrer ces jeunes dépasse, bien sûr, les forces de l'école et exige une action conjuguant le développement social des quartiers, la reconstitution du tissu humain dans les banlieues-béton et la lutte contre l'exclusion. A quelques mois d'intervalle, les émeutes de Vaulx-en-Velin
50   (octobre 1990) et les violences de Sartrouville (mars 1991) ont montré la difficulté d'une telle tâche, qui dépasse largement le ravalement des cages d'ascenseur et qui nécessiterait, outre un effort budgétaire, un projet de société, un projet pour la ville.

Quant aux lycéens, que le rapport de l'inspection générale présente
55   comme une nouvelle catégorie d'"*élèves peut-être moins préparés à des études longues*', ils ne disposent pas des clefs du modèle d'excellence par transmission familiale (le latin, la langue anglaise et l'ordinateur). Ils sont massivement orientés vers les sections G (gestion) et F (technologie industrielle), alors que les sections scientifiques et littéraires nobles
60   n'ont d'autre choix que l'élitisme ou le nivellement par le bas.

Enfin, l'enseignement professionnel souffre d'une désaffection grandissante. Dans un article publié au début de cette année, M. Antoine Prost, qui a été chargé de mission auprès du premier ministre sur les problèmes de l'enseignement, souligne cette extrême disparité de notre
65   éducation nationale: '*Le système des lycées a volé en éclats* (. . .). *Les réalités locales sont si contrastées qu'on ne sait plus de quoi l'on parle quand on prononce le mot de lycée* (. . .). *Suggérer que tous les bacs se valent constitue une hypocrisie.*' En effet, pour le tout-venant des bacheliers, l'horizon est la fac-parking.

70   Aussi, le mouvement de cet automne, comme déjà celui de 1986, a bien été l'entrée en politique et en citoyenneté de ceux qui ne se reconnaissaient pas dans la France des 'gagneurs'. Le problème est qu'ils ne se reconnaissent pas vraiment non plus dans l'école de la République, dans un système d'enseignement qui n'a pu donner de
75   contenu à une démocratisation démographique: 50 000 élèves dans le second cycle long en 1936, 240 000 en 1958, 700 000 dans les années 70, 1 240 000 aujourd'hui. L'aggiornamento pédagogique n'a pas suivi.

Pourquoi ce privilège? Et pourquoi ce mépris affiché envers la psychologie, la pédagogie et la communication, prévues dans les pro-
80   grammes des instituts universitaires de formation des maîtres et qui seraient antinomiques avec une formation de qualité des enseignants?

La seule culture, est-ce bien celle fournie par le modèle élitiste des humanités pour privilégiés? Nos programmes n'ont-ils pas besoin d'un aggiornamento? L'examen de l'épreuve de philosophie du baccalauréat
85 en 1990 montre que les notions d'égalité et de paix n'apparaissent qu'une seule fois sur 709 notions répertoriées. A ceux qui s'inquiéteraient de l'invasion de la politique, signalons qu'elle ne concerne que 7% des sujets. Quant à la société, elle ne risque pas, pour l'heure, de submerger l'institution avec 3% des devoirs proposés.

90 Même si on le regrette, l'éducation nationale ne jouit plus de la suprématie qui était la sienne sur les autres cultures de la société civile. Elle n'est peut-être plus le lieu d'élaboration et de transmission de la connaissance le plus prestigieux pour une opinion fascinée par le maelström de la modernité.

95 Or, c'est précisément en se posant comme agent de mobilité sociale et d'inculcation de la modernité que l'école s'est constituée sous la IIIe République et qu'elle a établi sa légitimité en supplantant les cultures populaire, paysanne, ouvrière ... Face au culte et à la culture des médias et de l'entreprise, à la technocratie, il n'en est pas et n'en sera
100 pas de même.

Redéfinir une instruction publique préparant à la compréhension et à la maîtrise des processus à l'œuvre dans un monde en mutation, contribuer à une mobilité sociale et lutter contre l'exclusion est une nécessité pour la démocratie.

105 Le lycée ne peut demeurer en l'état. Un rapport de M. Antoine Prost, en 1983, *Les Lycées et leurs études au seuil du XXIe siècle*, puis les 'propositions pour l'enseignement de l'avenir', rédigées par M. Pierre Bourdieu en 1985 et précisées en 1989, ont fourni les orientations d'une réforme. En novembre 1990, le Conseil national des programmes
110 a livré un projet qui suscite des réactions diverses: attention des associations de parents, hostilité des principaux syndicats, sur fond de majorité silencieuse enseignante.

Les transformations proposées sont considérables. C'est la classe de seconde qui fait l'objet des innovations les plus importantes, destinées à
115 faciliter le passage d'un cycle à l'autre – particulièrement délicat pour les élèves les plus fragiles – et à soutenir ceux qui arrivent avec de graves insuffisances dans leur formation initiale en français et en mathématiques (effectifs limités, tutorat ...).

Un autre grand principe du projet, dont l'application sera délicate
120 compte tenu de la tradition encyclopédique de l'enseignement français, vise à l'allégement des programmes et horaires, et à leur assouplissement par l'introduction de modules optionnels. Enfin, pour aller à l'essentiel, le CNP prône une décentralisation du système et une autonomisation des établissements et des élèves. Au baccalauréat, le
125 contrôle continu représenterait le quart de la notation. Dans ses proposi-

tions du 22 avril pour la 'rénovation pédagogique des lycées', le ministre de l'Éducation nationale, M. Lionel Jospin, a tenu compte en partie des suggestions du CNP. Mais dans quelle mesure ces changements pallieront-ils les carences actuelles? Dans cette perspective, on
130   peut souligner certains enjeux.

L'école doit affronter de nouveaux défis: la dissociation grandissante entre culture technologique et culture humaniste, la parcellisation des savoirs, qui interdit tout système d'interprétation global, et une fuite en avant faisant table rase du passé.

135   A cet égard, la réduction à la portion congrue des sciences sociales et de la philosophie dans les sections scientifiques (actuellement moins de 17,4% des coefficients du bac, et 10,7% dans le projet du CNP) ne pourrait que nuire à la formation d'esprits critiques.

Si l'école laïque c'est la possibilité et la nécessité d'une problématisa-
140   tion permanente, elle doit apprendre à apprendre, doter les élèves d'une méthode permettant une révision des savoirs et leur actualisation, assurer des repères aidant à décrypter les autres modes d'élaboration culturelle. Se fermer à la communication qui encercle l'école et aux messages médiatiques que les jeunes subissent, ou les armer d'instru-
145   ments d'analyse des médias, les former au décryptage des 'étranges lucarnes' à travers lesquelles se déroule le spectacle du monde?

Ce monde n'est plus celui de Jules Ferry. Il compte 4 milliards d'hommes vivant, ou s'efforçant de vivre, dans les pays du Sud. Or, dans une discipline comme l'histoire, cette réalité est à peu près
150   entièrement écartée. Les questions concernant les civilisations asiatiques, africaines, musulmanes n'accèdent pratiquement jamais à la dignité des questions d'écrit des concours de recrutement des enseignants et ne représentent que 4% des épreuves orales. Les allégements des programmes des classes de terminale pour l'année 1991 ont en-
155   traîné la suppression de l'étude des sociétés, des cultures et des mouvements politiques dans le tiers-monde. Pour les philosophes, la culture n'existe qu'au singulier: aucun penseur non européen n'apparaît au baccalauréat.

La négation de la pluralité, inscrite dans le passé et dans l'avenir de
160   la société française, est encore plus grave. L'immigration, sans laquelle l'industrialisation et la croissance économique depuis le dix-neuvième siècle, mais aussi une grande partie de notre histoire politique seraient inconcevables, n'a pas trouvé sa place dans notre conscience nationale. Rien, ou presque rien, ne prépare les enseignants – et *a fortiori* les
165   élèves – à affronter les relations dites interculturelles. Afin d'épargner à cette société les risques de divisions et d'affrontements ethniques et communautaires – comme ceux qui affectent les mégapoles américaines – et une crise de l'identité française, il faut renouveler les références héritées du dix-neuvième siècle. A l'époque de la communica-

170   tion instantanée, du village musical mondial, du changement d'échelle
       de la puissance et de la transnationalisation, il est douteux que la
       vulgate patriotique uniformisatrice d'hier puisse offrir des solutions de
       rechange. Il est tout aussi douteux que l'Europe des marchands, une
       Europe égoïstement fermée sur elle-même, fournisse les repères
175   nécessaires.

       La grande déception que suscite le projet du Conseil national des
       programmes tient à ce qu'il ne pose pas les finalités de la laïcité
       d'aujourd'hui. Ce riche héritage, qui a fait reculer les intolérances et les
       obscurantismes, qui a permis l'émancipation de l'individu, qui a ouvert
180   les voies de l'universalité, a été inévitablement marqué par les limites
       du temps où il s'est constitué. Lui être fidèle dans ce qu'il a de meilleur,
       c'est non pas faire fonction de pion amer, mais soumettre à critique ce
       qu'il a de relatif, de contingent, et œuvrer à enrichir ses valeurs.

       Toute collectivité a besoin d'élaborer le sens qu'elle donne à son
185   existence, de se reconnaître dans ce que les anthropologues appellent
       l'ordre symbolique. La sécularisation, le progrès de la pensée rationnelle
       ont été des conquêtes immenses, mais ne fournissent pas de réponses
       toutes faites aux interrogations qui hantent notre monde. Ainsi les
       remontées religieuses et la crise des grandes idéologies interpellent-elles
190   la laïcité. Celle-ci doit ouvrir de nouveaux chantiers: la lutte contre
       l'exclusion – ici, et plus encore dans le tiers-monde, l'apprentissage de
       la diversité et de l'interdépendance des sociétés, la formation de citoyens
       maîtres de leur devenir.

                (Claude Liauzu, 'Où donc apprendre?', *Le Monde diplomatique*,
                                                                8 May 1991.)

Exercices

Lexique

Expliquez les mots et expressions suivants:

un effet pervers (l.21)	le nivellement par le bas (l.60)
Un CAP, un BEP (l.23)	le tout-venant (l.68)
un OS (l.41)	la portion congrue (l.135)
la galère (l.45)	la vulgate (l.172)
l'élitisme (l.60)	le pion (l.182)

Grammaire et stylistique

(a)   Sur le modèle des lignes 46–49, faites des phrases ayant pour sujet un
       infinitif.

(b)   Sur le modèle des lignes 164–165, faites des phrases commençant par 'rien' ou 'personne'.

Compréhension

(a)   Quelle différence faites-vous entre les 'exclus' (l.29) et les 'déçus' (l.30)? Que signifie pour vous l'expression 'la fac-parking' (l.69)? Enfin, précisez la notion de 'village musical mondial' (l.170).

(b)   Commentez les chiffres indiqués aux lignes 75–77.

(c)   Il est question (ll.51–2) du 'ravalement des cages d'ascenseurs', et, (l.19) de '80% de bacheliers'. Précisez les allusions, et donnez votre avis sur cette notion-programme des 80% de bacheliers.

(d)   'Ils ont l'âge de la crise' (l.18). Quels commentaires vous inspire cette formule?

Question orale ou écrite

(a)   Trouvez-vous, comme l'auteur, qu'il existe une distorsion entre le monde réel et l'école? Quelles solutions envisagez-vous, le cas échéant?

Chronology

1944	June:	Allies land in Normandy
	Aug:	Liberation of Paris
	Sept:	Provisional government set up
	Oct:	Women obtain right to vote
	Dec:	Nationalization of coal mines in Nord-Pas-de-Calais
1945	Jan:	Nationalization of Renault
	Feb:	Law establishes works councils
	June:	Press censorship ends
	Oct:	Law establishes social security
	Nov:	Vote by referendum to end Third Republic
	Dec:	Creation of *Radiodiffusion-télévision française* (RTF)
		Nationalization of five main retail banks and *Banque de France*
		Commissariat du Plan set up
		Bretton-Woods agreements
1946	Jan:	De Gaulle resigns from government
	April:	Nationalization of gas, electricity and large insurance companies
	May:	First proposed constitution rejected
		Blum-Byrnes Agreement
	June:	Nationalization of Air France
	July:	Law on equal pay for men and women
	Aug:	Legislation on family allowances
	Oct:	Constitution of the Fourth Republic accepted by referendum
		Beginning of French military operations in Vietnam
		Renault 4CV launched
1947	Jan:	Vincent Auriol elected President of the Republic
		Social security Plan begins
	March:	Creation of *Salaire minimum vital*
	April:	Gaullist RPF set up
	May:	Adoption of *Plan Monnet*
		Communist ministers dismissed from government
	June:	Widespread strikes

		France accepts Marshall Aid
	Nov–Dec:	Wave of strikes
	Dec:	CGT splits, CGT-FO established
1948	April:	Franc devalued twice
	May:	Hague conference on Europe
	Sept:	Rent controls implemented
	Oct–Nov:	Miners' strike, civil servants' strike. Troops intervene
	Nov:	General strike in Paris region
1949	Jan:	Price freeze
	March:	Launch of *Paris-Match*
	April:	North Atlantic Treaty signed in Washington
		Franc devalued
	July:	France ratifies Atlantic Pact
1950	Feb:	*Salaire minimum interprofessionnel garanti* (SMIG) introduced
	June:	Korean War begins
1951	April:	Creation of the Coal and Steel Community (CECA) involving France, Germany, Italy and the Benelux countries
1952	May:	Anti-inflation plan by Pinay government
	July:	Adoption of *échelle mobile des salaires*
1953	Jan:	RPF dissolved
	May:	*L'Express* launched
	July:	Pierre Poujade's movement launched
	Sept:	Vatican condemns worker priests
	Dec:	René Coty elected President
1954	April:	Introduction of VAT
	May:	French suffer defeat at Dien Bien Phu
	June:	New government with Mendès-France as Prime Minister
	July:	Geneva agreement on Vietnam
	Aug:	*Assemblée nationale* rejects European Defence Community plan
	Nov:	Revolt in Algeria
1955	March:	Vote on state of emergency in Algeria
	May:	Adoption of Second Plan
	June:	Messina conference on European reconstruction
	Nov:	Uprising in Algeria

1956	Jan:	Legislative elections in France, Poujadists gain seats
		Atomic energy plant at Marcoule starts operating
	Feb:	Demonstrations in Algiers against Prime Minister Guy Mollet
		Law passed on third week of paid holiday
	March:	Tunisia and Morocco gain independence
		Vote in favour of special powers in Algeria
	Nov:	Franco-British Suez expedition
1957	March:	Treaty of Rome signed establishing European Community
	April:	Battle of Algiers begins
	Aug:	Franc devalued
1958	Jan:	European Community starts functioning
	May:	French Algerians revolt in Algiers, 'Committee of Public Safety' set up, presided by General Massu
	June:	De Gaulle becomes head of government and is given full powers
	Sept:	Overwhelming 'Yes' vote in referendum on new constitution
		Gaullist UNR set up
	Nov:	Legislative elections, substantial gains for Gaullists
	Dec:	De Gaulle elected President of the Republic
		Devaluation of the franc
1959	Jan:	Michel Debré becomes Prime Minister
		School leaving age raised to 16 years
		Third Plan adopted
	March:	French Mediterranean fleet withdrawn from NATO
	Nov:	Malraux's speech to Assemblé nationale as Minister of Culture promising creation of Maisons de la culture
1960	Jan:	Uprising in Algeria
	Feb:	Introduction of *nouveau franc*
		French atomic bomb exploded
	April:	PSU set up
	July:	*Loi d'orientation agricole* voted which organizes modernization of French agriculture
	Jan–July:	Francophone African countries and Madagascar granted independence
1961	Jan:	Law on health insurance for farmers
		Large majority vote 'Yes' in referendum over self-determination for Algeria

	April:	Attempted coup by French generals in Algeria
	June:	Opening of first Maison de la culture in Le Havre
	Sept:	Attempt to assassinate de Gaulle at Pont-sur-Seine
	Oct:	Violent repression of Algerian demonstration in Paris
1962	Jan:	Number of OAS attacks in metropolitan France increases
	Feb:	Anti-OAS demonstration in Paris: eight killed at metro station Charonne
	March:	*Accords d'Évian* give Algeria independence Pompidou becomes Prime Minister
	April:	Overwhelming 'Yes' vote in referendum on Évian agreements
	June:	Adoption of Fourth Plan
	Aug:	Attempt to assassinate de Gaulle at Le Petit Clamart
	Oct:	Assemblée nationale approves motion of censure against Pompidou's government, Assemblée nationale dissolved
		'Yes' vote in referendum on election of president of the republic by universal suffrage
	Nov:	Legislative elections, substantial gains for government
	Dec:	Agreement on four weeks' paid holiday at Renault
1963	Jan:	De Gaulle vetoes British membership of the EEC
	March–April:	Miners' strike
	June:	French navy withdrawn from NATO operations in the Channel and Atlantic
	July:	Franco-German Friendship Treaty signed by de Gaulle and Adenauer
	Aug:	Collèges d'enseignement secondaire (CES) set up
	Sept:	Adoption of Giscard d'Estaing's Plan de Stabilisation (anti-inflation measures)
	Dec:	Second television channel starts broadcasting
1964	May:	Waldeck Rochet becomes general secretary of PCF, Maurice Thorez becomes president
	June:	Creation of *Office de la Radiodiffusion-télévision française* (ORTF)
	July:	Death of Maurice Thorez
	Nov:	Majority of CFTC members leave and form CFDT Launch of *Le Nouvel Observateur*
	Dec:	Public sector strikes

1965 May: Agreement between CNPF and unions on extension of four weeks' annual paid holiday to all workers

July: France begins 'empty chair' policy in Brussels (lasts until December)

Sept: *Fédération de la gauche démocratique et socialiste* created (Socialists, Radicals and left clubs)

Nov: Adoption of Fifth Plan

Dec: Presidential elections: De Gaulle wins (55%), Mitterrand beaten (45%)

1966 Jan: Instituts universitaires de technologie (IUT) established

March: France leaves NATO integrated command

June: Fouchet reform of higher education

Extension of health insurance to self-employed

1967 March: Legislative elections, slim victory for parties of government

Wine producers riot over Algerian imports

Decrees on participation of workers in the 'benefits of industrial expansion'

July: Creation of Agence nationale pour l'emploi (ANPE)

De Gaulle in Montreal: 'Vive le Québec libre'

Oct: Colour television broadcasting begins

Nov: Gaullist UDVeR set up

Dec: *Loi Neuwirth* legalizes contraception

1968 Jan: Incidents in *lycées* and at Nanterre University

VAT applied across the board

Feb: Demonstrations against US war in Vietnam

May: Student revolt and workers' general strike

Accords de Grenelle (not subsequently ratified)

June: Legislative elections, increased majority for government

July: Maurice Couve de Murville becomes Prime Minister

Nov: *Loi d'orientation* on higher education approved

1969 April: 'No' vote in referendum on reform of Senate and regional reforms, de Gaulle resigns

June: Georges Pompidou elected President of the Republic

Jacques Chaban-Delmas becomes Prime Minister

July: Parti socialiste (PS) founded

Aug: Devaluation of the franc

Sept: Chaban-Delmas makes speech about 'la nouvelle société'

1970   Jan: SMIG becomes SMIC (*Salaire minimum interprofessionnel de croissance*)

      Nov: Death of de Gaulle

1971   April: Manifeste des 343 in *Le Nouvel Observateur* in favour of legalizing abortion

Launch of *Association Choisir* to campaign for legal abortion

      June: Re-unification of socialist movement at Congrès d'Épinay, Mitterrand becomes first secretary of PS

1972   June: *Programme commun de gouvernement* signed by PS and PCF, creating *Union de la gauche*

      July: Pierre Messmer becomes Prime Minister

      Sept: Launch of *Le Point*

      Nov: Procès de Bobigny

1973   Jan: Creation of the European Snake

      Feb: Manifesto of 331 doctors in favour of abortion

Lip watch factory in Besançon occupied

      April: Launch of *Libération*

      Aug: Demonstration in the Larzac against expansion of army training ground

      Sept: *Des femmes* publishing house set up by feminist group *Psychanalyse et politique*

      Oct: Huge oil price rise

1974   March: Legislative elections: government parties win with a much slimmer majority

      April: Death of President Pompidou

      May: Presidential elections, Valéry Giscard d'Estaing elected (50.8%), François Mitterrand beaten (49.2%)

      June: Jacques Chirac made Prime Minister

Age of majority lowered to 18 years

      July: Immigration suspended

Françoise Giroud becomes *Secrétaire d'État à la condition féminine*

ORTF broadcasting network broken up

      Dec: Jacques Chirac becomes UDR leader

Michel Rocard and other Parti socialiste unifié (PSU) leaders join PS

1975   Jan: *Loi Veil* legalizes abortion

Reform of broadcasting takes effect. ORTF broken up into seven separate companies: TF1, Antenne 2, FR3, Radio-France, TDF, SFP and INA

	April:	Giscard d'Estaing visits Algeria in first presidential visit since independence
	June:	Law allowing divorce by consent and 'no fault' divorce
	Sept:	Second *Plan Fourcade* aiming to relaunch economic activity
1976	Feb:	PCF congress abandons notion of 'dictatorship of proletariat'
	March:	Departmental elections: substantial gains for left
		Franc taken out of European Snake for good
	Aug:	Raymond Barre becomes Prime Minister
	Sept:	Barre plan to combat inflation, includes price freeze and wage restraint
	Dec:	Creation of Gaullist RPR
1977	March:	Municipal elections: victory for left
		Creation of *aide au retour* for immigrants
	Sept:	PS/PCF *Union de la gauche* breaks up
1978	Feb:	UDF set up
	March:	Legislative elections, right wins
1979	Jan:	European Monetary System (EMS) becomes operational
	June:	European elections: high rate of abstention, left loses ground
	July:	Second oil crisis
1980	Jan:	Georges Marchais defends Soviet intervention in Afghanistan
	Oct:	Bomb explodes outside synagogue in Rue Copernic, Paris, killing four
1981	Jan:	Marguerite Yourcenar first woman elected to Académie française
	May:	François Mitterrand elected President of the Republic (51.8%), Valéry Giscard d'Estaing beaten (48.2%)
	June:	Pierre Mauroy becomes Prime Minister
		Minimum wage, pensions and family allowances increased substantially
		PS achieves absolute majority in legislative elections
		Second Mauroy government formed, including four PCF ministers
	Aug:	130,000 illegal immigrants given legal status

	Sept:	Death penalty abolished
		Paris–Lyons TGV opens
	Oct:	Devaluation of the franc
		Law nationalizing five industrial groups and 38 financial institutions
	Nov:	Law allowing the creation of private local radio stations
		Unemployment reaches two million, according to ANPE
1982	Jan:	Introduction of 39-hour week and five weeks' holiday
	March:	Decree on reimbursement of abortion by social security
	June:	Retirement at 60 introduced
		Loi Defferre on decentralization approved
		Devaluation of the franc, pay and price freeze
		Moinot Report on broadcasting creates *Haute Autorité*
	Aug:	Six killed in attack on Jewish restaurant, rue des Rosiers, Paris
	Sept:	Demonstration by company directors against socialist economic policy
1983	March:	Defeat for the left in municipal elections
		Devaluation of the franc
		Austerity plan announced
	May:	Doctors' strike
	July:	First Airbus flight
	Aug:	French military invervention in Chad
	Sept:	In Dreux, victory for united FN-right list in second round of municipal elections
		Government adopts *loi Savary* on private schools
1984	Jan:	Reorganization of the banking system
	March:	Over half a million demonstrate to defend private schools
	April:	Financial incentives for immigrants returning to their country of origin
		Demonstration by steel workers in Paris: PCF leaders take part
	June:	Over a million demonstrate against *loi Savary*
		European elections: losses for left
	July:	*Loi Savary* on private schools withdrawn
		Laurent Fabius becomes Prime Minister, PCF withdraws from government
		Violent incidents in New Caledonia

	Nov:	Unemployment rises above 2.5 million
		Launch of Canal Plus, the first pay TV channel
	Dec:	Communist deputies vote against budget
1985	March:	Right wins cantonal elections
	June:	Large *SOS-Racisme* festival, Place de la Concorde, Paris
	July:	Attack on Greenpeace ship *Rainbow Warrior* in New Zealand
	Sept:	Defence Minister Charles Hernu resigns
	Dec:	Law on flexible working time
1986	Feb:	Terrorist attacks in Paris
		Fifth and sixth television channels (*La Cinq*, *TV6*) begin broadcasting
	March:	Legislative elections using proportional representation: right wins
		Jacques Chirac becomes Prime Minister and forms RPR-UDF government
	June:	Abolition of law which obliged companies to consult before making redundancies
	July:	Law on privatization of 65 companies
		Tighter law on entry of immigrants to France
	Sept:	Terrorist attacks in Paris
		Loi Pasqua on immigration
		Haute Autorité replaced by *Commission nationale de la communication et des libertés* (CNCL)
	Nov:	*Action directe* group kills Georges Besse, director of Renault
		Student and school student strike begins against *loi Devaquet* on higher education
	Dec:	Minister for Higher Education Alain Devaquet resigns, bill withdrawn
		Public sector strikes
1987	Jan:	Start of deregulation of stock exchange and other financial institutions
	Feb:	Privatization of TF1
	May:	Privatization of Crédit Commercial de France, CGE and l'Agence Havas
		Trial of Klaus Barbie begins
	Sept:	Referendum in New Caledonia: 98% in favour of New Caledonia remaining in the French Republic
	Oct:	World financial crash

1988   April: First round of presidential elections: Mitterrand and
                     Chirac ahead, Jean-Marie Le Pen receives 14.4%
          May: Army assault on cave in New Caledonia to free
                     hostages: two soldiers and 19 pro-independence
                     fighters killed
                     François Mitterrand wins presidential election
                     (54.0%), Jacques Chirac beaten (46.0%)
                     Michel Rocard becomes Prime Minister
          June: Legislative elections: PS wins but has no overall
                     majority
                     Government of *ouverture* formed
          Nov: *Accord Matignon* on New Caledonia
                     Creation of *Revenu minimum d'insertion* (RMI)
                     'Yes' vote in referendum on plans for New Caledonia
                     (63% abstentions)

1989   Jan: *Conseil supérieur de l'audiovisuel* (CSA) replaces CNCL
          March: Municipal elections: gains for PS
          June: European elections: right makes gains, high level of
                     abstentions (51.2%)
          July: Celebration of bi-centenary of French Revolution
          Oct: Beginning of the *affaire des foulards islamiques*
          Dec: Creation of *Haut Conseil de l'Intégration*

1990   March: Opening of *Opéra de la Bastille*
                     PS Congrès de Rennes
          June: UPF set up, uniting RPR and UDF in opposition
          Nov: PCF votes with the right on motion of no confidence
                     in the government

1991   May: Édith Cresson becomes Prime Minister
          Aug: France enters war against Iraq

1992   March: Pierre Bérégovoy becomes Prime Minister
          April: Euro Disneyland opens
                     La Cinq folds, Arte replaces La Sept
          Sept: Referendum on Treaty of Maastricht: 'yes' vote gains
                     small majority (51%)

1993   Jan: Unemployment reaches three million according to
                     ANPE
          March: Legislative elections: right wins huge majority of
                     seats
                     Edouard Balladur becomes Prime Minister, second
                     period of *cohabitation* begins. Programme of
                     widespread privatizations announced

	Balladur government supports 'franc fort'
Aug:	Franc indirectly devalued through opening of fluctuation margins in ERM
Sept:	Speculative attacks against franc in ERM after sterling crisis
	'Franc fort' policy restated

Index

Bold page-numbers denote main treatments; *italic* page-numbers denote figures and tables

abortion 10, 367, 382, 383, 395, **396–7**, *397*, 412
Adenauer, Chancellor Konrad 42
aerospace initiatives 42
Africa 28, **38**, 42, 179, 202, 385, 387
  immigration from 385, 387, 388
  interventions, post-colonial 40, 42–3
  see also Algeria; colonial policy
age *see under* population; old people *etc.*
agriculteur 377
agriculture 181–3, *190*, **195**, 227, **228–9**, **369–70**, 427
  employment 176, 192, 194, 195, 200, **376–7**
  farm size 200, 228–9, 369
aide au retour 386
AIDS/HIV 28, **398**, 399, 412
aircraft industry 42, 187, 200, 222, 227
Algeria
  immigration from 192, 384, 385, 412
  independence gained 8, 22, 40, 43, 202
  independence war 7–8, 17–18, 20, 21, 28, **39**, 212, 389, 409
    putsch by generals 23
    trade with France 202
allocations (familiales etc.) 208, 231, 393
aluminium industry 187
aménagement du territoire 199, 226
arms trade 42, 44
army/armed forces 23, 47, **409–10**
  African interventions 40, 42
  colonial wars 7–8, 38, 39, 409
  conscientious objection 409
  force d'intervention rapide 40
Asia 189, 200, 385
ASSEDIC (unemployment benefits) 231
Assemblée nationale *see* parliament
Association Choisir 382
assurance maladie 231
Auroux, Jean: *lois* 12, 31, 35, 47, 232, 402
automobile industry 189, 200, 235, 374, 402
  cars 182, 183, 186, 187, 210, **374**, 398, 404, 406

baccalauréat (Bac)/bachelier 380, **414–17**, *418*, 420, 422
Badinter, Élisabeth 384
Balladur, Édouard 15, 26, 216, 235, 236
bande dessinée 408
banks *see* financial institutions

Barre, Raymond 10, 24, 27, 205, 214, 225
Beauvoir, Simone de 379
Bérégovoy, Pierre 15, 216, 234, 236
beur 388, 426
birthrate 181, 209, 388, 389, 391, 393, 395
Bloch-Lainé, François 222
Blondel, J. *21*
Blum, Léon 380
BNP (Banque Nationale de Paris) 222, 235
Bobigny, Procès de 382, 396
Bokassa, Emperor 43
bonapartism 21–3, 22, 24, 29
Boudon, Raymond 378–9, 421
Bourdieu, Pierre 421
bourgeois[ie] 365, **376**, 408
Bourgès-Maunoury, Maurice 7
Bourse 175
Brazzaville: conference at 38
Brevet d'études professionnelles (BEP) 416
Britain *see* United Kingdom
broadcasting: reforms 10
Bush, Pres. George F. xviii

cadences infernales 403
cadre [supérieur etc.] 205, 377, 394, 407
caisse des dépôts et consignations 217
caisse d'épargne 210, 211, 217
caisses, de sécurité sociale etc. 208, **231**
Calcul, Plan 227
canals 42
canard boiteux 189
Canard enchaîné, Le (newspaper) 43
capital 9, 186–7, 188, *190*, 191
  earnings distribution 204–7, 210
cars *see* automobile industry
carte scolaire/universitaire 420, 424
CDS/CD[P] *see* Centre . . .
centralism 8, 13, 21, 365–6, 375
  see also decentralization
Centre des démocrates sociaux (CDS) 24, 27
Centre démocratie [et progrès] (CD[P]) 23, *24*
Centre national des indépendants [et paysans] (CNI[P]) 21, 23, *24*
certificat d'aptitude professionnelle (CAP) 416
certificat d'investissement 235
CFDT *see* Confédération française . . .
CGE *see under* electricity
Chaban-Delmas, Jacques 9–10, 13, 24, 373
charges sociales 209

charities 401
chemicals industry 189, 200, 227
Cheysson, Claude 44
children **381**, 391–3, 395–6, 405, **414–22**, 427
    child benefits 208, 231
    see also family; birthrate
Chirac, Jacques 24, 25, 27, 47, 386, 421
    and bombing of Libya 44
    and economy 207, 215, 235
    resigns 10, 24
Chombart de Lauwe, P. 378
Christian Democrat parties 20, 23, 27
Church, Catholic 409, **410–12**, 413–14
    anti-clericalism 5, 410
    and divorce 394
    and private schools 424–5
    and trade unions *31*
    voter curé 380
cinquième semaine 406
class *see under* social groups
classe préparatoire 417, 420
clothes/clothing industry 189, 200, 404–5
Clouzot, Claire 384
Clubs perspectives et réalités 24
CNI[P] *see Centre national . . .*
CNJA (young farmers' organization) 228
cohabitation (political) 14–15, 19, **25–9**, 45, 216,
    228, 235, 386
Cohn-Bendit, Daniel 423
Colbert, Jean-Baptiste 237
Cold War xviii, 6–7, 17, 38–9, 233, 410
collège/CES 416
colonial policy **7–8**, 25, 28, **37–9**, 40, 48
    decolonization 40, 48, 176, 186, 202, 226
    Poujadism 20
    rayonnement 42
    see also Algeria *etc.*; trade
comité d'entreprise 232
Commissaire de la République (*préfet*) 13
Commissariat général au Plan 226
commission de modernisation 232
Common Market *see* European Community
Commune (Paris, 1870) 37
communes 13, **373**, 410–11
communications 175, 176, 210, 218, 227, **373–5**
    see also transport; television
communism 15, 46
    see also Left; PCF; Cold War
computers 227, 374
concertation sociale 232
concours d'entrée 420
Confédération française démocratique du travail
    (CFDT) 10, *31*, 33, *34*
Confédération française de l'encadrement–
Confédération générale des cadres (CFE-CGC)
    31, *34*
Confédération française des travailleurs chrétiens
    (CFTC) *31*, 33, *34*

Confédération générale du travail (CGT) 3, 6,
    31, 32, 33, *34*
congé de formation 198
conseil des ministres 22
Conseil national du patronat français (CNPF) 10,
    208, 231
conseils régionaux 13
constitution *see* Fifth Republic *etc.*
construction industry 182–3, 184, 187, 192,
    366, 370–2
consumer goods 183, 187, 200, 210, 404–8
consumerism 365, 366, 367, 404, 427
consumption 183, 185–6, 203, **210–11**, **404–8**
    industrial *see* industry: investment
    'popular' 205
contraception 10, 367, 382, 383, 388, **395**,
    396, *397*, 412
contrainte extérieure 176
contrat emploi-formation 195
contrat de programme 234
contribution sociale (CS[G]) 230
convention collective 206, 232
coopération/ant (community service) 409
co-operatives: agricultural 228
Cot, Jean-Pierre 43
cotisation 208
crafts: self-employment 194, 196
Crédit Agricole (bank) 223, 228
credit purchasing 210, 211
CREDOC (research organization) 400–1
Creil 425–6
créneau porteur 227
Cresson, Édith 15, 234, 381, 383, 421
creuset français 384
Crozier, Michel 8, 9
culture 200, **365–6**, 404, **407–8**, 407, 427
    'Americanization' 404, 405, 408
    communications revolution 375
    'cultural capital' 421
    local/specific 365, 376, 378, 388
        age-defined 389, 404–5, 407
currency *see* franc
cycle (education) 416, 417–19

DATAR (regional planning agency) 226,
    373
death penalty 14, 27
Debray, Régis 8–9, 408
Debré, Michel 25
decentralization 8, **12–13**, 200–1, 234, **373**,
    408, 422
    education 420, 421, 422
déclassement 403
defence 22, 23, 26, **37–9**, 40, 45
    nuclear weapons 8, 39, 40, 44, 45
    see also wars; army
Defferre, Gaston 13, 201, 373
dégraissage 189

dégrèvements 230
délocalisation 200
Delors, Jacques: *and* economy 206, 214–15,
    235
demand 183, 187, 203, 211–17, 221, 225
    demand-dependence 187
    market saturation 189
demography *see* population
demonstrations *see* strikes
départements: electoral system 13
député 7
deregulation *see* economy; finance *etc.*
désenclavement 201
désert français, le 200, 373
désindexation des salaires 33, 206, 214–15
désinflation see under inflation
désintermédiation 218
Diplôme (DEUG; DUT) 419, 420
divorce 10, 390, 391, 392, **393–5**, 397
DM (Deutschmark) 215, 236
double journée, la 384
Dreux 27, 28
drug abuse 25, 27
Duverger, Maurice 23

EC *see* European Community
échelle mobile des salaires 206, 213
Eck, J.-F. *190*
école libre 424
École polytechnique *etc. see* Grandes Écoles
ecology movement 4, 10, **46–7**
economy **175–238**
    summarized **175–9**, **237–8**, 427
    backwardness 19, 181, 225
    contrainte extérieure 176
    crisis (from 1970s) 10–11, 42, 176, **180–1,
        184–6**
        industrial consequences 180–1, **189–91**,
            402–3
        inflation **213–17**
        social cost 177, 181, **428**
    deregulation 215, **216, 218**
    EC and 39, 176, 178, 225, 235
        comparisons 175
        loan to France 45
    free market theories 22, 24, 25, 33, 45, 210–
        11, 235
        historical background 220
        and internationalism 178, 226
    future considered 178–9, 238
    de Gaulle and 8, 22
    growth, post-WWII 7, 176, 180, 181, 192,
        226
        growth rates 175, 180, 184–5
        income rises 204–5
        industry-led 182–4, 196
        Trente glorieuses **181–2**
    import-dependency 202

isolation 176, 181, **202**, 206, 212
Keynesianism *see* Keynes
Marshall Aid 369
modernization 8–9, 21, 22, **176, 225–6**,
    237–8
    social effects 176–7, 178
official/unofficial 403
opened to international influence **176**, 178,
    181, 186, 191, **202–3, 216–17**, 237
partage équitable des fruits de la croissance 187,
    188, 226
planning/*plans* 206, 211, 214–15, 221, **223–
    7**
singularities of 176–9, 180, 187, **220–1**, 224,
    225, 228, 233
state interventionism 175, **176**, 177, 178,
    187–8, 220–36
    decline of 191, 217–19, 226–7
    modèle d'économie mixte 220
    post-WWII 180, 220–3, 225
    sectoral **227–9**
    'third way' 232–3
stop-go effects 225
supply-side support 228, 236
trickle-down effect 404
see also individual topics
education 365, 379, 407, 409, **414–22**, *415*,
    427
    backwardness 9
    decentralization 13, 420, 421, 422
    and labour-force **176–7**, 183, 188, 192, 194,
        197, **414, 416–17, 423–4**
    mathematics 416–17
    pre-school 414, 422
    private 33, **424–5**
    prominence of 176, 421–2
    protests 33, 423–6
    rural areas 200
    secondary 414–17, *416, 417*
    secularism 411, 424–5
    selection/streaming 416, 417, 419–22, 424
    as social mirror 423–6
    student numbers 9, 197, 365, 414, *417*, 424
    see also universities
EEC *see* European Community
elections/electoral system 13, *21*, 23, *24*, 48
    abstentions 47
    bi-polarisation 23
    and President 22, 23
    proportional representation 7, 27, 381
    voting age lowered 10, 389
    see also individual parties
electricity 218
    CGE (Compagnie Générale d'É.) 12, 187,
        223, 224, 227, 235
    EDF (É. de France) 222, 234
    hydroelectricity 183
    manufactured goods 187, 189

574   Index

nationalized/privatized 222, 235
nuclear power 42, 46, 175, 222, 227
electronics industry 189, 200, 223–4
  see also communications; information
Empire *see* colonial policy
employé 376
employers (*patronat*) 7, 14, 35, 198, 420–1
  conciliation 3, 47, 225–7
  and national insurance 208, 230, **231–2**
  see also labour relations; CNPF
employment 35, 180, **402–3**, 427–8
  age of entry/retirement 197–8, 390
  changes 33, **176–8**, **189–90**, **192–8**
    alienation 188, 403
    local increases 200
    structural change 194, **195–8**, 238, 365,
      376–9, **402–3**
  community work 195
  double journée, la 384
  health and 399–400
  insecurity 194
  job-creation, fall in 192, 193
  labour force, growth **192–3**
  labour, shortage 183, 192, 212
  legislation **10**, 13–14, 30–1, 35, 196, 197,
    402–3
    de-restriction 25
    working hours 13, 194, **196–7**, 402, 405,
      406
  mass-production 187
  overtime 196
  part-time work 194, 197, 383
  profit-sharing 233
  public-sector 12, 13, 221, 223, 367, 403
  qualitative issues 402–3
  'rigidity' 197
  sector analysis *190*
  segmentation 195
  self-employed/wage-earning 176, 194, 196,
    377
  shift-working 187
  state involvement 221, 232
  temporary work 190, 194, 195, 383
  unskilled workers 194
  urban dominance 176, 183
  'work experience' 195, 403
encadrement du crédit 224
energy 183, 203, 224, 227
  see also oil *etc.*
Engels, Friedrich 3
engineering 187, 189
Épinay, Congrès d' 16
État français (WWII) 5
Europe 177, 365–6, 427
  communications 375
  development areas 201, 375
  French conformity with *see* normalization
  French trade with 202, 226

health, women's 400
immigration/emigration 384, 385, 387
income-distribution 205, 208
  national changes (from 1989) 387
  political norms 46
  population variables 391, 392
  post-WWII xviii, 6, 30, 37, 385
  taxation/benefits 208, 229–10, 393, 401
  trade unions 30, 31, 33, *34*, 35–6
  US missiles in 44, 45
European Community (EC) (*formerly*
European Economic Community (EEC); *later*
European Union) 26, 37, 40–1, 48, **202**, 235
  agriculture 229
    CAP 41, 228, 427
  Common Market 186, 188, 191, **202**, 216
  defence 26, 410
  divorce rates 394
  economy 175, 178, 215, 225, 226–7, 235,
    236, 237
  and educational trends 421
  FN opposes 27
  foundation of 39–40, 202
  future considered xviii, 238
  de Gaulle and 40–1
  Mitterrand and 44–5
  'multinationals, domination of' 44
  referendums, French 41, 45, 236
  single currency 236
  Single European Act/Maastricht 35, 45,
    236, **427**
  single market 44–5, 178
  trade 176, **202**
  and trade unions 35
  working hours 197
  see also Europe
European Monetary System (EMS) 12, 42,
  236
European Union *see* European Community
EUROSTAT (statistical organization) 391
Exchange Rate Mechanism (ERM) 214, 215,
  217, 236
exports 38, 42, **202–3**

Fabius, Laurent 14, 206, 215, 421, 424
family 10, 207, **391–401**
  benefits 205, 208, 225, 231, **393**, 398–9
  cohabitation 392–3, **394–5**, *397*
  and education system 424–5
  excluded groups 177
  extended 392
  immigrant 388
  'new'/*recomposée* 390, 393
  patriarchy 9, 367
  single-parent 177, 207, 392, 393
  single-person 207, 395
  taxation 230, **393**
  women and 381, *397*

Faure, Edgar: *loi Faure* 423
Fauvet, Jacques 38
Fédération de l'éducation nationale (FEN) *31*, 35
feminism *see under* women
Fifth Republic/constitution 3, 8, 17, **21–3**, 25, 40, 48
Figaro Magazine 387, 388
filière (education) 414–16
filière (industry) 223, 227–8
finance/financial institutions 176, 178, 189, **204–19**
  banks/lending houses 210, 218
    credit/interest 210, 211, 212, 213, 216
    dés[ré]intermédiation 218
    nationalization 12, 222–4, 233, 235
  'Big Bang' 216, 218
  deregulation 25, 210, 211, 214, 216, 234, 235
  failings 217–18
  institutions financières spécialisées 212, 217–18
  international factors 202–3
  public involvement 212, 221, **222–5**
fin de droits, en 400–1
Finkielkraut, Alain 408
fiscal policy *see* taxation
FO *see Force ouvrière*
fonctionnaire 424
food 404–6
force d'intervention rapide 40
Force de frappe see nuclear weapons
Force ouvrière (FO/CGT-FO) *31*, 33, *34*, 35
Ford, Henry: Fordism 178, 183, **186–8**, 191, 226, 232, 237, 238
foreign policy **37–45**, 48
  de Gaulle and 8, 22, 37, 40–1, 42, 48
  Gaullist 40–3
  'independence' breached 45
  'message d'espoir' 43
  normalization 48
  Socialist 43–5, 48
  spheres of influence 40
  summit meetings 42
Foucault, Michel 397
Fourth Republic (1946–58) 7, 16, 17, 19–21, 48, 212
  foreign policy 37, **38–40**
franc 202, 206, 237
  devaluation 14, **211–13**, 214–16, **217**, 236
  and ERM 214, 215, 217, 236
  franc fort 211, 214, **216**, 234
France
  summarized xvii–xix, 46–8, 237–8, 365–8, 427–8
  army, 'of citizens' 409–10
  centralism 8, 13, 21, 365–6, 375
  creuset français, le 384
  egalitarianism 205, 423–6, **427–8**

inequalities 238, 368, 378–9, 405, 421–, 423–6
future considered xviii, 48
'grandeur' 40, 41, 221, 222
  pride restored/preserved 8, 38, 39
homogenization 365, 404
images of 175
May 1968 'watershed' 366–7
'moral decline' 28
'national consciousness, transcendent' 41
'nouvelle société' 9–10
post-industrial 178
'*propension . . .aux divisions*' 8, 46
régime d'exception 42
religion 410–14
  '*fille aînée de l'église*' 410
republicanism 410–11
  'monarchie républicaine' 23
secularism 410–11, **424–6**
size 373
social partnership 231–3
'*société bloquée*' 8–10
'*société à deux vitesses*' 8–9, 177, 238
'third way' 232–3
'France, la, aux Français' 28
Franco-Prussian War 37
Freemasons: World War II 5
Front homosexuel d'action révolutionnaire (FHAR) 398
Front de libération nationale (FLN) 39
Front national (FN) 4, 19, **26–9**, *29*, 46, 48, 384, 386
  'vestige historique' 27
Front populaire see Popular Front

Garaud, Marie-France 25
gas 43, 222
GATT (General Agreement on Tariffs and Trade) 226, 237
Gaulle, Pres. Charles de 3, 48, 410
  and EC 40–2
  and economy 220, 221, 222–3, 235
  and foreign policy 8, 22, 37, **40–1**, 42, 48
  head of government, post-WWII 6, 8, 20, 222
  and May 1968 unrest 9
  political ideas 8, 18, 20, **22**, **40**, 222, 396
  'consensus-building' 20, 41, 233
  President (1958–69) **8–9**, 17, 21, 409
  World War II 5–6, 37
Gaullism **8–10**, **21–4**, *21*, 24, 26–7, 29
  cohabitation 15
  decline 3, 19, 48
  foreign policy 37–8, **40–3**, 45
  post-WWII 6, 7
  RPF *and* UNR founded 20, 23
  see also individual parties
GDF (Gaz de France) 222

576   Index

GDP/GNP (Gross Domestic/National
    Product)
  growth in 9, 181–2, *182*
  imports/exports and 202–3
  and oil crises 184–5, *185*
  public sector and 208, 221, 229, 236, 398–9
  regional variation 201
  taxation and 208, 229
gender issues *see* women
Génération écologie 46
Germany **202**, 365, 387, 427
  army 410
    invasion by 5–6, 42, 395, 410
  Deutschmark (DM) 215, 236
  exports 202
  inflation rates 211, 213, 214
  population 391, 395–6
  regions 201
  re-unification xviii, 374, 387, 391, 395–6
  working hours 197
  see also Germany, West
Germany, East (Democratic Republic) 374
Germany, West (Federal Republic) 42, 46
  economy 175, 180, 181, *182*, 184, 237
  'German model' 216
  health spending 399
  industrial competition 189
  Mitterrand at *Bundestag* 44
  taxation 229, 230
  US missiles in 44
gestion tripartite 231
Giroud, Françoise 383, 389
Giscard d'Estaing, Pres. Valéry 9, 10, 16, 23,
    24, 25, 367, 421
  Démocratie française 10
  foreign policy 37, 38, 41, **42–3**
  and immigration 386, 387
  Plan Giscard 211, 224
  reforms 379, 380–1
  and RI 23
  telecommunications 374
  and UDF 24
  Young Giscardians *24*
glass industry 187
GNP *see* GDP
Godin, Abbé 412
gold: investment in 211
Gorbachev, Mikhail 44
government, constitutional role 22–3
  see also state; politics; public sector
grand chantier 372
grand ensemble 371, 372
Grandes Écoles 382, 389, 417, **420–1**
grand projet 227
Gravier, Jean-Claude 372–3
green politics *see* ecology movement
Grenelle, Accords de 18, 30, 188, 225, 232,
    366, 402

Gross Domestic/National Product *see* GDP
  groupes d'expression 35
Guichard, Commission: *Vivre ensemble* 373
Guide Michelin 374
Guigou, Élisabeth 383
Gulf War 44, 45

Habitation à loyer modéré (HLM), *Sociétés de*
    204, 371
Halimi, Gisèle 396
Haussmann, Georges Eugène, Baron 372
health/health provision 13, 176, 209, 210,
    398–400
  finance for 206, 208, 209, 230, 231, **398–9**,
    404
  mental 401
  public/private issues 396–7, 398
Histoires d'A (film) 396
HLM *see Habitation à loyer modéré*
Ho Chi Minh, President 38
holidays 404, **406–7**
  paid 13, 30, 197, 402, 406
Homme fragile, L' (film) 384
homosexuality 398
Horloger de Saint-Paul, L' (film) 406
household *see* consumer goods; family
housing 178, 185, 213, **370–1**, 404, 405, 427
  benefits 208, 231
  homelessness 401
  home ownership: rise in 204, 210
  post-WWII 180, 182–3, 370
  public provision 204, 224, 371
  rented sector 204, 370–1
  second homes 370

ILO (International Labour Organization)
    193
immigrants/immigration 365, 367, **384–8**,
    427–8
  Nationality Code 25, 386
  economic 384–5
  education 388, 421, 422, 425–6
  'excluded groups' 177
  FN and 26, 27, **28**, 29
  guest-workers/settlers 385–6, 388
  illegals regularized 14, 29, 386
  and labour pool 183, 192, 384, 385
  pieds-noirs 192
    Algerian Jews 412
  political 385
  restrictions 25, 26, 29, 192, 384, 386–7
  social statistics 387–8
  unemployment 177, 194, 388, 389
immigré 385
imports 38, 186, **202–3**
income 178, 394, 396, 399
  consumption changes 205, 210, **404–8**
  debt: household 210

differentials 204–5, 206
distribution/redistribution **204–9**, 230, 231,
    238
    capital share 204–7
    social partnership 232
inequalities 205, 207, 208, 379
minimum, guaranteed 209
and savings 210–11
social funding 207–9, 229–31
see also wages
Indo-China 7, 38
industrial zone 200
industry/business
    capital *see* capital; investment
    charges sociales 208, 209
    decentralization initiatives 200–1
    decline 33, **195–6**, 402
    deregulation 25, 234
    development agencies 221
    diversification 191
    Fordism **186–8**
    labour force *see* employment
    'major projects' 227
    management-structure 188
    mass markets 187
    modernization 176–8, 195, 232
    'nouvelle société' 10
    over-capacity 186, 189
    production changes 178, **180–91**, 200, 202–
        3
    productivity 183, 186, 196
    public/private make-up 175, 177, 187–8,
        220–36
    regions 199–201
    royal manufactories 220
    sectoral planning 227–9
    sector comparisons *190*
    small businesses 20, 189–90, 218
    structural crisis 186
    sub-contracting 190
    taxation 230
    Taylorism 188
    under-capacity 203
    'winners' strategy 227
    see also labour relations; *and individual
industries*
inflation 175, 178, 206, **211–17**, **225**
    cost-induced 213
    'differential' 211, 215, 216
    disinflation/*désinflation*: *compétitive* 211, 214,
        216, 234, 236, 238
    oil crises 184, 186, 189, **213**, 225
    possible benefits of 212
    reflation 205–6, 214, 225
    spirals 212, 213
    stagflation 184, 213–17
    wages *désindexation* 206–7, 214–15
information industry/technology 178, 382,

403
infrastructure 178, 180, 182–3, 221, 224
    rural 200–1, 365
INSEE (national statistics institute) *185*, 188,
    193, *193*, 209, *392*, *413*
institutions financières spécialisées 212, 217–18,
    222–3
Institut national des études démographiques
    (INED) 395
Institut universitaire de technologie (IUT) 417,
    420
insurance 222
intégriste 412
intéressement des travailleurs 233
international factors **202–3**, **216–17**, 226
    competition 186, 188, 189, **202–3**, 226
        social costs 177, 181
    and economic planning 226–7
    industrial constraints 186
    and inflation 214, 215–16
    monetary crisis 186, 212
    monetary policies 206, 225
investment 178, 181, 185, 189, **210–11**, **217–
    19**
    Trente glorieuses 180, 181, **182–3**
    see also public sector
iron *see* steel
Islam 387, 388, **412–13**, *413*, 425–6
Italy 177
    divorce rate 394
    exports 202
    immigration/emigration 384, 385, 387
    population 391
    regions 201, 375
IUT *see* Institut universitaire . . .

Japan 177
    economy 175, 180, 181, 184, 202, 408
    taxation 208, 229
    working hours 197
Jeunesse agricole [etc.] chrétienne (JAC/JEC/
    JOC) 411
Jews/Judaism 5, 20, 384, 412, 413
John Paul II, Pope 412
journée continue 405

Keynes, J. M., economic theories 6, 187, 213,
    214, 221, 225, 233–4
Korean War 211, 212

labour *see* employment; labour relations;
    ouvriers
labour relations 3, 6–7, 9, **30–6**, **47–8**, 175
    collective bargaining 10, 12, 30–1, 35, 232
        désindexation 33, 206, 214–15
    European norms 46
    groupes d'expression 35
    individualization 190

lois Auroux 12, 31, 35, 47, 232, 402
and May 1968 unrest 10, 366
'nouvelle société' 10
participation 22
social partnership 231–3
see also strikes
laïcité/laïque 424–5
law and order 22, 25, 26, 27, 29
Le Bras, Hervé 395, 396
Lefebvre, Cardinal 412
Left, political 6–7, 11, **12–18**, *21*, 25–6, 48
centrism 3, 25, 28, **47**
and education 425
FN and 28–9
foreign policy 37–8
and de Gaulle 17–18
and income differentials 175
and May 1968 unrest 10
Programme commun 10–11, 12, 16–17, 35, 48
Trotskyists 47
see also individual parties
leisure 210, 224, **404–8**
Lemel, Yannick 379
Le Pen, Jean-Marie **27–9**, 412
Libya: US bombs 44
Licence 419
life-expectancy 388, 390, 391, 399–400, 427
Linhart, Robert 402, 403
living standards
and economic crisis 181, 207
inequalities 379, 427
rise in 8, 176–7, 180, 204–5, 365, 366, **404**, 414, 427
local government 13, 201, 217, **373**, 373
see also public sector; regions
Long, Marceau: *Commission/Rapport* 386, 388
Louis Napoleon, Emperor 21
lycée [professionnel] 416, *416*, 420, 426

Maastricht, treaty of 45, 236, **427**
machine-tools industry 189
maire 373
Maîtrise 419
Mallet, Serge 378
Manifeste des 343 396
Marché à terme international de France (MATIF) 218
marriage 381, 383, 384, 391–5
see also family *etc.*
Marshall Aid 369
Marx, Karl 37, 377
Marxism *see* communism; Left
Matignon, Accords de 30, 232
Mauroy, Pierre 14, 205, 206, 214, 228, 233, 373, 424
May 1968, 'events' 9, 10, 22, 41, 48, 237, **366–7, 423–4**
ecology movement and 46

foreign policy and 37
imperialist wars and 389
and industry 188
Left and 16, 18, 32, 225
social change and 180, **366–7**, 389
and women's movement 382, 396
as youth expression 389
MDSF (*Mouvement démocrate socialiste . . .*) 24
Mendès-France, Pierre 222
Mendras, Henri 410
mensualisation 402
Messmer, Pierre 10
'*métro, boulot, dodo*' 406
métropoles d'équilibre 373
Middle/Near East 42, 44
see also Suez; Gulf War
minimum vieillesse 398, 401
mining 17, 197, 199–200, 208
Ministère du Budget *185*, *193*
ministère de tutelle 234
Ministre aux droits de la femme 383
Minitel 175, 374
Mitterrand, Pres. François 16, 18, 427, 428
110 propositions . . . 14, 424
first Presidency 12–14, 25
foreign policy 38, **43–5**, 48
and immigrants 29
Lettre à tous les Français 14
and Programme commun 16–17
and Right 19, 26
cohabitation 14–15, 235
and women 380–1, 383
MLAC/MLF (women's organizations) 382
Moch, Jules 17
modèle d'économie mixte 220
modernization xvii–xix, 7, 427
economic *see under* economy
social 9–10, **365–8**
Mollet, Guy 7, 17
monarchism 23, 410
Monde, Le (newspaper) 406
monetarist theories 215, 225, 234, 236
monetary system 178, **224–5**
Monnet, Jean 39, 222
mortality rates 388, 391, 393, 398, 399–400
Moslems *see* Islam
Mossuz-Lavau, J. *and* Sineau, M. 380
Mouvement républicain populaire (MRP) 6, 20, 21, *21*, 233
moyennisation 378
museums 407, 408
music 389, 407

Napoleon I, Emperor 21, 222, 381, 410
Nasser, Pres. Gamal Abdel 17, 39
National Assembly *see* parliament
National Front *see* Front national

national insurance 178, 205, **207-9**, 215, **229-31**, 402
   see also health; social security
nationalization 12, **222-4**, 233
   see also privatization; public sector
National Revolution (WWII) 5, 7
national service 197, 409-10
NATO (North Atlantic Treaty Organization) 40, 42, 45
négociations collectives 232
Netherlands 201, 230
'New World Order': foreseen xviii
ni, ni [policy] 235
Noblecourt, M. *31*
Noir, Michel 26
normalization 3-4, 24, 26, **46-8**, 365-6
   foreign policy 43-5
    régime d'exception 42
   see also modernization
notables 27
nouveau franc (NF) 213
nouveaux pauvres 14, 177, **207**, 367, **400-1**
nouvelle vague 389
Nouvel Observateur (newspaper) 396, *397*
nuclear power 42, 46, 175, 222, 227
nuclear weapons 8, 39, 40, 44, 45

OECD (Organization for Economic Cooperation and Development) 33, *34*, *182*, 202
oil 42, 44, 222, 235
   price rises (1970s) *see* economy: crisis
old people 208, 209, 365, 388-9, **390**, 398-9, 401, 404
   3ᵉ/4ᵉ âge 389, 390
   single-person households 207, 395
   see also pensions; retirement
OPCVM (*Organismes de placement* . . .) 218
ouverture (politics) 15
ouvriers (workers) 9, 18, 365, **376-7**
   see otherwise employment; labour relations

Paris 199, 226, 373, 375, 405
   AIDS 398
   Commune (1870) 37
   divorce rate 394
   education 420, 421, 422, 424, 426
   housing 370, 405
   immigrants 387
   industry 199, 200-1
   population 176, 370
   redevelopment 371-2
   religion 413
   World War II 5, 6
parliament 7, 22, 23
   cohabitation and 15
   colonial representation 38
   Gaullism and 22

suspended, WWII 5
   women 380, 381
   see also elections
partage équitable des fruits de la croissance 187, 188, 226
partenaires sociaux 231
participation 22, 233
Parti communiste français (PCF) 4, 6, 14, 15, 17, *21*, *29*, 37, 46
   and Algeria 7, 18
   ascendancy 6, 7, 16, 18, 19
   and Church 411, 413
   decline 3, 15, 16-17, 27, 28, 48
   in government 12-14, 15, 28, 32, 44, 48
   and military service 410
   Programme commun (with PS) 10-11, 12, 16-17, 35, 48
   Stalinist-oriented 15, 33
   and trade unions 3, *31*, 32, 376
   World War II 6, 220
Parti socialiste (PS) 14, 16, 17, 18, *21*, 48, 413-14
   centrism 3, 15-17, 19, 47, 48
   and economy 205-7, 223-5, 234, 401, 403
   FN and 29
   foreign policy 43-5
   in government **12-15**, 30-1, 32-3
   and May 1968 unrest 10
   and military service 409
   Programme commun (with PCF) 10-11, 12, 16-17, 35, 48
   Projet socialiste 43
   and trade unions *31*, 32-3, 35, 47, 403
   women and 380
Pasqua, Charles: *loi Pasqua* 386
paternalism 7, 9, 366, 389
patriarchy: domestic 9, 367, **381**, 383, 384
patronat see employers
paysans 365, **376-7**
PCF *see* Parti communiste français
pensions 205, 208, **209**, 225, 230-1, 390, **398-9**, 401, 402
   occupational 207, 209
   'redistributive' funding of 209
Pétain, Marshal Philippe 5, 6, 7, 20
petit boulot 195
Petitfils, Jean-Christian 27
Peyrefitte, Alain 395
pieds-noirs 192
planification indicative/souple 225-7
Plans (economic) 211, 223-7
police: May 1968 unrest 9, 22
politics **3-48**, 220, 428
   centrism 3, 48
    cohabitation 14-15
    re-polarization 4
   change of emphases 365-6
   Church and 380, 410, 412, 413-14

consensus-oriented 12–15, 28, 46–8, 225–7,
    231–3, 237
disillusionment 4, 47
ecology strand 46–7
economic strategies 220, 222, 224
FN view of 27
foreign policy links 37
future considered 4, 48, **428**
and Grandes Écoles 420–1
instability 7, 37
protest/revolutionary 3, 7, 10, 28, **46–7**,
    377, **423–6**
    see also May 1968
World War II 5–6
see also Left; Right *etc.*
politique de la chaise vide 41
politique conjoncturelle 224
politique de relance 205
Pompidou, Pres. Georges 9, 10, 23, 37, 38,
    41–2, 421
Popular Front (*Front populaire*) 10, 12, 30, 32,
    380, 406
population 181, **391–401**
    age distribution 194, 200, 208, 209, 230,
        365, **388–90**, *392*
    immigrants 388
    movement **195**, 199–201, 226, 370
    rural/urban *see* rural areas
    national origins 384–5
    numbers 192, 199, 393, **395–8**
populism 48
    see also de Gaulle; Poujadism; FN *etc.*
Poujade, Pierre: Poujadism 7, 20–1, *21*,
    27, 366, 369–70
pouvoirs exceptionnels 23
poverty 365, 398, **400–1**, 427
    new 14, 177, **207**, 367, **400–1**
préfet 13, 373
prélèvements obligatoires 229
Premières informations (Min. of Labour) *32*
pré-retraite 195, 197
President: role of **22–3**, 41, 45
prestation 208
prêts à intérêts bonifiés 212
prices 178, 206, 216, 221, 236
    frozen 14, 206, 214, 216
prime minister: role of 22–3
privatization 25, 26, **234–5**
productivity 183, 186, 196
produit traditionnel/moderne 405–6
professions libérales 376, 407
profits *see* capital
Programme commun de gouvernement 10–11, 12,
    16–17, 35, 48
property: investment in 210–11, 218
protest *see under* politics
Protestants 5, 384, 410, 412, 413
PS *see* Parti socialiste

PSBR *see* public sector: borrowing
public sector 178–9, 180, 182–3, 206, **220–36**,
    233–8
    '*at* arm's-length' 234
    borrowing requirement (PSBR) 175, 236
    expansion of 12, 13, 175, 221, **222–7**
    expenditure frozen 214
    financing supported by 212, 217–18
    Grandes Écoles 420–1
    joint public/private ownership 221, 224,
        234–5
    '*ni/ni*' and '50–50' policies 235

qualifications 403, **416–22**, 423–4
    see also training; skills
quart monde 401
Queuille, Henri 7
quotient familial 230, 393

racism 28, 384, 385, 388
    see also Front National
Radical Party (centre-Right) 21, *21*, *24*
railways 175, 183, 200, 201, 227, 373, **374–5**,
    403
*Rassemblement du peuple français pour la
    République see* RPF; RPR
rayonnement 42
Reagan, Pres. Ronald 43–4
referendums 22
    EC enlargement 41–2
    Fifth Republic constitution 8
    de Gaulle and 9, 22
    Maastricht treaty 45, 427
régime de communauté . . . 381
régime d'exception 42
Régime général (of social security) 208
regions 13, **199–201**, 365–6, 400, 405
    divorce rates 394
    economic change 177, 190, 199, 226, 229,
        369, 401
    education 420, 421, 422
    European 201
    local growth 370, 373
    planning/development 199, 200–1, 221,
        224, **226**, **372–3**
    communications 373–5
    religious affiliations 413–14
réinsertion sociale 209
réintermédiation 218
religion 384, **410–12**, *413*, 424–6
    see also Church; Islam *etc.*
remboursement 208
remembrement 369
Rémond, René 21
Renault company 187, 190, 200, 222, 235, 374
Républicains indépendants (RI) 23, *24*
Republican Party *24*
resources 178, 183, **204–19**

natural 199
see also finance; investment
restaurants 405–6
restaurants du coeur 401
retail sector 194, 196
retirement 194–5, **197, 390**, 406
 age lowered 10, 13, 192, 195, 197, 390
 early 195, 197, 209, 390
 income rise 204–5, 207, 208, 209, **398**
 see also pensions; old people
retraite de base/d'état 209, 398
retraite complémentaire 207, 209, 398
Revenu minimum d'insertion (RMI) 14–15, 230,
 401, 403
revenus de transfert 208
Revolution (1789) 220, 384, 410
revolutionary tendency *see* politics: protest
RI (*Républicains indépendants*) 23, *24*
Right, political 9, **19–29**, 19, *21*, 425
 anti-Gaullist elements 24
 bonapartism 21–3
 centrism 3, 23
 coalitions 23–4, *24*, 27
 cohabitation 14–15, 19, 25–9
 counter-revolutionary 21, 27–9
 divisions 19–21, 25, 26–7, 28–9
 extreme elements 4, 19, 20, 26, **27–9**
 Independents 21, *21*, *24*
 liberal elements 21, 23–7, 29
 moins d'état 425
 radical elements 21, *21*, *24*
 Rémond classification 21
 World War II 5, 19, 20, 220
 see also Gaullism; *and individual parties*
RMI *see Revenu minimum d'insertion*
roads 13, 374, 375, 400
 motorways 183, 200, 218, 221
Rocard, Michel 15, 230, 234, 373, 421
Rome, Treaty of 40, 202
Rosanvallon, P. *31*, 377
Roudy, Yvette 383
RPF (Rassemblement du peuple français) 7,
 20, 21, 26
RPR (*Rassemblement pour la république*) 24, *24*,
 26–7, 28–9, 48, 384
rural areas 176, 228–9, **369–70**, **376–7**, 405,
 413, 427
 army 410
 neo-ruralism 370, 373
 population decrease 180, 182, 196, 226, 228,
 365, **369**, 379
 post-WWII 180, 181, 237
 Poujadism 20
 and trade unions 35
 see also agriculture; regions; *commune*
'rurban areas' 195, 201

Saint-Geours, Jean 222

Salaire minimum . . . (SMIG/SMIC) 204, 205,
 225, 383
salarié 377, 394
Salut les copains (magazine/radio) 389
Savary, Alain: *loi Savary* 33, 424–5
savings **210–11**, 217
Schmidt, Chancellor Helmut 42
Schuman, Robert 39
Schumann, Maurice 222
Secrétariat à la condition féminine 383
service public 22
service sector 176, 178, 182, 184, *190*, 192,
 196, 371–2
 price rises 210
 public involvement 221, 224
 self-employment 194, 196
 women 382
sexual relations 9, 10, 396–7, 412
 see also marriage; family *etc.*
SFIO (*Section française de l'Internationale
ouvrière*) 16, 17
shipbuilding 189, 190, 199, 227
SICAV (*Société d'investissement* . . .) 211, 218
sickness benefits 208, 398, 402
Situationists 423
SIVP (*Stages d'insertion* . . .) 195
social groups 365, **366–8**, **376–90**
 and Church 411–12
 class 3, 6–7, 232, 233, 365, 367, 377–8
 trade unions and 6, 30, 232, 376, 378
 consumption patterns 404–6
 education/qualifications 403, *419*, **421–2**
 employed/unemployed 403
 health 399–400
 housing 371, 372
socialism 12–15, *21*
 see also Left; Parti socialiste
'*socialisme expéditionnaire*' 17
social partnership 231–3
social security/benefits 10, 13, **205, 207–9**,
 229–31, 398–400
 abortion 383, 397
 administration 208, 231–2
 excluded groups 207, 209
 funding of 205, 206, 207–9, 230–1, **398–9**
 redistribution/capitalization 209
 future considered 209, 230–1, 238, 428
 means-testing 238
 RMI 14–15
 'welfare state' 428
social structures 9–10, **365–428**
 backwardness 8–9, 19
 and economic modernization 176–7
 excluded groups 177, 181
 homogenization 365
 mobility 378–9, 421–2
 nodal points **423–6**
 nostalgia 377

relaxation of 379
'*société bloquée*' 8–10
'*société à deux vitesses*' 8–9, 177, 238
société d'économie mixte 221, 224
'*société, nouvelle*' 9–10
Soviet Union *see* Union of
Soviet . . .Republics
Spain 177, 197, 201, 375
sport 407
state **220–36**
  'accompanying support' 228
  and army 409–10
  and Church 410–12
  consensus-oriented 225–7, **231–3**
  conservative interventionism 220
  control relaxed 234–6
  and culture 407–8
  and education 423–6
  and population numbers 395–8
  social partnership 231–3
  see also public sector
steel/iron industries 187, 189, 190, 195, 199–
  200, 223, 227, 228, 402
Stirbois, Marie-France 28, 29
Strasbourg 200, 373, 421, 423
strikes/demonstrations 26, 32, *32*, 175, 403
  general strike, 1968 9
  miners (1948) 17
  public sector (1987) 26, 32
  Right-dominated 32–3
  see also May 1968
Suez (Egypt) conflict 7–8, 17, **39**
Sullerot, Evelyne 394
supply-side economics 228
Sweden 46, 208, 230, 379, 394

Tavernier, Bertrand 406
taxation/fiscal policy 14, 25, 178, 204–5, **208–**
  9, 225, **229–31**
  income tax 208, **230**, 393
  indirect/VAT 205, 208, 213, 215, 230
  local 373
  Poujadism 20
  and social benefits 208, 398
  wealth tax 14, 25
Taylor, F.W.: Taylorism 188
teachers *31*, 35, 197
technocrates 220, 222, 233, 373
technology 175, 180, 183, 196, 202, 385, **402–3**
  and education 416–17, 420
telecommunications *see* communications
telephone 374
television/video 183, 210, 235, 365, **374**, 404,
  407, 408
terrorism 25
textiles industry 189, 199, 200, 228
TGV (*train à grande vitesse*) 175, 201, 227,
  374–5

Thatcher, Margaret 228
thème qualitatif (work-conditions) 402–3
Third World xviii, 40, 43, 179
Touraine, Alain 424
tourism 372, 374, 406
towns **370–2**, 375, 385, 405, 412, 427
  dominance of 176, 199, 365, **369**, 370, 402
  neo-ruralism 370
  post-WWII 180, 183
  'rurban areas' 195, 201
  urban planning 183, **371–2**, **373**
trade 42, 176, 186, **202–3**
  with Arab peoples 44
  colonial 38, 176, 186
    'semi-autarky' 181, **202**
  deficit, imports/exports **202–3**, 206, 215
  protectionism 215, 225
  tied markets 202
  with W. Germany 42
  see also international factors
trade unions 9, **30–6**, **47–8**, **225–7**, 376, **402**
  agricultural 228
  and Algerian war 18
  and Church 411
  and communism 3, *31*, 32, 376
  confederations 30, 31, *31*, 33
  decline 3, 33, 48
    unionization rates 30, *31*, 33–6, *34*
  divisions 33, 35
  legislation 12, 30, 31, 35, 47, 232, 402
  and social benefits 208, **231–2**
  World War II 5
  see also labour relations
training 176–7, 180, 183, **197–8**, **416–17**
  agricultural 228
  decentralization 13
  DUT 420
  for unemployed 195, 209
transport
  and economic development 200–1, 373–5
  industry 176, 182, 183, 210
  personal spending 404, 405
  public/private ownership 221, 224
  rural 365, 369
  'star-shaped' system 201
  urban 372
travail égal, à, salaire égal 383
'*Travail, famille, patrie*' 5
travaux d'utilité collective (TUC) 195, 403
Trente [*années*] *glorieuses* (1945–74) xviii,
  181–2, 221, 226, 366
  inflation 211
  social partnership 231–3
Trotskyists 47
TUC *see Travaux d'utilité . . .*
'two-speed' *see société à deux vitesses*

UDC (*Union du centre*) 27

UDF (*Union pour la démocratie française*) 24, *24*, 25, 27, 48
UDR (*Union pour la défense de* [des démocrates pour] *la république*) *24*
UDT (*Union démocratique du travail*) 24
Ullmo, Jean 222
unemployment 33, 175, **177**, 178, **189–90**, **193–6**, *193*
  benefits 205, 208, 230, 231, 398–9, 400–1, 402
  and economic crisis 181, 186, 189, **196**, 206, 207, 216, 400
  'exclusion' 177, 181, 194–5, 238
    groups affected 194, 388, 389
  and FN 28
  frictional 193
  future considered 238, 428
  government schemes **194–5**
  long-term 193, 194, 400–1
  and military service 409
  rationalization 33
  regional 199–201
  RMI 14
Union . . . (political parties *etc.*) *see* UDC; UDF; UDR; UDT; UNR; UPF
Union française 38
Union of Soviet Socialist Republics (USSR) 37, 40, 42, 44
  Afghanistan invaded by 44
  Czechoslovakia invaded by 42
  and French Left 11, 15, 33, 44
  immigration from 385
  union broken xviii, 44, 387
  World War II 6
United Kingdom (UK) (Britain) 46, 201, 375, 391, 395, 428
  abortion 396
  agriculture 229
  army 410
  divorce rate 394
  EC entry 41–2
  economy 181, *182*, 184, 202, 228, 236
  education, pre-school 414
  emigration 384
  religion 410
  social funding 208, 209, 231, 399
  social mobility 379
  Suez conflict 7–8, 17, 39
  taxation 229, 230
  working hours 197
United States of America (USA) 39, 40, 42, 217, 428
  agriculture 229
  'Americanization' 404, 405, 408
  army 410
  economy 202, 217, 236
  Fordism 187
  de Gaulle and 8, 40, 42

  and Gulf War 45
  immigration 384
  Libya bombed by 44
  missiles in Europe 44, 45
  Mitterrand and 43–4
  pension funding 209
  and Suez conflict 39
  taxation 208, 229
unit trusts 211, 218
universities 9, 25–6, 403, 414, **417–21**
  Grandes Écoles 382, 389, 417, **420–1**
  IUT 417, 420
  revolt *see* May 1968
  women 380, 382
UNR (*Union pour la nouvelle république*) 23, 24
UPF (*Union pour la France*) 27
urban areas *see* towns

vacances à thème 406
Vartan, Sylvie 389
VAT (Value Added Tax) *see under* taxation
Verts 46
Vichy, collaborationist govt at (WWII) 5, 7, 20
Vietnam War 389
vignette automobile 398
voie de garage 424

wages 176, 204–5, 207, 225, **402**
  differentials 204–5, 207, 403
  frozen 14, 206, 214, 225
  indexation 205, 213
    désindexation 33, 206, 214–15
  low-paid workers 204–5, 209
  minimum (SMIG/SMIC) 14, 204, 205
  profit-sharing 233
  women 10, **383**
wars 39, 40, 428
  colonial 7–8, 37, **38–9**
  see also individual wars
water authorities 221, 224
Weil, Simone 402
women 367, **379–84**, *397*, 407, 427
  consumption patterns 404–5
  education 380, 382, 394, 421–2
  and labour force 9, 183, 192, 194, **380, 382–4**, 394
    childcare provision 414
    equal pay 10, 383, 403
    legislation 10, 367, 380
    part-time work 197, 383
    unemployment 194
  life-expectancy 390, 391, 400
  maternity 208, 380, 393, 396–9
  ministry established 13, 379, **383**
  politics 10, 15, **380–1**, 383
  rights 381, 383
  single 380, 381, 393–5

widows 380, 381
women's movement/feminism **382–3**, **396–8**,
   397, 425
workers *see* employment; *ouvriers*
works councils 30, 31, 33, *34*, 232
World War I 37, 181, 220, 380, 385, 395, 410
World War II (WWII) **5–6**, 7, 37, 38, 181,
   220, 228, 374, 428
   and army role 410
   collaborationism 6, 19, 222
   and economy 181, 182–3, **220**, 222

Resistance 5–6, 20, 220, 412

Yeltsin, Boris 44
Young Giscardians *24*
young people 365, 367, **388–90**, 403, 405
   employment 194–5, 197–8, 400–1, 403
   majority, age of 10, 389
   military service 409–10

Zola, Émile 371
ZUP (*zone à urbaniser . . .*) 371